중학교

국어 3-2
평가문제집

이삼형 교과서편

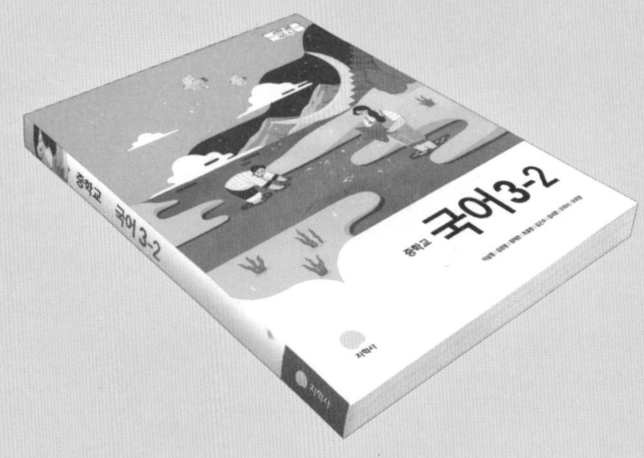

구성과 특징

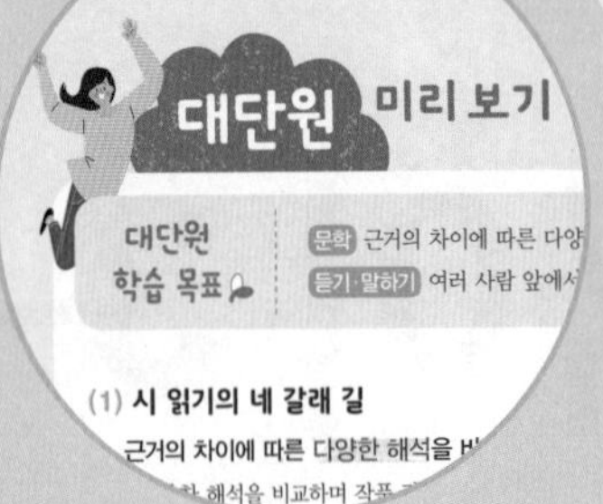

대단원 미리 보기

대단원의 학습 목표와 대단원에서 배울 내용을 정리하고, 확인 문제를 통해 이를 확인하도록 하였습니다.

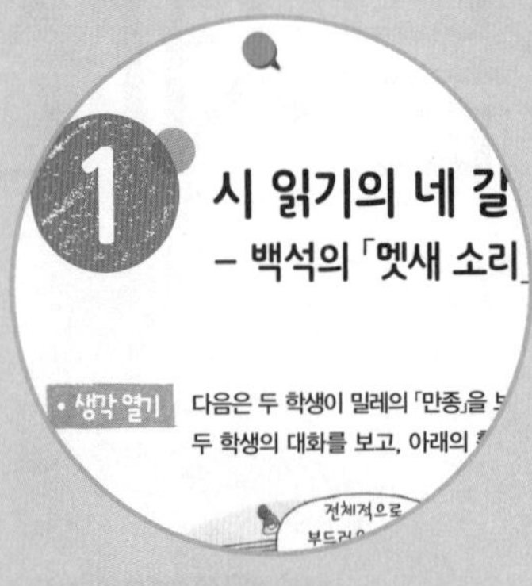

소단원 도입

교과서의 소단원 도입 활동인 '생각 열기'의 내용을 확인하고, 소단원의 학습 목표와 핵심 원리를 이해하도록 하였습니다.

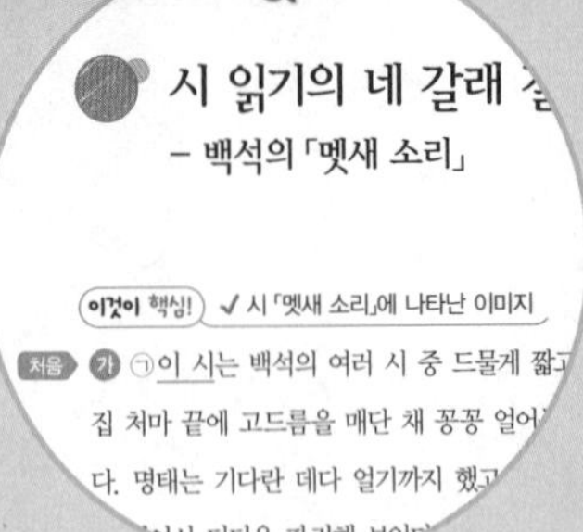

소단원 본문

'이것이 핵심'과 '핵심 확인'을 통해 글의 구성 단계별 핵심 내용을 정리하고, '핵심 개념'을 통해 활동 단원의 주요 개념을 확인하도록 하였습니다. '확인 문제'의 풍부한 문제를 바탕으로 본문의 내용을 꼼꼼하게 확인 · 평가할 수 있도록 하였습니다.

학습 활동 다지기

학습 활동의 예시 답을 확인하고 이에 따른 문제를 풀어 봄으로써 소단원의 주요 내용을 확인하고, '수행 평가 대비 활동'을 통해 창의 · 융합 활동을 바탕으로 한 수행 평가를 대비할 수 있도록 하였습니다.

핵심 콕 마무리

소단원 제재의 핵심 내용과 소단원 학습 내용의 핵심 원리를 한눈에 확인할 수 있도록 정리하였습니다.

소단원 핵심 문제

소단원에서 꼭 알아야 할 다양한 유형의 핵심 문제를 풀어 봄으로써 자신의 실력을 평가해 보도록 하였습니다. 또한 서술형 문제의 비중을 높여 내신에서 논술형 문제를 대비할 수 있도록 하였습니다.

단원＋단원

대단원에 포함된 각 소단원을 연결하는 '단원＋단원' 활동을 정리하고, 각 활동에 대한 해설과 예시 답안을 제시하였습니다.

대단원 확인 문제

각 소단원에서 배운 학습 내용을 종합적으로 평가하도록 하였습니다. 시험에 꼭 나올 만한 문제를 통해 대단원의 내용을 정확히 이해하였는지 확인하고, 내신을 완벽하게 대비하도록 하였습니다.

차례

4 문학에 담긴 어제와 오늘

5 다르게 보고, 바르게 쓰기

다양한 해석, 자신 있는 표현

(1) 시 읽기의 네 갈래 길
–백석의 「멧새 소리」

(2) 자신 있게 말하기

대단원 미리보기

대단원 학습 목표

문학 근거의 차이에 따른 다양한 해석을 비교하며 작품을 감상할 수 있다.

듣기·말하기 여러 사람 앞에서 말할 때 부딪히는 어려움에 효과적으로 대처할 수 있다.

(1) 시 읽기의 네 갈래 길

근거의 차이에 따른 다양한 해석을 비교하며 작품을 감상할 수 있다.

- 다양한 해석을 비교하며 작품 감상하기
- 작품 해석의 근거 평가하기

백석의 시 「멧새 소리」는 타향에서의 비극적인 삶을 노래한 작품으로, 내용이나 표현, 시인의 삶, 시대적 배경, 독자의 경험 등과 연관 지어 다양하게 해석할 수 있다. 「시 읽기의 네 갈래 길」은 백석의 시 「멧새 소리」에 관한 비평문으로, 작품에 대한 다양한 해석과 평가가 가능함을 이해할 수 있는 내용이다. 「시 읽기의 네 갈래 길」에 제시된 다양한 해석을 비교하여 작품을 감상한 후, 해석의 전제와 근거가 타당함을 평가할 수 있도록 한다.

(2) 자신 있게 말하기

여러 사람 앞에서 말할 때 부딪히는 어려움에 효과적으로 대처할 수 있다.

- 말하기 불안의 원인과 증상 파악하기
- 말하기 불안에 효과적으로 대처하기

모둠 발표 상황은 말하기 불안을 느끼는 실제 사례를 제시한 내용으로 말하기 불안의 원인을 점검하고, 여러 사람 앞에서 말을 할 때 느끼는 말하기 불안을 완화할 수 있는 방법을 생각해 볼 수 있다. 「불나방과 하루살이」는 불나방과 하루살이와 파리의 대화를 통해 눈앞의 욕망보다는 자유와 아름다움을 추구하는 삶이 가치 있는 삶이라는 교훈을 전달하는 우화 소설이다. 작품을 읽고 타당한 근거를 들어 자신의 관점에서 해석한 후, 실제로 친구들 앞에서 발표를 해 봄으로써 말하기 불안을 이겨 내고 성공적인 말하기를 할 수 있도록 한다.

이 단원에서는 다양한 해석을 비교하며 작품을 감상하고, 여러 사람 앞에서 자신 있게 의견을 말해 볼 거야. 그러면 더 주체적이고 능동적인 문학 활동과 말하기를 할 수 있어.

• 정답과 해설 p.2

작품에 대해 **다양한 해석**이 가능한 까닭은 작품 해석의 방법, 독자의 인식 수준, 경험, 가치관 등에 따라 해석이 달라지기 때문이다.

확인 문제

01 작품 해석에 관한 설명으로 옳은 것은 ○, 틀린 것은 ×를 하시오.

(1) 전문가의 관점에 맞추어 작품을 해석해야 한다. ( )

(2) 같은 작품이라도 독자에 따라 해석이 달라진다. ( )

(3) 작품을 해석하는 목적은 지식을 습득하기 위해서이다. ( )

(4) 작품에 대한 다양한 해석은 감상의 초점을 흐리게 만든다. ( )

(5) 같은 작품을 감상하더라도 작품에 대한 다양한 해석이 나오는 것은 작품 해석의 근거가 사람마다 다르기 때문이다. ( )

여러 사람 앞에서 말을 하기에 앞서 또는 **말할 때 부딪히는 어려움**을 말하기 불안이라 한다. 말하기 불안을 이겨 내기 위해서는 말하기 불안의 원인을 파악하고 **효과적으로 대처**할 수 있는 방안을 마련해야 한다.

확인 문제

02 다음 빈칸에 들어갈 알맞은 말을 쓰시오.

말하기 불안의 □□을 점검하고, 여러 사람 앞에서 말할 때 느끼는 심리적 □□을 완화할 수 있는 여러 방법을 연습해 봄으로써 자신의 의견을 자신 있게 말할 수 있다.

시 읽기의 네 갈래 길 – 백석의 「멧새 소리」

• 생각 열기 다음은 두 학생이 밀레의 「만종」을 보고 나눈 대화입니다. 두 학생의 대화를 보고, 아래의 활동을 해 봅시다.

전체적으로 부드러운 필치의 묘사가 돋보여.
가을걷이를 끝내고 기도하는 두 사람의 모습이 엄숙한 기분을 느끼게 해.

 두 학생은 어떤 관점에서 이 그림을 감상하고 있나요?

예시 답 남학생은 그림의 표현 형식에 주목하여 그림을 감상하였고, 여학생은 그림이 자신에게 준 느낌에 주목하여 그림을 감상하였다.

자신의 관점에서 적절한 근거를 들어 이 그림을 해석해 봅시다.

예시 답 방과 후에 작은 돌로 운동장 바닥에 글씨를 쓰며 친구와 시간을 보낸 적이 있는데, 그때 아무 생각 없이 석양을 보며 친구와 있는 것 자체가 내 마음을 편안하게 해 주었다. 그림 속 사람들도 그럴 것이라는 생각이 든다.

• 학습 목표로 내용 엿보기

"같은 그림을 보고도 서로 다르게 해석한 까닭은 그림을 본 학생들의 인식 수준, 경험, 가치관이 다르고, 작품을 해석하는 방법도 다르기 때문이야. 문학 작품도 근거의 차이에 따라 다양한 해석이 가능해. 문학 작품에 관한 해석의 근거가 분명하게 드러나 있는 글을 읽고, 나의 해석과 비교해 봐야겠어."

핵심 1 「시 읽기의 네 갈래 길」에 나타난 다양한 해석을 비교하며 작품 감상하기

핵심 2 주체적인 관점에서 근거를 들어 시 「멧새 소리」 해석하기

핵심 원리 이해하기 문학 작품 해석의 다양한 방법

- 작품의 내용이나 표현을 중심으로 한 해석: 작품의 내용, 구조, 표현 등에 초점을 맞춤.
- 시인의 삶을 중심으로 한 해석: 작가의 내면이나 창작 의도에 주목함.
- 시대적 배경을 중심으로 한 해석: 작품의 배경이 되는 시대적 상황과 관련지음.
- 독자의 경험을 중심으로 한 해석: 작품이 독자에게 주는 즐거움과 감동, 교훈 등의 효과에 주목함.

개념 확인 콕콕 • 정답과 해설 p.2

01 밀레의 「만종」을 보고 나눈 대화에 대한 설명으로 가장 적절한 것은?

① 여학생은 창작 시기에 주목하여 감상하고 있다.
② 남학생은 그림의 표현 형식에 주목하여 감상하고 있다.
③ 여학생과 남학생은 같은 관점에서 그림을 감상하고 있다.
④ 여학생이 남학생보다 더 비판적인 관점으로 감상하고 있다.
⑤ 여학생과 남학생은 모두 그림이 자신에게 준 느낌을 말하고 있다.

02 다음 빈칸에 들어갈 말로 적절하지 않은 것은?

> 같은 작품을 읽고도 서로의 해석이 다른 것은 사람들의 (   )이/가 다르기 때문이다.

① 경험 ② 가치관
③ 인식 수준 ④ 글을 읽는 속도
⑤ 작품 해석 방법

03 문학 작품 해석에 대한 설명으로 적절한 것은?

① 작품이 같으면 누가 해석해도 내용이 같다.
② 작품 해석에 따라 사람들의 가치관이 달라진다.
③ 독자의 가치관은 작품 해석에 영향을 미치지 않는다.
④ 같은 작품이라도 사람에 따라 해석이 달라질 수 있다.
⑤ 문학에 대한 전문적 지식을 갖추어야 작품 해석이 가능하다.

본문 안내

이 소단원은 백석의 시 「멧새 소리」와 「멧새 소리」에 관한 비평문으로 구성되어 있다. 문학 작품은 독자, 작품, 작가, 상황 등 어느 것에 초점을 두어 감상하는지에 따라 해석이 달라질 수 있으며, 개인의 인식 수준, 경험, 가치관 등에 따라서도 다양하게 해석할 수 있다. 같은 작품에 대한 다양한 해석을 비교하고 해석을 뒷받침하는 근거의 타당성을 평가하는 과정을 통해 문학 작품에 대한 다양하고 열린 해석의 가능성을 인식하도록 한다.

처음		중간		끝
시 「멧새 소리」의 탁월한 이미지 구현 방식	→	시 「멧새 소리」의 내용이나 표현, 시인의 삶, 시대적 배경을 중심으로 한 해석	→	독자의 경험을 중심으로 한 열린 해석의 가능성

본문 개관

★ **글쓴이 소개** 정끝별

시인, 평론가. 시를 쓰고, 시를 평론하는 일을 병행하고 있으며, 시를 가르치는 일도 하고 있다. 주요 시집으로 『자작나무 내 인생』, 『흰 책』 등이 있으며, 주요 평론집으로 『패러디 시학』, 『천 개의 혀를 가진 시의 언어』 등이 있다.

★ **갈래** 비평문

이 글은 백석의 시 「멧새 소리」를 작품의 내용과 표현, 시인의 삶, 시대적 배경, 독자의 경험을 중심으로 다양하게 해석한 비평문이다.

★ **성격** 체계적, 분석적, 논리적

이 글은 시 「멧새 소리」를 다양한 관점에서 해석하고 그에 대한 근거를 체계적이고 분석적으로 제시한 비평문이다. 작품의 내용과 표현, 작가, 작품에 반영된 현실, 독자에게 전달되는 의미 등을 고려하여 시를 해석하는 근거가 논리적으로 제시되어 있다.

★ **제재** 시 「멧새 소리」

시 「멧새 소리」는 이 글에서 비평의 대상이 되는 주된 소재이다. 글쓴이는 시 「멧새 소리」의 내용과 표현, 작가, 작품에 반영된 현실, 독자에게 전달되는 의미 등을 고려하여 시를 풍부하게 해석하고 있으며, 시 「멧새 소리」에 관한 감상을 열어 두어 독자에게 여운을 남기고 있다.

★ **주제** 시 「멧새 소리」에 대한 다양한 해석

이 글의 글쓴이는 시 「멧새 소리」를 네 가지의 관점 즉, 작품의 내용이나 표현, 시인의 삶, 시대적 배경, 독자의 경험을 중심으로 해석하고 있다. 글쓴이는 시 「멧새 소리」는 시의 이미지가 탁월하고 의미가 풍요로우며, 시인의 쓸쓸한 내면을 담고 있다고 말하고 있다. 또한, 시가 창작될 당시 우리 민족의 삶을 잘 반영하고 있다고 해석하고 있다. 글쓴이는 시를 읽는 독자에 따라 다양한 감상이 가능하다는 점을 들어 독자의 경험을 중심으로 하는 해석이야말로 제일 커다란 울림을 준다고 말하고 있다.

멧새 소리

백석

이것이 핵심! ✔ 내용과 표현의 특징 ✔ '명태'와 화자의 관계

처마 끝에 명태(明太)를 말린다

명태(明太)는 꽁꽁 얼었다

명태(明太)는 길다랗고 파리한 물고긴데

몸이 마르고 낯빛이나 살색이 핏기가 전혀 없는

꼬리에 길다란 고드름이 달렸다

해는 저물고 날은 다 가고 볕은 서러웁게 차갑다

㉠나도 길다랗고 파리한 ㉡명태(明太)다

문(門)턱에 꽁꽁 얼어서

가슴에 길다란 고드름이 달렸다

핵심 확인 내용과 표현의 특징

	시의 내용	표현상 특징
1행	처마 끝에 명태를 말리고 있음.	
2~4행	명태가 꽁꽁 얼어 있음.	시각적 이미지 → 명태의 모습(객관적 묘사)
5행	날이 저물었음.	
6~8행	'나'도 명태처럼 꽁꽁 얼어 있음.	화자와 명태의 동일시 → 냉혹한 현실에 대한 인식(주관적 인식)

'명태'와 화자의 관계

명태	화자
• 처마 끝에 꽁꽁 얼었음. • 길다랗고 파리한 물고기 • 꼬리에 길다란 고드름이 달렸음.	• 문턱에 꽁꽁 얼었음. • 길다랗고 파리한 명태 • 가슴에 길다란 고드름이 달렸음.

→ 명태는 '화자'의 분신이자 자화상임.

• 확인 문제 •

• 정답과 해설 p.2

01 이 시에서 화자의 내면을 드러내고 있는 소재는?

① 처마 ② 명태 ③ 해
④ 별 ⑤ 문턱

02 이 시에서 화자의 감정이 이입된 시어를 찾아 한 단어로 쓰시오.

03 이 시의 시상 전개 과정을 〈보기〉와 같이 나타낼 때 빈칸에 들어갈 말은?

보기
객관적 묘사 → (　　　　　)

① 시간적 흐름 ② 공간적 이동
③ 주관적 인식 ④ 외부적 관찰
⑤ 감각적 묘사

핵심

04 〈보기〉에서 이 시의 제목 '멧새 소리'에 대한 설명으로 옳은 것을 모두 골라 묶은 것은?

보기
ㄱ. 청각적 이미지가 잘 드러나 있다.
ㄴ. 시의 분위기를 따뜻하게 조성하고 있다.
ㄷ. 화자의 자유로운 처지를 표현하고 있다.
ㄹ. 화자의 처지를 비극적으로 부각하고 있다.

① ㄱ, ㄴ ② ㄱ, ㄹ ③ ㄴ, ㄷ
④ ㄴ, ㄹ ⑤ ㄷ, ㄹ

서술형

05 이 시에 쓰인 시어를 활용하여 ㉠과 ㉡의 공통적인 모습을 4어절로 쓰시오.

시 읽기의 네 갈래 길

– 백석의 「멧새 소리」

정끝별

이것이 핵심! ✔ 시 「멧새 소리」에 나타난 이미지

처음 가 ㉠이 시는 백석의 여러 시 중 드물게 짧고 간결한 시다. 시는 어느 집 처마 끝에 고드름을 매단 채 꽁꽁 얼어붙어 있는 명태를 그리고 있다. 명태는 기다란 데다 얼기까지 했고, 꼬리에 기다란 고드름을 매달고 있어서 더더욱 파리해 보인다. 게다가 "해는 저물고 날은 다" 간 저물녘의 겨울 볕이니 서럽도록 차갑기도 할 것이다. '볕이 차갑다'라는 모순되는 감각의 이미지는 이런 맥락에서 생성되었다. 한 컷의 흑백 사진을 보는 듯한 탁월한 이미지이다.

처음 | 시 「멧새 소리」의 탁월한 이미지 구현 방식

핵심 확인 시 「멧새 소리」에 나타난 이미지

- 처마 끝에 고드름을 매단 채 꽁꽁 얼어붙어 있는 명태 → 파리해 보임.
- 해는 저물고 날은 다 간 저물녘의 겨울 볕 → 서럽도록 차가움.

→ '볕이 차갑다'라는 모순되는 감각의 이미지 생성

↓

한 컷의 흑백 사진을 보는 듯한 탁월한 이미지

이것이 핵심! ✔ 시 「멧새 소리」에 대한 글쓴이의 해석

중간 나 이 시의 놀라움은 제목 '멧새 소리'에서 나온다. 시 본문에는 멧새 소리는커녕 멧새의 흔적조차 나오지 않는다. 명태의 시각적 묘사에만 집중하고 있을 뿐이다. 그래서 시를 다 읽고 나면, 왜 제목이 '멧새 소리'일지 한참을 생각하게 한다. 그러나 이 멧새 소리는 시에서 ㉡결정적인 역할을 한다. "길다랗고 파리한" 명태의 시각적 이미지에 깨끗하고 맑은 청각적 울림을 더해 줄 뿐 아니라, 시의 의미를 풍요롭게 해 준다.

06 이 글의 내용과 일치하는 것은?

① 멧새에 대한 객관적 묘사를 통해 탁월한 이미지를 형성하고 있다.
② '멧새 소리'가 직접 나오지는 않지만 시의 의미를 풍요롭게 하고 있다.
③ 시에 등장하는 화자의 구체적인 외양 묘사가 독자에게 감동을 주고 있다.
④ '멧새 소리'라는 청각적 이미지를 통해 화자의 정서를 직접적으로 드러내고 있다.
⑤ 명태와 멧새의 이미지가 모순되는 감각을 형성하여 쓸쓸한 분위기를 형성하고 있다.

핵심

07 (가)~(나)에서 글쓴이가 시 「멧새 소리」를 해석하는 관점을 바르게 골라 묶은 것은?

보기
ㄱ. 같은 시대 다른 시인의 작품과 비교하기
ㄴ. 시어의 이미지 구현 방식에 초점을 두기
ㄷ. 시를 읽은 독자들의 반응에 초점을 두기
ㄹ. 시 제목의 역할과 효과를 중심으로 분석하기

① ㄱ, ㄴ ② ㄱ, ㄷ ③ ㄴ, ㄷ
④ ㄴ, ㄹ ⑤ ㄷ, ㄹ

08 ㉠에 대한 글쓴이의 해석이 아닌 것은?

① 백석의 시 중에서 드물게 짧고 간결한 시이다.
② '멧새 소리'를 매우 인상적으로 전달하고 있다.
③ 제목과는 달리 명태의 시각적 묘사에 집중하고 있다.
④ 시의 제목을 '멧새 소리'라고 한 이유가 무엇일지 생각하게 한다.
⑤ '멧새 소리'는 명태의 시각적 이미지에 청각적 울림을 더해 준다.

서술형 날개 확인 문제

09 ㉡의 구체적인 내용을 (나)에 나오는 단어를 활용하여 40자 이내로 서술하시오.

다 상상해 보자. 멧새 소리가 들린다는 것은 집 주변에 인적이나 인기척이 드물다는 것을 암시한다. 마당이 비어 있으므로 멧새들이 지저귀는 것이고, 그 지저귐이 들리는 것이다. 그래서 이때의 멧새 소리는 화자의 적막함 혹은 기다리는 마음을 강조한다. 나아가 "해는 저물고 날은 다 가고" 있으니 이제 곧 멧새 소리마저 들리지 않을 시간이다. 이 적막한 기다림의 시간에 멧새 소리마저 없다면 그 집은 얼마나 쓸쓸할 것인가. 안과 밖을 이어주는 공간, 그러니까 누군가를 기다리며 화자가 서성이고 있는 저 '문턱' 또한 있으나 마나일 것이다. 멧새 소리는 '문턱'과 함께 화자와 외부의 소통 가능성을 열어 주는 작은 길이 된다.

라 시인 백석은 평북 정주에서 태어나 오산 학교를 거쳐 일본에 유학하고, 이 시를 발표할 당시(1938년)에는 함흥에서 교사로 근무하고 있었다. 원산보다도 훨씬 북쪽인 동해의 항구 도시 함흥, 그곳에서 섬세한 감성의 젊은 시인이 쓸쓸하게 겨울을 넘기고 있었다. 그가 보는 모든 것, 그가 듣는 모든 것이 시가 되었다. "나도 길다랗고 파리한 명태다"라고 썼듯이, 시 속의 명태는 어쩌면 백석 자신의 모습인지도 모른다.

마 시인의 다른 모습인 화자는 "문턱에 꽁꽁 얼어서 / 가슴에 길다란 고드름"을 매달고 있다. 여기서 ㉠화자가 다른 데도 아니고 '문턱'에 얼어 있다는 데 주목할 필요가 있다. 화자가 문턱을 오래 서성였다는 뜻일 텐데, 가슴에 '길다란 고드름'까지 달고 있으니 누군가를 기다리며 오래 속울음을 울고도 남았을 법하다. 하지만 화자가 그렇게 기다리는 사람은 겨우내 오지 않고 있다. 겨울 볕이 더욱 '서러웁게' 차가운 까닭이다.

바 백석의 시는 그가 살았던 시대와 연결 지을 때 의미가 더욱 깊어진다. 식민지에 태어나서 조국과 고향을 떠나 접하는 삶이 얼마나 외롭고 고되었으랴. 더욱이 이 시를 쓸 즈음에는 일본의 억압과 수탈이 점점 심해져서 망국민의 한이 끝없이 깊어질 때다. 바짝 마른 데다 꽁꽁 언 채 처마 끝에 매달려서 눈물 같은 고드름을 달고 있는 명태는 암울한 우리 민족의 분신이기도 한 것이다. 길다랗고 파리한 명태가 되어 꼬리가 아니라 '가슴에' 고드름을 단 채 우리네 슬픈 이웃들은 ㉡무엇을 기다린 것일까.

망국민: 망하여 없어진 나라의 백성

중간	시 「멧새 소리」의 내용이나 표현, 시인의 삶, 시대적 배경을 중심으로 한 해석

날개 확인 문제

10 '멧새 소리'에 대한 글쓴이의 해석이 아닌 것은?

① 멧새 소리는 집 주변의 활기찬 분위기를 암시한다.
② 멧새들의 지저귐이 들리는 것은 마당이 비어 있기 때문이다.
③ 멧새 소리는 화자의 적막함 혹은 기다리는 마음을 강조한다.
④ 시에 나타난 시간은 멧새 소리마저 들리지 않을 적막한 시간이다.
⑤ 멧새 소리는 화자와 외부의 소통 가능성을 열어 주는 역할을 한다.

핵심

11 '명태'에 대한 글쓴이의 해석으로 옳은 것은?

① 시를 쓴 시인 자신의 모습
② 화자와 소통을 원하는 존재
③ 시인과 독자의 공통적인 모습
④ 시를 감상하는 독자들의 모습
⑤ 화자와 외부를 연결해 주는 존재

서술형

12 (마)에서 글쓴이가 ㉠과 같이 말한 이유를 한 문장으로 서술하시오.

13 (바)에서 글쓴이가 시를 해석할 때 가장 중점을 둔 요소는?

① 시어의 의미 ② 시의 분위기
③ 시인의 생애 ④ 독자들의 경험
⑤ 시의 창작 시기

날개 확인 문제

14 (바)에 나타난 글쓴이의 해석을 참고할 때 ㉡이 의미하는 바를 한 단어로 쓰시오.

핵심 확인 시 「멧새 소리」에 대한 글쓴이의 해석

작품 내용이나 표현을 중심으로	• 해석: '멧새 소리'가 시에서 결정적인 역할을 함. • 근거: '멧새 소리'는 명태의 시각적 이미지에 청각적 울림을 더해 주며, 시어 '문턱'과 함께 화자와 외부의 소통 가능성을 열어 줌.
시인의 삶을 중심으로	• 해석: 시인의 쓸쓸한 내면을 담고 있음. • 근거: 시인이 홀로 머물고 있던 함흥의 겨울 정서와 명태의 상황을 함축적으로 묘사함.
시대적 배경을 중심으로	• 해석: 우리 민족의 삶을 반영하고 있음. • 근거: 시가 창작될 당시는 일본의 억압과 수탈이 심했고, 우리 민족은 조국과 고향을 떠나 암울하게 살았음.

이것이 핵심! ✔ 독자의 경험을 중심으로 한 해석

끝 (사) 이처럼 이 시를 읽는 재미는 명태의 시각적 이미지와 멧새 소리의 청각적인 이미지를 겹쳐 읽는 데서 시작된다. 그리고 그 이미지들의 사이사이에 시인의 삶이, 역사 속의 소리 없는 울림들이 스며든다. 하지만 ㉠제일 커다란 울림은 ㉡독자 스스로가 채워 넣는 각자의 이야기에서 완성된다. 어떤 독자는 어릴 적 건넛마을 혹은 장에 가신 엄마를 기다렸던 기억을 떠올리고, 어떤 독자는 온다고 하고 오지 않는 애인이나 어떤 이유로든 헤어진 그 누군가를 채워 넣어 읽을 것이다. 또 어떤 독자는 새로운 내일을, 따뜻한 봄을 채워 넣어 읽을 수도 있다. 시 읽기란 작품에서 출발하여 시간과 공간의 화살을 타고 깊은 우주로 날아갔다가 다시 자기 안으로 돌아오는 아름다운 여정이기 때문이다.

끝 독자의 경험을 중심으로 한 열린 해석의 가능성

핵심 확인 독자의 경험을 중심으로 한 해석

독자의 경험을 중심으로	• 해석: 독자가 자신의 경험을 반영하여 해석함. • 근거: 시 읽기는 작품에서 출발하여 독자의 내면으로 돌아옴. 예 어릴 적 건넛마을 혹은 장에 가신 엄마를 기다렸던 기억을 떠올림. / 오지 않는 애인이나 어떤 이유로든 헤어진 그 누군가를 떠올림. / 새로운 내일을, 따뜻한 봄을 떠올림.

핵심

15 〈보기〉에서 시 「멧새 소리」를 해석하는 관점이 같은 것을 골라 바르게 묶은 것은?

보기
ㄱ. 시에는 창작 당시 우리 민족의 암울한 삶이 반영되어 있다.
ㄴ. 시를 읽으면서 어릴 적 장에 가신 엄마를 기다렸던 기억을 떠올린다.
ㄷ. 시에 쓰인 이미지들에 스며든 시인의 삶을 중심으로 해석해 본다.
ㄹ. 시를 읽으며 온다고 하고 오지 않는 애인을 떠올린다.

① ㄱ, ㄴ ② ㄱ, ㄷ ③ ㄴ, ㄷ
④ ㄴ, ㄹ ⑤ ㄷ, ㄹ

16 ㉠과 관련지어 「멧새 소리」를 해석한 것은?

① 이미지가 탁월하고 의미가 풍요롭다.
② 시인의 쓸쓸한 내면을 그려 낸 시이다.
③ 우리 민족의 암울했던 삶을 반영하고 있다.
④ 어떤 독자는 따뜻한 봄을 떠올릴 수도 있다.
⑤ 시인이 살았던 시대의 모습이 잘 드러나 있다.

17 ㉡이 의미하는 바로 알맞은 것은?

① 독자가 상상하여 덧붙인 이야기
② 독자의 경험을 중심으로 한 감상
③ 독자가 변형한 다른 장르의 작품
④ 작가와의 만남을 통해 완성되는 감상
⑤ 작가가 살았던 시대에 대한 간접 체험

서술형

18 (사)의 내용을 참고하여 독자의 경험을 중심으로 한 시 읽기의 의의를 한 문장으로 서술하시오.

다지기

학습 활동

• 정답과 해설 p.3

이해 활동

1. 다음 활동을 하면서 백석의 시 「멧새 소리」의 내용을 파악해 봅시다.

1 시의 내용을 다음과 같이 네 부분으로 나누어 정리해 봅시다. 예시 답

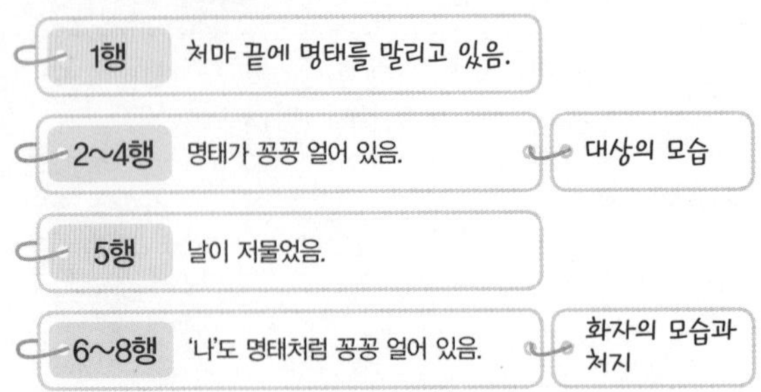
1행
처마 끝에 명태를 말리고 있음.
2~4행
명태가 꽁꽁 얼어 있음.
대상의 모습
5행
날이 저물었음.
6~8행
'나'도 명태처럼 꽁꽁 얼어 있음.
화자의 모습과 처지

이해 다지기 문제

1 이 시의 내용을 〈보기〉와 같이 정리할 때, ㉠에 들어갈 내용으로 적절한 것은?

보기

1행	처마 끝에 명태를 말리고 있음.	
2~4행	명태가 꽁꽁 얼어 있음.	대상의 모습
5행	날이 저물었음.	
6~8행	'나'도 명태처럼 꽁꽁 얼어 있음.	(㉠)

① 화자의 모습과 처지
② 화자와 대상의 차이점
③ 대상과 화자 사이의 갈등
④ 대상에 대한 객관적 묘사
⑤ 대상에 대한 비판적 인식

2 이 시에 나타난 '명태'와 화자의 모습을 적고, '명태'와 화자의 관계를 파악해 봅시다. 예시 답

명태의 모습	화자의 모습
• 처마 끝에 꽁꽁 얼었음. • '길다랗고 파리한 물고기' • '꼬리에 길다란 고드름'이 달렸음.	• 문턱에 꽁꽁 얼었음. • '길다랗고 파리한 명태' • '가슴에 길다란 고드름'이 달렸음.

• '명태'와 화자의 관계: 분신, 자화상

이해 다지기 문제

2 '명태'에 대한 화자의 마음을 표현하기에 적절한 말은?

① 역지사지(易地思之)
② 동병상련(同病相憐)
③ 동상이몽(同床異夢)
④ 오비이락(烏飛梨落)
⑤ 학수고대(鶴首苦待)

목표 활동

1. 「시 읽기의 네 갈래 길」에 나타난 글쓴이의 해석과 그 근거를 파악해 봅시다. 예시 답

「멧새 소리」

작품 내용이나 표현을 중심으로 한 해석
• 해석: 이미지가 탁월하고, 의미가 풍요롭다.
• 근거: 감각을 잘 묘사하였고, '멧새 소리', '문턱'이 화자와 외부의 소통 가능성을 보여 준다.

시인의 삶을 중심으로 한 해석
• 해석: 시인의 쓸쓸한 내면을 담고 있다.
• 근거: 시인이 홀로 머물고 있던 함흥의 겨울 정서와 명태의 상황을 함축적으로 묘사하였다.

시대적 배경을 중심으로 한 해석
• 해석: 우리 민족의 삶을 반영하고 있다.
• 근거: 시가 창작될 당시는 일본의 억압과 수탈이 심했고, 우리 민족은 조국과 고향을 떠나 암울하게 살았다.

독자의 경험을 중심으로 한 해석
• 해석: 독자가 자신의 경험을 반영하여 해석한다.
• 근거: 시 읽기는 작품에서 출발하여 독자의 내면으로 돌아온다.

목표 다지기 문제

1 내용이나 표현을 중심으로 시 「멧새 소리」를 해석한 것은?

① 시인이 홀로 머물고 있던 지역의 정서가 함축적으로 드러나 있다.
② '멧새 소리'와 '문턱'이라는 시어는 화자와 외부의 소통 가능성을 보여 준다.
③ 시 읽기는 작품에서 출발하여 시를 읽는 독자의 내면으로 돌아오는 것이다.
④ 시가 창작될 당시에는 일본의 억압과 수탈이 심하여 우리 민족은 암울하게 살았다.
⑤ 시를 읽는 가장 큰 감동은 독자가 자신의 경험을 바탕으로 해석할 때 가능한 것이다.

2. 시에 관한 글쓴이의 해석 중 가장 타당하다고 생각하는 것을 그 까닭과 함께 이야기해 봅시다.

예시 답 시인의 삶을 중심으로 한 해석이 가장 타당하다. 이 시의 '나'는 시인의 분신 같다. 시인은 고향을 떠나 혼자 생활하면서 외롭고 쓸쓸했을 것이므로 인적이 드문 곳에서 가슴에 고드름을 달고 있는 화자는 시인의 자화상처럼 느껴진다.

문학 작품 해석의 다양한 방법

문학 작품은 작가, 시대적 배경, 독자, 작품 등에 주목하여 다양하게 해석할 수 있습니다. 작품을 쓰게 된 작가의 내면이나 창작 의도에 주목하여 해석할 수 있고, 작품의 배경이 되는 시대적 상황과 관련지어 해석할 수도 있습니다. 또한, 작품이 독자에게 주는 즐거움과 감동, 교훈 등의 효과에 주목하여 해석할 수 있고, 작품의 내용, 구조, 표현 등에 초점을 맞추어 해석할 수도 있습니다. 이러한 해석의 다양성은 독자의 인식 수준, 경험, 문학관 등의 영향을 받습니다.

목표 **다지기 문제**

2 이 글을 읽고 난 학생들의 반응으로 적절하지 않은 것은?

① 보람: 작품이 쓰여졌던 시대적 상황과 관련하여 문학을 감상할 수도 있군.
② 나영: 문학 작품에는 작품을 쓰게 된 작가의 내면이나 창작 의도가 담겨 있어.
③ 미선: 독자들의 인식 수준, 경험, 문학관 등에 따라 작품 해석이 다양해지는군.
④ 재희: 문학 작품을 해석할 때에는 한 가지 관점으로만 해석하는 것이 가장 좋겠군.
⑤ 희윤: 작품이 독자에게 주는 즐거움과 감동, 교훈 등에 주목하여 감상하는 방법도 있어.

목표 **다지기 문제**

3 〈보기〉의 ㉠~㉤ 중, 이 시의 '명태'와 유사한 역할을 하는 것은?

보기

여승(女僧)은 ㉠합장(合掌)하고 절을 했다.
㉡가지취의 내음새가 났다.
쓸쓸한 낯이 옛날같이 늙었다.
나는 불경(佛經)처럼 서러워졌다.

평안도의 어느 산(山) 깊은 금점판
나는 파리한 여인에게서 ㉢옥수수를 샀다.
여인(女人)은 나 어린 딸아이를 때리며 가을밤같이 차게 울었다.

섶벌같이 나아간 ㉣지아비 기다려 십 년(十年)이 갔다.
지아비는 돌아오지 않고
어린 딸은 도라지꽃이 좋아 돌무덤으로 갔다.

㉤산(山)꿩도 섧게 울은 슬픈 날이 있었다.
산(山) 절의 마당귀에 여인(女人)의 머리오리가 눈물방울과 같이 떨어진 날이 있었다.

– 백석, 「여승」

① ㉠ ② ㉡ ③ ㉢ ④ ㉣ ⑤ ㉤

3. 시 「멧새 소리」에 관한 자신의 해석을 발표하고, 친구들의 해석과 비교해 봅시다.

1 시 「멧새 소리」를 자신의 관점에서 해석하고, 그 내용을 발표해 봅시다.

예시 이 시의 제목은 '멧새 소리'인데 시에는 멧새에 관한 이야기가 나오지 않는다. 온통 파리한 명태 이야기뿐이다. 화자는 문턱에 서서 꽁꽁 언 명태를 보며 자신도 그런 명태와 같다고 말하고 있다. 명태처럼 외롭고 쓸쓸한 화자, 그런 화자에게 멧새 소리는 따뜻한 희망의 소리가 아니었을까?
내 마음속에도 멧새 소리가 하나 있다. 배낭여행을 하며 세계 곳곳을 여행하는 꿈! 지금은 명태처럼 적막하고 외롭다는 생각이 들 때도 많지만, 언젠가는 훨훨 넓은 세상 속으로 여행을 떠날 수 있을 것이라는 멧새의 지저귐이 있어서 외롭지만은 않다.

• 시 「멧새 소리」에 관한 나의 해석

예시 답 이 시가 창작된 시기인 1938년은 일제 강점기로, 일제의 수탈과 강압이 극에 달해 있던 때이다. 이러한 시대적 상황을 고려할 때 '멧새 소리'는 우리 민족이 기다리는 희망의 메시지를 의미한다고 해석할 수 있다. 기다리는 조국 광복의 날이 쉽게 오지 않기에 화자는 가슴에 고드름을 매단 채 문턱을 서성이고 있는 것이다. 비록 눈에 보이지는 않지만 멧새 소리가 들리기에 화자는 고독하고 쓸쓸하지만은 않다. 어둠과 추위가 사라지면 해가 다시 떠오르고 따뜻한 볕이 드는 것처럼 화자는 조국의 광복이라는 희망의 메시지가 눈앞에 나타날 것을 확신하고 있다.

2 친구들의 발표를 듣고, 시에 관한 친구들의 해석과 자신의 해석을 비교해 봅시다.

예시 답 명태처럼 쓸쓸한 화자에게 멧새 소리는 따뜻한 희망의 소리였을 것이며, 자신의 마음속에도 멧새 소리가 있어서 외롭지 않다고 한 영주의 해석이 인상 깊었다. 이처럼 시를 감상하고 자신에게 전달되는 의미를 고려하여 해석한 영주와 달리, 나는 이 시가 창작될 당시의 현실 세계를 반영하여 멧새 소리를 조국의 광복이라는 희망의 소리라고 해석하였다.

목표 **다지기 문제**

4 시 「멧새 소리」에 관한 학생들의 대화 중, 시인의 삶과 관련지어 해석한 것은?

① 은희: 일제 강점기의 암울한 시대적 상황이 화자의 정서에 큰 영향을 끼치고 있는 것 같아.
② 연수: 맞아. 그런 관점에서 '멧새 소리'는 우리 민족이 기다리는 희망의 메시지를 의미한다고 볼 수 있어.
③ 철영: 시를 쓸 당시 시인이 살았던 함흥이라는 지역적 특성이 시인의 정서에 영향을 끼친 것 같아.
④ 기주: 이 시를 읽으면 초등학교 때 아무도 없는 집에 혼자 남아서 엄마를 기다렸던 기억이 떠올라.
⑤ 희성: 나도 이 시를 읽고 중학교 1학년 때 친하게 지내던 친구가 다른 동네로 전학 갔던 일이 생각났어.

창의·융합 활동

‖ 인상 깊었던 문학 작품의 구절과 그 구절에 관한 해석을 바탕으로 책갈피를 만들어 친구에게 선물해 봅시다.

1. 모둠을 구성하여 각자 인상 깊었던 문학 작품의 구절을 모둠원에게 소개해 봅시다. 예시 답

모둠원 이름	인상 깊었던 구절
정소민	봄이면 가지는 그 한 번 덴 자리에 세상에서 가장 아름다운 상처를 터뜨린다 – 고재종, 「첫사랑」 중에서
남성호	자세히 보아야 예쁘다 오래 보아야 사랑스럽다 너도 그렇다 – 나태주, 「풀꽃」
장연지	꿈을 이루지 못하는 건 창피한 일이 아니야. 정말 창피한 건 더 이상 꿈을 꿀 수 없게 되는 거야. – 천명관, 「나의 삼촌 브루스 리 1」 중에서

2. 자신이 소개한 구절을 어떤 상황에 처한 친구에게 들려주면 좋을지 생각해 보고, 그 까닭을 말해 봅시다. 예시 답

친구가 처한 상황	들려주고 싶은 까닭
상처를 받고 슬픔에 빠져 있다.	힘들어하는 친구를 위로하고 싶다.

3. 모둠원들과 의논하여 책갈피를 선물할 친구를 정하고, 그 친구의 상황에 맞게 문학 작품 구절을 해석해 봅시다.

예시 답 • 상처를 받고 슬픔에 빠진 친구의 상황에 맞게 「첫사랑」의 구절을 해석해서 친구를 위로하기로 함.
• '덴 자리'는 친구가 받은 상처로, '세상에서 가장 아름다운 상처'는 아픔을 겪은 후에 다가올 더 아름다운 세상으로 해석함.

4. 다음 안내에 따라 책갈피를 만들어 친구에게 선물해 봅시다. 예시 답 생략

책갈피 만드는 방법

① 색지를 가로 20센티미터, 세로 5센티미터로 자릅니다.
② 자른 색지의 앞면에 문학 작품의 구절을 적고, 그 구절과 어울리는 그림을 그리거나 사진을 붙여 꾸밉니다.
③ 색지의 뒷면에는 앞면에 적은 문학 작품의 구절을 통해 친구에게 하고 싶은 말을 적습니다.

수행 평가 대비 활동

| 수행 평가 TIP | 여러 문학 작품의 내용 중 인상 깊었던 구절 하나를 선정한 후, 적절한 근거를 들어 해석한 내용을 바탕으로 책갈피를 만들어 봅니다. 자신이 선정한 구절을 어떤 친구에게 들려주고 싶은지 생각해 보고 친구의 상황과 가장 잘 어울리는 구절을 선정합니다.

1 평가 내용 확인하기

- 여러 문학 작품의 구절 중 하나를 선정하여 해석하기
- 해석한 내용을 바탕으로 책갈피 만들어 보기

2 평가 기준 확인하기

- 인상 깊었던 문학 작품의 구절을 친구에게 들려주고 싶은 까닭이 타당한가?

각자가 선정한 문학 작품 속 구절이 친구가 처한 상황과 잘 어울려야 합니다.

- 모둠에서 선정한 구절을 친구의 상황에 맞게 해석하여 전하고 싶은 말을 적었는가?

자신이 선정한 문학 작품 속의 인상적인 구절을 친구의 상황에 맞게 해석하여 자신이 전하고 싶은 생각이 잘 드러날 수 있도록 표현합니다.

수행 평가 +

1. 자신이 가장 감동을 받았던 문학 작품 속 구절을 소개해 봅시다.

도와줄게 지금까지 자신이 읽었던 문학 작품 중에서 자신이 가장 크게 감동받았던 작품을 떠올려 보고 그중 어떤 구절이 특별히 인상적이었는지 떠올려 봅니다.

2. 1의 내용이 어떤 상황에 처해 있는 사람들에게 의미가 있을지 말해 봅시다.

도와줄게 자신이 감동을 받았던 당시의 기억을 떠올려 보고 그 구절이 어떤 상황에 처해 있는 사람들에게 의미가 있을지에 대해 생각을 정리해 봅니다.

소단원 제재 정리

갈래: 비평문
성격: 분석적, 논리적, 체계적
제재: 시 「멧새 소리」
주제: 시 「멧새 소리」에 대한 다양한 해석
특징: ① 내용이나 표현, 작가, 작품에 반영된 현실, 독자에게 전달되는 의미 등을 고려하여 시를 풍부하게 해석함.
② 작품 해석에 관한 구체적인 근거를 제시함.
③ 작품 감상을 열어 두어 독자에게 여운을 남기고 있음.

제재 한눈에 보기

처음	시 「멧새 소리」의 탁월한 이미지 구현 방식
중간	시 「멧새 소리」의 내용이나 표현, 시인의 삶, 시대적 배경을 중심으로 한 해석
끝	독자의 경험을 중심으로 한 열린 해석의 가능성

핵심 원리

문학 작품의 다양한 해석

작품 내용이나 표현	작품의 내용, 구조, 표현 등에 초점을 맞추어 해석함.
시인의 삶	작품을 쓰게 된 작가의 내면이나 창작 의도에 주목하여 해석함.
시대적 배경	작품의 배경이 되는 시대적 상황과 관련지어 해석함.
독자의 경험	작품이 (❶)에게 주는 즐거움과 감동, 교훈 등의 효과에 초점을 맞추어 해석함.

핵심 내용

(1) 시 「멧새 소리」의 내용 전개 과정

1행	처마 끝에 (❷)를 말리고 있음.
2~4행	명태가 꽁꽁 얼어 있음.
5행	날이 저물었음.
6~8행	'나'도 명태처럼 꽁꽁 얼어 있음.

(2) 제목 '멧새 소리'의 역할과 효과

'멧새 소리'	• '명태'의 시각적 이미지에 '멧새 소리'라는 (❸) 이미지를 더함. • 시의 의미를 풍요롭게 해 줌. • '문턱'과 함께 화자와 외부의 (❹)을 열어 주는 작은 길임.

(3) '명태'와 화자의 관계

명태	화자
• 처마 끝에 꽁꽁 얼었음. • 길다랗고 파리한 물고기 • 꼬리에 길다란 (❺)이 달렸음.	• 문턱에 꽁꽁 얼었음. • 길다랗고 파리한 명태 • 가슴에 길다란 고드름이 달렸음.

↓

명태는 화자의 (❻)

(4) 시 「멧새 소리」에 대한 글쓴이의 해석

작품 내용이나 표현	시인의 삶
• 해석: (❼)가 탁월하고, 의미가 풍요로움. • 근거: 감각을 잘 묘사하였고, '멧새 소리', '문턱'이 화자와 외부의 소통 가능성을 보여 줌.	• 해석: 시인의 쓸쓸한 내면을 담고 있음. • 근거: 시인이 홀로 머물고 있던 함흥의 겨울 정서와 명태의 상황을 함축적으로 묘사함.

시대적 배경	독자의 경험
• 해석: 우리 민족의 삶을 반영하고 있음. • 근거: 시가 창작될 당시는 (❽)의 억압과 수탈이 심했고, 우리 민족은 조국과 고향을 떠나 암울하게 살았음.	• 해석: (❾)가 자신의 경험을 반영하여 해석함. • 근거: 시 읽기는 작품에서 출발하여 독자의 내면으로 돌아옴.

정답 ❶ 독자 ❷ 명태 ❸ 청각적 ❹ 소통 가능성 ❺ 고드름 ❻ 분신, 자화상 ❼ 이미지 ❽ 일본 ❾ 독자

소단원 핵심 문제

• 정답과 해설 p.4

[01~04] 다음 글을 읽고, 물음에 답하시오.

(가) 처마 끝에 명태(明太)를 말린다
명태(明太)는 꽁꽁 얼었다
명태(明太)는 길다랗고 파리한 물고긴데
꼬리에 길다란 고드름이 달렸다
해는 저물고 날은 다 가고 ㉠별은 서러웁게 차갑다
나도 길다랗고 파리한 명태(明太)다
문(門)턱에 꽁꽁 얼어서
가슴에 길다란 고드름이 달렸다

(나) 이 시는 백석의 여러 시 중 드물게 짧고 간결한 시다. 시는 어느 집 처마 끝에 고드름을 매단 채 꽁꽁 얼어붙어 있는 명태를 그리고 있다. 명태는 기다란 데다 얼기까지 했고, 꼬리에 기다란 고드름을 매달고 있어서 더더욱 파리해 보인다. 게다가 "해는 저물고 날은 다" 간 저물녘의 겨울 볕이니 서럽도록 차갑기도 할 것이다. '볕이 차갑다'라는 모순되는 감각의 이미지는 이런 맥락에서 생성되었다. 한 컷의 흑백 사진을 보는 듯한 탁월한 이미지이다.

출제 예감 90% 학습 활동 응용

01 〈보기〉에서 (가)에 대한 설명으로 적절한 것을 모두 고른 것은?

보기
ㄱ. 대상에 대한 객관적인 묘사가 중심이 되므로 화자의 정서가 드러나지 않는다.
ㄴ. 화자의 정서와 대립되는 시의 전체적인 이미지로 인해 활기찬 분위기를 형성하고 있다.
ㄷ. 제목과는 달리 시각적 이미지가 중심이 되며 화자의 처지가 비유적으로 드러나 있다.
ㄹ. '명태'의 길다랗고 파리한 모습과 화자의 모습이 겹쳐지면서 감정적 공감대를 느끼게 한다.
ㅁ. 이미지가 대비되는 반어적 표현을 통해 말하고자 하는 바를 극적으로 전달하고 있다.

① ㄱ, ㄴ ② ㄴ, ㄷ ③ ㄷ, ㄹ
④ ㄷ, ㅁ ⑤ ㄹ, ㅁ

출제 예감 95%

02 (가)에 대한 글쓴이의 해석으로 적절하지 않은 것은?

① 백석의 여러 시 중에서 드물게 짧고 간결한 시이다.
② 처마 밑에 꽁꽁 얼어붙어 있는 명태를 그리고 있다.
③ 저물녘의 차가운 이미지가 청각적으로 잘 드러나 있다.
④ 저물녘의 겨울 볕을 통해 화자의 정서를 부각하고 있다.
⑤ '볕'과 '차갑다'는 모순되는 감각의 이미지를 형성하고 있다.

출제 예감 80% 사고력 확장 문제

03 〈보기〉의 시를 (나)와 같은 관점에서 해석한 것은?

보기
해야 솟아라, 해야 솟아라, 말갛게 씻은 얼굴 고운 해야 솟아라. 산 너머 산 너머서 어둠을 살라 먹고, 산 너머서 밤새도록 어둠을 살라 먹고, 이글이글 앳된 얼굴 고운 해야 솟아라.

달밤이 싫여, 달밤이 싫여, 눈물 같은 골짜기에 달밤이 싫여, 아무도 없는 뜰에 달밤이 나는 싫여…….

해야, 고운 해야, 늬가 오면, 늬가사 오면, 나는 나는 청산이 좋아라. 훨훨훨 깃을 치는 청산이 좋아라. 청산이 있으면 홀로래도 좋아라.

– 박두진, 「해」

① '어둠'은 일제 강점기 우리 민족의 현실을 상징한다고 볼 수 있다.
② 이 시의 창작 시기를 일제 강점기로 본다면 '해'는 조국의 광복을 의미한다.
③ 어둠과 밝음의 이미지를 대립적으로 배치하여 평화에 대한 갈망을 노래하였다.
④ 나는 이 시를 읽으면 가난한 세월을 살다 가신 어머니의 삶이 떠올라 마음이 아팠다.
⑤ 시인이 독실한 기독교인이었다는 점으로 볼 때 이 시는 기독교적 낙원을 그린 것으로 볼 수 있다.

출제 예감 90% 서술형 논술 대비

04 (나)를 참고하여 ㉠의 표현상 특징과 그 의도가 무엇인지 서술하시오.

[05~08] 다음 글을 읽고, 물음에 답하시오.

(가) 이 시의 놀라움은 제목 '멧새 소리'에서 나온다. 시 본문에는 멧새 소리는커녕 멧새의 흔적조차 나오지 않는다. 명태의 시각적 묘사에만 집중하고 있을 뿐이다. 그래서 시를 다 읽고 나면, 왜 제목이 '멧새 소리'일지 한참을 생각하게 한다. 그러나 이 멧새 소리는 시에서 결정적인 역할을 한다. "길다랗고 파리한" 명태의 시각적 이미지에 깨끗하고 맑은 청각적 울림을 더해 줄 뿐 아니라, 시의 의미를 풍요롭게 해 준다.

(나) 상상해 보자. 멧새 소리가 들린다는 것은 집 주변에 인적이나 인기척이 드물다는 것을 암시한다. 마당이 비어 있으므로 멧새들이 지저귀는 것이고, 그 지저귐이 들리는 것이다. 그래서 이때의 멧새 소리는 화자의 적막함 혹은 기다리는 마음을 강조한다. 나아가 "해는 저물고 날은 다 가고" 있으니 이제 곧 멧새 소리마저 들리지 않을 시간이다. 이 적막한 기다림의 시간에 멧새 소리마저 없다면 그 집은 얼마나 쓸쓸할 것인가. 안과 밖을 이어 주는 공간, 그러니까 누군가를 기다리며 화자가 서성이고 있는 저 '문턱' 또한 있으나 마나일 것이다. 멧새 소리는 '문턱'과 함께 화자와 외부의 소통 가능성을 열어 주는 작은 길이 된다.

(다) 시인 백석은 평북 정주에서 태어나 오산 학교를 거쳐 일본에 유학하고, 이 시를 발표할 당시(1938년)에는 함흥에서 교사로 근무하고 있었다. 원산보다도 훨씬 북쪽인 동해의 항구 도시 함흥, 그곳에서 섬세한 감성의 젊은 시인이 쓸쓸하게 겨울을 넘기고 있었다. 그가 보는 모든 것, 그가 듣는 모든 것이 시가 되었다. "나도 길다랗고 파리한 명태다"라고 썼듯이, ㉠<u>시 속의 명태는 어쩌면 백석 자신의 모습인지도 모른다.</u>

출제 예감 90%

05 '멧새 소리'에 대한 글쓴이의 해석으로 옳지 <u>않은</u> 것은?

① 시에서 가장 초점을 둔 것은 '멧새'에 대한 시각적 묘사이다.
② '멧새 소리'는 화자의 적막함 혹은 기다리는 마음을 강조한다.
③ '멧새 소리'는 '명태'의 시각적 이미지에 청각적 울림을 더해 주고 있다.
④ '멧새 소리'는 화자와 외부의 소통 가능성을 열어 주는 통로의 역할을 한다.
⑤ '멧새 소리'가 들린다는 것은 집 주변에 인적이나 인기척이 드물다는 것을 암시한다.

출제 예감 85%

06 (가)~(다)를 통해 알 수 있는 내용과 거리가 <u>먼</u> 것은?

① 시어 '문턱'에 담긴 의미
② 시에 사용된 주된 이미지
③ 시 창작 당시 시인의 정서
④ 시 제목 '멧새 소리'의 역할
⑤ 화자가 소통하고 있는 외부 상황

출제 예감 95% 학습 활동 응용

07 (다)에서 시를 해석하는 과정에서 글쓴이가 초점을 둔 것은?

① 시인의 가치관
② 시인의 가족 관계
③ 당시의 시대적 배경
④ 시인과 글쓴이의 친분
⑤ 창작 당시 시인이 살았던 곳

출제 예감 90% 서술형 논술 대비

08 ㉠과 같이 해석한 근거가 무엇인지 〈조건〉에 맞게 서술하시오.

조건
- (다)에 나오는 단어를 활용할 것.
- 40자 이내의 한 문장으로 서술할 것.

소단원 핵심 문제

[09~12] 다음 글을 읽고, 물음에 답하시오.

㉮ 시인의 다른 모습인 화자는 "문턱에 꽁꽁 얼어서 / 가슴에 길다란 고드름"을 매달고 있다. 여기서 화자가 다른 데도 아니고 '문턱'에 얼어 있다는 데 주목할 필요가 있다. 화자가 문턱을 오래 서성였다는 뜻일 텐데, 가슴에 '길다란 고드름'까지 달고 있으니 누군가를 기다리며 오래 속울음을 울고도 남았을 법하다. 하지만 화자가 그렇게 기다리는 사람은 겨우내 오지 않고 있다. ㉠겨울 볕이 더욱 '서러웁게' 차가운 까닭이다.

㉯ 백석의 시는 그가 살았던 시대와 연결 지을 때 의미가 더욱 깊어진다. 식민지에 태어나서 조국과 고향을 떠나 접하는 삶이 얼마나 외롭고 고되었으랴. 더욱이 이 시를 쓸 즈음에는 일본의 억압과 수탈이 점점 심해져서 망국민의 한이 끝없이 깊어질 때다. 바짝 마른 데다 꽁꽁 언 채 처마 끝에 매달려서 눈물 같은 고드름을 달고 있는 명태는 암울한 우리 민족의 분신이기도 한 것이다. 길다랗고 파리한 명태가 되어 꼬리가 아니라 '가슴에' 고드름을 단 채 ㉡우리네 슬픈 이웃들은 무엇을 기다린 것일까.

㉰ 이처럼 이 시를 읽는 재미는 명태의 시각적 이미지와 멧새 소리의 청각적인 이미지를 겹쳐 읽는 데서 시작된다. 그리고 그 이미지들의 사이사이에 시인의 삶이, 역사 속의 소리 없는 울림들이 스며든다. 하지만 제일 커다란 울림은 독자 스스로가 채워 넣는 각자의 이야기에서 완성된다. 어떤 독자는 어릴 적 건넛마을 혹은 장에 가신 엄마를 기다렸던 기억을 떠올리고, 어떤 독자는 온다고 하고 오지 않는 애인이나 어떤 이유로든 헤어진 그 누군가를 채워 넣어 읽을 것이다. 또 어떤 독자는 새로운 내일을, 따뜻한 봄을 채워 넣어 읽을 수도 있다. 시 읽기란 작품에서 출발하여 시간과 공간의 화살을 타고 깊은 우주로 날아갔다가 다시 자기 안으로 돌아오는 아름다운 여정이기 때문이다.

출제 예감 85% 학습 활동 응용

09 다음은 이 글을 읽고 학생들이 문학 작품 감상에 대해 의견을 나눈 것이다. 적절하지 않은 것은?

① 은영: 시 속 화자는 시인의 다른 모습이라고 할 수 있어.
② 지수: 시를 감상할 때에는 창작 당시와 연결 지을 필요가 있군.
③ 언경: 시에 드러난 이미지들 사이사이에는 시인의 삶이 스며들어 있어.
④ 유진: 독자가 자신의 경험을 채워 읽을 때 가장 큰 감동을 받을 수 있군.
⑤ 정아: 일제 강점기에 창작된 시들은 시대적 배경과 관련짓지 않고는 감상하기가 어렵군.

출제 예감 95%

10 〈보기〉의 관점에서 시 「멧새 소리」를 감상한 것은?

보기
문학 작품을 감상하는 관점 중에는 작품이 독자에게 주는 즐거움과 감동, 교훈 등의 효과에 주목하여 해석하는 것도 있다.

① 이 시를 쓸 당시 시인은 고향을 떠나 살고 있었다.
② 이 시를 읽으면 어린 시절 엄마의 모습이 떠오른다.
③ 명태의 모습은 암울한 우리 민족의 분신이기도 하다.
④ 화자는 문턱에서 가슴에 길다란 고드름을 매달고 있다.
⑤ 이 시에서 화자가 기다리는 사람은 겨우내 오지 않고 있다.

출제 예감 85%

11 이 글의 글쓴이가 ㉠과 같이 해석한 근거로 적절한 것은?

① 시 창작 당시 일본의 억압이 심해졌기 때문에
② 시를 쓸 당시 시인이 고향을 떠나 있었으므로
③ 화자가 기다리는 사람이 겨우내 오지 않으므로
④ 화자가 문턱에 서서 누군가를 기다리고 있으므로
⑤ 화자가 가슴에 길다란 고드름을 매달고 있으므로

출제 예감 90% 서술형

12 ㉡에 대한 답을 〈조건〉에 맞게 서술하시오.

조건
• 시의 시대적 배경을 근거로 밝혀 쓸 것.
• 40자 이내의 한 문장으로 서술할 것.

자신 있게 말하기

• 생각 열기 다음은 어느 방송인을 면담하고 쓴 기사의 일부입니다. 면담 기사를 읽고, 아래의 활동을 해 봅시다.

중앙일보 2013년 6월 10일

질문 지금은 유명한 방송인이 되었지만, 한때는 무대에 대한 두려움으로 방송 생활을 포기하려고 하셨다면서요?

답변 네, 그렇습니다. 연습 때는 잘하다가도 무대에만 서면 덜덜 떨었어요. 오락 부장을 할 때는 친구들 앞이니까 아무 문제가 없었는데 전혀 모르는 사람들 앞에서 말을 하려니 심장이 터질 것만 같았습니다. 대사도 전혀 생각이 안 나고, 입술도 파르르 떨리고. 당시 저는 매 순간이 오디션 결승처럼 느껴졌어요. 이걸 잘해서 반드시 인정을 받겠다고 생각하다 보니 더욱 부담이 컸습니다.

여러분도 이 방송인과 비슷한 경험을 한 적이 있나요?

예시 답 • 발표를 하기 위해 자리에서 일어나기만 하면 말하려고 했던 내용이 하나도 생각나지 않는다. • 사람들 앞에만 서면 얼굴이 빨개지고 가슴이 두근두근거려서 말하기가 어려워진다.

유명한 방송인도 말하기 불안을 겪었다는 사실을 알고 나서 어떤 생각이 들었는지 이야기해 봅시다.

예시 답 • 유명한 방송인이 말하기 불안을 겪었다니 놀랍다.
• 나도 열심히 노력하면 이 방송인처럼 말하기 불안을 극복할 수 있겠다는 생각이 들었다.

• 학습 목표로 내용 엿보기

"유명한 방송인도 여러 사람 앞에서 말을 할 때 어려움을 겪은 적이 있구나. 말하기 불안을 모든 사람에게 생길 수 있는 자연스러운 현상으로 받아들이고, 그 어려움을 극복하기 위해 노력한다면 자신의 생각을 더욱 분명하고 자신 있게 말할 수 있을 거야."

핵심 1 말하기 불안의 원인과 대처 방안 알아보기

핵심 2 말하기 불안에 대처하며 발표하기

핵심 원리 이해하기 말하기 불안

1. 말하기 불안의 원인

말하기 준비를 제대로 하지 않았거나, 공식적인 상황에 익숙하지 않거나, 상대방 혹은 여러 사람 앞에서 말하는 것에 부담을 느낄 때 겪게 됨.

2. 말하기 불안의 대처 방안

말하기 불안을 해소하고 성공적인 말하기를 하기 위해서는 사전 준비를 철저히 하고, 긍정적인 태도를 가져야 함.

개념 확인 콕콕 • 정답과 해설 p.5

01 **다음 빈칸에 들어갈 알맞은 말을 쓰시오.**

여러 사람 앞에서 말을 하기에 앞서 또는 말을 하는 과정에서 개인이 경험하게 되는 불안 증상을 (　　　)이라 한다.

02 **말하기 불안에 대한 설명으로 적절한 것은?**

① 말하기 불안은 어른이 되면 자연스럽게 사라진다.
② 세심한 성격일수록 말하기 불안을 많이 경험한다.
③ 말하기 불안은 개인의 노력으로는 극복하기가 어렵다.
④ 말하기 불안은 누구나 겪을 수 있는 자연스러운 현상이다.
⑤ 유명한 방송인들은 말하기 불안을 경험하지 못한 사람들이다.

03 **다음은 말하기 불안을 극복하기 위한 방법이다. ㉠과 ㉡에 들어갈 알맞은 말을 쓰시오.**

말하기 불안을 해소하고 성공적인 말하기를 하기 위해서는 (㉠)를 철저히 하고 (㉡)인 태도를 가져야 한다.

활동 안내

이 소단원에서는 여러 사람 앞에서 말을 할 때 겪는 어려움의 증상을 분석하여 그 원인을 파악하고 이에 효과적으로 대처하는 방법을 알아보고자 한다. 이를 위해 먼저 여러 사람 앞에서 말을 할 때 불안감을 느끼는 것은 자연스러운 현상임을 이해한 후, 말하기에 관해 자신이 느끼는 어려움이 무엇인지 점검하도록 하였다. 말하기 불안의 원인을 파악하였다면 대처 방안을 찾으려는 노력을 통해 말하기 불안을 실제적으로 극복할 수 있도록 하였다. 또한, 앞 단원과 연계하여 문학 작품을 주체적인 관점에서 해석하고 그 내용을 여러 사람 앞에서 분명하고 자신 있게 말해 볼 수 있도록 하였다.

활동 1		활동 2
말하기 불안의 원인과 대처 방안 알아보기	➔	말하기 불안에 대처하며 발표하기

활동 개관

★ **활동 1** 말하기 불안의 원인과 대처 방안 알아보기

말하기 불안의 원인을 파악하고 그에 관한 대처 방안을 마련하기 위한 활동이다. 대체로 말하기 불안은 말하기 준비를 제대로 하지 않았거나, 공식적인 상황에 익숙하지 않거나, 상대방 혹은 여러 사람 앞에서 말하는 것에 대해 과도한 부담을 느낄 때 겪게 되는 불안감임을 이해한 후, 말하기에 관하여 자신이 느끼는 어려움은 무엇인지 점검하고 이에 관한 극복 방안을 찾아볼 수 있도록 한다.

- **활동 제재** 발표자인 선구의 말하기 불안의 원인을 파악하고 대처 방안을 살펴보는 활동이다. 선구는 '문학 작품의 다양한 해석'에 관한 모둠 주제를 발표하게 되었는데, 여러 사람 앞에서 말을 해 본 경험이 없으며, 발표를 잘해야 한다는 부담감 때문에 말하기 불안을 겪고 있다. 말하기 불안으로 인해 발표를 원활하게 하지 못하는 선구를 위해 친구들은 응원의 눈빛을 보내지만 끝내 선구는 말하기 불안을 극복하지 못하고 발표를 끝냈다.

★ **활동 2** 말하기 불안에 대처하며 발표하기

다양한 해석이 가능한 우화를 읽고, 적절한 근거를 들어 해석한 후 그 내용을 여러 사람 앞에서 발표해 보는 활동이다. 발표하기에 앞서 말하기 불안 요소를 점검한 후, 이에 대해 효과적으로 대처하며 발표를 해 보도록 한다. 아울러 화자뿐 아니라 청자의 역할도 말하기 상황에 큰 영향을 미친다는 것을 인식할 수 있도록 한다.

- **김소진, 「불나방과 하루살이」** 활동 제재인 「불나방과 하루살이」는 불나방과 하루살이와 파리의 대화를 통해 눈앞의 욕망보다 자유와 아름다움을 추구하는 삶의 중요성을 우화적 구조를 통해 효과적으로 전달하고 있는 소설이다. 이 소설을 읽고, 소설에 관한 자신의 해석을 여러 사람들 앞에서 발표함으로써 말하기 불안 요소를 점검하고 동료 평가를 통하여 말하기에 관한 긍정적 경험을 가질 수 있도록 한다.

자신 있게 말하기

활동 1 말하기 불안의 원인과 대처 방안 알아보기

다음 상황을 보고, 말하기 불안의 원인과 그 대처 방안에 관해 알아봅시다.

상진 내일은 '문학 작품의 다양한 해석'에 관해 우리 모둠이 발표를 하는 날이야. 선구 네가 발표를 하기로 했었지?

선구 그래, 그런데 난 여러 사람 앞에서 말을 해 본 경험이 별로 없는데 ㉠발표를 잘할 수 있을까?

현서 평소 우리랑 이야기하는 것처럼 자연스럽게 발표하면 아무 문제 없을 거야.

선구 (자신 없는 목소리로) 그, 그래, 알았어.

선구는 혼자 있을 때 틈만 나면 모둠 친구들과 함께 작성한 발표문을 보았다. 발표문을 보지 않고도 그 내용을 말할 수 있을 정도로 외운 선구는 안심하고 학교에 갔다.

상진 우리 모두 열심히 발표 준비를 했으니, 전달만 잘되면 좋은 평가를 받을 수 있을 거야.

현서 선구가 발표를 잘해 줄 거라고 믿어. 선구야, 자신 있지?

친구들의 이야기를 들은 선구는 부담감 때문에 갑자기 불안해진다.

선구 (혼잣말로) 우리 모두 발표 준비를 하느라 고생을 많이 했는데, 내가 발표를 못해서 다 망쳐 버리면 어떡하지?

• 확인 문제 • •정답과 해설 p.5

01 학생들의 대화에 대한 설명으로 적절한 것은?

① 모둠 발표를 하기 위해 토의하고 있다.
② 모둠 발표의 주제를 정하기 위한 활동이다.
③ 발표자를 정하지 못해 어려움을 겪고 있다.
④ 발표의 순서를 정하기 위해 토의하고 있다.
⑤ 모둠 활동이 잘 이루어지지 않아 갈등하고 있다.

02 학생들의 태도에 대한 설명으로 적절하지 않은 것은?

① 선구는 발표를 맡게 되어 걱정하고 있다.
② 상진은 선구가 발표자임을 알려 주고 있다.
③ 현서는 선구의 불안감을 해소시키기 위해 노력하고 있다.
④ 현서는 선구가 평소에도 발표를 잘했음을 인정하고 있다.
⑤ 상진은 전달만 잘되면 좋은 평가를 받을 것이라고 생각한다.

핵심

03 발표를 잘하기 위해 선구가 준비한 것은?

① 발표 내용을 보완하기 위해 더 많은 자료를 찾아보았다.
② 발표의 부담감을 이기기 위해 여러 사람 앞에서 말해 보았다.
③ 발표문을 보지 않고도 그 내용을 말할 수 있을 정도로 외웠다.
④ 평소 자신의 말하기 태도의 문제점을 고치기 위해 노력하였다.
⑤ 말하기에서 자신이 느끼는 불안감의 원인이 무엇인지 찾아보았다.

서술형

04 선구가 ㉠과 같이 말한 이유가 무엇인지 <조건>에 맞게 한 문장으로 서술하시오.

조건
선구의 말에서 찾아 쓸 것.

국어 수업이 시작된다.

선생님　자, 행복 모둠 차례죠? 행복 모둠 발표자가 '문학 작품의 다양한 해석'이라는 주제로 발표를 시작해 볼까요?

교실 앞으로 나간 선구는 선생님과 친구들의 얼굴을 보고 긴장된 표정을 짓는다.

선구　(작은 목소리로) 우리 모둠은 백석의 멧……새 소리에 관해 발표를, 아니 조사를 했고, 다양하게 해석해 보았습니다.

선구가 불안한 표정으로 모둠 친구들을 힐끔힐끔 쳐다보자, 친구들은 선구가 자신감을 가질 수 있도록 응원의 눈빛을 보낸다.

선구　작품의 내용과 표현을 중심으로 살펴보면 멧새 소리는 백……석이……. (당황하여 말을 더듬고) 아니, 내용과 표현이 아니라, 저, 그……작가를 중심으로…….

선구는 식은땀을 흘리고, 두려움에 다리를 떨며, 가쁜 숨을 몰아쉬면서 발표를 이어 간다.

선구　(기어들어 가는 목소리로) 멧새 소리는 당시 우리 민족이 기다렸던 독립에 대한 희망의 메시지……가 아니라, 아니, 이건 당시 시대 상황과…… 관련지어 해석해 본…….

선생님　목소리가 너무 작은 것 같아요. 좀 더 큰 목소리로 발표하면 좋을 것 같아요.

선구　(고개를 푹 숙이며) 네, 알겠습니다. (떨리는 목소리로) 명태, 아니 멧새가…… 아니, 멧새 소리가……. 멧새 소리의 의미는 (고개를 숙이고 발표문만 들추어 보면서) 우리 민족이 기다리는…….

머릿속이 하얘진 선구는 어떻게 발표를 끝냈는지 기억도 안 난다.

05 **〈보기〉에서 이 발표에 대한 설명으로 적절한 것을 모두 골라 묶은 것은?**

보기

㉠ '문학 작품의 다양한 해석'이라는 주제로 발표가 진행되고 있다.
㉡ 발표자는 자신감 있는 태도로 발표 내용을 잘 전달하고 있다.
㉢ 선생님이 발표자의 태도 중 개선해야 할 점에 대해 조언을 하고 있다.
㉣ 발표를 듣는 청중들의 태도가 발표자의 불안감을 가중시키고 있다.

① ㉠, ㉡　② ㉠, ㉢　③ ㉡, ㉢
④ ㉡, ㉣　⑤ ㉢, ㉣

06 **발표에 대한 반응으로 적절하지 <u>않은</u> 것은?**

① 주제에 대해 모둠 구성원들이 사전에 발표 내용을 준비한 것 같아.
② 발표자가 개인적인 의견을 앞세우다 보니 발표 내용이 부실해졌어.
③ 발표자가 여러 사람들 앞에서 말하는 것에 대해 불안감을 가지고 있군.
④ 친구들은 발표자가 자신감을 가질 수 있도록 응원의 눈빛을 보내고 있어.
⑤ 발표자가 발표 내용을 충분히 전달하지 못한 것 같아 아쉬운 마음이 들었어.

핵심

07 **발표를 듣고 나서 선구에게 해 줄 말로 가장 적절한 것은?**

① 청중들의 지식 수준을 고려하여 말해야 합니다.
② 공식적인 말하기에 적합한 어투로 말하기 바랍니다.
③ 발표하기 전에 미리 발표문을 준비하는 것이 좋습니다.
④ 청중들이 잘 알아들을 수 있도록 천천히 말하기 바랍니다.
⑤ 말하기 불안의 원인을 파악하고 극복하려는 노력이 필요합니다.

1. **선구의 말하기 불안의 원인에 해당하는 것에 ✓ 표시를 해 봅시다.**

예시 답

- [x] 말을 잘해야 한다는 부담감이 너무 컸다.
- [x] 말하기 연습 방법이 적절하지 않았다.
- [x] 여러 사람 앞에서 말을 해 본 경험이 부족했다.
- [ ] 청중이 낯설고 말하기 환경이 친숙하지 않았다.
- [ ] 청중이 자신의 말을 듣고 어떤 반응을 보일지에 대한 염려가 너무 컸다.

2. **다음 글을 바탕으로 선구에게 말하기 불안의 대처 방안에 관해 조언의 말을 해 봅시다.**

말하기 불안은 사람에 따라 정도의 차이는 있지만, 대부분의 화자가 겪게 되는 심리적 현상이다. 따라서 문제가 되는 것은 말하기 불안 그 자체라기보다 불안에 대처하는 화자의 대응 태도라고 할 수 있다.

말하기 불안을 완화하기 위해서는 말하기 불안을 모든 사람에게 생길 수 있는 자연스러운 현상으로 받아들이고, 자신에게 있는 말하기 불안의 원인을 정확하게 파악하여 대처해야 한다.

먼저 불안을 이길 수 있도록 긍정적인 자기 암시를 하거나 말하기에 성공하는 장면을 그려 보면서 부정적인 생각을 긍정적으로 바꿀 필요가 있다. 또한, 말하기에 대한 숙달도를 높여 불안을 낮추기 위한 훈련도 해야 한다. 말하기 준비를 치밀하게 하고, 사전 연습을 철저히 하되, 청중이 자신의 앞에 있다고 가정하여 시선, 손동작, 자세 등이 자연스럽도록 연습하는 것도 좋은 방법이 될 수 있다.

예시 답 가수가 되기 위해 오디션 프로그램에 여러 번 도전하는 사람을 본 적이 있어. 그 사람은 실패에 좌절하지 않고 더 열심히 노력해서 다른 도전자들보다 능숙한 모습을 보여 주었어. 그 사람이 오디션에 합격하기 위해 열심히 연습하고 노력한 것처럼 말하기 불안을 없애기 위해 열심히 연습하고 자신감을 키우면 말하기 불안을 충분히 극복할 수 있을 거라고 생각해.

3. **선구와 같이 말하기 불안을 겪었던 경험을 떠올려 보고, 앞으로 그와 유사한 상황에 처하면 어떻게 대처할지 이야기해 봅시다.**

예시 답 예전에 발표를 할 때 잘해야 한다는 생각만 가득해서 외운 발표문의 내용을 떠올리는 데만 집중하다 보니 친구들과 시선을 맞추지도 못하고 굉장히 어색하게 발표를 한 경험이 있어. 앞으로는 여러 사람 앞에서 발표할 기회가 생기면 잘해야 한다는 생각을 버리고 편안하게 친구들과 눈을 맞추고 평소에 이야기하는 것처럼 자연스럽게 발표를 할 거야.

핵심

08 **〈보기〉에서 선구의 말하기 불안의 원인을 모두 골라 묶은 것은?**

보기

㉠ 말을 잘해야 한다는 부담감
㉡ 적절하지 않은 말하기 연습 방법
㉢ 낯선 청중과 친숙하지 않은 말하기 환경
㉣ 여러 사람 앞에서 말을 해 본 경험의 부족
㉤ 자신의 말을 듣고 청중이 어떤 반응을 보일지에 대한 염려

① ㉠, ㉡, ㉣　② ㉠, ㉣, ㉤
③ ㉡, ㉢, ㉣　④ ㉡, ㉣, ㉤
⑤ ㉢, ㉣, ㉤

09 **말하기 불안에 대하여 바르게 설명한 것은?**

① 말하기 불안은 심리적인 원인이 대부분이므로 극복하기가 어렵다.
② 사람에 따라 정도의 차이는 있지만, 대부분 겪게 되는 심리적 현상이다.
③ 문제가 되는 것은 말하기 불안 그 자체이므로 대응 태도는 중요하지 않다.
④ 말하기 불안을 극복하기 위해서는 지식 수준을 높이려는 노력이 필요하다.
⑤ 말하기 불안을 완화하려면 청중이 없는 상황을 가정하여 연습을 해야 한다.

핵심

10 **말하기 불안을 겪고 있는 선구에게 해 줄 조언으로 가장 적절한 것은?**

① 소극적인 사람만 불안감을 겪게 되니까 성격을 바꿀 필요가 있어.
② 말을 잘하는 사람과 자주 어울리다 보면 쉽게 극복할 수 있을 거야.
③ 말하기에 앞서 말할 내용을 완벽하게 암기하면 불안감이 없어질 거야.
④ 가능하면 혼자 생각하는 시간을 많이 가져보면 불안감이 해소될 거야.
⑤ 불안감을 이길 수 있도록 긍정적인 자기 암시를 하는 것도 좋은 방법이야.

활동 2 말하기 불안에 대처하며 발표하기

다음 소설을 읽고, 자신이 해석한 내용을 자신 있게 발표해 봅시다.

불나방과 하루살이

김소진

"얘, 너 어딜 가니?"

늦가을의 별빛이 스미는 창문 틈새를 간신히 비집고 들어오느라 생채기가 난 날개를 쓰다듬던 불나방에게 누군가 말을 걸었습니다. 뒤를 돌아다보니 하루살이와 파리였습니다.

생채기: 손톱 따위로 할퀴어지거나 긁히어서 생긴 작은 상처

"난 불을 찾아 여기로 날아들었어. 근데 너희들 거기서 뭐하니?"

자세히 보니 그들은 천장에 기다랗게 매달린 끈끈이 띠에 붙어 옴짝달싹 못 하는 처지였지요.

"보면 모르니? 우리는 지금 만찬을 즐기고 있다고."

"아름다운 향기와 입에 쩍쩍 달라붙는 즙이 얼마든지 흐르고 있잖니. 너도 몹시 허기가 진 표정인데 이리 가까이 와서 맛 좀 보렴."

그러나 불나방은 고개를 내저었습니다.

"난 싫어. 너희들이 먹고 있는 만찬은 가짜야. 사람들이 너희들을 잡기 위해 가짜 꿀 냄새가 나는 아교풀을 발라 놓았다고. 너희는 그 유혹을 이기지 못하고 깜빡 속은 것일 뿐이야."

"흥, 속았다고?"

입가에 끈끈한 아교풀을 잔뜩 묻힌 파리가 코웃음을 쳤습니다.

"유혹을 이기지 못했다고? 그런 너는? 넌 저 휘황찬란한 촛불의 유혹을 이기지 못해 여기로 날아든 게 아니냐고?"

"그건 사실이야."

불나방이 시인을 하자 더욱 ㉠기세가 오른 파리가 다그쳤지요.

"우리가 인간한테 잡혀 죽는 모습을 네가 보게 될 확률보다 불에 뛰어들어 날개와 살이 타서 죽는 너의 꼬락서니를 우리가 먼저 구경하게 될 확률이 훨씬 높을걸? 안 그러니 하루살이야?"

11 〈보기〉에서 이 글에 대한 설명으로 옳은 것을 모두 고른 것은?

보기
ㄱ. 곤충의 습성을 통해 교훈을 전달하고 있다.
ㄴ. 곤충의 습성을 체계적으로 설명하기 위해 쓴 글이다.
ㄷ. 우화적 구조를 통해 주제를 효과적으로 전달하고 있다.
ㄹ. 인간과 자연의 대비를 통해 자연의 위대함을 말하고 있다.

① ㄱ, ㄴ ② ㄱ, ㄷ ③ ㄴ, ㄷ
④ ㄴ, ㄹ ⑤ ㄷ, ㄹ

12 등장인물에 대한 설명으로 적절한 것은?

① 불나방은 하루살이의 말에 동조하고 있다.
② 파리는 불나방의 말을 모두 수용하고 있다.
③ 하루살이와 파리는 불나방을 비웃고 있다.
④ 불나방은 파리의 말을 부분적으로 인정하고 있다.
⑤ 파리는 불나방의 말에 대해 자신을 돌아보고 있다.

핵심

13 등장인물을 유혹하는 대상을 〈보기〉와 같이 정리할 때, 빈칸에 들어갈 알맞은 말을 찾아 쓰시오.

보기

등장인물	유혹의 대상
파리	끈끈이 띠의 아교풀
불나방	( )

14 ㉠의 이유에 해당하는 것은?

① 불나방이 파리의 말을 인정했기 때문
② 하루살이의 말이 옳다고 생각했기 때문
③ 불나방이 하루살이의 말을 비판했기 때문
④ 다른 사람들이 불나방을 비판하였기 때문
⑤ 하루살이가 파리의 편을 들어 주었기 때문

"글쎄, 난 장담하기 어려워. 오늘 밤 자정 이후에 일어날 일에 대해서는 뭐라고 잘라 말할 수 없기 때문이야. 왜냐하면 너희들도 알다시피 난 하루살이 아냐? 자정을 넘길 수 없을 거야."

"그러니까 넌 선택을 잘한 거야. 자정이면 땡 칠 목숨, 피곤하게 날갯짓하며 하루 종일 푸드덕거려 봤자 제대로 얻어먹기라도 하냐 이거야. 차라리 이렇게 한 상 떡 벌어진 끈끈이 띠에 달라붙어 곧 죽을 때까지 호의호식하는 게 장땡이지 뭐. 하지만 사실 너보다 며칠은 너끈히 더 살 수 있는 난 약간 억울한데 이거."

너끈히: 무엇을 하는 데에 모자람이 없이 넉넉하게

그 말을 들은 하루살이는 좀 우울해졌습니다. 그래서 창문턱에서 휴식을 마치고 막 날아오르려는 불나방을 붙잡고 물어보았습니다.

"불나방아, 너는 하루살이에 불과한 나나 파리보다도 훨씬 오래 살잖아."

"그렇다고 할 수도 있지."

"그런데 왜 스스로 뜨거운 불꽃에 몸을 함부로 던지려 하는 거지? 그건 너무 끔찍하잖아? 차라리 우리처럼 향기와 단물이 흐르는 끈끈이 띠에 발을 붙이고 한나절이나마 잘 지내다 사라지는 게 오히려 낫지 않을까? 누가 너에게 그 일을 시켰니?"

불나방은 잠시 눈을 지그시 감았다가 떴습니다.

"아무도 내게 불 속으로 뛰어들라고 강요하지 않았어."

"그럼 도대체 무슨 까닭이야?"

"그건 말로 설명할 순 없어. 느낌이 중요해."

"무슨 느낌?"

"말하자면 자유 같은 거겠지. 찬찬히 돌이켜 생각해 봐. 우리는 그동안 항상 허기를 느끼는 빈 위장과 단물을 쪽쪽 빠는 데 이골이 난 혀의 노예로만 살아왔어."

하루살이는 고개를 갸웃거렸습니다.

"그거야 당연한 것 아냐?"

"물론 당연하다고 할 수도 있어. 하지만 그렇게 사느라고 우리가 치른 ㉠<u>엄청난 대가</u>들을 생각해 봐. 어느 구석인지 입을 벌리고 있을 음흉한 거미들의 보이지 않는 죽음의 그물망을 염려하느라 몸을 움츠려야 했어. 또 공포스러운 사마귀의 턱이나 새들의 단단한 부리에 우리의 연약한 머리통이 깨질까 걱정하느라 숨도 제대로 못 쉬었어."

"그건 그래……."

15 이 글에 대한 설명으로 알맞지 <u>않은</u> 것은?

① 높임 표현을 사용하여 서술하고 있다.
② 대화 중심으로 이야기를 전개하고 있다.
③ 현재와 과거가 뒤섞여서 사건이 진행된다.
④ 각기 다른 성격의 인물들이 등장하고 있다.
⑤ 삶에 대한 인물들의 태도가 대립되고 있다.

16 하루살이에 대한 설명으로 적절한 것은?

① 불나방의 처지를 가엽게 여기고 있다.
② 자신과 생각이 다른 파리를 존경한다.
③ 미래에 대해 자신 있게 말하지 못한다.
④ 불나방에게 무관심한 태도를 보이고 있다.
⑤ 파리보다 자신의 처지가 낫다고 생각한다.

핵심

17 불나방과 같은 가치관을 갖고 있는 사람은?

① 은주는 부모님이 원하시는 의사가 되기 위해 오늘도 열심히 공부하고 있다.
② 우주는 성적에 집착하기보다는 현재의 즐거움을 위해 게임을 하기로 했다.
③ 영훈이는 완벽한 아름다움을 추구하기 위해 성형 수술을 하기로 결정하였다.
④ 경희는 본능보다는 자유를 추구하는 삶을 사는 것이 더 가치가 있다고 생각한다.
⑤ 현수는 대학 진학률이 높은 고등학교에 진학하기 위해 입시 정보를 수집하였다.

서술형

18 ㉠이 의미하는 바를 〈조건〉에 맞게 서술하시오.

조건
- 불나방이 추구하는 가치와 관련된 내용으로 쓸 것.
- '죽음'과 '자유'라는 단어를 활용하여 쓸 것.
- 20자 이내의 한 문장으로 쓸 것.

하루살이는 고개를 끄덕였습니다.

"하지만 저렇게 일렁거리며 현란한 춤을 추는 불꽃을 한번 보라고. 얼마나 아름답고 자유스러워. 곤충 주제에 무슨 아름다움이고 자유를 찾냐고 비웃을 수는 있어. 그러나 그것은 그렇게 생각하는 쪽의 ㉠오만이고 편견일 뿐이야. 자기 나름대로의 아름다움에 반하고 그런 것을 추구할 권리는 결코 어느 한쪽에서 배타적으로 소유할 수가 없을걸. 우리 모두의 권리야. 오오, 저 춤추는 아름다운 불꽃!"

"하지만 날개가 타고 몸에 화상을 입으면 고통스럽잖아? 난 무서워."

"아마 고통 없는 아름다움이란 이 세상에 없을 거야. 그리고 우린 어차피 자연의 순환이라는 법칙에 곧 순종해야 할 운명이야. 난 아무도 모르는 곳에 이미 다음 대를 이어 갈 나의 사랑스런 알들도 까 놓았어. 그럼 안녕!"

불나방은 일렁이는 촛불 위를 서너 차례 돈 다음 온 힘을 다해 몸을 던졌답니다. 그 순간 하루살이도 몸속에서 어떤 뜨거운 기운이 솟는 느낌을 받으며 눈을 질끈 감았지만 다시는 뜨지 못했습니다. 왜냐하면 그때가 거의 자정 무렵이었기 때문입니다.

"힝, 그 불나방 잘난 척 한번 더럽게 하더니 결국 저 꼴이 되고 마는군. ㉡이승의 진흙탕이면 어때! 하루라도 더 구르는 놈이 장땡이지 뭐."

열심히 아교풀을 빨아 먹던 파리가 한마디 던지고는 계속 혓바닥을 날름거렸지요. 물론 한 사람이 다가와 파리를 처리하기 위해 가위로 끈끈이 띠를 막 자르려 하는 것은 미처 보지 못한 채 말입니다.

핵심 정리 「불나방과 하루살이」

갈래	현대 소설, 우화 소설
성격	교훈적, 비판적, 상징적
제재	불나방과 하루살이와 파리의 대화
주제	눈앞의 욕망보다 자유와 아름다움을 추구함.
특징	① 우화적 구조를 통해 주제를 효과적으로 전달함. ② 곤충의 습성에 빗대어 인간의 삶에 교훈을 주고자 함. ③ 추구하는 가치가 다른 등장인물들을 통해 어떤 삶이 가치 있는 삶인지 생각해 보게 함.

19 불나방의 말하기 방식으로 적절한 것은?

① 상대방을 설득하기 위해 전문가의 말을 인용하여 말하고 있다.
② 자신의 말을 상대방이 받아들일 때까지 반복하여 말하고 있다.
③ 자신의 생각에 대한 확고한 믿음을 갖고 자신 있게 말하고 있다.
④ 상대방에게 자신의 생각을 설득하기 위해 감정적으로 말하고 있다.
⑤ 자신의 지적 수준을 과시하기 위해 어려운 말을 골라 쓰고 있다.

핵심

20 자유에 대한 불나방의 생각을 나타내기에 가장 적절한 말은?

① 자유와 질서는 양립할 수 없다.
② 진정한 자유는 경제적 자유이다.
③ 누구나 자유를 누릴 권리가 있다.
④ 자유를 누리려면 자격이 필요하다.
⑤ 자유보다는 평등이 더 큰 가치이다.

서술형

21 ㉠이 가리키는 내용이 무엇인지 구체적으로 서술하시오.

22 ㉡과 관련 있는 속담은?

① 쥐구멍에도 볕 들 날 있다.
② 개똥밭에 굴러도 이승이 낫다.
③ 개같이 벌어서 정승같이 쓴다.
④ 어물전 망신은 꼴뚜기가 시킨다.
⑤ 양반은 얼어 죽어도 곁불은 안 쬔다.

1. **자신의 관점에서 이 소설을 해석해 보고, 이를 수업 시간에 발표하기 위한 발표문을 작성해 봅시다.**

1 이 소설에 나타난 등장인물의 특성을 파악해 봅시다. 예시 답

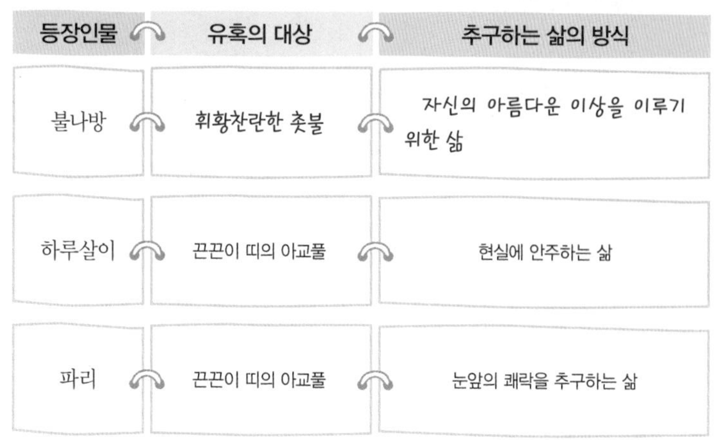

등장인물	유혹의 대상	추구하는 삶의 방식
불나방	휘황찬란한 촛불	자신의 아름다운 이상을 이루기 위한 삶
하루살이	끈끈이 띠의 아교풀	현실에 안주하는 삶
파리	끈끈이 띠의 아교풀	눈앞의 쾌락을 추구하는 삶

2 이 소설의 작가가 등장인물들을 통해 말하고자 한 것은 무엇인지 생각해 봅시다.

예시 답 추구하는 가치가 다른 등장인물들을 통해 눈앞의 욕망보다 자유와 아름다움을 추구하는 삶이 더 가치 있다는 주제를 전달하고 있다.

3 이 소설의 등장인물 중에서 자신이 가장 공감하는 인물의 삶의 방식과 그 까닭을 정리해 봅시다.

예시 답 나는 파리가 추구하는 삶의 방식을 지지한다. 불가능한 것을 꿈꾸지 않고 현실 속에서 가능한 것을 추구하는 삶이 더 가치 있어 보이기 때문이다.

핵심

23 **〈보기〉의 ㉠과 ㉡에 들어갈 알맞은 말을 쓰시오.**

보기

등장인물	추구하는 삶의 방식
불나방	자신의 아름다운 (㉠)을 이루기 위한 삶
파리	눈앞의 (㉡)을 추구하는 삶

24 **불나방이 파리에게 충고할 말로 가장 적절한 것은?**

① 행복은 멀리 있는 것이 아니라 가까운 곳에 있어요.
② 눈앞의 즐거움보다 더 큰 가치도 있다고 생각합니다.
③ 사람을 판단할 때 겉모습만 보지 말고 내면을 보세요.
④ 상대방의 말을 비판적으로 수용하는 자세가 필요합니다.
⑤ 자유보다 더 소중한 평등의 가치에 대해 생각해 보세요.

25 **불나방이 추구하는 삶의 가치를 담고 있는 것은?**

① 님은 갔습니다. 아아, 사랑하는 나의 님은 갔습니다. – 한용운, 「님의 침묵」
② 구름은 / 보랏빛 색지 위에 / 마구 칠한 한 다발 장미 – 김광균, 「데생」
③ 연탄재 함부로 발로 차지 마라. / 너는 / 누구에게 한 번이라도 뜨거운 사람이었느냐. – 안도현, 「너에게 묻는다」
④ 저렇게 많은 별 중에서 / 별 하나가 나를 내려다본다. / 이렇게 많은 사람 중에서 / 그 별 하나를 쳐다본다. – 김광섭, 「저녁에」
⑤ 나는 / 나는 / 죽어서 / 파랑새 되어 // 푸른 하늘 / 푸른 들 / 날아다니며 – 한하운, 「파랑새」

4 이 소설을 감상하고, 자신이 해석한 내용을 바탕으로 발표문을 써 봅시다.

유의 사항

- 작가가 소설을 통해 말하고자 하는 바를 고려하면서 자신의 생각과 관점이 잘 드러나도록 발표문을 씁니다.
- 등장인물이 추구하는 삶의 방식 중, 어떤 삶의 방식이 더 타당하다고 생각하는지 근거를 들어 씁니다. 또 자신은 어떤 삶을 추구하고 싶은지도 밝혀 줍니다.
- 친구들이 발표에 관심과 흥미를 가질 수 있도록 발표 내용을 구성합니다.

예시 답

제가 발표할 내용은 김소진 작가의 「불나방과 하루살이」에 관한 해석입니다.

이 소설은 불나방, 파리, 하루살이라는 세 곤충의 습성에 빗대어 우리의 삶에 교훈을 주고 있습니다. 이 소설에 등장하는 '파리'는 달짝지근한 아교풀을 빨아 먹기 위해 끈끈이 띠에 붙어 있습니다. 이러한 파리는 현실에서 눈앞의 쾌락을 추구하는 인간을 의미합니다. 그리고 하루만 살면 죽게 되는 '하루살이'는 짧은 삶 동안 무엇을 이루기 위해 힘들게 살기보다 현실에 안주하며 사는 인간을 상징합니다. 반면 고통스럽게 불에 타 죽을 것을 알면서도 촛불을 향해 뛰어드는 '불나방'은 자유와 아름다움을 추구하는 인간을 의미합니다. 작가는 이렇게 곤충들을 통해 자신이 원하는 이상을 향해 모든 것을 바치는 삶이 가치 있는 삶이라는 주제를 전달하고 있습니다.

작가는 불나방의 삶을 긍정적으로 바라보고 있고, 파리와 하루살이의 삶을 부정적으로 바라보며 비판하고 있지만, 저는 파리나 하루살이의 삶의 방식이 무가치하다고 생각하지 않습니다. 오히려 불나방보다 파리가 추구하는 삶의 방식이 더 가치 있다고 생각합니다. 이룰 수도 없는 꿈만 좇다가 시간만 허비하는 것은 현명한 삶의 태도가 아니기 때문입니다.

저는 눈에 보이지 않는 이상을 좇으며 고통스럽게 사는 것보다 한 번뿐인 인생이니 하루하루 즐겁게 사는 삶을 살고 싶습니다. 오늘을 충실히 살다 보면 내일도 충실해질 수 있고, 오늘의 행복을 찾으면 내일도 행복해질 것이라고 믿습니다.

발표 준비하기

2. 1에서 작성한 발표문을 바탕으로 발표 준비를 해 봅시다.

1 다음 점검표를 통해 자신의 상태를 점검하고, 도움말을 참고하여 발표 준비를 해 봅시다. 예시 답 생략

발표하기 며칠 전부터 불안하다.	◎	⊗
발표해야 하는 상황을 피하고 싶다.	◎	⊗
발표할 때 내용을 잊어버리거나 멍해질까 봐 걱정된다.	◎	⊗

도움말

발표 전에는 이렇게!

- 발표문을 여러 번 읽고, 발표 내용을 완전히 이해한다.
- ㉠발표 전의 불안함에 관해 친구들과 이야기를 나누며 그런 불안이 자신만의 문제가 아니라 누구나 겪는 일이라는 것을 이해한다.

26 이 소설에 대해 해석한 내용을 발표문으로 작성할 때, 유의 사항을 〈보기〉에서 모두 골라 묶은 것은?

보기

ㄱ. 작가가 말하고자 하는 주제를 파악해야 한다.
ㄴ. 자신의 생각에 맞게 주제를 재구성하도록 한다.
ㄷ. 자신이 어떤 삶을 추구하고 싶은지 정리해 본다.
ㄹ. 발표 내용은 발표 당일 즉석에서 준비하는 것이 좋다.

① ㄱ, ㄴ ② ㄱ, ㄷ ③ ㄴ, ㄷ
④ ㄴ, ㄹ ⑤ ㄷ, ㄹ

27 〈보기〉와 같은 상황에 처한 발표자에게 해 줄 말로 알맞지 <u>않은</u> 것은?

보기

- 발표하기 며칠 전부터 불안하다.
- 발표해야 하는 상황을 피하고 싶다.
- 발표할 때 내용을 잊어버리거나 멍해질까 봐 걱정된다.

① 발표문을 여러 번 읽어 보세요.
② 발표 내용을 완전히 이해해야 합니다.
③ 발표 전 불안감은 누구에게나 있어요.
④ 불안을 느끼면 발표가 힘들어질 겁니다.
⑤ 불안함에 대해 친구들과 이야기를 나누어 보세요.

핵심

28 ㉠에 대해 바르게 설명한 것은?

① SNS 활용에 익숙해진 젊은 사람들에게는 해당되지 않는다.
② 누구에게나 있는 심리적 문제로서 노력에 따라 극복 가능하다.
③ 여러 사람들 앞에서 말하는 기회가 많아지면 저절로 극복된다.
④ 독서의 범위를 확장하여 지식을 많이 습득하면 극복할 수 있다.
⑤ 사적인 대화를 잘하는 사람들은 발표 전의 불안함을 느끼지 않는다.

2 다음과 같은 상황을 경험한 적이 있는지 점검하고, 도움말을 참고하여 발표 연습을 해 봅시다. 예시 답 생략

발표할 때 얼굴이 붉어지거나 굳어진다.	⭘	✕
발표할 때 호흡이 곤란해지거나 목소리가 떨린다.	⭘	✕
익숙한 사람들 앞에서의 발표인데도 긴장이 된다.	⭘	✕

도움말

발표 연습은 이렇게!

- 실제 청중이 있다고 상상하여 처음부터 끝까지 발표를 연습해 본다. 이때 실수를 하거나 발표 내용이 생각이 나지 않더라도 중간에 멈추지 않도록 한다.
- 시선, 표정, 손짓이나 몸짓 등이 자연스럽도록 연습한다.

- 친구들 앞에서 실제 발표를 한다고 가정하고, 발표 장면을 녹화해 봅시다.
- 녹화한 자신의 발표 영상을 보면서 말하기 태도를 점검하고, 부족한 점을 보완해 봅시다.

발표하기

3. 친구들 앞에서 발표를 하고, 자신의 말하기 태도를 평가해 봅시다.

도움말

발표할 때는 이렇게!

- 발표를 시작하기 전에 마음속으로 하나에서 열까지 천천히 센다.
- 똑바로 서서 다리를 어깨너비로 벌린 후, 몸무게를 양발에 똑같이 싣는다.
- 몸에 너무 힘을 주지 않도록 하고, 몸을 구부리거나 기대는 자세는 삼간다.
- 발표 내용에 맞게 ㉠시선, 표정, 손짓이나 몸짓 등을 활용한다.

1 다음 점검표를 바탕으로 자신의 발표를 평가해 봅시다. 예시 답 생략

평가 기준	예	아니요
❶ 문학 작품에 관한 자신의 관점과 해석의 근거가 잘 드러나 있는가?		
❷ 자신의 의견을 분명하고 자신 있게 표현하였는가?		
❸ 발표 시간을 준수하였는가?		

2 자신의 말하기 태도에 관해 선생님과 친구들의 의견을 들어 봅시다.
예시 답 생략

핵심

29 〈보기〉의 상황을 극복하기 위한 노력으로 적절하지 않은 것은?

보기
- 발표할 때 얼굴이 붉어지거나 굳어진다.
- 발표할 때 호흡이 곤란해지거나 목소리가 떨린다.
- 익숙한 사람들 앞에서의 발표인데도 긴장이 된다.

① 청중이 없는 상황을 가정하여 마음을 편하게 만든다.
② 실제 발표하는 상황을 그려보면서 발표를 연습해 본다.
③ 발표 장면을 녹화하여 자신의 말하기 태도를 점검해 본다.
④ 시선, 표정, 손짓이나 몸짓 등이 자연스럽게 되도록 연습한다.
⑤ 연습 과정에서 실수를 하더라도 중간에 멈추지 않도록 한다.

30 〈보기〉에서 발표할 때의 태도에 대한 설명으로 적절한 것을 모두 골라 묶은 것은?

보기
ㄱ. 발표를 할 때에는 꼿꼿한 자세로 움직이지 않아야 한다.
ㄴ. 발표 내용에 맞게 시선, 표정, 손짓이나 몸짓 등을 활용한다.
ㄷ. 편안한 마음을 유지하기 위해 벽 같은 데에 기대는 것이 좋다.
ㄹ. 몸무게를 양발에 똑같이 싣고, 몸에 너무 힘을 주지 않도록 한다.

① ㄱ, ㄴ ② ㄱ, ㄷ ③ ㄴ, ㄷ
④ ㄴ, ㄹ ⑤ ㄷ, ㄹ

31 ㉠에 대한 설명으로 알맞은 것은?

① 발표에서 가장 핵심이 되는 방법이다.
② 언어 외적인 표현에 해당하는 것이다.
③ 몸짓보다는 손짓이 발표에 효과적이다.
④ 발표 시간이 넉넉할 때만 활용할 수 있다.
⑤ 말하기 불안을 극복한 사람만이 사용 가능한 방법이다.

발표 듣기

4. 다른 친구들의 발표를 듣고, 아래의 활동을 해 봅시다.

1 친구들의 발표에서 칭찬할 만한 부분과 개선하면 좋을 부분을 정리해 봅시다. 예시 답

발표자	칭찬할 만한 부분	개선하면 좋을 부분
김정석	목소리가 커서 뒤에까지 내용이 잘 전달되었음.	말하는 중간에 "음…… 음……" 하는 말버릇을 고치면 좋겠음.
하진아	자신 있는 태도가 돋보였음.	너무 빠른 말의 속도와 책을 읽는 듯한 말투를 개선하면 좋겠음.
진용민	친구들과 두루두루 시선을 맞추며 말하였음.	발음이 좀 더 정확하면 좋겠음.

2 다음 글을 읽고, 자신의 반응이 친구의 발표에 어떤 영향을 주었을지 이야기해 봅시다.

> 청자의 반응은 화자의 말하기 불안에 큰 영향을 미친다. 여러 사람 앞에서 말을 한다는 사실 자체가 불안의 요인이기도 하지만, 낯설거나 우호적이지 않은 청중 앞에서 말을 할 때는 말하기 불안이 더 커질 수 있다.
>
> 청자의 태도나 반응은 말하기 불안을 감소하는 중요한 요인이 될 수도 있다. 청자의 긍정적 반응은 화자에게 자신감을 부여하고, 마음의 여유를 갖게 해 주어 화자가 준비한 내용을 좀 더 잘 전달할 수 있게 만든다.

예시 답 공감되는 말에 고개를 끄덕이고, 재미있게 이야기하는 부분에서는 환하게 웃어 주었다. 이런 나의 반응에 친구는 자신의 이야기가 공감을 얻고 있다고 생각하여 더 자신감 있게 발표할 수 있었을 것이다.

3 화자의 말하기 불안을 감소하기 위해 청자가 보일 수 있는 긍정적인 반응에는 어떤 것들이 있는지 말해 봅시다.

예 고개를 끄덕이며 화자의 말이 잘 전달되고 있음을 나타낸다.

예시 답 발표자와 시선 맞추기, 미소 짓기 등

핵심

32 〈보기〉에서 발표를 듣는 자세로 바른 것을 모두 고른 것은?

보기
ㄱ. 발표자의 말을 무조건 수용한다.
ㄴ. 발표자가 자신감을 갖도록 긍정적인 태도를 보인다.
ㄷ. 발표를 마칠 때까지 발표자에 대해 반응을 보이지 않는다.
ㄹ. 발표자에게 힘을 줄 수 있는 적절한 태도를 보이도록 한다.

① ㄱ, ㄴ ② ㄱ, ㄷ ③ ㄴ, ㄷ
④ ㄴ, ㄹ ⑤ ㄷ, ㄹ

33 말하기 불안과 관련하여 청중에 대한 설명으로 적절하지 않은 것은?

① 청중의 반응은 발표자의 말하기 불안에 큰 영향을 미친다.
② 청중의 긍정적인 반응은 화자에게 마음의 여유를 갖게 한다.
③ 말하기 불안은 청중의 태도 여하에 따라 감소될 수도 있다.
④ 낯선 청중 앞에서 말을 할 때는 말하기 불안이 더 커질 수 있다.
⑤ 진지하게 듣는 것보다 유쾌한 반응을 보이면서 듣는 것이 더 좋다.

34 청자가 보일 수 있는 긍정적인 반응을 적절하게 보이고 있는 사람은? (정답 2개)

① 민희는 과학 실험 보고서 발표를 들으면서 용어의 뜻이 궁금하여 옆 친구에게 계속 물어 보았다.
② 연수는 인상 깊은 영화를 소개하는 친구의 발표를 듣고 공감되는 부분에서 고개를 끄덕여 주었다.
③ 현성이는 독서 감상문을 발표하는 친구의 발표를 들으면서 재미있는 표현이 나와 미소를 지어 주었다.
④ 정우는 연희가 발표를 할 때 연희의 불안감을 달래주기 위해 계속 큰소리로 웃으면서 박수를 쳐 주었다.
⑤ 은서는 역사 시간에 선생님의 설명을 듣다가 이미 알고 있는 내용이 나올 때에는 다른 과목 공부를 하였다.

창의·융합 활동

혼자 하기

다음은 대중 앞에서 연설을 하지 못했던 왕에 관한 실제 이야기를 다룬 영화 『킹스 스피치』입니다. 영화를 보고, 이어지는 활동을 해 봅시다.

요크 공작(훗날 조지 6세)은 박람회에서 폐회사를 하게 된다. 폐회식답게 많은 사람들이 그의 입을 주목하는데, 긴장감과 압박감에 떨던 요크 공작은 폐회사의 시작부터 말을 심하게 더듬고, 그 모습을 본 국민들은 실망감에 고개를 떨군다.

아버지의 강압적인 태도 때문에 연설은커녕 계속 말을 더듬게 된 요크 공작은 언어 치료사 로그를 만나게 된다. 로그는 자신만의 방식대로 요크 공작의 말더듬증을 치료해 나간다.

아버지의 죽음과 형의 왕위 포기로 인해 요크 공작은 영국의 왕 조지 6세가 된다. 조지 6세가 왕이 되었을 당시는 히틀러의 나치가 세력을 확장하던 시기였다. 결국 영국은 히틀러의 나치와 전쟁 선포를 하고, 조지 6세는 왕으로서 라디오 연설을 수행한다.

연설을 성공적으로 마친 조지 6세는 국민들 앞에 당당하게 나선다.

1. 조지 6세는 말하기에 어떤 어려움을 가지고 있었는지 말해 봅시다.

예시 답 말을 더듬고, 연설을 하는 데 어려움을 겪었다.

2. 다음과 같은 로그의 말이 조지 6세에게 어떤 영향을 끼쳤을지 말해 봅시다. 예시 답

로그의 말		영향
"간장 공장 공장장은 강 공장장, 된장 공장 공장장은 공 공장장이다."	→	발음하기 어려운 문장에 관한 연습을 통해 조지 6세의 발음이 교정되었을 것이다.
말문이 막히면 잠시 멈추고 속으로 외치세요. "신이여, 왕을 도와주소서."	→	연설을 하다가 막히는 상황에서의 대처 방안을 알려 줌으로써 실제 연설을 할 때의 돌발 상황에 대비하게 해 주었을 것이다.
모든 생각을 지우시고 그냥 내게 말하세요. 내게 말해요. 친구에게 말하듯이.	→	다른 사람들 앞에서 말할 때 압박감이나 긴장감을 푸는 방법을 알려 주어 말하기 불안을 해소해 주었을 것이다.

3. 자신이 영화 속 로그였다면 어떤 방법으로 조지 6세를 도와주었을지 생각해 봅시다.

예시 답 • 조지 6세의 말이 유창하지 않더라도 말을 끊고 잘못된 점을 바로 지적하기보다는 인내심을 가지고 끝까지 들어줄 것이다.
• 조지 6세의 말에 호응해 주면서 조지 6세가 말하는 것 자체를 꺼리지 않고 자신감을 가질 수 있도록 해 줄 것이다.

수행 평가 대비 활동

| 수행 평가 TIP | 말하기 불안을 극복한 실제 인물의 사례가 담긴 영화를 감상하면서 말하기 불안의 극복 방안을 생각해 보는 활동입니다. 편안한 분위기에서 영화를 감상하면서 주인공이 가진 말하기 불안이 어떻게 나타나는지를 살펴봅니다. 또한, 로그의 언어 치료 방법을 바탕으로 말하기 불안을 해소할 수 있는 다양한 방법들을 생각해 봅니다.

1 평가 내용 확인하기

• 말하기 불안의 모습 살펴보기
• 말하기 불안을 해소하는 방법 찾아보기

2 평가 기준 확인하기

• 주인공이 겪은 어려움과 그것의 극복 방법을 정확히 파악하였는가?

말하기 불안의 원인을 주인공이 처한 상황과 연관 지어 파악하고, 말하기 불안을 극복하게 된 계기가 무엇인지 파악합니다.

• 주인공을 도울 방법이 말하기 불안에 대처하기에 적절한 방법인가?

말하기 불안을 느끼는 이유는 다양하므로 각각의 상황에 적절한 해소 방법을 제시해야 합니다.

수행 평가 +

• 자신이나 주위 사람들이 겪고 있는 말하기 불안의 구체적인 모습을 찾아 발표하고 말하기 불안을 해소할 수 있는 방법에 대해 말해 봅시다.

도와줄게 수업 시간 발표 등의 공적인 말하기에서 자신을 비롯한 주위 친구들이 겪었던 말하기 불안의 경험들을 공유하여 정리한 후, 말하기 불안을 이겨 낸 사람들의 경험담이나 말하기 전문가들이 제시하는 방법 등을 찾아보고, 각각의 상황에 어울리는 해소 방법들을 발표해 봅니다.

핵심 콕 마무리

핵심 원리

말하기 불안

의미	여러 사람 앞에서 말을 하기에 앞서 또는 말을 하는 과정에서 개인이 경험하게 되는 불안 증상
원인	말을 잘해야 한다는 부담감, 부적절한 말하기 연습 방법, 여러 사람 앞에서 말을 해 본 경험의 부족, 낯선 청중과 친숙하지 않은 환경, 자신의 말을 들은 청중의 반응에 대한 염려 등
대처 방안	사전 준비를 철저히 하고, 긍정적인 태도를 유지함.

핵심 내용

(1) 말하기 불안의 원인과 대처 방안 알아보기

❶ 선구의 말하기 불안의 원인

- 말을 잘해야 한다는 (❶)이 큼.
- 말하기 연습 방법이 적절하지 않음.
- 여러 사람 앞에서 말을 해 본 (❷)이 부족함.

❷ 말하기 불안의 대처 방안

- 말하기 불안을 모든 사람에게 생길 수 있는 자연스러운 현상으로 받아들이는 태도가 중요함.
- 긍정적인 자기 암시를 하거나 말하기에 성공하는 장면을 그려 보면서 부정적인 생각을 (❸)으로 바꾸어야 함.
- 말하기에 대한 숙달도를 높여 불안감을 낮추기 위한 훈련이 필요함.
- 말하기를 위한 사전 연습을 치밀하게 함.

(2) 말하기 불안에 대처하며 발표하기

❶ 「불나방과 하루살이」의 등장인물

등장인물	유혹의 대상	추구하는 삶의 방식
불나방	휘황찬란한 촛불	자신의 아름다운 (❹)을 이루기 위한 삶
하루살이	끈끈이 띠의 아교풀	현실에 안주하는 삶
파리		눈앞의 쾌락을 추구하는 삶

❷ 발표문 작성하기

유의 사항	• 작가가 소설을 통해 말하고자 하는 바를 고려하면서 자신의 생각과 관점이 잘 드러나도록 발표문을 작성함. • 등장인물이 추구하는 삶의 방식 중, 어떤 삶의 방식이 더 타당하다고 생각하는지 (❺)를 들어 쓰고, 자신은 어떤 삶을 추구하고 싶은지도 밝힘. • 친구들이 발표에 관심과 흥미를 가질 수 있도록 발표 내용을 구성함.

❸ 발표 준비하기

발표 전	• 발표문을 여러 번 읽고, 발표 내용을 완전히 이해함. • 발표 전의 불안함에 관해 친구들과 이야기를 나누며 그런 불안이 자신만의 문제가 아니라 누구나 겪는 일이라는 것을 이해함.
발표 연습	• 실제 (❻)이 있다고 상상하며 처음부터 끝까지 발표를 연습해 봄. • 시선, 표정, 손짓이나 몸짓 등이 자연스럽도록 연습함.

❹ 발표하기

유의 사항	• 발표를 시작하기 전에 마음속으로 하나에서 열까지 천천히 셈. • 똑바로 서서 다리를 어깨너비로 벌린 후, 몸무게를 양발에 똑같이 실음. • 몸에 너무 힘을 주지 않도록 하고, 몸을 구부리거나 기대는 자세는 삼가함. • 발표 내용에 맞게 시선, 표정, 손짓이나 몸짓 등을 활용함.
발표 평가하기	• 문학 작품에 관한 자신의 관점과 해석의 근거가 잘 드러나 있는가? • 자신의 의견을 분명하고 자신 있게 표현하였는가? • (❼)을 준수하였는가?

❺ 발표 듣기

청중의 올바른 태도	긍정적 반응을 보임으로써 화자에게 자신감을 부여하고, 마음의 여유를 갖게 하여 화자가 준비한 내용을 좀 더 잘 전달할 수 있게 해야 함.

정답 ❶ 부담감 ❷ 경험 ❸ 긍정적 ❹ 이상 ❺ 근거 ❻ 청중 ❼ 발표 시간

소단원 핵심 문제

• 정답과 해설 p.8

[01~04] 다음 글을 읽고, 물음에 답하시오.

(가) 선구는 혼자 있을 때 틈만 나면 모둠 친구들과 함께 작성한 발표문을 보았다. 발표문을 보지 않고도 그 내용을 말할 수 있을 정도로 외운 선구는 안심하고 학교에 갔다.

상진 우리 모두 열심히 발표 준비를 했으니, 전달만 잘되면 좋은 평가를 받을 수 있을 거야.

현서 선구가 발표를 잘해 줄 거라고 믿어. 선구야, 자신 있지?

친구들의 이야기를 들은 선구는 부담감 때문에 갑자기 불안해진다.

선구 (혼잣말로) 우리 모두 발표 준비를 하느라 고생을 많이 했는데, 내가 발표를 못해서 다 망쳐 버리면 어떡하지?

(나) 선구 (작은 목소리로) 우리 모둠은 백석의 멧……새 소리에 관해 발표를, 아니 조사를 했고, 다양하게 해석해 보았습니다.

선구가 불안한 표정으로 모둠 친구들을 힐끔힐끔 쳐다보자, 친구들은 선구가 자신감을 가질 수 있도록 응원의 눈빛을 보낸다.

선구 작품의 내용과 표현을 중심으로 살펴보면 멧새 소리는 백……석이……. (당황하여 말을 더듬고) 아니, 내용과 표현이 아니라, 저, 그…… 작가를 중심으로…….

(다) 선구 (기어들어 가는 목소리로) 멧새 소리는 당시 우리 민족이 기다렸던 독립에 대한 희망의 메시지……가 아니라, 아니, 이건 당시 시대 상황과…… 관련지어 해석해 본…….

선생님 목소리가 너무 작은 것 같아요. 좀 더 큰 목소리로 발표하면 좋을 것 같아요.

선구 (고개를 푹 숙이며) 네, 알겠습니다. (떨리는 목소리로) 명태, 아니 멧새가…… 아니, 멧새 소리가……. 멧새 소리의 의미는 (고개를 숙이고 발표문만 들추어 보면서) 우리 민족이 기다리는…….

머릿속이 하얘진 선구는 어떻게 발표를 끝냈는지 기억도 안 난다.

출제 예감 80%

01 〈보기〉에서 이 글에 대한 설명으로 알맞은 것을 모두 고른 것은?

보기

ㄱ. 여러 학생들이 자신의 의견을 발표하고 있다.
ㄴ. 선구가 모둠의 발표를 맡게 되어 발표를 하고 있는 상황이다.
ㄷ. 발표를 맡은 선구가 사전 연습을 하지 않아 발표가 원활하게 이루어지지 않고 있다.
ㄹ. 친구들 앞에서 발표를 하게 된 선구가 말하기의 불안을 이겨 내지 못한 채 발표를 마치고 있다.

① ㄱ, ㄴ ② ㄱ, ㄷ ③ ㄴ, ㄷ
④ ㄴ, ㄹ ⑤ ㄷ, ㄹ

출제 예감 85%

02 선구의 상황에 대한 설명으로 적절한 것은?

① 발표 주제에 대하여 치밀하게 준비를 하지 않았다.
② 친구들의 기대를 저버릴까 봐 부담감을 느끼게 되었다.
③ 선생님의 말씀을 듣고 자신의 문제점을 고치게 되었다.
④ 친구들의 실망스러운 반응을 느끼자 더욱 움츠러들었다.
⑤ 발표가 끝날 무렵에서야 마음의 안정을 찾을 수 있었다.

출제 예감 95%

03 〈보기〉는 말하기 불안을 느끼는 선구에게 해 줄 말이다. 적절하지 <u>않은</u> 것은?

보기

말하기 불안을 완화하기 위해서는 말하기 불안을 모든 사람에게 생길 수 있는 자연스러운 현상으로 받아들이고, ①<u>자신에게 있는 말하기 불안의 원인을 정확하게 파악하여 대처해야 한다.</u>

먼저 불안을 이길 수 있도록 긍정적인 자기 암시를 하거나 말하기에 성공하는 장면을 그려 보면서 ②<u>부정적인 생각을 긍정적으로 바꿀 필요가 있다.</u> 또한, ③<u>말하기에 대한 숙달도를 높여 불안을 낮추기 위한 훈련도 해야 한다.</u> 실제 ④<u>말하기의 부담을 줄이기 위해 청중이 없다고 가정하여</u> ⑤<u>시선, 손동작, 자세 등이 자연스럽도록 연습하는 것</u>도 좋다.

출제 예감 90% 서술형 논술 대비

04 선구가 말하기 불안을 극복하도록 하기 위한 친구들의 행동을 한 문장으로 서술하시오.

소단원 핵심 문제

[05~08] 다음 글을 읽고, 물음에 답하시오.

(가) "보면 모르니? 우리는 지금 만찬을 즐기고 있다고."

"아름다운 향기와 입에 쩍쩍 달라붙는 즙이 얼마든지 흐르고 있잖니. 너도 몹시 허기가 진 표정인데 이리 가까이 와서 맛 좀 보렴."

그러나 불나방은 고개를 내저었습니다.

"난 싫어. 너희들이 먹고 있는 만찬은 가짜야. 사람들이 너희들을 잡기 위해 가짜 꿀 냄새가 나는 아교풀을 발라 놓았다고. 너희는 그 유혹을 이기지 못하고 깜빡 속은 것일 뿐이야."

(나) "흥, 속았다고?" / 입가에 끈끈한 아교풀을 잔뜩 묻힌 파리가 코웃음을 쳤습니다.

"유혹을 이기지 못했다고? 그런 너는? 넌 저 휘황찬란한 촛불의 유혹을 이기지 못해 여기로 날아든 게 아니냐고?" / "그건 사실이야."

불나방이 시인을 하자 더욱 기세가 오른 파리가 다그쳤지요.

"우리가 인간한테 잡혀 죽는 모습을 네가 보게 될 확률보다 불에 뛰어들어 날개와 살이 타서 죽는 너의 꼬락서니를 우리가 먼저 구경하게 될 확률이 훨씬 높을걸? 안 그러니 하루살이야?"

(다) "글쎄, 난 장담하기 어려워. 오늘 밤 자정 이후에 일어날 일에 대해서는 뭐라고 잘라 말할 수 없기 때문이야. 왜냐하면 너희들도 알다시피 난 하루살이 아냐? 자정을 넘길 수 없을 거야."

"그러니까 ㉠<u>넌 선택을 잘한 거야.</u> 자정이면 땡 칠 목숨, 피곤하게 날갯짓하며 하루 종일 푸드덕거려 봤자 제대로 얻어먹기라도 하냐 이거야. 차라리 이렇게 한 상 떡 벌어진 끈끈이 띠에 달라붙어 곧 죽을 때까지 호의호식하는 게 장땡이지 뭐. 하지만 사실 너보다 며칠은 너끈히 더 살 수 있는 난 약간 억울한데 이거."

그 말을 들은 하루살이는 좀 우울해졌습니다.

출제 예감 85%

05 〈보기〉에서 이 글에 대한 설명으로 적절한 것을 모두 고른 것은?

보기
ㄱ. 인물들의 대화를 중심으로 사건을 전개하고 있다.
ㄴ. 곤충과 인간의 특성을 대조하여 교훈을 전달하고 있다.
ㄷ. 삶을 살아가는 방식이 서로 다른 인물들이 등장하고 있다.
ㄹ. 철학적인 주제를 희극적 인물을 통해 가볍게 전달하고 있다.

① ㄱ, ㄴ ② ㄱ, ㄷ ③ ㄴ, ㄷ
④ ㄴ, ㄹ ⑤ ㄷ, ㄹ

출제 예감 90%

06 이 글의 등장인물에 대한 설명으로 적절한 것은?

① 하루살이는 파리의 말을 듣고 우울해하고 있다.
② 하루살이와 파리는 불나방의 말을 조롱하고 있다.
③ 불나방은 파리와 하루살이의 갈등을 중재하고 있다.
④ 하루살이와 파리는 가치관이 달라서 갈등하고 있다.
⑤ 불나방과 하루살이는 공존하기 위해 협력하고 있다.

출제 예감 90%

07 (가)에 나타난 하루살이와 파리의 태도에 대해 불나방이 해 줄 말로 가장 적절한 말은?

① 모난 돌이 정 맞는다.
② 발 없는 말이 천 리 간다.
③ 우선 먹기는 곶감이 달다.
④ 닭 쫓던 개 지붕 쳐다보듯 한다.
⑤ 구슬이 서 말이라도 꿰어야 보배

출제 예감 95% 서술형

08 파리가 ㉠과 같이 말한 근거를 〈조건〉에 맞게 서술하시오.

조건
• 하루살이의 생애와 관련지어 쓸 것.
• 파리의 말에서 두 가지 이상의 단어를 활용하여 한 문장으로 쓸 것.

[09~12] 다음 글을 읽고, 물음에 답하시오.

가 "그런데 왜 스스로 뜨거운 불꽃에 몸을 함부로 던지려 하는 거지? 그건 너무 끔찍하잖아? 차라리 우리처럼 향기와 단물이 흐르는 끈끈이 띠에 발을 붙이고 한나절이나마 잘 지내다 사라지는 게 오히려 낫지 않을까? 누가 너에게 그 일을 시켰니?"

㉠불나방은 잠시 눈을 지그시 감았다가 떴습니다.

"아무도 내게 불 속으로 뛰어들라고 강요하지 않았어."

"그럼 도대체 무슨 까닭이야?"

"그건 말로 설명할 순 없어. 느낌이 중요해." / "무슨 느낌?"

"말하자면 자유 같은 거겠지. 찬찬히 돌이켜 생각해 봐. 우리는 그동안 항상 허기를 느끼는 빈 위장과 단물을 쭉쭉 빠는 데 이골이 난 혀의 노예로만 살아왔어."

나 "물론 당연하다고 할 수도 있어. 하지만 그렇게 사느라고 우리가 치른 엄청난 대가들을 생각해 봐. 어느 구석인지 입을 벌리고 있을 음흉한 거미들의 보이지 않는 죽음의 그물망을 염려하느라 몸을 움츠려야 했어. 또 공포스러운 사마귀의 턱이나 새들의 단단한 부리에 우리의 연약한 머리통이 깨질까 걱정하느라 숨도 제대로 못 쉬었어."

"그건 그래……." / 하루살이는 고개를 끄덕였습니다.

다 "하지만 저렇게 일렁거리며 현란한 춤을 추는 불꽃을 한번 보라고. 얼마나 아름답고 자유스러워. 곤충 주제에 무슨 아름다움이고 자유를 찾냐고 비웃을 수는 있어. 그러나 그것은 그렇게 생각하는 쪽의 오만이고 편견일 뿐이야. 자기 나름대로의 아름다움에 반하고 그런 것을 추구할 권리는 결코 어느 한쪽에서 배타적으로 소유할 수가 없을걸. 우리 모두의 권리야. 오오, 저 춤추는 아름다운 불꽃!" / "하지만 날개가 타고 몸에 화상을 입으면 고통스럽잖아? 난 무서워."

"아마 고통 없는 아름다움이란 이 세상에 없을 거야. 그리고 우린 어차피 자연의 순환이라는 법칙에 곧 순종해야 할 운명이야. 난 아무도 모르는 곳에 이미 다음 대를 이어 갈 나의 사랑스런 알들도 까 놓았어. 그럼 안녕!"

출제 예감 90%

09 이 글을 읽고 수업 시간에 자신의 생각을 발표하고자 할 때, 유의 사항으로 적절하지 않은 것은?

① 작가가 말하고자 하는 주제가 무엇인지 파악한다.
② 주제에 대한 자신의 생각과 관점을 정하도록 한다.
③ 등장인물이 추구하는 삶의 방식에 대해 생각해 본다.
④ 친구들이 추구하는 삶의 태도를 발표의 주제로 정한다.
⑤ 친구들이 발표에 흥미를 가질 수 있도록 내용을 구성한다.

출제 예감 95%

10 〈보기〉는 이 글에 대한 자신의 해석을 발표하기 전에 점검한 내용이다. 발표자에게 해 줄 말로 가장 적절한 것은?

보기
• 발표하기 며칠 전부터 불안하다.
• 발표해야 하는 상황을 피하고 싶다.
• 발표할 때 내용을 잊어버리거나 멍해질까 봐 걱정된다.

① 발표에 대한 불안함은 누구나 겪는 일이야.
② 청중의 눈과 마주치지 않게 발표하면 괜찮아.
③ 발표문을 따로 만들지 말고 즉석에서 말하면 돼.
④ 발표문을 보면서 읽으면 되니까 너무 걱정하지 마.
⑤ 발표 분량을 줄여서 시간을 단축하는 방법을 써 봐.

출제 예감 90%

11 이 글을 읽고 해석한 친구의 발표를 듣는 태도로 적절하지 않은 것은?

① 발표의 주제가 무엇인지 경청한다.
② 자신이 해석한 내용과 비교하며 듣는다.
③ 중간에 질문을 하여 분위기를 활기차게 만든다.
④ 화자의 말하기 불안을 감소시키기 위해 노력한다.
⑤ 자신이 공감하고 있는 부분이 있으면 고개를 끄덕인다.

출제 예감 80% 서술형 논술 대비

12 ㉠이 추구하는 삶의 방식을 〈조건〉에 맞게 서술하시오.

조건
• 파리의 가치관과 대조하여 쓸 것.
• (다)에 나오는 단어를 활용하여 한 문장으로 쓸 것.

활동 순서 인물의 변화 과정을 중심으로 소설 읽기 ➜ 주체적인 관점에서 소설을 해석하고 질문에 답해 보기 ➜ 소설 속 인물의 입장이 되어 자신의 생각 말해 보기 ➜ 평가표에 따라 친구들의 말하기 평가하기

다음 소설을 읽고, 이어지는 활동을 해 봅시다.

초코맨의 사회

황정은

C는 최근 몇 년 동안 열심히 노력한 끝에 초코맨이 되었다. 카카오의 함량은 팔십육 퍼센트 정도로, 일반적으로 도달하는 함량이 오십육 퍼센트쯤이라는 것을 고려했을 때, C의 노력이 상당했다는 것은 의심할 여지가 없었다. C는 자부심을 가지고 정식 초코맨 이력서를 여기저기 넣어 보았지만, 어디서도 흔쾌히 초코맨을 고용하려 들지 않았다.

기껏 초코가 되었건만, 시대의 흐름이 바뀌어 치즈맨에 대한 선호도가 훨씬 높았던 것이었다.

– 글쎄요, 요즘은 치즈가 대세 아닌가요.

라거나,

– 초콜릿이라는 것은 아무래도 먹고 나서 뒷맛이 구린 점도 있고.

라는 식의, 노골적인 평가를 듣고 떨어질 뿐이었다.

– 그게 말이 되냐고.

C가 나를 보러 와서 말했다.

– 내 말은, 구린 것으로 따지자면, 치즈가 훨씬 더하지 않느냐는 말이야.

어쨌거나 치즈맨이 되지 않고서는 가망이 없겠다고 생각한 C는 관련 육성 기관에 거금을 내고 전문적인 트레이닝을 받기 시작했다. '속성으로 숙성 B코스'였다. 이른바 초코맨의 재사회화라는 과정이었다. 이것이 얼마나 어려웠을지 나로선 짐작할 수가 없었다. 어엿한 초코맨이 되기까지도 몇 년이 걸렸는데, 이제 치즈맨이 되기 위해 전혀 다른 과정을 억세게 밟아야 했던 것이었다. 초콜릿과 치즈의 구조가 완전히 다르다는 것을 이해하는 사람이라면 내 말이 무슨 뜻인지 알 것이다.

C는 일 년에 걸친 각고의 노력 끝에 마침내 치즈맨으로 재사회화되었다.

그러나 그사이 이 시대의 흐름은 다시 바뀌어서, 복고의 바람을 타고 초코가 대세가 되어 있었다는 이야기였다.

– 어떡할 거냐고!

C는 카망베르 계열로 훌륭하게 숙성된 얼굴을 감싸고 외쳤다. 새로운 면접관들에 따르면, 초코가 집중도 면에서 훨씬 뛰어나고, 일 처리도 세련되기 때문에 업무 능률이 좋다는 것이었다. 거기다 알맞게 딱딱해서, 별다른 도구 없이도 깔끔하게 부러뜨릴 수 있다는 점마저 매력으로 어필이 되는 듯했다.

– 어떻게 생각해, 응?

C가 말했다. 나는 뭘 어떻게 생각하느냐고 물었다.

– 이대로 다시 흐름이 바뀌길 기다려 볼까, 아니면 다시 초코맨으로, 응?

– 다시 초코맨이라니.

– 다시 한번 트레이닝이라는 거지, 뭐.

어떻게 생각해, 라고 C는 거듭 묻고 있었지만, 나는 나중에 원망을 들을까 봐 어느 쪽으로도 대답을 줄 수가 없었다. 그런 시대인 것이다.

– 황정은, 『일곱시 삼십이분 코끼리열차』

활동 길잡이
'C'가 치즈가 될 수밖에 없었던 현실과 사회의 변화에 따라 다시 초코가 되어야 하는지에 대한 고민을 중심으로 'C'의 재사회화의 내용을 정리한다.

1 'C'의 '재사회화'를 중심으로 이 소설의 내용을 파악해 봅시다.

1 'C'의 변화 과정을 정리해 봅시다.

예시 답

몇 년 동안 열심히 노력하여 초코맨이 됨. → 치즈가 대세인 사회가 되어 육성 기관에 거금을 내고 트레이닝을 받아 치즈맨으로 재사회화됨. → 그사이 시대의 흐름이 바뀌어 초코가 대세가 됨. → 'C'는 다시 한번 트레이닝을 하여 초코가 될 것인지를 고민함.

2 '나'가 'C'의 거듭된 물음에 대답을 주지 못한 까닭을 말해 봅시다.

예시 답 표면적으로는 나중에 원망을 들을까 봐 어느 쪽으로도 대답을 줄 수 없었던 것이지만, 궁극적으로는 'C'가 트레이닝을 받는 사이 사회가 어떻게 변할지 알 수 없었기 때문이다.

활동 길잡이
제시된 질문 중 하나를 골라 자신의 가치관, 경험, 배경지식 등을 바탕으로 타당한 근거를 들어 소설을 해석한다.

2 다음 질문 중 한 가지를 골라, 주체적인 관점에서 이 소설을 해석하고 그 질문에 답해 봅시다. 예시 답

- '초코'와 '치즈'가 상징하는 바는 무엇일까?
- 'C'가 취업에 성공하지 못한 것은 'C' 개인의 책임일까?
- 소설 속 '나'가 말한 '그런 시대'는 어떤 시대를 말하는 것일까?
- 단편 소설보다 짧은 이 소설의 표현상 특징과 그 효과는 무엇일까?
- 작가는 소설을 통해 우리 사회의 어떤 면을 드러내고자 한 것일까?
- '대세'는 누구에 의해 어떻게 만들어진 것일까? '대세'는 따라야만 하는 것일까?
- 자신이 소설 속 '나'라면 "어떻게 생각해, 응?"이라는 'C'의 질문에 어떻게 대답할 것인가?

내가 고른 질문	답
작가는 소설을 통해 우리 사회의 어떤 면을 드러내고자 한 것일까?	작가는 너무 쉽게 변하는 우리 사회의 모습과 주체성 없이 시대의 흐름만 좇으려는 소시민의 태도를 소설 속에 반영하였다.

활동 길잡이
작품을 해석한 내용을 바탕으로 작품 속 'C'가 되어 자신의 의견을 자신 있게 발표한다.

3 다음 면접관들의 의견에 대해 소설 속 'C'의 입장이 되어 자신의 생각을 말해 봅시다.

초코가 집중도 면에서 훨씬 뛰어납니다.
초코가 일 처리도 세련되기 때문에 업무 능률이 좋습니다.

유의 사항

- 카망베르 계열의 치즈로 숙성된 'C'의 입장에서 말합니다.
- 반 친구들을 'C'의 말을 듣는 면접관이라고 가정합니다.
- 'C'의 관점에서 자신의 생각이 드러나게 표현합니다.
- 자신의 의견을 분명하고 자신 있게 말합니다.

예시 답 초코가 집중도 면에서 훨씬 뛰어나고, 일 처리도 세련되어 업무 능률이 좋다는 말씀에 저도 동의합니다. 지금 저는 치즈맨이지만, 과거에 초코맨이었던 적이 있습니다. 재사회화를 통해 초코맨에서 치즈맨이 된 것이죠. 따라서 저는 치즈맨이지만 초코의 장점도 충분히 가지고 있다고 생각합니다.

활동 길잡이
면접에 대한 평가보다는 작품을 깊이 이해했는지, 적절한 근거를 들어 답변하였는지, 자신감 있는 태도로 답변하였는지에 초점을 맞추어 평가한다.

4 다음 평가표에 따라 친구들의 말하기를 평가해 봅시다.

예시 답 생략

평가 기준	예	아니요
❶ 'C'의 관점에서 자신의 생각을 드러냈는가?		
❷ 자신의 의견을 분명하고 자신 있게 말하였는가?		
❸ 시선, 손동작, 자세 등이 자연스럽고 말하기의 내용과 어울리는가?		

• 정답과 해설 p.9

대단원 확인 문제

[01~05] 다음 글을 읽고, 물음에 답하시오.

(가) 처마 끝에 명태(明太)를 말린다
명태(明太)는 꽁꽁 얼었다
명태(明太)는 길다랗고 파리한 물고긴데
꼬리에 길다란 고드름이 달렸다
해는 저물고 날은 다 가고 ㉠별은 서러웁게 차갑다
나도 길다랗고 파리한 명태(明太)다
문(門)턱에 꽁꽁 얼어서
가슴에 길다란 고드름이 달렸다

(나) 시는 어느 집 처마 끝에 고드름을 매단 채 꽁꽁 얼어 붙어 있는 명태를 그리고 있다. 명태는 기다란 데다 얼기까지 했고, 꼬리에 기다란 고드름을 매달고 있어서 더더욱 파리해 보인다. 게다가 "해는 저물고 날은 다" 간 저물녘의 겨울 별이니 서럽도록 차갑기도 할 것이다. '별이 차갑다'라는 모순되는 감각의 이미지는 이런 맥락에서 생성되었다. 한 컷의 흑백 사진을 보는 듯한 탁월한 이미지이다.

(다) 시 본문에는 멧새 소리는커녕 멧새의 흔적조차 나오지 않는다. 명태의 시각적 묘사에만 집중하고 있을 뿐이다. 그래서 시를 다 읽고 나면, ㉡왜 제목이 '멧새 소리'일지 한참을 생각하게 한다. 그러나 이 멧새 소리는 시에서 결정적인 역할을 한다. "길다랗고 파리한" 명태의 시각적 이미지에 깨끗하고 맑은 청각적 울림을 더해 줄 뿐 아니라, 시의 의미를 풍요롭게 해 준다.

(라) 마당이 비어 있으므로 멧새들이 지저귀는 것이고, 그 지저귐이 들리는 것이다. 그래서 이때의 멧새 소리는 화자의 적막함 혹은 기다리는 마음을 강조한다. 나아가 "해는 저물고 날은 다 가고" 있으니 이제 곧 멧새 소리마저 들리지 않을 시간이다. 이 적막한 기다림의 시간에 멧새 소리마저 없다면 그 집은 얼마나 쓸쓸할 것인가. 안과 밖을 이어 주는 공간, 그러니까 누군가를 기다리며 화자가 서성이고 있는 저 ㉢'문턱' 또한 있으나 마나일 것이다. 멧새 소리는 '문턱'과 함께 화자와 외부의 소통 가능성을 열어 주는 작은 길이 된다.

01 (가)에 대한 감상으로 적절하지 않은 것은?

① 청하: 화자는 '명태'와 자신을 동일시하고 있어.
② 연미: 겨울이라는 계절적 배경이 잘 드러나 있어.
③ 유진: '명태'의 시각적인 이미지가 잘 드러나 있어.
④ 명선: 해가 질 무렵이라는 시간적 배경도 뚜렷하군.
⑤ 진수: 창작 당시의 시대적 슬픔을 구체적으로 그려 내고 있어.

02 (나)에서 작품을 해석하는 관점을 바르게 설명한 것은?

① 시인의 성격과 관련지어 해석하고 있다.
② 시에 나타난 이미지를 중심으로 해석하고 있다.
③ 독자에게 주는 감동을 중심으로 해석하고 있다.
④ 시인의 생애와 가치관을 중심으로 해석하고 있다.
⑤ 창작 당시의 시대적 배경에 근거하여 해석하고 있다.

03 〈보기〉에서 ㉠에 대한 설명으로 적절한 것을 모두 고른 것은?

보기
ㄱ. 반어적 표현으로 이미지를 강조하고 있다.
ㄴ. 모순되는 감각의 이미지를 활용한 표현이다.
ㄷ. '찬란한 슬픔의 봄'과 표현 방식이 유사하다.
ㄹ. '죽어도 아니 눈물 흘리우리다.'와 유사한 표현이다.

① ㄱ, ㄴ ② ㄱ, ㄷ ③ ㄴ, ㄷ
④ ㄴ, ㄹ ⑤ ㄱ, ㄹ

서술형
04 ㉡과 같은 의문이 생기는 이유가 무엇인지 한 문장으로 서술하시오.

05 ㉢에 대한 설명으로 적절한 것은?

① 시의 분위기를 활기차게 만들어 준다.
② 멧새 소리가 들리지 않음을 암시한다.
③ 집 주변이 조용하다는 것을 보여 준다.
④ 안과 밖을 이어 주는 소통의 공간이다.
⑤ 화자의 그리움을 해소시키는 역할을 한다.

[06~10] 다음 글을 읽고, 물음에 답하시오.

(가) 시인 백석은 평북 정주에서 태어나 오산 학교를 거쳐 일본에 유학하고, 이 시를 발표할 당시(1938년)에는 함흥에서 교사로 근무하고 있었다. 원산보다도 훨씬 북쪽인 동해의 항구 도시 함흥, 그곳에서 섬세한 감성의 젊은 시인이 쓸쓸하게 겨울을 넘기고 있었다. 그가 보는 모든 것, 그가 듣는 모든 것이 시가 되었다. "나도 길다랗고 파리한 명태다"라고 썼듯이, 시 속의 명태는 어쩌면 백석 자신의 모습인지도 모른다.

(나) ㉠시인의 다른 모습인 화자는 "문턱에 꽁꽁 얼어서 / 가슴에 길다란 고드름"을 매달고 있다. 여기서 화자가 다른 데도 아니고 '문턱'에 얼어 있다는 데 주목할 필요가 있다. 화자가 문턱을 오래 서성였다는 뜻일 텐데, 가슴에 '길다란 고드름'까지 달고 있으니 누군가를 기다리며 오래 속울음을 울고도 남았을 법하다. 하지만 화자가 그렇게 기다리는 사람은 겨우내 오지 않고 있다. 겨울 볕이 더욱 '서러웁게' 차가운 까닭이다.

(다) 백석의 시는 그가 살았던 시대와 연결 지을 때 의미가 더욱 깊어진다. 식민지에 태어나서 조국과 고향을 떠나 접하는 삶이 얼마나 외롭고 고되었으랴. 더욱이 이 시를 쓸 즈음에는 일본의 억압과 수탈이 점점 심해져서 망국민의 한이 끝없이 깊어질 때다. 바짝 마른 데다 꽁꽁 언 채 처마 끝에 매달려서 눈물 같은 고드름을 달고 있는 명태는 암울한 우리 민족의 분신이기도 한 것이다.

(라) 하지만 ㉡제일 커다란 울림은 독자 스스로가 채워 넣는 각자의 이야기에서 완성된다. 어떤 독자는 어릴 적 건넛마을 혹은 장에 가신 엄마를 기다렸던 기억을 떠올리고, 어떤 독자는 온다고 하고 오지 않는 애인이나 어떤 이유로든 헤어진 그 누군가를 채워 넣어 읽을 것이다. 또 어떤 독자는 새로운 내일을, 따뜻한 봄을 채워 넣어 읽을 수도 있다. 시 읽기란 작품에서 출발하여 시간과 공간의 화살을 타고 깊은 우주로 날아갔다가 다시 자기 안으로 돌아오는 아름다운 여정이기 때문이다.

06 이 글을 통해 알 수 있는 사실이 아닌 것은?

① 시 창작 당시의 시대적 배경
② 시 창작 당시의 시인의 생활
③ 시 해석을 둘러싼 갈등과 대립
④ 시적 표현에 반영된 시인의 모습
⑤ 시를 읽고 난 독자들의 다양한 해석

07 다음은 시 「멧새 소리」에 해석이다. 관점이 같은 것끼리 묶인 것은?

ㄱ. 시는 우리 민족의 삶을 반영하고 있다.
ㄴ. 시 속의 명태는 백석 자신의 모습인지도 모른다.
ㄷ. 어릴 적 장에 가신 엄마를 기다렸던 기억을 떠올렸다.
ㄹ. 따뜻한 봄이 되면 그동안의 힘겨운 삶의 고통을 이겨낼 것이라고 생각했다.

① ㄱ, ㄴ ② ㄱ, ㄷ ③ ㄴ, ㄷ
④ ㄴ, ㄹ ⑤ ㄷ, ㄹ

08 이 글을 읽은 학생들의 반응으로 가장 적절한 것은?

① 지윤: 작품을 해석할 때는 근거에 따라 다양한 해석이 가능하구나.
② 지훈: 독자 자신의 경험을 중심으로 작품을 해석하는 것은 너무 편협한 감상이야.
③ 태양: 시인의 삶을 바탕으로 해석하기 위해서는 반드시 시인이 살았던 장소를 방문해야 해.
④ 예림: 작품 감상은 무엇보다 작품이 창작되었던 시대적 상황을 파악하는 것이 우선시 되어야 해.
⑤ 다빈: 작품의 내적 요소를 중심으로 한 해석이 작품 외적 요소를 중심으로 한 해석보다 가치 있어.

서술형

09 (나)를 참고하여 ㉠에 해당하는 내용을 한 문장으로 서술하시오.

10 ㉡과 관련이 가장 깊은 요소는?

① 독자 ② 작가 ③ 시대
④ 시어 ⑤ 구조

대단원 확인 문제

[11~15] 다음 글을 읽고, 물음에 답하시오.

(가) 상진 내일은 '문학 작품의 다양한 해석'에 관해 우리 모둠이 발표를 하는 날이야. ㉠선구 네가 발표를 하기로 했었지?

선구 그래, 그런데 난 여러 사람 앞에서 말을 해 본 경험이 별로 없는데 발표를 잘할 수 있을까?

현서 ㉡평소 우리랑 이야기하는 것처럼 자연스럽게 발표하면 아무 문제 없을 거야.

선구 (자신 없는 목소리로) 그, 그래, 알았어.

선구는 혼자 있을 때 틈만 나면 모둠 친구들과 함께 작성한 발표문을 보았다. 발표문을 보지 않고도 그 내용을 말할 수 있을 정도로 외운 선구는 안심하고 학교에 갔다.

상진 우리 모두 열심히 발표 준비를 했으니, 전달만 잘되면 좋은 평가를 받을 수 있을 거야.

현서 ㉢선구가 발표를 잘해 줄 거라고 믿어. 선구야, 자신 있지?

친구들의 이야기를 들은 선구는 부담감 때문에 갑자기 불안해진다.

(나) 선구가 불안한 표정으로 모둠 친구들을 힐끔힐끔 쳐다보자, ㉣친구들은 선구가 자신감을 가질 수 있도록 응원의 눈빛을 보낸다.

선구 작품의 내용과 표현을 중심으로 살펴보면 멧새 소리는 백……석이……. (당황하여 말을 더듬고) 아니, 내용과 표현이 아니라, 저, 그…… 작가를 중심으로…….

선구는 식은땀을 흘리고, 두려움에 다리를 떨며, 가쁜 숨을 몰아쉬면서 발표를 이어 간다. (중략)

선생님 목소리가 너무 작은 것 같아요. ㉤좀 더 큰 목소리로 발표하면 좋을 것 같아요.

선구 (고개를 푹 숙이며) 네, 알겠습니다. (떨리는 목소리로) 명태, 아니 멧새가…… 아니, 멧새 소리가……. 멧새 소리의 의미는 (고개를 숙이고 발표문만 들추어 보면서) 우리 민족이 기다리는…….

11 〈보기〉는 선구가 발표를 마치고 난 뒤 쓴 일기이다. 적절하지 않은 것은?

보기

① 모둠을 대표해서 발표를 하게 된 부담감이 너무 컸던 것 같다. 연습할 때는 그렇지 않았는데 막상 ② 발표에 나서고 보니 불안감이 좀처럼 없어지지 않았다. 더구나 ③ 발표 내용에 대한 사전 준비를 하지 않아 내용이 잘 생각나지도 않았다. ④ 친구들이 중간에 따뜻한 눈빛으로 응원해 주었는데도 당황하여 말까지 더듬게 되었다. 마지막에는 ⑤ 어떻게 발표를 끝냈는지도 모를 정도로 머릿속이 하얘졌다. 말하기가 이렇게 어려운 일인 줄 온몸으로 체험한 하루였다.

서술형

12 (가)에서 선구가 말하기 불안을 느끼는 이유가 무엇인지 한 문장으로 서술하시오.

13 (나)에 나타난 선구의 태도를 바르게 말한 것은?

① 처음에 느꼈던 불안감에서 조금씩 벗어나고 있다.
② 친구들의 따뜻한 응원에 고마움을 표현하고 있다.
③ 시간이 흐르자 불안감의 원인을 파악하게 되었다.
④ 시간이 흐를수록 말하기의 불안이 더 커지고 있다.
⑤ 발표를 잘하기 위해 친구들에게 도움을 요청하고 있다.

14 발표를 마친 선구에게 해 줄 말로 적절하지 않은 것은?

① 누구에게나 말하기 불안은 있어.
② 큰소리로 자신 있게 말하면 좋았을 텐데.
③ 긍정적인 마음으로 발표에 임하는 건 어때?
④ 친구들의 기대감을 너무 부담스럽게 생각하지 마.
⑤ 말하기 불안이 없어질 때까지 발표를 맡지 않는 것이 좋겠어.

15 ㉠~㉤에 대한 설명으로 가장 적절한 것은?

① ㉠: 구체적인 근거를 들어 선구를 설득하고 있다.
② ㉡: 선구의 말하기 불안감을 해소시켜 준 말이다.
③ ㉢: 현서의 의도와 달리 선구에게 부담이 되고 있다.
④ ㉣: 선구가 안정감을 찾는 데 많은 도움을 주고 있다.
⑤ ㉤: 선구가 자신의 태도를 개선하는 계기로 작용하였다.

[16~20] 다음 글을 읽고, 물음에 답하시오.

가 그러나 불나방은 고개를 내저었습니다.

"난 싫어. 너희들이 먹고 있는 만찬은 가짜야. 사람들이 너희들을 잡기 위해 가짜 꿀 냄새가 나는 아교풀을 발라 놓았다고. 너희는 그 유혹을 이기지 못하고 깜빡 속은 것일 뿐이야." / "흥, 속았다고?" / 입가에 끈끈한 아교풀을 잔뜩 묻힌 파리가 코웃음을 쳤습니다.

"유혹을 이기지 못했다고? 그런 너는? 넌 저 휘황찬란한 촛불의 유혹을 이기지 못해 여기로 날아든 게 아니냐고?" / "그건 사실이야."

나 불나방이 시인을 하자 더욱 기세가 오른 파리가 다그쳤지요. / "우리가 인간한테 잡혀 죽는 모습을 네가 보게 될 확률보다 불에 뛰어들어 날개와 살이 타서 죽는 너의 꼬락서니를 우리가 먼저 구경하게 될 확률이 훨씬 높을걸? ㉠안 그러니 하루살이야?" / "글쎄, 난 장담하기 어려워. 오늘 밤 자정 이후에 일어날 일에 대해서는 뭐라고 잘라 말할 수 없기 때문이야. 왜냐하면 너희들도 알다시피 난 하루살이 아냐? 자정을 넘길 수 없을 거야."

다 불나방은 잠시 눈을 지그시 감았다가 떴습니다.

"아무도 내게 불 속으로 뛰어들라고 강요하지 않았어."

"그럼 도대체 무슨 까닭이야?"

"그건 말로 설명할 순 없어. 느낌이 중요해." / "무슨 느낌?"

"말하자면 자유 같은 거겠지. 찬찬히 돌이켜 생각해 봐. 우리는 그동안 항상 허기를 느끼는 빈 위장과 단물을 쭉쭉 빠는 데 이골이 난 혀의 노예로만 살아왔어."

하루살이는 고개를 갸웃거렸습니다.

라 "하지만 저렇게 일렁거리며 현란한 춤을 추는 불꽃을 한번 보라고. 얼마나 아름답고 자유스러워. 곤충 주제에 무슨 아름다움이고 자유를 찾냐고 비웃을 수는 있어. 그러나 그것은 그렇게 생각하는 쪽의 오만이고 편견일 뿐이야. 자기 나름대로의 아름다움에 반하고 그런 것을 추구할 권리는 결코 어느 한쪽에서 배타적으로 소유할 수가 없을걸. 우리 모두의 권리야. 오오, 저 춤추는 아름다운 불꽃!"

16 이 글의 등장인물에 대한 설명으로 적절한 것은?

① 하루살이는 자신의 경험을 들어 파리를 비판한다.
② 파리는 하루살이와 불나방의 불우한 처지를 위로한다.
③ 불나방은 자신이 추구하는 가치가 소중하다고 말한다.
④ 하루살이는 파리와 불나방의 무례한 태도를 나무란다.
⑤ 파리는 세상물정을 모르는 불나방을 불쌍하게 생각한다.

17 다음은 이 글을 읽고 자신이 해석한 내용을 발표하기 위한 준비 과정이다. 적절하지 않은 것은?

① 등장인물들이 추구하는 삶의 방식을 파악해 본다.
② 작가에 대해 친구들이 궁금해하는 점을 조사해 본다.
③ 작가가 이 글을 통해 말하려는 바가 무엇인지 생각해 본다.
④ 등장인물 중 자신과 비슷한 가치관을 가진 인물을 찾아 본다.
⑤ 친구들이 발표에 흥미를 가질 수 있도록 내용을 구성해 본다.

18 파리가 추구하는 삶의 태도를 상징적으로 드러내는 소재를 찾아 한 단어로 쓰시오.

19 ㉠에 담긴 의도를 바르게 말한 것은?

① 불나방과 하루살이의 화해를 촉구한다.
② 하루살이의 의문을 해소시키려고 한다.
③ 자신의 결점을 감추고 장점을 부각시킨다.
④ 불나방이 자신의 잘못을 깨닫기를 원한다.
⑤ 하루살이가 자신의 말에 동조하기를 바란다.

서술형 논술 대비

20 불나방이 추구하는 삶의 자세를 <조건>에 맞게 서술하시오.

조건
- 불나방이 추구하는 삶의 방식이 무엇인지 밝힐 것.
- 불나방의 생각을 비웃는 데 대한 반론을 포함하며 쓸 것.
- 40자 이내의 한 문장으로 쓸 것.

대단원 확인 문제

[21~25] 다음 글을 읽고, 물음에 답하시오.

(가) 시는 어느 집 처마 끝에 고드름을 매단 채 꽁꽁 얼어 붙어 있는 명태를 그리고 있다. 명태는 기다란 데다 얼기까지 했고, 꼬리에 기다란 고드름을 매달고 있어서 더더욱 파리해 보인다. 게다가 "해는 저물고 날은 다" 간 저물녘의 겨울 볕이니 서럽도록 차갑기도 할 것이다. '볕이 차갑다'라는 모순되는 감각의 이미지는 이런 맥락에서 생성되었다. 한 컷의 흑백 사진을 보는 듯한 탁월한 이미지이다.

(나) 선구는 혼자 있을 때 틈만 나면 모둠 친구들과 함께 작성한 발표문을 보았다. 발표문을 보지 않고도 그 내용을 말할 수 있을 정도로 외운 선구는 안심하고 학교에 갔다.

상진 우리 모두 열심히 발표 준비를 했으니, 전달만 잘되면 좋은 평가를 받을 수 있을 거야.

현서 선구가 발표를 잘해 줄 거라고 믿어. 선구야, 자신 있지?

친구들의 이야기를 들은 선구는 부담감 때문에 갑자기 불안해진다.

선구 (혼잣말로) 우리 모두 발표 준비를 하느라 고생을 많이 했는데, 내가 발표를 못해서 다 망쳐 버리면 어떡하지?

(다) "하지만 날개가 타고 몸에 ㉠화상을 입으면 고통스럽잖아? 난 무서워."

"아마 ㉡고통 없는 아름다움이란 이 세상에 없을 거야. 그리고 우린 어차피 ㉢자연의 순환이라는 법칙에 곧 순종해야 할 운명이야. 난 아무도 모르는 곳에 이미 다음 대를 이어 갈 나의 사랑스런 ㉣알들도 까 놓았어. 그럼 안녕!"

불나방은 일렁이는 촛불 위를 서너 차례 돈 다음 온 힘을 다해 몸을 던졌답니다. (중략)

"힝, 그 불나방 잘난 척 한번 더럽게 하더니 결국 저 꼴이 되고 마는군. 이승의 진흙탕이면 어때! 하루라도 더 구르는 놈이 장땡이지 뭐."

열심히 ㉤아교풀을 빨아 먹던 파리가 한마디 던지고는 계속 혓바닥을 날름거렸지요.

21 (가)와 같은 관점으로 〈보기〉의 시를 해석한 것은?

> 보기
>
> 강나루 건너서 / 밀밭 길을
>
> 구름에 달 가듯이 / 가는 나그네
>
> 길은 외줄기 / 남도 삼백 리
>
> 술 익는 마을마다 / 타는 저녁 놀
>
> 구름에 달 가듯이 / 가는 나그네
>
> – 박목월, 「나그네」

① '나그네'는 일제 치하에서 억압받는 우리 민족을 의미한다.
② 시각적 심상이 중심이 되어 '나그네'의 고독감을 드러낸다.
③ '술 익는 마을'은 창작 시기와 관련할 때 비판의 여지가 있다.
④ 어릴 때 외가에 가서 놀던 추억이 떠올라 시가 더 정겹게 느껴진다.
⑤ 시인이 추구하는 유유자적한 삶의 모습이 '나그네'를 통해 드러나 있다.

서술형
22 (가)에서 시에 대한 글쓴이의 해석이 단적으로 드러난 문장을 찾아 쓰시오.

23 (나)에서 선구가 불안해진 이유를 바르게 말한 것은?

① 발표 전날까지 주제에 대해 조사했기 때문이다.
② 낯선 사람들 앞에서 발표하게 되었기 때문이다.
③ 청중들의 반응이 우호적이지 않았기 때문이다.
④ 친구들의 기대가 오히려 부담을 주었기 때문이다.
⑤ 발표 주제가 무엇인지 정해지지 않았기 때문이다.

24 (다)의 작가가 가치 있게 생각하는 삶의 태도는?

① 현실의 이익을 위해 열심히 일하는 성실한 태도
② 눈앞의 이익보다 장래의 큰 이익을 중요시하는 태도
③ 이기적인 태도를 버리고 이타적인 삶을 살아가는 태도
④ 현실에 안주하기보다는 자유와 이상을 추구하는 태도
⑤ 물질적인 가치와 정신적인 가치가 조화를 이루는 태도

25 ㉠~㉤ 중 유사한 의미를 갖고 있는 것을 바르게 묶은 것은?

① ㉠, ㉡ ② ㉠, ㉤ ③ ㉡, ㉢ ④ ㉢, ㉣ ⑤ ㉣, ㉤

[26~30] 다음 글을 읽고, 물음에 답하시오.

(가) 백석의 시는 그가 살았던 시대와 연결 지을 때 의미가 더욱 깊어진다. 식민지에 태어나서 조국과 고향을 떠나 접하는 삶이 얼마나 외롭고 고되었으랴. 더욱이 이 시를 쓸 즈음에는 일본의 억압과 수탈이 점점 심해져서 망국민의 한이 끝없이 깊어질 때다. 바짝 마른 데다 꽁꽁 언 채 처마 끝에 매달려서 눈물 같은 고드름을 달고 있는 ㉠명태는 암울한 우리 민족의 분신이기도 한 것이다. 길다랗고 파리한 명태가 되어 꼬리가 아니라 '가슴에' 고드름을 단 채 우리네 슬픈 이웃들은 무엇을 기다린 것일까.

(나) 선구 (기어들어 가는 목소리로) 멧새 소리는 당시 우리 민족이 기다렸던 독립에 대한 희망의 메시지……가 아니라, 아니, 이건 당시 시대 상황과…… 관련지어 해석해 본……. / 선생님 (㉡)

선구 (고개를 푹 숙이며) 네, 알겠습니다. (떨리는 목소리로) 명태, 아니 멧새가…… 아니, 멧새 소리가……. 멧새 소리의 의미는 (고개를 숙이고 발표문만 들추어 보면서) 우리 민족이 기다리는…….

(다) 불나방은 잠시 눈을 지그시 감았다가 떴습니다.

"아무도 내게 불 속으로 뛰어들라고 강요하지 않았어."

"그럼 도대체 무슨 까닭이야?"

"그건 말로 설명할 순 없어. 느낌이 중요해."

"무슨 느낌?" / "말하자면 자유 같은 거겠지. 찬찬히 돌이켜 생각해 봐. 우리는 그동안 항상 허기를 느끼는 빈 위장과 단물을 쪽쪽 빠는 데 이골이 난 혀의 노예로만 살아왔어." / 하루살이는 고개를 갸웃거렸습니다.

㉢"그거야 당연한 것 아냐?"

"물론 당연하다고 할 수도 있어. 하지만 그렇게 사느라고 우리가 치른 엄청난 대가들을 생각해 봐. 어느 구석인지 입을 벌리고 있을 음흉한 거미들의 보이지 않는 죽음의 그물망을 염려하느라 몸을 움츠려야 했어. 또 공포스러운 사마귀의 턱이나 새들의 단단한 부리에 우리의 연약한 머리통이 깨질까 걱정하느라 숨도 제대로 못 쉬었어."

"그건 그래……." / 하루살이는 고개를 끄덕였습니다.

서술형

26 (가)에서 글쓴이가 ㉠과 같이 해석한 근거를 〈조건〉에 맞게 한 문장으로 서술하시오.

조건
- (가)에 제시된 관점과 연관 지을 것.

27 (나)의 선구에게 들려줄 말로 가장 적절한 것은?

① 작품을 좀 더 다양한 관점에서 해석해 보세요.
② 말하기 불안을 이겨 내기 위해 노력하기 바랍니다.
③ 시간이 가면 말하기의 불안은 자연스럽게 해결됩니다.
④ 발표를 하기 전에 발표문을 작성하는 것이 중요합니다.
⑤ 심리적 불안을 해소하기 위해 교우 관계를 넓혀 보세요.

28 ㉡에 들어갈 선생님의 말로 가장 적절한 것은?

① 목소리가 작은 것 같아요. 좀 더 큰 목소리로 발표하면 좋을 것 같아요.
② 시대적 상황을 근거로 들어 작품을 해석하는 것은 바람직한 감상이 아닙니다.
③ 발표 전에 사전 연습을 전혀 하지 않아서 자신이 없군요. 다음부터는 사전 연습을 충분히 해 오세요.
④ 어색한 시선 처리로 인해서 청중과 소통하고 있지 못하네요. 발표 상황에 어울리는 시선 처리를 부탁해요.
⑤ 외워 온 발표 내용만을 말하려고 하니 긴장을 한 것 같아요. 다음부터는 상황에 따라 주제를 바꿔 가며 말하세요.

29 (다)의 등장인물들에 대해 바르게 말한 것은?

① 서로 다른 가치관을 조화시키기 위해 노력하고 있다.
② 불나방은 자신에게 주어진 짧은 삶을 아쉬워하고 있다.
③ 서로 다른 가치관 때문에 대화가 이루어지지 않고 있다.
④ 하루살이는 불나방의 말에 대해 어느 정도 공감하고 있다.
⑤ 하루살이는 불나방의 용기를 존중하고 부러워하고 있다.

30 ㉢을 뒷받침할 수 있는 말로 가장 적절한 것은?

① 가는 날이 장날
② 금강산도 식후경
③ 등잔 밑이 어둡다.
④ 믿는 도끼에 발등 찍힌다.
⑤ 돌다리도 두드려 보고 건너라.

통일 시대의 우리말

(1) 우리말의 음운

(2) 남북한의 언어와 통일 시대의 국어

대단원 학습 목표

문법 음운의 체계를 알고 그 특성을 이해할 수 있다.
문법 통일 시대의 국어에 관심을 가지는 태도를 지닐 수 있다.

• 정답과 해설 p.12

(1) 우리말의 음운

음운의 체계를 알고 그 특성을 이해할 수 있다.

- 음운의 개념과 체계 파악하기
- 모음과 자음의 체계와 특성 이해하기
- 생활 속 음운의 모습 탐구하기

음운
- 말의 뜻을 구별할 수 있게 해 주는 소리의 가장 작은 단위
- 우리말 음운에는 자음과 모음, 소리의 길이 등이 있음.

모음과 자음의 체계
- 모음은 입술 모양과 혀의 위치 변화에 따라 단모음과 이중 모음으로 나뉘고, 단모음은 입술 모양, 혀의 최고점의 위치, 혀의 높이에 따라 나뉨.
- 자음은 소리 나는 위치와 소리 내는 방식에 따라 나뉨.

우리말의 음운 체계를 학습하는 것은 우리말의 문법 체계를 이해하기 위해 반드시 거쳐야 하는 과정이다. 음운을 직접 발음해 보면서 음운의 체계와 그 특성을 이해하고, 더 나아가 실생활과 관련된 실제적 발음 원리를 탐구함으로써 음운의 양상을 이해할 수 있도록 한다.

음운은 사람들이 같은 음이라고 생각하는 추상적인 소리로, 사람의 발음 기관을 통해 내는 구체적인 소리인 '음성'과는 다르다.

확인 문제

01 다음은 음운에 대한 설명이다. ㉠과 ㉡에 들어갈 알맞은 말을 쓰시오.

> 음운은 말의 뜻을 구별할 수 있게 해 주는 □□의 가장 작은 단위로, 우리말 음운에는 자음과 모음, □□□ □□ 등이 있다.

02 〈보기〉에서 우리말의 단모음을 구분하는 기준에 해당하는 것을 모두 골라 기호로 쓰시오.

보기
㉠ 입술 모양 ㉡ 혀의 높이
㉢ 소리 나는 위치 ㉣ 소리 내는 방식
㉤ 혀의 최고점의 위치

(2) 남북한의 언어와 통일 시대의 국어

통일 시대의 국어에 관심을 가지는 태도를 지닐 수 있다.

- 남북한 언어의 동질성과 이질성 이해하기
- 남북한 언어의 차이 파악하기
- 통일 시대의 국어 생활 대비하기

남북한 언어의 차이
- 북한어에서는 외래어 다듬기를 한 표현을 쓰고 있고, 남한어에서는 외래어를 그대로 받아들여 표현하고 있음.
- 남한 사람들은 관계 유지를 위한 간접 화법에 익숙한 반면, 북한 사람들은 직접적으로 말하는 표현에 익숙하고, '-ㅂ시다'라는 표현도 남북한이 다르게 사용함.

통일 시대의 국어에 왜 관심을 가져야 하는지, 현재의 남북한 언어는 무엇이 다른지, 통일 과정에서 남북한 언어의 차이로 인한 어떤 어려움이 예상되는지 등에 대한 이해를 바탕으로 통일 시대의 국어에 관심을 갖고 통일 시대를 대비하려는 태도를 지니도록 한다.

통일 시대의 국어에 대비하기 위해서는 남북한 언어의 동질성과 이질성을 이해하는 것이 중요하다. 남북한 언어는 어휘나 표현에 이질성이 있기는 하지만, 남북한이 단일 언어와 문자를 사용하는 한 민족으로 동질성을 지니고 있기도 하다.

확인 문제

03 남북한 언어에 관한 설명으로 옳은 것은 ○, 틀린 것은 ×를 하시오.

(1) 북한어에서는 남한어에 비해 외래어 다듬기를 한 표현을 사용한다. ( )
(2) 남북한은 오랜 시간 단절된 상태로 지냈기 때문에 언어의 이질성이 심하여 의사소통이 어렵다. ( )
(3) 북한 사람들은 관계 유지를 위한 간접 화법에 익숙하다. ( )

이 단원에서는 우리말의 음운을 이해하고 통일 시대의 국어에 관해 생각해 볼 거야. 그러면 더 정확하고 풍부한 국어 생활을 하며 국어에 관한 관심을 기를 수 있어.

우리말의 음운

• 생각 열기 다음 그림을 보고, 아래의 활동을 해 봅시다.

산소 원자
하나와 수소 원자 둘이
결합하면 바로 나,
물 분자가 되지.
H
O
H

물 분자는 무엇으로 이루어져 있나요?

예시 답 산소 원자 하나와 수소 원자 두 개로 이루어져 있다.

'물'이라는 단어가 분자라면, 이 단어에서 원자에 해당하는 것은 무엇일까요?

예시 답 'ㅁ, ㅜ, ㄹ', 즉 자음과 모음이 원자에 해당한다.

• 학습 목표로 내용 엿보기

"여러 개의 원자가 결합하여 분자가 되는 것처럼 우리말도 여러 개의 작은 단위들이 모여서 만들어져. 우리말의 뜻을 구별할 수 있게 해 주는 소리의 가장 작은 단위인 음운의 체계와 특성에 관해 자세히 알아보고, 생활 속 음운의 모습을 탐구해 봐야겠어."

핵심 1 음운의 체계와 특성 이해하기

핵심 2 생활 속 음운의 모습 탐구하기

핵심 원리 이해하기 음운의 체계와 특성

1. 음운

말의 뜻을 구별할 수 있게 해 주는 소리의 가장 작은 단위로, 우리말 음운에는 자음, 모음, 소리의 길이 등이 있음.

2. 모음과 자음의 체계

모음	• 입술 모양과 혀의 위치 변화에 따라 단모음, 이중 모음으로 나뉨. • 단모음은 입술 모양에 따라 원순 모음·평순 모음, 혀의 최고점의 위치에 따라 전설 모음·후설 모음, 혀의 높이에 따라 고모음·중모음·저모음으로 나뉨.
자음	소리 나는 위치에 따라 입술소리·잇몸소리·센입천장소리·여린입천장소리·목청소리, 소리 내는 방식에 따라 파열음·파찰음·마찰음·비음·유음으로 나뉨.

개념 확인 콕콕

• 정답과 해설 p.12

[01~04] 다음 빈칸에 알맞은 말을 쓰시오.

01 말의 뜻을 구별할 수 있게 해 주는 소리의 가장 작은 단위를 (　　　)이라고 한다.

02 우리말 모음은 발음할 때 입술 모양과 혀의 위치 변화에 따라 단모음과 (　　　)으로 나뉜다.

03 자음은 소리 나는 위치에 따라 (　　　), 잇몸소리, 센입천장소리, 여린입천장소리, (　　　)로 나뉜다.

04 모음은 혀의 (　　　)의 위치에 따라 전설 모음과 후설 모음으로 나뉜다.

05 다음 설명이 옳으면 ○, 옳지 않으면 ×를 하시오.

(1) 모음이나 자음 하나만 달라져도 말의 뜻이 달라진다. (　　)

(2) 우리말 음운에는 모음과 자음, 소리의 길이 등이 있다. (　　)

(3) 단모음의 분류 기준은 입술 모양, 혀의 최고점의 위치, 목청의 울림 여부이다. (　　)

(4) 자음은 소리 나는 위치와 소리 내는 방식에 따라 나뉜다. (　　)

06 다음 단어들의 뜻을 구별할 수 있게 해 주는 음운의 종류를 연결하시오.

(1) 말 - 발 • 　　• ㉠ 모음

(2) 말 - 물 • 　　• ㉡ 자음

(3) 말[말] - 말[말:] • 　　• ㉢ 소리의 길이

활동 안내

이 소단원은 우리말 음운의 개념과 체계를 파악하고 음운의 특성을 탐구하여 문법적 사고력을 기르기 위한 단원이다. 우리말의 음운 체계를 학습하는 것은 우리말의 문법 체계를 정확하게 이해할 수 있는 첫걸음이 된다. 다만 복잡한 음운 체계를 이론적으로 접근하는 것이 쉽지 않으므로, 음운을 직접 발음해 보며 개별 문법 현상을 탐구한 뒤 관련된 문법 지식을 정리해 보도록 한다. 또한 학습 내용이 문법적 지식을 이해하는 데에만 그치지 않도록 실생활과 관련된 실제적 발음 원리를 탐구해 봄으로써 음운의 양상을 폭넓게 이해해 보도록 한다.

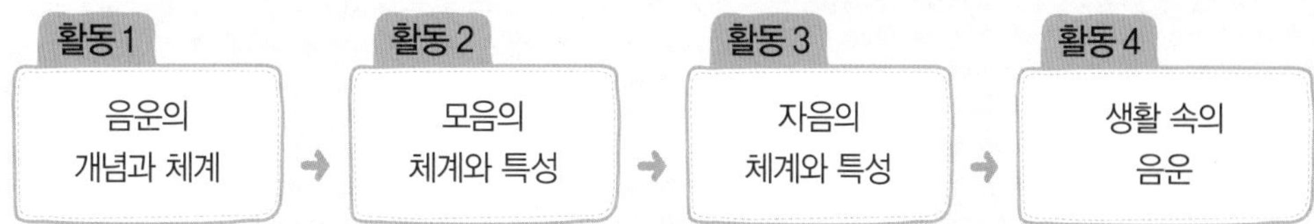

활동 개관

★ **활동 1** 음운의 개념과 체계

모음과 자음의 세부 체계를 배우기 전에 음운의 개념과 체계를 이해하는 과정을 통해 우리말을 이루는 단위들에 관해 살펴보는 활동이다. 단어들의 뜻이 달라지는 까닭을 음운의 차이에 주목하여 생각해 보는 활동을 통해 음운의 개념과 체계를 이해하도록 한다.

★ **활동 2** 모음의 체계와 특성

모음의 체계와 특성을 파악하기 위한 활동이다. 먼저 모음을 발음하는 친구의 입 모양을 살펴보면서 단모음과 이중 모음을 발음할 때 어떤 차이가 있는지를 파악해 본다. 다음으로는 단모음을 분류하는 세 가지 기준에 따라 단모음을 발음해 보고 분류해 보는 활동을 한다. 이 활동을 바탕으로 우리말 단모음 체계표를 완성해 보고 학습 내용을 스스로 정리해 보도록 한다.

★ **활동 3** 자음의 체계와 특성

자음의 체계와 특성을 파악하기 위한 활동이다. 먼저 발음 기관 단면도를 통해 자음들이 소리 나는 위치를 알아보고 자음을 분류해 본다. 다음으로는 자음의 소리 내는 방식을 설명한 글을 바탕으로 자음을 소리 내는 방식에 따라 분류해 보고, 비음과 유음이 많이 포함된 단어들을 발음해 봄으로써 각각의 특성을 이해해 본다. 이 활동을 바탕으로 우리말 자음 체계표를 완성해 보고 학습 내용을 스스로 정리해 보도록 한다.

★ **활동 4** 생활 속의 음운

생활 속 음운의 양상을 탐구하고, 발음의 원리를 이해하기 위한 활동이다. 단모음과 이중 모음을 잘못 발음하는 상황을 통해 정확한 발음의 중요성을 파악해 보는 활동, 노래 가사에서 단모음을 찾아 분류하는 활동, 소리의 세기에 따라 말의 느낌이 달라지는 자음을 찾아보는 활동, 소리의 길이에 따라서 뜻이 달라지는 단어를 정확하게 읽어 보는 활동을 통해 생활 속 음운의 양상을 탐구해 본다. 마지막으로 음운에 관한 십자말풀이를 통해 음운의 체계와 특성을 정리해 본다.

우리말의 음운

활동 1 음운의 개념과 체계

1. 다음 활동을 하면서 소리의 가장 작은 단위에 관해 알아봅시다.

1 다음 단어들의 뜻이 달라지는 까닭을 말해 봅시다.

말－발	ㅁ 와/과 ㅂ 의 소리 차이 때문이다.
말－물	ㅏ 와/과 ㅜ 의 소리 차이 때문이다.

2 다음 두 단어를 발음해 보고, 뜻을 구별하려면 어떻게 발음해야 하는지 말해 봅시다.

예시 답 동물을 뜻하는 '말'은 [말]로 짧게 발음해야 하며, 발음 기관을 통해 만드는 말소리를 뜻하는 '말'은 [말ː]로 길게 발음해야 한다.

음운

말의 뜻을 구별할 수 있게 해 주는 소리의 가장 작은 단위를 '음운'이라고 합니다. 우리말 음운에는 자음과 모음처럼 나누어지는 것도 있고, 소리의 길이처럼 나누어지지 않는 것도 있습니다.

핵심 정리 음운의 개념과 종류

개념	말의 뜻을 구별할 수 있게 해 주는 소리의 가장 작은 단위 예 말－발: 'ㅁ'과 'ㅂ'의 소리 차이로 뜻이 달라짐. 말－물: 'ㅏ'와 'ㅜ'의 소리 차이로 뜻이 달라짐. ➡ 'ㅁ, ㅂ, ㅏ, ㅜ'와 같은 소리가 음운에 해당됨.
종류	• 자음과 모음: 나누어 쓸 수 있는 음운 • 소리의 길이: 나누어지지 않는 음운으로, 동일한 자음과 모음으로 이루어진 단어도 소리의 길이에 따라 뜻이 달라짐. 예 말[말] ➡ 동물 말[말ː] ➡ 발음 기관을 통해 만드는 말소리

• 확인 문제 •

• 정답과 해설 p.12

01 다음 단어들에 대한 설명으로 알맞은 것은?

> 말 － 발, 말 － 물

① 소리의 길이에 따라 의미가 달라진 경우이다.
② 소리 하나 때문에 의미가 달라진 경우이다.
③ 소리는 다르지만 의미가 동일한 단어의 짝이다.
④ 자음에 따라 소리의 세기가 달라진 경우이다.
⑤ 더 이상 작게 나눌 수 없는 소리로 이루어진 단어들이다.

핵심

02 음운에 대한 설명으로 알맞은 것은?

① 뜻을 가진 가장 작은 말의 단위이다.
② 문장을 이루는 도막도막의 마디이다.
③ 발음할 때 한 번에 소리 낼 수 있는 단위이다.
④ 사람의 발음 기관을 통해 내는 구체적인 소리이다.
⑤ 말의 뜻을 구별할 수 있게 해 주는 소리의 가장 작은 단위이다.

03 〈보기〉의 밑줄 친 단어의 뜻을 구별해 주는 요소는 무엇인지 쓰시오.

보기
• 말 많은 집은 장맛도 쓰다.
• 달리는 말에도 채찍질을 한다.

04 우리말 음운의 종류를 모두 쓰시오.

2. 다음 만화를 바탕으로 모음과 자음의 차이가 무엇인지 생각해 봅시다.

모음은 소리 날 때 공기의 흐름이 예시 답 방해를 받지 않고 나온다.

자음은 소리 날 때 공기의 흐름이 예시 답 방해를 받으며 나온다.

핵심 정리 모음과 자음의 차이

모음	• 혼자서도 발음이 가능함. • 소리 날 때 공기의 흐름이 방해를 받지 않고 나옴. → ㅏ, ㅐ, ㅑ, ㅒ, ㅓ, ㅔ, ㅕ, ㅖ, ㅗ, ㅘ, ㅙ, ㅚ, ㅛ, ㅜ, ㅝ, ㅞ, ㅟ, ㅠ, ㅡ, ㅢ, ㅣ (21개)
자음	• 모음이 없으면 혼자서는 발음할 수 없음. • 소리 날 때 공기의 흐름이 방해를 받으며 나옴. → ㄱ, ㄲ, ㄴ, ㄷ, ㄸ, ㄹ, ㅁ, ㅂ, ㅃ, ㅅ, ㅆ, ㅇ, ㅈ, ㅉ, ㅊ, ㅋ, ㅌ, ㅍ, ㅎ (19개)

↓

모음과 자음은 소리 내는 방식의 차이에 따라 구분됨.

핵심

05 모음과 자음을 구분하는 기준으로 알맞은 것은?

① 발음할 때 혀의 높이에 따라
② 더 작은 단위로 나눌 수 있느냐에 따라
③ 발음할 때 입안이나 코안의 울림 여부에 따라
④ 발음할 때 공기의 흐름이 방해를 받는지 여부에 따라
⑤ 발음할 때 입술 모양이나 혀의 위치 변화 여부에 따라

06 모음에 대한 설명으로 알맞은 것은?

① 우리말에는 20개가 있다.
② 자음이 없어도 소리를 낼 수 있다.
③ 자음과 발음하는 방식이 동일하다.
④ 나누어지지 않는 음운에 해당한다.
⑤ 발음할 때 공기의 흐름이 방해를 받고 나오는 소리이다.

07 자음에 대한 설명으로 알맞지 않은 것은?

① 음운의 한 종류이다.
② 우리말에는 모두 19개가 있다.
③ 모음이 없으면 혼자서는 소리가 나지 않는다.
④ '물'과 '불'의 의미를 구별하게 해 주는 소리이다.
⑤ 발음할 때 공기의 흐름이 막힘없이 순조롭게 나오는 소리이다.

08 다음 중 소리 나는 방식이 다른 하나는?

① ㄱ ② ㄸ ③ ㅠ
④ ㅂ ⑤ ㅍ

활동 ② 모음의 체계와 특성

1. 친구와 함께 모음을 발음하며 그 특성에 따라 모음을 분류해 봅시다.

① 다음 모음들을 발음하는 친구의 입 모양을 살펴보고, 어떠한 차이가 있는지 말해 봅시다.

예시 답 'ㅏ'를 발음할 때는 입술 모양이나 혀의 위치가 달라지지 않지만, 'ㅑ'를 발음할 때는 입술 모양과 혀의 위치가 달라진다.

② ①의 두 모음과 관련 있는 내용을 알맞게 연결해 봅시다.

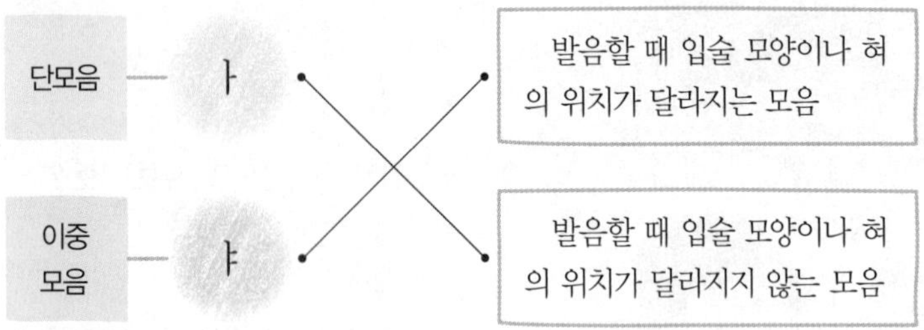

③ 다음 모음들을 발음해 보고, 단모음과 이중 모음으로 분류해 봅시다.

> ㅏ, ㅐ, ㅑ, ㅒ, ㅓ, ㅔ, ㅕ, ㅖ, ㅗ, ㅘ,
> ㅙ, ㅚ, ㅛ, ㅜ, ㅝ, ㅞ, ㅟ, ㅠ, ㅡ, ㅢ, ㅣ

단모음	이중 모음
ㅏ, ㅐ, ㅓ, ㅔ, ㅗ, ㅚ, ㅜ, ㅟ, ㅡ, ㅣ	ㅑ, ㅒ, ㅕ, ㅖ, ㅘ, ㅙ, ㅛ, ㅝ, ㅞ, ㅠ, ㅢ

핵심 정리 모음의 분류

단모음	발음할 때 입술 모양이나 혀의 위치가 달라지지 않는 모음 ➞ ㅏ, ㅐ, ㅓ, ㅔ, ㅗ, ㅚ, ㅜ, ㅟ, ㅡ, ㅣ (10개)
이중 모음	발음할 때 입술 모양이나 혀의 위치가 달라지는 모음 ➞ ㅑ, ㅒ, ㅕ, ㅖ, ㅘ, ㅙ, ㅛ, ㅝ, ㅞ, ㅠ, ㅢ (11개)

↓

모음은 입술 모양이나 혀의 위치 변화 여부에 따라 단모음과 이중 모음으로 분류됨.

핵심

09 〈보기〉와 같이 모음을 나누었을 때 그 기준으로 알맞은 것은?

> 보기
> • ㅏ, ㅐ, ㅓ, ㅔ, ㅗ, ㅚ, ㅜ, ㅟ, ㅡ, ㅣ
> • ㅑ, ㅒ, ㅕ, ㅖ, ㅘ, ㅙ, ㅛ, ㅝ, ㅞ, ㅠ, ㅢ

① 발음할 때 혀의 높이에 따라
② 발음할 때 소리 나는 위치에 따라
③ 발음할 때 혀의 앞뒤 위치에 따라
④ 발음할 때 입술 모양이 평평한지 여부에 따라
⑤ 발음할 때 입술 모양이나 혀의 위치 변화 여부에 따라

10 다음 중 발음할 때 입술 모양이나 혀의 위치가 고정된 채 소리가 나는 모음이 아닌 것은?

① ㅏ ② ㅟ ③ ㅢ
④ ㅗ ⑤ ㅣ

11 다음 중 단모음으로만 이루어진 단어는?

① 참외 ② 여유 ③ 예절
④ 야구 ⑤ 의사

12 다음 설명에 해당하는 모음이 포함되지 않은 단어는?

> 입술 모양이나 혀의 위치가 달라지면서 발음되는 모음

① 훼손 ② 어휘 ③ 요정
④ 얘기 ⑤ 화해

13 발음할 때 입술 모양이나 혀의 위치가 달라지는 모음을 무엇이라고 하는지 쓰시오.

2. 다음 활동을 통해 단모음을 분류하는 기준에 관해 알아봅시다.

ㅏ, ㅐ, ㅓ, ㅔ, ㅗ, ㅚ, ㅜ, ㅟ, ㅡ, ㅣ

1 〈보기〉의 단모음을 발음해 보고, 혀의 높이에 따라 분류해 봅시다.

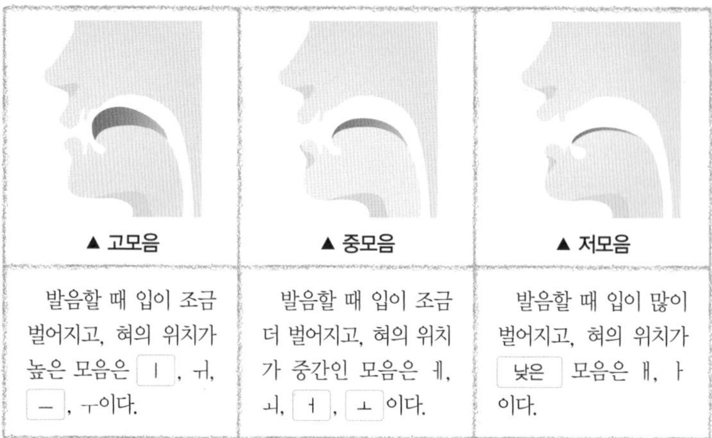

▲ 고모음	▲ 중모음	▲ 저모음
발음할 때 입이 조금 벌어지고, 혀의 위치가 높은 모음은 [ㅣ], ㅟ, [ㅡ], ㅜ이다.	발음할 때 입이 조금 더 벌어지고, 혀의 위치가 중간인 모음은 ㅔ, ㅚ, [ㅓ], [ㅗ]이다.	발음할 때 입이 많이 벌어지고, 혀의 위치가 [낮은] 모음은 ㅐ, ㅏ이다.

2 〈보기〉의 단모음을 발음해 보고, 혀의 최고점의 위치에 따라 분류해 봅시다.

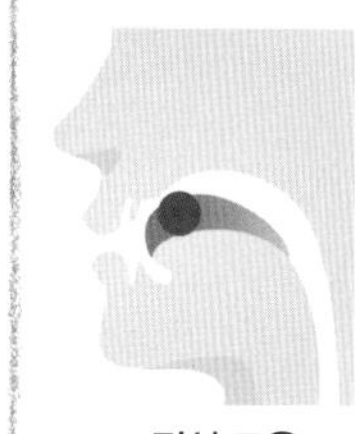

발음할 때 혀의 최고점의 위치가 앞쪽에 있는 모음이다.

▲ 전설 모음

[ㅣ], ㅔ, [ㅐ], ㅟ, ㅚ

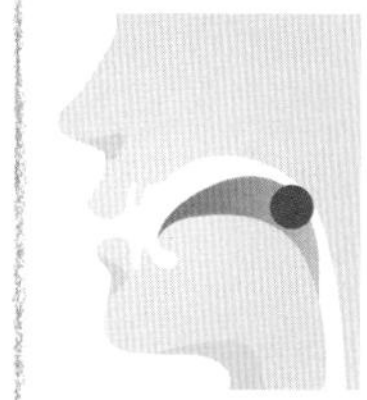

발음할 때 혀의 최고점의 위치가 뒤쪽에 있는 모음이다.

▲ 후설 모음

[ㅡ], [ㅓ], ㅏ, ㅜ, ㅗ

핵심 정리

단모음의 분류 ①: 혀의 높이에 따른 분류

고모음	발음할 때 입이 조금 벌어지고, 혀의 위치가 높은 모음 ➜ ㅣ, ㅟ, ㅡ, ㅜ
중모음	발음할 때 입이 조금 더 벌어지고, 혀의 위치가 중간인 모음 ➜ ㅔ, ㅚ, ㅓ, ㅗ
저모음	발음할 때 입이 많이 벌어지고, 혀의 위치가 낮은 모음 ➜ ㅐ, ㅏ

단모음의 분류 ②: 혀의 최고점의 위치에 따른 분류

전설 모음	발음할 때 혀의 최고점의 위치가 앞쪽에 있는 모음 ➜ ㅣ, ㅔ, ㅐ, ㅟ, ㅚ
후설 모음	발음할 때 혀의 최고점의 위치가 뒤쪽에 있는 모음 ➜ ㅡ, ㅓ, ㅏ, ㅜ, ㅗ

14 〈보기〉의 ㉠~㉢에 해당하는 모음끼리 바르게 짝지은 것은?

> 보기
>
> 모음을 혀의 높이에 따라 분류해 보면, 발음할 때 입이 조금 벌어지고 혀의 위치가 높은 모음인 ㉠고모음, 그보다 입이 조금 더 벌어지고 혀의 위치가 중간인 모음인 ㉡중모음, 입이 가장 많이 벌어지고 혀의 위치가 낮은 모음인 ㉢저모음으로 나눌 수 있다.

	㉠	㉡	㉢
①	ㅡ, ㅣ	ㅗ, ㅔ	ㅏ, ㅐ
②	ㅜ, ㅣ	ㅏ, ㅐ	ㅓ, ㅚ
③	ㅏ, ㅐ	ㅗ, ㅔ	ㅡ, ㅣ
④	ㅓ, ㅔ	ㅜ, ㅟ	ㅏ, ㅐ
⑤	ㅔ, ㅚ	ㅏ, ㅐ	ㅜ, ㅡ

핵심

15 〈보기〉의 설명에 해당하는 모음으로만 묶인 것은?

> 보기
>
> 발음할 때 혀의 최고점의 위치가 앞쪽에 있는 모음이다.

① ㅗ, ㅜ, ㅚ, ㅟ, ㅔ
② ㅜ, ㅡ, ㅣ, ㅟ, ㅐ
③ ㅏ, ㅓ, ㅗ, ㅜ, ㅡ
④ ㅐ, ㅔ, ㅚ, ㅟ, ㅣ
⑤ ㅏ, ㅓ, ㅡ, ㅣ, ㅐ

16 다음 중 모음의 종류를 잘못 분석한 것은?

① ㅏ: 후설 모음, 저모음
② ㅓ: 후설 모음, 중모음
③ ㅜ: 후설 모음, 고모음
④ ㅣ: 전설 모음, 저모음
⑤ ㅚ: 전설 모음, 중모음

17 모음을 '전설 모음'과 '후설 모음'으로 분류하는 기준을 쓰시오.

3 〈보기〉의 단모음을 발음해 보고, 입술 모양에 따라 분류해 봅시다.

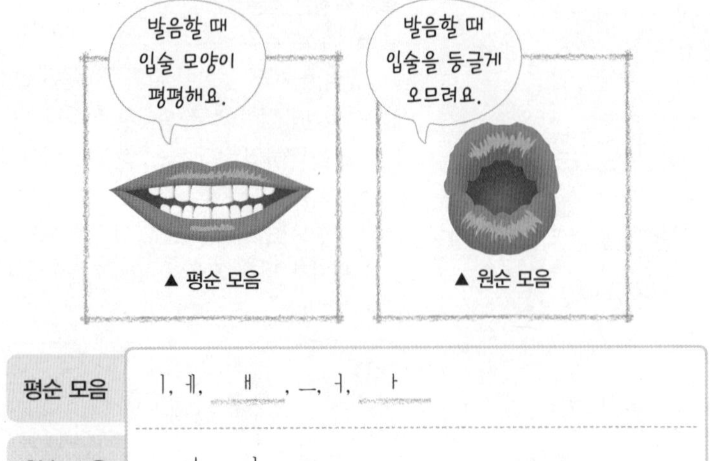

발음할 때 입술 모양이 평평해요.
발음할 때 입술을 둥글게 오므려요.

▲ 평순 모음 ▲ 원순 모음

평순 모음	ㅣ, ㅔ, ㅐ, ㅡ, ㅓ, ㅏ
원순 모음	ㅟ, ㅚ, ㅜ, ㅗ

3. 2의 활동을 바탕으로 우리말 단모음 체계표를 완성해 봅시다.

혀의 앞뒤 / 입술 모양 / 혀의 높이	전설 모음		후설 모음	
	평순 모음	원순 모음	평순 모음	원순 모음
고모음	ㅣ	ㅟ	ㅡ	ㅜ
중모음	ㅔ	ㅚ	ㅓ	ㅗ
저모음	ㅐ		ㅏ	

핵심 정리

단모음의 분류 ③: 입술 모양에 따른 분류

평순 모음	발음할 때 입술 모양이 평평한 모음 → ㅣ, ㅔ, ㅐ, ㅡ, ㅓ, ㅏ
원순 모음	발음할 때 입술을 둥글게 오므리는 모음 → ㅟ, ㅚ, ㅜ, ㅗ

단모음의 체계

분류 기준	단모음의 분류	
혀의 높이	고모음	ㅣ, ㅟ, ㅡ, ㅜ
	중모음	ㅔ, ㅚ, ㅓ, ㅗ
	저모음	ㅐ, ㅏ
혀의 최고점의 위치	전설 모음	ㅣ, ㅔ, ㅐ, ㅟ, ㅚ
	후설 모음	ㅡ, ㅓ, ㅏ, ㅜ, ㅗ
입술 모양	평순 모음	ㅣ, ㅔ, ㅐ, ㅡ, ㅓ, ㅏ
	원순 모음	ㅟ, ㅚ, ㅜ, ㅗ

핵심

18 다음에서 발음할 때 입술을 둥글게 오므려 소리 내는 모음만 고른 것은?

ㅏ, ㅐ, ㅓ, ㅔ, ㅗ, ㅚ, ㅜ, ㅟ, ㅡ, ㅣ

① ㅏ, ㅓ, ㅗ, ㅜ
② ㅏ, ㅐ, ㅓ, ㅔ
③ ㅗ, ㅚ, ㅜ, ㅟ
④ ㅔ, ㅐ, ㅚ, ㅟ
⑤ ㅗ, ㅜ, ㅡ, ㅣ

19 〈보기〉의 설명을 모두 만족시키는 모음은?

보기
- 발음할 때 입술을 평평하게 펴서 소리 내는 모음
- 혀의 최고점이 앞쪽에 있을 때에 발음되는 모음
- 발음할 때 입이 많이 벌어지고, 혀의 위치가 낮은 모음

① ㅏ ② ㅡ ③ ㅔ
④ ㅐ ⑤ ㅚ

20 다음 단어의 모음을 발음할 때 입술 모양이 나머지와 다른 하나는?

① 소 ② 개 ③ 꾀
④ 뒤 ⑤ 무

핵심

21 다음 단모음 체계표의 빈칸에 들어갈 모음을 바르게 표시한 것은?

	전설 모음		후설 모음	
	평순 모음	원순 모음	평순 모음	원순 모음
고모음		① ㅚ		② ㅗ
중모음	③ ㅔ		④ ㅏ	
저모음			⑤ ㅓ	

활동 ③ 자음의 체계와 특성

1. 다음 만화를 보고, 아래 자음들을 소리 나는 위치에 따라 알맞게 연결해 봅시다.

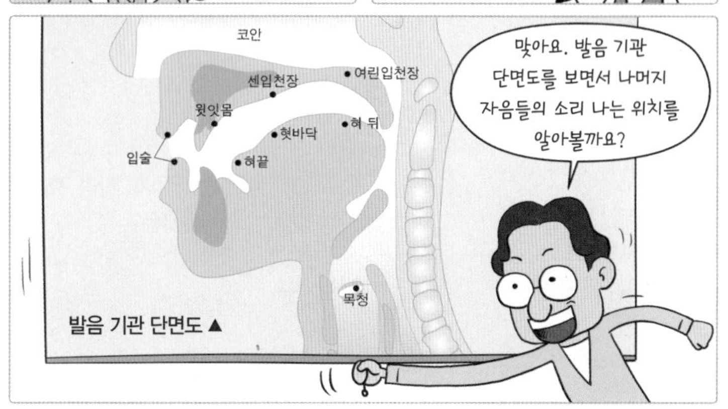

발음 기관 단면도 ▲

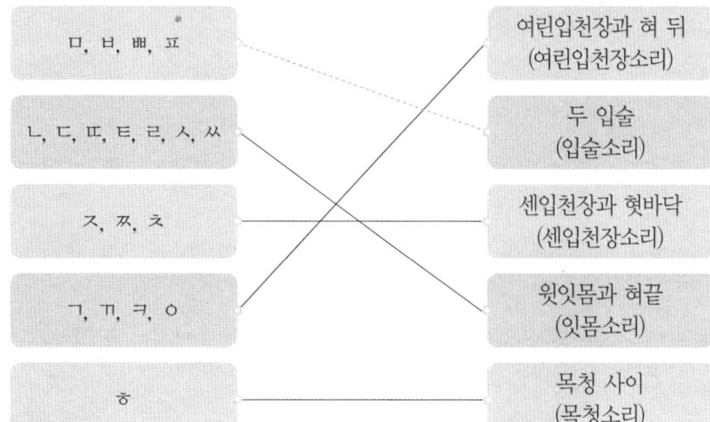

핵심 정리 자음의 분류 ①: 소리 나는 위치에 따른 분류

입술소리	두 입술 사이에서 나는 소리 → ㅁ, ㅂ, ㅃ, ㅍ
잇몸소리	혀끝이 윗잇몸에 닿아서 나는 소리 → ㄴ, ㄷ, ㄸ, ㅌ, ㄹ, ㅅ, ㅆ
센입천장소리	혓바닥과 센입천장 사이에서 나는 소리 → ㅈ, ㅉ, ㅊ
여린입천장소리	혀의 뒷부분과 여린입천장 사이에서 나는 소리 → ㄱ, ㄲ, ㅋ, ㅇ
목청소리	목청 사이에서 나는 소리 → ㅎ

핵심

22 자음이 소리 나는 위치를 잘못 설명한 것은?

① ㅎ: 목청 사이에서 나는 소리
② ㅁ: 두 입술 사이에서 나는 소리
③ ㅅ: 혀끝이 윗잇몸에 닿아서 나는 소리
④ ㄷ: 혓바닥과 센입천장 사이에서 나는 소리
⑤ ㄱ: 혀의 뒷부분과 여린입천장 사이에서 나는 소리

23 다음 중 소리 나는 위치가 같은 자음끼리 묶인 것은?

① ㅇ, ㅎ ② ㄴ, ㄷ, ㄹ
③ ㅅ, ㅈ, ㅉ ④ ㄱ, ㅁ, ㅂ
⑤ ㄴ, ㅈ, ㅊ

24 〈보기〉의 자음이 소리 나는 위치로 알맞은 것은?

보기
ㅈ, ㅉ, ㅊ

① 두 입술
② 목청 사이
③ 윗잇몸과 혀끝
④ 센입천장과 혓바닥
⑤ 여린입천장과 혀 뒤

25 다음 중 소리 나는 위치가 다른 하나는?

① ㄱ ② ㅃ ③ ㄲ
④ ㅇ ⑤ ㅋ

26 자음을 다음과 같이 나누는 기준을 쓰시오.

입술소리, 잇몸소리, 센입천장소리, 여린입천장소리, 목청소리

2. 다음 글을 읽고, 자음의 소리 내는 방식을 알아봅시다.

자음은 소리 내는 방식에 따라 파열음, 마찰음, 파찰음, 비음, 유음으로 나뉩니다.

파열음은 'ㄱ'과 같이 공기의 흐름을 잠시 막았다가 터뜨리면서 내는 소리입니다. 이러한 방식으로 내는 소리에는 'ㅂ, ㅃ, ㅍ, ㄷ, ㄸ, ㅌ, ㄱ, ㄲ, ㅋ'이 있습니다.

마찰음은 'ㅅ, ㅎ'과 같이 입안이나 목청 사이의 통로를 좁혀 그 틈 사이로 공기를 내보내 마찰을 일으켜 내는 소리입니다. 이러한 방식으로 내는 소리에는 'ㅅ, ㅆ, ㅎ'이 있습니다.

파찰음은 'ㅈ'과 같이 공기의 흐름을 막았다가 서서히 터뜨리면서 마찰을 일으켜 내는 소리입니다. 이러한 방식으로 소리 내는 자음에는 'ㅈ, ㅉ, ㅊ'이 있습니다.

파열음, 마찰음, 파찰음은 발음할 때 공기가 입으로만 나가지만, 'ㅇ'과 같은 비음은 공기가 코로도 나갑니다. 즉, 입안의 통로를 막고 코로 공기를 내보내면서 소리를 냅니다. 이런 방식으로 내는 소리에는 'ㅁ, ㄴ, ㅇ'이 있습니다. 한편 유음 'ㄹ'은 혀끝을 잇몸에 가볍게 대었다 떼거나, 혀끝을 윗잇몸에 댄 채 공기를 그 양옆으로 흘려보내면서 내는 소리입니다.

1 이 글의 내용을 바탕으로 다음 자음을 소리 내는 방식에 따라 분류해 봅시다.

ㄱ, ㄲ, ㄷ, ㄸ, ㅂ, ㅃ, ㅅ, ㅆ, ㅈ, ㅉ, ㅊ, ㅋ, ㅌ, ㅍ, ㅎ

파열음	ㅂ, ㅃ, ㅍ, ㄷ, ㄸ, ㅌ, ㄱ, ㄲ, ㅋ
마찰음	ㅅ, ㅆ, ㅎ
파찰음	ㅈ, ㅉ, ㅊ

2 코를 막고 다음 글자들을 소리 내어 읽어 보고, 코를 막지 않았을 때와 다르게 소리 나는 부분을 찾아봅시다.

빨간 모자, 노란 양말, 파란 바지

간, 모, 노, 란, 양, 말, 란

핵심 정리 자음의 분류 ②: 소리 내는 방식에 따른 분류

파열음	공기의 흐름을 잠시 막았다가 터뜨리면서 내는 소리 ➡ ㅂ, ㅃ, ㅍ, ㄷ, ㄸ, ㅌ, ㄱ, ㄲ, ㅋ
마찰음	입안이나 목청 사이의 통로를 좁혀 그 틈 사이로 공기를 내보내 마찰을 일으켜 내는 소리 ➡ ㅅ, ㅆ, ㅎ
파찰음	공기의 흐름을 막았다가 서서히 터뜨리면서 마찰을 일으켜 내는 소리 ➡ ㅈ, ㅉ, ㅊ
비음	입안의 통로를 막고 코로 공기를 내보내면서 내는 소리 ➡ ㅁ, ㄴ, ㅇ
유음	혀끝을 잇몸에 가볍게 대었다 떼거나, 혀끝을 윗잇몸에 댄 채 공기를 그 양옆으로 흘려보내면서 내는 소리 ➡ ㄹ

핵심

27 〈보기〉의 설명에 해당하는 자음만으로 묶인 것은?

보기
공기의 흐름을 막았다가 서서히 터뜨리면서 마찰을 일으켜 내는 소리

① ㄱ, ㄷ, ㅂ ② ㅅ, ㅆ, ㅎ
③ ㅈ, ㅉ, ㅊ ④ ㅁ, ㄴ, ㅇ
⑤ ㄹ

28 다음 중 소리 내는 방식에 따라 자음을 분류했을 때 성격이 <u>다른</u> 하나는?

① ㅍ ② ㄲ ③ ㄸ
④ ㅆ ⑤ ㅋ

29 다음 설명 중 알맞지 <u>않은</u> 것은?

① 비음은 공기가 코로만 나가면서 나는 소리이다.
② 유음은 공기가 혀의 양쪽으로 흘러나가면서 나는 소리이다.
③ 파열음은 공기의 흐름을 잠시 막았다가 터뜨리면서 내는 소리이다.
④ 파찰음은 파열의 과정과 마찰의 과정을 모두 거치면서 내는 소리이다.
⑤ 마찰음은 입안이나 목청 사이의 통로를 좁혀 그 틈 사이로 공기를 내보내 마찰을 일으켜 내는 소리이다.

30 다음 중 코를 막고 소리를 내면 코를 막지 않았을 때와 다르게 소리 나는 자음이 포함된 단어는?

① 감 ② 복 ③ 별
④ 앞 ⑤ 빗

3 다음 노래 가사의 밑줄 친 부분을 발음해 보고, 발음할 때 어떤 느낌이 드는지 공기의 흐름과 관련지어 말해 봅시다.

랄랄라 랄라랄라 라라 랄랄라 랄라랄랄라
랄랄라 랄라랄라 라라 랄랄라 랄라랄랄라

오늘처럼 흐린 햇살마저 눈부신 날이면
주머니에 가득한 먼지를 탁탁 털어 버리지.

– 박창학 작사·윤상 작곡, 「랄랄라」

예시 답 소리가 부드럽게 흘러가는 느낌이 든다.

3. 1, 2를 바탕으로 우리말 자음 체계표를 완성해 봅시다.

소리 내는 방식 \ 소리 나는 위치	두 입술	윗잇몸과 혀끝	센입천장과 혓바닥	여린입천장과 혀 뒤	목청 사이
파열음	ㅂ ㅃ ㅍ	ㄷ ㄸ ㅌ		ㄱ ㄲ ㅋ	
파찰음			ㅈ ㅉ ㅊ		
마찰음		ㅅ ㅆ			ㅎ
비음	ㅁ	ㄴ		ㅇ	
유음		ㄹ			

핵심 정리 비음과 유음의 특성

비음	코를 막고 발음했을 때 소리가 달라짐.
유음	소리가 부드럽게 흘러가는 느낌이 듦.

자음의 체계

분류 기준	자음의 분류	
소리 나는 위치	입술소리	ㅁ, ㅂ, ㅃ, ㅍ
	잇몸소리	ㄴ, ㄷ, ㄸ, ㅌ, ㄹ, ㅅ, ㅆ
	센입천장소리	ㅈ, ㅉ, ㅊ
	여린입천장소리	ㄱ, ㄲ, ㅋ, ㅇ
	목청소리	ㅎ
소리 내는 방식	파열음	ㅂ, ㅃ, ㅍ, ㄷ, ㄸ, ㅌ, ㄱ, ㄲ, ㅋ
	마찰음	ㅅ, ㅆ, ㅎ
	파찰음	ㅈ, ㅉ, ㅊ
	비음	ㅁ, ㄴ, ㅇ
	유음	ㄹ

31 다음 설명에 해당하는 자음이 포함된 단어는?

혀끝을 잇몸에 가볍게 대었다 떼거나, 혀끝을 윗잇몸에 댄 채 공기를 그 양옆으로 흘려보내면서 내는 소리

① 파도 ② 고래 ③ 나비
④ 장소 ⑤ 참새

핵심

32 다음 표와 같이 우리말 자음을 분류할 때, ⓐ~ⓔ에 들어갈 자음으로 알맞지 않은 것은?

	입술 소리	잇몸 소리	센입천장 소리	여린입천장 소리	목청 소리
파열음	ⓐ			ⓑ	
파찰음			ⓒ		
마찰음		ⓓ			
비음				ⓔ	
유음					

① ⓐ: ㅂ ② ⓑ: ㅋ ③ ⓒ: ㅉ
④ ⓓ: ㄷ ⑤ ⓔ: ㅇ

33 다음 노래 가사의 밑줄 친 부분에 대한 설명으로 알맞지 않은 것은?

랄랄라 랄라랄라 라라 랄랄라 랄라랄랄라
랄랄라 랄라랄라 라라 랄랄라 랄라랄랄라

오늘처럼 흐린 햇살마저 눈부신 날이면
주머니에 가득한 먼지를 탁탁 털어 버리지.

– 박창학 작사·윤상 작곡, 「랄랄라」

① 유음이 반복되고 있다.
② 밝고 경쾌한 느낌을 준다.
③ 매끄럽고 부드러운 느낌을 준다.
④ 노래할 때 혀가 말리는 느낌이 든다.
⑤ 코를 막고 발음하면 소리 내기가 힘들다.

서술형

34 다음 자음을 발음할 때의 공통점을 25자 내외의 한 문장으로 쓰시오.

ㅁ, ㄴ, ㅇ

활동 4 생활 속의 음운

1. 다음 만화를 보고, 로봇이 손님의 말을 잘못 인식한 까닭을 우리말 모음의 체계를 고려하여 설명해 봅시다.

예시 답

'ㅐ'는 단모음이므로 입술 모양이나 혀의 위치가 달라지지 않게 발음해야 하고, 'ㅔ'는 이중 모음이므로 입술 모양이나 혀의 위치가 달라지게 발음해야 해.

만화에서 로봇이 손님의 말을 제대로 인식하지 못한 까닭은 손님이 단모음 'ㅐ'를 이중 모음 'ㅖ' (으)로 잘못 발음했기 때문일 거야.

2. 다음 노래의 가사에서 단모음을 찾아보고, 그것이 어떤 모음에 해당하는지 묻고 답하는 활동을 해 봅시다.

퐁당퐁당 돌을 던지자. 누나 몰래 돌을 던지자.
냇물아 퍼져라. 널리 널리 퍼져라.
– 윤석중 작사·홍난파 작곡, 「퐁당퐁당」

예 이 노래의 가사에 나오는 단모음 중에서 원순 모음에 해당하는 것은 무엇일까? 답: ㅗ, ㅜ

예시 답 이 노래의 가사에 나오는 단모음 중에서 고모음에 해당하는 것은 무엇일까?
답: ㅡ, ㅣ, ㅜ

핵심 정리 잘못 발음하기 쉬운 음운

'ㅐ'와 'ㅔ'의 발음	• ㅐ: 단모음이므로 입술 모양이나 혀의 위치가 달라지지 않게 발음해야 함. • ㅖ: 이중 모음이므로 입술 모양이나 혀의 위치가 달라지게 발음해야 함.
'ㅐ'와 'ㅔ'의 발음	• ㅐ: 저모음이므로 입을 크게 벌리고 혀의 위치가 낮은 상태에서 발음해야 함. • ㅔ: 중모음이므로 입을 중간 정도로 벌리고 혀의 위치가 중간인 상태에서 발음해야 함.
↓	
발음을 바르게 해야 하는 까닭	• 음운을 정확하게 발음하지 않으면 오해가 생길 수 있음. • 음운 체계에 맞게 바르게 발음해야 정확하게 의사소통을 할 수 있음.

핵심

35 다음 대화에서 로봇이 손님의 말을 잘못 인식한 까닭은?

손님: 아이스크림 세 개 주세요.
로봇: 주문하신 아이스크림 세계입니다.

① 손님이 저모음을 고모음으로 발음했기 때문
② 손님이 단모음을 이중 모음으로 발음했기 때문
③ 손님이 평순 모음을 원순 모음으로 발음했기 때문
④ 손님이 전설 모음을 후설 모음으로 발음했기 때문
⑤ 손님이 모음의 길이를 정확하게 발음하지 않았기 때문

36 다음은 노래의 가사를 보면서 음운의 체계와 관련된 질문을 만들고 답하는 활동을 한 것이다. 적절하지 않은 것은?

퐁당퐁당 돌을 던지자. 누나 몰래 돌을 던지자.
냇물아 퍼져라. 널리 널리 퍼져라.
– 윤석중 작사, 홍난파 작곡, 「퐁당퐁당」

① 이 노래의 가사에 나오는 단모음 중에서 원순 모음에 해당하는 것은 무엇일까?
→ ㅗ, ㅜ
② 이 노래의 가사에 나오는 단모음 중에서 고모음에 해당하는 것은 무엇일까?
→ ㅡ, ㅣ, ㅜ
③ 이 노래의 가사에 나오는 단모음 중에서 전설 모음에 해당하는 것은 무엇일까?
→ ㅣ, ㅐ, ㅓ
④ 이 노래의 가사에 나오는 자음 중에서 파열음에 해당하는 것은 무엇일까?
→ ㄷ, ㅍ
⑤ 이 노래의 가사에 나오는 자음 중에서 잇몸소리에 해당하는 것은 무엇일까?
→ ㄴ, ㄷ, ㄹ, ㅅ

서술형

37 일상생활에서 발음을 올바르게 해야 하는 궁극적인 까닭은 무엇인지 쓰시오.

3. 다음 대화를 보고, 아래의 활동을 해 봅시다.

> 현준: 오랜만에 목욕탕에 왔으니 때를 박박 밀어 볼까?
> 명기: 내가 빽빽 밀어 줄게.
> 현준: 팍팍 좀 부탁해.

1 밑줄 친 단어들을 발음해 보고, 느낌이 어떻게 다른지 말해 봅시다.

예시 답 '박박'보다 '빽빽'과 '팍팍'이 더 강하고 거센 느낌이 든다.

2 다음 글을 바탕으로 'ㅂ, ㅃ, ㅍ'과 같이 소리의 세기에 따라 느낌이 달라지는 또 다른 자음들을 찾아봅시다.

> 자음은 소리의 세기에 따라 예사소리, 된소리, 거센소리로 나누어 볼 수 있습니다. 된소리는 예사소리보다 강하고 단단한 느낌을 주고, 거센소리는 된소리보다 더 세고 거친 느낌을 줍니다.

예사소리 – 된소리 – 거센소리	ㅂ–ㅃ–ㅍ, ㄱ–ㄲ–ㅋ, ㄷ–ㄸ–ㅌ, ㅈ–ㅉ–ㅊ

4. 밑줄 친 단어의 소리의 길이에 유의하며 다음 문장을 읽어 봅시다.

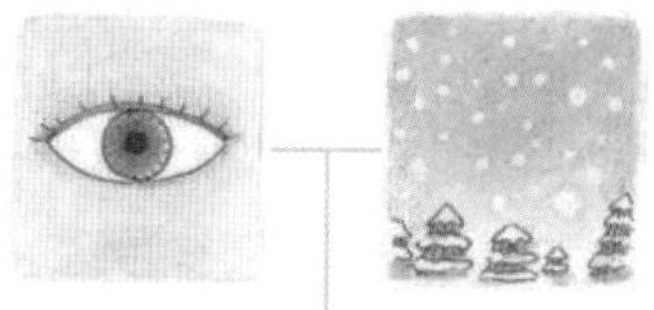

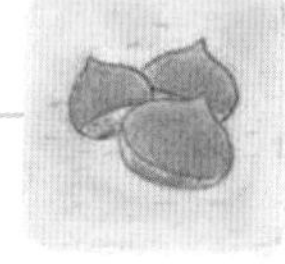

눈[눈]에 눈[눈:]이 들어갔다.

밤[밤]에 밤[밤:]을 먹는다.

핵심 정리 자음의 분류 ③: 소리의 세기에 따른 자음의 분류

예사소리	부드럽고 약한 느낌을 주는 소리 ➡ ㄱ, ㄷ, ㅂ, ㅅ, ㅈ
된소리	예사소리보다 강하고 단단한 느낌을 주는 소리 ➡ ㄲ, ㄸ, ㅃ, ㅆ, ㅉ
거센소리	된소리보다 더 세고 거친 느낌을 주는 소리 ➡ ㅋ, ㅌ, ㅍ, ㅊ

소리의 길이에 따른 뜻의 구별

짧게 발음하는 예	• 눈[눈] → 사람이나 동물의 눈 • 밤[밤] → 어두운 밤 • 말[말] → 타는 말 • 굴[굴] → 먹는 굴 • 벌[벌] → 잘못한 사람에게 주는 벌
길게 발음하는 예	• 눈[눈:] → 하늘에서 내리는 눈 • 밤[밤:] → 먹는 밤 • 말[말:] → 사람이 하는 말 • 벌[벌:] → 곤충인 벌 • 굴[굴:] → 산이나 땅 밑을 뚫어 만든 굴

38 다음 대화의 밑줄 친 단어들에 대한 설명으로 알맞지 않은 것은?

> 현준: 오랜만에 목욕탕에 왔으니 때를 박박 밀어 볼까?
> 명기: 내가 빽빽 밀어 줄게.
> 현준: 팍팍 좀 부탁해.

① '박박'에는 예사소리가 포함되어 있다.
② '빽빽'에는 된소리가 포함되어 있다.
③ '팍팍'에는 거센소리가 포함되어 있다.
④ '빽빽'은 '박박'보다 더 세고 거친 느낌을 준다.
⑤ '박박'보다는 '빽빽'이, '빽빽'보다는 '팍팍'이 더 힘 있게 내지르는 소리나 모양을 나타낸다.

핵심

39 다음 밑줄 친 단어 중 길게 발음되지 않는 것은?

① 말로 천 냥 빚을 갚는다.
② 할머니께서 밤을 가득 들고 오셨다.
③ 그는 눈이 나빠 안경을 써야만 했다.
④ 어제 벌에 쏘인 자리가 부어 오르고 있다.
⑤ 원시 시대에는 특정한 주거 형태 없이 굴에서 살았다.

40 ㉠~㉢과 같이 자음을 분류하는 기준을 쓰시오.

> ㉠ ㄱ, ㄷ, ㅂ, ㅅ, ㅈ
> ㉡ ㄲ, ㄸ, ㅃ, ㅆ, ㅉ
> ㉢ ㅋ, ㅌ, ㅍ, ㅊ

‖ 지금까지 배운 내용을 바탕으로, 음운에 관한 십자말풀이를 해 봅시다.

파열음이면서 예사소리인 자음을 찾으면 되겠구나.

①㉠ ㄱ	ㄲ	㉢ ㅋ		㉣ ㄴ
ㄷ		ㅌ		ㅇ
② ㅂ	ㅃ	ㅍ		
		③ ㅊ	ㅉ	ㅈ
	㉡ 단		④ ㅐ	㉤ ㅏ
⑤ 고	모	음		ㅓ
	음			ㅡ

후설 모음은 발음할 때 혀의 최고점의 위치가 뒤쪽에 있는 모음이지? 평순 모음은 발음할 때 입술 모양이 평평해.

가로 열쇠

① 소리 나는 위치를 기준으로 여린입천장소리인 자음(예사소리 – 된소리 – 거센소리의 순으로). 비음은 제외함. ㄲ, ㅋ
② 자음의 소리 내는 방식을 기준으로 하면 파열음이고, 소리 나는 위치를 기준으로 하면 입술소리인 음운(예사소리 – 된소리 – 거센소리의 순으로). ㅂ, ㅃ, ㅍ
③ 소리 나는 위치를 기준으로 센입천장소리인 자음(거센소리 – 된소리 – 예사소리의 순으로). ㅊ, ㅉ, ㅈ
④ 평순 모음이면서 저모음인 음운(전설 모음 – 후설 모음 순으로). ㅐ, ㅏ
⑤ 발음할 때 입이 조금 벌어지고, 혀의 위치가 높은 모음을 일컫는 말. 고모음

세로 열쇠

㉠ 공기의 흐름을 잠시 막았다가 터뜨리면서 내는 예사소리 3개. ㄱ, ㄷ, ㅂ
㉡ 발음할 때 입술 모양이나 혀의 위치가 달라지지 않는 모음. 단모음
㉢ 거센소리에 해당하는 자음 4개. ㅋ, ㅌ, ㅍ, ㅊ
㉣ 비음이지만 입술소리는 아닌 자음. ㄴ, ㅇ
㉤ 후설 모음이면서 평순 모음인 음운(저모음 – 중모음 – 고모음 순으로). ㅏ, ㅓ, ㅡ

핵심 정리 모음과 자음의 체계

모음	이중 모음	발음할 때 입술 모양이나 혀의 위치가 달라지는 모음
	단모음	• 발음할 때 입술 모양이나 혀의 위치가 달라지지 않는 모음 • 입술 모양에 따른 분류: 원순 모음, 평순 모음 • 혀의 최고점의 위치에 따른 분류: 전설 모음, 후설 모음 • 혀의 높이에 따른 분류: 고모음, 중모음, 저모음
자음	• 소리 나는 위치에 따른 분류: 입술소리, 잇몸소리, 센입천장소리, 여린입천장소리, 목청소리 • 소리 내는 방식에 따른 분류: 파열음, 마찰음, 파찰음, 비음, 유음 • 소리의 세기에 따른 분류: 예사소리, 된소리, 거센소리	

핵심

41 음운에 관한 질문에 잘못 대답한 것은?

① 평순 모음이면서 저모음인 것은? → ㅐ, ㅏ
② 센입천장소리이면서 된소리인 것은? → ㅉ
③ 여린입천장소리이면서 거센소리인 것은? → ㅋ
④ 비음이지만 입술소리는 아닌 자음은? → ㄴ, ㅇ
⑤ 공기의 흐름을 잠시 막았다가 터뜨리면서 내는 예사소리는? → ㅈ

42 다음에 해당하는 음운만으로 이루어진 단어는?

• 목청 사이에서 나는 소리
• 혀의 최고점의 위치가 뒤쪽에 있는 모음
• 윗잇몸과 혀끝 사이에서 나는 소리

① 하늘 ② 얼굴 ③ 지하실
④ 한겨울 ⑤ 해모수

43 다음 세 가지 조건을 모두 만족시키는 모음은?

• 발음할 때 혀의 최고점의 위치가 앞쪽에 있다.
• 발음할 때 입술 모양이 평평하다.
• 발음할 때 혀의 위치가 높다.

① ㅣ ② ㅐ ③ ㅟ
④ ㅔ ⑤ ㅡ

44 다음 설명에 해당하는 음운을 〈조건〉에 맞게 쓰시오.

파열음이고 입술소리이다.

조건
'예사소리 – 된소리 – 거센소리'의 순서로 나열한다.

창의·융합 활동

다음 노래를 들어 보고, 노래 가사에 나타난 음운의 특성을 알아봅시다.

봄이 왔네 봄이 왔네
금수강산에 어허얼사 새봄이 왔네
얼사 좋네 아 좋네 군밤이요
에헤라 생률 밤이로구나

– 작자 미상, 「군밤 타령」

혼자 하기

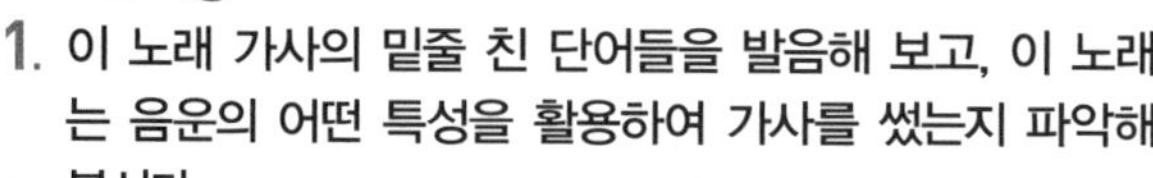

1. 이 노래 가사의 밑줄 친 단어들을 발음해 보고, 이 노래는 음운의 어떤 특성을 활용하여 가사를 썼는지 파악해 봅시다.

예시 답 '네–에', '봄–밤'과 같이 모음과 자음의 소리 차이로 뜻이 구별되는 음운의 특성을 활용하여 가사를 썼다.

혼자 하기

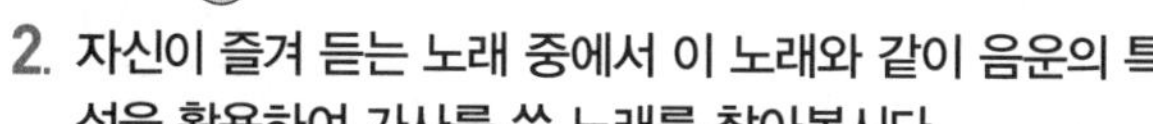

2. 자신이 즐겨 듣는 노래 중에서 이 노래와 같이 음운의 특성을 활용하여 가사를 쓴 노래를 찾아봅시다.

예시 답 이별은 내게 티어 / 나도 모르게 내 눈가 위에 피어
채 내뱉지 못한 이야기들이 흐르고 / 미련이 나의 얼굴 위를 기어

– 방탄소년단, 「티어(Tear)」

혼자 하기

3. 2에서 찾은 노래 중 하나를 선택하여 그 노래의 가사를 다음 조건에 맞게 바꾸어 봅시다.

조건

1. 중학교 생활을 돌아보는 내용을 담을 것.
2. 음운을 바꾸어 가사의 뜻이 달라지도록 쓸 것.

원래 가사	바뀐 가사
예시 답 이별은 내게 티어 나도 모르게 내 눈가 위에 피어 채 내뱉지 못한 이야기들이 흐르고 미련이 나의 얼굴 위를 기어	예시 답 시간은 나를 불러 나도 모르게 내 마음은 물러 채 못다 한 이야기들을 담아 미련은 나의 얼굴 위로 남아

함께하기

4. 친구들이 만든 노래 가사들을 모아 '우리 반 가사집'을 만들어 봅시다.

예시 답 생략

수행 평가 대비 활동

| 수행 평가 TIP | 음운의 특성에 관한 이해를 바탕으로 노래 가사 속에서 음운이 어떻게 변화하고 있는지를 파악하는 활동입니다. 노랫말에서 음운을 바꿈으로써 의미와 함께 리듬감을 부여하고 있음을 이해하고, 자신이 찾은 노래 중에서 하나를 선택하여 노래 가사의 일부를 바꾸어 보는 활동을 함으로써 음운의 특성에 관한 탐구를 실생활에 적용해 봅니다. 노래 가사를 바꿀 때에는 중학교 생활을 돌아보는 내용을 담되, 음운을 바꿈으로써 가사의 뜻이 달라지도록 합니다. 나아가 친구들이 만든 노래를 모아 '우리 반 가사집'을 만들어 봄으로써 노래 가사에 반영된 음운의 다양한 모습을 확인해 보도록 합니다.

1 평가 내용 확인하기

- 노래 가사 속 음운의 특성 파악하기
- 음운을 바꾸어 뜻이 달라지도록 노래의 가사를 바꾸어 보기

2 평가 기준 확인하기

- 노래 가사 속 음운의 특성이 무엇인지 찾았는가?

노래 가사의 밑줄 친 단어들을 발음해 보면서 음운의 개념 및 특성과 관련지어 밑줄 친 단어들에 반영된 음운의 특성은 무엇인지 구체적으로 파악해 봅니다.

- 음운을 바꾸어 뜻이 달라지도록 가사를 잘 바꾸었는가?

자음이나 모음 중 하나만 변경하여 가사의 뜻이 달라지도록 음운의 특성을 활용합니다. 이때 중학교 생활을 돌아보는 내용을 담도록 합니다.

수행 평가 +

1. 자신이 좋아하는 노랫말을 써 보고, 노랫말에 쓰인 음운을 분석해 봅시다.

도와줄게 노랫말에 쓰인 자음과 모음을 분석하여 학습한 내용을 바탕으로 자음과 모음을 분류하는 기준에 따라 음운을 분석해 봅니다.

2. 우리말 음운의 특성이 잘 드러나는 글을 찾아서 소개하고, 그 글에 나타난 음운의 특성과 효과를 발표해 봅시다.

도와줄게 앞에서 학습한 음운의 특성이 잘 드러나는 글을 찾아봅니다. 예를 들어 모음이나 자음 하나만 바꾸어 써도 말의 느낌이 달라지는 단어들이 포함된 글, 소리의 세기에 따라 느낌의 차이가 나타나는 음운의 특성을 반영한 글, 비음이나 유음을 잘 활용하여 밝고 경쾌한 느낌을 드러낸 글 등 시와 같은 문학 작품이나 신문 기사와 같은 비문학 작품 등을 찾아서 친구들에게 소개하는 말하기를 준비합니다. 소개하는 내용에는 글에 드러난 음운의 특성이 무엇인지, 그러한 특성으로 인해 얻을 수 있는 효과가 무엇인지를 포함하여 발표 준비를 해 봅니다.

핵심 콕 마무리

핵심 원리

음운의 뜻과 종류

뜻	말의 뜻을 (❶)할 수 있게 해 주는 소리의 가장 작은 단위
종류	• 모음: 소리 날 때 공기의 흐름이 방해를 받지 않고 나옴. • 자음: 소리 날 때 공기의 흐름이 방해를 받으며 나옴. • 소리의 길이: 동일한 자음과 모음으로 이루어진 단어도 소리의 길이에 따라 뜻이 달라짐.

핵심 내용

(1) 모음의 체계와 특성

❶ **모음의 분류**: 입술 모양이나 혀의 위치 변화에 따른 분류

단모음	발음할 때 입술 모양이나 혀의 위치가 달라지지 않는 모음 → ㅏ, ㅐ, ㅓ, ㅔ, ㅗ, ㅚ, ㅜ, ㅟ, ㅡ, ㅣ(10개)
(❷)	발음할 때 입술 모양이나 혀의 위치가 달라지는 모음 → ㅑ, ㅒ, ㅕ, ㅖ, ㅘ, ㅙ, ㅛ, ㅝ, ㅞ, ㅠ, ㅢ(11개)

❷ **단모음의 분류** ①: (❸)에 따른 분류

고모음	발음할 때 입이 조금 벌어지고, 혀의 위치가 높은 모음 → ㅣ, ㅟ, ㅡ, ㅜ
중모음	발음할 때 입이 조금 더 벌어지고, 혀의 위치가 중간인 모음 → ㅔ, ㅚ, ㅓ, ㅗ
저모음	발음할 때 입이 많이 벌어지고, 혀의 위치가 낮은 모음 → (❹)

❸ **단모음의 분류** ②: 혀의 최고점의 위치에 따른 분류

전설 모음	발음할 때 혀의 최고점의 위치가 앞쪽에 있는 모음 → ㅣ, ㅔ, ㅐ, ㅟ, ㅚ
(❺)	발음할 때 혀의 최고점의 위치가 뒤쪽에 있는 모음 → ㅡ, ㅓ, ㅏ, ㅜ, ㅗ

❹ **단모음의 분류** ③: (❻)에 따른 분류

평순 모음	발음할 때 입술 모양이 평평한 모음 → ㅣ, ㅔ, ㅐ, ㅡ, ㅓ, ㅏ
원순 모음	발음할 때 입술을 둥글게 오므리는 모음 → ㅟ, ㅚ, ㅜ, ㅗ

(2) 자음의 체계와 특성

❶ **자음의 분류** ①: 소리 나는 위치에 따른 분류

입술소리	두 입술 사이에서 나는 소리 → ㅁ, ㅂ, ㅃ, ㅍ
(❼)	혀끝이 윗잇몸에 닿아서 나는 소리 → ㄴ, ㄷ, ㄸ, ㅌ, ㄹ, ㅅ, ㅆ
센입천장소리	혓바닥과 센입천장 사이에서 나는 소리 → (❽)
여린입천장소리	혀의 뒷부분과 여린입천장 사이에서 나는 소리 → ㄱ, ㄲ, ㅋ, ㅇ
목청소리	목청 사이에서 나는 소리 → ㅎ

❷ **자음의 분류** ②: 소리 내는 방식에 따른 분류

파열음	공기의 흐름을 잠시 막았다가 터뜨리면서 내는 소리 → ㅂ, ㅃ, ㅍ, ㄷ, ㄸ, ㅌ, ㄱ, ㄲ, ㅋ
마찰음	입안이나 목청 사이의 통로를 좁혀 그 틈 사이로 공기를 내보내 마찰을 일으켜 내는 소리 → ㅅ, ㅆ, ㅎ
(❾)	공기의 흐름을 막았다가 서서히 터뜨리면서 마찰을 일으켜 내는 소리 → ㅈ, ㅉ, ㅊ
비음	입안의 통로를 막고 코로 공기를 내보내면서 내는 소리 → ㅁ, ㄴ, ㅇ
유음	혀끝을 잇몸에 가볍게 대었다 떼거나, 혀끝을 윗잇몸에 댄 채 공기를 그 양옆으로 흘려보내면서 내는 소리 → (❿)

❸ **자음의 분류** ③: 소리의 세기에 따른 분류

예사소리	부드럽고 약한 느낌을 주는 소리 → ㄱ, ㄷ, ㅂ, ㅅ, ㅈ
(⓫)	예사소리보다 강하고 단단한 느낌을 주는 소리 → ㄲ, ㄸ, ㅃ, ㅆ, ㅉ
거센소리	된소리보다 더 세고 거친 느낌을 주는 소리 → ㅋ, ㅌ, ㅍ, ㅊ

(3) 잘못 발음하기 쉬운 음운의 예

• 단모음인 'ㅐ'와 이중 모음인 'ㅖ'의 발음
• '눈'([눈] – [눈ː])과 '밤'([밤] – [밤ː])의 발음

정답 ❶ 구별 ❷ 이중 모음 ❸ 혀의 높이 ❹ ㅐ, ㅏ ❺ 후설 모음 ❻ 입술 모양 ❼ 잇몸소리 ❽ ㅈ, ㅉ, ㅊ ❾ 파찰음 ❿ ㄹ ⓫ 된소리

소단원 핵심 문제

• 정답과 해설 p.14

출제 예감 85%

01 음운에 대한 설명으로 적절한 것은?

① 국어에는 단모음이 이중 모음보다 더 많다.
② 국어에서 소리의 길이는 음운에 해당하지 않는다.
③ 국어의 음운은 자음 21개, 모음 19개로 총 40개이다.
④ 음운은 홀로 쓰일 수 있는 소리의 가장 작은 단위이다.
⑤ 음운은 소리 날 때 공기의 흐름이 방해를 받는지의 여부에 따라 자음과 모음으로 나뉜다.

출제 예감 80%

02 소리의 길이를 〈보기〉의 밑줄 친 단어와 같이 발음해야 하는 것은?

보기

그는 말을 타는 것이 무섭다고 말했다.

① 밤에 밤을 먹는다.
② 눈에 눈이 들어갔다.
③ 그는 벌을 받았는지 벌에 쏘였다.
④ 굴 속에서 굴을 먹은 흔적을 보았다.
⑤ 문에 발을 늘어뜨리고 찬물에 발을 담갔다.

출제 예감 95%

03 다음 설명에 해당하는 모음끼리 묶인 것은?

발음할 때 입술 모양이나 혀의 위치가 달라지는 모음

① ㅟ, ㅚ, ㅘ, ㅝ, ㅢ
② ㅐ, ㅒ, ㅔ, ㅖ, ㅕ
③ ㅗ, ㅜ, ㅛ, ㅠ, ㅑ
④ ㅘ, ㅙ, ㅝ, ㅞ, ㅖ
⑤ ㅐ, ㅔ, ㅗ, ㅚ, ㅣ

출제 예감 90% 서술형

04 모음을 다음과 같이 ㉠과 ㉡으로 나눌 때, 분류 기준을 쓰고 ㉠과 ㉡을 각각 어떻게 발음하는지를 쓰시오.

㉠ ㅟ, ㅚ, ㅜ, ㅗ　　㉡ ㅣ, ㅔ, ㅐ, ㅡ, ㅓ, ㅏ

출제 예감 90%

05 다음 모음들의 공통점으로 알맞은 것은?

ㅡ, ㅓ, ㅜ, ㅗ

① 입술을 평평하게 펴서 소리 낸다.
② 혀의 최고점이 뒤쪽에 있을 때에 발음된다.
③ 혀의 최고점이 앞쪽에 있을 때에 발음된다.
④ 발음할 때 입이 조금 벌어지고, 혀의 위치가 높다.
⑤ 발음할 때 입이 많이 벌어지고, 혀의 위치가 낮다.

출제 예감 80%

06 〈보기〉의 조건을 모두 만족하는 모음으로 알맞은 것은?

보기

- 발음할 때 혀의 위치가 중간이다.
- 입술이 평평한 상태에서 소리가 난다.
- 발음할 때 혀의 최고점의 위치가 앞쪽에 있다.

① ㅔ　② ㅐ　③ ㅣ　④ ㅡ　⑤ ㅚ

출제 예감 95%

07 국어의 단모음을 다음 표와 같이 분류할 때, ㉠~㉣에 들어갈 모음을 쓰시오.

혀의 앞뒤 / 입술 모양 / 혀의 높이	전설 모음		후설 모음	
	평순 모음	원순 모음	평순 모음	원순 모음
고모음		㉡		㉣
중모음			㉢	
저모음	㉠			

출제 예감 90%

08 다음 ㉠~㉢에 들어갈 내용을 〈조건〉에 맞게 쓰시오.

(　　㉠　　)를 '음운'이라고 합니다. 우리말 음운에는 (　㉡　)처럼 나누어지는 것도 있고, (　㉢　)처럼 나누어지지 않는 것도 있습니다.

조건

음운의 뜻과 종류가 분명하게 드러나도록 쓸 것.

소단원 핵심 문제

출제 예감 80%

09 다음 중 단어의 중성이 전설 모음으로만 이루어진 것끼리 묶인 것은?

① 참외, 스위치, 액자 ② 우산, 바위, 메뚜기
③ 코뿔소, 파도, 이리 ④ 에게해, 지뢰, 시위
⑤ 목걸이, 게임, 새내기

출제 예감 80%

10 다음 모음을 차례대로 발음해 본 결과를 가장 잘 말한 사람은?

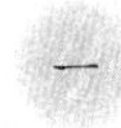

ㅓ

① 세빈: 'ㅡ, ㅓ, ㅏ'는 발음할 때 입이 중간 정도로 벌어지고 혀의 위치도 중간인 모음이야.
② 대희: 'ㅡ'에서 'ㅓ', 'ㅏ'로 갈수록 발음할 때 입이 점점 크게 벌어지고 혀의 높이가 점점 낮아졌어.
③ 주성: 'ㅡ'를 발음할 때는 입술 모양이 평평했으나, 'ㅓ', 'ㅏ'를 발음할 때는 입술을 둥글게 오므려서 소리 냈어.
④ 민재: 'ㅡ'를 발음할 때는 혀의 최고점의 위치가 뒤쪽에 있었으나, 'ㅓ', 'ㅏ'를 발음할 때는 혀의 최고점의 위치가 앞쪽에 있었어.
⑤ 지윤: 'ㅡ'를 발음할 때는 입술 모양이나 혀의 위치가 달라지지 않았는데, 'ㅓ', 'ㅏ'를 발음할 때는 입술 모양이나 혀의 위치가 달라졌어.

출제 예감 90%

11 다음 발음 기관 단면도의 ⓐ에서 소리 나는 자음으로 알맞은 것은?

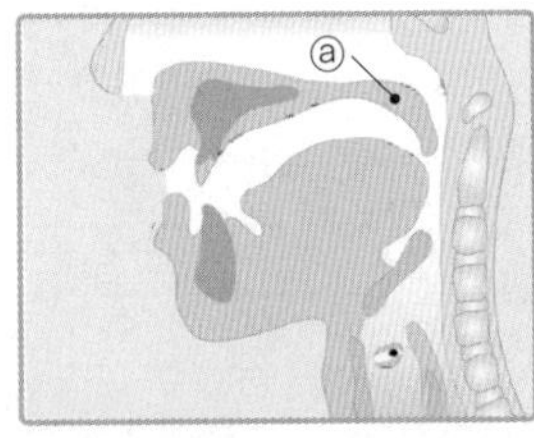

① ㄱ
② ㄷ
③ ㅂ
④ ㅈ
⑤ ㅎ

출제 예감 95%

12 다음 중 소리 나는 위치가 다른 하나는?

① ㄴ ② ㄹ ③ ㄸ ④ ㅆ ⑤ ㅉ

출제 예감 90%

13 〈보기〉에서 설명하고 있는 자음이 포함되지 않은 것은?

보기
코를 막고 발음했을 때와 코를 막지 않고 발음했을 때 소리가 다르게 난다.

① 야식 ② 모자 ③ 마음
④ 나라 ⑤ 빨강

출제 예감 85%

14 다음에 제시된 두 자음의 공통점을 잘못 정리한 것은?

① ㅋ – ㅌ: 거센소리이다.
② ㄲ – ㅇ: 여린입천장소리이다.
③ ㄸ – ㅅ: 혀끝이 윗잇몸에 닿아서 나는 소리이다.
④ ㄷ – ㅃ: 공기의 흐름을 잠시 막았다가 터뜨리면서 내는 소리이다.
⑤ ㄴ – ㄹ: 발음할 때 공기가 입으로만 나가지 않고 코로도 나가는 소리이다.

출제 예감 80% 서술형 논술 대비

15 다음 노래 가사의 밑줄 친 부분을 발음할 때 소리가 부드럽게 흘러가는 느낌이 드는 까닭을 〈조건〉에 맞게 쓰시오.

<u>랄랄라 랄라랄라 라라 랄랄라 랄라랄랄라</u>
<u>랄랄라 랄라랄라 라라 랄랄라 랄라랄랄라</u>

오늘처럼 흐린 햇살마저 눈부신 날이면
주머니에 가득한 먼지를 탁탁 털어 버리지.

– 박창학 작사·윤상 작곡, 「랄랄라」

조건
• 자음의 소리 내는 방식과 관련지어 쓸 것.
• '~(기) 때문에 소리가 부드럽게 흘러가는 느낌이 든다.'의 문장 형태로 쓸 것.

출제 예감 80%

16 다음 노래 가사에 나오는 모음의 분류가 잘못된 것은?

> 퐁당퐁당 돌을 던지자. 누나 몰래 돌을 던지자.
> 냇물에 퍼져라. 널리 널리 퍼져라.
> – 윤석중 작사, 홍난파 작곡, 「퐁당퐁당」

① 이중 모음: ㅕ ② 원순 모음: ㅗ, ㅜ
③ 전설 모음: ㅣ, ㅔ, ㅐ ④ 후설 모음: ㅓ, ㅏ, ㅜ, ㅗ
⑤ 고모음: ㅣ, ㅜ, ㅗ

출제 예감 80% 서술형 논술 대비

17 다음 만화를 보고, 로봇이 손님의 말을 잘못 인식한 까닭을 〈조건〉에 맞게 쓰시오.

조건
- 우리말 모음의 체계를 고려하여 설명할 것.
- 'ㅐ'와 'ㅔ'를 정확하게 발음하는 방법을 포함하여 설명할 것.

출제 예감 95%

18 다음 자음을 바르게 분류한 것은?

① ㅂ: 입술소리, 파열음, 예사소리
② ㅆ: 잇몸소리, 파찰음, 거센소리
③ ㅎ: 목청소리, 마찰음, 거센소리
④ ㅉ: 여린입천장소리, 파찰음, 된소리
⑤ ㅋ: 센입천장소리, 파열음, 거센소리

출제 예감 85%

19 다음 단어에 포함된 음운의 종류가 아닌 것은?

> 창문

① 비음 ② 파찰음 ③ 중모음
④ 잇몸소리 ⑤ 원순 모음

출제 예감 80%

20 다음 조건을 모두 만족시키는 자음으로 알맞은 것은?

> 파열음, 거센소리, 입술소리

① ㅃ ② ㅍ ③ ㅊ ④ ㅌ ⑤ ㅁ

출제 예감 90%

21 다음 자음에 대한 설명으로 알맞은 것은? (정답 2개)

> ㅈ – ㅉ – ㅊ

① 밝고 경쾌한 느낌을 주는 소리이다.
② 코를 막고 발음했을 때 소리가 달라진다.
③ 센입천장과 혓바닥 사이에서 나는 소리이다.
④ '예사소리 – 된소리 – 거센소리'의 관계로 연결되어 있다.
⑤ 입안이나 목청 사이의 통로를 좁혀 그 틈 사이로 공기를 내보내 마찰을 일으켜 내는 소리이다.

출제 예감 95%

22 다음 모음을 바르게 분류한 것은?

> ㅐ ㅓ ㅚ ㅜ ㅣ

① ㅐ: 고모음, 후설 모음, 원순 모음
② ㅓ: 중모음, 후설 모음, 평순 모음
③ ㅚ: 고모음, 후설 모음, 원순 모음
④ ㅜ: 저모음, 전설 모음, 원순 모음
⑤ ㅣ: 저모음, 전설 모음, 평순 모음

출제 예감 80% 서술형 논술 대비

23 다음을 참고하여, '소리의 길이'가 음운에 포함되는 이유를 한 문장으로 쓰시오.

> '솔'은 길게 발음하면 먼지나 때를 쓸어 떨어뜨릴 때 쓰는 도구를 뜻하고, 짧게 발음하면 소나뭇과의 식물을 뜻한다.

남북한의 언어와 통일 시대의 국어

• 생각 열기 다음은 북한어에 관한 남한 사람들의 인식을 보여 주는 설문 조사 결과입니다. 다음을 보고, 통일 시대의 국어 생활에 관해 생각해 봅시다.

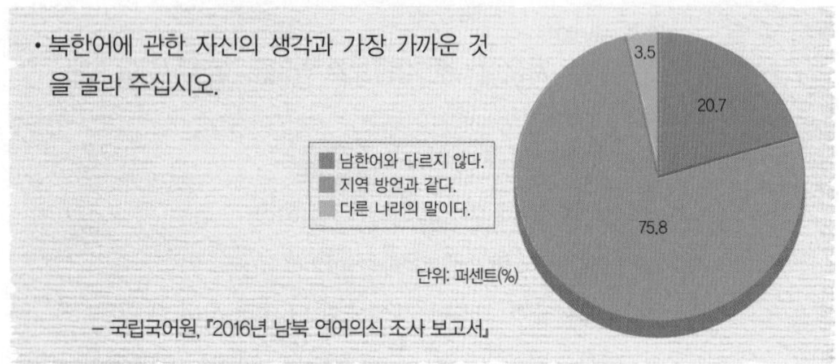

– 국립국어원, 『2016년 남북 언어의식 조사 보고서』

북한어에 관한 자신의 생각을 그 까닭과 함께 말해 봅시다.

예시 답 나는 북한어를 지역 방언의 하나라고 생각한다. 텔레비전에서 북한 사람이 말하는 장면이 나오거나 북한 관련 뉴스가 나올 때 방언처럼 들렸기 때문이다.

통일이 된다면 우리의 국어 생활에 어떤 일이 벌어질지 친구들과 이야기해 봅시다.

예시 답 같은 언어를 사용하고 있는 한민족이 만난 것이므로 통일이 되어도 국어 생활에는 큰 변화가 없을 것이다. 다만 어휘나 표현에 다른 부분이 있어서 약간의 불편함은 있을 수 있다고 생각한다.

• 학습 목표로 내용 엿보기

"남한과 북한의 말과 글은 그 뿌리가 하나임에도 긴 시간 동안 서로 단절된 상태로 지내면서 많은 부분이 달라졌어. 남북한 언어의 동질성과 이질성을 이해하고, 통일 시대를 대비하여 남북한의 언어 차이를 극복할 수 있도록 노력해야겠어."

핵심 1 남북한 언어의 동질성과 이질성 이해하기

핵심 2 통일 시대의 국어 생활에 대비하려는 태도 지니기

핵심 원리 이해하기 남북한의 언어

남북한 언어의 동질성과 이질성

동질성	남북한은 원래 하나의 나라였으며, 단일 언어와 문자를 사용하는 한민족이기 때문에 의사소통이 가능함.
이질성	남북한의 언어는 어휘, 외래어 다듬기, 말하기 방식, 언어 예절에서 차이가 있음.

개념 확인 콕콕 • 정답과 해설 p.16

[01~02] 다음 빈칸에 알맞은 말을 쓰시오.

01 남북한은 원래 하나의 나라였으며, 단일 언어와 문자를 사용하는 한민족이기 때문에 남북한 언어는 (　　　)을 지니고 있다.

02 오랜 시간 단절된 상태로 지내서 남북한 언어의 어휘나 표현에 차이가 생긴 것을 (　　　)이라고 한다.

03 남북한 언어에 관한 설명으로 옳은 것은 ○, 틀린 것은 ×를 하시오.

(1) 남북한은 언어 구조가 달라서 의사소통이 어렵다. (　　)

(2) 남북한은 동일한 언어를 사용하는 한민족이기 때문에 그 차이를 좁혀 나가야 한다. (　　)

(3) 남북한 언어는 같은 대상을 지칭하는 어휘가 다른 경우가 있다. (　　)

(4) 남한 사람들은 직접적인 표현을 선호하는 데 비해 북한 사람들은 간접적인 표현을 선호한다. (　　)

(5) 남한에 비해 북한은 외래어를 우리말로 순화하여 사용하는 경우가 많다. (　　)

04 통일 시대의 국어에 대비하는 우리의 자세로 알맞지 <u>않은</u> 것은?

① 남북한의 공통된 언어 규범을 마련한다.
② 남북한 간에 사회·문화적인 교류를 활발히 한다.
③ 남북한어 중에 하나를 선택하여 일관된 정책을 펼쳐 나간다.
④ 남북한이 서로의 언어 차이를 인정하며 서로의 장점을 살리려는 자세를 지닌다.
⑤ 남북한 공동으로 체계적이고 적극적인 언어 정비 사업 및 언어 교육을 추진한다.

활동 안내

이 소단원은 남북한 언어의 동질성과 이질성을 살펴보고, 이질성을 극복할 수 있는 방안을 탐구하며 통일 시대의 국어에 관심을 가지는 태도를 기르기 위한 단원이다. 통일 시대의 국어에 관심을 가져야 하는 이유를 알아보고, 현재의 남북한 언어는 어떤 점이 다른지, 통일 과정에서 남북한 언어의 차이로 인해 어떤 어려움이 예상되는지 등을 생각해 보도록 한다. 이를 통해 통일 시대를 대비한 국어 생활을 위해서는 어떤 일을 할 수 있을지에 관한 문제를 생각해 보고, 언어가 의사소통의 수단이라는 점에서 남북한 언어의 이질성을 좁혀 나가는 것이 통일 시대에 한 걸음 다가가는 일임을 깨닫고 이에 관심을 갖는 태도를 지니도록 한다.

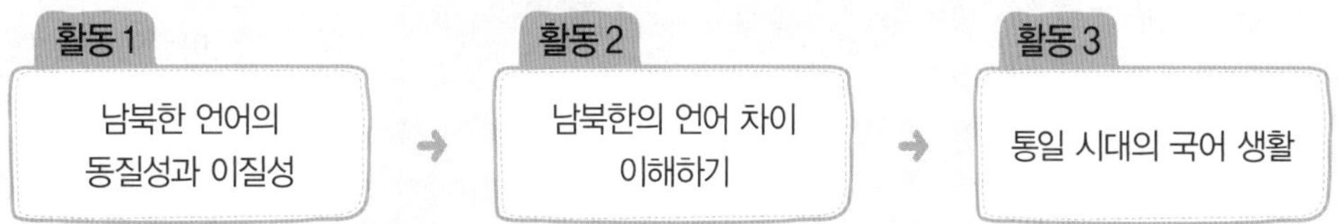

활동 개관

★ **활동 1** 남북한 언어의 동질성과 이질성

남북한 언어가 동질성을 지니는 까닭을 생각해 보고, 현재의 남북한 언어가 무엇이 다른지를 이해해 보는 활동이다. 남북한이 분단 이후 오랜 시간 떨어져 지냈지만 기본적으로 단일 언어를 사용하기 때문에 의사소통에는 지장이 없음을 이해하고, 통일 과정에서 남북한 언어의 차이로 어떤 어려움이 예상될 수 있는지를 생각해 본다. 이를 통해 우리가 남북한의 언어에 대해 관심을 가져야 하는 까닭을 이해해 보도록 한다.

★ **활동 2** 남북한의 언어 차이 이해하기

어휘적인 측면과 말하기 방식에서 남북한 언어의 차이를 이해해 보는 활동이다. 남북한의 어휘 차이 중에서 외래어를 수용하는 방식이 어떻게 다른지를 파악해 보고, 의미는 같지만 형태가 다른 어휘, 형태는 같지만 의미가 다른 어휘를 알아본다. 또한 남북한의 화법의 차이와 언어 예절의 차이를 파악해 본다. 이를 통해 남북한 언어의 차이를 이해하는 데 그치지 말고 남북한의 언어 차이를 어떻게 극복할 수 있을지, 그 차이를 좁혀 나갈 수 있는 방법에 대해 탐구해 봄으로써 통일 시대의 국어 생활에서 우리가 지녀야 할 태도에 대해서 생각해 보도록 한다.

★ **활동 3** 통일 시대의 국어 생활

통일 시대의 국어의 모습에 관심을 가지고 통일 시대에 대비하려는 태도를 기르기 위한 활동이다. 남북한의 외래어 수용 방식이 다르기 때문에 운동 경기에서 남북 단일팀이 겪은 의사소통의 어려움과 그것을 점차 극복해 나가는 모습을 담은 신문 기사를 통해 서로의 노력을 통해 언어의 이질성도 해결해 나갈 수 있음을 깨우쳐 본다. 또한 남북한이 함께 편찬하고 있는 『겨레말큰사전』에 관한 영상을 통해 통일 시대를 대비하기 위한 우리의 노력을 살펴보고, 국가적 차원에서뿐만 아니라 개개인이 할 수 있는 노력에는 어떤 것이 있을지 생각해 보도록 한다.

남북한의 언어와 통일 시대의 국어

활동 1 남북한 언어의 동질성과 이질성

1. 다음 신문 기사를 읽고, 남북한 언어의 동질성에 관해 생각해 봅시다.

한겨레 2018년 9월 16일

□□중학교 김○○ 학생의 할아버지는 한국 전쟁 때 형과 헤어졌다. 남쪽과 북쪽에 떨어져 68년을 산 두 형제는 제21차 남북 이산가족 상봉 행사 때 극적으로 다시 만났다. 손녀딸 김○○ 학생은 남쪽의 작은 할아버지를 통해 북쪽의 큰할아버지에게 손으로 직접 쓴 편지를 전했다. 손녀딸의 편지는 북쪽 할아버지에게 전달됐고, 할아버지는 손녀딸의 편지를 받고 통곡했다.

큰할아버지께.

큰할아버지, 안녕하세요. 저는 할아버지의 손녀딸 김○○이라고 합니다. 제 편지를 할아버지께서 전해 받으신다는 생각을 하니 꿈만 같고, 감격스럽습니다. 북한에서 잘 지내고 계시죠? 저도 직접 뵙고 인사드리고 싶었는데 그러지 못하여 너무 아쉽습니다. 어서 남북 통일이 되어 할아버지 얼굴을 뵐 수 있는 날이 오도록 기도하고 응원하겠습니다. 제가 훌륭한 사람이 되어 남북 통일에 힘쓸 수 있도록 열심히 노력하겠습니다. 그때까지 오래오래 건강하게 지내셔야 해요! 작은할아버지 만나서 행복하고 좋은 시간 보내세요. 언젠가는 저도 할아버지를 뵐 수 있는 날을 기다릴게요.

사랑해요, 할아버지.

손녀딸 김○○ 올림.

1 남한 손녀딸의 편지를 읽고 북한의 큰할아버지가 통곡한 까닭을 남북한의 언어와 관련지어 말해 봅시다.

예시 답 남북한이 동일한 언어를 사용하고 있기 때문에 남한 손녀딸이 쓴 편지를 북한의 큰할아버지가 읽을 수 있었을 것이다. 할아버지는 편지를 보고 남한에 떨어져 있는 가족에 대한 그리움 때문에 통곡했을 것이다.

2 남북한의 언어가 동질성을 가지는 까닭을 생각해 봅시다.

예시 답 남북한은 원래 하나의 나라였으며, 단일 언어와 문자를 사용하는 한민족이기 때문이다.

핵심 정리 남북한 언어의 동질성

남북한의 언어가 동질성을 가지는 까닭	• 한민족으로서 같은 역사적 배경을 가지고 있음. • 남북으로 분단되기 이전부터 오랫동안 같은 말과 글을 사용하고 있었음.
↓	
남북한 언어의 동질성	남북한은 단일 언어와 문자를 사용하고 있기 때문에 의사소통에 큰 지장이 없음.

• 확인 문제 •

• 정답과 해설 p.16

[01~02] 다음 신문 기사를 읽고, 물음에 답하시오.

보기

□□중학교 김○○ 학생의 할아버지는 한국 전쟁 때 형과 헤어졌다. 남쪽과 북쪽에 떨어져 68년을 산 두 형제는 제21차 남북 이산가족 상봉 행사 때 극적으로 다시 만났다. 손녀딸 김○○ 학생은 남쪽의 작은할아버지를 통해 북쪽의 큰할아버지에게 손으로 직접 쓴 편지를 전했다. 손녀딸의 편지는 북쪽 할아버지에게 전달됐고, ㉠할아버지는 손녀딸의 편지를 받고 통곡했다.

01 이 글에 대한 반응으로 적절하지 않은 것은?

① 남한 손녀딸이 쓴 편지를 북한의 큰할아버지도 읽을 수 있었구나.
② 가까운 거리이면서도 헤어져 살아야만 했던 이산가족의 아픔이 느껴져.
③ 이 사연을 보니, 남북한 언어가 동질성을 지니고 있다는 것을 실감하겠어.
④ 이산가족의 안타까운 상황을 생각해서라도 통일이 어서 빨리 이루어져야겠군.
⑤ 오랜 시간 떨어져 있었기 때문에 남북한의 언어로는 전혀 의사소통을 할 수 없구나.

서술형

02 ㉠의 이유를 〈조건〉에 맞게 쓰시오.

조건
• 할아버지의 처지나 상황과 관련지어 쓸 것.
• 할아버지의 정서를 포함하여 쓸 것.

핵심

03 남북한의 언어가 동질성을 가지는 까닭으로 가장 알맞은 것은?

① 한글이 배우기 쉬운 문자이기 때문에
② 분단된 지 아직 얼마 안 되었기 때문에
③ 단일 언어와 문자를 사용하는 한민족이기 때문에
④ 남북한 언어학자들이 활발하게 교류했기 때문에
⑤ 남북한이 통합하여 사전을 편찬하는 작업을 했기 때문에

2. 다음은 남한 사람과 북한 사람의 대화 상황입니다. 이를 보고, 남북한 언어의 이질성에 관해 생각해 봅시다.

1 가의 상황에서 의사소통에 문제가 생긴 까닭을 남북한의 언어와 관련지어 말해 봅시다.

예시 답 같은 대상을 가리키는 어휘가 달라서 의사소통에 문제가 생겼다.

2 통일이 된 이후에 나와 같은 상황이 발생한다면 어떤 어려움이 생길 것으로 예상되는지 말해 봅시다.

예시 답 말의 의도를 제대로 전달하거나 파악하지 못하여 사람들 사이에 갈등이 생길 수 있다.

3. 1, 2의 활동을 바탕으로 남북한의 언어에 관심을 가져야 하는 까닭을 말해 봅시다.

예시 답 오랜 시간 단절된 상태로 지내서 어휘나 표현에 차이가 생기기는 했지만, 남북한은 동일한 언어를 사용하는 한민족이기 때문에 그 차이를 좁혀 나가야 한다.

핵심 정리 남북한 언어의 이질성

- 남한과 북한은 같은 대상을 가리키는 어휘가 다른 경우가 있음.
  - 예 남한어에서 '오징어'라고 부르는 대상을 북한어에서는 '낙지'라고 부름.
- 남한과 북한에서는 같은 형태의 말이라도 서로 다른 의미로 사용되는 경우가 있음.
  - 예 '일없다'가 남한어에서는 '필요가 없다'라는 의미로 쓰이지만, 북한어에서는 '괜찮다'라는 의미로 쓰임.

↓

남북한 언어에 관심을 가져야 하는 까닭	남북한은 동일한 언어를 사용하는 한민족이기 때문에 남북한 언어의 차이를 좁혀 나가야 함.

핵심

04 다음 상황을 통해 알 수 있는 남북한 언어의 차이점은?

① 표기는 같지만 발음이 다르다.
② 같은 대상을 지칭하는 어휘가 다르다.
③ 외래어의 수용 방식이 다른 경우가 있다.
④ 동일한 형태의 말이라도 의미가 다르게 쓰인다.
⑤ 남한어에 비해 북한어의 어휘는 다양하지 않다.

05 다음 상황에 대한 반응으로 적절하지 <u>않은</u> 것은?

① 북한 사람은 '앉아도 된다.'라는 의미를 전달하려고 했어.
② 남한 사람은 북한 사람이 말한 의도를 제대로 파악하지 못한 것 같아.
③ 남한 사람들에 비해 북한 사람들은 타인에 대한 배려가 부족한 것 같아.
④ 통일이 된 이후에 이와 같은 상황이 생긴다면 사람들 사이에 갈등이 생길 수 있어.
⑤ 같은 형태의 말이라도 남북한에서 서로 의미가 다르게 사용되고 있는 예를 보여 주고 있어.

서술형

06 우리가 남북한의 언어에 관심을 가져야 하는 까닭을 〈조건〉에 맞게 쓰시오.

조건
남북한 언어의 동질성 및 이질성을 모두 고려하여 쓸 것.

활동 2 남북한의 언어 차이 이해하기

1. 남북한의 언어는 어휘에 의한 차이를 보이는 경우가 많습니다. 이어지는 활동을 통해 남북한의 언어 차이를 알아봅시다.

1 다음 뮤직비디오를 보고, 이를 통해 알 수 있는 남북한의 언어 차이를 생각해 봅시다.

신나게 축구를 했어.
연락하라 고함치며 신호 보냈어.
나한테 공을 왜 안 주는 건데.
연락이 아니라 패스, 패스, 패스!
– 플로우식 작사 · 작곡, 「시작하기 좋은 날」

이 영상은 북한 이탈 청소년들이 남한 사회에서의 생활과 미래의 꿈을 주제로 직접 작사에 참여하고 출연한 뮤직비디오입니다.
제시된 부분은 북한 이탈 청소년이 남한에서 경험한 일을 노래 가사로 표현한 부분 중 남북한 언어의 차이로 인해 겪었던 일을 소개하는 부분입니다.

예시 답 북한어에서는 외래어 다듬기를 한 표현을 쓰고 있고, 남한어에서는 외래어를 그대로 받아들여 표현하고 있다.

2 다음 글을 읽고, 이를 바탕으로 아래의 대화에서 밑줄 친 말이 어떤 뜻으로 사용된 것인지 인터넷과 사전 등을 활용하여 조사해 봅시다.

남북한의 어휘에는 '도시락(남)', '곽밥(북)'처럼 의미는 같지만 형태가 다른 어휘도 있고, 형태는 같지만 의미가 다른 어휘도 있다.
남한 학생: 어휴, 공부는 아무리 해도 끝이 없어.
북한 학생: 진짜……. 나도 요즘 공부가 <u>바쁘다</u>.

예시 답 남한어로는 '일이 많거나 또는 서둘러서 해야 할 일로 인하여 딴 겨를이 없다.'라는 뜻인데, 북한어에서는 '힘에 부치거나 참기 어렵다.'라는 뜻으로 사용되고 있다.

3 1, 2를 바탕으로 남북한의 언어 차이를 좁히려면 우리가 어떠한 태도를 가져야 하는지 친구들과 이야기해 봅시다.

예시 답 남북한의 언어 차이를 파악하고, 이를 좁혀 나가기 위해 노력해야 한다. 이를 위해 외래어의 사용을 줄이고, 서로 다른 어휘를 하나로 통일하기 위한 방법을 찾아보아야 한다.

핵심 정리 남북한의 언어 차이 ①: 어휘 면에서의 차이

외래어 수용의 차이	북한어에서는 외래어 다듬기를 한 표현을 쓰고, 남한어에서는 외래어를 그대로 받아들여 표현함. 예 축구 용어: 패스(남한어) – 연락(북한어)
어휘의 형태와 의미로 본 차이	• 의미는 같지만 형태가 다른 어휘가 있음. 예 도시락(남한어) – 곽밥(북한어) • 형태는 같지만 의미가 다른 어휘가 있음. 예 바쁘다: 힘에 부치거나 참기 어렵다.(북한어)
↓	
우리가 지녀야 할 태도	외래어의 사용을 줄이고, 서로 다른 어휘를 하나로 통일하기 위한 방법을 찾아보아야 함.

핵심
07 북한 이탈 청소년이 직접 만든 다음 노래를 통해 알 수 있는 남북한의 언어 차이는?

신나게 축구를 했어.
연락하라 고함치며 신호 보냈어.
나한테 공을 왜 안 주는 건데.
연락이 아니라 패스, 패스, 패스!
– 플로우식 작사 · 작곡, 「시작하기 좋은 날」

① 남한어에 비해 북한어는 외래어를 우리말로 순화하여 사용하고 있다.
② 남한어는 북한어와 달리 한자어를 사용하여 어휘의 미세한 느낌을 살리고 있다.
③ 북한어는 남한어와 동일한 형태를 지닌 말이라도 의미를 다르게 사용하고 있다.
④ 남한어는 부드럽고 자연스러운 느낌을 주지만, 북한어는 강하고 드센 느낌을 준다.
⑤ 남한어는 새로운 말을 많이 만들어서 사용하지만 북한어는 예전에 쓰던 말을 그대로 사용한다.

08 남북한의 언어 차이를 좁히기 위해 지녀야 할 태도에 대해 토의한 내용으로 적절하지 <u>않은</u> 것은?

① 외래어의 사용을 줄이도록 노력하는 것도 방법이 될 수 있어.
② 서로 다른 어휘를 하나로 통일하기 위한 방법을 찾아보는 것이 좋겠어.
③ 남북한 언어의 차이를 인정하고 이를 극복하기 위한 필요성을 공유하는 것이 좋겠어.
④ 남한어와 북한어의 장단점을 분석하여 더 나은 언어를 남북한의 공용어로 삼는 것이 좋겠어.
⑤ 남북한 언어의 차이에만 주목하기보다는 남북한이 본래 같은 언어를 사용하는 한민족이라는 사실을 기억하는 것이 좋겠어.

서술형
09 다음 대화의 밑줄 친 말과 관련지어 남북한 언어의 차이를 한 문장으로 쓰시오.

남한 학생: 어휴, 공부는 아무리 해도 끝이 없어.
북한 학생: 진짜……. 나도 요즘 공부가 <u>바쁘다</u>.

2. 다음 상황을 보고, 남북한의 말하기 방식의 차이를 알아봅시다.

가 남한 사업가와 북한 사업가의 대화

나 남한 선생님과 북한 이탈 학생의 대화

1 가에서 남한 사업가가 한 말에 담긴 의도를 생각해 보고, 북한 사업가는 이 말을 어떻게 이해하고 있는지 생각해 봅시다.

남한 사람의 표현 의도	북한 사람이 이해하고 있는 내용
예시 답 빈말 혹은 인사치레로, 관계 유지를 위한 친교의 의도를 담고 있다.	'밥 한번 먹자.'라는 말을 있는 그대로 이해하고 있다. 즉, 실제로 만나서 밥을 한 번 먹자는 약속의 의미로 받아들이고 있다.

2 나의 상황에서 '-합시다'라는 담화 표현이 북한에서는 어떤 표현으로 쓰이고 있는지 인터넷 등을 활용하여 조사해 봅시다.

예시 답 무언가를 함께 하자고 권할 때 쓰는 '-합시다'라는 표현이 북한에서는 "선생님, 식사합시다."처럼 말하는 사람보다 나이가 많거나 직위가 높은 사람에게도 쓰일 수 있다. 북한에서 '-ㅂ시다'는 남한의 '-시죠'나 '-실까요?'에 해당하는 말이라고 할 수 있다.

3 1, 2를 통해 이러한 담화 표현의 차이가 생기는 까닭을 남한 사람과 북한 사람의 말하기 방식의 측면에서 살펴봅시다.

가의 상황을 통해 남한 사람들은 관계 유지를 위한 간접 화법에 익숙한 반면, 북한 사람들은 직접적으로 말하는 표현 에 익숙하다는 것을 알 수 있다. 나의 상황을 통해 남한에서 '-ㅂ시다'는 말하는 사람보다 나이가 많거나 직위가 높은 사람에게는 사용할 수 없는 표현이지만, 북한에서는 웃어른에게도 사용할 수 있는 표현이라는 것을 알 수 있다.

핵심 정리 남북한의 언어 차이 ②: 말하기 방식의 차이

화법의 차이	남한 사람들은 관계 유지를 위한 간접 화법에 익숙한 반면, 북한 사람들은 직접적으로 말하는 표현에 익숙함. 예 남한 사람들은 '밥 한번 먹자.'라는 말을 친교의 의도로 사용하지만, 북한 사람들은 실제로 만나서 밥을 한 번 먹자는 약속의 의미로 받아들임.
언어 예절의 차이	남한어는 북한어에 비해 비교적 존칭 표현이 발달되어 있음. 예 남한에서 '-ㅂ시다'는 말하는 사람보다 나이가 많거나 직위가 높은 사람에게는 사용할 수 없는 표현이지만, 북한에서는 웃어른에게도 사용할 수 있는 표현임.

핵심

10 다음 상황을 통해 알 수 있는 북한 화법의 특징은?

① 직접적으로 말하는 표현에 익숙하다.
② 완곡하고 우회적인 표현을 자주 사용한다.
③ 관계 유지를 위한 친교의 표현을 사용한다.
④ 명확하고 또박또박한 어조로 말하는 것을 좋아한다.
⑤ 상대방에게 형식적인 인사말을 건네는 것을 좋아한다.

11 남북한의 말하기 방식에 대해 나눈 대화 내용으로 적절하지 않은 것은?

① 상문: 북한에서는 정치 체제의 특징으로 '-께서, 님, -시-' 등의 존칭이 일반인 사이에서는 잘 쓰이지 않아.
② 윤정: 그래서 북한어에서는 남한어에 비해 존칭 표현이 덜 발달되어 있는 것 같아.
③ 준영: 남한 사람들은 상대방의 체면을 생각해 분명하게 거절하는 것을 꺼리고 있어.
④ 정우: 그런데 북한에서는 상대방이 오해하지 않도록 분명하게 말하는 것을 중요하게 생각해.
⑤ 서영: 이와 같은 북한의 말하기 방식을 보니, 북한 사람들은 남한 사람들에 비해 다소 무례하다는 생각이 들어.

서술형

12 다음 상황으로 보아, '-ㅂ시다'라는 표현이 남북한에서 어떻게 쓰이는지 쓰시오.

3. 다음은 북한 이탈 주민이 남한에서 겪은 일을 재구성한 것입니다. 다음 상황을 보고, 이어지는 활동을 해 봅시다.

제가 얼마 전에 상점에 갔는데, 다양한 물건들이 많아서 좋았습니다. 그래서 점원에게 "아이, 뭐 가지가지로 많이 하십니다."라고 말했는데, 제 말을 들은 점원은 기분이 언짢아 보이더군요. 남북한의 언어가 조금씩 차이는 있지만 의사소통에는 아무 문제가 없을 것이라고 생각했는데, 아직도 그 점원이 언짢아한 까닭을 잘 모르겠어요.

앞으로 남한 사람들과 대화를 나누는 상황이 더 많아질 텐데, 이럴 때는 제가 어떻게 해야 하는지 알고 싶어요.

1 남한의 점원이 북한 이탈 주민의 어떤 말 때문에 기분이 상했을지 생각해 봅시다.

예시 답 남한에서는 '가지가지 한다.'라는 말이 주로 부정적인 의미로 사용된다. 따라서 남한의 점원은 자신의 가게를 부정적으로 이야기하는 것으로 생각해 기분이 상했을 것이다.

2 북한 이탈 주민이 남한의 점원에게 '가지가지로 많이 하십니다.'라고 말한 의도를 추측해 봅시다.

예시 답 북한어에서 '가지가지로 많이 한다.'는 여러 가지로 많이 한다는 뜻이다. 북한 사람은 가게에 여러 가지 물건이 많이 있어 흡족하다는 의미로 '가지가지로 많이 하십니다.'라고 표현했을 것이다.

3 북한 이탈 주민의 말을 원래의 의도에 맞고 점원의 기분이 상하지 않도록 바꾸어 표현해 봅시다. 예시 답 (가게에) 여러 가지 물건이 참 많네요.

핵심 정리 남북한의 언어 차이 이해하기

남북한의 언어 차이로 인한 문제점	• 남북한 언어는 어휘, 말하기 방식 등에 차이가 있기 때문에 원활한 의사소통이 안 되어 상대방의 기분을 상하게 할 수 있음. • 남북한 사람들의 대화 상황에서 의도를 제대로 전달하지 못하거나 파악하지 못하여 사람들 사이에 갈등이 생길 수 있음.
↓	
우리가 지녀야 할 태도	• 남북한 언어의 차이에만 주목하기보다는 남북한의 언어는 바탕이 같다는 인식을 가져야 함. • 남북한 언어의 차이를 인정하고 포용하는 태도를 지녀야 함. • 남북한 언어의 차이를 파악하고 그 차이를 좁혀 나가기 위해 노력해야 함.

[13~14] 다음은 북한 이탈 주민이 남한에서 겪은 일을 재구성한 것이다. 물음에 답하시오.

> 제가 얼마 전에 상점에 갔는데, 다양한 물건들이 많아서 좋았습니다. 그래서 점원에게 "아이, 뭐 ㉠가지가지로 많이 하십니다."라고 말했는데, 제 말을 들은 점원은 기분이 언짢아 보이더군요. 남북한의 언어가 조금씩 차이는 있지만 의사소통에는 아무 문제가 없을 것이라고 생각했는데, 아직도 그 점원이 언짢아한 까닭을 잘 모르겠어요.

13 이 글에 대한 반응으로 적절하지 않은 것은?

① ㉠이 남북한에서 서로 다른 의미로 사용되고 있군.
② 남북한의 언어 차이로 인한 문제점에 대해 생각해 보게 하는 글이야.
③ 상대방의 칭찬을 제대로 받아들이지 못한 남한 점원에게 문제가 있어.
④ 남한의 점원은 북한 사람이 자신의 가게를 부정적으로 이야기한다고 생각했어.
⑤ 북한 사람은 가게에 여러 가지 물건이 많아서 만족했기 때문에 ㉠과 같은 표현을 사용한 것이로군.

서술형

14 ㉠을 〈조건〉에 맞게 바꾸어 쓰시오.

조건
- ㉠을 말한 사람의 의도에 맞게 바꿀 것.
- 점원의 기분이 상하지 않도록 바꿀 것.

핵심

15 남북한의 언어 차이와 관련하여 우리가 지녀야 할 태도로 알맞지 않은 것은?

① 남북한의 언어 차이를 인정하고 포용하는 태도를 지닌다.
② 남북한의 언어 차이를 파악하고, 이를 좁혀 나가기 위해 노력한다.
③ 남북한이 본래 같은 언어를 사용하는 한 민족이라는 사실을 기억한다.
④ 남북한 언어의 동질성을 강조하면서 통일 시대의 국어 생활에 대비해야 한다.
⑤ 외래어의 사용을 자제하고 고유어를 더 많이 사용하는 북한어로 통일하도록 한다.

활동 3 통일 시대의 국어 생활

1. 다음 신문 기사를 읽고, 통일 시대의 국어 생활에 관해 생각해 봅시다.

뉴시스 2018년 7월 18일

대전의 한 체육관에서 막을 올린 국제 탁구 대회가 전례 없는 뜨거운 관심 속에 진행되었다. 북한 탁구 대표 팀의 참가와 함께 일부 종목은 남북 단일팀까지 성사되면서 경기장은 사람들로 북적였다. 응원의 힘을 받은 덕분인지 남북 단일팀은 대회 초반 승승장구하였다. 혼합 복식조가 대회 첫날 극적인 뒤집기로 큰 선물을 안겼고, 여자 복식 예선에서도 상대 팀을 20분 만에 3대 0으로 완파했다. 남한 선수는 '연습 첫날과 경기 전날에만 함께 연습을 했는데 생각보다 호흡이 잘 맞았다. 처음 맞추어 보았기에 긴장을 좀 했지만 나중에는 긴장이 풀렸다.'라고 말했다.

서로의 탁구 용어에도 많이 익숙해졌다. 남한은 탁구 용어로 외래어를 많이 사용하지만 북한은 주로 순수 북한어를 사용한다. 남한 선수는 '(북한 선수에게) 처음에 사인을 하라고 했는데, '사인이 뭐냐'라고 묻더라. 북한에서는 '표시'라고 한다더라.'라면서 '나에게 '타격'을 하라더라. 무엇인지 물으니 '스매시'였다. 이제는 알아듣는다. 한 가지씩 들린다.'라고 전했다.

1 이 신문 기사를 통해 남한 선수와 북한 선수가 의사소통하는 데 어떤 어려움이 있었을지 짐작해 봅시다.

예시 답 남한의 운동 경기 용어는 외래어로 되어 있는 경우가 대부분인데, 북한에서는 그에 해당하는 용어를 다듬어 고유어로 표현하는 경우가 많다. 그래서 같은 의미라도 서로 다른 어휘를 사용하여 의사소통에 어려움을 겪었을 것 같다.

2 1을 바탕으로 남한 선수와 북한 선수가 처음에는 어려웠던 의사소통이 점차 가능해진 까닭을 생각해 봅시다.

예시 답 남북한은 단일 언어를 사용하기 때문에 함께 경기를 하면서 서로의 말에 귀 기울이고, 차이가 나는 어휘들은 서로 설명해 주면서 의사소통이 점차 가능해졌을 것이다.

핵심 정리 통일 시대의 국어 생활

의사소통의 문제점	남북한 언어에서는 같은 의미라도 서로 다른 어휘를 사용하는 경우가 많기 때문에 의사소통에 어려움을 겪을 수 있음.
↓	
의사소통의 문제점 극복 방법	• 남북한은 단일 언어를 사용한다는 동질성을 바탕으로 서로의 말에 귀를 기울이고 존중함. • 남북한 언어에서 차이가 나는 어휘들에 대한 공동 연구를 통해 어휘를 재정비함. • 남북한 언어의 차이를 인정하고 수용하려는 태도를 지님.

[16~17] 다음 신문의 기사를 읽고, 물음에 답하시오.

… 서로의 탁구 용어에도 많이 익숙해졌다. 남한은 탁구 용어로 외래어를 많이 사용하지만 북한은 주로 순수 북한어를 사용한다. 남한 선수는 '(북한 선수에게) 처음에 사인을 하라고 했는데, '사인이 뭐냐'라고 묻더라. 북한에서는 '표시'라고 한다더라.'라면서 '나에게 '타격'을 하라더라. 무엇인지 물으니 '스매시'였다. 이제는 알아듣는다. 한 가지씩 들린다.'라고 전했다.

16 남한 선수와 북한 선수가 점차 의사소통이 가능해진 근본적인 까닭은?

① 탁구 용어가 어렵지 않기 때문이다.
② 남북한이 단일 언어를 사용하기 때문이다.
③ 서로 익숙해지면서 긴장감이 풀렸기 때문이다.
④ 남북한 통합 사전을 활용할 수 있었기 때문이다.
⑤ 남북한의 언어가 다르다는 것을 서로 인정했기 때문이다.

서술형

17 이 글로 보아, 남한 선수와 북한 선수가 겪은 어려움은 무엇인지 〈조건〉 맞게 쓰시오.

조건
• 의사소통에서의 어려움을 쓸 것.
• 남북한 언어의 차이와 관련지어 쓸 것.
• 한 문장으로 쓸 것.

핵심

18 남북한의 언어 차이를 해소하는 방안으로 적절하지 않은 것은?

① 남북한의 공통된 언어 규범을 마련한다.
② 남북한의 언어 차이를 인정하고 수용한다.
③ 남북한 언어에서 차이가 나는 어휘들은 고유어로 통일한다.
④ 남북한 언어의 동질성을 바탕으로 서로의 언어를 존중한다.
⑤ 남북한의 이질적인 언어를 비교·연구하는 작업을 활발히 한다.

2. 다음은 남한과 북한이 함께 편찬하고 있는 『겨레말큰사전』에 관한 영상입니다. 이를 통해 통일 시대를 대비하여 우리가 어떠한 노력을 기울이고 있는지 생각해 봅시다.

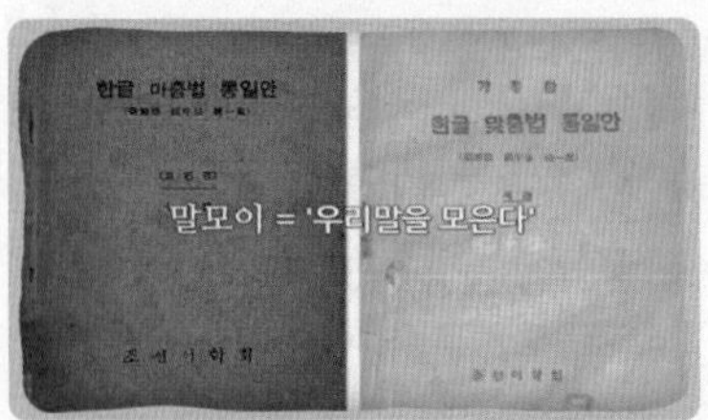

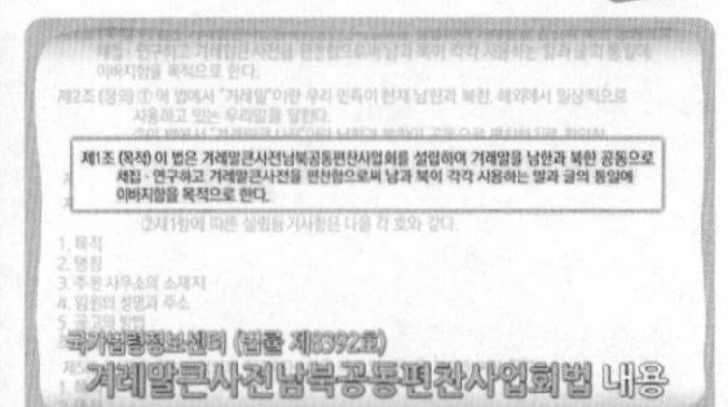

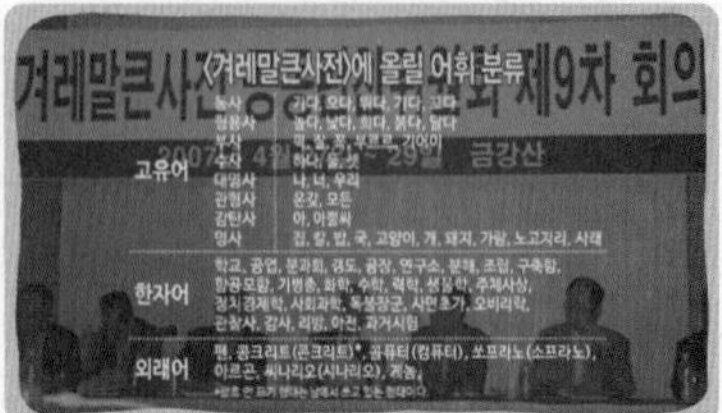

– 통일부, 「남북의 말모이 작전, 겨레말큰사전」

1 통일 시대를 대비하기 위하여 『겨레말큰사전』이 필요한 까닭을 생각해 봅시다.

예시 답 • 통일이 되었을 때 예상되는 남북한 언어의 이질성을 극복하기 위해서
• 남북한 사람들 간의 의사소통의 어려움을 최소화하기 위해서

2 우리가 통일 시대의 국어 생활을 위해 어떠한 노력을 기울이고 있는지 또 다른 사례를 찾아 발표해 봅시다.

예시 답 남북한 학생들이 서로의 언어를 이해할 수 있도록 도와주는 남북한어 번역 애플리케이션 개발 등의 노력을 기울이고 있다.

핵심 정리 통일 시대의 국어 생활에 대비하기 위한 노력

『겨레말큰사전』의 편찬	• 통일이 되었을 때 예상되는 남북한 언어의 이질성을 극복하기 위해서임. • 남북한 사람들 간의 의사소통의 어려움을 최소화하기 위해서임.
그 외의 사례	남북한 학생들이 서로의 언어를 이해할 수 있도록 도와주는 남북한어 번역 애플리케이션을 개발함.

19 다음 설명에 해당하는 것은 무엇인지 쓰시오.

> 분단 이후 남북의 국어학자들이 함께 편찬하는 첫 사전으로 남북한 사람들이 함께 볼 최초의 사전이다.

핵심

20 통일 시대의 국어 생활을 위해 노력할 수 있는 일로 적절하지 않은 것은?

① 남북한어를 번역해 주는 애플리케이션을 개발한다.
② 남북의 언어를 공통으로 다듬고, 신조어 작업을 공동으로 진행한다.
③ 남북한 모두가 인정할 수 있는 제3의 언어를 남북한 공통어로 제정한다.
④ 국어의 동질성을 바탕으로 남북한 언어 차이 극복의 필요성을 홍보한다.
⑤ 언어학자들의 교류를 비롯하여 남북한 인사들의 만남을 활발하게 진행한다.

서술형

21 통일 시대를 대비하기 위해 사전 편찬이 필요한 까닭은 무엇인지 〈조건〉에 맞게 쓰시오.

조건
• 통일이 되었을 때 예상되는 문제점과 관련지어 쓸 것.
• '~(하)기 위해서이다.'의 문장 형태로 쓸 것.

창의·융합 활동

다음 영상을 보고, 이어지는 활동을 해 봅시다.

1. 다음 영상의 마지막에 들어갈 내용을 '통일 시대의 국어'와 관련지어 생각해 봅시다.

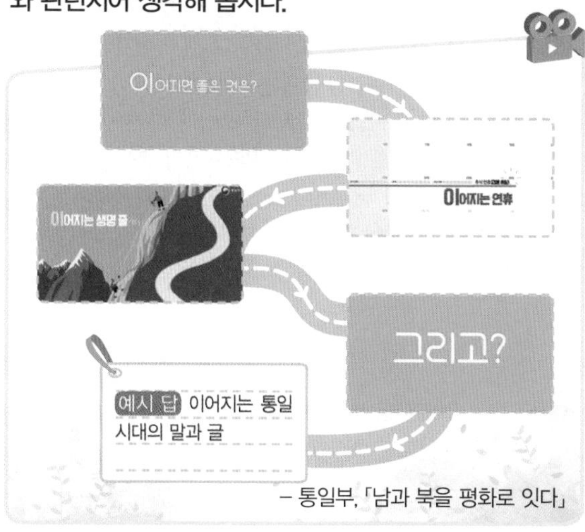

이어지면 좋은 것은?
이어지는 연휴
이어지는 생명 줄
그리고?
예시 답 이어지는 통일 시대의 말과 글

– 통일부, 「남과 북을 평화로 잇다」

2. 1을 바탕으로, 남북한의 언어를 어떻게 이을 수 있을지 생각하여 손수 제작물(UCC)을 만들어 봅시다. 예시 답

화면 순서	내용	표현 방법		음향 및 기타
		자막	화면 구성	
1	남한 학생과 북한 학생이 문제 풀기 프로그램에 나온 상황을 보여 준다.	사회자 남한 대표 북한 대표	사회자가 가운데에 있고, 남북한 학생이 왼쪽, 오른쪽에 서 있는 모습이 다 나오도록 구성함.	사회자, 남한 학생, 북한 학생이 필요함.
2	사회자가 단어를 제시하고 해당 단어를 남한 측과 북한 측에서 각각 설명한다.	휴대 전화 (남) 손전화기 (북)	남한 학생과 북한 학생이 번갈아 가며 나오도록 구성함.	음향 없이 서로의 목소리가 잘 들리도록 함.
3	남한 측과 북한 측에서 설명한 단어를 어떻게 하면 둘 다 쉽게 이해할 수 있을지 토의한다.	어떻게?	컴퓨터로 휴대 전화가 머리 위에 떠 있는 것처럼 효과를 주어 구성함.	토의하는 장면만 보여 주고, 화면을 점점 작게 하여 영상을 마무리함.

수행 평가 대비 활동

| 수행 평가 TIP | 통일 시대의 국어 생활에 대비하는 태도에 관한 동영상을 제작해 보는 활동입니다. 먼저 제시된 영상의 마지막에 들어갈 내용을 '통일 시대의 국어'와 관련지어 생각해 봅니다. '이어지는 연휴, 이어지는 생명 줄'과 같이 '이어지면 좋은 것'을 '통일 시대의 국어'와 관련지어 생각해 보고, 좀 더 구체적으로 '통일 시대의 말소리, 단어' 등과 같은 용어를 활용하여 표현해 봅니다. 이 활동을 바탕으로 남북한의 언어를 어떻게 이을 수 있을지 생각하여 손수 제작물(UCC)을 만들어 봅니다. 손수 제작물(UCC)을 만들 때에는 영상물의 내용, 자막과 화면 구성, 음향의 요소를 모두 갖추어 제작할 수 있도록 합니다. 이때 앞의 활동을 통해 작성한 내용을 어떻게 구성할지 생각한 뒤에 표현 방법을 정해야 합니다. 이렇게 정한 내용이 효과적으로 영상물로 실현되기 위해서는 스토리보드(이야기판)를 작성하는 것이 큰 도움이 됩니다.

1 평가 내용 확인하기

- '이어지면 좋은 것'을 '통일 시대의 국어'와 관련지어 생각하기
- 남북한의 언어를 어떻게 이을 수 있을지 생각하여 손수 제작물(UCC) 만들기

2 평가 기준 확인하기

- 통일 시대의 국어 생활에 관한 자신의 생각을 말할 수 있는가?

앞에서 배운 학습 내용을 바탕으로 통일 시대의 국어 생활에 관한 자신의 생각을 드러낼 수 있어야 합니다. 이때 남북한의 언어 차이에 주목할 것이 아니라 남북한 언어의 동질성을 바탕으로 자신의 의견을 제시해야 합니다.

- 통일 시대의 남북한 언어에 관한 모둠의 생각을 손수 제작물(UCC)에 잘 표현하였는가?

통일 시대의 국어 생활에 관한 모둠의 생각이 적절히 반영되어 있어야 하고, 동영상의 내용과 형식이 주제를 드러내기에 효과적이어야 합니다.

수행 평가 +

1. 남북한에서 서로 다르게 사용되는 어휘를 조사한 후, 통일 시대를 대비하여 남북한 사람들이 함께 사용할 수 있는 새로운 말을 만들어 보고 그러한 말을 만든 까닭을 적어 봅시다.

도와줄게 인터넷을 활용하여 남북한에서 서로 다르게 사용되는 어휘를 쉽게 조사할 수 있습니다. 조사한 어휘를 바탕으로 새로운 말을 만들 때에는 남북한 어느 한쪽의 것을 선택할 수도 있고, 남북한의 말을 합쳐 절충하여 만들 수도 있습니다. 물론 완전히 새로운 형태의 말로 만드는 것도 가능합니다. 자신이 새로운 말을 만들 때 기준으로 생각한 것이 무엇인지를 분명하게 밝히면 됩니다.

2. 통일 시대에 새로운 가치를 지니게 될 대상을 조사하여 라디오 광고를 제작해 봅시다.

도와줄게 '통일 열차', 'DMZ의 사계'처럼 통일 시대에 경제적, 생태적, 사회·문화적으로 새롭게 평가할 수 있는 가치를 지니게 될 대상을 조사해 보고, 조사한 내용을 바탕으로 라디오 광고를 만들어 봅니다. 라디오 광고는 매체의 특성상 언어와 청각적 요소만을 이용할 수 있다는점을 고려하며 내레이션(해설), 배경 음악, 음향을 기본으로 광고를 제작합니다.

핵심 원리

남북한 언어의 동질성과 이질성

동질성	남북한은 원래 하나의 나라였으며, 단일 언어와 문자를 사용하는 한민족이기 때문에 의사소통이 가능함.
(❶)	•어휘 면에서의 차이: 어휘의 형태와 의미에서 차이를 보이며, 외래어 수용 방식에서도 차이가 있음. •말하기 방식의 차이: 남한 사람들은 간접 화법에 익숙한 반면 북한 사람들은 직접적으로 말하는 표현에 익숙하며, 언어 예절에서도 차이가 있음.

통일 시대의 국어 생활에 대비하기

남북한 언어 차이를 극복하는 방법	• 남북한 언어를 정리하여 사전을 편찬함. • 교육, 경제, 사회, 문화 등 다양한 분야에서 남북한 간의 교류를 확대해 나감.
통일 시대의 국어를 대비하는 태도	• 남북한의 언어는 바탕이 같다는 인식을 가져야 함. • 남북한의 언어 차이를 인정하고 받아들여야 함. • 남북한의 언어 차이로 생길 수 있는 어려움을 극복하기 위해 노력해야 함.

핵심 내용

(1) 남북한 언어의 동질성

남북한은 분단되기 이전부터 오랫동안 같은 말과 글을 사용하고 있었음.

↓

의사소통에 큰 지장이 없음.

(2) 남북한 언어의 이질성

❶ 어휘 면에서의 차이

외래어 수용의 차이	북한어에서는 외래어 다듬기를 한 표현을 쓰고, 남한어에서는 외래어를 그대로 받아들여 표현함. 예 축구 용어: (❷)(남한어) – 연락(북한어) 탁구 용어: 스매시(남한어) – (❸)(북한어)
어휘의 형태와 의미 차이	• 같은 대상을 가리키는 어휘가 다름. 예 남한어에서 '오징어'라고 부르는 대상을 북한어에서는 '(❹)'라고 부름. • 의미는 같지만 형태가 다른 어휘가 있음. 예 도시락(남한어) – 곽밥(북한어) • (❺)는 같지만 의미가 다른 어휘가 있음. 예 • 바쁘다: 남한어와는 달리 북한어에서는 '힘에 부치거나 참기 어렵다.'라는 의미로 쓰임. • 일없다: 남한어에서는 '필요 없다'라는 의미이지만 북한어에서는 '괜찮다'라는 의미로 쓰임.

↓

남북한의 언어 차이 극복 방법

• (❻)의 사용을 줄이도록 함.
• 서로 다른 어휘를 하나로 통일하기 위한 방법을 찾아보아야 함.

❷ 말하기 방식의 차이

화법의 차이	남한 사람들은 관계 유지를 위한 (❼)에 익숙한 반면, 북한 사람들은 직접적으로 말하는 표현에 익숙함. 예 '밥 한번 먹자.'라는 말을 남한에서는 친교의 의도로 사용하지만, 북한에서는 실제로 만나서 밥을 한 번 먹자는 약속의 의미로 받아들임.
언어 예절의 차이	남한어는 북한어에 비해 비교적 존칭 표현이 발달되어 있음. 예 남한에서 '(❽)'는 말하는 사람보다 나이가 많거나 직위가 높은 사람에게는 사용할 수 없는 표현이지만, 북한에서는 웃어른에게도 사용할 수 있는 표현임.

(3) 통일 시대의 국어 생활

통일 시대를 대비하기 위한 노력	• 남북한 사람들이 겪는 의사소통의 어려움을 최소화하기 위해 (❾) 편찬 작업을 진행함. • 남북한 학생들이 서로의 언어를 이해할 수 있도록 도와주는 남북한어 번역 애플리케이션을 개발함.
통일 시대의 국어를 대비하는 태도	• 남북한 언어의 차이에만 주목하기보다는 남북한이 본래 같은 언어를 사용하는 한민족이라는 사실을 기억함. • 남북한 언어의 차이를 인정하고 포용하며 수용하는 태도를 지님.

정답 ❶ 이질성 ❷ 패스 ❸ 타격 ❹ 낙지 ❺ 형태 ❻ 외래어 ❼ 간접 화법 ❽ -ㅂ시다 ❾『겨레말큰사전』

소단원 핵심 문제

• 정답과 해설 p.17

[01~02] 다음 신문 기사를 읽고, 물음에 답하시오.

> 한겨레 2018년 9월 16일
>
> □□중학교 김○○ 학생의 할아버지는 한국 전쟁 때 형과 헤어졌다. 남쪽과 북쪽에 떨어져 68년을 산 두 형제는 제21차 남북 이산가족 상봉 행사 때 극적으로 다시 만났다. 손녀딸 김○○ 학생은 남쪽의 작은할아버지를 통해 북쪽의 큰할아버지에게 손으로 직접 쓴 편지를 전했다. 손녀딸의 편지는 북쪽 할아버지에게 전달됐고, 할아버지는 손녀딸의 편지를 받고 통곡했다.

출제 예감 80%

01 북한의 큰할아버지가 통곡한 까닭으로 가장 알맞은 것은?

① 남한의 손편지 형식에 당황했기 때문에
② 남한에 떨어져 있는 가족에 대한 그리움 때문에
③ 자신을 찾아오지 않은 손녀딸에 대한 서운함 때문에
④ 남북한의 언어 차이를 극복하는 방법을 모르기 때문에
⑤ 손녀딸의 편지에서 남북한 언어의 차이를 느꼈기 때문에

출제 예감 90% 서술형

02 남북한의 언어가 동질성을 가지는 까닭을 〈조건〉에 맞게 쓰시오.

> 조건
>
> 북한의 큰할아버지가 남한 손녀딸의 편지를 읽을 수 있었던 까닭과 관련지어 쓸 것.

[03~04] 다음 상황을 보고, 물음에 답하시오.

출제 예감 95%

03 (가)의 상황을 통해 알 수 있는 남북한 언어의 이질성을 〈조건〉에 맞게 쓰시오.

> 조건
>
> • 어휘적인 측면과 관련지어 쓸 것.
> • '남북한 언어는 ~ (이)가 다르다.'의 문장 형태로 쓸 것.

출제 예감 80%

04 (나)에서 남한 사람과 북한 사람의 의사소통에 문제가 생긴 까닭으로 알맞은 것은?

① 북한 사람이 무례한 대답을 했기 때문에
② 상대방의 상황을 서로 이해하지 못했기 때문에
③ 상대방에 대해 서로 마음을 열지 못했기 때문에
④ 북한 사람이 상황에 맞지 않는 말을 했기 때문에
⑤ 남북한에서 서로 다른 의미로 쓰이는 말이 있었기 때문에

[05~06] 다음 글을 읽고, 물음에 답하시오.

> 남북한의 어휘에는 '도시락(남)', '곽밥(북)'처럼 (㉠), 형태는 같지만 의미가 다른 어휘도 있다.
>
> 남한 학생: 어휴, 공부는 아무리 해도 끝이 없어.
>
> 북한 학생: 진짜……. 나도 요즘 공부가 ㉡바쁘다.

출제 예감 90% 서술형

05 ㉠에 들어갈 내용을 〈조건〉에 맞게 쓰시오.

> 조건
>
> • 남북한 언어의 차이점과 관련지어 쓸 것.
> • 문맥에 어울리는 형태로 쓸 것.

출제 예감 80%

06 북한 학생의 의도를 고려할 때 ㉡의 뜻으로 알맞은 것은?

① 힘에 부치거나 참기 어렵다.
② 사정이 몹시 딱하고 어렵다.
③ 시간의 여유가 없어 일을 서두르거나 다그쳐 매우 빠르다.
④ 한 가지 일에만 정신을 쏟아 다른 일을 할 마음의 여유가 없다.
⑤ 일이 많거나 또는 서둘러서 해야 할 일로 인하여 딴 겨를이 없다.

소단원 핵심 문제

[07~08] 다음 자료를 보고, 물음에 답하시오.

신나게 축구를 했어.
연락하라 고함치며 신호 보냈어.
나한테 공을 왜 안 주는 건데.
연락이 아니라 패스, 패스, 패스!
– 플로우식 작사 · 작곡, 「시작하기 좋은 날」

이 영상은 북한 이탈 청소년들이 남한 사회에서의 생활과 미래의 꿈을 주제로 직접 작사에 참여하고 출연한 뮤직비디오입니다.

제시된 부분은 북한 이탈 청소년이 남한에서 경험한 일을 노래 가사로 표현한 부분 중 남북한 언어의 차이로 인해 겪었던 일을 소개하는 부분입니다.

출제 예감 95%

07 이 자료를 통해 알 수 있는 북한어의 특징으로 알맞은 것은?

① 외래어를 우리말로 순화하여 사용한다.
② 남한어와 다르게 첫소리에 'ㄹ'이 발음된다.
③ 단어를 분명히 끊어서 말하는 경향이 있다.
④ 높은 데서 낮은 데로 떨어지는 억양을 사용한다.
⑤ 남한어와 동일한 말이라도 의미가 다른 경우가 있다.

출제 예감 80%

08 다음 중 이 자료에 나타난 남북한의 언어 차이와 성격이 같은 것은?

	남한어	북한어
①	보조개	오목샘
②	먼지	몽당
③	목도리	목수건
④	노동	로농
⑤	태클	다리걸기

출제 예감 85%

09 남북한의 언어 차이를 해소할 수 있는 방안으로 적절하지 않은 것은?

① 남과 북의 정치와 문화를 이해한다.
② 남북의 서신 왕래, 방송 청취 등을 허용한다.
③ 남북의 언어학자들이 만나 언어 문제를 함께 분석한다.
④ 좀 더 시기를 기다렸다가 통일 후에 체계적으로 언어 정책을 마련한다.
⑤ 외래어의 사용을 줄이고, 서로 다른 어휘를 하나로 통일하기 위한 방법을 모색한다.

[10~11] 다음 상황을 보고, 물음에 답하시오.

(가) 남한 사업가와 북한 사업가의 대화

(나) 남한 선생님과 북한 이탈 학생의 대화

출제 예감 95%

10 (가)와 (나)의 상황에 대한 반응으로 알맞지 않은 것은?

① (가)에서 남한 사람은 북한 사람에게 권유의 의도로 말하고 있어.
② (가)에서 북한 사람은 남한 사람의 말을 약속의 의미로 받아들이고 있군.
③ (나)로 보아, '-ㅂ시다'라는 표현을 북한에서는 웃어른에게도 사용할 수 있나 봐.
④ (나)로 보아, 북한의 '-ㅂ시다'라는 표현은 남한의 '-시죠'나 '-실까요?'에 해당하는 말이로군.
⑤ (나)로 볼 때, 북한어보다는 남한어에 존칭 표현이 비교적 발달되어 있음을 짐작해 볼 수 있어.

출제 예감 90% 서술형

11 (가)의 상황을 통해 알 수 있는 남북한의 말하기 방식의 차이를 〈조건〉에 맞게 쓰시오.

조건
• 남북한의 말하기 방식에 차이가 생기는 까닭과 관련지어 쓸 것.
• '남한 사람들은 ~(하)고, 북한 사람들은 ~(하)다.'의 문장 형태로 쓸 것.

출제 예감 80%

12 우리가 북한어에도 관심을 가져야 하는 가장 큰 이유는?

① 동일한 언어를 사용하는 한민족의 결속을 위해서
② 남과 북의 대결 국면을 효과적으로 대치하기 위해서
③ 가속화되고 있는 국어의 변화 속도를 좀 더 늦추기 위해서
④ 남과 북을 아우르는 언어 정책을 적극적으로 추진하기 위해서
⑤ 북한 주민의 실상을 파악하여 인도적인 차원의 도움을 주기 위해서

[13~14] 다음은 북한 이탈 주민이 남한에서 겪은 일을 재구성한 것이다. 물음에 답하시오.

제가 얼마 전에 상점에 갔는데, 다양한 물건들이 많아서 좋았습니다. 그래서 점원에게 "아이, 뭐 가지가지로 많이 하십니다."라고 말했는데, 제 말을 들은 점원은 기분이 언짢아 보이더군요. 남북한의 언어가 조금씩 차이는 있지만 의사소통에는 아무 문제가 없을 것이라고 생각했는데, 아직도 ㉠그 점원이 언짢아한 까닭을 잘 모르겠어요.

출제 예감 95%

13 ㉠에 대한 답으로 가장 적절한 것은?

① 북한 손님의 억양이 강하고 거친 느낌을 주었기 때문이다.
② 북한 손님이 자신의 호의를 무시한다고 생각했기 때문이다.
③ 북한 손님이 자신의 말에 집중하지 않는다고 생각했기 때문이다.
④ 북한 손님이 사용한 단어가 점원에게는 생소하게 느껴졌기 때문이다.
⑤ 북한 손님이 자신의 가게를 부정적으로 인식한다고 생각했기 때문이다.

출제 예감 80% 서술형 논술 대비

14 북한 이탈 주민이 ㉡과 같이 말한 의도를 〈조건〉에 맞게 쓰시오.

조건
북한어에서 '가지가지로 많이 한다.'가 의미하는 바와 관련지어 쓸 것.

출제 예감 80%

15 남북한의 언어 차이에 대한 설명으로 알맞지 않은 것은?

① 남과 북의 지역 차이에 의한 방언의 차이도 존재한다.
② 언어 이질화의 근본 원인은 남북 분단과 교류의 단절이다.
③ 남북한의 서로 다른 정치 체제로 인해 언어의 이질감이 심화되었다.
④ 외래어 수용 태도에 대한 남북한의 차이로 인해 서로 다른 어휘가 많아졌다.
⑤ 북한어에 비해 남한어가 가지는 우월성이 언어 이질화의 가장 심각한 원인이다.

출제 예감 85%

16 다음 ㉠과 ㉡에 들어갈 말로 알맞은 것은?

뉴시스 2018년 7월 18일

서로의 탁구 용어에도 많이 익숙해졌다. 남한은 탁구 용어로 외래어를 많이 사용하지만 북한은 주로 순수 북한어를 사용한다. 남한 선수는 '(북한 선수에게) 처음에 사인을 하라고 했는데, '사인이 뭐냐'라고 묻더라. 북한에서는 (㉠)(이)라고 한다더라.'라면서 '나에게 '타격'을 하라더라. 무엇인지 물으니 (㉡)였다. 이제는 알아듣는다. 한 가지씩 들린다.'라고 전했다.

	㉠	㉡		㉠	㉡
①	표시	스매시	②	서명	스매시
③	표시	서브	④	서명	서브
⑤	표시	커트			

출제 예감 90%

17 남북한의 언어 차이를 해소할 수 있는 방안으로 옳지 않은 것은?

① 남북한 통합 사전을 편찬한다.
② 학술 및 문화 교류 활동을 활성화한다.
③ 남북한 공동 연구 기관을 만들어 언어 정화 작업을 추진한다.
④ 남북한 언어의 동질화 필요성에 대한 교육을 지속적으로 실시한다.
⑤ 남북한어의 장단점을 분석하여 더 나은 언어로 공용어를 선정한다.

활동 순서 신문 기사를 바탕으로 남북한의 언어에 관해 말해 보기 ➔ 북한의 수학 용어와 남한의 수학 용어 연결하기 ➔ 음운의 체계와 특성 이해하기

다음은 북한의 중학교 1학년 『수학』 교과서에 관해 살펴본 신문 기사입니다. 이 신문 기사를 보고, 이어지는 활동을 해 봅시다.

동아일보 2018년 5월 23일

수학은 전 세계인의 공통 언어라고 불립니다. 수학에서 쓰이는 숫자나 기호가 언어와 상관없이 같기 때문이지요. 우리와 같은 언어를 쓰는 북한의 수학 용어는 어떨까요?

㉠ 씨수 늘같기식 겹풀이

이 용어들의 공통점은 모두 한자를 사용하지 않은 순우리말이라는 데 있습니다. 한자나 외래어 사용이 적은 북한 사회의 특성이 수학 용어에서도 그대로 나타난 것입니다.

곱하기만 들어있는 식을 한마디식이라고 부른다.
5, a, $-x$와 같이 하나의 수나 글자도 한마디식으로 본다.

례 1 $\frac{4ab^2}{5}=\frac{4}{5}ab^2$이므로 한마디식이다.
$\frac{4}{5}ab^2$은 수 $\frac{4}{5}$와 글자만으로 된 식 ab^2의 적으로 되여있다.

한마디식에서 수인수를 그 한마디식의 곁수라고 부른다.

례 2 $-6a^2$, $2xy$, $0.3x^3$의 곁수는 각각 -6, 2, 0.3이다.

토?론
한마디식 a, $-ab$의 곁수는?
a의 곁수는 0일가?
$-ab$의 곁수는 -일가?
누구의 생각이 옳은가?

〈그림 1〉 『수학』(초급 중학교 1학년용), 교육도서출판사, 121쪽.

〈그림 1〉은 북한의 초급 중학교 1학년 학생들이 배우는 『수학』 교과서의 일부입니다. 〈그림 1〉에서 보는 바와 같이 '한마디식과 여러마디식(단항식과 다항식)'이라는 소단원 학습 내용을 보면 먼저 단항식의 개념을 정의하고, 간단히 이해할 수 있는 예제 두 문제를 제시합니다. 그다음 토론 항목에서 ㉡ '누구의 생각이 옳은가?'라고 질문을 던집니다. 우리가 학생들의 '문제 해결, 의사소통, 추론' 등의 역량에 초점을 두고 학생 중심 수업 방식을 강조하듯이, 북한도 학생들의 참여를 염두에 두고 교과서를 구성하고 있습니다. 이는 남한의 수학 교과서와 비교할 때 여전히 많이 다르지만 과거에 비해 차이가 줄어들고 있음을 보여 주는 예입니다.

활동 길잡이
통일 시대의 교실 상황을 상상하면서 남한과 북한의 학생들에게 어떤 일이 일어날지 남북한의 언어와 관련지어 말해 보도록 한다.

1 이 신문 기사를 바탕으로 남한과 북한의 학생들이 함께 수업을 받는다면 어떠한 일이 벌어질지 자유롭게 말해 봅시다.

예시 답 남한에서 사용하는 용어와 북한에서 사용하는 용어가 달라서 처음에는 수업을 진행하기가 쉽지 않을 것 같다. 그러나 배우는 내용은 다 똑같으므로 금방 친해져서 재미있게 수업을 할 수 있을 것 같다.

활동 길잡이
최대한 고유어를 쓰려고 노력하는 북한어의 특징에 대한 이해를 바탕으로 북한에서 사용하는 수학 용어와 남한에서 사용하는 수학 용어를 비교해 본다.

2 ㉠은 어떤 뜻으로 사용되는 수학 용어일지 다양한 자료를 활용하여 찾아보고, 그 뜻이 같은 것끼리 연결해 봅시다.

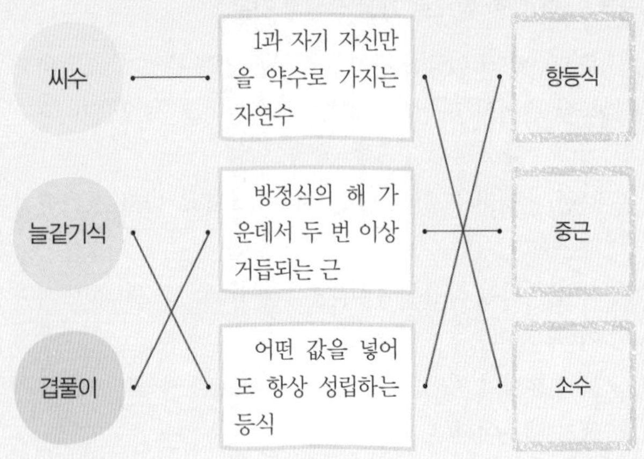

활동 길잡이
조건으로 제시된 음운의 특징을 모두 만족시키는 음운이 무엇인지 찾아보도록 한다.

3 ㉡에서 다음 빈칸에 들어갈 알맞은 글자를 찾아 써 봅시다.

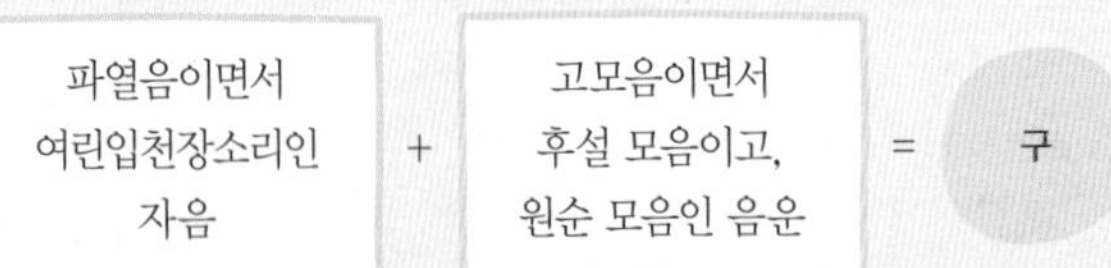

• 정답과 해설 p.18

대단원 확인 문제

01 국어의 음운에 대한 설명으로 알맞지 않은 것은?

① 자음이나 모음과 마찬가지로 소리의 길이도 음운의 역할을 한다.
② 단모음은 발음할 때 입술 모양이나 혀의 위치가 달라지지 않는 모음이다.
③ 단모음은 발음할 때의 입술 모양에 따라 평순 모음과 원순 모음으로 나뉜다.
④ 자음은 소리 내는 방식에 따라 입술소리, 잇몸소리, 센입천장소리, 여린입천장소리, 목청소리로 나뉜다.
⑤ 자음에서 된소리는 예사소리보다 강하고 단단한 느낌을 주고, 거센소리는 된소리보다 더 세고 거친 느낌을 준다.

02 다음 밑줄 친 말 중 길게 발음해야 하는 것은? (정답 2개)

① 발 없는 말이 천 리 간다.
② 나는 밤보다 밝은 아침이 좋다.
③ 강원도에서는 3월에도 눈이 내리는 경우가 있다.
④ 나는 오늘 숙제를 안 한 벌로 화장실 청소를 하게 되었다.
⑤ 예전에는 바위에서 자연산 굴을 땄지만 요즘은 대부분 양식을 한다.

03 국어의 모음에 대한 설명으로 옳지 않은 것은?

① 총 21개의 모음이 있다.
② 자음 없이 혼자서도 발음할 수 있다.
③ 'ㅜ, ㅗ'는 원순 모음이면서 후설 모음이다.
④ 소리 날 때 공기의 흐름이 방해를 받지 않고 순조롭고 나오는 소리이다.
⑤ 'ㅡ, ㅓ, ㅏ'를 차례로 발음해 보면 입이 점점 크게 벌어지면서 혀의 위치가 높아진다.

04 다음 중 모음의 종류를 바르게 이해한 것은?

① ㅟ: 원순 모음, 고모음, 전설 모음
② ㅣ: 평순 모음, 저모음, 후설 모음
③ ㅚ: 원순 모음, 저모음, 후설 모음
④ ㅔ: 평순 모음, 고모음, 후설 모음
⑤ ㅐ: 평순 모음, 중모음, 전설 모음

05 〈보기〉와 같이 발음하는 모음만으로 짝지어진 것은?

보기
발음할 때 입술 모양을 평평하게 해서 소리 낸다.

① ㅏ, ㅓ, ㅗ, ㅜ　② ㅣ, ㅡ, ㅟ, ㅚ
③ ㅔ, ㅐ, ㅓ, ㅏ　④ ㅡ, ㅣ, ㅓ, ㅢ
⑤ ㅔ, ㅖ, ㅐ, ㅒ

06 다음 중 발음할 때 혀의 최고점의 위치가 같은 모음끼리 짝지어진 것은?

① ㅐ, ㅏ, ㅣ, ㅗ　② ㅔ, ㅚ, ㅟ, ㅐ
③ ㅣ, ㅟ, ㅡ, ㅓ　④ ㅗ, ㅚ, ㅜ, ㅟ
⑤ ㅟ, ㅚ, ㅣ, ㅏ

07 다음 단어에 대한 설명으로 알맞지 않은 것은?

오이

① 두 개의 음운으로 이루어져 있다.
② 발음할 때 혀의 위치가 높았다가 낮아진다.
③ 발음할 때 입술을 둥글게 오므렸다가 평평하게 한다.
④ 발음할 때 혀의 최고점이 뒤쪽에 있다가 앞쪽으로 이동한다.
⑤ 발음할 때 공기의 흐름이 방해를 받지 않고 순조롭게 나온다.

08 다음 중 이중 모음이 포함되지 않은 것은?

① 열정　② 효과　③ 원소
④ 의사　⑤ 퇴색

서술형

09 단모음과 이중 모음의 특성을 〈조건〉에 맞게 쓰시오.

조건
모음을 단모음과 이중 모음으로 분류하는 기준이 드러나도록 각각의 특성을 쓸 것.

대단원 확인 문제

10 다음 설명을 모두 만족시키는 모음을 쓰시오.

> • 발음할 때 혀의 위치가 높다.
> • 발음할 때 입술 모양이 평평하다.
> • 발음할 때 혀의 최고점의 위치가 뒤쪽에 있다.

서술형

11 〈보기〉의 ㉠과 ㉡에 제시된 모음의 특징을 〈조건〉에 맞게 쓰시오.

> 보기
> ㉠ ㅏ, ㅓ, ㅡ ㉡ ㅣ, ㅔ, ㅐ

> 조건
> • ㉠과 ㉡의 모음을 차례대로 발음했을 때 혀의 높이 변화를 밝힐 것.
> • 각각의 모음을 혀의 높이에 따라 구분하여 쓸 것.

12 다음 ㉠과 ㉡에 대한 설명으로 알맞은 것은?

> ㉠ ㅏ, ㅓ, ㅡ, ㅣ ㉡ ㅘ, ㅝ, ㅙ, ㅢ

① ㉠이 ㉡보다 발음하기 쉽다.
② ㉠과 ㉡은 소리 나는 위치가 다르다.
③ ㉠은 ㉡과 달리 발음할 때 입술 모양이 달라지지 않는다.
④ ㉠과 ㉡은 모두 발음할 때 혀의 위치가 달라지지 않는다.
⑤ ㉠은 발음할 때 입술 모양이 평평하고, ㉡은 입술을 둥글게 오므린다.

13 국어의 자음에 대한 설명으로 알맞지 않은 것은?

① 국어의 자음은 총 19개이다.
② 발음할 때 공기의 흐름이 방해를 받고 나오는 소리이다.
③ 소리 나는 위치와 소리 내는 방법에 따라 분류할 수 있다.
④ 모든 잇몸소리는 소리의 세기에 따라 예사소리, 된소리, 거센소리로 나눌 수 있다.
⑤ 비음은 공기를 코로 내보내며 소리를 내고, 유음은 공기를 혀의 양옆으로 흘려보내며 소리를 낸다.

14 다음 중 자음을 바르게 분류한 것은?

① ㅎ: 비음, 목청소리, 거센소리
② ㅉ: 파찰음, 목청소리, 거센소리
③ ㅍ: 마찰음, 입술소리, 거센소리
④ ㅅ: 마찰음, 센입천장소리, 예사소리
⑤ ㅋ: 파열음, 여린입천장소리, 거센소리

15 다음에 제시된 두 자음의 공통점을 잘못 설명한 것은?

① ㅌ – ㅊ: 된소리보다 더 세고 거친 느낌을 준다.
② ㄴ – ㅇ: 코를 막고 발음하면 소리가 달라진다.
③ ㄱ – ㅈ: 공기의 흐름을 잠시 막았다가 터뜨리면서 내는 소리이다.
④ ㄲ – ㅇ: 혀의 뒷부분과 여린입천장 사이에서 소리가 난다.
⑤ ㅆ – ㅎ: 입안이나 목청 사이의 통로를 좁혀 그 틈 사이로 공기를 내보내 마찰을 일으키면서 내는 소리이다.

16 다음 설명에 해당하는 자음이 포함된 문장은?

> • 공기의 흐름을 막았다가 서서히 터뜨리면서 마찰을 일으켜 내는 소리이다.
> • 예사소리보다 강하고 단단한 느낌을 준다.

① 사금처럼 시가 반짝이고 있다.
② 팔랑팔랑 나비가 꽃가루를 찾는다.
③ 싸라기눈이 쌀쌀하게 뿌리기 시작한다.
④ 우리 집은 남향이라 햇볕도 잘 들고 따뜻하다.
⑤ 나는 가족들의 생일을 달력에 빨간색으로 칠한다.

서술형

17 다음 발음 기관 단면도를 참고하여 〈보기〉의 자음들을 소리 나는 위치에 따라 분류하여 쓰시오.

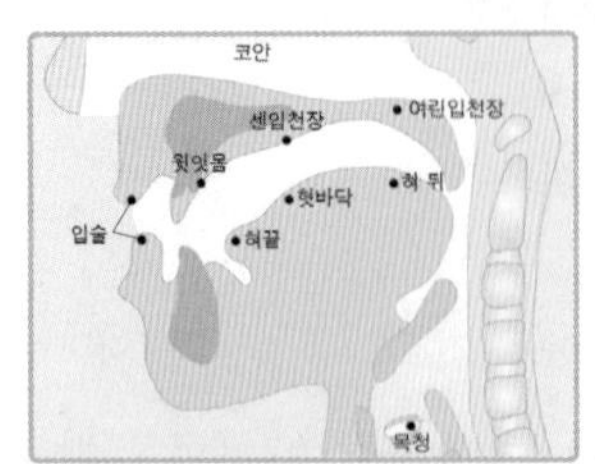

> 보기
> ㄱ, ㄴ, ㄷ, ㄹ, ㅁ, ㅂ, ㅅ, ㅇ, ㅈ, ㅊ, ㅋ, ㅌ, ㅍ, ㅎ, ㄲ, ㄸ, ㅃ, ㅆ, ㅉ

18 다음 중 자음의 소리 내는 방식을 바르게 설명한 것은?

① ㅁ: 혀끝을 잇몸에 가볍게 대었다가 떼면서 소리를 낸다.
② ㄹ: 입안의 통로를 막고 코로 공기를 내보내면서 소리를 낸다.
③ ㄷ: 공기의 흐름을 잠시 막았다가 터뜨리면서 소리를 낸다.
④ ㅎ: 공기의 흐름을 막았다가 서서히 터뜨리면서 마찰을 일으켜 소리를 낸다.
⑤ ㅂ: 입안이나 목청 사이의 통로를 좁혀 그 틈 사이로 공기를 내보내 마찰을 일으키면서 소리를 낸다.

19 다음 밑줄 친 단어 중 입술소리가 두 가지 이상 사용된 것은?

① <u>복</u> 많이 받으세요.
② 예쁜 <u>꽃</u>이 피었다.
③ 엄마 <u>품</u>은 따스하다.
④ 긴 줄에 <u>발</u>이 걸렸다.
⑤ 동생은 아침이면 <u>빵</u>을 먹는다.

20 다음 ㉠~㉣에 들어갈 수 있는 자음으로 알맞지 <u>않은</u> 것은? (정답 2개)

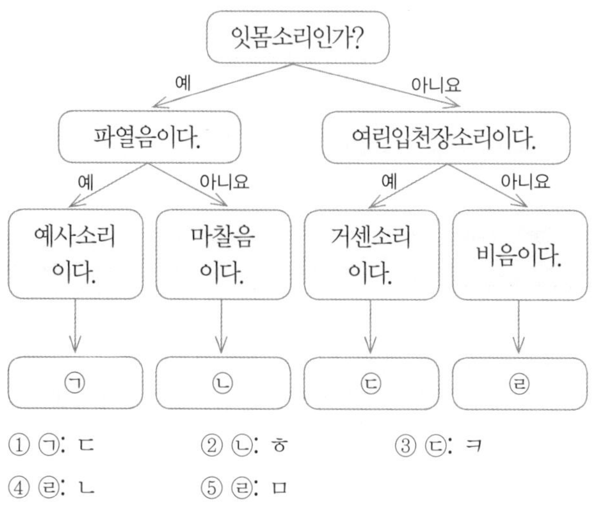

① ㉠: ㄷ　② ㉡: ㅎ　③ ㉢: ㅋ
④ ㉣: ㄴ　⑤ ㉣: ㅁ

21 다음 설명을 모두 만족시키는 음운이 쓰인 단어는?

- 혀끝이 윗잇몸에 닿아서 나는 소리
- 전설 모음 중 저모음

① 새　② 또　③ 라
④ 쥐　⑤ 수

22 자음을 소리 내는 방식과 모음을 발음할 때 혀의 최고점의 위치가 〈보기〉의 단어와 같은 것은?

보기
무

① 너　② 소　③ 파
④ 뒤　⑤ 리

23 다음 단어에 쓰인 음운에 대한 설명으로 알맞지 <u>않은</u> 것은?

갈치

① 예사소리로 발음하는 자음이 1개 있다.
② 자음은 모두 다른 위치에서 소리가 난다.
③ 모음은 발음할 때 혀의 높이가 각각 다르다.
④ 소리가 부드럽게 흘러가는 느낌이 드는 자음이 1개 있다.
⑤ 모음은 발음할 때 혀의 최고점의 위치가 모두 뒤쪽에 있다.

24 다음 설명을 모두 만족시키는 단어를 쓰시오.

- 첫소리: 공기의 흐름을 막았다가 서서히 터뜨리면서 마찰을 일으켜 내는 소리로, 거센소리이다.
- 가운뎃소리: 발음할 때 입술 모양이 평평하며, 혀의 위치가 낮고, 혀의 최고점의 위치가 뒤쪽에 있는 모음이다.
- 끝소리: 혀의 뒷부분과 여린입천장 사이에서 소리가 나며, 공기를 코로 내보내면서 소리를 내는 자음이다.

대단원 확인 문제

25 남북한의 언어가 분단 이후 서로 급격히 달라진 이유로 알맞지 않은 것은?

① 서로의 언어에 대한 연구가 부족했기 때문에
② 남한과 북한의 상호 교류가 단절되었기 때문에
③ 남한과 북한이 서로 다른 방언을 사용했기 때문에
④ 서로의 정치 체제에 맞는 어휘들이 발달했기 때문에
⑤ 남한과 북한이 서로 다른 언어 순화 작업을 하였기 때문에

[26~27] 다음 상황을 보고, 물음에 답하시오.

26 (가)의 대화에서 의사소통이 잘 이루어지지 않은 원인으로 알맞은 것은?

① 남북한 음운의 차이
② 남북한 문법의 차이
③ 남북한 어휘의 차이
④ 남북한 억양의 차이
⑤ 남북한 발음의 차이

서술형

27 통일이 된 이후에 (나)와 같은 상황이 발생한다면 어떤 어려움이 생길 것으로 예상되는지 〈조건〉에 맞게 쓰시오.

조건
• 북한 사람이 ㉠을 사용한 표현 의도와 관련지어 쓸 것.
• 90자 내외로 쓸 것.

28 남북한의 어휘를 바르게 짝짓지 못한 것은?

	남한어	북한어
①	도시락	곽밥
②	한복	조선옷
③	인물화	사람그림
④	어묵	고기떡
⑤	패스	넘겨받기

29 북한의 외래어 수용 방식에 대한 설명으로 옳지 않은 것은?

① 외래어를 우리말로 바꾸어 쓰는 경우가 많다.
② 외래어를 대체할 만한 새로운 어휘를 만들려고 노력하므로 우리말이 풍부해진다.
③ 우리 고유어로 바꾸는 데 시간이 걸리고 다소 억지스러운 느낌이 드는 말도 있다.
④ 남한은 외래어를 그대로 수용하지만 북한은 주체적인 입장에서 외래어를 수용하고 있다.
⑤ 국제 사회에서의 의사소통 문제 때문에 스포츠 용어는 외래어를 그대로 수용하는 경우가 많다.

30 다음 대화에 대한 반응으로 적절하지 않은 것은?

남한 학생: 어휴, 공부는 아무리 해도 끝이 없어.
북한 학생: 진짜……. 나도 요즘 공부가 ㉠바쁘다.

① 성빈: 남한에서는 ㉠이 '일이 많거나 또는 서둘러서 해야 할 일로 인하여 딴 겨를이 없다.'라는 의미인데 북한에서는 다른 의미인 것 같아.
② 경재: 북한 학생은 ㉠을 공부로 인해 매우 절박하고 급한 상황이라는 의미로 사용하고 있어.
③ 기문: 이처럼 남한과 북한은 동일한 상황을 다른 어휘로 표현하는 경우가 있구나.
④ 준영: 남북한의 언어가 더 이질화되지 않도록 서로의 언어 차이를 파악하고 이를 좁혀 나가기 위해 노력해야 해.
⑤ 정우: 그러기 위해서는 외래어의 사용을 줄이고, 서로 다른 어휘를 하나로 통일하기 위한 방법을 모색해야 돼.

31 남북한의 언어 차이를 극복하기 위한 방안으로 가장 현실성 있는 의견을 제시한 학생은?

① 서연: 우리도 북한처럼 현재 사용하는 외래어를 모두 고유어로 바꿔야 해.
② 혜원: 남북한 언어의 차이를 이해하고 힘이 센 쪽으로 언어를 통일해야 돼.
③ 예완: 이 모든 것은 통일이 되어야만 가능한 일이야. 먼저 통일을 이루는 것이 중요해.
④ 준영: 언어학자뿐만 아니라 다양한 분야에서 남북한 사람들의 교류가 활발히 이루어져야 해.
⑤ 기문: 남북한 모두가 인정할 수 있는 새로운 언어를 다시 만들어 남북한 공통어로 제정해야 해.

[32~33] 다음 상황을 보고, 물음에 답하시오.

(가) 남한 사업가와 북한 사업가의 대화

(나) 남한 선생님과 북한 이탈 학생의 대화

32 (가)에 대한 반응으로 적절한 것은?

① 남한 사람들은 남에게 대접하는 것을 좋아해.
② 북한 사람들은 상대방에 대한 배려심이 부족해.
③ 북한 사람들에 비해 남한 사람들은 직접 화법에 익숙하군.
④ 북한 사람들은 상대방의 체면을 생각해 분명하게 거절하는 것을 꺼리는군.
⑤ 남한 사람들이 사용하는 인사말이 북한 사람들에게는 혼란을 줄 수 있겠군.

33 ㉠에 쓰인 '-ㅂ시다'에 대한 설명으로 알맞지 않은 것은?

① 남한의 '-시죠'나 '-실까요?'에 해당하는 표현이다.
② 북한에서는 웃어른에게도 사용할 수 있는 표현이다.
③ 남한에서는 청유의 의미로, 북한에서는 요청의 의미로 쓰이는 표현이다.
④ 북한에서는 남한에 비해 존칭 표현이 덜 발달되어 있음을 알 수 있게 하는 표현이다.
⑤ 남한에서는 말하는 사람보다 나이가 많거나 직위가 높은 사람에게는 사용할 수 없는 표현이다.

34 다음은 북한 이탈 주민이 남한에서 겪은 일을 재구성한 글이다. 이 글을 읽은 반응으로 적절하지 않은 것은?

> 제가 얼마 전에 상점에 갔는데, 다양한 물건들이 많아서 좋았습니다. 그래서 점원에게 "아이, 뭐 ㉠가지가지로 많이 하십니다."라고 말했는데, 제 말을 들은 점원은 기분이 언짢아 보이더군요. 남북한의 언어가 조금씩 차이는 있지만 의사소통에는 아무 문제가 없을 것이라고 생각했는데, 아직도 그 점원이 언짢아한 까닭을 잘 모르겠어요.

① ㉠은 남한에서 부정적인 의미로 사용되고 있기 때문에 그 말을 들은 점원은 기분이 나빴을 거야.
② 북한어로 ㉠은 '여러 가지로 많이 한다.'라는 뜻이므로 북한 주민은 가게를 칭찬하기 위한 의도로 한 말이야.
③ '가게에 여러 가지 물건이 참 많네요.'라고 쉽게 표현하면 되는데, 북한 주민의 생각이 짧았어.
④ 같은 말인데도 남북한에서의 쓰임이 다르기 때문에 오해가 생긴 사례야.
⑤ 이런 사례들로 볼 때, 남북한의 통합 사전을 편찬해야 하는 필요성이 더욱 절실해져.

35 다음 신문 기사에서 남한 선수와 북한 선수가 의사소통을 하는 데 어려움을 느낀 가장 큰 이유는?

> 대전의 한 체육관에서 막을 올린 국제 탁구 대회가 전례 없는 뜨거운 관심 속에 진행되었다. 북한 탁구 대표 팀의 참가와 함께 일부 종목은 남북 단일팀까지 성사되면서 경기장은 사람들로 북적였다. (중략) 남한 선수는 '연습 첫날과 경기 전날에만 함께 연습을 했는데 생각보다 호흡이 잘 맞았다. 처음 맞추어 보았기에 긴장을 좀 했지만 나중에는 긴장이 풀렸다.'라고 말했다.
> 서로의 탁구 용어에도 많이 익숙해졌다. 남한은 탁구 용어로 외래어를 많이 사용하지만 북한은 주로 순수 북한어를 사용한다. 남한 선수는 '(북한 선수에게) 처음에 사인을 하라고 했는데, '사인이 뭐냐'라고 묻더라. 북한에서는 '표시'라고 한다더라.'라면서 '나에게 '타격'을 하라더라. 무엇인지 물으니 '스매시'였다. 이제는 알아듣는다. 한 가지씩 들린다.'라고 전했다.

① 서로의 언어 예절을 이해하지 못했기 때문에
② 서로의 화법 차이를 이해하지 못했기 때문에
③ 형태는 같지만 의미가 다른 경우가 있었기 때문에
④ 같은 의미이지만 서로 다른 어휘를 사용했기 때문에
⑤ 표기는 같지만 발음이 다른 어휘들이 있었기 때문에

조정하며 읽고, 근거를 들어 토론하기

(1) 동물의 권리에 관하여

- 한 학기 한 권 읽기

(2) 논리적인 토론

대단원 미리 보기

대단원 학습 목표

읽기 자신의 읽기 과정을 점검하고 효과적으로 조정하며 읽을 수 있다.

듣기·말하기 토론에서 타당한 근거를 들어 논박할 수 있다.

• 정답과 해설 p.21

(1) 동물의 권리에 관하여

자신의 읽기 과정을 점검하고 효과적으로 조정하며 읽을 수 있다.

- 읽기 과정에 따라 글을 읽으며 읽기 원리 점검하기
- 자신의 읽기 과정을 점검하고 조정하며 읽기

「동물의 권리에 관하여」는 최근 사회적 이슈로 새롭게 떠오르고 있는 동물권의 의미와 관련 쟁점, 동물권 논의의 필요성 등을 다루면서, 동물권에 관해 발전적으로 논의를 전개해야 함을 주장하고 있는 글이다. 글을 읽는 과정에서 다양한 읽기 방법을 적용하고, 자신의 읽기 과정을 점검 · 조정해 볼 수 있도록 한다.

한 학기 한 권 읽기

- 읽기 과정과 원리에 맞게 한 권의 책 읽기

[책 앞에서] 신문 기사를 읽고, 자신의 독서 습관 점검하기 → [책 두드리기] 친구들과 모둠을 지어 읽을 책 선정하기 → [책 누리기] 책을 읽고 독서 일지 작성하기 → [책 나누기] 책을 읽고 정리한 내용을 바탕으로 가상 면담하기

글 읽기는 '읽기 전', '읽는 중', '읽은 후' 활동의 전 과정에서 글과 독자가 상호 작용하는 역동적인 사고의 과정이다. **읽기 과정**을 단계별로 나누어 체계적으로 **점검하고 효과적으로 조정**하며 글을 읽는 활동을 통해 글의 내용을 더 깊이 있게 이해할 수 있다.

확인 문제

01 다음 빈칸에 들어갈 알맞은 말을 쓰시오.

> 글을 능숙하게 읽기 위해서 독자는 자신의 □□ □□을 점검하고 조정해야 한다.

(2) 논리적인 토론

토론에서 타당한 근거를 들어 논박할 수 있다.

- 상대방의 주장과 근거를 비판적으로 분석하기
- 타당한 근거를 들어 상대방의 주장을 논박하기

'우리 사회에서 사람들 사이의 경쟁을 그만두어야 한다.'를 논제로 한 토론을 통해 토론의 절차와 방법을 이해할 수 있도록 한다. 또한, 경쟁의 필요성에 대한 찬성 측과 반대 측의 주장과 근거에서 논리적 허점을 찾고, 이를 논박하여 자신의 의견을 설득력 있게 제시하는 능력을 기를 수 있도록 한다. 이를 바탕으로 우리 주변에서 논쟁적인 문제를 찾아 쟁점을 분석하고 타당한 근거를 마련해 직접 토론해 봄으로써 실질적인 토론 능력을 기를 수 있도록 한다.

토론은 하나의 쟁점에 대하여 찬성 측과 반대 측이 **타당한 근거**를 들어 자신의 주장이 옳음을 내세우는 말하기로, 토론의 절차에 따라 논제에 대한 자신의 입장을 설득력 있게 제시해야 상대방 주장의 오류를 논리적으로 반박할 수 있다.

확인 문제

02 토론의 태도로 옳은 것은 ○, 틀린 것은 ×를 하시오.

(1) 토론의 논제에서 벗어나지는 않게 말한다. (　　)

(2) 상대측 토론자의 개인적 약점을 찾아 공격한다. (　　)

(3) 상대측의 주장에 대해 적절한 반론을 제시한다. (　　)

(4) 주장에 대해 타당하고 신뢰할 만한 근거를 제시한다. (　　)

이 단원에서는 읽기 과정을 점검하고 조정하는 방법을 익혀 한 권 읽기를 해 볼 거야. 그런 뒤 이를 발전시켜 논리적인 토론을 하면 사고력과 토론 능력을 효과적으로 기를 수 있어.

동물의 권리에 관하여

• 생각 열기 다음 활동을 하면서, 과정을 점검하는 일이 왜 중요한지 생각해 봅시다.

이 학생의 생각과 달리 요리의 맛이 이상한 까닭은 무엇일까요? 중간에 요리 과정을 점검했다면 학생의 요리는 어떻게 달라졌을지 말해 봅시다.

예시 답 감자와 당근을 길쭉하고 잘게 채를 썰어 요리해야 하는데 깍두기처럼 네모나게 썰어 요리를 했기 때문에 익힘의 정도가 맞지 않아 맛이 이상해졌다. 학생이 요리를 하는 중간에 자신이 잘 모르는 내용을 확인한 후 요리를 했다면 제대로 된 감자볶음을 만들 수 있었을 것이다.

책을 읽을 때는 자신의 읽기 과정을 어떻게 점검해야 할지 생각해 봅시다.

예시 답 • 모르는 내용이 나오면 자료를 찾아보거나 알 만한 사람한테 물어봄으로써 해당 내용을 확인한다. • 글을 다 읽었는데 내용이 이해되지 않으면 중요한 내용을 찾아 반복해서 읽는다.

• 학습 목표로 내용 엿보기

"요리를 할 때 자신의 요리가 제대로 되고 있는지 중간중간 점검을 할 필요가 있어. 요리를 할 때처럼 책을 읽을 때도 읽는 목적에 따라 읽기 과정을 점검하고 조정하면서 읽으면 내용을 더 잘 이해할 수 있을 거야."

- **핵심 1** 「동물의 권리에 관하여」를 읽기 과정과 원리에 따라 읽기
- **핵심 2** 자신의 읽기 과정을 점검하고 효과적으로 조정하며 읽기

핵심 원리 이해하기 읽기 과정의 점검과 조정

읽기 중 문제 발생		읽기 과정의 점검과 조정
읽은 내용이 제대로 이해되지 않거나 앞에서 읽은 내용이 뒤에서 읽은 내용과 맞아떨어지지 않는 등 여러 가지 문제가 생길 수 있음.	→	자신의 읽기 과정에 어떤 문제가 있는지 파악하고, 그 문제를 해결할 수 있는 적절한 방법을 찾아 읽기 과정을 점검하고 조정해야 책의 내용을 올바르게 이해할 수 있음.

개념 확인 콕콕 • 정답과 해설 p.21

01 다음 빈칸에 알맞은 말을 쓰시오.

> 책을 읽을 때는 읽는 목적에 따라 읽기 과정을 (　　　)하고 조정하면서 읽으면 내용을 더 잘 이해할 수 있다.

02 다음과 같은 문제를 해결하기 위한 방법으로 가장 적절한 것은?

> 독서가 취미라서 책을 많이 읽기는 하는데, 매번 읽은 내용이 제대로 이해되지 않는다.

① 다독, 다작하는 습관을 기른다.
② 독서 환경을 쾌적하게 조성한다.
③ 독서 외에 다른 취미를 가져본다.
④ 내용이 쉽고 흥미로운 책만 골라 읽는다.
⑤ 자신의 읽기 과정에 어떤 문제가 있는지 파악한다.

03 글을 '읽기 전'에 활용할 수 있는 읽기 방법으로 적절하지 않은 것은?

① 읽는 목적을 설정한 뒤에 글을 읽는다.
② 제목을 보고 글의 내용을 예측해 본다.
③ 글의 내용과 관련한 배경지식을 떠올려 본다.
④ 자신의 읽기 방법을 점검하고 반성해 본다.
⑤ 차례를 살펴보고, 전체 글의 내용을 예측해 본다.

본문 안내

이 소단원은 자신의 읽기 과정을 점검하고 효과적으로 조정하며 글을 읽는 능력을 기르기 위한 단원이다. 실제적인 읽기 연습을 위해 제시된 「동물의 권리에 관하여」는 최근 사회적 이슈로 새롭게 떠오르고 있는 동물권의 개념과 동물권과 관련된 쟁점 및 관점, 동물권에 관한 논의의 필요성 등을 다루고 있는 글이다. 읽기의 각 과정에서 활용할 수 있는 읽기 방법을 점검하며 이 글을 읽는 활동을 통해 글을 효과적으로 읽기 위해서는 읽기 과정의 점검과 조정이 중요함을 알 수 있도록 한다.

서론		본론		결론
동물과 인간이 맺는 관계의 변화로 동물권에 관한 논의가 시작됨.	→	동물권과 관련된 논의에는 여러 가지 쟁점과 관점이 존재함.	→	존중과 공존에 기반을 두고 발전적으로 동물권에 관한 논의를 전개해야 함.

본문 개관

★ **글쓴이 소개** 이원영

수의사. 저서로 『동물을 사랑하면 철학자가 된다』가 있다.

★ **갈래** 주장하는 글

이 글은 동물권의 의미와 동물권과 관련된 쟁점들을 소개한 후 동물권에 관한 논의가 필요한 까닭을 논리적으로 밝히고 있는 글이다.

★ **성격** 객관적, 논리적, 설득적

이 글은 동물권의 개념, 동물권과 관련된 쟁점들과 같은 객관적인 정보를 알기 쉽게 풀어서 설명하고 있다. 그리고 이를 바탕으로 동물권에 관한 논의의 필요성을 논리적이고 설득력 있게 밝히고 있다.

★ **제재** 동물권의 의미와 동물권에 관한 쟁점들

이 글은 역사적 · 사회적 개념으로서의 동물권이 어떻게 발생하게 되었는지 설명한 뒤, '과연 동물이 인간과 동등한 지위를 갖는가?', '동물의 범위를 어디까지로 봐야 하는가?' 등과 같은 동물권과 관련된 다양한 쟁점과 관점들을 소개하고 있다.

★ **주제** 존중과 공존에 기반을 둔 동물권에 관한 논의를 시작해야 한다.

글쓴이는 그동안 깊이 논의된 바가 없는 동물권이라는 개념의 발생 배경과 동물권과 관련된 쟁점들, 동물권을 논의하는 관점들을 소개하고 있다. 그런 다음 동물과 인간이 맺는 관계가 변화하는 만큼 각자의 관점이나 처지가 어떠하든, 이용과 파괴가 아니라 존중과 공존에 기반을 두고 동물권에 관한 논의를 발전적으로 전개해야 한다고 주장하고 있다.

읽기 전

- 글의 제목을 보고, 어떤 내용의 글일지 예측해 보세요.
- 동물의 권리가 무엇인지 알고 있나요? 동물의 권리에 관해 자신이 알고 있는 내용을 떠올려 보세요.
- 글 전체를 빠르게 훑어 읽고 궁금한 점을 질문으로 적어 보세요.

동물의 권리에 관하여

이원영

이것이 핵심! ✔ 인권과 동물권의 개념

읽는 중

- 주요 내용을 메모해 보세요.
- 글의 내용에 관해 궁금한 점을 질문하고, 그 질문의 답을 찾으며 읽어 보세요.
- 잘 이해되지 않는 내용이 있으면 매체나 참고 자료를 활용하여 내용을 이해해 보세요.
- 글의 구조를 파악해 보세요.

서론 가 ㉠역사적 · 사회적 개념으로서의 인권과 동물권

인류가 탄생한 이후 모든 사람이 오늘날과 같은 인권을 누리며 산 것은 아니다. 인간이라면 누구나 기본적인 인권을 갖는다는 생각이 퍼진 것도 그리 오래된 일이 아니다. ㉡인권이라는 개념은, 사람에게 눈이 두 개고 코가 하나라고 하는 것처럼 자연적으로 형성된 개념이 아니라, 오랜 시간에 걸쳐 생성되고 발전해 온 개념이다. 즉 인권은 모든 인간이 인간다운 삶을 누리기 위해 노력하는 과정 속에서 발전해 온 역사적 · 사회적 개념인 것이다.

주요 내용 정리하기 예 인권: 인간이 인간다운 삶을 영위하기 위해 노력하는 과정에서 발생한 개념

나 동물권 역시 마찬가지다. 동물이므로 당연하게 지니는 권리가 있다고 하는 주장은 아직 모든 사람에게 인정받지 못하고 있다. 자칫 인권을 보장받지 못하고 있는 사람들의 처지를 외면하는 것으로 오해를

주요 내용 정리하기 예 동물권: 동물과 인간이 맺는 관계의 변화로 인해 동물을 대하는 인간의 자세가 달라지면서 발생한 개념

• 확인 문제 •

• 정답과 해설 p.21

01 글을 '읽기 전' 활동으로 가장 적절한 것은?

① 글 전체의 구조를 파악해 본다.
② 글의 내용 중 중요한 부분을 찾아 메모해 본다.
③ 어려운 내용은 참고 자료를 활용하여 이해해 본다.
④ 글의 내용에 대해 의문이 드는 점에 대해 그 해답을 찾아본다.
⑤ 글의 제목을 통해 글쓴이가 말하고자 하는 바가 무엇인지 생각해 본다.

핵심

02 이 글의 제목과 소제목 ㉠을 보고, 글의 구조를 예측한 내용으로 가장 적절한 것은?

① 동물권을 인권과 비교하면서 내용을 전개하겠군.
② 인권과 동물권의 차이점을 중심으로 내용을 전개하겠군.
③ 인간과 동물의 역사를 중심으로 그 개념을 정리하겠군.
④ 인권과 동물권의 역사적·사회적 개념을 병렬적으로 설명하겠군.
⑤ 동물권의 역사적·사회적 의미를 통해 인권의 개념을 설명하겠군.

03 ㉡에 대한 설명으로 적절하지 않은 것은?

① 인간다운 삶을 누리기 위한 권리이다.
② 역사적이고 사회적인 의미를 가지고 있다.
③ 인간이 노력하는 과정에서 발전해 온 것이다.
④ 모든 사람이 누려왔던 자연 발생적 권리이다.
⑤ 인간으로서 우리에게 부여된 고유한 권리이다.

살 수도 있고, 동물을 사람과 동일시하는 것으로 여겨질 수도 있다. 하지만 동물과 인간이 맺는 관계의 변화로 인해 그들을 대하는 우리의 자세가 달라지면서, 동물권에 관해서도 논의해야 하는 시점에 이른 것은 분명하다.

질문하기 예 동물을 대하는 우리의 자세는 어떻게 달라졌을까?

서론 | 동물과 인간이 맺는 관계의 변화로 동물권에 관한 논의가 시작됨.

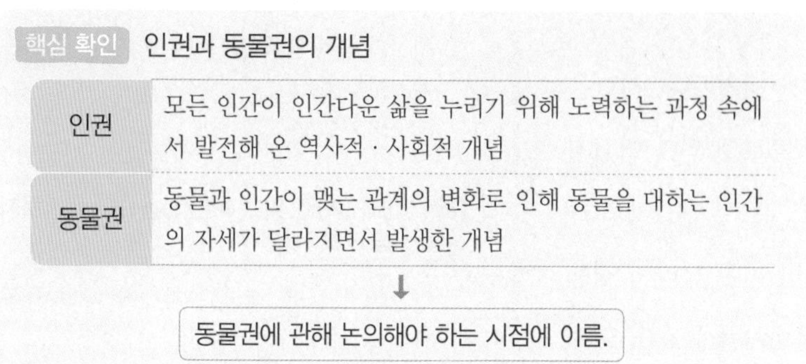
핵심 확인 인권과 동물권의 개념

인권	모든 인간이 인간다운 삶을 누리기 위해 노력하는 과정 속에서 발전해 온 역사적 · 사회적 개념
동물권	동물과 인간이 맺는 관계의 변화로 인해 동물을 대하는 인간의 자세가 달라지면서 발생한 개념

↓

동물권에 관해 논의해야 하는 시점에 이름.

이것이 핵심! ✓ 동물권과 관련된 쟁점들

본론 1 다 동물권과 관련된 쟁점들

동물권을 인정한다는 것은 간단한 문제가 아니다. 인권과 연결해서 생각해 보면, 그 핵심 쟁점은 '과연 동물이 인간과 동등한 지위를 갖는가?' 하는 점이라 할 수 있다. 이에 관한 논의는 동물도 인간과 똑같이 고통을 느낀다는 점에 주목하는지, 아니면 충분하지는 않더라도 지적 능력이나 감정을 지니고 있다는 점에 주목하는지 등에 따라 많은 차이를 낳는다. 인간의 존엄성, 자유와 평등 같은 인권의 핵심 개념이 동물에 대해서는 어떻게 적용되어야 하는지에 관해서도 깊이 논의된 바가 없다.

▲ 극심한 더위 때문에 고통스러워하는 북극곰
– [㉠]

▲ 나뭇가지를 이용해 개미를 잡아먹는 침팬지
– 침팬지처럼 도구를 사용하는 동물은 많다.

04 글쓴이가 이 글을 쓴 목적으로 가장 적절한 것은?

① 동물권에 관심 있는 독자들과 친교를 맺기 위해서
② 동물권과 관련하여 자신의 주장을 드러내기 위해서
③ 동물권의 개념과 역사를 객관적으로 설명하기 위해서
④ 동물권과 관련된 자신의 체험과 감상을 표현하기 위해서
⑤ 동물권을 주제로 독자에게 미적 체험을 경험하게 하기 위해서

05 〈보기〉와 같은 주장을 하는 사람들의 생각으로 적절하지 <u>않은</u> 것은?

보기

동물권 논의는 시기상조이다.

① 아직 인권을 보장받지 못하는 사람들이 많다.
② 동물은 지적 능력과 감정을 지니고 있지 않다.
③ 동물권을 인정하는 사람들이 여전히 많지 않다.
④ 인권의 핵심 개념을 동물에게 적용하기 어렵다.
⑤ 동물을 인간과 동일시하는 것은 적절하지 않다.

핵심

06 (다)의 내용을 고려할 때, ㉠에 들어갈 내용으로 가장 적절한 것은?

① 동물도 인간처럼 고통을 느낀다.
② 동물도 인간과 동등한 지위를 갖는다.
③ 동물도 인간과 감정적인 교류가 가능하다.
④ 동물도 인간처럼 지적 능력을 가지고 있다.
⑤ 동물도 인간처럼 자유와 평등의 가치를 갖는다.

서술형

07 글쓴이가 동물권에 관한 논의가 필요하다고 주장하는 근거가 무엇인지 서술하시오.

(라) 먼저, 동물을 어디까지로 봐야 하는가의 문제가 제기된다. 사람은 그 안에서 생물학적 유사성이 100퍼센트에 가까우므로 논의가 어렵지 않다. 하지만 동물의 경우는 동물군 자체의 차이도 크고, 인간이 그들을 대하는 자세 또한 동물군 혹은 동물 개체(하나의 독립된 생물체)에 따라 너무 달라서 내용이 복잡해진다. 예를 들어(설명 방법 파악하기 예 예시를 활용해 내용 이해를 돕고 있어.), 개, 고양이와 새우, 달팽이를 똑같이 대해야 한다는 주장은 보편적인 견해라 하기 어렵다. 모기나 헬리코박터라면 더욱 그러하다. 또한, 반려동물, 식용 동물, 사역 동물(사람을 부리어 일을 시킴. 또는 시킴을 받아 어떤 작업을 함.), 나아가 산업 동물, 실험동물, 야생 동물 등을 모두 똑같이 대해야 한다는 주장 역시 아직은 보편적이지 않다.

(마) 권리라는(참고 자료 활용하기 예 국어사전에서 '권리'라는 용어의 정확한 뜻을 찾아봐야겠어.) 용어를 쓰는 과정에서 오해가 생기기도 한다. 물론, 동물의 권리를 주장한다고 해서 동물에게 선거권을 주거나 아파트 분양권을 주자고 말하는 것은 아닐 것이다. 단지 인간이 그들을 지나치게 가혹하게 대하는 측면이 있으니 그 부분을 개선하자는 것이 대세다. 이때 그들이 약자이므로 보호해야 한다는 식의 접근인지, 그 자체로 존중받아야 할 생명이므로 존중해야 한다는 식의 접근인지 등에 따라 많은 입장 차이가 생긴다. 책임과 의무를 지지 않는 존재에게 어떻게 권리를 인정할 수 있는지도 결정하기 어려운 문제다.

본론 1	동물권과 관련된 여러 쟁점들로 인해 동물권을 인정하는 문제는 간단하지 않음.

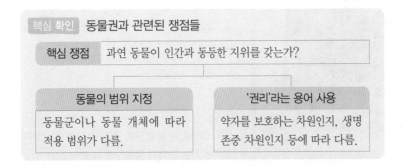

핵심 확인 동물권과 관련된 쟁점들

핵심 쟁점	과연 동물이 인간과 동등한 지위를 갖는가?

동물의 범위 지정	'권리'라는 용어 사용
동물군이나 동물 개체에 따라 적용 범위가 다름.	약자를 보호하는 차원인지, 생명 존중 차원인지 등에 따라 다름.

08 이 글의 서술 방식으로 적절하지 <u>않은</u> 것은?

① 인간과 동물을 비교하여 설명하고 있다.
② 구체적인 예를 들어 독자의 이해를 돕고 있다.
③ 동물과 관련된 쟁점을 병렬적으로 제시하고 있다.
④ 문제의 원인을 중심으로 해결책을 찾아 제시하고 있다.
⑤ 쟁점과 관련하여 발생하는 다양한 관점을 제시하고 있다.

09 (라)와 (마)를 읽고 보인 반응으로 적절하지 <u>않은</u> 것은?

① 인간이 동물을 대하는 자세에 따라서 동물권 논의가 달라지겠군.
② 동물권 논의에 앞서 동물의 범위를 어떻게 지정하는가의 문제가 있군.
③ 동물 범위 지정의 어려움은 동물군보다는 동물 개체인 경우가 더 어렵군.
④ 동물권 보장은 동물에 대한 인간의 가혹한 태도를 개선하자는 의미가 담겨 있군.
⑤ 동물이라는 공통점을 근거로 개와 달팽이를 동일하게 받아들이는 것은 보편적이지 않군.

핵심

10 다음 주장 중 글쓴이가 동의하는 것은?

① 동물의 권리는 인간의 권리와 동일해야 한다.
② 동물도 선거권이나 아파트 분양권을 가질 수 있다.
③ 인간과 마찬가지로 모든 동물은 똑같이 대해야 한다.
④ 동물도 권리를 누리기 위해서는 책임과 의무를 져야 한다.
⑤ 동물권은 인권과 달리 동물군이나 개체에 따라 적용 범위가 달라진다.

서술형

11 〈보기〉는 읽기 과정 중 어떤 활동에 해당하는지 구체적으로 쓰시오.

보기
국어사전에서 '권리'라는 용어의 정확한 뜻을 찾아봐야겠어.

이것이 핵심! ✔ 동물권에 관한 논의의 관점

본론 2 바 동물권에 관한 논의의 관점

동물권에 관한 논의는 권리의 당사자인 '동물'이 아니라 권리를 부여하는 인간이 주체가 된다는 점에서 특징적이다. 예를 들어 보자. 털을 얻기 위해 양을 기른다면 그 양은 산업 동물이다. 산업 동물에게 인간적으로 측은한 마음을 가질 수는 있어도, 양이 제공하는 털의 가치를 넘어서까지 치료비를 들이기는 어렵다. 하지만 반려동물이라면 이야기가 달라진다. 5만 원을 주고 입양한 개이지만 나와의 관계가 어떠하냐에 따라서 몇백만 원의 치료비를 낼 수도 있다. 양을 반려동물로 삼아 사랑하고 의지한다면 그 양에 대해서도 마찬가지일 것이다. 이는 결국 인간과 동물의 관계가 논의의 출발점이 된다는 것을 뜻한다.

측은한: 가엾고 불쌍한

사 동물권이 인간을 기준으로 결정된다고 해도, 여전히 두 가지의 중요한 관점이 대립한다. 개별적 관계에 따라 논의하는 관점과 ㉠보편적 차원에서 동물권을 논의하는 관점이다. 같은 반려동물이라 하더라도 오랜 시간 정을 주고 온갖 경험을 함께한 내 강아지와 인터넷에서 오늘 처음 알게 된 어느 유명 배우의 고양이에 관한 내 자세는 다를 수밖에 없다. 이는 인권에 대해서도 마찬가지여서, 내 친구의 목숨과 다른 나라에 사는 어린이의 목숨은 똑같이 소중하지만, 내가 그들 각자에 취하는 자세는 달라지는 것이 보통이다. 또한, 인권이라는 말을 써 가며 우리끼리 서로 존중해 주자고 합의하고 살아오다가, 갑자기 동물에 대해서도 이런 개념을 적용하자는 주장에 대해 불편함을 느낄 수 있다. 현재의 인권 개념처럼 어떤 상황에서든 누구에게나 차별 없이 적용되는 동물의 권리를 인정하는 것은 다분히 시기상조로 보인다.

본론 2	동물권은 인간이 주체가 되어 논의가 이루어지며, 보편적 차원과 개별적 관계에 따른 관점이 있음.

핵심 확인 동물권에 관한 논의의 관점

개별적 관계에 따라 논의하는 관점	대상 동물과 인간과의 관계에 따라 권리의 내용을 달리하여 논의함.
↕	
보편적 차원에서 논의하는 관점	모든 동물을 같은 위치에 놓고 권리를 논의함.

12 동물권 논의에 관한 글쓴이의 생각으로 가장 적절한 것은?

① 동물권 논의는 동물의 관점에서 출발해야 한다.
② 동물권 논의는 결국 인간과 동물의 관계에서 출발해야 한다.
③ 동물권 논의는 인권에 대한 논의와 차별 없이 적용되어야 한다.
④ 동물권 논의는 권리의 당사자인 동물이 주체가 되어야 한다.
⑤ 동물권 논의는 결국 인간의 서로 다른 생각으로 인해 합의될 수 없다.

13 (바)와 (사)에 공통적으로 쓰인 설명 방법으로 적절한 것은?

① 대조 ② 정의 ③ 예시
④ 유추 ⑤ 묘사

핵심

14 다음 중 ㉠에 해당하는 것으로 적절한 것은?

① 키우던 강아지를 내다 버리는 것은 비윤리적인 행태라고 비난한다.
② 10년 넘게 키우던 자신의 고양이를 치료하기 위해 기꺼이 비싼 병원비를 지불한다.
③ 애묘인이 길고양이가 많아지는 것을 우려하여 길고양이에게 밥을 주는 것을 거부한다.
④ 랜선 집사를 자처하며 인터넷 속 고양이를 예뻐하지만 옆집에서 고양이가 우는 것은 싫어한다.
⑤ 내 강아지의 건강을 위해 산책을 시키면서도 다른 사람이 자신의 반려견을 때리는 모습을 보고는 그냥 지나친다.

서술형

15 (바)의 내용을 참고하여 동물권에 관한 논의의 특징을 인권과의 차이를 중심으로 서술하시오.

이것이 핵심! ✔ 동물권에 관한 논의의 필요성

결론 아 동물권에 관한 논의의 필요성

최근 들어 관심이 높아지기는 했지만, 아직까지 동물권은 인간의 윤리와 개인 차원의 양심에 호소하는 측면이 강하다. 하지만 여성과 어린이가 점차로 자신의 권리를 찾고 향유하게(누리어 가지게) 되었듯이, 동물 역시 그들이 누려야 할 마땅한 권리라는 것이 있다면 앞으로 점점 더 많은 권리를 누리게 될 것이다. 인간과 동물을 묶어서 하나의 생태계로 보는 관점이 널리 퍼질수록 그 흐름은 빨라질 것이다. 각자의 관점이나 처지가 어떠하든, 이용과 파괴가 아니라 존중과 공존에 기반을 두고 동물권에 관해 발전적으로 논의를 전개해야 할 것이다.

결론	존중과 공존에 기반을 두고 발전적으로 동물권에 관한 논의를 전개해야 함.

핵심 확인 동물권에 관한 논의의 필요성

동물권 논의의 현황	인간의 윤리와 개인 차원의 양심에 호소하는 측면이 강함.
↓	
동물권 논의의 필요성	존중과 공존에 기반을 두고 동물권에 관한 논의를 발전적으로 전개할 필요가 있음.

읽은 후

- 이 글의 전체 내용을 요약해 보세요.
- 이 글을 읽기 전 동물의 권리에 관한 자신의 생각은 어떠하였고, 다 읽은 후에 생각이 어떻게 변하였는지 친구들과 이야기를 나누어 보세요.
- 이 글을 읽고 난 후 알게 된 점과 더 알고 싶은 내용을 정리해 보세요.

16 동물권에 대한 글쓴이의 생각으로 적절하지 않은 것은?

① 동물은 점차 그들의 권리를 더 누리게 될 것이다.
② 인간과 동물을 하나의 생태계로 봐야 논의가 발전될 것이다.
③ 각자의 관점과 처지에 따라 논의의 범위와 방향이 달라져야 한다.
④ 현재의 동물권 논의는 개인의 윤리와 양심에 호소하는 경향이 있다.
⑤ 동물을 존중하는 자세를 가져야 논의가 발전적으로 전개될 수 있다.

핵심

17 이 글을 읽고 난 독자의 '읽은 후' 활동으로 적절하지 않은 것은?

① 인권이 역사적·사회적으로 어떻게 발전해 왔는지 찾아봐야겠어.
② 동물권이 무엇인지 모호하니 사전에서 그 개념을 찾아봐야겠어.
③ 동물권 보호를 주장하고 있는 다른 책이 있는지 찾아서 읽어 봐야겠어.
④ 동물권의 보호를 위해 내가 할 수 있는 일은 어떤 것이 있는지 찾아봐야겠어.
⑤ 동물권 보호를 위한 인간의 제도적 노력에는 어떤 것이 있는지 알아봐야겠어.

서술형

18 다음과 같은 '읽은 후' 활동에 대한 답변을 한 문장으로 쓰시오.

이 글의 전체 내용을 요약해 보세요.

학습 활동

• 정답과 해설 p.23

이해 활동

1. 이 글을 읽고, 소제목에 따라 글의 내용을 정리해 봅시다. 예시 답

역사적·사회적 개념으로서의 인권과 동물권
- **인권**: 모든 인간이 인간다운 삶을 누리기 위해 노력하는 과정 속에서 발전해 온 역사적 · 사회적 개념
- **동물권**: 동물과 인간이 맺는 관계의 변화로 인해 동물을 대하는 인간의 자세가 달라지면서 발생한 개념
- 동물권에 관해 논의해야 하는 시점에 이름.

↓

동물권과 관련된 쟁점들
- 핵심 쟁점: 과연 동물이 인간과 동등한 지위를 갖는가?
  - 동물의 범위를 어디까지로 봐야 하는가?
  - 동물에게 권리라는 용어를 써도 되는가?

↓

동물권에 관한 논의의 관점
- **권리를 부여하는 주체**: 권리의 당사자인 동물이 아니라, 권리를 부여하는 인간이 주체가 됨.
- **대립되는 두 개의 관점**
  - 개별적 관계에 따라 논의하는 관점
    대상 동물과 인간과의 관계에 따라 그 권리의 내용을 달리하여 논의하는 것
  - 보편적 차원에서 논의하는 관점
    모든 동물을 같은 위치에 놓고 권리를 논의하는 것

동물권에 관한 논의의 필요성
- 이용과 파괴가 아니라 존중과 공존에 기반을 두고 동물권에 관해 발전적으로 논의를 전개할 필요가 있음.

이해 다지기 문제

1 이 글에서 소제목의 역할로 적절하지 않은 것은?

① 글의 중심 내용을 예측할 수 있게 한다.
② 글의 구조적 흐름을 파악할 수 있게 한다.
③ 글의 내용에 대한 독자의 배경지식을 활성화한다.
④ 글의 내용과 구조를 상세하게 이해할 수 있게 한다.
⑤ 글의 전체 내용을 요약적으로 이해할 수 있게 한다.

2 이 글의 특징에 대한 설명으로 가장 적절한 것은?

① 동물권의 개념에 비추어 인권의 바람직한 발전 방향을 제시하고 있다.
② 동물권에 대한 쟁점과 관점들을 제시한 후 동물권 논의의 필요성을 주장하고 있다.
③ 동물권의 개념이 형성되고 발전되어 온 과정을 역사적 사건을 바탕으로 설명하고 있다.
④ 동물권과 관련된 다양한 주장을 나열한 후, 인간에게 이익이 되는 해결책을 제시하고 있다.
⑤ 동물권과 인권의 공통점과 차이점을 제시한 후, 바람직한 동물권의 개념을 새롭게 규정하고 있다.

3 이 글을 이해한 내용으로 적절하지 않은 것은?

① 권리라는 용어의 사용은 동물권 논의의 쟁점 중 하나이군.
② 동물에게 권리를 부여하는 주체는 동물이 아니라 인간이군.
③ 동물권은 동물을 대하는 인간의 자세가 달라지면서 발생한 개념이군.
④ 개별적 관계에 따른 관점에서는 모든 동물을 같은 위치에 놓고 보는군.
⑤ 동물권에 대한 논의는 존중과 공존에 기반하여 이루어질 필요가 있겠군.

목표 활동

1. 이 글을 읽으면서 거쳤던 자신의 읽기 과정을 점검해 봅시다.

1 이 글을 읽으면서 자신이 활용한 읽기 방법에 ✓ 표시를 해 봅시다. 예시 답

읽기 전

- [x] 제목을 보고 글의 내용을 예측해 보았다.
- [ ] 글의 내용과 관련한 배경지식을 떠올려 보았다.
- [x] 글을 빠르게 훑어보고 궁금한 점을 질문으로 적어 보았다.
- [x] 차례를 살펴보고, 전체 글의 내용을 예측해 보았다.
- [ ] 읽는 목적을 설정한 뒤에 글을 읽었다.

읽는 중

- [ ] 읽기 전에 예측하거나 질문한 내용을 확인하며 읽었다.
- [x] 주요 내용을 메모하며 읽었다.
- [x] 글의 전체 구조를 파악하며 읽었다.
- [ ] 글을 더 깊이 있게 이해하기 위해 글의 내용에 관해 궁금한 점을 질문하고 그 질문의 답을 찾으며 읽었다.
- [x] 모르는 단어, 잘 이해되지 않는 내용 등은 국어사전이나 참고 자료 등을 활용하여 그 내용을 이해하며 읽었다.
- [ ] 내 말로 바꾸어 이해했다.
- [ ] 글의 내용이나 글쓴이의 주장에 대해 공감하거나 반박하며 읽었다.

읽은 후

- [ ] 글을 읽은 목적에 따라 글의 내용을 요약하였다.
- [x] 글쓴이의 생각과 자신의 생각을 비교해 보았다.
- [ ] 글을 읽기 전과 읽은 후 달라진 점이 있는지 생각해 보았다.
- [x] 글을 읽고 나서 더 알고 싶은 내용을 정리하여 찾아보았다.
- [ ] 도표 등을 활용하여 글의 내용을 정리해 보았다.
- [x] 나의 읽기 방법을 점검하고 반성해 보았다.

목표 다지기 문제

1 다음 읽기 활동 중 읽기 과정이 다른 하나는?

① 제목을 보고 글의 내용을 예측해 보았다.
② 글쓴이의 생각과 자신의 생각을 비교해 보았다.
③ 글의 내용과 관련한 배경지식을 떠올려 보았다.
④ 차례를 살펴보고, 전체 글의 흐름을 예측해 보았다.
⑤ 글을 빠르게 훑어보고 궁금한 점을 질문으로 적어 보았다.

2 다음 중 '읽는 중' 활동으로 적절하지 않은 것은?

① 글의 주요 내용을 메모하며 읽었다.
② 글의 전체 구조를 파악하며 읽었다.
③ 글의 내용에 관해 궁금한 점을 질문하고 그 답을 찾으며 읽었다.
④ 글의 내용이나 글쓴이의 주장에 대해 온전히 신뢰하고 공감하며 읽었다.
⑤ 잘 이해되지 않는 내용을 사전이나 참고 자료 등을 활용하여 그 내용을 이해하며 읽었다.

3 〈보기〉와 읽기 과정이 동일한 것은?

보기
글쓴이의 생각과 자신의 생각을 비교해 보았다.

① 글의 전체 구조를 파악하며 읽었다.
② 읽는 목적을 설정한 뒤에 글을 읽었다.
③ 읽기 전에 예측하거나 질문한 내용을 확인하며 읽었다.
④ 글을 빠르게 훑어보고 궁금한 점을 질문으로 적어 보았다.
⑤ 글을 읽고 나서 더 알고 싶은 내용을 정리하여 찾아 보았다.

2 **1**의 활동을 바탕으로 자신의 읽기 과정을 점검해 봅시다. 예시 답

읽기 전

읽기 방법	점검 내용
제목을 보고 글의 내용을 예측함.	제목을 보고 동물에게도 권리가 있다는 내용의 글일 것이라고 생각했는데, 동물의 권리에 관한 논의가 필요하다는 내용을 담고 있었어.
소제목을 통해 글의 구성을 예측함.	동물권의 의미와 동물권 관련 쟁점들을 소개한 후 동물권에 관한 논의가 필요한 까닭을 논리적으로 밝히는 글이었어.
글 전체를 훑어보고 궁금한 점들을 정리함.	동물권의 의미를 정확히 몰랐는데 두 번째 문단을 읽고 알게 되었어. 동물권을 둘러싼 시사 문제도 궁금했는데 그것과 관련된 내용은 나타나 있지 않았어.

읽는 중

읽기 방법	점검 내용
글의 전체 구조를 파악하며 읽음.	동물권을 둘러싼 여러 가지 쟁점을 병렬적으로 나열하여 동물권에 관한 이해를 돕고 있어.
뜻을 명확히 모르는 단어의 뜻을 국어사전에서 찾아봄.	국어사전에서 '권리'의 뜻을 찾아보니 글 내용이 더 잘 이해되었어.
주요 내용을 메모하며 읽음.	동물권의 의미, 동물권에 관한 논의가 어려운 까닭, 동물권 논의의 필요성 등을 메모해 두었어.

읽은 후

읽기 방법	점검 내용
글쓴이의 생각과 나의 생각을 비교해 봄.	이용과 파괴가 아니라 존중과 공존에 기반하여 동물권에 관해 발전적으로 논의를 전개할 필요가 있다는 글쓴이의 의견에 동의해.
나의 읽기 과정을 점검하고 조정함.	글을 읽기 전에 읽는 목적을 정하지 않고 읽었어. 동물권에 관한 나의 입장 정립을 목적으로 정하고, 동물권과 관련된 쟁점들을 다룬 부분을 꼼꼼하게 다시 읽어 보았어.
더 알고 싶은 내용을 찾아봄.	동물권 보장을 위해 활동하고 있는 시민 단체와 그 단체에서 하고 있는 일들을 찾아보았어.

목표 **다지기 문제**

4 〈보기〉와 관련 있는 읽기 방법으로 가장 적절한 것은?

보기

아무 생각 없이 글을 읽다가, 주제와 관련된 나의 입장을 정한 후 다시 꼼꼼하게 글을 읽었어.

① 자신의 읽기 과정을 점검하고 조정하며 읽는다.
② 글 전체를 훑어보고 궁금한 점들을 정리하며 읽는다.
③ 주요 내용을 메모하며 관련 내용을 이해해 가며 읽는다.
④ 중심 내용을 바탕으로 글 전체의 구조를 파악해 가며 읽는다.
⑤ 뜻을 정확히 모르는 단어나 내용을 찾아서 이해하며 읽는다.

5 다음 중 읽기 방법과 점검 내용의 연결이 적절하지 않은 것은?

	읽기 방법	점검 내용
①	뜻을 모르는 단어를 찾아보며 읽음.	국어사전에서 '권리'의 뜻을 찾아보니 글의 내용이 더 잘 이해되었어.
②	글쓴이와 나의 생각을 비교해 봄.	동물권에 대한 논의가 존중과 공존에 기반해야 한다는 의견에 동의해.
③	주요 내용을 메모하며 읽음.	동물권의 의미, 동물권에 관한 논의가 어려운 까닭 등을 메모해 두었어.
④	글의 전체 구조를 파악하며 읽음.	동물권 보장을 위해 활동하고 있는 시민 단체와 그 단체의 활동을 찾아보았어.
⑤	제목을 보고 글의 내용을 예측함.	동물의 권리가 무엇인가에 대해 설명하는 줄 알았는데, 동물권에 대한 논의가 필요하다는 내용이었어.

2. 다음 글을 바탕으로 평소 자신이 읽기 과정을 점검하고 조정하는 방법에 관해 친구들과 이야기해 봅시다.

우리는 항상 글을 성공적으로 읽을 수 있는 것은 아니다. 글을 읽으며 집중력이 떨어지는 경우, 배경지식이 부족하여 글의 내용을 이해하기 어려운 경우, 또는 글을 읽는 외부 환경이 불편한 경우에는 글을 성공적으로 읽기 어렵다. 따라서 독자는 독자 자신의 문제, 읽기의 대상인 글, 그리고 글을 읽을 때의 외부 환경 등을 점검하고 조정하며 글을 읽어야 한다. 이때 읽기 상황을 구성하는 독자, 글, 읽기 환경 등은 모두 점검과 조정의 대상이 될 수 있다. 육체적 피로 때문에 집중력이 떨어졌다면 잠시 읽기 활동을 멈추고 쉬었다가 다시 시작할 수도 있고, 배경지식이 부족하여 글의 내용을 이해하기 어려울 때는 참고 자료를 활용할 수 있다. 또한, 소음 등으로 인해 읽기 환경이 불편한 경우에는 외부의 소음을 차단하는 방법 등으로 읽기 환경을 조정할 수 있다.

▲ 집중력이 떨어졌을 때

▲ 배경지식이 부족할 때

▲ 외부 환경이 시끄러울 때

예시 답

독자 자신의 문제

자신이 쓰는 방법	친구들이 쓰는 방법
나는 오랫동안 앉아 있으면 답답함이 느껴져서 50분 동안 책을 읽은 후에는 일어나서 잠깐 동안 가벼운 체조를 해.	• 책을 읽으려는데 다른 생각이 들면, 잔잔한 음악을 들으며 마음에 안정을 줘. • 책을 읽다가 잠이 오면 잠깐 동안 내 방 안을 걸으며 잠을 깨. •

글 자체의 문제

자신이 쓰는 방법	친구들이 쓰는 방법
내용의 중요도에 따라 다른 색깔의 펜을 활용하여 내용을 요약해.	• 글의 내용이 어려울 때는 표나 그림을 활용하여 중심 내용을 정리해. • 어려운 내용이 나오면 인터넷 검색을 통해 곧바로 그 내용을 이해하면서 읽어. •

읽기 환경의 문제

자신이 쓰는 방법	친구들이 쓰는 방법
규칙적인 약한 소음을 활용하면 글에 더 몰입할 수 있어.	• 책을 읽을 때는 휴대 전화를 꺼서 방해를 받지 않도록 하고 있어. • 온도가 다소 낮은 곳에서 글을 읽으면 집중이 잘되는 편이야. •

보충 자료

읽기 과정을 점검하고 조정하기

독자 자신	글을 읽는 독자의 심리나 상태가 불안정하거나 글에 대한 집중도가 떨어질 때는 자세를 가다듬거나 잠시 휴식을 취해 마음의 안정을 유지한다.
글 자체	• 글의 내용이 너무 어려워 주제를 파악하지 못 할 때는 읽기를 중단하고 참고 자료를 찾아보거나 비슷하지만 더 쉬운 글을 찾아 읽는다. • 글의 어느 한 부분이 이해되지 않을 때는 글의 전체적인 맥락을 고려하여 이해되지 않는 부분의 의미를 파악한다. • 모르는 단어가 나왔을 때는 앞뒤의 내용을 근거로 의미를 추측하거나 국어사전을 찾아본다.
읽기 환경	소음 등으로 글을 읽는 외부 환경이 어수선하고 시끄러우면 외부의 소음을 차단하는 등 차분하고 조용한 읽기 환경을 조성한다.

목표 다지기 문제

6 다음 중 글을 성공적으로 읽기 어려운 이유가 독자 자신에게 있는 경우로 적절한 것은?

① 외부 소음으로 인한 방해
② 탁한 공기로 인한 답답함
③ 육체적 피로로 인한 집중력 저하
④ 이미 알고 있는 내용으로 인한 싫증
⑤ 어렵고 복잡한 글의 내용으로 인한 어려움

7 〈보기〉의 문제 상황을 해결하기 위한 방법으로 가장 적절한 것은?

보기
배경지식이 부족하여 글의 내용을 이해하기가 어려웠다.

① 잔잔한 음악을 들으며 마음에 안정을 주었다.
② 소음으로 인해 독서를 방해받지 않기 위해 휴대 전화를 껐다.
③ 모르는 내용이 나오면 인터넷 검색을 통해 그 내용을 찾아보았다.
④ 오랜 시간 앉아 있지 않고 주기적으로 일어나 간단한 체조를 하였다.
⑤ 내용의 중요도에 따라 다른 색깔의 펜을 사용하여 내용을 요약하였다.

3. 자신의 읽기 과정을 점검하고 조정하면서 글을 읽으면 어떤 점이 좋은지 말해 봅시다.

예시 답 읽기 과정을 점검하고 조정하면서 읽어야 책에 담긴 내용을 깊이 있게 이해할 수 있다.

목표 다지기 문제

8 읽기 과정을 점검하고 조정하며 글을 읽어야 하는 이유로 가장 적절한 것은?

① 책에 담긴 내용을 보다 깊이 있게 이해할 수 있다.
② 다독을 통해 짧은 시간에 많은 지식을 얻을 수 있다.
③ 모르는 주제에 대해 관심과 흥미를 갖게 될 수 있다.
④ 글쓴이가 독자에게 요구하는 수준에 도달할 수 있다.
⑤ 책에서 말하는 주제에 대해 다양한 정보를 얻을 수 있다.

읽기 과정의 점검과 조정

책을 읽다 보면 읽은 내용이 제대로 이해되지 않거나 앞에서 읽은 내용이 뒤에서 읽은 내용과 맞아떨어지지 않는 등 여러 가지 문제가 생길 수 있습니다. 책을 읽는 도중에 잘 모르는 내용이 나와서 책 읽기를 멈추어야 할 때도 있습니다. 이때 우리는 자신의 읽기 과정을 점검해야 합니다. 읽기 과정의 점검을 통해 자신의 읽기 과정에 어떤 문제가 있는지 파악하고, 그 문제를 해결할 수 있는 적절한 방법을 찾아 읽기 과정을 조정해야 책의 내용을 올바르게 이해할 수 있습니다.

보충 자료

읽기 상황에 따른 읽기 방법

- **글의 성격**: 글의 갈래나 성격, 글의 내용 등에 따라 읽기 방법이 달라질 수 있다.
- **글을 읽는 목적**: 전문적인 지식이나 정보를 얻기 위해서, 다른 사람의 관점을 파악하기 위해서, 삶의 깨달음이나 감동을 얻기 위해서 등 글을 읽는 목적에 따라 읽기의 방법이 달라질 수 있다.
- **독자의 처지**: 독자의 경험, 배경지식, 글을 읽는 여건, 글을 읽는 속도 등에 따라 읽기 방법이 달라질 수 있다.

글을 읽는 다양한 방법

- **음독(音讀)**: 글을 소리 내어 읽음.
- **묵독(默讀)**: 소리 내지 않고 속으로 글을 읽음.
- **발췌독(拔萃讀)**: 책의 내용 중에서 필요하거나 중요한 부분만 가려서 뽑아 읽음.
- **정독(精讀)**: 뜻을 새겨 가며 자세히 읽음.
- **다독(多讀)**: 많이 읽음.
- **난독(亂讀)**: 책의 내용이나 수준 따위를 가리지 아니하고 아무 책이나 닥치는 대로 마구 읽음.
- **탐독(耽讀)**: 어떤 글이나 책을 열심히 읽음.

한 학기 한 권 읽기

읽기 과정을 점검하며 책 읽기

1 책 앞에서

다음 신문 기사를 읽고, 자신의 독서 습관을 점검해 봅시다.

뉴시스 2016년 12월 28일

최근 독서의 중요성이 부각되면서 책 읽기에 시간을 투자하는 청소년이 늘고 있다. 하지만 독서를 제대로 하지 못하면 오히려 시간 낭비가 될 수 있다. 그 대표적인 경우가 읽은 책의 권수에만 연연하는 독서이다. 아무리 좋은 책을 읽더라도 책이 전하는 메시지를 제대로 이해하지 못했다면 그 책을 읽었다고 할 수 없다. 독서를 할 때 우리가 읽어야 할 것은 문자 자체가 아니라 그 문자 뒤에 있는 의미이고, 그 의미 속에 담겨 있는 인간과 세상이기 때문이다. 따라서 한 권의 책을 읽더라도 꼼꼼하게 읽고, 비판적으로 읽고, 공감하거나 비교하며 읽고, 자신을 투영하며 읽는 태도와 습관을 가지는 것이 중요하다.

이와 같은 책 읽기 습관을 갖기 위해서는 먼저 이 책을 '왜' 읽을 것인지에 관한 고민이 필요하다. 자신이 책을 읽는 목적에 맞는 독서 방법을 터득해 실천하면 책을 끝까지 읽는 내적 동기가 된다. 또한, 질문을 하면서 읽는 것도 좋다. 책의 내용뿐만 아니라 자신의 독서 습관에 관해서도 스스로 질문을 하며 잘못된 부분이 있다면 조정을 하면서 읽어야 한다.

1. 이 신문 기사에서 다루고 있는 잘못된 독서 습관에 관해 이야기해 봅시다.

예시 답 읽은 책의 권수에만 연연해 그 책이 전하는 의미를 제대로 이해하지 못한 독서

2. 이 신문 기사의 내용을 바탕으로 자신의 독서 습관을 점검하고 조정해 봅시다.

예시 답

- 나는 책을 읽는 목적을 생각하면서 (읽었다 / (읽지 않았다)).
  → 앞으로는 이 책을 왜 읽을 것인지 정하고, 그 목적에 맞는 독서 방법을 찾아 가며 책을 읽을 것이다.
- 나는 평소에 책을 읽을 때 질문을 하면서 ((읽었다) / 읽지 않았다).
  → 앞으로는 책의 내용뿐 아니라 내 독서 습관에 관해서 질문을 하고 그 질문의 답을 찾으며 책을 읽을 것이다.

사전 활동 1 자신의 독서 습관 점검하기

→ 제시된 글은 독서 습관에 관한 내용을 다룬 신문 기사이다. 신문 기사에서는 읽은 책의 권수에만 집착하여 책이 전하는 의미를 제대로 이해하지 못하는 잘못된 독서 습관에 대한 내용을 전하고 있다. 이 기사의 내용을 바탕으로 자신의 독서 습관을 점검하고 조정해 봄으로써 올바른 책 읽기 습관을 갖도록 한다.

활동 제재 핵심 정리

- 갈래: 신문 기사
- 제재: 잘못된 독서 습관
- 주제: 올바른 책 읽기 습관의 중요성과 방법
- 특징
  ① 구체적인 경우를 들어 잘못된 독서 습관을 지적함.
  ② 올바른 책 읽기 습관을 위한 방법을 병렬적으로 나열하여 제시함.
- 해제: 최근 독서의 중요성이 부각되면서 읽은 책의 권수에만 집착하는 잘못된 독서 습관이 문제가 되고 있다. 책의 내용을 제대로 이해하기 위해서는 책을 읽는 목적에 맞는 독서 방법을 터득해야 한다. 또한 스스로의 독서 습관을 점검하고 조정하면서 읽어야 한다.

② 책 두드리기

‖ 친구들과 모둠을 지어 이번 학기에 읽을 책을 고르는 활동을 해 봅시다.

1. 다음 활동을 통해 관심 분야가 같은 친구들끼리 모둠을 구성해 봅시다.

1 최근 자신의 인터넷 검색 기록을 떠올려 보고, 자신의 관심 분야가 무엇인지 확인해 봅시다.

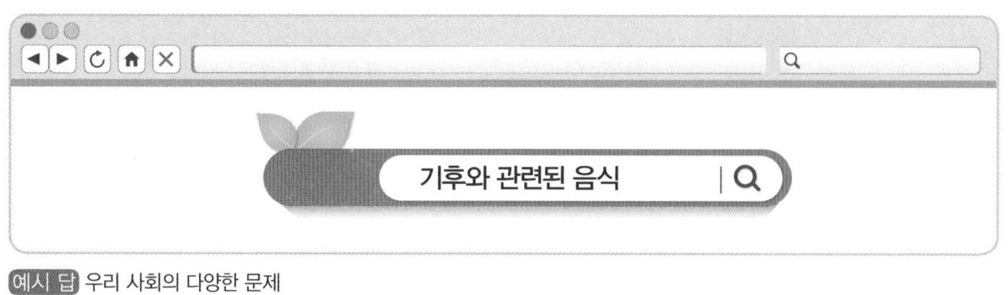

예시 답 우리 사회의 다양한 문제

2 1의 활동을 바탕으로 관심 분야가 같은 친구들끼리 모여 모둠을 구성해 봅시다.

예시 답 생략

2. 모둠 친구들과 함께 책 읽기 활동을 계획해 봅시다.

1 관심 분야와 관련하여 읽고 싶은 책을 찾아보고, 책의 표지와 차례 등을 보면서 내용을 예측하여 모둠 친구들에게 소개해 봅시다.

예측한 내용

책 제목인 '유럽은 왜 빵빵 할까?'라는 질문에 대한 답이 책 속에 있을 것 같아. 이 책의 차례에서 땅, 기후, 재해, 갈등, 한국, 세계라는 6개의 주제를 제시하고 있는 것을 보니, 여러 나라의 문화를 지리학적인 관점에서 재미있게 설명하는 내용이 담겨 있을 거라는 생각이 들어.

내가 찾은 책

예측한 내용

예시 답 내가 찾은 책은 『그러니까 이게, 사회라고요?』야. 우리 사회의 다양한 문제를 표제어로 제시하고 있는 것으로 보아, 우리가 함께 생각해야 할 사회 문제에 대한 글쓴이의 생각이 담긴 책인 것 같아. 이 책을 함께 읽고 친구들과 우리 사회의 문제들에 대한 의견을 나누어 보고 싶어.

내가 찾은 책

사전 활동 2 모둠을 지어 관심 분야가 같은 친구들끼리 함께 읽을 책을 고르고, 책 읽기 활동 계획하기
➜ 자신이 인터넷에서 검색했던 내용을 바탕으로 자신의 관심 분야를 찾은 후, 자신과 관심 분야가 같은 친구들과 모둠을 구성한다. 모둠의 관심 분야와 관련하여 읽고 싶은 책을 선정하고 책의 표지나 차례 등을 통해 책의 내용을 예측하여 소개한다.

글의 내용 예측하기
글의 내용 예측하기는 글을 '읽기 전'에 책의 표지와 차례뿐만 아니라 인터넷 서점이나 서평 등을 참고하여 글의 내용을 예측하는 활동이다.

2 모둠 친구들이 고른 책의 내용을 살펴보고, 이번 학기에 우리 모둠에서 읽을 책을 선정하는 활동을 해 봅시다.

활동 방법

① 큰 종이를 준비합니다.
② 큰 종이에 모둠 친구들이 소개한 책의 제목을 적고, 각 책에 관한 자신의 의견을 적습니다.
③ 모둠 친구들과 함께 읽기를 원하는 책에 관해 의견을 나누어 봅니다.
④ 모둠 친구들과 나눈 이야기를 바탕으로 우리 모둠에서 읽을 책을 고릅니다.
⑤ 모둠에서 고른 책의 읽기 목적을 정합니다. 읽기 목적은 책을 읽고 난 후 모둠 친구들과 함께할 활동과 관련하여 구체적으로 정하도록 합니다.

예시 답

독서왕 모둠

모둠원: 김민교, 박여진, 이나리, 최성호

모둠 친구들이 소개한 책	모둠 친구들과 함께 읽기를 원하는 책
『유럽은 왜 빵빵 할까?』, 『그러니까 이게, 사회라고요?』 **그 책에 관한 나의 의견** -『유럽은 왜 빵빵 할까?』: 모든 음식은 그 음식이 발달하게 된 까닭이 있을 거야. 유럽에서는 왜 빵 문화가 발달하게 되었는지 궁금했는데, 이 책을 읽으면 그런 궁금증이 풀릴 것 같아. -『그러니까 이게, 사회라고요?』: 우리나라의 주요 사회 문제들에 관해 알고 싶었는데, 이 책은 그런 주제를 담고 있는 것 같아.	『유럽은 왜 빵빵 할까?』 **그 책에 관한 나의 의견** 빵은 누구나 다 좋아하는 소재이므로 모둠원 모두 흥미를 가지고 이 책을 읽을 수 있을 거야. 빵이 유럽에서 발달하게 된 까닭을 알아보고, 가상 면담을 진행해 보면 재미있을 것 같아.
모둠에서 함께 읽을 책 『유럽은 왜 빵빵 할까?』 **이 책을 고른 까닭** 다양한 문화를 지리학적 관점에서 설명하고 있는 책으로 보인다. 특히 음식 문화를 지리학적 관점에서 설명하고 있을 것 같다는 점에서 우리 모둠의 흥미를 끌었다.	**우리 모둠의 읽기 목적** 책 내용과 관련하여 다양한 질문을 메모하며 읽을 것이다. 이를 바탕으로 책을 다 읽은 후에 가상 면담 활동을 하기로 하였다. 모둠원 중 한 명이 글쓴이의 입장이 되어 다른 모둠원의 질문에 답을 해 보고, 이런 활동을 번갈아 가면서 해 보면 모둠원 모두 책의 내용을 더 잘 이해할 수 있을 것이다.

읽기 과정의 점검과 조정

① 배경지식을 적절히 활용하며 읽는다.
② 글의 중심 내용을 파악하며 읽는다.
③ 글의 내용을 이해하고 있는지, 이해되지 않는 내용은 무엇인지 점검하며 읽는다.
④ 잘못된 방법으로 글을 읽고 있다고 판단되면 곧바로 글을 읽는 방법을 수정한다.
⑤ 글을 읽으면서 읽기 과정을 점검하고 조정하며 읽는다.

3 책 누리기

책을 읽고, 매시간 독서 일지를 작성해 봅시다.

1. 책을 읽으며 떠오르는 질문이나 경험한 상황을 자유롭게 메모하며 책을 읽어 봅시다.

예시

유럽의 빵 문화에 관한 글일 것 같아. 즐겨 먹는 음식인 빵에 관해서 자세하게 알아보고 싶어.

유럽은 왜 빵빵 할까?

조지욱

우아! 모양도 크기도 제각각인 빵들이 정말 많구나. 그림을 보니 어떤 빵에 관한 이야기를 하고 있는지 더 궁금해.

독서 활동 1 읽기 과정을 점검하고 조정하며 읽기

➜ 모둠의 책 읽기 목적에 유의하여 읽기 과정을 점검하고 효과적으로 조정한다. 책을 읽기 전에 예측했던 내용을 확인하고, 중심 내용을 메모하며 읽는다. 또한, 책 내용에 관해 궁금한 점들은 질문의 형태로 만들어 책을 읽으며 답을 찾고, 책 내용과 관련하여 경험한 상황을 자유롭게 메모하며 읽는다.

북서 유럽에 위치한 영국, 프랑스, 독일 등은 누구나 한 번쯤 가 보고 싶어 하는 나라이다. 그런데 이들 나라에서 관광객들을 정말 기쁘게 하는 것은 다름 아닌 빵이다. 어디를 가나 빵, 빵이고, 그래서 관광객들은 빵을 보고 또 보고, 먹고 또 먹어 본다. 어쩌다 유럽은 빵 천지가 된 것일까?

유럽은 빵이 주식인 만큼 각 나라를 대표하는 빵이 있구나. 내가 좋아하는 빵에 관한 이야기도 다루고 있을까?

바삭하고 구수한 바게트는 프랑스의 대표 빵이다. 바게트는 딱딱하게 구운 빵으로, 구수한 맛이 나는 누룽지와 만드는 원리가 비슷하다. 프랑스의 빵은 만든 후 8시간 안에 먹어야 그 맛을 제대로 느낄 수 있다고 한다. 그래서 프랑스 사람들은 빵을 먹을 때마다 필요한 만큼만 산다. 프랑스빵은 크기나 모양에 따라 이름이 제각기인데 바게트는 길이 67~68센티미터, 무게 280그램의 빵이다. 프랑스에서는 신선한 빵 맛을 위해 비닐 포장지 대신 통풍이 잘 되는 포장지를 쓴다고 한다. 통풍이 안 되면 빵 표면이 눅눅해지기 때문이다.

독일의 대표 빵, 프레츨은 중세 교회에서 구운 축제용 빵인데 매듭 모양으로 되어 있다. 밀가루 반죽에 소금을 뿌려 구워 낸 프레츨은 주로 아침 식사용으로 먹지만, 짭짤하고 쫄깃하여 맥주와 함께 먹기도 한다. 맥주 안주용으로도 안성맞춤인 프레츨은 매년 뮌헨에서 열리는 세계 최대 규모의 맥주 축제 덕분에 더 유명해졌다.

빵을 만드는 재료들에 관해 더 알아보고 싶어. 인터넷 검색과 요리책을 보며 각 재료들이 빵을 만드는 데 어떤 역할을 하는지 알면 글의 내용을 이해하는 데 도움이 되겠지?

영국으로 가면 잉글리시 머핀이 기다린다. 이 빵은 비단길을 따라 유럽에 온 중국의 호떡에서 유래하였다. 잉글리시 머핀은 빵을 구울 때 이스트나 베이킹 파우더를 사용하여 팽창시킨 것으로, 수평으로 잘라 햄이나 소시지, 야채를 올려 먹거나 버터나 잼을 발라 먹으면 더 맛있다. 이외에도 덴마크의 대니시 페이스트리, 네덜란드의 더치 브레드 등 유럽의 빵은 그 종류도 이름도 다양하다.

보충 자료

유럽의 대표 빵들

바게트

프레츨

잉글리시 머핀

대니시 페이스트리

더치 브레드

활동 제재 핵심 정리

- 갈래: 설명문
- 제재: 유럽의 빵들
- 주제: 북서 유럽의 지리학적 관점에서 본 유럽의 빵
- 특징: 음식 문화를 지리학적 관점에서 설명함.
- 해제: 다양한 종류와 이름을 갖고 있는 유럽의 빵은 열악한 자연환경을 극복한 결과 얻어낸 것이다. 북서 유럽인들은 농사에 불리한 서늘하고 건조한 서안 해양성 기후로 인해 밀을 재배하게 되었다. 밀은 까칠하며 맛이 없어 가루를 내어 빵이나 면을 만들어 먹었는데 북해 연안의 갯벌 지역에서 나는 천일제염으로 빵에 맛을 더하게 되어 오늘날 유명한 유럽의 빵이 탄생하게 된 것이다.

북서 유럽은 영국, 프랑스 북부, 독일, 네덜란드, 덴마크, 스칸디나비아 3국(노르웨이, 스웨덴, 핀란드)을 포함하는 곳이다. 이곳에는 오늘날 많은 사람들이 살고 싶어 하는 나라들이 많다. 우리나라 사람 중에도 독일이나 노르웨이의 사회 제도를 부러워하는 사람들이 많다. 하지만 이곳의 기후는 사회 제도만큼 좋지는 않다. 북서 유럽의 기후를 서안 해양성 기후라고 하는데, 이는 대륙의 서쪽에 있으면서 바다의 영향을 받기 때문에 붙여진 이름이다.

세계 지도에서 북서 유럽 국가들의 위치를 찾아봐야겠군.

북서 유럽은 대부분 중위도에 속하며 유라시아 대륙의 서쪽에 있고, 편서풍의 영향을 크게 받는다. 편서풍은 중위도에 부는 바람으로 서쪽에서 동쪽으로 분다. 과거 콜럼버스가 아메리카 대륙을 발견하고 난 후 다시 유럽으로 돌아올 때 이용했던 바람도 편서풍이다. 대서양을 지나며 바다의 습한 성질을 가지게 되는 편서풍은 북서 유럽에 도착해서 기후에 영향을 준다. 바다는 육지에 비해 서서히 데워지기 때문에 여름에도 기온이 많이 오르지 않는다. 그래서 북서 유럽에는 여름 평균 기온이 영상 22도를 넘지 않는 곳이 많다. 이런 까닭으로 북서 유럽인들은 서늘하고 건조해도 잘 자라는 밀을 재배하고, 너른 풀밭을 이용해서 소를 키웠다. 밀은 그냥 먹으면 쌀처럼 달달하지 않고, 까칠하며 맛이 없다. 그래서 가루를 내어 빵이나 면을 만들어 먹은 것이다.

북서 유럽의 기후 특징을 간략하게 정리해 봐야겠어.

북서 유럽에는 메마른 땅이 많다. 빙하기 때 토양이 빙하로 덮여 있어서 새로운 퇴적물이 쌓이지 못해 영양분을 공급받지 못한 탓이다. 워낙 박토이다 보니 농사를 몇 년 지으면 아예 못 쓰는 땅으로 바뀌었다.

우리나라에 밀이 아닌 쌀로 된 음식이 많은 것도 기후와 관련이 있을까? 쌀과 기후의 관계를 찾아보면 좋을 것 같아.

보충 자료

서안 해양성 기후

서안 해양성 기후는 여름은 덥지 않고 선선하며 겨울은 온난하다. 강수는 연중 고르게 내려 특별한 우계와 건계가 없다. 서안 해양성 기후는 중앙아메리카 서부 지역을 타고 올라오는 멕시코 만류의 연장선상에 있는 난류인 북대서양 난류와, 북대서양 난류의 온기를 유럽으로 전해 주는 편서풍의 영향으로 발생하고 있다.

질문하며 읽기 전략

핵심 문장 찾기
글을 읽고 핵심 문장을 찾아 밑줄을 긋는다.

↓

질문 만들기
글을 읽으며 궁금한 내용을 문장 형식의 질문으로 만든다.

↓

질문에 답하기
• 배경지식을 동원하여 글 속에서 답을 찾는다. • 글 속에 답이 드러나 있지 않으면 자신이 생각한 것을 답으로 적는다.

그래서 어떤 농부는 감자, 사탕무, 밀 등 땅으로부터 영양분을 많이 빼앗아 가는 것과 그렇지 않은 것을 돌려 가며 농사를 지었다. 또 어떤 농부는 경지를 계절에 따라 경작을 하는 땅과 쉬게 하는 땅으로 나누고, 일정 기간이 지나면 그 순서를 바꾸었다. 휴경지는 경지가 되고, 경지는 휴경지가 되게 한 것이다.

좋은 소금이 생산되는 것과 갯벌은 무슨 연관이 있지?

유럽의 빵 맛을 결정한 숨은 주인공은 소금이다. 북서 유럽에 있는 북해 연안은 세계적인 갯벌 지역으로, 북서 유럽 국가들은 최고급 천일제염을 만드는 기술을 자연스럽게 보유할 수 있었다. 프랑스에서 생산되는 '플뢰르 드 셀(소금의 꽃)'은 유럽 최고의 소금으로 프랑스 고급 요리에 반드시 들어간다고 한다.

오래전부터 북서 유럽에서는 빵을 즐겨 먹었다. 당시의 빵은 지금처럼 화려하지도 재료가 복잡하지도 않았다. 그들은 밀가루에 물과 약간의 소금만 넣어서 자연 발효로 만든 투박하게 생긴 빵을 즐겨 먹었다. 크기도 수박만 한 것이 있을 만큼 지금보다 훨씬 컸다. 작게 만들면 금방 딱딱해져서 오래 보관할 수 없었기 때문이다. 시간이 흐르면서 어떤 빵은 그 모습 그대로 명품이 되었고, 어떤 빵은 시대에 맞게 변화하여 명품이 되었다.

유럽의 빵 문화는 열악한 환경을 극복한 사례구나. 우리 주변에 이런 사례가 또 있을까?

유럽은 신대륙 발견 이전까지만 해도 농사에 불리한 자연환경 때문에 먹고사는 것이 참 힘들었다. 그러나 시련이 사람을 강하게 만들어 주듯이 서늘한 여름, 빙하 박토라는 열악한 환경은 유럽인들로 하여금 세계 최고의 빵을 만들게 했다. 유럽을 '빵빵' 하게 만든 것은 바로 열악한 자연환경을 극복한 그들의 땀방울인 셈이다.

– 조지욱, 『유럽은 왜 빵빵할까?』

조지욱(1962~)

교사. 주요 저서로 『동에 번쩍 서에 번쩍 세계 지리 이야기』, 『문학 속의 지리 이야기』 등이 있습니다.

보충 자료

유럽 최고의 소금, '플뢰르 드 셀(fleur de sel)'

'플뢰르 드 셀'은 프랑스 게랑드 지방의 해안가에서 전통적인 수작업을 거쳐 만들어진 소금으로, 소금 염전 위에 하얗게 떠 있는 소금이 꽃처럼 예쁘다 하여 '소금의 꽃'이라 불린다. 염전 위의 바닷물이 증발하기 전에 소금 층의 가장 겉표면의 소금만을 사용하여 만든 것으로 섬세하고 부드러운 짠맛과 짠맛 뒤에 오는 감칠맛 나는 단맛, 촉촉한 촉감 등이 특징적이다. 칼슘, 마그네슘, 구리, 요오드, 인 등의 미네랄이 매우 풍부하다고 알려져 있다.

2. 책을 읽으면서 정리한 내용을 토대로 독서 일지를 작성해 봅시다.

예시

독서 일지

읽은 날짜	책 제목	글쓴이	읽은 쪽수
20○○. ○. ○.	유럽은 왜 빵빵 할까?	조지욱	46~50

책을 읽으며 생각하거나 메모한 내용

읽기 전에 예측한 내용	• 제목을 보니 유럽의 빵 문화와 관련된 내용일 것 같아. • 책의 내용과 차례 등을 살펴보니 유럽의 빵 문화와 기후의 관계를 설명하는 글인 것 같아.
읽는 중에 메모한 내용	• 북서 유럽에서 빵이 주식이 된 것은 밀을 생산할 수밖에 없는 기후와 가루를 내서 먹어야 했던 밀의 특성 때문이구나. • 좋은 소금을 생산하기 위해서는 갯벌이 있어야 하는 것일까? 갯벌과 소금의 관계가 궁금해. • 유럽의 빵 문화는 북서 유럽의 열악한 환경을 극복한 사례구나. 열악한 자연환경을 극복하여 그 나라만의 문화로 만든 또 다른 사례는 무엇이 있을까? • 이 책을 읽기 전에는 요리하기에 편하고 보관하기가 쉬워서 빵이 주식이 된 줄 알았는데, 책을 읽으면서 유럽에서 빵 문화가 발달하게 된 데는 그 지역의 자연환경과 관련이 있다는 것을 알게 되었어. • 우리의 전통 음식이나 주식이 우리나라의 기후 및 자연환경과 어떤 관련이 있는지 알아보고 싶어.
책을 읽으며 경험한 상황	책을 한참 읽고 있는데, 친구가 와서 말을 걸었다. 친구와 대화를 나누다 보니 책 읽기의 흐름이 끊기고, 집중력도 떨어졌다. → 문제 해결 방법: 잠시 눈을 감고 읽었던 내용을 떠올리며 정리해 보았다. 그런 후에 책을 읽으니 내용이 더 잘 이해되었다.
오늘 나의 핵심 질문	자연환경을 극복하여 그 나라만의 문화로 만든 사례는 무엇이 있을까?

선생님의 의견

이 책의 내용을 잘 파악하였구나. 좋은 질문이란 책의 주제를 관통하며, 많은 생각을 하게 만들고, 다른 사람과 함께 이야기해 보고 싶어지는 질문이란다. 이런 점을 생각하며 책을 계속 읽어 보렴.

독서 활동 2 독서 일지 작성하기

➜ 책을 읽으며 생각하거나 메모한 내용을 중심으로 독서 일지를 작성한다. 책을 읽기 전에 예측한 내용, 책을 읽으며 메모한 내용, 책을 읽으며 경험한 상황, 책을 읽으며 궁금해한 내용 등 스스로 자신의 읽기 과정을 점검하고 조정할 수 있는 내용으로 작성한다. 책 내용을 단순히 기록하는 데 그치지 않고 책을 읽으며 실제로 경험한 내용을 기록하여 읽기 과정을 점검하도록 한다.

예시 답

독서 일지

읽은 날짜	책 제목	글쓴이	읽은 쪽수
20○○. ○. ○.	그러니까 이게, 사회라고요?	박민영	5~60

책을 읽으며 생각하거나 메모한 내용

읽기 전에 예측한 내용	• 제목을 보니 우리 사회의 문제에 대한 글쓴이의 생각이 담긴 내용일 것 같아. • 표지를 보니 '노인, 가난, 돈, 학벌, 여론, 군대' 등과 관련된 내용이 전개될 것 같아. • 차례를 보니 우리 사회의 다양한 문제가 병렬식으로 나열되어 있는 구조인 것 같아.
읽는 중에 메모한 내용	• 이 책을 읽기 전에는 공부를 잘해서 이름 있는 대학에 가는 것에 대해 아무 의문을 품지 않았었는데, 우리나라의 교육열이 높은 이유가 학벌 차별이 심하기 때문이라는 것을 알게 되었어. • 프랑스에서는 불평등 타파와 권위주의 해소를 위해서 대학 이름에 숫자를 붙여서 부르는구나. 우리나라에서도 대학 이름에 숫자를 붙이면 학벌 차별 현상이 사라질까? • 대학교 이름과 학과가 적힌 '과잠(학과 점퍼)'을 입은 대학생들이 멋있어 보이기만 했는데, 이 책을 읽고 나서 '과잠'이 학교 혹은 학과를 차별하는 '서열 패션'이라는 것을 알게 되었어. • 요즘 세계적으로 유행하는 코로나 바이러스의 원인도 세계화된 지구촌으로 인해 전염병의 확산이 빨라졌기 때문이구나. • 일본의 후쿠시마 원전 폭발 사고 이외에 현대 사회를 위협하는 재난에는 또 무엇이 있을까? • 우리나라가 일본에 이어 세계 2위의 유전자 조작 농산물 수입국이라는 것을 알게 되었어.
책을 읽으며 경험한 상황	'인플레이션', '자본주의'와 같은 경제 용어의 의미를 몰라서 글의 의미를 이해하는 것이 어려웠어. → 문제 해결 방법: 인터넷 백과사전에서 '인플레이션', '자본주의'라는 용어를 검색하여 그 의미를 알게 되었어. 인터넷 검색을 통해 어려운 단어의 의미를 알고 나니 책의 내용이 더 잘 이해되었어.
오늘 나의 핵심 질문	• 글쓴이는 학벌을 우선시하는 문화에 대해 비판적인 입장을 보이고 있는데, 우리나라의 높은 교육열이 갖는 장점으로는 무엇이 있을까? • 글쓴이는 거대 과학 기술이 기득권 세력의 권력을 강화시켜 준다고 생각하는데, 그렇다면 거대 과학 기술을 바라보는 과학자들은 어떤 입장일까?

선생님의 의견

책을 읽기 전에 제목과 차례, 표지 등을 보고 책의 내용을 잘 예측했구나. 책을 읽으며 새롭게 알게 된 내용을 정리한 것도 바람직한 읽기 방법이야. 글쓴이의 생각을 비판적으로 받아들인 점은 책의 내용을 주체적으로 수용한 좋은 사례에 해당해. 앞으로도 책을 읽을 때 글쓴이의 의견을 무조건 받아들이지 말고 자신의 입장에서 비판적으로 수용하도록 하렴.

독서 일지 작성하기

- **독서 일지 작성 내용**: 읽은 날짜, 책의 제목, 글쓴이, 읽은 쪽수, 인상적인 문장과 그 까닭, 책을 읽으면서 든 생각 등
- **독서 일지 작성의 의의**

① 책의 의미를 자신의 관점에서 재구성할 수 있다.

② 독서 일지 작성 과정에서 스스로의 읽기 방법을 점검하고 조정하면서 자신의 독서 과정을 돌아볼 수 있다.

④ 책 나누기

‖ 책을 읽으면서 정리한 내용을 바탕으로 가상 면담을 해 봅시다.

우리 모둠에서 읽기로 한 책은 다 읽었어?
응. 책을 읽고 유럽에서 빵 문화가 발달한 이유를 알게 되었어.
혹시 더 알고 싶거나 책을 읽고 찾아본 내용은 없어?
책 내용과 관련된 자료들을 더 찾아보고 가상 면담을 해 볼까?
가상 면담이 뭐야?
책을 읽으면서 메모했던 질문을 바탕으로 찾아보려고 해.
질문자와 답변자로 역할을 나누어 이야기를 하는 거야.
글쓴이를 답변자로, 독자를 질문자로 하면 되겠다.

활동 방법

① 모둠 친구들과 함께 이야기를 나누며 읽은 책의 내용을 요약합니다.
② 질문자(독자)와 답변자(글쓴이)로 역할을 나누어 봅니다.
③ 책을 읽으면서 궁금했던 점이나 메모한 내용을 바탕으로 질문자에게 할 질문을 만들어 봅니다.
④ 책 내용과 관련하여 더 알아본 내용을 정리하여 답변 준비를 합니다.
⑤ 질문자와 답변자의 역할을 번갈아 가면서 가상 면담을 합니다.

가상 면담을 할 때의 유의 사항

- 독자(질문자) 역할을 맡은 사람은 각자 한 개의 질문을 준비하고, 글쓴이(답변자) 역할을 맡은 사람은 답을 한다.
- 독자 역할을 맡은 사람은 책에서 인상 깊었던 내용을 소개하고, 궁금한 점과 더 알고 싶은 점에 대해 질문한다.
- 글쓴이 역할을 맡은 사람은 책의 내용과 자신이 더 알아본 내용을 바탕으로 질문에 성실하게 답변한다.
- 번갈아 가면서 글쓴이 역할을 맡아 모둠원 모두가 글쓴이 역할을 한 번씩 할 수 있도록 한다.

1. 모둠에서 읽은 책의 내용을 요약해 보고, 책 내용과 관련하여 궁금한 점과 더 알아본 내용을 적어 봅시다. 예시 답

책의 내용 요약

북서 유럽은 서늘하고 건조한 기후 탓에 밀을 재배할 수밖에 없었는데 밀은 그냥 먹으면 맛이 없으므로 가루를 내어 빵을 만들어 먹었다. 또한, 북서 유럽의 북해 연안은 세계적인 갯벌 지역으로 최고급 천일제염을 만드는 기술이 자연스럽게 발달했는데 이 소금 덕분에 맛있는 빵을 만들 수 있었다. 이처럼 북서 유럽에서 세계 최고의 빵을 만들 수 있었던 것은 농사에 불리한 자연환경을 극복하려는 그들의 노력이 있었기 때문이다.

궁금한 점

- 내가 좋아하는 파스타는 어떻게 만들어지게 되었을까?
- 좋은 소금이 생산되는 것과 갯벌은 무슨 연관이 있을까?

더 알아본 내용

- 우리나라에 쌀로 만든 음식이 많은 것과 우리나라 기후의 연관성
- 열악한 자연환경을 극복하여 세계 최고의 문화를 만들어 낸 사례

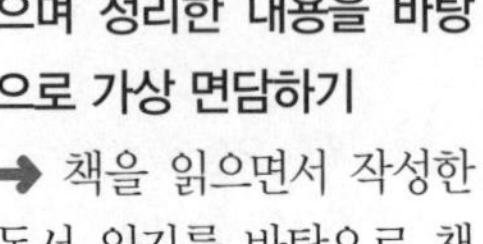

독서 후 활동 1 책을 읽으며 정리한 내용을 바탕으로 가상 면담하기

➜ 책을 읽으면서 작성한 독서 일지를 바탕으로 책의 내용을 요약하면서 전체 내용을 정리한다. 책을 읽으면서 정리한 내용과 읽고 난 후 더 알아본 내용을 바탕으로 가상 면담을 한다.

2. 1의 활동을 바탕으로 가상 면담을 진행해 봅시다. 예시 답 생략

기후가 그 지역의 문화에 영향을 주나요?
기후는 음식뿐만 아니라 옷과 주거 문화 등에도 큰 영향을 미칩니다. ……
글쓴이

소단원 제재 정리

갈래: 주장하는 글
성격: 객관적, 논리적, 설득적
제재: 동물권의 의미와 동물권에 관한 쟁점들
주제: 존중과 공존에 기반을 둔 동물권에 관한 논의를 시작해야 한다.
특징: ① 소제목을 제시하여 글의 구성과 내용에 관한 독자의 배경지식을 활성화함.
② 인권과 동물권을 비교하여 설명함.

핵심 원리

읽기 과정의 점검과 조정
자신의 읽기 과정에 어떤 문제가 있는지 파악하고, 그 문제를 해결할 수 있는 적절한 방법을 찾아 읽기 과정을 점검하고 (❶)해야 책의 내용을 올바르게 이해할 수 있음.

핵심 내용

(1) 인권과 동물권의 개념

인권	모든 인간이 인간다운 삶을 누리기 위해 노력하는 과정 속에서 발전해 온 역사적 · 사회적 개념
동물권	동물과 인간이 맺는 (❷)의 변화로 인해 동물을 대하는 인간의 자세가 달라지면서 발생한 개념

(2) 동물권과 관련된 쟁점들

과연 동물이 인간과 동등한 지위를 갖는가?
↓

동물의 (❸) 지정	'권리'라는 용어 사용
동물군이나 동물 개체에 따라 적용 범위가 다름.	약자를 보호하는 차원인지, 생명 존중 차원인지 등에 따라 다름.

(3) 동물권에 관한 논의의 특징

동물권 논의의 주체	권리의 당사자인 동물이 아니라, 권리를 부여하는 (❹)임.

제재 한눈에 보기

서론	동물과 인간이 맺는 관계의 변화로 동물권에 관한 논의가 시작됨.
본론	동물권과 관련된 논의에는 여러 가지 쟁점과 관점이 존재함.
결론	존중과 공존에 기반을 두고 발전적으로 동물권에 관한 논의를 전개해야 함.

(4) 동물권에 관한 논의의 관점

개별적 관계에 따라 논의하는 관점	대상 동물과 인간과의 관계에 따라 권리의 내용을 달리하여 논의함.
(❺) 차원에서 논의하는 관점	모든 동물을 같은 위치에 놓고 권리를 논의함.

(5) 글쓴이의 주장

동물권 논의는 인간의 윤리와 개인 차원의 양심에 호소하는 측면이 강함.
↓
존중과 (❻)에 기반을 두고 동물권에 관한 논의를 발전적으로 전개할 필요가 있음.

(6) 읽기 과정을 점검하고 조정하기

읽기 전	• 제목을 보고 글의 내용을 예측함. • 글의 내용과 관련된 (❼)을 떠올림. • 글을 빠르게 훑어보고 궁금한 점을 질문으로 적어 봄.
읽는 중	• 주요 내용을 (❽)하며 읽음. • 글의 내용에 관해 궁금한 점을 질문하고 그 질문의 답을 찾으며 읽음. • 모르는 단어, 잘 이해되지 않는 내용 등은 국어사전이나 참고 자료 등을 활용하여 그 내용을 이해함. • 글의 전체 구조를 파악하며 읽음.
읽은 후	• 글을 읽은 목적에 따라 글의 내용을 (❾) 함. • 글쓴이의 생각과 나의 생각을 비교해 봄. • 글을 읽고 나서 더 알고 싶은 내용을 정리함.

정답 ❶ 조정 ❷ 관계 ❸ 범위 ❹ 인간 ❺ 보편적 ❻ 공존 ❼ 배경지식 ❽ 메모 ❾ 요약

소단원 핵심 문제

• 정답과 해설 p.24

[01~08] 다음 글을 읽고, 물음에 답하시오.

가 인류가 탄생한 이후 모든 사람이 오늘날과 같은 인권을 누리며 산 것은 아니다. 인간이라면 누구나 기본적인 인권을 갖는다는 생각이 퍼진 것도 그리 오래된 일이 아니다. ㉠인권이라는 개념은, 사람에게 눈이 두 개고 코가 하나라고 하는 것처럼 자연적으로 형성된 개념이 아니라, 오랜 시간에 걸쳐 생성되고 발전해 온 개념이다. 즉 인권은 모든 인간이 인간다운 삶을 누리기 위해 노력하는 과정 속에서 발전해 온 역사적 · 사회적 개념인 것이다.

나 ㉡동물권 역시 마찬가지다. 동물이므로 당연하게 지니는 권리가 있다고 하는 주장은 아직 모든 사람에게 인정받지 못하고 있다. 자칫 인권을 보장받지 못하고 있는 사람들의 처지를 외면하는 것으로 오해를 살 수도 있고, 동물을 사람과 동일시하는 것으로 여겨질 수도 있다. 하지만 동물과 인간이 맺는 관계의 변화로 인해 그들을 대하는 우리의 자세가 달라지면서, ㉢동물권에 관해서도 논의해야 하는 시점에 이른 것은 분명하다.

다 동물권을 인정한다는 것은 간단한 문제가 아니다. 인권과 연결해서 생각해 보면, 그 핵심 쟁점은 '과연 동물이 인간과 동등한 ⓐ지위를 갖는가?' 하는 점이라 할 수 있다. 이에 관한 논의는 동물도 인간과 똑같이 고통을 느낀다는 점에 주목하는지, 아니면 충분하지는 않더라도 지적 능력이나 감정을 지니고 있다는 점에 주목하는지 등에 따라 많은 차이를 낳는다. 인간의 존엄성, 자유와 평등 같은 인권의 핵심 개념이 동물에 대해서는 어떻게 적용되어야 하는지에 관해서도 깊이 논의된 바가 없다.

라 먼저, 동물을 어디까지로 봐야 하는가의 문제가 제기된다. 사람은 그 안에서 생물학적 유사성이 100퍼센트에 가까우므로 논의가 어렵지 않다. 하지만 동물의 경우는 동물군 자체의 차이도 크고, 인간이 그들을 대하는 자세 또한 동물군 혹은 동물 ⓑ개체에 따라 너무 달라서 내용이 복잡해진다. 예를 들어, 개, 고양이와 새우, 달팽이를 똑같이 대해야 한다는 주장은 ⓒ보편적인 견해라 하기 어렵다. 모기나 헬리코박터라면 더욱 그러하다. 또한, 반려동물, 식용 동물, ⓓ사역 동물, 나아가 산업 동물, 실험동물, 야생 동물 등을 모두 똑같이 대해야 한다는 주장 역시 아직은 보편적이지 않다.

마 ⓔ권리라는 용어를 쓰는 과정에서 오해가 생기기도 한다. 물론, 동물의 권리를 주장한다고 해서 동물에게 선거권을 주거나 아파트 분양권을 주자고 말하는 것은 아닐 것이다. 단지 인간이 그들을 지나치게 가혹하게 대하는 측면이 있으니 그 부분을 개선하자는 것이 대세다. 이때 그들이 약자이므로 보호해야 한다는 식의 접근인지, 그 자체로 존중받아야 할 생명이므로 존중해야 한다는 식의 접근인지 등에 따라 많은 입장 차이가 생긴다. 책임과 의무를 지지 않는 존재에게 어떻게 권리를 인정할 수 있는지도 결정하기 어려운 문제다.

출제 예감 90%

01 이 글에 대한 설명으로 적절하지 않은 것은?

① 구체적인 예시를 활용하여 내용 이해를 돕고 있다.
② 질문의 방식을 통해 쟁점을 선명하게 드러내고 있다.
③ 인간과 동물의 차이를 바탕으로 문제의 복잡성을 제시하고 있다.
④ 핵심 용어의 역사적 유래를 밝혀 논의의 방향을 분명하게 하고 있다.
⑤ 서로 다른 접근 방식을 제시하여 쟁점에 대한 입장 차이를 드러내고 있다.

출제 예감 95% 학습 활동 응용

02 이 글을 읽는 방법으로 적절하지 않은 것은?

① '인권'과 '동물권'에 관한 주요 내용을 정리하며 읽는다.
② 글을 읽은 후의 감상을 위주로 글의 내용을 요약하며 읽는다.
③ 동물을 대하는 우리의 자세가 어떻게 달라졌는지 질문하며 읽는다.
④ '사역 동물'과 '산업동물'이 무엇인지 참고 자료를 찾아보며 읽는다.
⑤ 글에 쓰인 설명 방법이 내용 이해에 어떤 도움을 주는지 파악하며 읽는다.

출제 예감 80%

03 이 글에 대한 학생들의 반응으로 적절하지 않은 것은?

① 재성: 인권에 대한 논의는 동물권에 대한 논의보다 훨씬 간단하겠군.

② 민지: 인간처럼 책임과 의무를 지지 않는 동물의 권리를 논하는 것은 어려운 일이야.

③ 철민: 동물에게 자유와 평등과 같은 가치를 적용하는 것에 대한 논의가 아직 부족해.

④ 명균: 반려동물인 개와 식용 동물인 소는 같은 동물이라는 점에서 동일하게 대해야 해.

⑤ 선희: 동물도 고통이나 감정을 느낀다는 점을 고려하여 동물권에 관한 논의를 할 수 있겠군.

출제 예감 90% 학습 활동 응용

04 이 글을 '읽는 중' 〈보기〉와 같은 질문을 떠올렸다고 할 때, 답변으로 가장 적절한 것은?

보기

동물의 권리를 주장한다는 것이 어떤 의미일까?

① 인간의 권리와 동일한 권리를 부여하는 것이다.

② 동물에 대한 부당한 대우를 개선하자는 것이다.

③ 인간이 동물을 이용하는 대가를 지불하자는 것이다.

④ 동물이 받고자 하는 만큼의 대우를 해 주자는 것이다.

⑤ 동물에게 인간과 같은 책임과 의무를 부여하자는 것이다.

출제 예감 90%

05 ㉠과 ㉡에 대한 설명으로 가장 적절한 것은?

① ㉠과 ㉡은 서로 공존할 수 없는 개념이다.

② ㉠과 ㉡은 모두 역사적·사회적인 개념이다.

③ ㉠과 ㉡은 모두 인간의 권리에 대한 개념이다.

④ ㉠은 ㉡과 달리 자연적으로 형성되어 온 개념이다.

⑤ ㉡은 ㉠과 달리 모든 사람들에게 인정받는 개념이다.

출제 예감 95%

06 ㉢과 같이 말할 수 있는 이유로 가장 적절한 것은?

① 동물의 권리를 훼손하는 인간들이 많기 때문이다.

② 동물을 대하는 우리의 자세가 달라졌기 때문이다.

③ 동물이 권리를 가지는 것은 당연한 것이기 때문이다.

④ 동물을 인간과 동일한 존재로 인정하게 되었기 때문이다.

⑤ 동물과 인간이 맺고 있는 관계가 지속되고 있기 때문이다.

출제 예감 95%

07 ⓐ~ⓔ의 사전적 의미로 적절하지 않은 것은?

① ⓐ: 어떤 사물이 차지하는 자리나 위치

② ⓑ: 하나의 독립된 생물체

③ ⓒ: 모든 것에 두루 미치거나 통하는

④ ⓓ: 사람을 부리어 일을 시킴.

⑤ ⓔ: 사람으로서 마땅히 하여야 할 일

출제 예감 95% 서술형 학습 활동 응용

08 이 글에서 언급한 동물권과 관련된 쟁점이 무엇인지 〈조건〉에 맞게 서술하시오.

조건

- 쟁점의 내용 두 가지를 구체적으로 요약하여 제시할 것.
- 각각 의문문의 형식으로 서술할 것.

[09~12] 다음 글을 읽고, 물음에 답하시오.

㉮ 동물권에 관한 논의는 권리의 당사자인 '동물'이 아니라 권리를 부여하는 인간이 주체가 된다는 점에서 특징적이다. 예를 들어 보자. 털을 얻기 위해 양을 기른다면 그 양은 산업 동물이다. 산업 동물에게 인간적으로 측은한 마음을 가질 수는 있어도, ㉠양이 제공하는 털의 가치를 넘어서까지 치료비를 들이기는 어렵다. 하지만 반려동물이라면 이야기가 달라진다. 5만 원을 주고 입양한 개이지만 나와의 관계가 어떠하냐에 따라서 몇백만 원의 치료비를 낼 수도 있다. 양을 반려동물로 삼아 사랑하고 의지한다면 ㉡그 양에 대해서도 마찬가지일 것이다. 이는 결국 인간과 동물의 관계가 논의의 출발점이 된다는 것을 뜻한다.

소단원 핵심 문제

㉯ 동물권이 인간을 기준으로 결정된다고 해도, 여전히 두 가지의 중요한 관점이 대립한다. 개별적 관계에 따라 논의하는 관점과 보편적 차원에서 동물권을 논의하는 관점이다. 같은 반려동물이라 하더라도 오랜 시간 정을 주고 온갖 경험을 함께한 내 강아지와 인터넷에서 오늘 처음 알게 된 어느 유명 배우의 고양이에 관한 내 자세는 다를 수밖에 없다. 이는 인권에 대해서도 마찬가지여서, 내 친구의 목숨과 다른 나라에 사는 어린이의 목숨은 똑같이 소중하지만, 내가 그들 각자에 취하는 자세는 달라지는 것이 보통이다. 또한, 인권이라는 말을 써 가며 우리끼리 서로 존중해 주자고 합의하고 살아오다가, 갑자기 동물에 대해서도 이런 개념을 적용하자는 주장에 대해 불편함을 느낄 수 있다. 현재의 인권 개념처럼 어떤 상황에서든 누구에게나 차별 없이 적용되는 동물의 권리를 인정하는 것은 다분히 시기상조로 보인다.

㉰ 최근 들어 관심이 높아지기는 했지만, 아직까지 동물권은 인간의 윤리와 개인 차원의 양심에 호소하는 측면이 강하다. 하지만 여성과 어린이가 점차로 자신의 권리를 찾고 향유하게 되었듯이, 동물 역시 그들이 누려야 할 마땅한 권리라는 것이 있다면 앞으로 점점 더 많은 권리를 누리게 될 것이다. 인간과 동물을 묶어서 하나의 생태계로 보는 관점이 널리 퍼질수록 그 흐름은 빨라질 것이다. 각자의 관점이나 처지가 어떠하든, 이용과 파괴가 아니라 존중과 공존에 기반을 두고 동물권에 관해 발전적으로 논의를 전개해야 할 것이다.

출제 예감 95%

09 이 글을 통해 알 수 있는 사실로 적절하지 않은 것은?

① 인권과 동물권 논의의 주체는 서로 다르다.
② 동물권 논의는 인간의 윤리와 양심 차원에 호소하고 있다.
③ 모든 동물에게 적용되는 권리를 인정하는 것은 시기상조이다.
④ 같은 동물이라도 맺고 있는 개별적 관계에 따라 자세가 달라질 수 있다.
⑤ 인간과 동물을 묶어서 하나의 생태계로 보는 관점은 발전적인 동물권 논의에 도움이 된다.

출제 예감 80% 학습 활동 응용 사고력 확장 문제

10 〈보기〉의 읽기 방법에 따라 읽기 과정을 점검한 내용으로 적절한 것은?

보기
글의 내용이나 글쓴이의 주장에 대해 비판하며 읽었다.

① 동물권에 대한 상반된 관점, 동물권 논의가 필요한 이유 등 중요한 내용을 메모하면서 읽었어.
② 동물권 보장을 위해 활동하고 있는 단체로 무엇이 있는지, 그리고 그들이 하고 있는 활동은 무엇인지 찾아봐야지.
③ 동물권에 대한 내 입장이 정해지지 않은 상태에서 글을 읽었는데, 내 입장을 먼저 정하고 다시 읽어 보아야겠어.
④ 글쓴이는 동물권의 의미와 동물권 관련 쟁점을 소개한 후 동물권에 관한 논의가 필요한 까닭을 밝히려 했군.
⑤ 동물권을 인간과 동물의 관계에 따라 논의하는 것은 지극히 인간의 관점이므로 진정한 동물의 권리를 논의하는 것으로 볼 수 없겠어.

출제 예감 95%

11 ㉠, ㉡과 같은 태도의 차이를 가져오는 근본적인 원인으로 적절한 것은?

① 보편적 차원에서 동물권을 논의했기 때문이다.
② 산업 동물과 반려동물의 차이가 있기 때문이다.
③ 양이 제공하는 털의 가치를 알 수 없기 때문이다.
④ 양을 반려동물로 삼는 데 대한 부담감이 크기 때문이다.
⑤ 동물권 논의의 주체인 인간이 동물과 맺는 관계가 다르기 때문이다.

출제 예감 95% 서술형 논술 대비

12 동물권 논의에 관한 상반된 두 가지 관점이 무엇인지 〈조건〉에 맞게 서술하시오.

조건
- 두 가지 관점의 내용을 구체적으로 밝힐 것.
- 두 가지 관점의 차이가 드러나게 쓸 것.

논리적인 토론

• 생각 열기 다음 두 그림을 보고, 아래의 활동을 해 봅시다.

테니스는 그물을 사이에 두고 라켓으로 테니스공을 치고 받아 승부를 겨루는 운동 경기입니다. 이런 테니스와 토론은 어떤 공통점이 있을까요?

예시 답 • 일정한 규칙이 있으며 이를 준수해야 한다.
• 두 명 이상의 사람이 교대로 순서를 바꿔 가며 진행한다.

우리 주변에서 발생하는 문제를 떠올려 보고, 토론이 필요한 상황을 말해 봅시다.

예시 답 우리 학교 학생들이 교실 청소를 누가 해야 하는가를 두고 논란을 벌이고 있다. 이 문제를 해결하기 위해 '교실 청소를 위탁 업체에 맡겨야 한다.'를 논제로 토론을 할 필요가 있다.

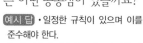

• 학습 목표로 내용 엿보기

"우리 주변에서 일어나는 문제에 관해 의견이 명확하게 갈릴 때 자신의 주장만 내세우면 말싸움을 일으키거나 서로의 관계를 해칠 수 있어. 토론의 절차와 규칙에 따라 나의 입장을 논리적이고 설득력 있게 제시하고, 상대측의 의견을 이해하며 존중하는 자세로 토론을 해봐야겠어."

핵심 1 상대측의 주장과 근거 파악하기

핵심 2 상대측의 주장에 대해 논리적으로 반박하기

핵심 원리 이해하기 토론의 절차와 방법

논제 제시	사회자가 토론하는 문제의 해결을 위한 제안이나 주장인 논제를 제시함.
입론	토론자가 자기 측의 주장이 옳다는 것을 내세움.
반론	토론자가 상대측의 주장을 반박하면서 자기 측의 주장이 옳다는 것을 변호함.
최종 발언	토론자가 토론 과정에서 드러난 쟁점을 정리하고, 자기 측의 주장과 근거가 옳다는 것을 다시 한번 강조함.
판정	배심원이 찬성 측과 반대 측의 토론 과정에 대한 공정한 평가를 바탕으로 토론 결과를 판정함.

개념 확인 콕콕

• 정답과 해설 p.25

01 다음 빈칸에 들어갈 알맞은 말을 쓰시오.

> 우리 주변에서 일어나는 문제에 관해 의견이 명확히 갈릴 때는 (　　　)을 통해 문제를 해결하는 것이 합리적이다.

02 토론이 필요한 상황으로 적절한 것은?

① 친구와의 추억을 회상할 때
② 체벌 금지 여부를 결정할 때
③ 환경 오염의 원인을 설명할 때
④ 휴대 전화 사용 방법을 알려줄 때
⑤ 텔레비전과 라디오의 차이점을 비교할 때

03 〈보기〉에서 다음 설명과 관련 있는 토론 용어를 찾아 그 기호를 쓰시오.

> 보기
> ㉠ 반론　㉡ 입론　㉢ 논제　㉣ 쟁점

(1) 토론하는 문제의 해결을 위한 제안이나 주장
(2) 찬성 측 입장과 반대 측 입장이 나뉘는 부분
(3) 토론에서 토론자가 자기 측의 주장이 옳다는 것을 내세우는 말하기
(4) 상대측의 주장을 반박하면서 자기 측의 주장이 옳다는 것을 변호하는 말하기

04 다음은 토론의 절차이다. 빈칸에 들어갈 알맞은 말을 쓰시오.

> 논제 제시 → 입론 → (　　　) → 최종 발언 → 판정

활동 안내

이 소단원은 어떤 논제에 관한 상대방의 의견을 비판적으로 들은 후 타당한 근거를 들어 논박하면서 자신의 의견을 논리적으로 전달하는 능력을 기르기 위한 단원이다. 먼저 '우리 사회에서 사람들 사이의 경쟁을 그만두어야 한다.'를 논제로 한 토론을 보고, 토론의 절차와 방법을 이해할 수 있도록 하였다. 또한, 경쟁의 필요성에 대한 찬성 측과 반대 측의 주장과 근거에서 논리적 허점을 찾고, 이를 논박하여 자신의 의견을 설득력 있게 제시하는 능력을 기를 수 있도록 한다. 이를 바탕으로 우리 주변에서 논쟁적인 문제를 찾아 쟁점을 분석하고 타당한 근거를 마련해 직접 토론해 봄으로써 실질적인 토론 능력을 기를 수 있을 것이다.

활동 1 토론의 절차와 방법 알아보기 → **활동 2** 토론에서 타당한 근거를 들어 논박하기

활동 개관

★ **활동 1** 토론의 절차와 방법 알아보기

'우리 사회에서 사람들 사이의 경쟁을 그만두어야 한다.'를 논제로 한 토론을 통해, 토론의 절차와 방법을 이해하는 활동이다. '우리 사회에서 사람들 사이의 경쟁을 그만두어야 한다.'는 찬성과 반대가 뚜렷하게 나뉠 수 있는 흥미로운 논제이다. 이 논제에 대해 '입론 – 1차 반론 – 2차 반론 – 최종 발언'의 순서로 진행한 토론 내용을 읽고, 양측의 주장과 근거를 정리하고, 토론의 과정을 평가하며, 토론의 결과를 판정해 보는 활동을 통해 토론의 올바른 절차와 방법을 파악할 수 있도록 한다.

• **활동 제재** '우리 사회에서 사람들 사이의 경쟁을 그만둘 필요가 있다.'를 논제로 한 토론문이다. 이 토론문에서 사회자는 토론의 절차에 따라 양측의 의견을 이끌어 내고 있고, 토론자는 다양한 사례를 근거로 들어 자신의 의견을 뒷받침하고 있다. 또한 공식적인 상황의 말하기에 알맞은 격식적인 표현을 사용하고 있다.

★ **활동 2** 토론에서 타당한 근거를 들어 논박하기

모둠을 구성하여 토론의 절차와 방법에 따라 실제로 토론을 해 보는 활동이다. 논제를 정하는 단계부터 토론을 평가하는 단계까지 순차적으로 활동이 구성되어 있다. 이를 통해 우리 주변에서 찬성과 반대의 입장으로 나뉠 수 있는 논제를 찾아 쟁점을 분석하고 타당한 근거를 마련해 직접 토론해 봄으로써 실질적인 토론 능력을 기를 수 있도록 한다. 특히 상대측의 주장과 근거에서 논리적 허점을 찾고, 이를 논박하여 자신의 의견을 설득력 있게 제시하는 능력을 기를 수 있도록 한다.

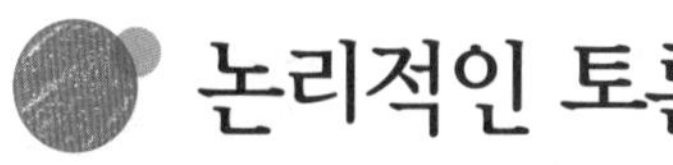

논리적인 토론

활동 1 토론의 절차와 방법 알아보기

다음 토론을 보고, 토론의 절차와 방법에 관해 알아봅시다

논제: 우리 사회에서 사람들 사이의 경쟁을 그만두어야 한다.

사회자 우리는 태어나면서부터 끊임없이 경쟁을 하며 살아갑니다. 그러나 경쟁이 꼭 필요한 것인가에 관해서는 여전히 많은 논란이 있습니다. 오늘은 '우리 사회에서 사람들 사이의 경쟁을 그만두어야 한다.'를 논제로 토론해 보겠습니다. 먼저 찬성 측의 입론을 듣겠습니다.

찬성

지윤 저희는 경쟁을 하지 않고도 얼마든지 좋은 결과를 낼 수 있다고 생각합니다. 오히려 경쟁은 여러 가지 부작용을 낳기도 합니다.

우리나라 헌법에는 '행복 추구권'이 명시되어 있는데요, 과연 여러분은 얼마나 행복하신가요? 날마다 경쟁을 하며 쫓기듯 불안하게 살고 있지는 않은가요? 저희는 우리가 경쟁을 그만두면 우리의 흥미와 재능을 발견할 수 있는 기회가 확대되고, 현재보다 더욱 훌륭한 교육이 이루어질 것이라고 생각합니다.

사회자 예, 잘 들었습니다. 이어서 반대 측의 입론도 들어 보겠습니다.

반대

경수 우리가 재미있어하는 일에는 대부분 경쟁이라는 요소가 들어 있습니다. 사람들이 축구처럼 경쟁이 치열한 운동 경기에 열광하는 까닭은 경쟁이 인간의 본능이기 때문입니다.

그리고 경쟁은 개인의 능력을 최대치로 발휘하게 하고, 개인과 사회는 그것을 통해 발전을 이끌 수 있습니다. 다시 말해 경쟁 없이는 발전을 할 수 없다는 것이지요. 경쟁이 싫다고 경쟁 자체를 그만두면 우리 스스로가 우리의 발전을 포기하는 것이 됩니다. 따라서 우리에게 필요한 것은 경쟁의 부정이 아닌, 경쟁의 긍정적인 힘을 배우고 활용하는 지혜입니다.

확인 문제

• 정답과 해설 p.25

핵심

01 이 토론에 제시된 입론에 대한 설명으로 적절하지 않은 것은?

① 찬성 측과 반대 측은 모두 우리 사회가 경쟁 사회임을 인정하고 있다.
② 찬성 측은 경쟁 없이도 좋은 결과를 낼 수 있다고 주장하고 있다.
③ 찬성 측은 경쟁이 우리의 흥미와 재능을 발견할 수 있는 기회를 확대한다고 보고 있다.
④ 반대 측은 경쟁이 인간의 본능이므로, 경쟁은 피할 수 없다고 주장하고 있다.
⑤ 반대 측은 개인과 사회 발전을 위해서는 경쟁이 반드시 필요하다고 보고 있다.

02 〈보기〉에서 이 토론에 나타난 사회자의 역할을 모두 골라 묶은 것은?

보기
ⓐ 토론의 배경과 논제를 소개한다.
ⓑ 토론자들의 발언을 요약·정리한다.
ⓒ 순서에 따라 토론자들에게 발언권을 부여한다.
ⓓ 질문을 통해 토론자의 발언 내용을 명확하게 한다.

① ⓐ, ⓑ ② ⓐ, ⓒ ③ ⓐ, ⓓ ④ ⓑ, ⓒ ⑤ ⓑ, ⓓ

03 지윤의 말하기 방식으로 가장 적절한 것은?

① 질문을 통해 자신의 생각에 대한 동의를 구하고 있다.
② 권위자의 말을 인용하여 주장의 신뢰성을 드러내고 있다.
③ 논리의 오류를 들어 상대 주장의 문제점을 지적하고 있다.
④ 대조의 방식으로 자신의 주장의 타당성을 부각시키고 있다.
⑤ 핵심 내용을 반복적으로 제시하여 자신의 주장을 강조하고 있다.

핵심 정리 입론

찬성 측 입론		반대 측 입론
경쟁을 하지 않고도 좋은 결과를 낼 수 있으며, 오히려 경쟁이 부작용을 낳기도 한다.	⟷	경쟁은 인간의 본능으로 개인의 능력을 최대치로 발휘하게 하여 개인과 사회의 발전을 이끈다.

사회자 양측의 입론을 잘 들었습니다. 이제부터는 상대측 주장과 근거의 오류를 지적하고, 자신 측의 입론을 보강하는 ㉠1차 반론을 해 주십시오. 먼저 반대 측 반론을 듣겠습니다.

반대 미란 찬성 측은 경쟁 때문에 우리가 행복하지 않다고 말하고 있습니다. 하지만 이는 경쟁으로 인해 우리가 행복해질 수 있다는 사실을 간과한 것입니다. 앞서 말씀드린 것처럼 우리가 재미있어하는 일에는 대부분 경쟁이라는 요소가 들어 있습니다.

경쟁 자체가 공정하지 않다면 그것은 잘못된 것입니다. 그래서 인류는 공정한 경쟁을 위해 결과에 승복할 수 있는 제도를 만들어 왔습니다. 시험을 치르거나 운동 경기를 할 때도 규칙에 따라 공정하게 경쟁을 합니다. 지금 이 토론도 규칙을 지키면서 경쟁을 하고 있는 것입니다.

따라서 우리가 고민해야 할 문제는 경쟁할 것인가 말 것인가를 선택하는 게 아니라, 어떻게 하면 공정한 경쟁을 할 수 있을 것인가입니다.

사회자 이어서 찬성 측의 반론을 듣겠습니다.

찬성 수남 반대 측에서는 경쟁 심리가 인간의 본능이라고 말씀하셨는데, 저희는 그렇게 생각하지 않습니다. 그리스의 철학자 아리스토텔레스가 '인간은 사회적 동물'이라고 말했듯이, 서로 협력하고 의존하면서 사회적 관계를 맺는 것이 인간의 본성입니다.

경제협력개발기구(OECD)가 만 15세 학생들을 대상으로 시행하는 국제학업성취도평가(PISA)에서 상위권을 유지하며 학생들의 삶의 만족도도 높은 핀란드의 교육 방식은 경쟁이 아니라 협동입니다. 우열반을 폐지하고, 등수를 없애고, 뒤처지는 학생을 끌어올리는 데 집중한 결과 핀란드는 학생들 사이의 편차는 가장 낮으면서 학업 성취도 수준은 높은 나라가 되었습니다. 이것은 경쟁을 하지 않고도 훌륭한 결과를 낳을 수 있다는 것을 보여 주는 사례입니다.

핵심

04 이 토론의 절차에 대한 설명으로 가장 적절한 것은?

① 입론과 1차 반론의 발언 순서는 다르다.
② 입론과 1차 반론의 발언 순서는 토론자가 정한다.
③ 1차 반론의 발언 순서는 사회자가 임의로 정한다.
④ 1차 반론의 발언 순서는 토론자의 합의에 따라 결정된다.
⑤ 1차 반론의 발언 순서는 입론 순서와 관계없이 찬성 측이 먼저 한다.

05 ㉠에 대한 설명으로 적절하지 않은 것은?

① 미란은 논제의 초점을 바꿔야 함을 제안하고 있다.
② 미란은 찬성 측 주장이 간과한 사실을 들어 반론을 전개하고 있다.
③ 수남은 상대가 주장한 내용을 부정하면서 그 근거를 들고 있다.
④ 수남은 우리나라 현실이 상대의 주장과 어긋남을 지적하고 있다.
⑤ 수남은 다른 나라 학생들의 사례를 들어 자신의 주장을 뒷받침하고 있다.

06 다음 중 찬성 측 주장으로 적절한 것은?

① 경쟁은 인간의 본능이다.
② 인류는 공정한 경쟁을 위해 노력해 왔다.
③ 인간은 경쟁으로 인해 행복해질 수 있다.
④ 경쟁을 하지 않고는 좋은 결과를 만들어 낼 수 없다.
⑤ 인간은 협력과 의존을 통해 사회적 관계를 맺는 존재이다.

서술형

07 〈보기〉를 바탕으로 수남의 반론을 평가하고, 그 이유가 무엇인지 서술하시오.

보기

논거의 신뢰성은 외적 판단의 근거로 인정할 수 있는 권위에 호소했거나 제시한 자료가 믿을 만한지에 관한 평가 요소를 말한다.

핵심 정리 1차 반론

반대 측 주장과 논거		찬성 측 주장과 논거
• 주장: 경쟁을 통해 행복해질 수 있고, 공정한 경쟁을 위해 고민해야 한다. • 논거: 우리가 재미있어하는 일에는 대부분 경쟁이라는 요소가 들어 있다.	⟷	• 주장: 인간의 본성은 협력과 의존을 통해 사회적 관계를 맺는 것이다. • 논거: 협동을 바탕으로 교육하는 핀란드는 국제학업성취도평가(PISA)에서 높은 성취도를 보이고 있다.

사회자 양측의 1차 반론을 들어 보았습니다. 이제 2차 반론으로 넘어가겠습니다. 2차 반론에서는 상대측에 질문을 하거나 이에 대해 답변을 하여도 좋습니다. 그럼, 찬성 측부터 시작하겠습니다.

지윤 반대 측에서는 경쟁은 받아들일 수밖에 없는 것이니 어떻게 하면 공정한 경쟁을 할 수 있을 것인가에 집중하라고 말씀하셨지요?

경수 예, 맞습니다.

수남 그렇다면 왜 ㉠경쟁을 받아들일 수밖에 없는 것이라고 생각하는지 그 이유를 듣고 싶습니다.

미란 사람들은 대부분 아름다운 것, 좋은 것을 추구합니다. 하지만 그런 것들은 대개 한정되어 있지요. 그래서 공기, 물, 흙 같은 것을 두고는 경쟁하지 않지만 사람들이 바라는 바를 충족시켜 주는 물건을 얻기 위해서는 경쟁을 하는 것입니다.

찬성
수남 반대 측에서는 가치 있는 것은 한정되어 있으므로 경쟁을 할 수밖에 없다고 하셨는데요, 저희는 다 함께 좋은 것을 얻을 수 있다고 생각합니다. / 옛날부터 사람들은 전 세계의 인구가 많아지면 식량이 부족해서 굶어 죽는 사람들이 늘어날 수 있다고 했습니다. 하지만 인구가 많이 늘어난 지금 어떻습니까? 과학 기술의 발전으로 더 많은 먹을거리를 생산하여 이전보다 풍요로워졌습니다. 일부 국가에서 아이들이 배고픔에 시달리는 까닭은 식량이 부족해서가 아니라 탐욕스러운 누군가가 자신의 이익을 위해 식량을 독점하였기 때문입니다. 지금 이 순간 굶어 죽어 가고 있는 빈민국의 아이들을 살리는 것은 경쟁이 아니라 그들에게 내미는 따뜻한 손길입니다. 함께 협력해야 함께 살아 나갈 수 있습니다.

핵심

08 1차 반론과 비교할 때 2차 반론의 특징에 대한 설명으로 가장 적절한 것은?

① 상대측의 논리적 허점을 지적할 수 있다.
② 자신의 주장이 갖는 타당성을 제시해야 한다.
③ 상대측의 주장과 다른 입장을 제시할 수 있다.
④ 자신의 주장에 대한 논리적 근거를 제시해야 한다.
⑤ 상대측에 질문을 하거나 상대방의 질문에 답변할 수 있다.

09 이 토론에 참여한 토론자들에 대한 설명으로 적절하지 <u>않은</u> 것은?

① 지윤은 상대방이 한 말의 내용을 확인하고 있다.
② 경수는 상대방의 질문에 사실 여부를 확인해 주고 있다.
③ 수남은 상대방의 주장에 대한 추가적인 답변을 요구하고 있다.
④ 미란은 통계 자료를 제시하여 자신들의 주장에 대한 근거를 제시하고 있다.
⑤ 수남은 상대방과 다른 예를 통해 자신들의 주장에 대한 근거를 제시하고 있다.

10 ㉠에 대한 반대 측 근거로 가장 적절한 것은?

① 인간에게 경쟁은 본능이기 때문이다.
② 인간이 선호하는 것은 한정되어 있기 때문이다.
③ 세상의 만물보다 인간의 수요가 더 많기 때문이다.
④ 과학조차도 인간에게 풍요로움을 가져다줄 수 없기 때문이다.
⑤ 인간에게는 다른 사람을 배려할 줄 아는 마음이 부족하기 때문이다.

서술형

11 이 토론에서 사회자의 역할 두 가지를 한 문장으로 쓰시오.

핵심 정리 2차 반론(찬성 측)

반대 측	• 주장: 경쟁은 받아들일 수밖에 없다. • 근거: 좋은 것은 한정되어 있어 그것을 얻기 위해서는 경쟁이 불가피하다.
	↓
찬성 측	• 반론: 경쟁은 불가피한 것이 아니며, 우리는 협력해야 함께 살아 나갈 수 있다. • 근거: 인구가 늘어난 지금 과학 기술의 발전으로 이전보다 더 풍요로워졌으며, 식량의 부족은 탐욕스러운 누군가가 자신의 이익을 위해 식량을 독점하기 때문이다.

사회자 예, 시간이 다 되었습니다. 그럼 이어서 반대 측의 2차 반론을 들어 보겠습니다.

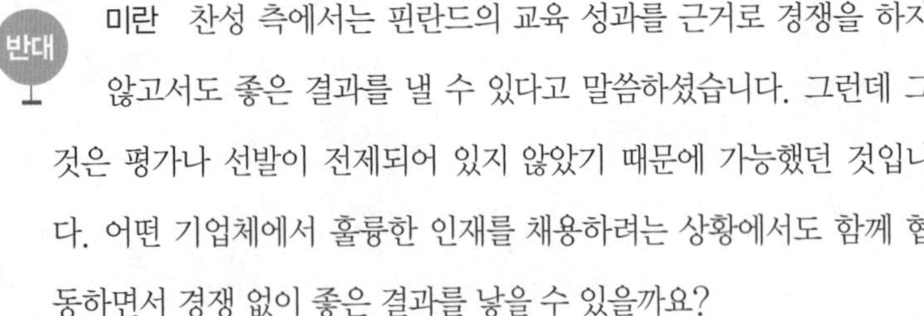

반대 미란 찬성 측에서는 핀란드의 교육 성과를 근거로 경쟁을 하지 않고서도 좋은 결과를 낼 수 있다고 말씀하셨습니다. 그런데 그것은 평가나 선발이 전제되어 있지 않았기 때문에 가능했던 것입니다. 어떤 기업체에서 훌륭한 인재를 채용하려는 상황에서도 함께 협동하면서 경쟁 없이 좋은 결과를 낳을 수 있을까요?

찬성 지윤 채용과 같은 경우도 준비하는 사람들이 함께 협동해서 좋은 결과를 만들 수 있다고 생각합니다.

반대 경수 협력을 통해 좋은 결과를 낼 수는 있지만, 최종적으로 합격자가 있고 불합격자가 있는 이상 경쟁은 피할 수 없겠지요?

찬성 수남 채용처럼 특수한 상황은 어쩔 수 없다고 봅니다. 하지만 우리 사회에서는 이런 상황을 너무 과도하게 경쟁으로만 몰아붙이고 있다고 생각합니다.

찬성 측

핵심 정리 2차 반론(반대 측)

찬성 측	• 주장: 경쟁을 하지 않고서도 좋은 결과를 낼 수 있다. • 근거: 핀란드의 교육 성과(경쟁보다는 협력을 중시하는 교육 방식으로 PISA에서 상위권의 학업 성취도를 보임.)
	↓
반대 측	• 반론: 평가나 선발의 상황에서는 경쟁이 필수적이다. • 근거: 핀란드 교육은 평가나 선발이 전제되어 있지 않기 때문에 가능한 것이다.

12 〈보기〉를 바탕으로 미란의 발언을 비판한 내용으로 가장 적절한 것은?

> 보기
>
> 핀란드 중·고교에도 시험은 있다. 과목별 학기말 시험도 있고, 선발 고사를 보는 고등학교도 있다. 고교 과정을 마치면 '국가 대입 자격 시험'을 보고 대학별 고사도 따로 치러야 한다.

① 반론의 근거가 사실과 다르다.
② 상대방의 주장을 왜곡하고 있다.
③ 자신의 기존 입장을 번복하고 있다.
④ 상대방의 논리적 허점을 외면하고 있다.
⑤ 반론의 방식이 감정적 호소에 치우쳐 있다.

핵심

13 이 토론에 대한 설명으로 적절하지 <u>않은</u> 것은?

① 찬성 측은 상대의 주장을 일부 수용하는 태도를 보이고 있다.
② 반대 측은 상대측의 주장에서 논리적 오류를 지적하고 있다.
③ 찬성 측은 하나의 논쟁점에 대해 서로 다른 입장을 보이고 있다.
④ 반대 측은 자신들의 논리적 약점을 보완하는 발언을 하고 있다.
⑤ 반대 측은 질문을 통해 자신들의 주장에 대한 상대측의 의견을 묻고 있다.

14 토론의 절차를 고려할 때, 2차 반론 이후에 이어질 토론 과정으로 적절한 것은?

① 논제를 재확인할 것이다.
② 찬성 측의 입론이 이어질 것이다.
③ 반대 측의 최종 발언이 이어질 것이다.
④ 찬성 측의 최종 발언이 이어질 것이다.
⑤ 찬성 측과 반대 측의 주장을 제시할 것이다.

사회자 이상으로 찬성 측과 반대 측의 반론을 모두 마치겠습니다. 그럼 ㉠최종 발언을 시작하겠습니다. 반대 측 먼저 최종 발언을 해 주십시오.

반대 미란 찬성 측에서는 경쟁 자체가 지니는 효과와 특수한 상황, 즉 채용과 같은 상황에서는 경쟁이 있을 수밖에 없다는 사실을 인정했습니다. 이 말은 경쟁 자체를 없애야 한다는 것이 아니라 보완이 필요하다는 것으로 받아들일 수 있습니다.

우리 사회에서 경쟁은 앞으로도 계속될 것입니다. 따라서 힘드니까 경쟁을 하지 말자고 할 게 아니라, 경쟁에서 밀려나는 사람들을 어떻게 위로하고 도와줄 수 있는가에 집중해야 한다고 생각합니다. 우리에게 주어진 과제는 공정한 경쟁을 함께 추구하는 것입니다.

사회자 이어서 찬성 측 최종 발언을 해 주십시오.

찬성 지윤 경쟁이 더 나은 결과를 낳을 수 있다는 논리는 오랫동안 우리 사회에서 변함없는 진리로 여겨져 왔습니다. 하지만 저희는 경쟁이 아닌 다른 방식으로 발전할 수 없는지를 진지하게 따져 보아야 한다고 생각합니다. 경쟁 자체를 없애는 것은 불가능하겠지만 경쟁하지 않아도 될 상황에서의 불필요한 경쟁은 그만두어야 한다고 말씀드리고 싶습니다.

한 사람의 행복이 아니라 우리 모두의 행복을 위해 힘을 합쳐야 합니다. 함께 웃을 수 있는 사회야말로 우리가 추구해야 할 가치라고 생각합니다.

사회자 지금까지 양측의 의견을 들어 보았습니다. 오늘은 이것으로 토론을 마치겠습니다. ㉡배심원 여러분께서는 나누어 드린 평가표를 참고하여 어느 편이 잘하였는가를 판정해 주기 바랍니다.

핵심 정리 최종 발언

반대 측		찬성 측
경쟁은 앞으로도 계속될 것이며, 경쟁 자체를 없앨 수 없으므로 보완을 통해 공정한 경쟁을 함께 추구해야 한다.	⟷	우리 모두의 행복을 위해 경쟁 대신 협력과 연대를 통한 발전을 추구해야 한다.

15 〈보기〉에서 ㉠에 해당하는 것만을 모두 골라 묶은 것은?

보기
ⓐ 토론 과정에서 드러난 쟁점을 정리함.
ⓑ 자신 측의 주장이 옳음을 다시 한번 강조함.
ⓒ 질문을 통해 상대측 주장의 오류를 반박함.
ⓓ 토론에서 자신의 주장이 옳음을 처음으로 제시함.

① ⓐ, ⓑ ② ⓐ, ⓒ ③ ⓐ, ⓓ
④ ⓑ, ⓒ ⑤ ⓑ, ⓓ

핵심
16 이 토론에 대한 설명으로 적절하지 않은 것은?

① 찬성 측은 불필요한 경쟁을 그만두어야 한다고 주장하고 있군.
② 반대 측은 경쟁의 문제점을 보완할 필요가 있음을 인정하고 있군.
③ 반대 측은 경쟁의 유무가 아닌, 공정한 경쟁이 중요하다고 강조하고 있군.
④ 찬성 측은 경쟁이 좋은 결과를 가져온다는 것이 변함없는 진리라 생각하고 있군.
⑤ 찬성 측은 함께 웃을 수 있는 사회를 만들기 위해 경쟁을 지양해야 한다고 주장하고 있군.

17 다음 중 찬성과 반대 측에서 공통으로 인정하고 있는 것은?

① 경쟁은 우리가 추구해야 할 가치이다.
② 경쟁 자체를 없애는 것은 불가능하다.
③ 경쟁은 많은 사람들을 불행하게 한다.
④ 경쟁이 사회를 발전하게 하는 원동력이다.
⑤ 경쟁은 특수한 상황에서만 이뤄져야 한다.

서술형
18 사회자의 발언 ㉡을 고려할 때, 토론의 특징을 〈조건〉에 맞게 서술하시오.

조건
• 토론의 개념과 목적으로 포함하여 쓸 것.
• 사회자의 발언 ㉡의 특징을 서술할 것.

1. 토론의 절차에 유의하여 토론 내용을 정리해 봅시다. 예시 답

논제: 우리 사회에서 사람들 사이의 경쟁을 그만두어야 한다.

단계	찬성 측	반대 측
입론	경쟁하지 않고도 좋은 결과를 낼 수 있으며, 오히려 경쟁이 여러 가지 부작용을 낳기도 한다.	경쟁은 인간의 본능이며, 개인의 능력을 발휘하게 하여 개인과 사회의 발전을 이끈다.
1차 반론	경쟁이 아닌 협동을 선택한 핀란드의 교육 방식을 보면 경쟁을 하지 않고도 훌륭한 결과를 낳을 수 있음을 알 수 있다.	우리가 행복하지 않은 것은 경쟁 때문이 아니라 경쟁이 공평하지 않아서이므로, 어떻게 하면 공정하게 경쟁할 수 있을지를 고민해야 한다.
2차 반론	경쟁은 불가피한 것이 아니며, 우리는 협력을 해야 함께 살아 나갈 수 있다.	평가나 선발의 상황에서는 경쟁이 필수적이다.
최종 발언	모두의 행복을 위해 경쟁 대신 협력과 연대를 통한 발전을 추구해야 한다.	경쟁은 앞으로도 계속될 것이며, 경쟁 자체를 없앨 수 없으므로 보완을 통해 공정한 경쟁을 추구해야 한다.

2. 찬성 측과 반대 측에서 제시한 근거를 정리하고, 그 근거를 평가해 봅시다. 예시 답

찬성 측

- 아리스토텔레스의 말을 인용하여 협력하는 사회적 관계를 맺어야 한다고 주장함.
- 협동을 강조한 핀란드가 국제학업성취도 평가에서 상위권을 유지하며 삶의 만족도도 높음.
- 세계 식량 문제 등을 보면 경쟁이 아니라 협력이 옳은 방향임을 알 수 있음.

→ 근거의 내용이 정확하고 출처를 신뢰할 수 있으며 공정하다. 하지만 재화는 식량에만 국한되는 것은 아니므로 식량 문제를 들어 협력이 옳은 방향이라고 한 점은 타당하지 않아 보인다.

반대 측

- 시험, 운동 경기 등의 사례를 들어 경쟁을 통해 행복해질 수 있다고 주장함.
- 경쟁은 인간의 본능이고 발전의 원동력임.
- 기업체의 인재 채용 등 평가나 선발의 상황에서는 경쟁이 필수적임.

→ 근거의 내용이 이치에 맞고 합당하며, 공정하다. 하지만 근거의 출처를 신뢰할 수가 없다.

19 〈보기〉에서 설명하고 있는 토론의 단계로 가장 적절한 것은?

보기

본격적인 토론을 시작하기에 앞서 논제에 대한 자신의 주장과 논거를 제시하면서 그 주장을 정당화하는 것을 말한다.

① 입론 ② 1차 반론
③ 2차 반론 ④ 최종 발언
⑤ 판정

핵심

20 반대 측의 주장으로 적절하지 않은 것은?

① 경쟁은 인간이 지닌 본능이다.
② 평가나 선발의 상황에서 경쟁은 필수적이다.
③ 경쟁과 협력이 적절하게 이루어져야 행복해질 수 있다.
④ 인간이 행복하지 않은 이유는 경쟁이 공정하지 않아서이다.
⑤ 경쟁은 개인의 능력을 발휘하게 하여 개인과 사회의 발전을 이끈다.

21 토론의 절차를 고려할 때, 그 순서가 다섯 번째에 해당하는 것은?

① 찬성 측 1차 반론
② 반대 측 1차 반론
③ 찬성 측 2차 반론
④ 반대 측 2차 반론
⑤ 찬성 측 최종 발언

서술형

22 〈보기〉와 같은 찬성 측 주장의 근거 두 가지를 서술하시오.

보기

경쟁보다는 협력하는 사회적 관계를 맺어야 한다.

3. 다음 평가 기준에 따라 토론의 과정을 평가해 봅시다. 예시 답 생략

평가 기준	찬성 측			반대 측		
	상	중	하	상	중	하
토론의 논제에서 벗어나지는 않았는가?						
토론의 절차를 준수하였는가?						
논제에 관한 자기 측의 주장을 정확하게 밝혔는가?						
근거가 타당하고, 신뢰할 만하며, 공정한가?						
상대측의 주장에 대해 적절한 반론을 제시하였는가?						
상대측의 의견과 주장을 경청하고, 차이를 존중하면서 예의를 갖추어 토론에 임하였는가?						

4. 3의 활동을 바탕으로 토론의 결과를 판정해 봅시다.

예시 답 찬성 측의 승리라고 생각한다. 핀란드의 국제학업성취도평가(PISA) 결과와 아리스토텔레스의 말 등 신뢰할 만한 자료를 근거로 제시하였으며, 주장의 내용이 사회의 정의에 부합한다고 생각하여 찬성 측에 더 높은 점수를 주었다.

합리적 문제 해결 방식, 토론

토론은 어떤 문제에 관해 서로 다른 의견을 가지고 있는 개인이나 집단이 합리적으로 문제를 해결해 가는 의사소통 행위입니다. 따라서 토론을 할 때는 토론 방법과 절차를 따라야 합니다. 또한, 상대측의 주장을 이해하고 차이를 존중하며 예의를 갖추어 토론해야 합니다.

핵심 정리

토론의 절차

입론		1차 반론		2차 반론		최종 발언		판정
찬성 → 반대	→	반대 → 찬성	→	찬성 → 반대	→	반대 → 찬성	→	

토론 평가의 기준

내용	논제 이탈 여부, 주장의 명확성, 논거의 신뢰성 · 타당성 · 공정성, 반론의 적절성
태도	절차 준수 여부, 상대측 주장의 경청 여부, 존중과 예의를 갖추었는지 여부

23 토론의 평가 기준 중 토론의 내용에 대한 평가가 아닌 것은?

① 토론의 논제에서 벗어나지는 않았는가?
② 근거가 타당하고, 신뢰할 만하며, 공정한가?
③ 논제에 관한 자기 측의 주장을 정확하게 밝혔는가?
④ 상대측의 주장에 대해 적절한 반론을 제시하였는가?
⑤ 상대측의 의견과 주장을 경청하고, 예의를 갖추었는가?

핵심

24 〈보기〉의 빈칸에 들어갈 내용으로 가장 적절한 것은?

보기

나는 찬성 측의 승리라고 생각한다. 왜냐하면 (   )

① 다양한 토론 방법을 사용하였기 때문이다.
② 상대측과는 달리 토론의 절차를 준수하였기 때문이다.
③ 차이를 인정하고 상대측의 주장을 수용하였기 때문이다.
④ 주장을 뒷받침하는 근거로 신뢰할 만한 자료를 제시하였기 때문이다.
⑤ 반론을 제시할 때 상대측 논리와 관계없이 자신의 주장을 제시했기 때문이다.

25 다음 중 토론의 태도로 적절하지 않은 것은?

① 상대측의 주장과 의견을 경청한다.
② 토론의 절차와 순서에 맞게 토론한다.
③ 정해진 시간을 준수하여 의견을 제시한다.
④ 차이를 존중하고 예의를 갖추어 토론한다.
⑤ 상대측의 주장을 반박하지 않고 자신의 주장을 펼친다.

활동 2 토론에서 타당한 근거를 들어 논박하기

‖ 모둠을 구성하여 제시된 논제 중 하나를 고르고, 토론 절차에 따라 토론을 해 봅시다.

1단계: 논제 정하기

1. 모둠원끼리 상의하여 제시된 논제 중 하나를 선정해 봅시다. 예시 답

- [ ] 인터넷 실명제를 확대해야 한다.
- [ ] 청소년 봉사 활동을 의무화해야 한다.
- [ ] 보행 시 휴대 전화 사용을 금지해야 한다.
- [x] 교내에 무인 방범 카메라를 설치해야 한다.
- [ ] ______

2단계: 입장 정하고 쟁점 분석하기

2. 논제와 관련한 우리 모둠의 입장을 정하고, 쟁점을 정리해 봅시다.
예시 답
● 우리 모둠의 입장: 교내에 무인 방범 카메라를 설치하는 것에 찬성한다.

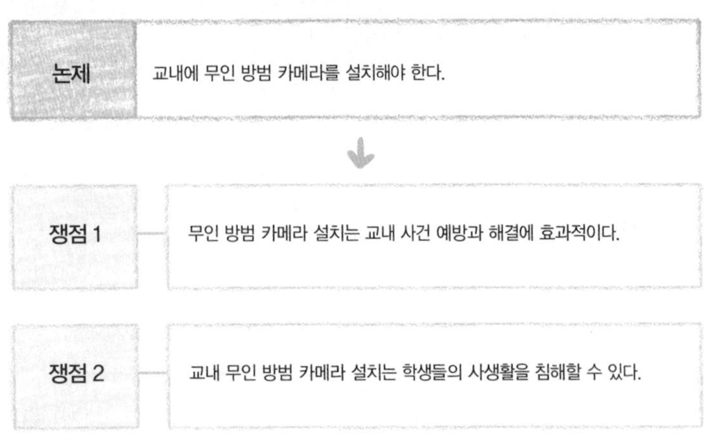

논제	교내에 무인 방범 카메라를 설치해야 한다.
쟁점 1	무인 방범 카메라 설치는 교내 사건 예방과 해결에 효과적이다.
쟁점 2	교내 무인 방범 카메라 설치는 학생들의 사생활을 침해할 수 있다.

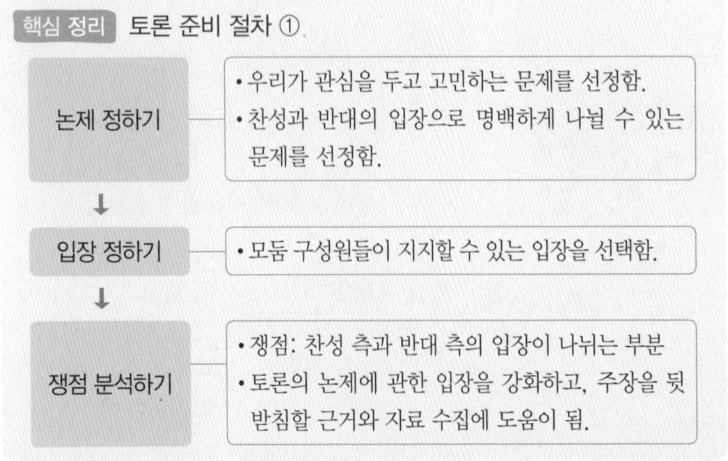

핵심 정리 토론 준비 절차 ①

논제 정하기	• 우리가 관심을 두고 고민하는 문제를 선정함. • 찬성과 반대의 입장으로 명백하게 나뉠 수 있는 문제를 선정함.
↓ 입장 정하기	• 모둠 구성원들이 지지할 수 있는 입장을 선택함.
↓ 쟁점 분석하기	• 쟁점: 찬성 측과 반대 측의 입장이 나뉘는 부분 • 토론의 논제에 관한 입장을 강화하고, 주장을 뒷받침할 근거와 자료 수집에 도움이 됨.

26 다음 중 토론의 논제로 적절하지 않은 것은?

① 인터넷 실명제를 확대하는 것이 좋은가?
② 청소년 봉사 활동을 의무화해야 하는가?
③ 건강하게 살기 위해 무엇을 해야 하는가?
④ 국가적 이익을 위해 통일이 꼭 필요한가?
⑤ 보행 시 휴대 전화 사용을 금지하는 것이 좋은가?

핵심
27 〈보기〉에 대한 설명으로 적절하지 않은 것은?

보기
교내에 무인 방범 카메라를 설치해야 한다.

① 주제와 관련하여 입장이 나뉠 수 있는 지점이 있다.
② 학생들의 일상생활과 밀접한 관련이 없는 주제라 할 수 있다.
③ 반대 측은 학생들의 사생활을 침해할 수 있다고 주장할 수 있다.
④ 찬성 측은 교내 사건 예방과 해결에 효과적이라고 주장할 수 있다.
⑤ 찬성과 반대로 의견이 나뉠 수 있다는 점에서 논제라고 볼 수 있다.

28 토론을 준비하는 태도로 적절하지 않은 것은?

① 논제와 관련하여 예상되는 쟁점을 정리해 본다.
② 우리가 관심을 두고 고민하는 문제 중에서 논제를 고른다.
③ 찬성과 반대의 입장으로 명백하게 나뉠 수 있는 문제를 고른다.
④ 논제에 대한 입장은 모둠 구성원들의 의사와 관계없이 임의로 정한다.
⑤ 논제에 대한 입장을 강화하고 자료 수집에 도움이 되도록 쟁점을 분석한다.

3단계: 토론 준비하기

3. 논제에 대한 자신의 주장을 뒷받침할 근거 자료를 수집하고, 입론을 작성해 봅시다.

예시

주장과 근거 자료	자료의 출처
• 주장: 무인 방범 카메라를 설치해도 사생활을 보호할 수 있다. • 근거 자료: 인터넷망을 통해 카메라 영상 정보의 수집이 가능해짐에 따라 카메라 영상 정보의 유출 위험이 증가하였다. 이에 카메라의 아이피(IP) 정보를 철저히 관리하고, 카메라 영상 정보 전송 시에는 암호화하는 등의 보호 조치를 취하도록 하였다.	행정자치부 블로그
• 주장: 무인 방범 카메라는 범죄 예방과 해결에 효과적이다. • 근거 자료: 어린이 보호 구역 반경 100미터 지역에서 발생한 강력 범죄 건수가 무인 방범 카메라 설치 후 34퍼센트 감소하였다. 설치 전(2013년) 범죄 건수: 1655건 / 설치 후(2016년) 범죄 건수: 1091건	국민 안전처와 경찰청

예시 답

	주장과 근거 자료	자료의 출처
쟁점 1	• 주장: 무인 방범 카메라 설치는 교내 사건 예방과 해결에 효과적이다. • 근거 자료: ○○시에서는 무인 방범 카메라 설치로 학교 폭력이 줄어드는 효과가 나타나 2021년까지 모든 초·중·고등학교에 고화질 무인 방범 카메라를 설치하기로 했다.	에스비에스(SBS) 뉴스, (2018. 3. 5.)
쟁점 2	• 주장: 무인 방범 카메라 설치로 인한 학생들의 사생활 침해를 최소화할 수 있다. • 근거 자료: 무인 방범 카메라를 쉽게 인식할 수 있도록 안내판을 설치하도록 하는 법 규정에 따르면 사생활 침해를 최소화할 수 있다.	개인정보보호법 제25조 제4항. 시행령 제24조

입론: 최근 교내에서 학교 폭력과 도난 등의 사고가 자주 발생하고 있으며, 그것 때문에 많은 학생들이 불안해하고 있습니다. 무인 방범 카메라를 설치하면 이런 문제들을 어느 정도 해결할 수 있습니다. ○○시에서는 무인 방범 카메라가 학교 폭력을 줄이는 효과가 있다고 판단해 2021년까지 ○○시의 모든 학교에 무인 방범 카메라를 설치하기로 했습니다. 이처럼 무인 방범 카메라를 설치하면 학교 폭력과 도난 사건을 줄일 수 있습니다. 또한 무인 방범 카메라의 설치는 사건 예방뿐만 아니라 사건을 해결하는 데에도 도움을 줍니다. 무인 방범 카메라에 찍힌 영상을 통해 사건의 전후 과정을 확인할 수 있기 때문입니다.

무인 방범 카메라가 학생들의 사생활을 침해한다고 하는데 이는 여러 방법을 통해 보완할 수 있습니다. 교내 모든 곳에 방범 카메라를 설치하는 것이 아니라 사건이 자주 발생하는 곳에만 설치하면 학생들의 사생활은 크게 침해되지 않을 것입니다. 또한, 학생들 몰래 무인 방범 카메라를 설치하는 게 아니라 무인 방범 카메라가 설치되어 있음을 알리는 표지판을 세워 두면 사생활 침해 문제는 해결될 것입니다.

따라서 저희는 교내에 무인 방범 카메라를 설치해야 한다고 생각합니다.

29 〈보기〉의 자료를 통해 뒷받침할 수 있는 주장으로 가장 적절한 것은?

보기

어린이 보호 구역 반경 100미터 지역에서 발생한 강력 범죄 건수가 무인 방범 카메라 설치 후 34퍼센트 감소하였다.
– 출처: 국민 안전처와 경찰청

① 무인 방범 카메라 설치는 경제적 비용이 많이 들어간다.
② 무인 방범 카메라 설치는 학생들의 사생활을 침해한다.
③ 무인 방범 카메라를 설치해도 사생활을 보호할 수 있다.
④ 무인 방범 카메라 설치는 범죄 예방과 해결에 효과적이다.
⑤ 무인 방범 카메라 설치는 사건 예방과 해결에 효과적이지 않다.

핵심

30 〈보기〉의 주장을 뒷받침하는 자료로 가장 적절한 것은?

보기

교내 무인 방범 카메라 설치로 인한 학생들의 사생활 침해를 최소화할 수 있다.

① 무인 방범 카메라의 사각지대에 따른 피해 사례
② 무인 방범 카메라의 녹화 기능에 대한 연구 자료
③ 무인 방범 카메라 안내판 설치와 관련한 개인정보보호법 규정
④ 무인 방범 카메라 설치로 인해 불편함을 느낀 학생들의 인터뷰
⑤ 무인 방범 카메라 설치로 인해 학교 폭력이 줄어들었다는 통계 자료

서술형

31 주장을 뒷받침할 근거 자료를 수집할 때 출처를 밝혀야 하는 이유를 신뢰성과 윤리성의 측면에서 서술하시오.

4. 각 쟁점에 관한 상대측의 주장과 근거를 예상해 보고, 그에 대한 반론을 써 봅시다. 예시 답

예상한 상대측의 주장과 근거		반론
• 주장: 무인 방범 카메라의 설치는 사건 예방과 해결에 효과적이지 않다. • 근거 자료: 교내 모든 장소에 무인 방범 카메라를 설치할 수 없으므로 무인 방범 카메라가 설치되지 않은 곳에서 얼마든지 학교 폭력이나 도난 사건이 발생할 수 있다.	→	사건이 자주 발생했거나 자주 발생할 만한 곳에 설치하면 그곳에서의 사건이 줄어든다. ○○ 중학교에서 운동장 구석에 무인 방범 카메라를 설치하고 나서 교내 폭력 사건이 절반으로 줄어들었다고 한다.
• 주장: 무인 방범 카메라 설치는 학생들의 사생활을 침해한다. • 근거 자료: 무인 방범 카메라는 학생들 개개인의 움직임을 끊임없이 녹화하므로 학생들은 감시를 당하고 있다는 생각에 불쾌함을 느낄 것이다.	→	교실이나 화장실 등이 아닌 학교의 공적인 장소에만 무인 방범 카메라를 설치하는 것이므로 학생들의 사생활에 크게 문제될 것이 없으며, 무인 방범 카메라로 녹화된 영상을 철저하게 관리하면 된다.

4단계: 토론하기

5. 모둠별로 각자 맡은 역할에 따라 토론의 절차와 방법을 준수하며 토론을 해 봅시다. 예시 답 생략

보충 자료

토론의 형식과 절차

- 고전적 토론: 정해진 논제에 관하여 찬성 측 2명과 반대 측 2명이 각각 하나의 모둠이 되어 토론을 하는 형식으로, 토론 참여자는 한 번씩 입론과 반론을 할 수 있으며, 입론과 반론 후에는 배심원이나 청자가 평결을 한다.
- 반대 신문식 토론: 정해진 논제에 관하여 찬성 측과 반대 측이 상대방에게 질문을 함으로써 상대방의 논지를 반박하여 승부를 가리는 형식이다.

32 입론에 포함된 내용으로 적절하지 않은 것은?

① 예상되는 상대측 주장에 대한 반론
② 교내의 현재 상황에 대한 문제의식
③ 자신의 주장을 뒷받침해 줄 수 있는 자료
④ 무인 방범 카메라 설치에 대한 자신의 입장
⑤ 상대측이 주장하는 내용을 뒷받침해 주는 자료

핵심

33 토론의 상대측이 〈보기〉와 같은 주장과 근거를 제시할 것으로 예상할 때, 반론으로 가장 적절한 것은?

보기
- 주장: 무인 방범 카메라의 설치는 사건 예방과 해결에 효과적이지 않다.
- 근거: 무인 방범 카메라가 없는 곳에서 사건이 발생할 수 있다.

① 교내의 모든 곳에 무인 방범 카메라를 설치하면 된다.
② 무인 방범 카메라가 설치된 위치에 안내판을 설치하면 된다.
③ 무인 방범 카메라로 녹화된 영상을 철저하게 관리하면 된다.
④ 사건이 자주 발생할 만한 곳에 설치하면 사건을 줄일 수 있다.
⑤ 학교 보안관이나 지킴이가 학교 곳곳을 지속적으로 순찰하면 된다.

서술형

34 토론의 준비 과정에서 '상대측 주장과 근거'를 미리 예상해야 하는 이유가 무엇인지 서술하시오.

5단계: 토론 평가하기

6. 다음 평가표에 따라 토론을 평가해 봅시다. 예시 답 생략

	평가 항목	찬성 측	반대 측
입론	• 각 쟁점에 따른 주장을 명확하게 제시하였는가? • 주장과 근거가 신뢰성, 타당성, 공정성을 갖추고 있는가?	☆☆☆☆☆	☆☆☆☆☆
반론	• 상대측의 주장을 바르게 이해하고 반박하였는가? • 상대측 주장에 관한 근거의 불충분함이나 부적절함을 적절하게 지적하였는가?	☆☆☆☆☆	☆☆☆☆☆
최종 발언	• 토론 과정에서 드러난 쟁점을 정리하고, 자기 측의 주장이 옳다는 것을 강조하였는가? • 토론 내용을 반영하여 설득력 있게 주장을 제시하였는가?	☆☆☆☆☆	☆☆☆☆☆
토론 태도	• 목소리, 말의 속도, 말투, 얼굴 표정 등이 적절하였는가? • 상대측 의견에 감정적으로 대응하지 않고 존중하는 태도를 유지하였는가? • 상대측의 말을 경청하고 토론 순서를 지켜 발언하였는가?	☆☆☆☆☆	☆☆☆☆☆

토론할 때 유의할 점

- 발언 순서와 시간을 준수합니다.
- 토론 주제에서 벗어난 말은 하지 않습니다.
- 크고 분명한 목소리로 간단명료하게 말합니다.
- 상대측의 발언을 끝까지 듣고, 의견의 차이를 존중합니다.
- 상대측 토론자에 대한 비방이나 감정적인 발언을 삼가고 예의를 갖추어 참여합니다.

핵심 정리 토론 준비 절차 ②

근거 자료 수집	• 쟁점에 따라 주장의 근거 자료를 수집함. • 자료의 출처를 밝혀 정리함.
입론 작성	주장을 논리적으로 정리함.
반론 작성	예상되는 상대측 주장과 근거를 바탕으로 함.

토론과 평가

토론하기	토론의 절차와 방법을 준수하며 모둠 구성원 모두가 토론에 골고루 참여함.
평가하기	평가표에 근거하여 토론 전 과정을 고려한 평가를 함.

35 〈보기〉의 주장과 근거에 대한 평가로 가장 적절한 것은?

> 보기
>
> 주장: 무인 방범 카메라 설치는 교내 사건 예방에 효과적이다.
>
> 근거: ○○시에서는 무인 방범 카메라 설치로 학교 폭력이 줄어드는 효과가 나타나 2021년까지 모든 초·중·고등학교에 고화질 무인 방범 카메라를 설치하기로 했다.
>
> – 에스비에스(SBS) 뉴스, (2018. 3. 5.)

① 공신력 있는 뉴스를 근거로 사용하여 신뢰성을 갖춘 주장이라고 할 수 있군.
② 주장과 근거가 이치에 맞고 논리적이므로 공정성을 갖춘 주장이라고 할 수 있군.
③ 주장과 근거의 논리적 연결이 부자연스러워 타당성이 떨어지는 주장이라고 할 수 있군.
④ 주장을 뒷받침하는 근거의 출처가 불분명하여 신뢰성이 떨어지는 주장이라고 할 수 있군.
⑤ 가치 판단이 한쪽으로 치우치지 않고 정의로우므로 타당성을 갖춘 주장이라고 할 수 있군.

핵심
36 다음 중 '반론'과 관련된 평가 항목으로 가장 적절한 것은?

① 토론 과정에서 드러난 쟁점을 잘 정리하였는가?
② 주장의 근거가 신뢰성, 타당성, 공정성을 갖추고 있는가?
③ 상대측의 말을 경청하고 토론 순서를 지켜 발언하였는가?
④ 토론 내용을 반영하여 설득력 있게 주장을 제시하였는가?
⑤ 상대측 주장에 관한 근거의 불충분함을 적절하게 지적하였는가?

창의·융합 활동

다음은 '교내에 무인 방범 카메라를 설치해야 한다.'를 논제로 토론한 뒤 그 결과에 관해 학생들이 나눈 대화입니다. 대화를 보고, 이어지는 활동을 해 봅시다.

민우 지난번 토론 결과에 따라 우리 학교에 무인 방범 카메라를 설치하기로 결정했잖아. 이제 어떻게 해야 할까?

영서 먼저, 토론 결과를 바탕으로 우리가 할 수 있는 일들을 정리해 볼까? / 주연 토론에서는 학생들의 사생활을 최대한 보호하면서, 안전이 취약한 장소에 무인 방범 카메라를 설치하자고 결론을 내렸어.

민우 맞아. 그렇지만 나는 무인 방범 카메라 설치에 반대했던 측의 의견도 존중해 주어야 한다고 생각해.

준수 나는 무인 방범 카메라 설치를 반대하는 입장이었어. 사생활 침해와 예산 문제 때문에 교내 무인 방범 카메라 설치가 효과적이지 않다고 보았거든.

주연 사생활 침해 문제는 매우 중요하니까 학생들의 사생활을 침해하지 않는 장소를 신중히 찾아보자.

준수 우리 학교에서 안전이 취약한 곳은 3학년 교실이 있는 운동장 끝이니까 그쪽에 무인 방범 카메라를 설치하면 될 것 같아. 그리고 무인 방범 카메라로 녹화된 자료를 철저히 관리하면 사생활 침해 문제는 해결할 수 있겠지?

영서 좋은 생각이야. 그곳에 무인 방범 카메라를 설치하는 것에 관해 학생들의 의견을 듣고 최종적으로 설치 장소를 결정하자. 그리고 예산 문제는 학교에서 교육청과 상의를 하겠지만, 우리도 자치 단체장에게 무인 방범 카메라를 교내에 설치하고자 하는 의도를 논리적으로 전달하는 건의문을 작성해서 보내도록 하자.

민우 좋은 의견들인 것 같아. 그럼 학교에 무인 방범 카메라를 설치하기 위해 우리가 논의한 방안들을 하나씩 실천해 볼까?

혼자 하기

1. 토론을 마친 모둠의 학생들이 교내에 무인 방범 카메라를 설치하기 위해 세운 실천 계획을 정리해 봅시다.

- 학생들의 사생활이 침해되지 않는 장소를 찾는다.

예시 답 • 안전에 취약한 운동장 끝에 무인 방범 카메라를 설치한다.
• 자치 단체장에게 무인 방범 카메라 설치에 관한 건의문을 보낸다.

함께하기

2. 이 단원에서 했던 토론 활동의 결과에 관한 실천 방안을 마련해 봅시다.

1 우리 모둠의 토론 논제와 토론의 판정 결과를 적어 봅시다.

논제	우리 반 누리집에 인터넷 실명제를 확대해야 한다.
토론의 결과	찬성 측의 승리(인터넷 실명제 확대를 통해 인터넷 공공 예절을 강화해야 한다.)

2 토론의 결과를 우리의 일상생활에 적용하기 위한 실천 방안을 마련해 봅시다.

예시 답 • 우리 반 누리집의 익명 게시판 삭제
• 인터넷 실명제에 관한 교내 캠페인 진행
• 인터넷의 익명성으로 인해 피해를 본 실제 피해자의 사례 소개

수행 평가 대비 활동

| 수행 평가 TIP | 학급 현안을 논제로 토론한 뒤 토론의 결과를 일상생활에 적용하기 위한 실천 방안을 마련하는 활동입니다. 토론 내용을 바탕으로 실현 가능한 실천 방안을 제시하도록 합니다.

1 평가 내용 확인하기

- 토론 내용을 바탕으로 실천 계획 정리하기
- 토론 결과를 반영한 실천 방안 마련하기

2 평가 기준 확인하기

- 토론 후 학생들이 세운 실천 계획을 파악하였는가?

토론의 결과로 나온 실천 계획을 제시할 때는 평서문의 문장 형식으로 요약하여 적습니다.

- 우리 모둠에서 했던 토론의 결과를 잘 정리하였는가?

토론의 판정 결과를 기록할 때에는 왜 그렇게 판단했는지 구체적인 이유가 드러나야 합니다.

- 토론의 결과가 일상생활에서 적용될 수 있도록 구체적인 방안을 마련하였는가?

토론 결과에 관한 구체적인 실천 방안은 실제로 실천할 수 있는 것이어야 합니다.

수행 평가 +

- 우리 주변의 문제와 관련된 논제로 토론을 한 뒤, 토론의 결과를 캠페인 노래로 만들어 봅시다.

도와줄게 환경, 지역 사회, 학교 등과 관련된 공공 문제에 관심을 갖고 문제의 해결 방안을 마련해 봅니다. 캠페인 노래에는 공공의 문제를 해결할 수 있는 구체적인 실천 방안이 담겨야 합니다.

핵심 콕 마무리

핵심 원리

토론의 절차

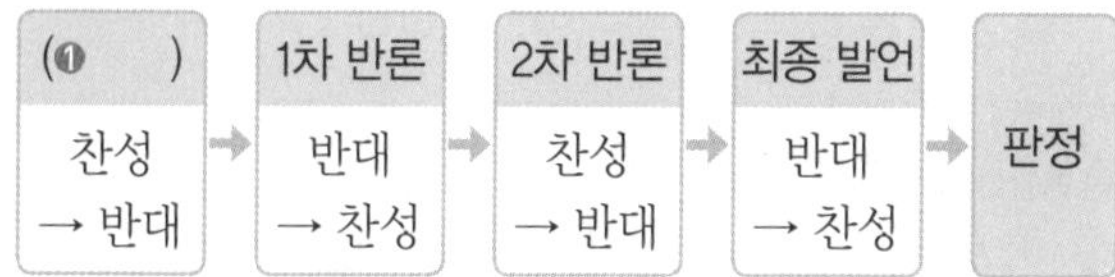

(❶)	1차 반론	2차 반론	최종 발언	판정
찬성 → 반대	반대 → 찬성	찬성 → 반대	반대 → 찬성	

논리적으로 반박하기

상대측 주장과 근거의 신뢰성, 타당성, 공정성 등을 비판적으로 분석해야 논리적으로 반박할 수 있음.

핵심 내용

(1) 토론의 절차와 방법

논제 제시	사회자가 논제를 제시함. 논제: 우리 사회에서 사람들 사이의 경쟁을 그만두어야 한다.

↓

입론	토론자가 자기 측의 주장이 옳다는 것을 내세움. • 찬성 측: 경쟁하지 않고도 좋은 결과를 낼 수 있으며, 오히려 경쟁이 부작용을 낳기도 한다. • 반대 측: 경쟁은 인간의 (❷)으로 개인의 능력을 최대치로 발휘하게 하여 개인과 사회의 발전을 이끈다.

↓

반론	토론자가 상대측의 주장을 (❸)하며 자기 측의 주장이 옳다는 것을 변호함. [1차 반론] • 반대 측: 경쟁을 통해 행복해질 수 있고, 공정한 경쟁을 위해 고민해야 한다. • 찬성 측: 인간의 본성은 협력과 의존을 통해 사회적 관계를 맺는 것이다. [2차 반론] • 찬성 측: 경쟁은 불가피한 것이 아니며, 우리는 협력을 해야 함께 살아 나갈 수 있다. • 반대 측: 평가나 선발의 상황에서는 (❹)이 필수적이다.

↓

최종 발언	토론자가 토론 과정에서 드러난 쟁점을 정리하고, 자기 측의 주장과 근거가 옳다는 것을 다시 한번 강조함. • 반대 측: 경쟁은 앞으로도 계속될 것이며, 경쟁 자체를 없앨 수 없으므로 보완을 통해 공정한 경쟁을 함께 추구해야 한다. • 찬성 측: 우리 모두의 행복을 위해 경쟁 대신 협력과 연대를 통한 발전을 추구해야 한다.

↓

판정	배심원이 찬성 측과 반대 측의 토론 과정에 대한 공정한 평가를 바탕으로 토론 과정을 판정함.

(2) 타당한 근거를 들어 논박하기

논제 정하기

우리가 관심을 두고 고민하는 문제로 정하되, 명백하게 찬성과 반대의 입장으로 나뉠 수 있는 것이어야 함.

↓

입장 정하고 쟁점 분석하기

• (❺): 찬성 측과 반대 측의 입장이 나뉘는 부분을 말함.
• 쟁점 분석: 토론의 논제에 관한 입장을 강화하고, 주장을 뒷받침할 근거와 자료를 수집하는 데 도움이 됨.

↓

토론 준비하기

• 근거 자료 수집: 토론의 과정을 예상하여 근거 자료를 수집하고 활용 전략을 마련해 놓음.
• 입론 작성: 입론을 미리 글로 써 보면 자신의 생각을 논리적으로 정리할 수 있음.
• 반론 준비: 각 쟁점에 관한 상대측의 주장과 (❻)를 예상해 보고, 그에 대한 반론을 준비함.

↓

토론하기

• 발언 순서와 시간을 준수함.
• 토론 (❼)에서 벗어난 말을 하지 않음.
• 크고 분명한 목소리로 간단명료하게 말함.
• 상대측의 발언을 끝까지 듣고, 의견의 차이를 존중함.
• 상대측 토론자에 대한 비방이나 감정적인 발언을 삼가고 예의를 갖추어 참여함.

↓

토론 평가하기

신뢰성, (❽), 공정성 등의 기준에 따라 상대측의 주장과 근거를 비판적으로 분석함.

정답 ❶ 입론 ❷ 본능 ❸ 반박 ❹ 경쟁 ❺ 쟁점 ❻ 근거 ❼ 주제 ❽ 타당성

소단원 핵심 문제

• 정답과 해설 p.28

[01~03] 다음 글을 읽고, 물음에 답하시오.

(가) 찬성 지윤 저희는 경쟁을 하지 않고도 얼마든지 좋은 결과를 낼 수 있다고 생각합니다. 오히려 경쟁은 여러 가지 부작용을 낳기도 합니다.

우리나라 헌법에는 '행복 추구권'이 명시되어 있는데요, 과연 여러분은 얼마나 행복하신가요? 날마다 경쟁을 하며 쫓기듯 불안하게 살고 있지는 않은가요? 저희는 우리가 경쟁을 그만두면 우리의 흥미와 재능을 발견할 수 있는 기회가 확대되고, 현재보다 더욱 훌륭한 교육이 이루어질 것이라고 생각합니다.

(나) 반대 경수 우리가 재미있어하는 일에는 대부분 경쟁이라는 요소가 들어 있습니다. 사람들이 축구처럼 경쟁이 치열한 운동 경기에 열광하는 까닭은 경쟁이 인간의 본능이기 때문입니다.

그리고 경쟁은 개인의 능력을 최대치로 발휘하게 하고, 개인과 사회는 그것을 통해 발전을 이끌 수 있습니다. 다시 말해 경쟁 없이는 발전을 할 수 없다는 것이지요. 경쟁이 싫다고 경쟁 자체를 그만두면 우리 스스로가 우리의 발전을 포기하는 것이 됩니다. 따라서 우리에게 필요한 것은 경쟁의 부정이 아닌, 경쟁의 긍정적인 힘을 배우고 활용하는 지혜입니다.

(다) 사회자 양측의 입론을 잘 들었습니다. 이제부터는 상대측 주장과 근거의 오류를 지적하고, 자신 측의 입론을 보강하는 1차 반론을 해 주십시오. 먼저 반대 측 반론을 듣겠습니다.

반대 미란 찬성 측은 경쟁 때문에 우리가 행복하지 않다고 말하고 있습니다. 하지만 이는 경쟁으로 인해 우리가 행복해질 수 있다는 사실을 간과한 것입니다. 앞서 말씀드린 것처럼 우리가 재미있어하는 일에는 대부분 경쟁이라는 요소가 들어 있습니다.

경쟁 자체가 공정하지 않다면 그것은 잘못된 것입니다. 그래서 인류는 공정한 경쟁을 위해 결과에 승복할 수 있는 제도를 만들어 왔습니다. (중략)

따라서 우리가 고민해야 할 문제는 경쟁할 것인가 말 것인가를 선택하는 게 아니라, 어떻게 하면 공정한 경쟁을 할 수 있을 것인가입니다.

출제 예감 90%

01 이 토론의 내용으로 적절하지 않은 것은?

① 찬성 측은 경쟁이 교육의 질에 영향을 미친다고 보고 있다.
② 찬성 측은 경쟁 없이도 좋은 결과를 낼 수 있다고 주장하고 있다.
③ 반대 측은 경쟁으로 인해 인간이 불행해질 수 있다고 주장하고 있다.
④ 찬성과 반대 측 모두 우리 사회에서 경쟁이 존재한다는 것을 전제하고 있다.
⑤ 반대 측은 개인과 사회 발전을 위해서는 경쟁이 반드시 필요하다고 보고 있다.

출제 예감 95%

02 토론자들의 말하기 방식으로 적절하지 않은 것은?

① 지윤은 질문을 통해 자신의 생각에 동의를 구하고 있다.
② 경수는 인간의 본능을 근거로 들어 자신의 주장을 내세우고 있다.
③ 지윤은 상대측 근거의 허점을 밝혀 상대측의 주장을 반박하고 있다.
④ 미란은 찬성 측의 주장이 간과한 사실을 들어 반론을 전개하고 있다.
⑤ 미란은 새로운 논의의 방향을 제시하며 자신 측의 주장을 보강하고 있다.

출제 예감 80%

03 (다)에서 사회자의 역할로 가장 적절한 것은?

① 토론의 논제를 소개하고 있다.
② 절차에 따라 토론을 진행하고 있다.
③ 토론자의 발언 내용을 요약하고 있다.
④ 토론의 쟁점을 토론자들에게 환기하고 있다.
⑤ 토론 내용 중 모호한 부분을 질문하고 있다.

[04~06] 다음 글을 읽고, 물음에 답하시오.

가 찬성 수남 반대 측에서는 경쟁 심리가 인간의 본능이라고 말씀하셨는데, 저희는 그렇게 생각하지 않습니다. 그리스의 철학자 아리스토텔레스가 '인간은 사회적 동물'이라고 말했듯이, 서로 협력하고 의존하면서 사회적 관계를 맺는 것이 인간의 본성입니다.

㉠ 경제협력개발기구(OECD)가 만 15세 학생들을 대상으로 시행하는 국제학업성취도평가(PISA)에서 상위권을 유지하며 학생들의 삶의 만족도도 높은 핀란드의 교육 방식은 경쟁이 아니라 협동입니다. 우열반을 폐지하고, 등수를 없애고, 뒤처지는 학생을 끌어올리는 데 집중한 결과 핀란드는 학생들 사이의 편차는 가장 낮으면서 학업 성취도 수준은 높은 나라가 되었습니다. 이것은 경쟁을 하지 않고도 훌륭한 결과를 낳을 수 있다는 것을 보여 주는 사례입니다.

나 찬성 수남 그렇다면 왜 경쟁을 받아들일 수밖에 없는 것이라고 생각하는지 그 이유를 듣고 싶습니다.

반대 미란 사람들은 대부분 아름다운 것, 좋은 것을 추구합니다. 하지만 그런 것들은 대개 한정되어 있지요. 그래서 공기, 물, 흙 같은 것을 두고는 경쟁하지 않지만 사람들이 바라는 바를 충족시켜 주는 물건을 얻기 위해서는 경쟁을 하는 것입니다.

찬성 수남 반대 측에서는 가치 있는 것은 한정되어 있으므로 경쟁을 할 수밖에 없다고 하셨는데요, 저희는 다 함께 좋은 것을 얻을 수 있다고 생각합니다.

옛날부터 사람들은 전 세계의 인구가 많아지면 식량이 부족해서 굶어 죽는 사람들이 늘어날 수 있다고 했습니다. 하지만 인구가 많이 늘어난 지금 어떻습니까? 과학 기술의 발전으로 더 많은 먹을거리를 생산하여 이전보다 풍요로워졌습니다. 일부 국가에서 아이들이 배고픔에 시달리는 까닭은 식량이 부족해서가 아니라 탐욕스러운 누군가가 자신의 이익을 위해 식량을 독점하였기 때문입니다. 지금 이 순간 굶어 죽어 가고 있는 빈민국의 아이들을 살리는 것은 경쟁이 아니라 그들에게 내미는 따뜻한 손길입니다. 함께 협력해야 함께 살아 나갈 수 있습니다.

출제 예감 80%

04 이와 같은 토론을 할 때 유의할 점으로 적절하지 않은 것은?

① 발언 순서와 시간을 준수한다.
② 토론 주제에서 벗어나는 말을 하지 않는다.
③ 상대측에게 자신의 주장을 강요하고 관철시킨다.
④ 상대측에게 간단명료하게 자신의 발언을 전달한다.
⑤ 상대측 토론자에 대한 비방이나 감정적인 발언을 삼간다.

출제 예감 95%

05 찬성 측의 주장과 근거를 〈보기〉와 같이 정리할 때, 적절하지 않은 것은?

보기

주장: 모두의 행복을 위해 경쟁 대신 협력과 연대를 통한 발전을 추구해야 한다. ······ ①

근거:
- 가치 있는 것은 한정적이기 때문에 경쟁을 할 수밖에 없다. ······ ②
- 그리스의 철학자 아리스토텔레스가 '인간은 사회적 동물'이라고 말했다. ······ ③
- 세계 식량 문제 등을 보면 경쟁이 아니라 협력이 옳은 방향임을 알 수 있다. ······ ④
- 협동을 강조한 핀란드가 국제학업성취도 평가에서 상위권을 유지하며 삶의 만족도도 높다. ······ ⑤

출제 예감 90% 서술형 논술 대비

06 ㉠이 신뢰할 만한 근거라고 평가할 때, 〈보기〉를 참고하여 그 이유를 구체적으로 서술하시오.

보기

토론에서 주장과 근거를 평가할 때 기준이 되는 신뢰성은 외적 판단의 근거로 인정할 수 있는 권위에 호소했거나 제시한 자료가 믿을 만한지에 관한 평가 요소를 말한다.

소단원 핵심 문제

[07~09] 다음 글을 읽고, 물음에 답하시오.

(가) 사회자 예, 시간이 다 되었습니다. 그럼 이어서 반대 측의 2차 반론을 들어 보겠습니다.

반대 미란 찬성 측에서는 핀란드의 교육 성과를 근거로 경쟁을 하지 않고서도 좋은 결과를 낼 수 있다고 말씀하셨습니다. 그런데 그것은 평가나 선발이 전제되어 있지 않았기 때문에 가능했던 것입니다. 어떤 기업체에서 훌륭한 인재를 채용하려는 상황에서도 함께 협동하면서 경쟁 없이 좋은 결과를 낳을 수 있을까요?

찬성 지윤 채용과 같은 경우도 준비하는 사람들이 함께 협동해서 좋은 결과를 만들 수 있다고 생각합니다.

반대 경수 협력을 통해 좋은 결과를 낼 수는 있지만, 최종적으로 합격자가 있고 불합격자가 있는 이상 경쟁은 피할 수 없겠지요?

찬성 수남 채용처럼 특수한 상황은 어쩔 수 없다고 봅니다. 하지만 우리 사회에서는 이런 상황을 너무 과도하게 경쟁으로만 몰아붙이고 있다고 생각합니다.

(나) 사회자 이상으로 찬성 측과 반대 측의 반론을 모두 마치겠습니다. 그럼 최종 발언을 시작하겠습니다. 반대 측 먼저 최종 발언을 해 주십시오.

반대 미란 찬성 측에서는 경쟁 자체가 지니는 효과와 특수한 상황, 즉 채용과 같은 상황에서는 경쟁이 있을 수밖에 없다는 사실을 인정했습니다. 이 말은 경쟁 자체를 없애야 한다는 것이 아니라 보완이 필요하다는 것으로 받아들일 수 있습니다.

우리 사회에서 경쟁은 앞으로도 계속될 것입니다. 따라서 힘드니까 경쟁을 하지 말자고 할 게 아니라, 경쟁에서 밀려나는 사람들을 어떻게 위로하고 도와줄 수 있는가에 집중해야 한다고 생각합니다. 우리에게 주어진 과제는 공정한 경쟁을 함께 추구하는 것입니다.

(다) 사회자 이어서 찬성 측 최종 발언을 해 주십시오.

찬성 지윤 경쟁이 더 나은 결과를 낳을 수 있다는 논리는 오랫동안 우리 사회에서 변함없는 진리로 여겨져 왔습니다. 하지만 저희는 경쟁이 아닌 다른 방식으로 발전할 수 없는지를 진지하게 따져 보아야 한다고 생각합니다. 경쟁 자체를 없애는 것은 불가능하겠지만 경쟁하지 않아도 될 상황에서의 불필요한 경쟁은 그만두어야 한다고 말씀드리고 싶습니다.

한 사람의 행복이 아니라 우리 모두의 행복을 위해 힘을 합쳐야 합니다. 함께 웃을 수 있는 사회야말로 우리가 추구해야 할 가치라고 생각합니다.

출제 예감 80%

07 이와 같은 토론의 절차에 대한 설명으로 적절한 것은?

① 최종 발언의 순서는 입론의 순서와 동일하다.
② 최종 발언과 2차 반론의 발언 순서는 동일하다.
③ 토론자의 발언 순서는 사회자가 임의로 결정한다.
④ 2차 반론 후에 배심원 판정으로 토론의 승패를 결정한다.
⑤ 2차 반론은 상대측에 질문하면 이에 답변하는 방식으로 진행된다.

출제 예감 85%

08 토론 참가자에 대한 평가로 적절하지 않은 것은?

① 경수는 상대측과 의견의 차이를 존중하였다.
② 지윤은 토론 주제에 벗어난 말을 하지 않았다.
③ 미란은 토론 절차에 따른 발언 순서를 준수하였다.
④ 사회자는 양측에 공평하게 발언 기회를 제공하였다.
⑤ 수남은 상대측 토론자에 대해 감정적인 발언을 하였다.

출제 예감 90% 서술형 논술 대비

09 〈보기〉를 참고하여, 2차 반론에서 반대 측 말하기의 특징을 〈조건〉에 맞게 서술하시오.

보기

1차 반론은 양측이 번갈아 가며 상대측 주장과 근거의 오류를 지적하고 자신 측의 입론을 보강하는 방식으로 진행된다.

조건

1차 반론과의 차이점이 드러나도록 서술할 것.

활동 순서 「동물의 권리에 관하여」의 내용 중에서 논제를 뽑아 토론하기 ➔ 주장과 근거 평가하기 ➔ 토론의 소감 발표하기

「동물의 권리에 관하여」는 글 안에 많은 논제를 담고 있습니다. 그 안에서 논제를 찾거나 그로부터 이끌어 낼 수 있는 논제를 정해 토론을 해 봅시다.

활동 길잡이
「동물의 권리에 관하여」의 내용 중에서 친구들과 토론하고 싶은 논제를 찾아본다. 「동물의 권리에 관하여」에서 소개한 여러 논점들을 중심으로 하여 모둠별로 논제를 선정한다.

1 소단원 (1)에서 읽은 「동물의 권리에 관하여」의 내용 중 친구들과 토론하고 싶은 논제를 찾아봅시다.

- 예시 답 동물권은 반려동물에게만 부여해야 한다.
-
-

활동 길잡이
모둠별로 정한 논제에서 쟁점들을 뽑아 정리하고 그에 대한 주장을 적어 토론에서 자신의 입장을 분명하게 정한다.

2 친구들과 의논하여 토론의 논제를 정한 후에 그 논제에 따른 쟁점을 정리하고, 쟁점별로 자신의 주장을 적어 봅시다. 예시 답

토론 논제: 동물권은 반려동물에게만 부여해야 한다.

쟁점	자신의 주장
동물권을 부여할 동물의 범위를 반려동물로 제한해야 한다.	동물권은 동물이 지닌 기본적인 권리를 의미하므로 반려동물이 아닌 동물들을 제외하는 것은 동물권의 의미와 가치에 어긋난다. 따라서 동물권은 모든 동물의 생명을 존중하는 방향에서 논의되어야 한다.

활동 길잡이
자신이 수집한 자료의 내용이 근거로서 적합한지 검토한 다음, 믿을 만하고 타당하며 공정한지를 따져 토론에서 사용할지의 여부를 결정한다.

3 자신의 주장을 뒷받침할 근거를 마련하고, 근거의 신뢰성, 타당성, 공정성을 검토하여 선정해 봅시다. 예시 답

근거의 내용	자료의 출처	근거의 신뢰성, 타당성, 공정성	선정 여부
유네스코에서 공포한 '세계 동물권 선언'에서 '지각력 있는 모든 비인간 동물은 고통받지 않을 권리를 갖는다.'라는 것을 명시하고 있으므로 동물권을 반려동물에게만 부여해서는 안 된다.	유네스코, '세계동물권 선언'(1978. 10. 15.)	공인된 기관에서 발표한 내용이므로 신뢰할 수 있는 자료이다. 또 생명 존중의 차원에서 공정성이 있으며 주장이 도출된 과정이 합리적이고 타당하다.	주장을 뒷받침할 자료로 선정한다.

활동 길잡이
상대측의 반론을 예상하고, 그에 대해 대응할 방안을 마련하여 토론을 유리하게 이끌어 나가도록 한다. 상대측의 반론을 예상하고 대응 방안을 마련하여 자기 측 주장의 설득력을 높일 수 있다.

4 상대측의 반론을 예상해 보고, 이에 대응할 방법을 준비해 봅시다. 예시 답

예상되는 상대측의 반론	대응할 방법
지각력 있는 모든 비인간 동물을 판정할 수 있는 자격은 누구에게 있는지 궁금합니다. 또 판정할 수 있는 기준이 존재합니까?	수의학 박사 등 동물 전문가들의 연구 자료 중 여러 동물군의 지각력 등을 조사하여 대응한다.

활동 길잡이
절차에 따라 토론을 진행하고, 토론을 하면서 느낀 점을 이야기해 본다. 토론 후 소감을 발표하는 과정을 통해 토론의 필요성과 중요성, 토론의 절차와 방법 등을 다시 한번 생각해 본다.

5 절차에 따라 토론을 진행하고, 토론 후에 소감을 이야기해 봅시다. 예시 답 생략

• 정답과 해설 p.29

대단원 확인 문제

[01~03] 다음 글을 읽고, 물음에 답하시오.

(가) 인권이라는 개념은, 사람에게 눈이 두 개고 코가 하나라고 하는 것처럼 자연적으로 형성된 개념이 아니라, 오랜 시간에 걸쳐 생성되고 발전해 온 개념이다. 즉 인권은 모든 인간이 인간다운 삶을 누리기 위해 노력하는 과정 속에서 발전해 온 역사적 · 사회적 개념인 것이다.

동물권 역시 마찬가지다. 동물이므로 당연하게 지니는 권리가 있다고 하는 주장은 아직 모든 사람에게 인정받지 못하고 있다. 자칫 인권을 보장받지 못하고 있는 사람들의 처지를 외면하는 것으로 오해를 살 수도 있고, 동물을 사람과 동일시하는 것으로 여겨질 수도 있다. 하지만 동물과 인간이 맺는 관계의 변화로 인해 그들을 대하는 우리의 자세가 달라지면서, 동물권에 관해서도 논의해야 하는 시점에 이른 것은 분명하다.

(나) 동물권을 인정한다는 것은 간단한 문제가 아니다. 인권과 연결해서 생각해 보면, 그 핵심 쟁점은 '과연 동물이 인간과 동등한 지위를 갖는가?' 하는 점이라 할 수 있다. 이에 관한 논의는 동물도 인간과 똑같이 고통을 느낀다는 점에 주목하는지, 아니면 충분하지는 않더라도 지적 능력이나 감정을 지니고 있다는 점에 주목하는지 등에 따라 많은 차이를 낳는다. 인간의 존엄성, 자유와 평등 같은 인권의 핵심 개념이 동물에 대해서는 어떻게 적용되어야 하는지에 관해서도 깊이 논의된 바가 없다.

(다) 사람은 그 안에서 생물학적 유사성이 100퍼센트에 가까우므로 논의가 어렵지 않다. 하지만 동물의 경우는 동물군 자체의 차이도 크고, 인간이 그들을 대하는 자세 또한 동물군 혹은 동물 개체에 따라 너무 달라서 내용이 복잡해진다. 예를 들어, 개, 고양이와 새우, 달팽이를 똑같이 대해야 한다는 주장은 보편적인 견해라 하기 어렵다. 모기나 헬리코박터라면 더욱 그러하다. 또한, 반려동물, 식용 동물, 사역 동물, 나아가 산업 동물, 실험동물, 야생 동물 등을 모두 똑같이 대해야 한다는 주장 역시 아직은 보편적이지 않다.

01 이 글을 쓰기 위한 계획으로 적절하지 않은 것은?

① 대상에 대한 논의의 필요성을 강조해야겠어.
② 주요 개념의 변천 과정을 구체적으로 제시해야겠어.
③ 구체적인 예를 들어 복잡한 문제 상황을 설명해야겠어.
④ 유사 개념을 비교하여 말하고자 하는 바를 부각해야겠어.
⑤ 서로 다른 대상의 특성을 대조하여 문제의 어려움을 강조해야겠어.

02 〈보기〉의 자료를 통해 주장할 수 있는 내용으로 가장 적절한 것은?

보기

침팬지의 아이큐는 70~120 정도가 된다고 한다. 실제 한 실험에서 1에서 10까지의 숫자를 침팬지에게 보여 준 후 해당 위치의 숫자를 가리면 침팬지는 그 숫자의 상당수를 맞추는 모습을 보였다고 한다.

① 인간의 인지 능력에 미치지 못하므로 동물권을 인정하기 어렵다.
② 인간과 감정적으로 교류하지 못하므로 동물권을 인정하기 어렵다.
③ 인간처럼 고통을 느끼기도 한다는 점에서 동물권을 인정해야 한다.
④ 인간에 근접하는 높은 지능을 지녔다는 점에서 동물권을 인정해야 한다.
⑤ 인간과 마찬가지로 감정을 느낄 줄 안다는 점에서 동물권을 인정해야 한다.

03 이 글을 '읽는 중' 점검해야 하는 내용으로 적절하지 않은 것은?

① 글의 전체 구조를 파악하며 읽는다.
② 글의 내용에 관해 질문하고 그 답을 찾으며 읽는다.
③ 모르는 단어나 내용을 참고 자료를 활용하여 읽는다.
④ 글의 내용이나 글쓴이의 주장에 공감하거나 비판하며 읽는다.
⑤ 글의 주제와 관련된 다양한 다른 글을 찾아 글에 대한 이해를 심화한다.

[04~07] 다음 글을 읽고, 물음에 답하시오.

㉮ 동물권에 관한 논의는 권리의 당사자인 '동물'이 아니라 권리를 부여하는 인간이 주체가 된다는 점에서 특징적이다. 예를 들어 보자. 털을 얻기 위해 양을 기른다면 그 양은 산업 동물이다. 산업 동물에게 인간적으로 측은한 마음을 가질 수는 있어도, 양이 제공하는 털의 가치를 넘어서까지 치료비를 들이기는 어렵다. 하지만 반려동물이라면 이야기가 달라진다. 5만 원을 주고 입양한 개이지만 (　　　㉠　　　) 몇백만 원의 치료비를 낼 수도 있다. 양을 반려동물로 삼아 사랑하고 의지한다면 그 양에 대해서도 마찬가지일 것이다. 이는 결국 인간과 동물의 관계가 논의의 출발점이 된다는 것을 뜻한다.

㉯ 동물권이 인간을 기준으로 결정된다고 해도, 여전히 두 가지의 중요한 관점이 대립한다. 개별적 관계에 따라 논의하는 관점과 보편적 차원에서 동물권을 논의하는 관점이다. 같은 반려동물이라 하더라도 오랜 시간 정을 주고 온갖 경험을 함께한 내 강아지와 인터넷에서 오늘 처음 알게 된 어느 유명 배우의 고양이에 관한 내 자세는 다를 수밖에 없다. 이는 인권에 대해서도 마찬가지여서, 내 친구의 목숨과 다른 나라에 사는 어린이의 목숨은 똑같이 소중하지만, 내가 그들 각자에 취하는 자세는 달라지는 것이 보통이다. 또한, 인권이라는 말을 써 가며 우리끼리 서로 존중해 주자고 합의하고 살아오다가, 갑자기 동물에 대해서도 이런 개념을 적용하자는 주장에 대해 불편함을 느낄 수 있다. 현재의 인권 개념처럼 어떤 상황에서든 누구에게나 차별 없이 적용되는 동물의 권리를 인정하는 것은 다분히 시기상조로 보인다.

㉰ 최근 들어 관심이 높아지기는 했지만, 아직까지 동물권은 인간의 윤리와 개인 차원의 양심에 호소하는 측면이 강하다. 하지만 여성과 어린이가 점차로 자신의 권리를 찾고 향유하게 되었듯이, 동물 역시 그들이 누려야 할 마땅한 권리라는 것이 있다면 앞으로 점점 더 많은 권리를 누리게 될 것이다. ㉡ 인간과 동물을 묶어서 하나의 생태계로 보는 관점이 널리 퍼질수록 그 흐름은 빨라질 것이다. 각자의 관점이나 처지가 어떠하든, 이용과 파괴가 아니라 존중과 공존에 기반을 두고 동물권에 관해 발전적으로 논의를 전개해야 할 것이다.

04 이 글의 글쓴이의 주장으로 가장 적절한 것은?

① 동물권에 대한 인간의 오해를 풀어야 한다.
② 동물권에 대한 발전된 논의를 전개해야 한다.
③ 동물권을 인권과 같은 수준에서 인정해야 한다.
④ 동물권 논쟁에서 벌어지는 다툼을 해소해야 한다.
⑤ 동물권 논의의 주체에 권리 당사자를 포함해야 한다.

05 이 글을 바탕으로 〈보기〉를 이해한 내용으로 적절하지 않은 것은?

보기
ⓐ 반려동물: 고양이, 강아지 등
ⓑ 산업 동물: 소, 돼지, 닭, 양 등
ⓒ 야생 동물: 사자, 호랑이, 코뿔소 등

① ⓐ가 ⓒ에 비해 인간과의 친밀도가 더 높겠군.
② ⓑ를 대하는 데는 경제적 관점이 들어가겠군.
③ ⓐ에 속한 동물들에 대한 인간의 태도는 모두 같겠군.
④ 일반적으로 ⓒ보다 ⓐ의 치료비를 더 기꺼이 지불하겠군.
⑤ ⓐ, ⓑ, ⓒ의 권리에 대한 논의는 결국 인간이 주체가 되겠군.

06 ㉠에 들어갈 내용으로 가장 적절한 것은?

① 권리의 크기가 어떠하냐에 따라서
② 나와의 관계가 어떠하냐에 따라서
③ 동물권 논의의 진행 과정에 따라서
④ 동물과 인간 중 주체가 누구냐에 따라서
⑤ 동물권에 대한 최근의 관심 여부에 따라서

서술형
07 ㉡이 의미하는 바가 무엇인지 〈조건〉에 맞게 구체적으로 서술하시오.

조건
• (다)에 언급된 핵심 단어를 사용할 것.
• 대조의 방식으로 서술할 것.

대단원 확인 문제

[08~10] 다음 글을 읽고, 물음에 답하시오.

(가) 사회자 우리는 태어나면서부터 끊임없이 경쟁을 하며 살아갑니다. 그러나 경쟁이 꼭 필요한 것인가에 관해서는 여전히 많은 논란이 있습니다. 오늘은 '우리 사회에서 사람들 사이의 경쟁을 그만두어야 한다.'를 논제로 토론해 보겠습니다. 먼저 찬성 측의 입론을 듣겠습니다.

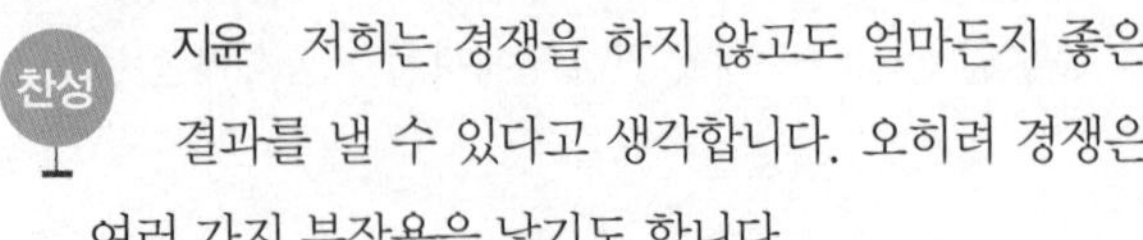

찬성 지윤 저희는 경쟁을 하지 않고도 얼마든지 좋은 결과를 낼 수 있다고 생각합니다. 오히려 경쟁은 여러 가지 부작용을 낳기도 합니다.

우리나라 헌법에는 '행복 추구권'이 명시되어 있는데요, 과연 여러분은 얼마나 행복하신가요? 날마다 경쟁을 하며 쫓기듯 불안하게 살고 있지는 않은가요? 저희는 우리가 경쟁을 그만두면 우리의 흥미와 재능을 발견할 수 있는 기회가 확대되고, 현재보다 더욱 훌륭한 교육이 이루어질 것이라고 생각합니다.

(나) 반대 경수 우리가 재미있어하는 일에는 대부분 경쟁이라는 요소가 들어 있습니다. 사람들이 축구처럼 경쟁이 치열한 운동 경기에 열광하는 까닭은 경쟁이 인간의 본능이기 때문입니다.

그리고 경쟁은 개인의 능력을 최대치로 발휘하게 하고, 개인과 사회는 그것을 통해 발전을 이끌 수 있습니다. 다시 말해 경쟁 없이는 발전을 할 수 없다는 것이지요. 경쟁이 싫다고 경쟁 자체를 그만두면 우리 스스로가 우리의 발전을 포기하는 것이 됩니다. 따라서 우리에게 필요한 것은 경쟁의 부정이 아닌, 경쟁의 긍정적인 힘을 배우고 활용하는 지혜입니다.

사회자 양측의 입론을 잘 들었습니다. 이제부터는 상대 측 주장과 근거의 오류를 지적하고, 자신 측의 입론을 보강하는 1차 반론을 해 주십시오. 먼저 반대 측 반론을 듣겠습니다.

(다) 찬성 수남 반대 측에서는 경쟁 심리가 인간의 본능이라고 말씀하셨는데, 저희는 그렇게 생각하지 않습니다. 그리스의 철학자 아리스토텔레스가 '인간은 사회적 동물'이라고 말했듯이, 서로 협력하고 의존하면서 사회적 관계를 맺는 것이 인간의 본성입니다.

경제협력개발기구(OECD)가 만 15세 학생들을 대상으로 시행하는 국제학업성취도평가(PISA)에서 상위권을 유지하며 학생들의 삶의 만족도도 높은 핀란드의 교육 방식은 경쟁이 아니라 협동입니다. 우열반을 폐지하고, 등수를 없애고, 뒤처지는 학생을 끌어올리는 데 집중한 결과 핀란드는 학생들 사이의 편차는 가장 낮으면서 학업 성취도 수준은 높은 나라가 되었습니다. 이것은 경쟁을 하지 않고도 훌륭한 결과를 낳을 수 있다는 것을 보여 주는 사례입니다.

08 **(가)와 (나)에서 사회자에 대한 설명으로 적절한 것은?**

① (가)와 (나)에서 모두 토론자를 소개하고 있다.
② (가)와 (나)에서 모두 토론자에게 순서를 알려 주고 있다.
③ (가)에서는 토론의 배경을, (나)에서는 토론의 목적을 환기하고 있다.
④ (가)에서는 토론의 논제를 소개하고, (나)에서는 토론의 내용을 요약하고 있다.
⑤ (가)에서는 객관적인 태도를 보이지만, (나)에서는 주관적인 입장을 드러내고 있다.

09 **수남의 말하기 방식에 대한 설명으로 적절하지 않은 것은?**

① 상대측의 근거가 지닌 오류를 지적하고 있다.
② 상대측의 주장에 반대하는 의견을 제시하고 있다.
③ 다른 사람의 말을 인용하여 자신의 주장을 강화하고 있다.
④ 다른 나라의 사례를 들어 자신의 주장을 뒷받침하고 있다.
⑤ 권위 있는 자료를 활용하여 주장의 신뢰성을 높이고 있다.

서술형

10 **(가)와 (나)에 나타난 찬성 측과 반대 측의 주장을 요약하여 서술하시오.**

[11~12] 다음 글을 읽고, 물음에 답하시오.

사회자　양측의 1차 반론을 들어 보았습니다. 이제 2차 반론으로 넘어가겠습니다. 2차 반론에서는 상대측에 질문을 하거나 이에 대해 답변을 하여도 좋습니다. 그럼, 찬성 측부터 시작하겠습니다.

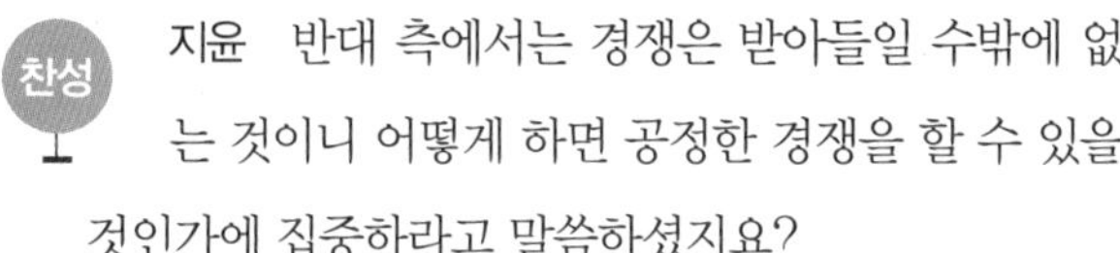

찬성 지윤　반대 측에서는 경쟁은 받아들일 수밖에 없는 것이니 어떻게 하면 공정한 경쟁을 할 수 있을 것인가에 집중하라고 말씀하셨지요?

반대 경수　예, 맞습니다.

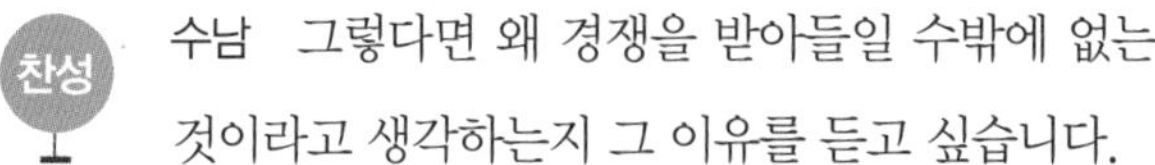

찬성 수남　그렇다면 왜 경쟁을 받아들일 수밖에 없는 것이라고 생각하는지 그 이유를 듣고 싶습니다.

반대 미란　사람들은 대부분 아름다운 것, 좋은 것을 추구합니다. 하지만 그런 것들은 대개 한정되어 있지요. 그래서 공기, 물, 흙 같은 것을 두고는 경쟁하지 않지만 사람들이 바라는 바를 충족시켜 주는 물건을 얻기 위해서는 경쟁을 하는 것입니다.

찬성 수남　반대 측에서는 가치 있는 것은 한정되어 있으므로 경쟁을 할 수밖에 없다고 하셨는데요, 저희는 다 함께 좋은 것을 얻을 수 있다고 생각합니다.

옛날부터 사람들은 전 세계의 인구가 많아지면 식량이 부족해서 굶어 죽는 사람들이 늘어날 수 있다고 했습니다. 하지만 인구가 많이 늘어난 지금 어떻습니까? 과학 기술의 발전으로 더 많은 먹을거리를 생산하여 이전보다 풍요로워졌습니다. 일부 국가에서 아이들이 배고픔에 시달리는 까닭은 식량이 부족해서가 아니라 탐욕스러운 누군가가 자신의 이익을 위해 식량을 독점하였기 때문입니다. 지금 이 순간 굶어 죽어 가고 있는 빈민국의 아이들을 살리는 것은 경쟁이 아니라 그들에게 내미는 따뜻한 손길입니다. 함께 협력해야 함께 살아 나갈 수 있습니다.

사회자　예, 시간이 다 되었습니다. 그럼 이어서 반대 측의 2차 반론을 들어 보겠습니다.

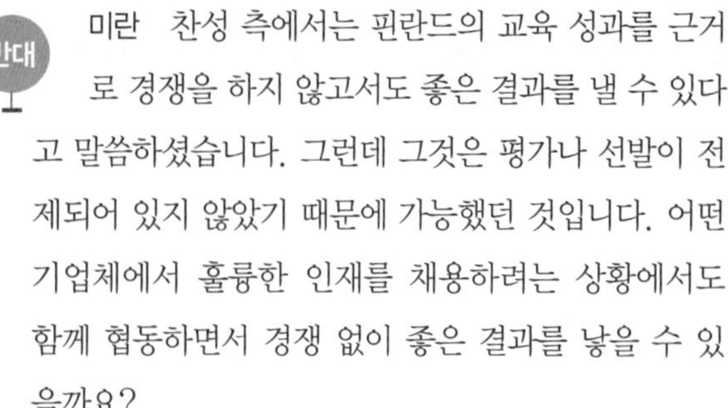

반대 미란　찬성 측에서는 핀란드의 교육 성과를 근거로 경쟁을 하지 않고서도 좋은 결과를 낼 수 있다고 말씀하셨습니다. 그런데 그것은 평가나 선발이 전제되어 있지 않았기 때문에 가능했던 것입니다. 어떤 기업체에서 훌륭한 인재를 채용하려는 상황에서도 함께 협동하면서 경쟁 없이 좋은 결과를 낳을 수 있을까요?

찬성 지윤　채용과 같은 경우도 준비하는 사람들이 함께 협동해서 좋은 결과를 만들 수 있다고 생각합니다.

반대 경수　협력을 통해 좋은 결과를 낼 수는 있지만, 최종적으로 합격자가 있고 불합격자가 있는 이상 경쟁은 피할 수 없겠지요?

찬성 수남　채용처럼 특수한 상황은 어쩔 수 없다고 봅니다. 하지만 우리 사회에서는 이런 상황을 너무 과도하게 경쟁으로만 몰아붙이고 있다고 생각합니다.

11 **〈보기〉의 평가 기준을 바탕으로 이 토론을 평가한 내용으로 적절하지 <u>않은</u> 것은?**

> 보기
>
> ⓐ 토론의 절차를 준수하였는가?
> ⓑ 논제에 관한 자기 측의 주장을 정확하게 밝혔는가?
> ⓒ 근거가 타당하고, 신뢰할 만하며, 공정한가?
> ⓓ 상대측의 주장에 대해 적절한 반론을 제시하였는가?
> ⓔ 상대측의 의견과 주장을 경청하고, 차이를 존중하면서 예의를 갖추어 토론에 임하였는가?

① ⓐ: 양측은 사회자가 정해 준 순서에 따라 토론 절차를 잘 준수하였다.

② ⓑ: 수남은 상대측의 주장을 수긍하고 입장을 바꾸었으므로 자기 측의 주장을 정확하게 밝혔다고 보기 어렵다.

③ ⓒ: 미란은 핀란드 교육이 평가나 선발이 전제되지 않았다고 했으나 그 근거가 명확하지 않아 신뢰하기 어렵다.

④ ⓓ: 수남은 빈민국 아이들을 예로 들어 상대측의 주장을 적절하게 반박하고 있다.

⑤ ⓔ: 양측은 상대측의 의견을 충분히 듣고, 그에 따라 발언을 이어 가고 있으므로 상대측의 의견을 경청하고 예의를 갖추어 토론에 임했다고 할 수 있다.

대단원 확인 문제

12 2차 반론에 나타난 양측의 토론 전략으로 적절하지 않은 것은?

① 찬성 측은 반론에 앞서 상대측 주장의 근거를 묻고 있다.
② 찬성 측은 사례를 바탕으로 상대측 논리의 문제점을 지적하고 있다.
③ 반대 측은 논제를 일부 수정하여 새로운 대안을 제시하고 있다.
④ 반대 측은 추가적인 질문을 통해 자신들이 원하는 답변을 유도하고 있다.
⑤ 양측은 모두 상대측의 주장을 바탕으로 반론을 시작하고 있다.

서술형

13 〈보기〉에서 양측이 상대측의 주장 중 수용하고 있는 내용은 무엇인지 〈조건〉에 맞게 서술하시오.

보기

미란 찬성 측에서는 경쟁 자체가 지니는 효과와 특수한 상황, 즉 채용과 같은 상황에서는 경쟁이 있을 수밖에 없다는 사실을 인정했습니다. 이 말은 경쟁 자체를 없애야 한다는 것이 아니라 보완이 필요하다는 것으로 받아들일 수 있습니다.

우리 사회에서 경쟁은 앞으로도 계속될 것입니다. 따라서 힘드니까 경쟁을 하지 말자고 할 게 아니라, 경쟁에서 밀려나는 사람들을 어떻게 위로하고 도와줄 수 있는가에 집중해야 한다고 생각합니다. 우리에게 주어진 과제는 공정한 경쟁을 함께 추구하는 것입니다.

지윤 경쟁이 더 나은 결과를 낳을 수 있다는 논리는 오랫동안 우리 사회에서 변함없는 진리로 여겨져 왔습니다. 하지만 저희는 경쟁이 아닌 다른 방식으로 발전할 수 없는지를 진지하게 따져 보아야 한다고 생각합니다. 경쟁 자체를 없애는 것은 불가능하겠지만 경쟁하지 않아도 될 상황에서의 불필요한 경쟁은 그만두어야 한다고 말씀드리고 싶습니다.

한 사람의 행복이 아니라 우리 모두의 행복을 위해 힘을 합쳐야 합니다. 함께 웃을 수 있는 사회야말로 우리가 추구해야 할 가치라고 생각합니다.

조건

- 상대측 주장의 내용을 구체적으로 밝힐 것.
- '반대 측은 ~ 주장하고 있고, 찬성 측은 ~ 하고 있다.'의 문장 형식으로 서술할 것.

[14~17] 다음 글을 읽고, 물음에 답하시오.

가 동물권을 인정한다는 것은 간단한 문제가 아니다. 인권과 연결해서 생각해 보면, 그 핵심 쟁점은 '과연 동물이 인간과 동등한 지위를 갖는가?' 하는 점이라 할 수 있다. 이에 관한 논의는 동물도 인간과 똑같이 고통을 느낀다는 점에 주목하는지, 아니면 충분하지는 않더라도 지적 능력이나 감정을 지니고 있다는 점에 주목하는지 등에 따라 많은 차이를 낳는다. 인간의 존엄성, 자유와 평등 같은 인권의 핵심 개념이 동물에 대해서는 어떻게 적용되어야 하는지에 관해서도 깊이 논의된 바가 없다.

나 동물권에 관한 논의는 권리의 당사자인 '동물'이 아니라 권리를 부여하는 인간이 주체가 된다는 점에서 특징적이다. 예를 들어 보자. 털을 얻기 위해 양을 기른다면 그 양은 산업 동물이다. 산업 동물에게 인간적으로 측은한 마음을 가질 수는 있어도, 양이 제공하는 털의 가치를 넘어서까지 치료비를 들이기는 어렵다. 하지만 반려동물이라면 이야기가 달라진다. 5만 원을 주고 입양한 개이지만 나와의 관계가 어떠하냐에 따라서 몇백만 원의 치료비를 낼 수도 있다. 양을 반려동물로 삼아 사랑하고 의지한다면 그 양에 대해서도 마찬가지일 것이다. 이는 결국 인간과 동물의 관계가 논의의 출발점이 된다는 것을 뜻한다.

다 최근 들어 관심이 높아지기는 했지만, 아직까지 동물권은 인간의 윤리와 개인 차원의 양심에 호소하는 측면이 강하다. 하지만 여성과 어린이가 점차로 자신의 권리를 찾고 향유하게 되었듯이, 동물 역시 그들이 누려야 할 마땅한 권리라는 것이 있다면 앞으로 점점 더 많은 권리를 누리게 될 것이다. 인간과 동물을 묶어서 하나의 생태계로 보는 관점이 널리 퍼질수록 그 흐름은 빨라질 것이다. 각자의 관점이나 처지가 어떠하든, 이용과 파괴가 아니라 존중과 공존에 기반을 두고 동물권에 관해 발전적으로 논의를 전개해야 할 것이다.

라 사회자 이어서 찬성 측의 반론을 듣겠습니다.

찬성 수남 반대 측에서는 경쟁 심리가 인간의 본능이라고 말씀하셨는데, 저희는 그렇게 생각하지 않습니다. 그리스의 철학자 아리스토텔레스가 '인간은 사회적 동물'이라고 말했듯이, 서로 협력하고 의존하면서 사회적 관계를 맺는 것이 인간의 본성입니다.

경제협력개발기구(OECD)가 만 15세 학생들을 대상으로 시행하는 국제학업성취도평가(PISA)에서 상위권을 유지하며 학생들의 삶의 만족도도 높은 핀란드의 교육 방식은 경쟁이 아니라 협동입니다. 우열반을 폐지하고, 등수를 없애고, 뒤처지는 학생을 끌어올리는 데 집중한 결과 핀란드는 학생들 사이의 편차는 가장 낮으면서 학업 성취도 수준은 높은 나라가 되었습니다. 이것은 경쟁을 하지 않고도 훌륭한 결과를 낳을 수 있다는 것을 보여 주는 사례입니다.

마 사회자 예, 시간이 다 되었습니다. 그럼 이어서 반대 측의 2차 반론을 들어 보겠습니다.

반대 미란 찬성 측에서는 핀란드의 교육 성과를 근거로 경쟁을 하지 않고서도 좋은 결과를 낼 수 있다고 말씀하셨습니다. 그런데 그것은 평가나 선발이 전제되어 있지 않았기 때문에 가능했던 것입니다. 어떤 기업체에서 훌륭한 인재를 채용하려는 상황에서도 함께 협동하면서 경쟁 없이 좋은 결과를 낳을 수 있을까요?

찬성 지윤 채용과 같은 경우도 준비하는 사람들이 함께 협동해서 좋은 결과를 만들 수 있다고 생각합니다.

반대 경수 협력을 통해 좋은 결과를 낼 수는 있지만, 최종적으로 합격자가 있고 불합격자가 있는 이상 경쟁은 피할 수 없겠지요?

찬성 수남 채용처럼 특수한 상황은 어쩔 수 없다고 봅니다. 하지만 우리 사회에서는 이런 상황을 너무 과도하게 경쟁으로만 몰아붙이고 있다고 생각합니다.

14 **(가)~(다)와 (라)~(마)의 공통점으로 가장 적절한 것은?**

① 상반되는 주장을 바탕으로 상대방을 설득하고 있다.
② 논쟁이 되는 문제에 대한 주관적인 의견이 담겨 있다.
③ 사적인 경험을 바탕으로 삶에 대한 깨달음을 제시하고 있다.
④ 이해하기 어려운 개념이나 현상에 대한 객관적인 설명이 담겨 있다.
⑤ 심미적 관점에서 대상을 관찰하고 그에 대한 해석을 드러내고 있다.

15 **(가)~(다)의 '읽은 후' 활동으로 가장 적절한 것은?**

① 배경지식을 동원해 '동물권'의 의미를 예측해 보았다.
② '존엄성, 향유'와 같은 모르는 단어의 뜻을 찾아보았다.
③ '동물권'과 관련된 논의를 다루고 있는 다른 책을 찾아보았다.
④ 동물권 논의의 쟁점이나 논의의 주체와 관련된 내용을 메모해 보았다.
⑤ 동물권에 대한 글쓴이의 주장과 객관적 사실을 구분하여 정리해 보았다.

서술형

16 **(나)와 (라)에서 공통적으로 나타나는 논리 전개의 특징을 서술하시오.**

17 **(라)와 (마)에 대한 평가로 적절하지 않은 것은?**

① (라)에서 찬성 측은 반대 측 주장의 허점을 드러내기 위해 권위자의 말을 인용하고 있군.
② (라)에서 찬성 측은 객관적인 자료에 근거하여 자신들의 입장을 부각시키고 있다.
③ (마)에서 반대 측은 특정 상황을 제시하여 찬성 측의 논리적 허점을 드러내고 있다.
④ (마)에서 반대 측은 찬성 측의 주장이 현실과 다르다는 점을 들어 논리적으로 반박하고 있다.
⑤ (마)에서 찬성 측은 반대 측의 반론에 자신들의 논리 중에서 부족한 부분을 인정하고 있다.

문학에 담긴 어제와 오늘

대단원 학습 목표

문학 작품에 반영된 과거의 삶과 오늘날의 삶을 비교하며 감상할 수 있다.
문학 작품에 담긴 과거의 가치를 오늘날의 관점에서 수용할 수 있다.

(1) 묵화

작품에 반영된 과거의 삶과 오늘날의 삶을 비교하여 작품을 감상할 수 있다.

- 현대시를 감상하고, 작품에 반영된 과거의 삶과 오늘날의 삶을 비교하기
- 오늘날까지 변하지 않는 가치를 발견하고 깨닫기

「묵화」는 주변의 대상과 삶을 나누며 함께 살아가는 모습을 형상화한 현대시로, 과거부터 오늘날까지 변하지 않는 가치가 담겨 있다. 작품을 통해 시에 반영된 과거의 삶의 모습을 이해하고, 이를 바탕으로 오늘날까지 변하지 않는 가치를 발견해 보도록 한다.

(2) 그 시절 우리들의 집

작품에 반영된 과거의 삶과 오늘날의 삶을 비교하여 작품을 감상할 수 있다.

- 현대 수필을 감상하고, 작품에 반영된 과거의 삶과 오늘날의 삶을 비교하기
- 현재에 잃어버리고 있는 가치를 발견하고 깨닫기

「그 시절 우리들의 집」은 글쓴이의 기억 속에 존재하는 과거의 토담집에 관한 내용을 다룬 수필로, 현대인들이 잃어버리고 있는 집의 소중한 의미를 일깨우고, 오늘날의 잃어버린 삶의 가치를 되새겨 보게 한다. 이 작품을 통해 과거의 삶 속의 의미 있는 가치를 깨닫고, 이를 바탕으로 오늘날 우리의 삶을 성찰해 보도록 한다.

(3) 심청전

작품에 담긴 과거의 가치를 오늘날의 관점에서 수용할 수 있다.

- 고전 소설을 감상하고, 작품에 반영된 과거의 삶과 오늘날의 삶을 비교하기
- 작품 속 가치를 주체적으로 평가하고 수용하기

「심청전」은 심청이 아버지의 눈을 뜨게 하기 위해 자신의 목숨을 바치는 사건을 다룬 소설로, 과거의 가치를 현대적인 관점에서 재해석해 보게 한다. 작품에 등장하는 인물들과 작품 속에 담긴 과거의 가치들을 주체적으로 판단하고 평가해 보도록 한다.

이 단원에서는 작품에 반영된 과거의 삶과 가치를 알아보고 오늘날과 비교해 볼 거야. 그러면 작품뿐 아니라 인간과 삶에 대한 이해를 넓힐 수 있어.

• 정답과 해설 p.31

문학 작품에는 다양한 삶의 모습이 반영되어 있다. 우리는 **작품에 반영된 과거의 삶을 오늘날의 삶과 비교**하여 감상함으로써 시대에 따른 인식의 변화 속에서도 변하지 않는 가치를 발견할 수 있다.

확인 문제

01 다음 설명이 옳으면 ○, 틀리면 ×를 하시오.

(1) 문학 작품은 우리의 삶의 모습을 있는 그대로 반영한다. ( )

(2) 시대나 배경이 되는 문화가 달라져도 작품에 담긴 가치는 다르게 평가되지 않는다. ( )

(3) 문학 작품을 감상하는 것은 작품 속에 나타난 삶의 모습을 오늘날의 삶에 비추어 그 의미를 알아보는 데 가치가 있다. ( )

문학 작품에 반영된 과거의 삶을 현대인의 관점에서 감상할 때 시대에 따른 인식의 변화 속에서도 오늘날까지 변하지 않는 가치를 발견할 수 있다. **작품에 담긴 과거의 가치를 오늘날의 관점에서 수용**함으로써 인간의 삶의 보편성과 특수성에 관한 이해를 넓힐 수 있다.

확인 문제

02 작품에 담긴 과거의 가치를 오늘날의 관점에서 수용할 때 고려해야 할 점이 아닌 것은?

① 인물이 지닌 가치관을 파악한다.
② 작가의 실제 체험인지 아닌지를 판단한다.
③ 인물 간의 대화를 단서로 성격을 파악한다.
④ 오늘날의 삶에 비추어 인물의 행동을 평가한다.
⑤ 인물의 삶을 자신의 삶과 연관 지어 다양하게 상상해 본다.

묵화

• 생각 열기 다음은 영화 「워낭 소리」의 줄거리입니다. 이를 보고, 아래의 활동을 해 봅시다.

평생 땅을 지키며 살아온 농부 최 노인에게는 30년을 부려 온 소 한 마리가 있다. 소의 수명은 보통 15년, 그런데 이 소의 나이는 무려 마흔 살이다.
최 노인은 귀가 잘 안 들리지만 희미한 워낭 소리는 귀신같이 듣고, 한쪽 다리가 불편하지만 소 먹일 풀을 베기 위해 매일 산을 오른다. 소 역시 제대로 서지도 못하면서 최 노인이 고삐를 잡으면 산 같은 나뭇짐도 마다하지 않고 나른다.

이 영화의 최 노인에게 소는 어떤 존재일까요?

예시 답 오랜 세월을 함께 지냈으므로 가족 같은 존재일 것이다.

소와 함께 살아가는 최 노인의 삶이 어떻게 느껴지는지 친구들과 이야기해 봅시다.

예시 답 나이가 많이 드셨고 힘든 농사일을 하셔야 하지만, 오랜 세월을 함께해 온 소가 옆에 있어서 든든하고 쓸쓸하지 않아 보인다.

• 학습 목표로 내용 엿보기

"할아버지와 소처럼 주변의 대상과 함께 삶을 나누며 살아가는 모습은 비단 과거에만 국한된 일이 아니야. 시간이 흘러도 변하지 않는 삶의 모습과 가치가 담긴 문학 작품을 읽어 보면 우리 삶을 좀 더 폭넓게 이해할 수 있을 거야."

핵심 1 「묵화」에 반영된 과거의 삶과 오늘날의 삶을 비교하며 감상하기

핵심 2 「묵화」를 감상하고 오늘날까지 변하지 않는 가치를 발견하고 깨닫기

핵심 원리 이해하기 — 시에 반영된 삶의 모습

시의 특징	• 대상을 주관화하여 표현함. • 압축적 언어로 정서와 분위기를 형성함. • 배경이 추상적이고 관념적인 경우가 많음.
시에 나타나는 삶의 모습	• 삶의 모습이 암시적으로 드러나는 경우가 많음. • 삶의 모습이 보다 압축적으로 드러남. • 작가의 해석을 거친 삶의 모습이 제시됨.

개념 확인 콕콕

• 정답과 해설 p.31

01 다음 빈칸에 공통으로 들어갈 알맞은 말을 쓰시오.

보기
과거의 삶이 반영된 작품을 감상할 때에는, 당시 사람들이 중요시한 삶의 (　　　) 가운데 오늘날에도 변하지 않는 (　　　)나 현대인의 관점에서 새롭게 평가할 수 있는 (　　　)를 발견하고 통찰해야 한다.

02 영화 「워낭소리」를 감상하는 태도로 적절하지 않은 것은?

① 작품에 담긴 가치를 생각하면서 감상한다.
② 작품이 주는 교훈을 찾아내면서 감상한다.
③ 작품에 직접적으로 드러나 있는 삶의 모습만 감상한다.
④ 작품에 반영된 삶을 오늘날의 삶과 비교하며 감상한다.
⑤ 작품의 내용을 자신의 관점에 비추어 주체적으로 수용하며 감상한다.

03 영화 「워낭소리」에서 최 노인에게 소의 존재로 적절한 것은?

① 경쟁 상대　② 삶의 동반자
③ 그리움의 대상　④ 부양해야 할 대상
⑤ 쓸쓸함을 느끼게 하는 존재

본문 안내

이 소단원은 시에 반영된 삶의 모습을 바탕으로 과거로부터 오늘날까지 변하지 않는 가치를 발견하고, 시를 자신의 상황에 비추어 주체적으로 수용하기 위한 단원이다. 「묵화」는 할머니와 소가 정서적으로 교감하는 모습을 짧은 시행으로 형상화하여 한 편의 묵화처럼 여백의 미를 느끼게 하는 작품이다. 이 시의 할머니와 소처럼 주변의 대상과 교감하며 살아가는 모습은 비단 과거의 삶에만 국한된 것은 아니다. 시 「묵화」를 감상하며 시간이 흘러도 변하지 않는 삶의 모습과 가치를 발견하고 깨달을 수 있도록 한다.

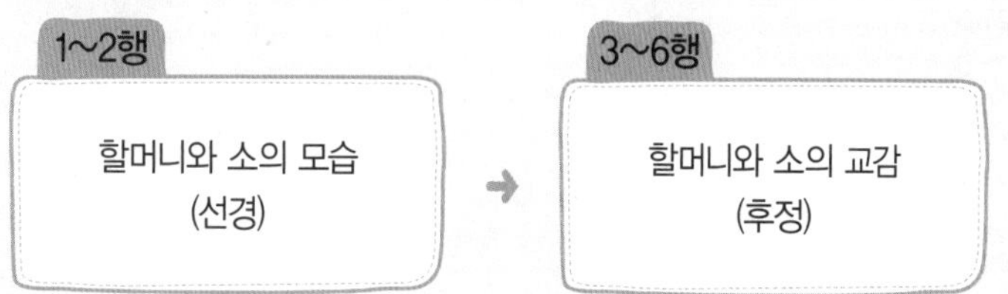

본문 개관

★ **글쓴이 소개** 김종삼

시인. 이야기가 있는 시를 많이 썼으며, 과감한 생략에 의한 여백의 미를 중시한 작가로 평가받는다. 주요 작품으로 「시인 학교」, 「북치는 소년」 등이 있다.

★ **갈래** 자유시, 서정시

이 시는 정해진 형식이나 운율에 구애받지 않고 자유로운 형식으로 이루어진 자유시이며, 개인의 감정이나 정서를 주관적으로 표현한 서정시이다.

★ **성격** 애상적, 서정적

이 시는 발잔등이 부을 만큼 고단하고 힘겨운 삶을 살고 있는 할머니와 소가 하루하루의 삶을 함께 나누는 모습을 애상적이고 서정적으로 그려 내고 있다.

★ **제재** 할머니와 소

이 시는 할머니와 소의 모습을 그리고 있다. 소와 함께 힘든 하루 농사일을 마치고 집에 돌아와 소에게 물을 주면서 소의 목덜미를 가만히 어루만지는 할머니의 모습이 마치 한 편의 묵화처럼 그려져 있다.

★ **주제** 할머니의 쓸쓸하고 힘겨운 삶과 소와의 유대감

이 시의 화자는 힘든 하루 일과를 마치고 돌아온 할머니와 소를 지켜보고 있다. 물먹는 소의 목덜미에 가만히 손을 얹는 할머니의 모습을 바라보면서, 오늘 하루도 둘은 '함께' 지냈으며 '서로' 발잔등이 부었고 '서로' 적막하다고 말하고 있다. 쓸쓸하고 힘겨운 하루하루를 함께 보내는 할머니와 소의 정서적 유대감이 잘 드러나 있다.

묵화(墨畫)

김종삼

이것이 핵심! ✔ 시에 반영된 삶의 모습과 가치

물먹는 소 목덜미에
할머니 손이 얹혀졌다.
이 하루도
함께 지났다고,
서로 발잔등이 부었다고,
서로 적막하다고,

핵심 확인 시에 반영된 삶의 모습과 가치

삶의 모습	• 힘든 하루 일을 마치고 물먹는 소의 목덜미를 안쓰러운 마음으로 어루만짐. • 할머니에게 소는 가족 같은 삶의 동반자이자, 육체적 노동의 힘듦과 정신적 적막함을 덜어 주는 친구 같은 존재임.
↓	
시에 담긴 가치	소를 단순히 부리는 대상이 아닌, 정서적으로 교감하는 삶의 동반자로 보는 동양적 자연관의 가치

• 확인 문제 •

• 정답과 해설 p.31

01 이 시에 대한 설명으로 적절한 것은?

① 색채감이 선명하게 대비되고 있다.
② 생략을 통해 독자에게 여운을 주고 있다.
③ 비유를 통해 대상을 효과적으로 표현하고 있다.
④ 시간의 흐름에 따라 화자의 정서가 변화하고 있다.
⑤ 하나의 대상을 다른 대상과 대조하여 의미를 강조하고 있다.

02 이 시의 내용으로 보아 '할머니'와 '소'의 관계를 표현하기에 가장 적절한 한자 성어는?

① 동병상련(同病相憐)
② 수구초심(首丘初心)
③ 안분지족(安分知足)
④ 역지사지(易地思之)
⑤ 타산지석(他山之石)

핵심

03 이 시에 나타난 화자의 정서나 태도로 가장 적절한 것은?

① 할머니와 소의 이별을 안타까워하고 있다.
② 할머니와 함께했던 평화로운 삶을 그리워하고 있다.
③ 할머니와 소를 관찰하며 자신의 삶을 성찰하고 있다.
④ 도시화로 인해 피폐해진 농촌의 현실을 개탄하고 있다.
⑤ 할머니와 소의 고단한 삶을 연민 어린 시선으로 바라보고 있다.

서술형

04 이 시의 내용을 다음과 같이 정리할 때, 빈칸에 들어갈 적절한 말을 쓰시오.

> 이 시는 내용상 할머니와 소의 외적인 모습을 제시하는 1~2행과 (　　　　　) 을 보여 주는 3~6행으로 나눌 수 있다.

다지기 학습 활동

• 정답과 해설 p.31

이해 활동

1. 이 시의 내용과 분위기를 파악해 봅시다.

1 다음 시구에서 떠오르는 생각과 느낌을 적고, 이 시의 내용을 파악해 봅시다. 예시 답

시구	생각과 느낌
소 목덜미	하루 종일 멍에를 쓰고 일을 해서 붓고 상처가 났을 것 같다.
할머니 손	고된 농사일로 굳은살이 박히고 주름졌을 것 같다.
손이 얹혀졌다	소를 위로해 주고자 하는 할머니의 마음이 느껴진다.
발잔등	고된 농사일에 발등이 부어 아플 것 같다.

→ 이 시는 힘든 하루 일을 마친 할머니와 소의 고달픈 삶을 노래하는 내용의 시야.

2 할머니와 소의 하루가 어땠을지 상상해 보고, 이 시의 전체적인 분위기를 파악해 봅시다. 예시 답

하루 종일 힘든 일을 했지만, 할머니와 소가 함께 있어서 따뜻한 분위기가 느껴져.

발잔등이 부을 만큼 힘든 일을 마치고 집에 돌아와 적막해하는 할머니와 소의 모습에서 슬픈 분위기가 느껴져.

이해 다지기 문제

1 이 시에 대한 이해로 적절하지 않은 것은?

① 시적 화자는 시적 대상인 '소'를 바라보고 있는 '할머니'이다.
② '소 목덜미'에 얹혀진 '할머니 손'에는 소에 대한 연민과 안쓰러움이 담겨 있다.
③ '발잔등'이 붓고 '적막하다'는 표현에서 할머니와 소의 고단하고 쓸쓸한 삶을 엿볼 수 있다.
④ 시의 앞부분에서는 할머니와 소의 모습을, 뒷부분에서는 할머니와 소가 나누는 교감을 다루고 있다.
⑤ '이 하루도 / 함께 지났다고' 한 것으로 보아, 시간적 배경은 하루 일을 마친 저녁 무렵이라고 할 수 있다.

2. 다음 부분에서 나타나는 이 시의 표현상 특징과 그 효과를 말해 봅시다.

함께 지났다고,
서로 발잔등이 부었다고,
서로 적막하다고,

예시 답

표현상의 특징
- '-고'라는 연결 어미와 쉼표로 시행이 마무리됨.
- '-고,'가 세 번 반복됨.

표현 효과
- 여운을 줌.
- 운율을 형성함.
- 제시된 장면이 매일 반복될 것이고, 할머니와 소의 교감이 지속될 것임을 예측하게 해 줌.

이해 다지기 문제

2 〈보기〉에서 이 시의 표현상 특징과 효과에 대한 설명으로 적절한 것을 모두 고른 것은?

보기
ㄱ. 수미상관의 구성으로 안정감을 주고 있다.
ㄴ. 쉼표로 시행을 마무리하여 여운을 남기고 있다.
ㄷ. 역설적 표현을 통해 화자의 정서를 강화하고 있다.
ㄹ. 동일한 연결 어미를 반복하여 리듬감을 형성하고 있다.
ㅁ. 배경과 대상을 세밀하게 묘사하여 주제를 부각하고 있다.

① ㄱ, ㅁ ② ㄴ, ㄹ ③ ㄷ, ㅁ
④ ㄱ, ㄷ, ㄹ ⑤ ㄴ, ㄷ, ㅁ

목표 활동

1. 다음 설명을 참고하여, 이 시의 제목을 '묵화(墨畫)'라고 한 까닭을 생각해 봅시다.

묵화는 먹으로 짙고 엷음을 이용하여 그린 그림으로, 화려하지 않고 담담하게 대상을 표현하는 특징을 갖는다.

예시 답 세부적인 모습이나 배경을 생략한 채 인생의 고단함과 적막함을 절제된 언어로 담담하게 표현하여 한 폭의 묵화가 연상되고, 여백의 미가 느껴지기 때문이다.

목표 다지기 문제

1 다음은 이 시의 제목과 관련한 학생의 생각을 정리한 것이다. 빈칸에 공통으로 들어갈 적절한 말을 쓰시오.

이 시의 제목이 '묵화'인 이유는 무엇일까?

→ 묵화는 먹으로 그린 그림으로, 화려하지 않고 담담하게 대상을 표현한다는 특징이 있어.

→ 그러고 보니 이 시는 배경이나 상황 등을 화려하게 묘사하지 않고 짧은 시행 속에 대상의 모습만을 담담하게 표현하고 있군.

→ 그렇다면 이 시는 묵화처럼 할머니와 소의 모습만을 간략하게 제시하여 (   )의 미를 살리고 있다고 볼 수 있겠어.

→ 결국 독자들은 이 (   ) 뒤에 숨은 내용을 생각하며 마치 묵화를 감상하는 듯한 감동을 느끼게 될 거야.

2. 다음 글을 읽고, 이 시에 담긴 삶의 자세와 가치에 관해 살펴봅시다.

과거 우리의 삶에서 소는 가족과 같이 친근하고 귀한 가축이었다. 이런 시각에서 보면, 이 시에서 소와 할머니가 동고동락하는 모습으로 등장하는 것이 쉽게 이해된다. 자연을 살아 있는 것으로, 따뜻하게 대하던 과거의 삶이 묻어 있기 때문이다. 이 시는 자연과 공존하던 우리네 삶의 단순하지만 조용하고 깊은 멋을 형상화하고 있다.

1 이 시에서 소는 할머니에게 어떤 존재일지 생각해 봅시다.

예시 답 소는 할머니에게 단순히 부리는 대상이 아닌, 가족 같은 삶의 동반자이자 육체적 노동의 힘듦과 정신적인 적막함을 덜어 주는 친구 같은 존재이다.

2 다음 시어의 의미에 주목하여, 이 시에 담긴 삶의 모습과 가치에 관해 이야기해 봅시다.

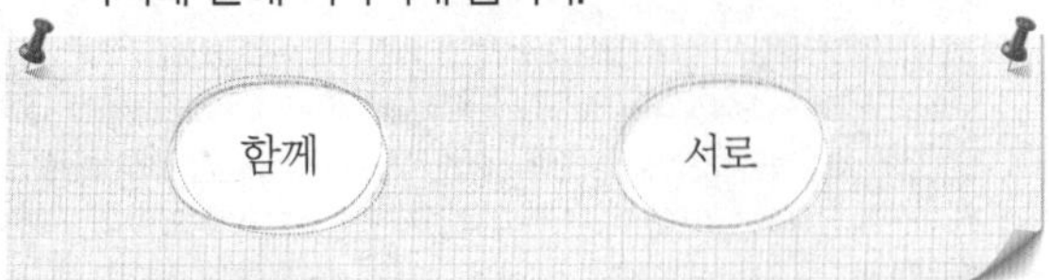

예시 답 할머니는 힘든 농사일을 하며 외롭게 살고 있지만 곁에서 힘든 일을 도와주며 항상 함께하는 소가 있어 삶의 위안을 얻고 있다. 이를 통해 이 시에서는 주변 대상과 함께 삶을 보내면서 서로 위로하고 교감하며 사는 삶의 가치를 전달하고 있다.

목표 다지기 문제

2 이 시에서 가치 있게 다루고 있는 삶의 자세로 가장 적절한 것은?

① 물질적 가치보다 정신적 가치를 지향하는 삶
② 주변 대상을 위해 자신을 기꺼이 희생하는 삶
③ 주변 대상을 가족처럼 여기고 교감하며 사는 삶
④ 자연에 순응하며 소박하고 순수하게 살아가는 삶
⑤ 주어진 현실에 만족하며 자신의 분수를 지키는 삶

3. 다음 신문 기사의 제목을 보고, 이 시가 오늘날 어떻게 수용될 수 있을지 이야기해 봅시다.

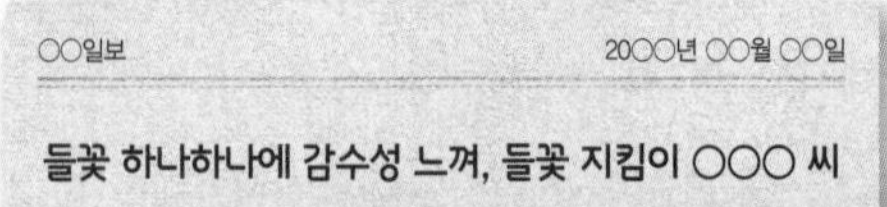

○○일보
20○○년 ○○월 ○○일
들꽃 하나하나에 감수성 느껴, 들꽃 지킴이 ○○○ 씨
20○○년 ○○월 ○○일
명절이 곤욕… 생이별하는 반려동물과 반려인들

예시 답 이 시에 나타난 것과 같이 오늘날도 들꽃, 반려동물 등과 같은 대상을 가족처럼 여기며 함께하는 삶의 모습을 볼 수 있다. 이처럼 대상과의 교감이라는 삶의 가치는 인식의 변화 속에서도 과거로부터 오늘날까지 이어지고 있으며, 예나 지금이나 소중한 것으로 여겨지고 있다.

목표 다지기 문제

3 이 시의 '할머니'와 '소'의 관계를 참고하여 〈보기〉의 화자에게 '플라타너스'는 어떤 존재일지 20어절로 쓰시오.

보기

꿈을 아느냐 네게 물으면,
플라타너스,
너의 머리는 어느덧 파아란 하늘에 젖어 있다.

너는 사모할 줄을 모르나,
플라타너스,
너는 네게 있는 것으로 그늘을 늘인다.

먼 길을 올 제,
홀로 되어 외로울 제,
플라타너스,
너는 그 길을 나와 같이 걸었다.

– 김현승, 「플라타너스」 중에서

창의•융합 활동

자신과 정서적인 교감을 나누는 대상을 친구들에게 소개해 봅시다.

예시

내 삶의 동반자.
기쁠 때나 슬플 때나 내 곁에 앉아 나를 든든하게 바라봐 주는
나의 소중하고 든든한 친구.

혼자 하기

1. 자신이 특별하게 생각하는 대상을 선정하고, 그 대상에 손을 얹어 사진을 찍어 봅시다.

예시 답 단짝 친구

혼자 하기

2. 1에서 찍은 사진을 붙이고, 이 단원에서 배운 「묵화」의 내용을 사진 속 대상에 어울리게 재구성해 봅시다.

예시 답

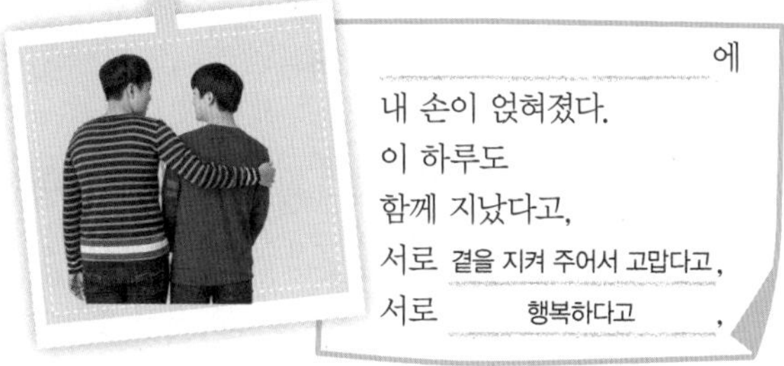

에
내 손이 얹혀졌다.
이 하루도
함께 지났다고,
서로 곁을 지켜 주어서 고맙다고,
서로 행복하다고 ,

함께하기

3. 친구들에게 자신과 교감을 나누는 대상을 소개하고, 그 대상이 자신에게 특별한 까닭을 설명해 봅시다.

예시 답 콧물 찔찔 흘리던 어린 시절부터 내 옆에 있어 준 친구의 어깨에 내 손이 얹혀진 모습을 찍은 사진이다. 공부하느라 힘들 때에도, 부모님께 야단을 맞아 속상할 때에도 아무 말 없이 내 편이 되어 준 고마운 친구이다. 슬플 때나 기쁠 때나 가만히 어깨를 내어 주는 이 친구와의 우정은 절대 깨지지 않을 것 같다.

함께하기 

4. 친구들이 소개한 대상에 관한 자신의 생각과 소감을 써 봅시다. 예시 답

친구 이름	소개한 대상	나의 생각과 소감
최빛나		빛나에게 세상을 새롭게 바라보는 눈이 되어 주었다는 사진기. 사진을 찍으며 빛나가 받은 감동과 사진기의 렌즈를 통한 빛나와 사진기의 교감이 고스란히 느껴졌다. 빛나는 앞으로도 사진기와 교감하며 세상을 이해해 나갈 것처럼 보였다.
박정민		아주 어렸을 때부터 가지고 있던 인형 위에 손을 조심스럽게 얹은 모습이 재미있다.
이준호		일기장이 누구보다도 편하고 가까운 친구 같다는 준호. 글쓰기를 좋아하는 준호는 나중에 멋진 작가가 될 것 같다.

수행 평가 대비 활동

| 수행 평가 TIP | 「묵화」의 '할머니'와 '소'처럼 자신과 정서적으로 교감을 나누는 대상을 선정하여 그 대상의 의미를 친구들에게 소개하는 활동입니다. 먼저 자신과 교감을 나누는 대상에 손을 얹어 사진을 찍고, 「묵화」의 내용을 자신의 이야기로 재구성합니다. 그런 후 대상과 나눈 정서적 교감을 친구들에게 소개합니다.

1 평가 내용 확인하기

- 자신과 정서적인 교감을 나누는 대상 선정하기
- 선정한 대상과 나눈 교감이 잘 드러나도록 「묵화」의 내용 재구성하기
- 대상과 나눈 정서적 교감을 친구들에게 소개하기

2 평가 기준 확인하기

- 자신과 교감을 나누는 대상을 적절하게 소개하였는가?

자신과 정서적으로 교감하는 대상을 자유롭게 선정하고, 왜 그 대상을 선정했는지, 그 대상이 자신에게 어떤 의미가 있는지 친구들에게 진솔하게 이야기해 봅니다.

- 대상과 나눈 정서적 교감을 효과적으로 표현하였는가?

자신이 선정한 대상과 나눈 교감이 잘 드러나도록 「묵화」의 내용을 재구성하여 친구들에게 소개하고, 친구들이 소개한 대상에 관한 자신의 느낌도 표현해 봅니다.

수행 평가 +

- 자연물과의 교감을 다룬 문학 작품을 더 찾아 감상하고, 자연물과 화자(인물)의 관계를 파악해 봅시다.

도와줄게 자연물과의 교감은 「오우가」와 같은 옛 시조 작품에서 쉽게 찾아볼 수 있습니다. 작품 속 화자(인물)의 삶의 모습을 바탕으로 화자(인물)와 자연물의 관계를 파악해 보도록 합니다.

소단원 제재 정리

갈래: 자유시, 서정시
성격: 애상적, 서정적
제재: 할머니와 소
주제: 할머니의 쓸쓸하고 힘겨운 삶과 소와의 유대감
특징: ① 구체적인 상황을 생략하고 대상만을 단순하게 표현함.
② 절제된 언어 표현과 간결한 형식으로 여백의 미를 느끼게 함.
③ 연결 어미와 쉼표로 마무리하여 대상 간의 정서적 교감이 지속될 것임을 암시함.

제재 한눈에 보기

1~2행		3~6행
소의 목덜미에 손을 얹는 할머니	→	소와 할머니가 느끼는 동병상련의 심정
할머니와 소의 모습 (선경)		할머니와 소의 교감 (후정)

핵심 원리

시에 반영된 삶의 모습
- 시는 압축적인 언어로 대상을 주관화하여 표현하므로, 삶의 모습 또한 압축적, 암시적으로 드러나는 경우가 많음.
- 시 「묵화」는 할머니가 소와 교감하며 살아가는 모습을 압축적인 언어로 표현하고 있는데, 이러한 삶의 모습에서 시간이 흘러도 변하지 않는 (❶)를 발견할 수 있음.

핵심 내용

(1) 표현상 특징과 효과

연결 어미 '-고'와 쉼표의 사용

'-고,'의 반복	'-고,'에 의한 마무리
4, 5, 6행에 '-고,'를 세 번 반복하여 운율을 형성함.	• 생략과 감정 절제를 통해 독자에게 (❷)을 줌. • 할머니와 소의 정서적 교감이 계속 이어질 것임을 암시함.

(2) 시어와 시구의 의미

'할머니 손이 얹혀졌다'	소에 대한 할머니의 연민, 안쓰러움이 느껴짐.
'이 하루도'	할머니와 소가 오랜 세월을 함께해 왔음을 알 수 있음.
'함께', '서로'	할머니와 소의 (❸)적 관계가 드러남.

(3) 시의 제목이 '묵화'인 이유

묵화
- 먹으로 그린 그림으로, 화려하지 않고 담담하게 대상을 표현함.
- 대상만을 단순하게 표현하여 (❹)의 미를 느끼게 함.

↓

인생의 고단함과 적막함을 절제된 언어로 담담하게 표현한 시에서 한 폭의 묵화처럼 여백의 미가 느껴지기 때문임.

(4) '할머니'와 '소'의 관계

- 오늘 하루도 함께 지냄.
- 서로 (❺)이 부음.
- 서로 적막함.

→ 오랜 시간 고달픈 삶을 함께해 온, 인생의 동반자와 같은 관계임.

(5) 시에 담긴 삶의 모습과 가치

삶의 모습	할머니는 힘든 농사일을 하며 적막하게 살고 있지만, 곁에서 힘든 일을 도와주며 항상 함께해 주는 (❻)가 있어 삶의 위안을 얻고 있음.
시에 담긴 가치	주변 대상과 함께하면서 서로 위로하고 (❼)하며 사는 삶의 가치

정답 ❶ 가치 ❷ 여운 ❸ 동반자 ❹ 여백 ❺ 발잔등 ❻ 소 ❼ 교감

소단원 핵심 문제

• 정답과 해설 p.32

[01~06] 다음 시를 읽고, 물음에 답하시오.

물먹는 ㉠소 목덜미에
㉡할머니 손이 얹혀졌다.
㉢이 하루도
함께 지났다고,
서로 ㉣발잔등이 부었다고,
서로 ㉤적막하다고,

출제 예감 90%

01 이 시에 대한 설명으로 적절한 것은?

① 과거를 회상하는 방식으로 시상을 전개하고 있다.
② 경어체를 사용하여 경건한 분위기를 형성하고 있다.
③ 생략과 여운을 통해 주제를 효과적으로 드러내고 있다.
④ 향토적 소재를 통해 계절감을 구체적으로 묘사하고 있다.
⑤ 대화체를 사용하여 시적 상황을 생생하게 그려 내고 있다.

출제 예감 85%

02 이 시를 내용상 두 부분으로 나누었을 때, 앞부분과 뒷부분의 관계를 바르게 짝지은 것은?

① 내면 심리 – 외적 상황
② 정경 묘사 – 정서 표출
③ 현실 세계 – 이상 세계
④ 자기 성찰 – 현실 비판
⑤ 원경 제시 – 근경 제시

출제 예감 95% 학습 활동 응용

03 이 시에서 '할머니'와 '소'의 동반자적 관계를 드러내는 시어 두 가지를 모두 찾아 쓰시오.

출제 예감 90%

04 이 시에서 느낄 수 있는 주된 정서로 적절한 것은?

① 절망과 분노
② 후회와 반성
③ 참회와 결의
④ 쓸쓸함과 슬픔
⑤ 낯섦과 두려움

출제 예감 85%

05 ㉠~㉤에 대한 감상으로 적절하지 않은 것은?

① ㉠: 하루 종일 멍에를 쓰고 일을 해서 굳은살이 박혔을 거야.
② ㉡: 고된 하루를 마친 소에 대한 연민과 안쓰러움을 느낄 수 있어.
③ ㉢: 할머니와 소가 오랜 세월 함께 일해 왔음을 알 수 있어.
④ ㉣: 힘든 노동으로 인한 할머니와 소의 고단한 삶을 엿볼 수 있어.
⑤ ㉤: 소의 부재로 인해 할머니가 쓸쓸함을 느끼고 있다고 볼 수 있어.

출제 예감 95% 학습 활동 응용

06 〈보기〉를 참고할 때, 이 시의 제목이 '묵화'인 이유로 적절하지 않은 것은?

보기
묵화는 먹으로 짙고 엷음을 이용하여 그린 그림으로, 화려하지 않고 담담하게 대상을 표현하는 특징을 갖는다.

① 간결한 형식으로 여백의 아름다움을 느끼게 해서
② 묵화에 등장하는 장면처럼 담담하고 소박한 정취가 있어서
③ 절제된 언어를 사용하여 인생의 노고와 적막함을 표현해서
④ 배경과 대상의 세부 내용을 한 폭의 묵화처럼 상세하게 묘사해서
⑤ 대상 간의 정서적 교감이 묵화의 한 장면처럼 압축적으로 그려져서

소단원 핵심 문제

[07~11] 다음 시를 읽고, 물음에 답하시오.

물먹는 소 목덜미에
할머니 손이 얹혀졌다.
이 하루도
㉠ 함께 지났다고,
서로 발잔등이 부었다고,
서로 적막하다고,

출제 예감 85%

07 이 시의 화자에 대한 설명으로 적절한 것은?

① 고단하고 힘든 삶을 살고 있다.
② 오랫동안 할머니와 생활해 왔다.
③ 할머니의 유일한 벗이라 할 수 있다.
④ 소에게 자신의 감정을 이입하고 있다.
⑤ 할머니와 소를 관조적으로 바라보고 있다.

출제 예감 95% 학습 활동 응용

08 ㉠에 대한 이해로 적절하지 않은 것은?

① 대상의 힘겨운 삶의 모습이 드러나 있다.
② 대상 사이의 내면적 교감을 보여 주고 있다.
③ 끝이 생략된 불완전한 문장으로 마무리하고 있다.
④ 유사한 문장 구조를 반복하여 운율을 형성하고 있다.
⑤ 연결 어미와 쉼표를 통해 관계의 단절을 암시하고 있다.

출제 예감 90% 학습 활동 응용 서술형

09 〈보기〉를 참고하여 이 시에서 발견할 수 있는, 오늘날까지 이어지고 있는 가치는 무엇인지 서술하시오.

보기

과거 우리의 삶에서 소는 가족과 같이 친근하고 귀한 가축이었다. 이런 시각에서 보면, 이 시에서 소와 할머니가 동고동락하는 모습으로 등장하는 것이 쉽게 이해된다. 자연을 살아 있는 것으로, 따뜻하게 대하던 과거의 삶이 묻어 있기 때문이다.

출제 예감 90% 서술형

10 〈보기〉는 이 시에 대한 비평의 일부이다. 빈칸에 들어갈 적절한 말을 〈조건〉에 맞게 쓰시오.

보기

이 시는 단순히 고단하고 쓸쓸하게 하루를 지낸 할머니의 심정을 통찰하는 것으로 끝을 맺고 있다. 어떤 화려한 채색도 가하지 않는다. 제목 그대로 수묵화의 전형이다. 그럼으로써 부리고, 부림을 당하는 관계였던 인간과 가축 사이의 갈등이 (　　　　) 있는 할머니의 행위에 의한 새로운 관계 설정을 통해 '위로와 교감'의 맥락 효과를 불러일으키고 있다.

조건

- 할머니의 행위를 구체적으로 밝힐 것.
- 시에 나오는 시어나 시구를 활용하여 쓸 것.

출제 예감 80% 사고력 확장 문제

11 이 시와 〈보기〉를 비교하여 감상한 내용으로 적절하지 않은 것은?

보기

저렇게 많은 중에서
별 하나가 나를 내려다본다.
이렇게 많은 사람 중에서
그 별 하나를 쳐다본다.

밤이 깊을수록
별은 밝음 속에 사라지고
나는 어둠 속에 사라진다.

– 김광섭, 「저녁에」 중에서

① 이 시와 〈보기〉 모두 대상과 교감을 나누는 삶의 모습이 나타나 있다.
② 이 시와 〈보기〉 모두 대상과의 대조를 통해 인간 현실의 고독을 보여 주고 있다.
③ 이 시와 〈보기〉 모두 하루 일을 마치고 휴식을 취하는 시간을 배경으로 삼고 있다.
④ 이 시의 '할머니'는 대상을 어루만지며, 〈보기〉의 '나'는 대상을 바라보며 위안을 얻고 있다.
⑤ 이 시의 화자와 달리 〈보기〉의 화자는 이별과 헤어짐이라는 인간의 숙명적 운명을 확인하고 있다.

그 시절 우리들의 집

• 생각 열기 다음은 한 사람의 일생과 관련하여 집에서 이루어진 중요한 일들을 표현한 것입니다. 그림을 보고, 아래의 활동을 해 봅시다.

개인의 일생과 관련하여 옛날에는 집에서 어떤 일들이 이루어졌을까요?

예시 답 옛날에는 오늘날과 달리 집에서 사람이 태어나고 성장하여 결혼하고 그 집에서 죽음을 맞이했다. 즉 집이 한 사람의 인생과 궤를 같이하였다.

그림 속의 일들이 오늘날에는 어디에서 이루어지는지 생각해 보고, 집의 의미가 어떻게 변하였는지 이야기해 봅시다.

예시 답 오늘날은 대부분 병원에서 태어나 병원에서 죽음을 맞이하고, 결혼은 예식장에서 한다. 옛날과 비교할 때 오늘날의 집은 의식주를 해결하는 공간 정도로 그 기능과 의미가 퇴색되었다.

• 학습 목표로 내용 엿보기

"옛날에는 오늘날과 달리 탄생, 결혼, 죽음 등 한 사람의 삶에서 가장 중요한 일들이 집에서 이루어졌어. 오늘날과는 다른 과거의 삶의 모습이 담긴 작품을 읽고, 잃어버린 과거의 가치를 떠올리며 현재의 삶의 모습과 비교해 봐야겠어."

핵심 1 「그 시절 우리들의 집」에 반영된 과거의 삶과 오늘날의 삶을 비교하며 감상하기

핵심 2 「그 시절 우리들의 집」에서 현재에 잃어버린 가치를 발견하고 깨닫기

핵심 원리 이해하기 — 수필에 반영된 삶의 모습

수필의 특징	• 글쓴이 자신의 체험과 생각을 바탕으로 함. • 작품 속의 '나'는 곧 글쓴이 자신임. • 글쓴이의 개성이 가장 잘 드러나는 갈래임.
수필에 나타나는 삶의 모습	• 인간의 삶에 대한 깊은 통찰을 보여 줌. • 삶의 모습과 가치관이 비교적 분명히 드러남.

개념 확인 콕콕 • 정답과 해설 p.32

01 다음 중, 삶의 모습이 가장 구체적이고 직접적으로 나타나는 문학 갈래는?

① 시 ② 수필 ③ 소설
④ 희곡 ⑤ 평론

[02~03] 다음 글을 읽고, 물음에 답하시오.

(가) 옛날에는 숙지황을 사면 보통의 것은 얼마, 그보다 나은 것은 얼마의 값으로 구별했고, 구증 구포(九蒸九暴)한 것은 세 배 이상 비쌌다. 구증 구포란, 찌고 말리기를 아홉 번 한 것이다. 말을 믿고 사는 것이다. 신용이다. 지금은 그런 말조차 없다. 남이 보지도 않는데 아홉 번씩이나 찔 리도 없고, 또 말만 믿고 세 배나 값을 더 줄 사람도 없다.

(나) 옛날 사람들은 흥정은 흥정이요 생계는 생계지만, 물건을 만드는 그 순간만은 오직 훌륭한 물건을 만든다는 그것에만 열중했다. 그리고 스스로 보람을 느꼈다. 그렇게 순수하게 심혈을 기울여 공예 미술품을 만들어 냈다.

– 윤오영, 「방망이 깎던 노인」 중에서

02 〈보기〉의 빈칸에 들어갈 알맞은 말을 (가)에서 찾아 쓰시오.

보기
이 글에서 글쓴이는 '구증 구포'라는 말을 통해 과거와 현재의 삶을 비교하면서, 옛날과 달리 오늘날에는 (　　　　)의 가치가 사라져 가고 있음을 비판하고 있다.

03 (나)에서 글쓴이가 가치 있게 여기고 있는 과거의 전통을 2어절로 쓰시오.

본문 안내

이 소단원은 수필에 반영된 과거의 삶과 오늘날의 삶을 비교하여, 현재에 잃어버리고 있는 가치를 깨닫고 오늘날의 삶의 모습을 성찰해 보기 위한 단원이다. 수필 「그 시절 우리들의 집」은 과거 토담집에서의 아름다운 추억을 떠올리면서 '집'에 담긴 소중한 의미를 이야기하고 있는 작품이다. 작품을 감상하며 현재에 잃어버리고 있는 과거의 가치를 발견하고, 이를 토대로 오늘날 우리의 삶을 성찰해 보도록 한다.

처음		중간		끝
토담집에서 넷째 아들을 출산한 아낙	→	토담집의 유래와 유년 시절 토담집에서의 추억	→	탄생과 죽음이 없는 우리들의 집(아파트)

본문 개관

★ **글쓴이 소개** 공선옥

소설가. 진솔한 삶의 체험을 바탕으로, 여성을 비롯한 우리 사회의 소외된 이웃들에게 따뜻한 관심을 표현하며 한국 사회의 어두운 구석을 파헤치는 작품을 주로 창작하였다. 주요 작품으로 「붉은 포대기」, 「일가」, 「명랑한 밤길」 등이 있다.

★ **갈래** 수필

이 글은 글쓴이가 자신의 체험이나 생각을 일정한 형식에 얽매이지 않고 자유롭게 쓴 수필이다. 글쓴이는 유년 시절 토담집에 얽힌 추억을 통해 '집'에 담긴 의미를 이야기하고 있다.

★ **성격** 회고적, 사색적, 체험적, 감상적

이 글의 글쓴이는 토담집에서 태어나 자연의 섭리에 따른 변화와 함께 성장했던 유년 시절의 추억을 떠올리면서 '집'에 대한 자신의 생각을 감상적으로 서술하고 있다. 글쓴이는 탄생과 죽음이 있던 전통적인 집의 역사는 끝났으며 탄생과 죽음이 없는 현대의 쓸쓸한 집만이 남았음을 아쉬워하고 있다.

★ **제재** 유년 시절의 토담집

이 글은 유년 시절 토담집에 얽힌 아름다운 추억을 '그'의 이야기를 들려주는 형식으로 서술하고 있다.

★ **주제** 토담집에서의 자연 친화적인 삶에 대한 그리움

이 글은 토담집에서 태어나고 자란 '그'의 유년 시절 삶과, 병원에서 태어나 아파트에서 자라고 있는 '그'의 아이의 삶을 대비하여 토담집에서의 자연 친화적인 삶에 대한 그리움을 드러내고 있다.

그 시절 우리들의 집

공선옥

이것이 핵심! ✔ 과거의 삶의 모습

처음 가 저녁 어스름이 내리고 있을 무렵이었다. 돌확에 곱게 간 보리쌀을 솥에 안쳐 한소끔 끓여 내놓고서 쌀 한 줌과 끓여 낸 보리쌀을 섞으려고 허리를 구부리는 순간 산기가 느껴졌다. 아낙은 서두르지 않고 침착하게 쌀과 보리를 섞은 다음 아궁이에 불을 지펴 놓고 텃밭으로 갔다.

돌확: 돌로 만든 조그만 절구
한소끔: 한 번 끓어오르는 모양
산기: 아이를 낳으려는 기미

장에 간 남편은 어디서 술을 한잔하는지 저녁이 되어도 돌아오지 않고 이제 곧 세상에 나오려고 신호를 보내기 시작한 뱃속의 아기 위로 셋이나 되는 아이들은 저녁의 골목에서 제 어미가 저녁밥 먹으라고 부르기를 기대하며 왁자하게 놀고 있었다.

왁자하게: 정신이 어지럽도록 떠들썩하게

아낙은 저녁 찬거리로 텃밭의 가지와 호박을 따다가 잠시 땅바닥에 쭈그리고 앉았다. 뱃속의 아기가 이번에는 좀 더 강한 신호를 보내왔다. 아낙은 진통이 가시기를 기다려 찬거리를 안아 들고 텃밭을 나왔다. 아궁이에서 밥이 끓기 시작하자 텃밭에서 따 온 가지를 끓고 있는 밥물 위에 올려놓고 호박과 호박잎을 뚝뚝 썰어 톱톱하게 받아 놓은 뜨물에 된장국을 끓이고 오이채를 썰어 매콤한 오잇국을 만들어서 저녁상을 차렸다. 그러고 나서 아이 낳을 채비를 하기 시작했다.

톱톱하게: 국물이 조금 적어 묽지 아니하게

나 물을 데워 놓고 끓는 물에 아기 탯줄 자를 가위를 소독하고 미역도 담가 놓고 안방 바닥에 짚을 깔고 그 위에 드러누웠다. 장에 가서 술 한 잔 걸치고 뱃노래를 흥얼거리며 아낙의 남편이 막 사립문을 들어섰을 때 안방 쪽에서 갓 태어난 아기 울음소리가 들려오고 있었다. 순산이었다. 남편은 늘 그래 왔듯이, 첫째 때도 둘째 때도 셋째 때도 그러했듯이, 술 취한 기분에도 부엌으로 들어가 아내가 미리 물에 담가 둔 미역을 씻어 첫국밥을 끓였다. 첫국밥을 끓여서 아내에게 들여놓아 주고 나서 남편은 사립문 양쪽에 대나무를 세우고 새끼줄에 검은 숯과 붉은 고추를 끼워 대나무에 매달았다. 넷째 아들이 태어나던 날 밤.

사립문: 나뭇가지를 엮어서 만든 문짝을 달아서 만든 문
첫국밥: 아이를 낳은 뒤에 산모가 처음으로 먹는 국과 밥

처음 | 토담집에서 넷째 아들을 출산한 아낙

•확인 문제•

•정답과 해설 p.33

01 이와 같은 글에 대한 설명으로 가장 적절한 것은?

① 인물의 대화와 행동을 통해 사건을 제시하는 글이다.
② 생활 속에서 느끼고 생각한 바를 솔직하게 표현한 글이다.
③ 어떤 인물의 생애와 업적 등을 사실적으로 기록한 글이다.
④ 현실에서 있을 법한 일을 글쓴이가 상상하여 꾸며 쓴 글이다.
⑤ 여행하면서 보고 듣고 느끼고 겪은 것을 자유로운 형식으로 쓴 글이다.

핵심

02 이 글에 나타난 과거의 삶의 모습으로 적절하지 않은 것은?

① 절구로 곡식을 찧고 아궁이에 불을 지펴 음식을 만들었다.
② 출산이 임박하면 온 가족이 모여 아이 낳을 채비를 하였다.
③ 출산에 필요한 것들을 직접 준비하여 집에서 아이를 낳았다.
④ 아이 낳는 일을 특별하거나 두려운 일이 아닌 일상적인 일로 여겼다.
⑤ 아들을 낳으면 문 앞에 검은 숯과 붉은 고추를 매달은 새끼줄을 쳐 놓았다.

서술형

03 〈보기〉의 밑줄 친 부분을 고려할 때, 이 글에 나타난 과거의 삶이 지니는 가치를 서술하시오.

보기

아파트에서는 자연과의 직접 교섭이 거의 완전히 단절된다. 그 가장 첨예한 상징적인 사실이 아파트에서는 채소를 손수 가꾸어 먹을 수 없다는 것이다. 아파트에 자연이 있다면 그것은 인위적인 자연이다. 자연의 상실은 아파트에서의 삶을 더욱 옮게 만든다.

핵심 확인 과거의 삶의 모습

과거의 삶의 모습	집에서 아이를 낳음.
↓	
넷째 아들을 출산하는 과정	아낙이 저녁 준비를 하다가 산기를 느낌. → 저녁상을 차려 놓고 출산 채비를 함. → 홀로 아이를 낳고 남편이 끓여 준 첫국밥을 먹음.

이것이 핵심! ✔ 과거의 삶의 모습과 오늘날의 삶의 모습

중간 **다** 그의 어머니는 그렇게 팔 남매를 낳았다. 집은 토담집이었다. 그의 아버지와 어머니가 ㉠신접살림을 나면서 손수 지은 집이었다. 판판한 주춧돌 위에 튼튼한 소나무 기둥을 세우고 지붕을 만들었다. 마을에서는 그렇게 새집 짓는 일을 '㉡성주 모신다'고 했다. 마을 남정네들은 집 짓는 일을 돕고 아낙들은 음식을 만들었다. 황토에 논흙을 섞고 짚을 썰어 지붕 흙을 만들고 몇 사람은 지붕 위로 올라가고 몇 사람은 마당에 길게 서서 다 이겨진 흙을 지붕 위로 올렸다.

토담집: 토담만 쌓아 그 위에 지붕을 덮어 지은 집

대나무나 뽕나무로 미리 살을 만들어 놓은 위에 ㉢차진 흙이 발라졌다. 흙이 마르면 노란 짚을 엮어 지붕을 이었다. 이제 그 지붕은 아무리 비가 많이 와도 아무리 거센 바람이 불어도 끄떡없을 것이었다. 지붕이 다 만들어지자 벽을 만들었다. 지붕에서처럼 대나무로 살을 만들고 흙을 바르고 그리고 ㉣구들장을 놓았다. 노란 송판을 반들반들하게 ㉤켜서 마루도 만들었다.

라 그와 그의 형제들은 바로 그 집에서 나고 그 집에서 컸다. 노란 흙벽, 노란 초가지붕, 노란 마루, 노란 마당, 정다운 노란 집. 그 집의 봄 여름 가을 겨울. 봄 여름 가을 겨울의 아침과 낮과 저녁과 밤이 그 집 아이들의 성장에 함께 있었다. 그는 그 집의 봄 여름 가을 겨울과 봄 여름 가을 겨울의 어느 아침과 낮과 저녁과 밤을 먼 훗날까지 그의 영혼 깊은 곳에 간직해 두고서는 몹시 힘들고 고달픈 도시에서의 봄 여름 가을 겨울의 어느 아침과 낮과 저녁과 밤에 마음속의 보석처럼 소중한 그 추억들을 끄집어내 보고는 했다.

04 이 글에 대한 설명으로 가장 적절한 것은?

① 토담집의 탄생과 소멸에 따라 변화한 한 가족의 역사를 보여 주고 있다.
② 토담집의 어원과 유래를 밝히며 과거의 집에 담긴 의미와 가치를 서술하고 있다.
③ 과거 토담집이 지어진 과정을 설명하며 오늘날 집의 구조적 문제점을 밝히고 있다.
④ 토담집에서의 추억을 떠올리며 자연과 조화를 이루었던 과거의 삶을 이야기하고 있다.
⑤ 토담집에서 보낸 유년 시절을 회상하며 부모님에 대한 그리움과 회한의 정을 드러내고 있다.

날개 확인 문제

05 토담집에 대한 이해로 적절하지 않은 것은?

① '그'가 태어나 성장한 공간이다.
② '그'에게 아름다운 추억이 된 공간이다.
③ '그'가 언젠가 다시 돌아가고자 하는 공간이다.
④ '그'의 부모님과 마을 사람들이 손수 지은 공간이다.
⑤ '그'의 가족들에게 든든한 안식처가 되어 준 공간이다.

06 ㉠~㉤의 뜻풀이로 적절하지 않은 것은?

① ㉠: 처음으로 차린 살림살이
② ㉡: 가정에서 모시는 신의 하나로, 집의 건물을 수호함.
③ ㉢: 물기가 있어 젖은 듯한
④ ㉣: 방고래 위에 깔아 방바닥을 만드는 얇고 넓은 돌
⑤ ㉤: 나무를 세로로 톱질하여 쪼개어

서술형

07 〈보기〉의 ⓐ, ⓑ에 들어갈 알맞은 말을 쓰시오.

보기

(라)에서는 (ⓐ)의 색채 이미지를 통해 토담집의 정겨운 분위기를 강조하고 있으며, 토담집에서의 소중한 추억을 (ⓑ)에 빗대어 효과적으로 표현하고 있다.

마 그 집은 그 집 아이들에게 작은 우주였다. 그곳에는 많은 비밀이 있었다. 자연 속에는 눈에 보이는 것 말고도 눈에 보이지 않는 무한한 비밀이 감춰져 있었다. 그는 그 집에서 크면서 자연 속에 감춰진 비밀들을 깨달아 갔다.

석양의 북새, 혹은 낮게 깔리는 굴뚝 연기를 보고 그는 비설거지를 했다. 그런 다음 날은 틀림없이 비가 올 것이므로. 비가 온 날 저녁에는 또 지렁이가 밤새 운다는 것을 그는 알고 있었다. 똑또르 똑또르 하는 지렁이 울음소리. 냄새와 소리와 맛과 색깔과 형태들이 그 집에서는 선명했다. 모든 것들이 말이다. 왜냐하면 봄과 여름과 가을과 겨울과 아침과 낮과 저녁과 밤이 그 집에서는 뚜렷했으므로. ㉠ 자연이 그러한 것처럼 사람들의 삶이 명료했다.

북새: '노을'의 방언
비설거지: 비가 오려고 하거나 올 때, 비에 맞으면 안 되는 물건을 치우거나 덮는 일

바 이제 그 집을 떠난 그에게는 모든 것이 불분명하다. 아침과 저녁이 불분명하고 사계절이 불분명하고 오감이 불분명하다. 병원에서 태어나 수십 군데 이사를 다니고 나서 겨우 장만한 아파트. 그 사각진 콘크리트 벽 속에 살고 있는 그의 아이는 여름에 긴팔 옷을 입고 겨울에 반팔 옷을 입는다.

돈은 은행에서 나고 먹을 것은 슈퍼에서 나는 것으로 아는 아이는, 수박이 어느 계절의 과일인지 분간하지 못하는 아이는 그래서 봄 여름 가을 겨울을 알지 못한다. 아침저녁의 냄새와 소리와 맛과 형태와 색깔이 어떻게 다른지 알지 못한다.

중간 | 토담집의 유래와 유년 시절 토담집에서의 추억

핵심 확인 과거의 삶의 모습과 오늘날의 삶의 모습

과거 '그'의 삶의 모습		현재 '그'의 아이의 삶의 모습
부모님이 지은 집에서 태어남.		병원에서 태어남.
토담집에서 자연을 온몸으로 느끼고 자연의 섭리에 순응하며 살아감.	↔	아파트에서 자연과 단절되어 자연의 섭리를 인식하지 못하며 살아감.

↓

과거와 현재의 대비를 통해 자연 친화적인 삶에 대한 그리움과 자연의 섭리를 인식하지 못하며 살아가는 오늘날의 삶에 대한 아쉬움을 드러냄.

08 이 글의 표현상 특징으로 적절하지 않은 것은?

① 일화를 제시하여 독자의 흥미를 유발하고 있다.
② 3인칭 시점을 사용하여 서술의 객관성을 높이고 있다.
③ 음성 상징어를 사용하여 대상을 생동감 있게 표현하고 있다.
④ 비유적 표현을 활용하여 대상이 지닌 의미를 부각하고 있다.
⑤ 글쓴이의 생각과 타인의 생각을 대비하여 주제를 강화하고 있다.

핵심

09 이 글에 나타난 '그'와 '그'의 아이의 삶에 대한 설명으로 적절하지 않은 것은?

① '그'는 토담집에서 자연 속에 감춰진 비밀을 깨달으며 성장하였다.
② '그'의 아이는 병원에서 태어나 아파트에서 자연의 이치를 거스르며 살고 있다.
③ 토담집에서 '그'의 삶은 명료했지만, 토담집을 떠난 이후로는 모든 것이 불분명해졌다.
④ 현재 '그'는 자연과 조화된 삶을 살고 있지만, '그'의 아이는 자연과 단절된 삶을 살고 있다.
⑤ 현재 '그'와 '그'의 아이는 모두 계절과 밤낮의 변화를 분명하게 느낄 수 없는 곳에서 살고 있다.

10 ㉠의 의미로 가장 적절한 것은?

① 자연의 영향권에서 벗어날 수 있었다.
② 자연으로부터 많은 것을 얻을 수 있었다.
③ 자연의 변화를 뚜렷하게 인식할 수 있었다.
④ 자연과 상호 보완적 관계를 맺을 수 있었다.
⑤ 자연의 위대함을 피부로 명확히 느낄 수 있었다.

11 이 글에서 '토담집'과 대비되는 공간을 찾아 쓰시오.

이것이 핵심! ✔ '집'의 의미와 오늘날 우리가 잃어버린 가치

끝 ㈔ 어머니의 부음을 듣고 그는 그가 나고 성장한 그 노란 집으로 갔다.
(부음: 사람이 죽었다는 것을 알리는 말이나 글)

팔 남매를 낳고 기르느라 조그마해질 대로 조그마해진 어머니는 바로 자신의 아이들을 낳았던 그 자리에 자신의 몸을 부려 놓고 있었다.

㉠그 집, 노란 그 집에 탄생과 죽음이 있었다. 그 집 안주인의 죽음 이후 그 집은 적막해졌다. 아무도 그 집에 들어와 살지 않을 것이며 누구도 아이를 그 집에서 낳지 않을 것이며 그러므로 죽음 또한 그 집에서는 일어나지 않을 것이다. 그 집의 역사는 그렇게 끝이 난 것이다.

우리들의 어머니의 죽음과 함께 조왕신과 성주신이 살지 않는 우리들의 집은 이제 적막하다. 더 이상의 탄생과 죽음이 없는 ㉡우리들의 집은 쓸쓸하다.
(조왕신: 부엌을 맡는다는 신)

우리는 오늘 밤도 쓸쓸한 집으로 돌아들 간다.

끝 ┆ 탄생과 죽음이 없는 우리들의 집(아파트)

핵심 확인 '집'의 의미와 오늘날 우리가 잃어버린 가치

'그 집, 노란 그 집에 탄생과 죽음이 있었다.'	과거의 집은 한 인간의 탄생에서 죽음에 이르기까지 자연의 섭리에 순응하며 살았던 삶의 모든 과정이 담긴 공간이었음.
'더 이상의 탄생과 죽음이 없는 우리들의 집은 쓸쓸하다.'	탄생과 죽음이 없는 오늘날의 집은 자연과 단절된 채 의식주를 해결하는 공간일 뿐, 그 이상의 의미를 가지지 못함.

↓

'집'에 담긴 과거와 현재의 의미 변화로 인해 오늘날 우리의 주거 공간은 자연의 섭리에 순응하고 조화하며 사는 삶의 가치를 잃어버림.

핵심

12 ㉠에 담긴 의미에 대한 설명으로 적절하지 않은 것은?

① 단순히 의식주를 해결하는 공간이라는 의미를 넘어선다.
② 자연과 단절되지 않고 서로 융화되는 곳이라는 의미가 있다.
③ 자연의 섭리를 알아 가고 경험하는 세계로서의 의미를 지닌다.
④ 시대가 달라져도 그 기능이 사라지지 않는 영원한 안식처라는 의미가 있다.
⑤ 한 인간의 탄생에서 죽음에 이르기까지 삶의 모든 과정이 담긴 공간이라는 의미가 있다.

낱개 확인 문제

13 글쓴이가 ㉡과 같이 말한 이유로 가장 적절한 것은?

① 이웃과의 교류가 줄어서
② 아무도 아이를 낳지 않아서
③ 자연의 섭리를 인식할 수 없어서
④ 가족들이 뿔뿔이 흩어져 살아가서
⑤ 조왕신과 성주신을 모실 여유가 없어서

14 이 글을 쓴 글쓴이의 의도로 가장 적절한 것은?

① 자신의 유년 시절을 기억하기 위해서
② 토담집의 건축 방식과 가치를 알리기 위해서
③ 어머니의 죽음으로 인한 슬픔을 극복하기 위해서
④ 잃어버리고 있는 집의 소중한 의미를 일깨우기 위해서
⑤ 계절에 변화에 따른 토담집의 아름다움을 보여 주기 위해서

서술형

15 글쓴이가 그에서 우리들로 지칭을 바꾸어 쓴 이유를 서술하시오.

학습 활동

•정답과 해설 p.33

이해 활동

1. 이 글에 나타난 토담집에서의 삶과 현재의 삶을 정리해 봅시다. 예시 답

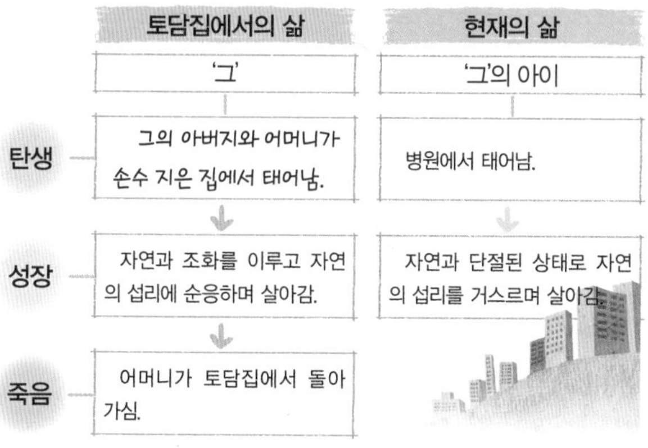

	토담집에서의 삶	현재의 삶
	'그'	'그'의 아이
탄생	그의 아버지와 어머니가 손수 지은 집에서 태어남.	병원에서 태어남.
성장	자연과 조화를 이루고 자연의 섭리에 순응하며 살아감.	자연과 단절된 상태로 자연의 섭리를 거스르며 살아감.
죽음	어머니가 토담집에서 돌아가심.	

이해 다지기 문제

1 이 글에 나타난 과거의 집과 현재의 집을 비교한 내용으로 적절하지 않은 것은?

	과거의 집(토담집)	현재의 집(아파트)
①	탄생과 죽음이 있었던 공간	탄생과 죽음이 없는 쓸쓸한 공간
②	자연과 조화를 이루며 살았던 공간	자연과 단절된 채 살고 있는 공간
③	자연의 섭리에 순응하며 살아갔던 공간	자연의 섭리를 인식할 수 없는 공간
④	자연의 무한한 비밀이 감춰져 있던 공간	모든 것이 너무나 뚜렷하고 명료한 공간
⑤	글쓴이가 긍정적으로 인식하고 있는 공간	글쓴이가 부정적으로 인식하고 있는 공간

2. 다음 표현들의 차이점을 바탕으로, 이 글의 서술 방식과 그 효과를 파악해 봅시다.

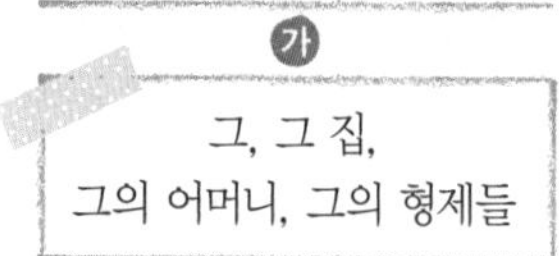

가
그, 그 집,
그의 어머니, 그의 형제들

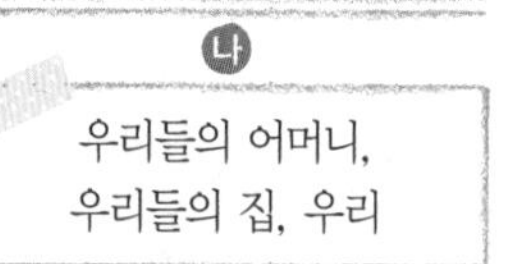

나
우리들의 어머니,
우리들의 집, 우리

1 글쓴이가 가와 같은 표현을 사용한 까닭을 말해 봅시다.

예시 답 3인칭 시점을 활용하여 '그'의 이야기를 들려줌으로써 서술의 객관성을 확보하기 위해서이다.

2 가와 나의 표현상의 차이로 알 수 있는 이 글의 서술 방식의 특징과 그 효과를 말해 봅시다.

예시 답 이 글의 뒷부분에서는 '그'라는 지칭이 '우리들'이라는 지칭으로 바뀌고 있다. 이러한 지칭 변화를 통해 '그'의 이야기를 우리의 이야기로 확대하면서 '그'의 이야기가 오늘날 우리 모두의 이야기라는 점, 즉 특수한 이야기가 아니라 보편적인 이야기라는 점을 효과적으로 드러내고 있다.

이해 다지기 문제

2 다음은 이 글의 서술상 특징에 대한 설명이다. ㉠과 ㉡에 들어갈 알맞은 말을 쓰시오.

> 이 글은 수필임에도 글쓴이가 자신의 이야기가 아닌 '그'의 이야기를 들려주는 형식을 취함으로써 서술의 (㉠)을 확보하고 있다. 나아가 '그'의 이야기를 '우리들'의 이야기로 확대함으로써 이 글이 특정한 사람의 이야기가 아닌 (㉡)인 사람들의 이야기라는 점을 효과적으로 드러내고 있다.

목표 활동

1. 토담집에서의 삶의 모습을 바탕으로 토담집의 의미와 가치에 관해 생각해 봅시다.

1 다음 구절을 중심으로 토담집의 의미를 파악해 봅시다.

구절	토담집의 의미
그 집은 그 집 아이들에게 작은 우주였다.	단순히 거주하는 공간을 넘어서서, 아이들이 알아가고 경험하는 세계로서의 의미를 지님.
봄과 여름과 가을과 겨울과 아침과 낮과 저녁과 밤이 그 집에서는 뚜렷했으므로, 자연이 그러한 것처럼 사람들의 삶이 명료했다.	그 집에서는 사계절과 밤낮의 변화가 분명했기 때문에 사람들도 그에 맞추어 살아갈 수 있었음.
• 그 집, 노란 그 집에 탄생과 죽음이 있었다. • 더 이상의 탄생과 죽음이 없는 우리들의 집은 쓸쓸하다.	과거 토담집은 탄생에서 죽음에 이르기까지 한 사람의 일생이 담긴 공간이었음.

2 **1**의 활동을 바탕으로 오늘날 우리가 잃어버린 가치는 무엇인지 말해 봅시다.

예시 답 과거의 토담집은 자연의 섭리에 순응하며 살았던 한 사람의 일생이 담긴 공간이었지만, 현재 아파트에서는 이러한 일들이 일어나지 않아 오늘날 우리의 집은 쓸쓸한 공간이 되고 말았다. 이러한 집에 관한 인식 변화로 인해 오늘날 우리의 주거 공간은 자연의 섭리에 순응하고 조화하며 사는 삶의 가치를 잃어버렸다.

목표 다지기 문제

1 이 글의 내용으로 보아 오늘날 우리가 잃어버린 과거의 가치로 가장 적절한 것은?

① 공동체를 위해 헌신하는 삶
② 이웃과 함께 나누며 사는 삶
③ 일상생활의 소중함을 아는 삶
④ 자연의 섭리에 순응하며 사는 삶
⑤ 자신의 상황에 만족할 줄 아는 삶

2. 이 글에 담긴 과거의 삶의 방식과 가치가 오늘날의 문제를 해결하는 데 어떤 도움이 될지 이야기해 봅시다.

집값이 상승하여 서민들이 살 집을 마련하기 어렵다고 해. 집을 사는 곳이 아닌 돈의 가치로 여기는 사람들 때문에 집값이 오른 것이라고 한 기사를 본 적이 있어.

목표 다지기 문제

2 이 글에 반영된 과거의 삶의 모습을 참고할 때, 〈보기〉에 나타난 오늘날의 문제를 해결하는 방법으로 가장 적절한 것은?

보기

아파트에 사는 사람들은 자연이나 세상과 단절되기 쉽다. 특히 아이의 몸은 오염되지 않은 자연에 가깝기 때문에 문명의 작은 힘에도 큰 충격을 받을 수 있다. 사람은 햇볕을 쬐고 신선한 공기를 마시며 흙과 식물의 기운을 흡수하는 등 자연과 지속적으로 소통해야 하는데, 도시 아이들의 몸은 이러한 것들이 차단되었을 때 얼마나 빨리 황폐해지는가를 보여 준다.

– ○○ 신문

① 아이들을 외부 환경에 노출시키지 않는다.
② 아파트 주변 등 도시 곳곳에 녹지를 조성한다.
③ 아이들이 가급적 문명을 접하지 않도록 차단한다.
④ 가족 공동체보다 지역 공동체를 더 활성화시킨다.
⑤ 아파트를 개방하여 많은 사람이 드나들 수 있게 한다.

3. 다음 글을 읽고, 오늘날 사라져 가는 과거의 삶의 모습과 가치에 관해 생각해 봅시다.

일가족이 태자리를 뒤로 하고 고향을 떠날 때 나는 초등학교 5학년이었다. 있어도 그만 없어도 그만인, 자질구레한 세간을 실은 손바닥만 한 트럭에 어머니가 타고 먼저 떠난 뒤 할머니와 나, 동생은 새로운 삶의 터전을 찾아 길을 걷기 시작했다. 철없는 어린 동생도 그날은 아무 말 없이 먼지가 풀풀 나는 신작로를 내처 걷기만 했다. 우리 가족을 그냥 떠나보내기 아쉬웠던 명원네 대모가 항아리를 하나 머리에 이고 뒤를 따랐다. 트럭 위에도 대모의 머리에도 선택받지 못한 독과 항아리 들은 사람이 더 이상 살지 않는 집에 남았다. 대모가 머리에 인 항아리는 할머니, 어머니가 가장 아끼던 것들 중 하나였다. 쏟아진 햇살은 항아리 위에서 연신 *자반뒤집기를 했다. 나는 자꾸만 눈을 깜박거렸다.

독과 항아리를 열심히 닦던 어머니나, 항아리를 이고 먼 길을 걸어간 어른들 심정을 조금이라도 이해할 수 있게 된 건 세월이 한참 흐른 뒤였다. 내가 깨달은 장독의 의미는, 한 집안이 여전히 존재하고 있음을 상징하는 *증표였다. 그 구성원들이 세워 놓은 깃발이었다.

하지만 우리는 언젠가부터 장독을 잃어버렸다. 우리가 지켜 내야 할 증표를 잃어버렸다. 도시에서는 장독대를 따로 두기도 쉽지 않거니와, 설령 있다고 해도 길 떠난 가장의 안전을 염원하며 장독대를 닦는 아낙 역시 없다. 김치는 김치냉장고 속에서 더할 나위 없이 안온하다. 플라스틱 통에 들어 있는 된장과 고추장은 세월이 가도 그 고운 빛을 잃지 않는다. 양조간장은 언제 먹어도 입에 붙을 듯 달다. 그

럴 뿐이다. 새삼 서글퍼할 일은 아니다. 세월에 쫓기어 꼬리를 말고 사라진 게 어디 장독대뿐이랴. 하지만 난 매일 궁금하다. 장독대와 함께 떠나보낸 우리 고유의 정과 사랑은 지금 어느 곳을 떠돌고 있을까.

– 이호준, 「장독대, 끝내 지켜 내던 가문의 상징」

• 자반뒤집기 몹시 아플 때에, 몸을 엎치락뒤치락하는 짓. 여기서는 햇살의 모습을 비유적으로 이르는 표현임.
• 증표(證票) 증명이나 증거가 될 만한 표.

[참고 자료] 「장독대, 끝내 지켜 내던 가문의 상징」

갈래	수필
성격	회고적, 체험적, 사색적
제재	장독
주제	장독대와 함께 우리 고유의 정과 사랑이 사라져 가는 것에 대한 아쉬움
특징	• 글쓴이의 어린 시절 체험을 바탕으로 내용을 전개함. • 시대의 변화를 대상의 변화에 빗대어 주제 의식을 부각함.

1 이 글에서 알 수 있는, 과거에 장독이 가졌던 의미는 무엇인지 생각해 봅시다.

예시 답 과거의 장독은 한 가족이 그 집에 살고 있음을 보여 주는 증표로, 그 집안의 구성원들이 세워 놓은 깃발과 같은 것이었다.

2 이 글의 장독처럼 오늘날 그 의미가 달라졌거나 사라진 대상을 찾아봅시다.

예전에는 공동 우물이 있어서 마을 사람들이 모여서 교류를 했다고 해. 지금은 공동체가 모여서 함께 생활할 공간이 없는 것 같아.

옛날에는 집집마다 비밀스러운 것을 간직할 수 있는 다락이 존재했는데 아파트가 들어서면서 다락은 기억 속에만 남아 있게 되었어.

3 **2**에서 찾은 대상의 가치를 바탕으로, 오늘날 우리의 삶을 성찰하는 글을 써 봅시다.

우리는 언젠가부터 [우물]을/를 잃어버렸다.
우리가 지켜 내야 할 [쉼터]을/를 잃어버렸다.

대부분 아파트가 들어서 있는 도시에서는 우물을 만들기 어렵고, 설령 있다고 해도 그 우물가에 모여 정을 나눌 이웃이 없다. 목이 마른 나그네가 급히 물을 마시지 않도록 버들잎 한 장을 물에 띄워 물 한 바가지 건네 주는 사람도 없다. 오늘날은 집에서 버튼만 누르면 시원한 물, 따뜻한 물이 콸콸 나온다. 굳이 밖에 나가지 않더라도 컴퓨터와 스마트폰만 있으면 누구와 언제든지 이야기를 나눌 수 있다. 편리하지만 함께 모여 정을 나눌 공간이 사라지고, 우물가에 모여 기쁜 일, 슬픈 일을 함께 나누며 웃고 우는 이웃이 사라져 가는 것이 새삼 서글프다.

목표 다지기 문제

3 다음 빈칸에 들어갈 적절한 말을 쓰시오.

「장독대, 끝내 지켜 내던 가문의 상징」에서 글쓴이는 시대의 변화 속에서 오늘날 장독대와 함께 과거의 소중한 가치인 (　　　　　　)이 사라져 가고 있음을 아쉬워하고 있다.

4 작품에 반영된 과거의 삶을 현재의 삶과 관련지어 이해하는 방법으로 적절하지 않은 것은?

① 작품에 반영된 과거의 삶을 오늘날의 삶과 비교해 본다.
② 작품 속 인물이 처한 상황에 자신의 상황을 대입해 본다.
③ 작품에 반영된 당시 상황이 실제 사실과 일치하는지 확인해 본다.
④ 작품 속 인물의 말과 행동에 드러난 가치관을 자신의 가치관과 비교해 본다.
⑤ 오늘날의 삶에 비추어 작품 속 인물의 모습에서 얻을 수 있는 교훈을 떠올려 본다.

 창의·융합 활동

혼자 하기 

다음은 도시에서의 삶에 지친 주인공이 고향으로 돌아가 자신의 상처를 치유하는 과정을 그린 영화 『리틀 포레스트』입니다. 영화를 감상하고, 이어지는 활동을 해 봅시다.

1. 영화 속 주인공에게 고향의 사계절은 어떤 의미가 있는지 생각해 봅시다.

예시 답 배가 고파서 돌아왔다는 주인공에게 다채로운 자연의 식재료를 아낌없이 내주는 고향의 사계절은 어린 시절 사랑의 음식으로 주인공의 마음을 따뜻하게 품어 주었던 어머니와 같은 의미를 지니는 것 같다.

2. 가장 인상 깊은 대사나 장면을 찾아 그 의미를 말해 봅시다.

예시 답 주인공의 친구가 회사에서 뛰쳐나와 고향집으로 돌아온 까닭을 설명하면서 "다른 사람이 결정하는 인생은 살고 싶지 않아."라고 말한 부분이 기억에 남는다. 지금 나는 과연 내 의지대로 내가 하고 싶은 일을 하며 살고 있는지 생각해 보게 되었다.

3. 다음은 주인공의 엄마가 남긴 편지의 일부입니다. 편지를 읽고, 주인공의 상황에서 엄마에게 짧은 답장을 써 봅시다.

> 내가 여기를 떠나지 않은 이유는 너를 여기에 심고 뿌리내리게 하고 싶어서였어.
> 혜원이가 힘들 때마다 이곳의 흙냄새와 바람과 햇볕을 기억한다면 언제든 다시 털고 다시 일어설 수 있을 거라고 엄마는 믿어.

조건
- 주인공의 과거의 삶과 가치가 남아 있는 고향의 의미가 드러나게 쓸 것.
- 자신의 상처를 치유하겠다는 주인공의 다짐이 드러나게 쓸 것.

예시 답 내게 무언가 좋은 일이 있을 때나 혹은 안 좋은 일이 있을 때면 엄마는 항상 제철 음식을 해 주셨지요. 엄마께 어깨너머로 배운 요리법은 도시 생활을 하며 배고팠던 나를 살리고 있어요. 나는 도시로부터 도망친 게 아니에요. 따뜻한 한 끼와 그걸 챙기는 나를 소중하게 여기게 되었기 때문에 고향에 정착하려는 거예요. 그러니까 아무 걱정하지 마세요. 나는 이곳에서 나만의 소중한 숲을 찾아 아름답게 가꾸며 지낼 테니까요.

수행 평가 대비 활동

| 수행 평가 TIP | 영화 속 주인공이 되어 자연과 하나가 되는 경험을 해 보고, 오늘날의 삶을 성찰해 보는 활동입니다. 먼저 영화를 감상하고 영화의 주제를 파악해 보도록 합니다. 이때 도시 생활과 고향에서의 생활에 나타난 주인공의 정서를 제대로 파악하는 것이 중요합니다. 영화를 감상하고 난 후, 주인공에게 자신의 감정을 이입하여 자연과 하나 되어 사는 삶의 가치를 깨닫고 자신의 삶을 성찰한 내용을 바탕으로 주인공의 입장에서 편지를 써 보도록 합니다.

1 평가 내용 확인하기

- 주인공이 생각하는 고향의 의미와 영화의 주제 파악하기
- 주인공의 상황에 맞는 다짐이 드러나게 편지 쓰기

2 평가 기준 확인하기

- 영화 속 소재, 인물 간 대화 등에 담긴 함축적 의미를 파악하였는가?

영화에서 가장 인상 깊었던 장면을 골라 영화의 주제와 관련하여 장면에 등장하는 소재나 인물의 말에 담긴 의미를 해석해 봅니다.

- 영화 속에 담겨 있는 고향과 자연이 지닌 가치를 잘 이해하였는가?

주인공의 엄마가 주인공을 고향에 뿌리내리게 하고 싶었던 까닭은 무엇일지, 자연에 어떤 가치를 부여하고 있는지 등을 살펴봅니다.

수행 평가 +

1. 과거의 삶의 모습이 잘 드러나는 대중가요를 찾아 오늘날의 삶의 모습과 비교하여 감상해 봅시다.

도와줄게 분단의 아픔 등을 노래한 전통 가요나 노동의 고단함을 노래한 민요 등에서도 찾아볼 수 있습니다. 노래에 반영된 삶을 현재 우리의 삶과 비교해 보고 노래에 담긴 가치를 발견해 보도록 합니다.

2. 1에서 찾은 대중가요의 가사를 자신의 삶과 가치관이 잘 드러나도록 바꾸어 봅시다.

도와줄게 자신의 삶을 잘 드러낼 수 있는 주제를 정하여 가사를 바꾸되, 노래의 리듬이 잘 살도록 표현합니다.

소단원 제재 정리

갈래: 수필
성격: 회고적, 사색적, 체험적, 감상적
제재: 유년 시절의 토담집
주제: 토담집에서의 자연 친화적인 삶에 대한 그리움
특징: ① 3인칭 시점을 사용하여 '그'의 이야기를 들려주는 형식으로 서술함.
② 과거와 현재의 주거 공간을 대비하여 주제를 효과적으로 드러냄.

제재 한눈에 보기

처음	토담집에서 넷째 아들을 출산한 아낙
중간	토담집의 유래와 유년 시절 토담집에서의 추억
끝	탄생과 죽음이 없는 우리들의 집(아파트)

핵심 원리

수필에 반영된 삶의 모습

- 수필은 글쓴이 자신의 체험과 생각을 바탕으로 하므로, 삶의 모습이 비교적 분명하게 드러남.
- 수필 「그 시절 우리들의 집」은 과거 (❶)에서의 삶과 현재 아파트에서의 삶을 비교하고 있는데, 이를 통해 현재 우리가 잃어버리고 있는 과거의 가치를 발견할 수 있음.

핵심 내용

(1) 서술상 특징과 그 효과

서술상 특징	효과
'그'의 이야기를 들려주는 방식을 취함.	(❷) 시점을 활용하여 '나'가 아닌 '그'의 이야기로 서술함으로써 객관성을 확보함.
'그'의 이야기를 '우리들'의 이야기로 확대함.	'그'의 이야기가 오늘날 우리 모두의 이야기, 즉 보편적 이야기임을 효과적으로 드러냄.

(2) 과거의 삶과 현재의 삶의 모습

과거의 삶의 모습('그')	현재의 삶의 모습('그'의 아이)
토담집에서 태어나 자라면서 자연 속에 감춰진 비밀들을 깨닫고 자연의 섭리에 순응하면서 살아감.	병원에서 태어나 사각진 콘크리트 벽의 (❸)에서 자라면서 자연의 섭리를 인식하지 못하는 생활을 하고 있음.

(3) 과거의 집과 현재의 집

토담집	대비	아파트
• 과거의 삶의 공간 • 자연과 조화를 이룬 공간 • 자연의 섭리를 인식할 수 있는 공간	↔	• 현재의 삶의 공간 • 자연과 단절된 공간 • 자연의 섭리를 인식할 수 없는 공간
글쓴이가 (❹)으로 인식하는 공간		글쓴이가 부정적으로 인식하는 공간

(4) 토담집의 의미

토담집
- 단순히 거주하는 공간을 넘어서서 아이들이 (❺)를 알아가고 경험하는 세계로서의 의미를 지님.
- 사계절과 밤낮의 변화를 뚜렷하게 인식할 수 있어서 사람들도 그러한 변화에 맞추어 살아갈 수 있었음.
- 한 사람의 탄생에서 죽음에 이르기까지 사람과 일생을 함께하는 공간이었음.

(5) 오늘날 우리가 잃어버린 가치

오늘날 우리의 상황
탄생과 죽음이 없는 (❻) 집에서 살아가고 있음.

↓

자연의 섭리에 순응하고 조화하며 사는 삶의 가치를 잃어버림.

정답 ❶ 토담집 ❷ 3인칭 ❸ 아파트 ❹ 긍정적 ❺ 자연의 섭리 ❻ 쓸쓸한

소단원 핵심 문제

• 정답과 해설 p.34

[01~06] 다음 글을 읽고, 물음에 답하시오.

(가) 저녁 어스름이 내리고 있을 무렵이었다. ⓐ돌확에 곱게 간 보리쌀을 솥에 안쳐 ⓑ한소끔 끓여 내놓고서 쌀 한 줌과 끓여 낸 보리쌀을 섞으려고 허리를 구부리는 순간 산기가 느껴졌다. ㉠아낙은 서두르지 않고 침착하게 쌀과 보리를 섞은 다음 아궁이에 불을 지펴 놓고 텃밭으로 갔다.

(나) 물을 데워 놓고 끓는 물에 아기 탯줄 자를 가위를 소독하고 미역도 담가 놓고 안방 바닥에 짚을 깔고 그 위에 드러누웠다. 장에 가서 술 한잔 걸치고 뱃노래를 흥얼거리며 아낙의 남편이 막 사립문을 들어섰을 때 안방 쪽에서 갓 태어난 아기 울음소리가 들려오고 있었다. 순산이었다. 남편은 늘 그래 왔듯이, 첫째 때도 둘째 때도 셋째 때도 그러했듯이, 술 취한 기분에도 부엌으로 들어가 아내가 미리 물에 담가 둔 미역을 씻어 ⓒ첫국밥을 끓였다. 첫국밥을 끓여서 아내에게 들여놓아 주고 나서 남편은 ㉡사립문 양쪽에 대나무를 세우고 새끼줄에 검은 숯과 붉은 고추를 끼워 대나무에 매달았다. 넷째 아들이 태어나던 날 밤.

(다) 그의 어머니는 그렇게 팔 남매를 낳았다. 집은 ⓓ토담집이었다. 그의 아버지와 어머니가 신접살림을 나면서 손수 지은 집이었다. 판판한 주춧돌 위에 튼튼한 소나무 기둥을 세우고 지붕을 만들었다. 마을에서는 그렇게 새집 짓는 일을 '성주 모신다'고 했다. ㉢마을 남정네들은 집 짓는 일을 돕고 아낙들은 음식을 만들었다. 황토에 논흙을 섞고 짚을 썰어 지붕 흙을 만들고 몇 사람은 지붕 위로 올라가고 몇 사람은 마당에 길게 서서 다 이겨진 흙을 지붕 위로 올렸다.

대나무나 뽕나무로 미리 살을 만들어 놓은 위에 차진 흙이 발라졌다. 흙이 마르면 노란 짚을 엮어 지붕을 이었다. 이제 그 지붕은 아무리 비가 많이 와도 아무리 거센 바람이 불어도 끄떡없을 것이었다. 지붕이 다 만들어지자 벽을 만들었다. 지붕에서처럼 대나무로 살을 만들고 흙을 바르고 그리고 구들장을 놓았다. 노란 ⓔ송판을 반들반들하게 켜서 마루도 만들었다.

(라) 그와 그의 형제들은 바로 그 집에서 나고 그 집에서 컸다. 노란 흙벽, 노란 초가지붕, 노란 마루, 노란 마당, 정다운 노란 집. 그 집의 봄 여름 가을 겨울. ㉣봄 여름 가을 겨울의 아침과 낮과 저녁과 밤이 그 집 아이들의 성장에 함께 있었다. 그는 그 집의 봄 여름 가을 겨울과 봄 여름 가을 겨울의 어느 아침과 낮과 저녁과 밤을 먼 훗날까지 그의 영혼 깊은 곳에 간직해 두고서는 몹시 힘들고 고달픈 도시에서의 봄 여름 가을 겨울의 어느 아침과 낮과 저녁과 밤에 ㉤마음속의 보석처럼 소중한 그 추억들을 끄집어내 보고는 했다.

출제 예감 80%

01 이와 같은 글을 읽는 방법으로 적절하지 않은 것은?

① 글쓴이의 생각이나 인생관을 살펴본다.
② 글쓴이의 생각을 자신의 생각과 견주어 본다.
③ 글쓴이가 추구하는 가치를 그대로 받아들인다.
④ 글쓴이의 개성적이고 독특한 표현 등을 찾아본다.
⑤ 글쓴이가 궁극적으로 전달하고자 하는 바를 살펴본다.

출제 예감 85%

02 이 글을 통해 알 수 있는 사실로 적절한 것은?

① 갑작스러운 산기에 아낙은 두려움을 느꼈다.
② 아낙은 집에서 혼자 아이를 낳고 첫국밥을 끓였다.
③ '그'가 태어난 후 '그'의 부모님은 직접 토담집을 지었다.
④ 토담집은 '그'와 '그'의 가족들에게 든든한 안식처가 되어 주었다.
⑤ '그'와 '그'의 형제들은 도시 생활이 힘겨울 때 토담집을 떠올리곤 하였다.

출제 예감 90% 서술형

03 〈보기〉와 같은 표현을 통해 드러나는 토담집의 분위기를 서술하시오.

보기

노란 흙벽, 노란 초가지붕, 노란 마루, 노란 마당, 정다운 노란 집.

출제 예감 95%

04 다음은 이 글을 읽고 오늘날 사라져 가는 과거의 삶의 모습에 관해 나눈 대화 내용이다. 적절하지 않은 것은?

① '그'의 어머니가 팔 남매를 낳은 것으로 보아, 당시에는 아이들을 많이 낳았었구나.

② 새집 짓는 일을 '성주 모신다'고 하는 것으로 보아, 당시에는 집을 수호하는 신이 있다고 믿었었구나.

③ 아이를 낳은 후 새끼줄에 검은 숯과 붉은 고추를 끼워 사립문 양쪽에 달아서 아이를 출산하였음을 알렸었구나.

④ 물을 데우고 탯줄 자를 가위를 직접 준비하는 모습으로 보아, 당시 여인들은 집에서 혼자 아이를 출산하였었구나.

⑤ 술 한 잔을 마시고 뱃노래를 흥얼거리고 돌아오는 아낙의 남편의 모습으로 보아, 당시 남자들은 여인들의 출산에 전혀 관여하지 않는 가부장적인 모습을 보였었구나.

출제 예감 90%

05 ㉠~㉤에 대한 설명으로 적절하지 않은 것은?

① ㉠: 출산이 임박하기 전까지도 집안일을 해내는 모습이 나타나 있다.

② ㉡: 부정한 것의 침범이나 접근을 막기 위한 의도를 엿볼 수 있다.

③ ㉢: 토담집이 마을 사람들의 공동 작업으로 지어졌음을 알 수 있다.

④ ㉣: 계절이 바뀌고 시간이 지남에 따라 토담집에서의 성장에 고통이 따랐음을 알 수 있다.

⑤ ㉤: 토담집에서 살았던 경험이 '그'에게 아름다운 추억이 되었음을 알 수 있다.

출제 예감 80%

06 ⓐ~ⓔ의 의미로 적절하지 않은 것은?

① ⓐ: 돌로 만든 조그만 절구

② ⓑ: 한 솥 가득히

③ ⓒ: 아이를 낳고 산모가 처음으로 먹는 국과 밥

④ ⓓ: 토담만 쌓아 그 위에 지붕을 덮어 지은 집

⑤ ⓔ: 소나무를 켜서 만든 널빤지

[07~11] 다음 글을 읽고, 물음에 답하시오.

㉮ 그의 어머니는 그렇게 팔 남매를 낳았다. 집은 ㉠토담집이었다. 그의 아버지와 어머니가 신접살림을 나면서 손수 지은 집이었다. 판판한 주춧돌 위에 튼튼한 소나무 기둥을 세우고 지붕을 만들었다. 마을에서는 그렇게 새집 짓는 일을 '성주 모신다'고 했다. 마을 남정네들은 집 짓는 일을 돕고 아낙들은 음식을 만들었다.

㉯ 그 집은 그 집 아이들에게 작은 우주였다. 그곳에는 많은 비밀이 있었다. 자연 속에는 눈에 보이는 것 말고도 눈에 보이지 않는 무한한 비밀이 감춰져 있었다. 그는 그 집에서 크면서 자연 속에 감춰진 비밀들을 깨달아 갔다.

석양의 북새, 혹은 낮게 깔리는 굴뚝 연기를 보고 그는 비설거지를 했다. 그런 다음 날은 틀림없이 비가 올 것이므로. 비가 온 날 저녁에는 또 지렁이가 밤새 운다는 것을 그는 알고 있었다. 뚜또르 뚜또르 하는 지렁이 울음소리. 냄새와 소리와 맛과 색깔과 형태들이 그 집에서는 선명했다. 모든 것들이 말이다. 왜냐하면 봄과 여름과 가을과 겨울과 아침과 낮과 저녁과 밤이 그 집에서는 뚜렷했으므로. 자연이 그러한 것처럼 사람들의 삶이 명료했다.

㉰ 이제 그 집을 떠난 그에게는 모든 것이 불분명하다. 아침과 저녁이 불분명하고 사계절이 불분명하고 오감이 불분명하다. 병원에서 태어나 수십 군데 이사를 다니고 나서 겨우 장만한 ㉡아파트. 그 사각진 콘크리트 벽 속에 살고 있는 그의 아이는 여름에 긴팔 옷을 입고 겨울에 반팔 옷을 입는다.

돈은 은행에서 나고 먹을 것은 슈퍼에서 나는 것으로 아는 아이는, 수박이 어느 계절의 과일인지 분간하지 못하는 아이는 그래서 봄 여름 가을 겨울을 알지 못한다. 아침 저녁의 냄새와 소리와 맛과 형태와 색깔이 어떻게 다른지 알지 못한다.

㉱ 어머니의 부음을 듣고 그는 그가 나고 성장한 그 노란 집으로 갔다. 팔 남매를 낳고 기르느라 조그마해질 대로 조그마해진 어머니는 바로 자신의 아이들을 낳았던 그 자리에 자신의 몸을 부려 놓고 있었다.

소단원 핵심 문제

그 집, 노란 그 집에 탄생과 죽음이 있었다. 그 집 안주인의 죽음 이후 그 집은 적막해졌다. 아무도 그 집에 들어와 살지 않을 것이며 누구도 아이를 그 집에서 낳지 않을 것이며 그러므로 죽음 또한 그 집에서는 일어나지 않을 것이다. 그 집의 역사는 그렇게 끝이 난 것이다.

(마) 우리들의 어머니의 죽음과 함께 조왕신과 성주신이 살지 않는 우리들의 집은 이제 적막하다. 더 이상의 탄생과 죽음이 없는 우리들의 집은 쓸쓸하다.

우리는 오늘 밤도 쓸쓸한 집으로 돌아들 간다.

출제 예감 85%

07 이 글에 대한 설명으로 적절한 것은?

① 글쓴이가 글 속에 직접 '나'로 등장하고 있다.
② 과거와 현재를 대비하여 주제를 부각하고 있다.
③ 의태어를 사용하여 생동감 있게 표현하고 있다.
④ 대화체의 문장을 사용하여 친밀감을 느끼게 한다.
⑤ 특정인을 청자로 설정하여 전달 효과를 높이고 있다.

출제 예감 95% 학습 활동 응용

08 (마)가 〈보기〉를 고쳐 쓴 것이라 할 때, 고쳐 써서 얻게 된 효과로 가장 적절한 것은?

보기

그의 어머니의 죽음과 함께 조왕신과 성주신이 살지 않는 그의 집은 이제 적막하다. 더 이상의 탄생과 죽음이 없는 그의 집은 쓸쓸하다.

그는 오늘 밤도 쓸쓸한 집으로 돌아간다.

① '그'의 이야기에 객관성이 부여된다.
② '그'가 겪은 특수한 경험이 강조된다.
③ '그'의 이야기가 제삼자의 목소리로 전달된다.
④ '그'의 개인적 이야기가 보편적 이야기로 확대된다.
⑤ '그'의 이야기가 글쓴이 자신의 이야기로 전환된다.

출제 예감 80%

09 토담집을 떠났던 '그'가 다시 토담집으로 가게 된 계기를 2어절로 쓰시오.

출제 예감 95% 학습 활동 응용

10 ㉠과 ㉡에 대한 이해로 적절하지 않은 것은?

① '그'는 ㉠을 ㉡에 비해 긍정적으로 바라보고 있군.
② '그'에게 ㉠은 ㉡과 달리 오감이 불분명한 공간이었군.
③ '그'는 ㉠과 달리 ㉡을 자연과 단절된 공간으로 여기는군.
④ 어머니의 죽음 이후 ㉠의 역사는 끝이 난 것으로 여기는군.
⑤ '그'는 ㉠에서 성장하면서 자연의 섭리에 순응하는 삶을 살았군.

출제 예감 85% 학습 활동 응용 사고력 확장 문제

11 이 글과 〈보기〉를 비교하여 감상한 내용으로 적절하지 않은 것은?

보기

하지만 우리는 언젠가부터 장독을 잃어버렸다. 우리가 지켜 내야 할 증표를 잃어버렸다. 도시에서는 장독대를 따로 두기도 쉽지 않거니와, 설령 있다고 해도 길 떠난 가장의 안전을 염원하며 장독대를 닦는 아낙 역시 없다. 김치는 김치냉장고 속에서 더할 나위 없이 안온하다. 플라스틱 통에 들어 있는 된장과 고추장은 세월이 가도 그 고운 빛을 잃지 않는다. 양조간장은 언제 먹어도 입에 붙을 듯 달다. 그럴 뿐이다. 새삼 서글퍼할 일은 아니다. 세월에 쫓기어 꼬리를 말고 사라진 게 어디 장독대뿐이랴. 하지만 난 매일 궁금하다. 장독대와 함께 떠나보낸 우리 고유의 정과 사랑은 지금 어느 곳을 떠돌고 있을까.

– 이호준, 「장독대, 끝내 지켜 내던 가문의 상징」 중에서

① 이 글은 〈보기〉와 달리 3인칭 시점을 활용하여 '나'가 아닌 '그'의 이야기를 들려주고 있다.
② 이 글은 '토담집'과 관련된 기억을, 〈보기〉는 '장독대'와 관련된 기억을 바탕으로 서술하고 있다.
③ 이 글과 달리 〈보기〉는 현대 문명에 새로운 가치를 부여하여 이를 긍정적으로 인식하고 있다.
④ 이 글은 자연과 조화를 이루며 사는 삶을, 〈보기〉는 정과 사랑을 나누며 사는 삶을 가치 있게 여기고 있다.
⑤ 이 글과 〈보기〉는 모두 과거의 삶과 오늘날의 삶을 비교하면서 오늘날의 삶에 대한 아쉬움을 드러내고 있다.

심청전

• 생각 열기 다음은 '효(孝)'를 주제로 한 광고입니다. 광고를 보고, 아래의 활동을 해 봅시다.

오 분 기다린 상사에게는
죄송합니다.
늦었습니다.

평생을 기다려 준 부모님께는
왜
나왔어?

광고 속 청년의 행동을 자신의 관점에서 평가해 봅시다.

예시 답 • 추운 겨울날 밖에서 자신을 기다리는 엄마가 안쓰러워서 무뚝뚝하게 대하고 있는 것 같다. • 어색함과 쑥스러움 때문에 부모님께 자신의 마음을 잘 표현하지 못하는 것 같다.

과거의 효와 비교할 때 오늘날 효의 가치와 인식이 어떻게 변하였다고 생각하는지 말해 봅시다.

예시 답 예나 지금이나 효의 가치는 중요하게 여겨지고 있지만, 효에 관한 인식은 많이 바뀐 것 같다. 과거에는 부모님을 위해 자신을 희생하거나 부모님을 극진히 봉양하는 것을 효라고 생각했었는데, 오늘날에는 부모님께 자신의 마음을 잘 표현하는 것도 효라고 생각한다.

• 학습 목표로 내용 엿보기

"시대에 따른 변화 속에서도 오늘날까지 변하지 않는 가치가 있고, 현대인의 관점에서 새롭게 평가될 수 있는 가치가 있어. 문학 작품에서 다루는 가치도 마찬가지야. 문학 작품에 담긴 과거의 가치를 오늘날의 상황에 비추어 평가하고 주체적으로 수용하면 인간의 삶을 이해하는 데 도움이 될 거야."

핵심 1 「심청전」에 반영된 과거의 삶과 오늘날의 삶 비교하기

핵심 2 「심청전」 속 가치를 주체적으로 평가하고 수용하기

핵심 원리 이해하기 소설에 반영된 삶의 모습

소설의 특징	• 허구를 통해 인생의 진실을 표현함. • 산문적 언어로 구체적 인물과 사건을 다룸.
소설에 나타나는 삶의 모습	• 현실과의 연관성이 매우 큼. • 삶의 모습이 매우 사실적으로 드러남. • 작가의 인생관에 따라 재창조된 삶의 모습이 제시됨.

개념 확인 콕콕 • 정답과 해설 p.35

01 소설에 반영된 과거의 삶을 파악할 때 주목해야 할 점이 아닌 것은?

① 사건 ② 예상 독자
③ 등장인물의 행동 ④ 등장인물 간의 대화
⑤ 시대상이 반영된 소재

[02~03] 다음 글을 읽고, 물음에 답하시오.

홍 판서의 서자로 태어난 길동은 자식으로 인정받지 못하고 온갖 차별과 천대를 받다가 결국 집을 떠난다. 당시 나라는 양반 관리들의 횡포와 흉년 등으로 혼란에 빠져 있었다. 이에 길동은 활빈당을 조직하여 탐관오리의 재물을 빼앗아 어려운 사람들을 구제하면서 전국을 누빈다. 조정에서는 길동의 재주를 당하지 못하자, 그에게 병조 판서의 벼슬을 내린다. 그러나 길동은 그 자리를 버리고 율도국이라는 새로운 나라를 건설하여 자신이 이상으로 생각했던 정치를 실현한다.

– 허균, 「홍길동전」 줄거리

02 이와 같은 작품을 감상하는 방법으로 적절하지 않은 것은?

① 당시의 사회·문화적 배경을 파악한다.
② 작품의 창작 동기, 주제 등을 생각해 본다.
③ 주인공이 추구하는 가치를 그대로 수용한다.
④ 작품에 나타난 가치를 오늘날의 관점으로 평가한다.
⑤ 오늘날의 관점에서 공감 가지 않는 것이 무엇인지 살펴본다.

03 이 작품에 나타난 홍길동의 삶의 모습에서 오늘날까지 변하지 않는 가치는 무엇인지 쓰시오.

본문 안내

이 소단원은 고전 소설에 반영된 과거의 삶을 오늘날의 삶과 비교하여 감상하고, 이를 바탕으로 작품 속에 나타난 과거의 가치를 주체적으로 수용하여 인간의 삶에 대한 이해를 넓히기 위한 단원이다. 「심청전」은 심청이 아버지의 눈을 뜨게 하기 위해 자신의 목숨을 바치는 사건을 다루고 있는 작품으로, 과거의 가치를 현대적인 관점에서 재해석하는 데 효과적이다. 「심청전」에 등장하는 인물들과 소설 속에 담긴 과거의 가치들을 주체적으로 판단하고 평가해 보도록 한다.

전반부		전환점		후반부
심청이 가난하고 비천하게 살다가 아버지인 심 봉사의 눈을 뜨게 하기 위해 공양미 3백 석에 몸을 팔아 인당수의 제물이 됨.	→	심청이 인당수로 투신함.	→	인당수에 빠진 심청이 용왕에게 구출되고, 이후 황후가 된 심청이 맹인 잔치에서 부친과 상봉하게 됨.

본문 개관

★ **글쓴이 소개** 작자 미상

이 작품은 조선 후기에 나온 국문 소설로서 작자와 창작 시기는 분명히 알 수 없다.

★ **갈래** 윤리 소설, 설화 소설, 판소리계 소설

이 작품은 '효'라는 유교적 덕목을 강조한 윤리 소설이자, 「효녀 지은 설화」, 「거타지 설화」 등의 근원 설화를 가진 설화 소설이며, 판소리 「심청가」가 소설로 정착된 판소리계 소설이다.

★ **성격** 교훈적, 비현실적, 환상적

이 작품은 아버지의 눈을 뜨게 하기 위해 스스로 인당수의 제물이 되는 심청을 통해 '효'라는 교훈을 전달하고 있다. 또한 인당수에 빠진 심청이 용궁에 가고, 이후 환생하는 사건을 통해 환상적, 비현실적 성격을 엿볼 수 있다.

★ **시점** 전지적 작가 시점

이 작품에서 서술자는 사건이나 인물에 관한 모든 것을 알고 인물의 생각과 감정까지 들여다보고 있으며, 작품 속에 직접 개입하여 논평을 하기도 한다.

★ **제재** 심청의 효(孝)

이 작품은 아버지에 대한 심청의 효를 중심으로 심청의 희생과 환생, 심 봉사의 개안이라는 내용이 전개되고 있다.

★ **주제** 부모에 대한 지극한 효심과 인과응보(因果應報)

이 작품은 아버지의 개안을 위해 스스로 인당수의 제물이 되는 심청을 통해 부모에 대한 지극한 효심을 보여 주고 있으며, 심청이 환생하여 황후가 되어 아버지를 만나고 아버지도 눈을 뜨게 된다는 행복한 결말을 통해 불교의 인과응보 사상을 드러내고 있다.

심청전

작자 미상

[앞부분 줄거리]

심 봉사는 늦은 나이에 딸 청이를 얻게 되나 얼마 뒤 아내 곽씨 부인이 죽게 된다. 심 봉사는 온갖 고생을 하며 딸을 키우고, 심청은 자라면서 아버지를 지극 정성으로 봉양한다. 그러던 어느 날 심 봉사는 심청을 마중 나가다가 물에 빠지는 사고를 당하고, 이때 지나가던 중이 그를 구한다. 신세를 한탄하는 심 봉사에게 중은 쌀 3백 석을 시주하면 눈을 뜨게 된다는 말을 하고, 이에 심 봉사는 앞뒤 생각 없이 덜컥 시주하겠다는 약속을 해 버린다. 뒤늦게 이 일을 후회하며 근심하는 아버지를 위해 심청은 제물로 바칠 처녀를 사러 다니는 남경 뱃사람들에게 쌀 3백 석을 받고 자신의 몸을 팔고자 한다.

이것이 핵심! ✔ 인물의 성격

전반부 1 (가) 하루는 들으니,

'남경 장사 뱃사람들이 열다섯 살 난 처녀를 사려 한다.'

하기에, 심청이 그 말을 반겨 듣고 귀덕 어미를 사이에 넣어 사람 사려 하는 까닭을 물으니,

"우리는 남경 뱃사람으로 인당수를 지나갈 제 제물로 제사하면 가없는(끝없는) 너른 바다를 무사히 건너고 수만금 이익을 내기로, 몸을 팔려 하는 처녀가 있으면 값을 아끼지 않고 주겠습니다."

(나) 하기에 심청이 반겨 듣고,

"나는 이 동네 사람인데, 우리 아버지가 앞을 못 보셔서 '공양미(공양에 쓰는 쌀) 3백 석을 지성으로 불공하면 눈을 떠 보리라.' 하기로, 집안 형편이 어려워 장만할 길이 전혀 없어 내 몸을 팔려 하니 나를 사 가는 것이 어떠하실는지요?" / 뱃사람들이 이 말을 듣고,

"효성이 지극하나 가련하군요."

하며 허락하고, 즉시 쌀 3백 석을 몽운사로 날라다 주고,

"오는 3월 보름날에 배가 떠나기로 되어 있습니다."

전반부 1 | 심청이 뱃사람들에게 자신의 몸을 팔아 공양미 3백 석을 마련함.

• 확인 문제 •

• 정답과 해설 p.35

01 이 글에 대한 설명으로 적절하지 않은 것은?

① 구전 설화를 바탕으로 형성된 소설이다.
② 판소리 「심청가」의 형성에 영향을 끼쳤다.
③ 효를 절대시했던 당시의 사회상이 드러난다.
④ 시간의 순차적 흐름에 따라 사건이 전개된다.
⑤ 우리 조상들의 권선징악적 사고를 보여 준다.

02 이 글의 내용과 일치하지 않는 것은?

① 심청은 열다섯 살 난 처녀이다.
② 심청은 3월 보름날 인당수의 제물이 된다.
③ 뱃사람들은 귀덕 어미를 통해 심청의 사연을 듣게 되었다.
④ 심청의 사연을 들은 뱃사람들은 심청을 가엾고 불쌍하게 생각하였다.
⑤ 뱃사람들은 인당수를 무사히 건너기 위해 처녀를 제물로 바치고자 한다.

03 이 글의 내용으로 볼 때, 심청이 자신을 뱃사람들에게 팔려는 이유로 적절하지 않은 것은?

① 집안 형편이 어려워서
② 아버지의 눈을 뜨게 하려고
③ 아버지를 호강시켜 드리려고
④ 쌀 3백 석을 마련하기 위해서
⑤ 아버지의 시주 약속을 지켜 주려고

핵심 서술형

04 (나)의 심청의 말을 통해 알 수 있는 심청의 성격을 쓰시오.

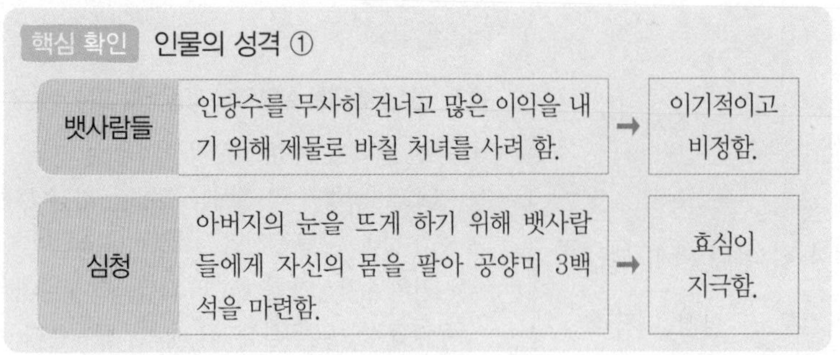
핵심 확인 인물의 성격 ①

인물	행동		성격
뱃사람들	인당수를 무사히 건너고 많은 이익을 내기 위해 제물로 바칠 처녀를 사려 함.	→	이기적이고 비정함.
심청	아버지의 눈을 뜨게 하기 위해 뱃사람들에게 자신의 몸을 팔아 공양미 3백 석을 마련함.	→	효심이 지극함.

이것이 핵심! ✔ 심청이 아버지에게 거짓말을 한 이유 ✔ 인물의 성격

전반부 2 **다** 하고 가니, 심청이 아버지께 여쭙기를,

"공양미 3백 석을 이미 실어다 주었으니, 이제는 근심치 마셔요."

심 봉사가 깜짝 놀라,

"너, 그 말이 웬 말이냐?"

심청같이 타고난 효녀가 어찌 아버지를 속이랴마는, 어찌할 수 없는 형편이라 ㉠잠깐 거짓말로 속여 대답한다.

"장 승상 댁 노부인이 달포(한 달이 조금 넘는 기간) 전에 저를 수양딸로 삼으려 하셨는데 차마 허락지 않았습니다. 그러나 지금 형편으로는 공양미 3백 석을 장만할 길이 전혀 없기로 이 사연을 노부인께 말씀드렸더니, 쌀 3백 석을 내어 주시기에 수양딸로 팔리기로 했습니다."

라 심 봉사가 물색(어떤 일의 까닭이나 형편)도 모르면서 이 말만 반겨 듣고,

"그렇다면 고맙구나. 그 부인은 한 나라 재상의 부인이라 아마도 다르리라. 복을 많이 받겠구나. 저러하기에 그 아들 삼 형제가 벼슬길에 나아갔나 보구나. 그나저나 양반의 자식으로 몸을 팔았단 말이 듣기에 괴이하다마는(이상야릇하다마는) 장 승상 댁 수양딸로 팔린 거야 어떻겠느냐. 언제 가느냐?"

"다음 달 보름날에 데려 간다 합니다."

"어허, 그 일 매우 잘되었다."

전반부 2 | 심청이 아버지에게 장 승상 댁 수양딸로 가게 되었다고 거짓말을 함.

핵심

05 이 글의 심청에 대한 평가로 적절한 것은?

① 깊이 있게 생각하지 못하고 멋대로 행동하고 있다.
② 타인의 시선을 의식하며 조심스럽게 행동하고 있다.
③ 아버지의 마음을 고려하여 사려 깊게 행동하고 있다.
④ 갑작스러운 상황에 당황하여 어쩔 줄 몰라 하고 있다.
⑤ 불필요한 거짓말로 아버지를 혼란스럽게 만들고 있다.

핵심 | 낱개 확인 문제

06 심청이 아버지에게 ㉠과 같이 한 이유로 가장 적절한 것은?

① 아버지의 비난이 두려워서
② 자신이 한 일이 후회가 되어서
③ 아버지가 가슴 아파할 것 같아서
④ 뱃사람들이 비밀로 해 달라고 해서
⑤ 계획에 차질이 없도록 하기 위해서

07 (다)와 (라)에 나타난 심 봉사의 심리 변화를 바르게 나타낸 것은?

① 놀라움 → 기쁨
② 반가움 → 노여움
③ 서글픔 → 즐거움
④ 기쁨 → 당혹스러움
⑤ 의심스러움 → 놀라움

08 〈보기〉의 설명에 해당하는 부분을 찾아 첫 어절과 끝 어절을 쓰시오.

보기

일반적으로 고전 소설에서는 서술자가 진행 중인 사건이나 인물의 언행 등에 대해 의견을 밝히거나 평가하는 경우를 많이 발견할 수 있다.

핵심 확인

심청이 아버지에게 거짓말을 한 이유

심청은 자신이 뱃사람들에게 인당수 제물로 팔리게 되었다는 사실을 아버지가 알면 걱정할까 봐 장 승상 댁 수양딸로 가게 되었다고 거짓말을 함.

↓

심청의 거짓말은 아버지에 대한 효심에서 비롯된 것임.

인물의 성격 ②

심 봉사	장 승상 댁 수양딸로 팔리기로 했다는 심청의 말을 곧이곧대로 믿음.	→	생각이 단순함.

이것이 핵심! ✔ 인물의 정서

전반부 3 **마** 심청이 그날부터 곰곰 생각하니, 눈 어두운 백발 아비 영 이별하고 죽을 일과 사람이 세상에 나서 열다섯 살에 죽을 일이 정신이 아득하고 일에도 뜻이 없어 식음을 전폐하고 근심으로 지내다가, 다시금 생각하기를,

전폐: 아주 그만둠. 또는 모두 없앰.

㉠'엎질러진 물이요, 쏘아 논 화살이다.'

날이 점점 가까워 오니 생각하기를,

'이러다간 안되겠다. 내가 살았을 제 아버지 의복 빨래나 해 두리라.'

하고, 춘추 의복 상침 겹것, 하절 의복 한삼 고의 박아 지어 들여놓고, 동절 의복 솜을 넣어 보에 싸서 농에 넣고, 청목으로 갓끈 접어 갓에 달아 벽에 걸고, 망건 꾸며 당줄 달아 걸어 두고, 배 떠날 날을 헤아리니 하룻밤이 남아 있다. 밤은 깊어 삼경인데 은하수 기울어졌다. 촛불을 대하여 두 무릎을 마주 꿇고 머리를 숙이고 한숨을 길게 쉬니, 아무리 효녀라도 마음이 온전하겠는가."

청목: 검푸른 물을 들인 무명

당줄: 망건에 달아 상투에 동여매는 줄

바 '아버지 버선이나 마지막으로 지으리라.'

하고 바늘에 실을 꿰어 드니, 가슴이 답답하고 두 눈이 침침, 정신이 아득하여 하염없는 울음이 가슴속에서 솟아나니, 아버지가 깰까 하여 크게 울지는 못하고 흐느끼며 얼굴도 대어 보고 손발도 만져 본다.

09 이 글의 서술상 특징으로 적절한 것은?

① 주인공이 자신의 내면세계를 직접 서술하고 있다.
② 주인공이 다른 인물의 상황을 관찰하여 서술하고 있다.
③ 작품 속 다른 인물이 주인공의 이야기를 서술하고 있다.
④ 서술자가 작품 속에 개입하여 자신의 생각을 서술하고 있다.
⑤ 작품 밖 서술자가 인물의 상황을 객관적으로 서술하고 있다.

핵심

10 이 글에서 알 수 있는 심청의 심정으로 적절하지 않은 것은?

① 미래에 대한 절망감
② 아버지에 대한 원망
③ 죽음에 대한 두려움
④ 자신의 신세에 대한 서글픔
⑤ 홀로 남을 아버지에 대한 걱정

11 ㉠을 통해 말하고자 하는 바로 적절한 것은?

① 다시 돌이킬 수 없는 상황이다.
② 시간이 지나야 해결될 상황이다.
③ 실패가 뻔히 예견되는 상황이다.
④ 포기하기에는 아직 이른 상황이다.
⑤ 어떤 일이 벌어질지 모르는 상황이다.

서술형

12 (마)의 내용을 바탕으로 근심의 구체적인 내용 두 가지를 쓰시오.

"날 볼 날이 몇 밤인가? 내가 한번 죽어지면 누굴 믿고 사실가? 애달프다, 우리 아버지. 내가 철을 알고 나서 밥 빌기를 놓으시더니, 내일부터라도 동네 거지 되겠으니 눈치인들 오죽하며 멸시인들 오죽할까. 무슨 험한 팔자로서 초칠일 안에 어머니 죽고 아버지조차 이별하니 이런 일도 또 있을까? 저문 날에 구름일 때 소통천의 모자 이별, 수유꽂 꽃놀이에 근심하던 용산의 형제 이별, 타향살이 설워하던 위성의 친구 이별, 전쟁터에 임을 보낸 오희 월녀 부부 이별, 이런 이별 많건마는 살아 당한 이별이야 소식 들을 날이 있고 만날 날이 있건마는, ㉠ 우리 부녀 이별이야 어느 날에 소식 알며 어느 때에 또 만날까. 돌아가신 어머니는 황천으로 가 계시고 나는 이제 죽게 되면 수궁으로 갈 것이니, 수궁에서 황천 가기 몇만 리, 몇천 리나 되는고? 모녀 상면하려 한들 어머니가 나를 어찌 알며, 내가 어찌 어머니를 알리. 묻고 물어 찾아가서 모녀 상면하는 날에 응당 아버지 소식을 물으실 테니 무슨 말씀으로 대답하리.

황천: 저승. 사람이 죽은 뒤에 그 혼이 가서 산다고 하는 세상

오늘 밤 새벽 때를 함지에다 머물게 하고, 내일 아침 돋는 해를 부상지에다 메어 두면 가련하신 우리 아버지 좀 더 모셔 보련마는, 날이 가고 달이 가니 뉘라서 막을쏘냐. 애고 애고, 설운지고."

함지: 해가 진다고 하는 서쪽의 큰 못

부상지: 해가 뜨는 동쪽 바닷속에 있다고 한 상상의 신성한 나무. 또는 그 나무가 있다는 곳

천지가 사정없어 이윽고 닭이 우니 심청이 하릴없어,

[A] "닭아 닭아, 우지 마라. 제발 덕분에 우지 마라. 반야 진관에서 닭 울음 기다리던 맹상군이 아니로다. 네가 울면 날이 새고, 날이 새면 나 죽는다. 죽기는 섧잖아도 ㉡ 의지 없는 우리 아버지 어찌 잊고 가잔 말이냐?"

반야: 한밤중

전반부 3 심청이 혼자 남게 될 아버지를 걱정하며 슬퍼함.

핵심 확인 인물의 심리

뱃사람들에게 팔려 가는 심청		심청의 심리
앞 못 보는 아버지와 영원히 이별하게 됨.	→	절망감, 슬픔, 안타까움
열다섯의 어린 나이에 죽게 됨.	→	무서움, 두려움, 한스러움

13 이 글의 내용에 대한 이해로 적절한 것은?

① 심청은 아침 해가 돋기를 기다리고 있다.
② 심 봉사는 동냥으로 생계를 유지하고 있다.
③ 심청은 아버지와 다시 만나게 되리라 확신하고 있다.
④ 심청은 자신의 처지가 고사 속 맹상군과 다를 바 없다고 생각하고 있다.
⑤ 심청은 자신이 죽게 될 일보다 혼자 남게 될 아버지 일을 더 걱정하고 있다.

14 [A]에 대한 설명으로 가장 적절한 것은?

① 반복과 대구를 통해 리듬감을 형성하고 있다.
② 시간의 흐름에 따라 인물의 심리가 변화하고 있다.
③ 반어적 표현을 통해 인물의 비극적 상황을 부각하고 있다.
④ 배경을 구체적으로 묘사하여 인물의 정서를 드러내고 있다.
⑤ 고사를 인용하여 인물의 내면을 객관적으로 묘사하고 있다.

핵심 | 날개 확인 문제

15 ㉠에 드러난 인물의 심리로 가장 적절한 것은?

① 의아함 ② 절망감
③ 자책감 ④ 기대감
⑤ 자부심

16 ㉡의 상황을 표현하기에 가장 적절한 한자성어는?

① 과유불급(過猶不及)
② 비육지탄(髀肉之嘆)
③ 사고무친(四顧無親)
④ 설상가상(雪上加霜)
⑤ 외유내강(外柔內剛)

이것이 핵심! ✔ 꿈의 의미와 기능 ✔ 인물의 태도

전반부 4 **사** ㉠어느덧 동방이 밝아 오니, 심청이 아버지 진지나 마지막 지어 드리리라 하고 문을 열고 나서니, 벌써 뱃사람들이 사립문 밖에서,

ⓐ"오늘이 배 떠나는 날이오니 수이 가게 해 주시오."

하니, ㉮심청이 이 말을 듣고 얼굴빛이 없어지고 손발에 맥이 풀리며 목이 메고 정신이 어지러워 뱃사람들을 겨우 불러,

"여보시오 선인네들, 나도 오늘이 배 떠나는 날인 줄 이미 알고 있으나, 내 몸 팔린 줄을 우리 아버지가 아직 모르십니다. 만일 아시게 되면 지레 야단이 날 테니, 잠깐 기다리면 진지나 마지막으로 지어 잡수시게 하고 말씀 여쭙고 떠나게 하겠어요."

(지레: 어떤 일이 일어나기 전 또는 어떤 기회나 때가 무르익기 전에 미리)

하니 뱃사람들이, / ⓑ"그리하시지요."

아 하였다. 심청이 들어와 눈물로 밥을 지어 아버지께 올리고, 상머리에 마주 앉아 아무쪼록 진지 많이 잡수시게 하느라고 자반도 떼어 입에 넣어 드리고 김쌈도 싸서 수저에 놓으며,

"진지를 많이 잡수셔요." / 심 봉사는 철도 모르고,

"야, ⓒ오늘은 반찬이 유난히 좋구나. 뉘 집 제사 지냈느냐."

㉡그날 밤에 꿈을 꾸었는데, 부자간은 천륜지간이라 꿈에 미리 보여 주는 바가 있었다.

"아가 아가, 이상한 일도 있더구나. 간밤에 꿈을 꾸니, 네가 큰 수레를 타고 한없이 가 보이더구나. 수레라 하는 것이 귀한 사람이 타는 것인데 우리 집에 무슨 좋은 일이 있을란가 보다. 그렇지 않으면 장승상 댁에서 가마 태워 갈란가 보다."

심청이는 저 죽을 꿈인 줄 짐작하고 둘러대기를,

ⓓ"그 꿈 참 좋습니다." / 하고 진짓상을 물려 내고 담배 태워 드린 뒤에 밥상을 앞에 놓고 먹으려 하니 간장이 썩는 눈물은 눈에서 솟아나고, 아버지 신세 생각하며 저 죽을 일 생각하니 정신이 아득하고 몸이 떨려 밥을 먹지 못하고 물렸다. 그런 뒤에 심청이 사당에 하직하려고 들어갈 제, 다시 세수하고 사당 문을 가만히 열고 하직 인사를 올렸다.

(사당: 조상의 신주(神主)를 모셔 놓은 집)

"못난 여손(女孫) 심청이는 아비 눈 뜨기를 위하여 인당수 제물로 몸을 팔려 가오매, 조상 제사를 끊게 되오니 ⓔ사모하는 마음을 이기지 못하겠습니다."

17 ㉠을 통해 드러내고자 하는 것은?

① 공간의 이동 ② 시간의 경과
③ 인물의 성격 ④ 사건의 발생
⑤ 갈등의 해소

18 ㉡에 대한 설명으로 적절하지 않은 것은?

① 서술자의 개입에 해당한다.
② 고전 소설에서 흔히 나타난다.
③ 사건에 대한 서술자의 생각이다.
④ '꿈'은 서사적으로 복선의 기능을 한다.
⑤ 심 봉사에 대한 비판적 태도가 드러난다.

핵심

19 〈보기〉를 바탕으로 할 때, (아)의 수레가 지닌 상징적 의미로 가장 적절한 것은?

보기
심청은 나중에 연꽃에서 환생하여 황후가 된다.

① 심 봉사의 개안
② 심청의 부귀영화
③ 딸에 대한 심 봉사의 사랑
④ 심청의 아버지에 대한 그리움
⑤ 이승과 저승을 이어 주는 매개체

20 ⓐ~ⓔ 중 반어적 어조가 나타나는 것은?

① ⓐ ② ⓑ ③ ⓒ
④ ⓓ ⑤ ⓔ

서술형

21 ㉮에 묘사된 행동을 통해 알 수 있는 심청의 심리를 쓰시오.

자 울며 하직하고 사당 문 닫은 뒤에 아버지 앞에 나와 두 손을 부여잡고 기절하니, 심 봉사가 깜짝 놀라,

"아가 아가, 이게 웬일이냐? 정신 차려 말하거라."

심청이 여쭙기를,

"제가 못난 딸자식으로 아버지를 속였어요. 공양미 3백 석을 누가 저에게 주겠어요. 남경 뱃사람들에게 인당수 제물로 몸을 팔아 오늘이 떠나는 날이니 저를 마지막 보셔요."

차 심 봉사가 이 말을 듣고,

"참말이냐, 참말이냐? 애고 애고, 이게 웬말인고? 못 가리라, 못 가리라. 네가 날더러 묻지도 않고 네 마음대로 한단 말이냐? 네가 살고 내가 눈을 뜨면 그는 마땅히 할 일이나, 자식 죽여 눈을 뜬들 그게 차마 할 일이냐? 너의 어머니 늦게야 너를 낳고 초이레 안에 죽은 뒤에, 눈 어두운 늙은것이 품 안에 너를 안고 이 집 저 집 다니면서 구차한 말 해 가면서 동냥젖 얻어 먹여 이만치 자랐는데, 내 아무리 눈 어두우나 너를 눈으로 알고, 너의 어머니 죽은 뒤에 걱정 없이 살았더니 이 말이 무슨 말이냐? 마라 마라, 못 하리라. 아내 죽고 자식 잃고 내 살아서 무엇하리? 너하고 나하고 함께 죽자. 눈을 팔아 너를 살 터에 너를 팔아 눈을 뜬들 무엇을 보려고 눈을 뜨리?

초이레: 매달 초하룻날부터 헤아려 일곱째 되는 날

어떤 놈의 팔자길래 사궁지수(四窮之首) 된단 말이냐? 네 이놈 상놈들아! 장사도 좋지마는 사람 사다 제사하는 데 어디서 보았느냐? ㉮하느님의 어지심과 귀신의 밝은 마음 앙화가 없겠느냐? 눈먼 놈의 무남독녀 철모르는 어린아이 나 모르게 유인하여 값을 주고 산단 말이냐? 돈도 싫고 쌀도 싫다, 네 이놈 상놈들아.

사궁지수: 사궁의 첫째. 늙은 홀아비를 이름.
앙화: 지은 죄의 앙갚음으로 받는 재앙

㉠옛글을 모르느냐? 칠년대한(七年大旱) 가물 적에 사람으로 빌라 하니 탕 임금 어지신 말씀, '내가 지금 비는 바는 사람을 위함인데 사람 죽여 빌 양이면 내 몸으로 대신하리라.' 몸소 희생되어 몸을 정히 하여 상임 뜰에 빌었더니 수천 리 너른 땅에 큰비가 내렸느니라. 이런 일도 있었으니 내 몸으로 대신 감이 어떠하냐? 이보시오 동네 사람, 저런 놈들을 그저 두고 보오?"

칠년대한: 칠 년 동안이나 내리 계속되는 큰 가뭄
상임: 중국 은나라 때 7년 동안 가뭄이 계속 되자 탕왕이 기우제를 지냈다는 수풀

22 (자)에서 심청의 말을 들은 심 봉사의 심정을 표현하기에 가장 적절한 말은?

① 오십보백보
② 남의 다리 긁는다
③ 마른하늘에 날벼락
④ 자다가 봉창 두드린다
⑤ 하늘은 스스로 돕는 자를 돕는다

핵심

23 (차)에 드러난 심 봉사의 말하기 방식에 대한 설명으로 적절하지 않은 것은?

① 운문체를 사용하여 생동감을 부여하고 운율을 형성하고 있다.
② 심청을 데려가려는 뱃사람들을 비난하며 분노를 표출하고 있다.
③ 심청을 말리지 않는 동네 사람들에 대해 원망을 드러내고 있다.
④ 자신이 심청을 매우 힘들게 키웠음을 들어 감정에 호소하고 있다.
⑤ 고사를 인용하여 뱃사람들에게 자신의 생각을 강하게 밝히고 있다.

24 ㉠을 통해 심 봉사가 궁극적으로 말하고자 하는 것은?

① 사람을 제물로 바치는 풍습은 없어져야 한다.
② 심청 대신 나를 데려가면 더 효험이 있을 것이다.
③ 부녀간의 인륜을 끊으면 하늘로부터 천벌을 받게 될 것이다.
④ 제사의 효험은 제물보다는 정성을 얼마나 들이느냐에 달려 있다.
⑤ 심청과 같은 효녀를 제물로 바치면 뱃사람들에게 재앙이 따를 것이다.

서술형 날개 확인 문제

25 심 봉사가 뱃사람들에게 ㉮와 같이 말한 이유는 무엇일지 쓰시오.

카 심청이 아버지를 붙들고 울며 위로하기를,

"아버지 할 수 없어요. 저는 이미 죽지마는 아버지는 눈을 떠서 밝은 세상 보시고, 착한 사람 구하셔서 아들 낳고 딸을 낳아 후사나 전하고, 못난 딸자식은 생각지 마시고 오래오래 평안히 계십시오. 이도 또한 천명이니 후회한들 어찌하겠어요?"

(후사: 대(代)를 잇는 자식)

타 뱃사람들이 그 딱한 형편을 보고 모여 앉아 공론하기를,

"심 소저의 효성과 심 봉사의 일생 신세 생각하여 봉사님 굶지 않고 헐벗지 않게 한 살림을 꾸며 주면 어떻겠소?" / "그 말이 옳소."

(소저: '아가씨'를 한문 투로 이르는 말)

하고 쌀 2백 석과 돈 3백 냥이며, 무명 삼베 각 한 동씩 마을에 들여놓고 동네 사람들을 모아 당부하기를,

"쌀 2백 석과 돈 3백 냥을 착실한 사람 주어 실수 없이 온전하게 늘려 심 봉사에게 바칩시다. 2백 석 가운데 20석은 올해 양식으로 제하고, 나머지는 해마다 빚을 주어 이자를 받으면 양식이 넉넉할 테고, 명베 삼베로는 사철 의복 장만해 드리기로 하고, 이런 내용을 관청에 공문으로 보내고 마을에도 알립시다."

(명베: 무명실로 짠 베)

전반부 4 | 심청이 아버지에게 사실을 말하고 두 사람이 함께 슬퍼함.

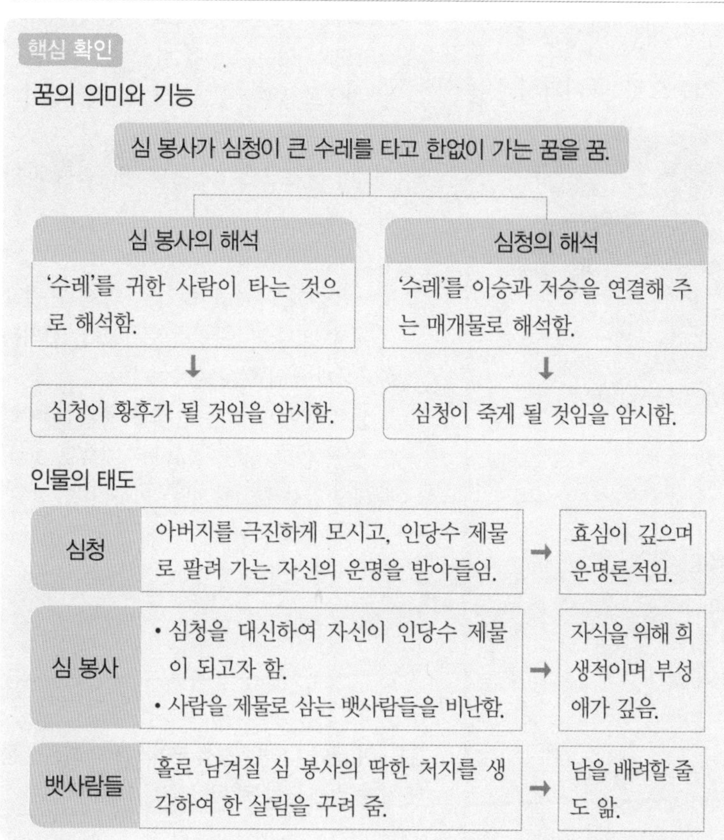

핵심 확인
꿈의 의미와 기능
심 봉사가 심청이 큰 수레를 타고 한없이 가는 꿈을 꿈.
심 봉사의 해석
'수레'를 귀한 사람이 타는 것으로 해석함.
심청이 황후가 될 것임을 암시함.
심청의 해석
'수레'를 이승과 저승을 연결해 주는 매개물로 해석함.
심청이 죽게 될 것임을 암시함.
인물의 태도
심청
아버지를 극진하게 모시고, 인당수 제물로 팔려 가는 자신의 운명을 받아들임.
효심이 깊으며 운명론적임.
심 봉사
• 심청을 대신하여 자신이 인당수 제물이 되고자 함.
• 사람을 제물로 삼는 뱃사람들을 비난함.
자식을 위해 희생적이며 부성애가 깊음.
뱃사람들
홀로 남겨질 심 봉사의 딱한 처지를 생각하여 한 살림을 꾸려 줌.
남을 배려할 줄도 앎.

26 이 글에 대한 설명으로 적절한 것은?

① 배경 묘사를 통해 인물의 심정을 부각하고 있다.
② 인물의 외양을 희화화하여 해학미를 자아내고 있다.
③ 인물의 말과 행동을 중심으로 사건이 전개되고 있다.
④ 인물의 성격 변화를 통해 사건의 반전을 예고하고 있다.
⑤ 역순행적 구성을 통해 사건을 입체적으로 그려 내고 있다.

핵심

27 이 글의 등장인물에 대한 이해로 적절하지 않은 것은?

① 뱃사람들은 심청과 심 봉사의 처지를 딱하게 여기고 있다.
② 뱃사람들은 심 봉사를 돕기 위한 현실적인 방안을 마련하고 있다.
③ 심청은 자신이 선택한 상황과 처한 현실을 운명으로 인식하고 있다.
④ 심청은 자신의 목숨보다 아버지의 행복을 더 중요하게 생각하고 있다.
⑤ 동네 사람들은 심청의 일을 자신의 일처럼 생각하며 마음 아파하고 있다.

28 〈보기〉에서 이 글을 통해 알 수 있는 당시의 사회상을 모두 고른 것은?

보기
ㄱ. 사람을 제물로 바치는 풍습이 있었다.
ㄴ. 사계절 모두 무명 삼베로 옷을 해 입었다.
ㄷ. 쌀이나 돈을 빌려 주고 이자를 받는 대부업이 있었다.
ㄹ. 뱃사람들은 일반 백성보다 신분이 낮아 무시를 당하였다.
ㅁ. 형편이 어려운 사람은 마을에서 공동으로 돌보는 제도가 있었다.

① ㄱ　② ㄱ, ㄴ
③ ㄱ, ㄴ, ㄷ　④ ㄱ, ㄴ, ㄷ, ㄹ
⑤ ㄱ, ㄴ, ㄷ, ㄹ, ㅁ

이것이 핵심! ✔ 인물의 성격

전반부 5 ⓟ 구별을 다 짓고 나서 심 소저를 가자 할 때, 무릉촌 장 승상 댁 부인이 그제야 이 말을 듣고 급히 시비를 보내어 심 소저를 부르기에, 소저가 시비를 따라가니 승상 부인이 문밖에 내달아 소저의 손을 잡고 울며 말했다.

시비: 곁에서 시중을 드는 계집종

"네 이 무상한 사람아. 나는 너를 자식으로 알았는데 너는 나를 어미같이 알지를 않는구나. 쌀 3백 석에 몸이 팔려 죽으러 간다 하니 효성이 지극하다마는 네가 살아 세상에 있어 하는 것만 같겠느냐? 나와 의논했더라면 진작 주선해 주었지. 쌀 3백 석을 이제라도 다시 내어 줄 것이니 뱃사람들 도로 주고 당치 않은 말 다시 말라."

주선: 일이 잘되도록 여러 가지 방법으로 힘씀.

하시니 심 소저가 여쭈었다.

"당초에 말씀 못 드린 것을 이제야 후회한들 무엇하겠습니까? 또한 부모를 위해 공을 드릴 양이면 어찌 남의 명분 없는 재물을 바라며, 쌀 3백 석을 도로 내어 주면 뱃사람들 일이 낭패이니 그도 또한 어렵고, 남에게 몸을 허락하여 약속을 정한 뒤에 다시 약속을 어기면 못난 사람들 하는 짓이니, 그 말씀을 따르지 못하겠습니다. 하물며 값을 받고 몇 달이 지난 뒤에 차마 어찌 낯을 들어 무슨 말을 하겠습니까? 부인의 하늘 같은 은혜와 착하신 말씀은 저승으로 돌아가서 결초보은하겠습니다."

당초: 일이 생기기 시작한 처음

결초보은: 죽어 혼령이 되어도 은혜를 잊지 않고 갚음.

하고 눈물이 옷깃을 적시니, 부인이 다시 보니 엄숙한지라, 하릴없이 다시 말리지 못하고 놓지도 못했다.

전반부 5 심청이 승상 부인의 제안을 거절함.

핵심 확인 인물의 성격 ③

승상 부인		심청
자신이 공양미 3백 석을 대신 내 주겠다며 제물로 가지 말라고 심청을 만류함.	제안 → ← 거절	명분 없이 남의 재물을 바랄 수 없고, 뱃사람들과의 약속을 어길 수 없다며 거절함.
↓		↓
심청을 자식처럼 아끼고 사랑하며, 자비롭고 따뜻함.		염치가 있고 책임감이 강하며, 약속을 중요하게 생각함.

29 이 글의 내용에 대한 이해로 적절하지 않은 것은?

① 승상 부인은 심청과의 관계를 언급하며 섭섭한 감정을 드러내고 있다.
② 승상 부인은 심청에게 새로운 제안을 하며 심청의 결심을 만류하고 있다.
③ 심청은 승상 부인과 의논하지 못한 일을 한탄하며 후회하는 모습을 보이고 있다.
④ 심청은 승상 부인의 제안을 따를 경우 발생할 문제를 언급하며 거절의 뜻을 밝히고 있다.
⑤ 승상 부인은 심청의 확고하고 엄숙한 의사 표현에 이러지도 저러지도 못하는 모습을 보이고 있다.

핵심 | 날개 확인 문제

30 이 글을 통해 알 수 있는 심청의 인물됨으로 적절하지 않은 것은?

① 자기 힘으로 공양미를 직접 마련하려는 것으로 보아, 적극적인 태도를 지닌 인물이다.
② 남의 명분 없는 재물을 바랄 수 없다고 하는 것으로 보아, 실리보다 명분을 중시하는 인물이다.
③ 자신이 쌀을 도로 내 주면 뱃사람들의 일이 낭패를 볼까 염려하는 것으로 보아, 책임감이 강한 인물이다.
④ 뱃사람들에게 몸을 팔기로 약속한 일을 어길 수 없다고 하는 것으로 보아, 신의를 중요하게 생각하는 인물이다.
⑤ 승상 부인에게 입은 은혜를 죽은 뒤에라도 잊지 않고 갚겠다고 하는 것으로 보아, 은혜에 감사할 줄 아는 인물이다.

핵심 | 서술형

31 이 글에 나타난 승상 부인의 말과 행동을 통해 알 수 있는 승상 부인의 성격을 서술하시오.

학습 활동

• 정답과 해설 p.37

이해 활동

1. 이 소설을 감상하고, 주요 장면별로 사건의 내용을 정리해 봅시다. 예시 답

심청이 뱃사람들에게 자신이 제물로 가겠다는 약속을 하고 몽운사로 공양미 3백 석을 보냄.

심청이 아버지에게 장 승상 댁 수양딸로 가게 되었다고 거짓말을 함.

심청이 혼자 남게 될 아버지를 걱정하며 슬퍼함.

심청이 아버지에게 자신이 죽게 되었음을 말하고 두 사람이 함께 슬퍼함.

승상 부인이 심청에게 쌀 3백 석을 주겠다고 제안하지만 심청이 거절함.

[참고 자료] 「심청전」 전체 줄거리

태어난 지 7일 만에 어머니를 여읜 심청은 눈먼 아버지 심 봉사를 극진히 부양한다. 어느 날 심 봉사는 공양미 3백 석을 시주하면 눈을 뜰 수 있다는 이야기를 듣고 시주를 약속한다. 이에 심청은 인당수 제물로 자신의 몸을 팔아 공양미 3백 석을 마련한다. 인당수에 몸을 던진 심청은 용왕의 도움으로 용궁으로 가 죽은 어머니를 만나고, 이후 환생하여 황후가 된다. 심청은 맹인 잔치를 열어 아버지와 다시 만나게 되고, 딸을 만난 기쁨에 심 봉사는 눈을 뜬다.

이해 다지기 문제

1 〈보기〉의 ㄱ~ㅁ을 사건이 일어난 순서에 맞게 배열하시오.

보기
ㄱ. 심청이 아버지의 꿈 이야기를 들음.
ㄴ. 심청이 사당에 들어가 하직 인사를 함.
ㄷ. 뱃사람들이 열다섯 살 난 처녀를 사려 함.
ㄹ. 심청이 아버지에게 공양미를 마련했다고 말함.
ㅁ. 승상 부인이 심청에게 쌀 3백 석을 주겠다고 함.

2 이 글의 내용과 일치하지 않는 것은?

① 심 봉사는 뱃사람들을 저주하고 비난한다.
② 뱃사람들은 심 봉사의 형편을 딱하게 여긴다.
③ 동네 사람들은 힘을 모아 심청을 살리고자 한다.
④ 심청은 아버지의 눈을 뜨게 하려고 자신의 몸을 판다.
⑤ 심청은 뱃사람들과 떠나는 날 아버지에게 인당수 제물로 팔려 간다는 사실을 말한다.

목표 활동

1. 이 소설 속 인물들의 성격을 파악해 보고, 오늘날의 관점에서 그 인물들을 평가해 봅시다.

1 인물들의 행동을 바탕으로 각 인물의 성격을 파악해 봅시다. 예시 답

인물	인물의 행동	성격
심청	아버지와의 이별과 자신의 죽음을 앞두고도 아버지의 옷을 짓는다.	효심이 깊다.
심 봉사	자신 때문에 딸이 죽게 되는 데도 이를 막지 못한다.	현실감이 없고 무능하다.
뱃사람들	인당수를 무사히 건너기 위해 제물로 바칠 처녀를 구하러 다닌다.	이기적이고 비정하다.
승상 부인	자신이 쌀 3백 석을 내 주고서라도 심청을 구하려고 한다.	마음이 따뜻하고 자비롭다.

2 오늘날의 관점에서 이 소설의 인물과 비슷한 인물 유형을 찾고, 그 인물에 관한 자신의 생각을 말해 봅시다. 예시 답

인물	오늘날 비슷한 인물 유형	자신의 생각
심청	병든 부모님을 간호하기 위해 고향으로 내려간 사람	자기 생활을 포기하면서까지 부모님을 위하는 효심이 감동적이야.
심 봉사	무능하고 철이 없어 가족을 힘들게 하는 사람	가족 간의 사랑은 무조건적인 것이 아니라 상호적인 것이라고 생각해. 가족을 그만 힘들게 했으면 좋겠어.
뱃사람들	돈을 위해서라면 어떤 일도 서슴지 않는 사람	돈보다 소중한 것이 있다는 것을 모르는 사람들이야. 이런 사람들 때문에 세상은 점점 더 각박해져 가는 거야.
승상 부인	매주 봉사 활동을 하며 우리 주변의 소외된 이웃을 보살펴 주는 사람	우리 사회를 밝게 비추어 주는 이 시대의 진정한 의인이라고 생각해.

목표 다지기 문제

1 이 소설의 인물에 대한 이해로 적절하지 않은 것은?

① 심청은 아버지를 위해 자신의 목숨까지 버리려는 것으로 보아, 효심이 지극한 인물이다.
② 심 봉사는 심청의 거짓말을 그대로 믿는 것으로 보아, 생각이 단순하고 순박한 인물이다.
③ 뱃사람들은 심청과 심 봉사의 딱한 형편을 외면하는 것으로 보아, 이기적이고 비정한 인물들이다.
④ 승상 부인은 심청에게 기꺼이 쌀 3백 석을 내 주려고 하는 것으로 보아, 마음이 따뜻하고 자비로운 인물이다.
⑤ 심청은 뱃사람들과의 약속을 지키기 위해 승상 부인의 제안을 거절하는 것으로 보아, 신의를 중시하는 인물이다.

2 〈보기〉의 심 봉사의 말을 통해 알 수 있는 심 봉사의 인물됨으로 가장 적절한 것은?

보기

"참말이냐, 참말이냐? 애고 애고, 이게 웬말인고? 못 가리라, 못 가리라. 네가 날더러 묻지도 않고 네 마음대로 한단 말이냐? 네가 살고 내가 눈을 뜨면 그는 마땅히 할 일이나, 자식 죽여 눈을 뜬들 그게 차마 할 일이냐?"

① 이기적이다.
② 부성애가 강하다.
③ 사려가 깊고 희생적이다.
④ 의지가 약하고 우유부단하다.
⑤ 생각이 단순하고 현실감이 떨어진다.

2. 오늘날의 삶에 비추어 이 소설에 나타난 심청의 행동을 평가해 봅시다.

1 심청이 공양미 3백 석에 자신의 몸을 판 까닭을 말해 봅시다.

예시 답 쌀 3백 석을 시주하면 눈을 뜨게 된다는 중의 말에 심 봉사가 덜컥 시주 약속을 한 뒤 이를 걱정하자, 심청은 근심하는 아버지를 위해 뱃사람들에게 쌀 3백 석을 받고 자신의 몸을 판 것이다.

2 1의 행동에 관해 어떻게 생각하는지 친구들과 의견을 나누어 봅시다. 예시 답

나는 심청이 진정한 효녀라고 생각해.

왜냐하면 아버지를 위해 하나밖에 없는 자신의 목숨을 내놓았기 때문이야.

나는 심청이 진정한 효녀라고 생각하지 않아.

왜냐하면 앞을 못 보는 아버지를 홀로 남겨 두고 죽으려 했을 뿐만 아니라 자신 때문에 딸이 죽게 되었다며 평생 죄책감에 괴로워할 아버지의 입장을 배려하지 않았기 때문이야.

3 심청이 어떤 가치관을 지닌 인물인지 말해 보고, 이러한 가치를 오늘날에는 어떻게 평가하고 받아들여야 할지 생각해 봅시다.

예시 답 심청은 효를 절대시하는 인물이다. 이러한 가치관은 세대 간의 단절과 가정불화가 심해지고 있는 오늘날의 삶을 반성하게 하면서 우리가 잃어버리고 있는 소중한 가치를 새롭게 일깨워 준다.

목표 다지기 문제

3 이 소설에 나타난 심청의 행동에 대한 평가 중, 나머지와 입장이 다른 하나는?

① 심청의 행동에서 우리는 진정한 효의 모습을 찾을 수 있어.
② 아버지를 위해 자신의 목숨까지 내놓다니 정말 감동적이야.
③ 아버지를 진정 위한다면 자신의 목숨을 아끼고 소중히 여겨야 해.
④ 누군가를 위해 자신을 희생한다는 것은 어려운 일인데 참 대단해.
⑤ 세대 간 단절이 심한 오늘날의 사람들에게 심청의 행동은 소중한 가치를 일깨워 줘.

3. 다음은 이 소설에 반영된 삶의 모습을 오늘날의 삶에 비추어 감상하며 나눈 대화입니다. 대화를 보고, 아래의 활동을 해 봅시다.

1 다음은 이 소설을 감상한 친구들의 의견입니다. 이를 참고하여 소설의 내용 중 자신이 특별히 관심을 가진 부분과 그에 관한 의견을 이야기해 봅시다.

나는 이 소설에 나타난 문화나 사고방식이 지금과 많이 다르다는 것에 주목하였어. 특히 뱃사람들이 자신들의 순탄한 항해를 위해 사람의 목숨을 제물로 바쳐도 되는가에 관해 생각해 보았어.

나는 승상 부인이 보인 공동체적 사고방식에 관심이 가더라. 자신이 쌀 3백 석을 내어 주고서라도 심청을 구하려고 하는 승상 부인의 모습에서 따뜻한 공동체의 정을 느낄 수 있었거든.

예시 답 나는 이 작품을 읽으면서 장애인의 삶에 관해 생각해 보았어. 앞도 보지 못하는 심 봉사가 딸을 홀로 키우면서 겪었을 고생을 상상하니 코끝이 찡해지더라. 요즘에는 장애인에 대한 인식이 개선되고 여러 복지 정책도 마련되었지만, 여전히 그들을 배려하는 마음과 정책이 부족한 것 같아서 안타까워.

2 친구들의 의견을 듣고, 자신이 공감한 부분이나 생각이 다른 부분에 관해 자유롭게 이야기해 봅시다.

예시 답 나도 이 작품을 읽으면서 사람의 목숨을 돈으로 사는 뱃사람들에 대한 문제를 제기하고 싶었어. 심청과 심 봉사의 딱한 처지를 보고 쌀과 돈으로 해결하려는 뱃사람들의 비정한 모습이 마치 돈이면 무엇이든지 해결할 수 있다는 오늘날 물질 만능주의를 보는 것 같아 씁쓸해졌어.

목표 다지기 문제

4 이 소설에 반영된 삶의 모습을 오늘날의 삶에 비추어 감상한 내용으로 적절하지 않은 것은?

① 아버지를 지극정성으로 봉양하는 심청의 모습을 보고 부모님께 늘 받으려고만 했던 나의 이기적인 삶을 반성하게 되었어.
② 심청을 진심으로 위하고 도우려는 승상 부인의 모습을 보고 오늘날 희박해져 가는 공동체 의식의 중요성을 새삼 느끼게 되었어.
③ 오늘날에도 심 봉사처럼 장애로 인해 힘들게 살아가는 사람들이 많을 거야. 장애인을 위한 복지에 보다 관심을 가져야겠다는 생각이 들었어.
④ 사람의 목숨을 제물로 바치는 것은 오늘날에는 있을 수 없는 일이야. 당시 사회적 상황이 사실적으로 반영된 것인지 알아볼 필요가 있다는 생각이 들었어.
⑤ 자신들의 일을 위해 심청의 목숨을 쌀로 사는 뱃사람들의 모습을 보니 돈이면 무엇이든 해결할 수 있다고 믿는 오늘날의 세태와 다르지 않다는 생각이 들었어.

과거의 삶과 가치가 반영된 작품을 오늘날에 비추어 감상하기

가치는 시대나 사회·문화적 배경에 따라 다르게 평가될 수 있습니다. 문학 작품 속에 반영된 과거의 삶 중에는 오늘날에도 가치 있는 것이 있고, 오늘날의 관점에서 새롭게 평가해야 하는 가치도 있습니다. 따라서 과거의 삶이 반영된 문학 작품을 오늘날의 삶에 비추어 감상하고, 그것을 주체적으로 평가하고 수용하여 인간의 삶에 관한 이해를 넓힐 수 있어야 합니다.

창의·융합 활동

함께하기

다음은 웹툰 「신과 함께」에 나오는 지옥의 대왕들에 관한 설명입니다. 다음 지옥 중 한 곳을 선택하여 심청의 행동에 관한 재판을 진행해 봅시다.

한빙지옥의 송제 대왕

타인의 마음을 얼어붙게 만든 자, 특히 불효자를 전문적으로 심판한다. 흉부 엑스레이 사진을 보여 주며 피고인이 그 사람의 가슴에 박은 못의 개수를 세어 죄를 심판한다.

발설지옥의 염라대왕

입으로 지은 모든 죄를 심판한다. 피고인의 죄를 보여 주는 '업경'이라는 거울에 비추어 거짓말을 하거나 말로 누군가를 상처 준 적이 있는지 등을 살펴본다.

거해지옥의 태산 대왕

누군가를 속이거나 배신을 해서 이익을 취한 자를 심판한다. 그리고 일곱 개 지옥에서의 재판 결과를 바탕으로 피고인을 여섯 개의 문 중 어떤 문으로 보낼지 결정한다.

1. 심청의 행동을 비판하는 판관과 심청을 옹호하는 변호사의 역할을 맡아 재판을 진행해 봅시다.

1 세 곳의 지옥 중에서 재판을 진행할 지옥을 선택하고, 판관의 역할을 맡아 심청을 비판해 봅시다.

예 발설지옥 / "피고 심청은 뱃사람들과 인당수로 떠나기 직전까지 아버지께 자신은 장 승상 댁 수양딸로 갈 것이라는 거짓말을 했습니다. 선의의 거짓말이라고 해도 상대방이 어떻게 생각할지 고려하지 않은 것이므로, 이에 대해 심청의 죄를 묻고자 합니다."

예시 답 한빙지옥 / "피고 심청은 아버지에게 큰 불효를 저질렀습니다. 자식의 죽음을 통해 아버지가 사는 것은 결국 아버지의 마음을 더 아프게 하는 일입니다. 심 봉사는 심청이 자신 때문에 죽었다고 생각하며 남은 생애 동안 딸을 죽게 만든 자신을 원망하며 자책할 것입니다. 또한 심청은 자신의 생명을 아끼고 잘 보존하는 것이 진정 부모를 위한 길임을 망각하고, 아버지를 위한다는 명분으로 자기 목숨을 버림으로써 부모의 가슴에 큰못을 박았습니다. 이에 대해 심청의 죄를 묻고자 합니다."

2 심청을 옹호하는 변호사의 역할을 맡아 심청을 변론해 봅시다.

예 발설지옥 / "심청은 자신을 위해서가 아니라 아버지를 안심시키기 위해서 어쩔 수 없이 거짓말을 한 것입니다. 효를 실천하기 위함이라는 동기를 배제하고 거짓말을 한 심청의 행동만으로 죄를 묻는 것은 부당합니다."

예시 답 한빙지옥 / "심청이 아버지를 위하다 못해 자신의 목숨까지 바친 것은 아름답고 감동적인 효의 실천으로 볼 수 있습니다. 부모를 위해 자신을 희생하는 것은 정말 쉽지 않은 일입니다. 그런데도 심청은 아버지를 위해 자신의 목숨을 바쳤고, 자신이 죽으러 가는 순간까지도 아버지 걱정만을 했습니다. 이처럼 자신의 목숨을 희생하면서까지 아버지를 위하는 심청의 행동은 진정한 효의 모습이라고 할 수 있으므로 심청의 행동은 정당합니다."

2. 재판을 진행한 지옥의 대왕의 관점에서 최종 판결문을 작성해 봅시다.

예시 답 발설지옥의 염라대왕

나 염라대왕은 심청의 행동에 대해 다음과 같이 판결하노라. 심청은 뱃사람들과 떠나기 직전까지도 아버지께 사실을 말하지 않고, 장 승상 댁 수양딸로 가기로 했다는 거짓말을 했다. 이는 부모를 속이는 큰죄를 지은 것이다. 그러나 이러한 거짓말은 자신의 이익을 취하기 위함이 아니라 부모를 안심시키기 위해 어쩔 수 없이 한 것이므로 심청에게 무죄를 판결한다. 따라서 기소된 내용 전부를 기각한다.

수행 평가 대비 활동

| 수행 평가 TIP | 「심청전」에 나타난 심청의 행동을 평가하기 위해 웹툰 「신과 함께」의 내용에 맞게 모의재판을 진행해 보는 활동입니다. 인당수에 몸을 던진 심청이 저승에 가서 재판을 받는다고 가정하고, 판관과 변호사의 입장이 되어 심청의 행동을 비판하거나 옹호하는 활동을 수행한 후 최종 판결문을 작성해 보도록 합니다.

1 평가 내용 확인하기

- 제시된 판결 기준에 따라 심청의 행동을 비판, 옹호하기
- 심청의 행동에 대한 평가를 바탕으로 최종 판결문 작성하기

2 평가 기준 확인하기

- 심청의 행동을 심판할 지옥을 적절하게 선택하였는가?

판관의 역할을 맡아 심청의 행동을 비판할 때는 제시된 세 지옥의 성격에 맞게 심청의 잘못된 행동을 정확하게 지적할 수 있어야 합니다.

- 심청의 처지를 잘 대변하여 변론을 하였는가?

변호사 역할을 맡아 심청의 입장을 변론할 때에는 먼저 소설 속 심청의 말과 행동을 꼼꼼히 살피면서 근거를 마련할 수 있어야 합니다.

- 심청의 행동에 대해 합당한 판결을 내렸는가?

판결문을 쓸 때에는 심청의 행동에 대한 판단과 관점을 체계적, 논리적으로 제시해야 하고, 이를 뒷받침하는 근거 또한 갖추어야 합니다.

수행 평가 +

1. 「심청전」의 시대적 배경이 오늘날로 바뀔 경우, 심청의 문제 상황을 어떻게 해결할 수 있을지 이야기해 봅시다.

도와줄게 오늘날의 가치관을 바탕으로 심청이 처한 문제 상황을 해결할 수 있는 방법을 생각해 보도록 합니다.

소단원 제재 정리

갈래: 윤리 소설, 설화 소설, 판소리계 소설
성격: 교훈적, 비현실적, 환상적
제재: 심청의 효(孝)
주제: 부모에 대한 지극한 효심과 인과응보(因果應報)
특징: ① 유교적 덕목인 '효'를 강조함.
② 현실 세계를 중심으로 펼쳐지는 전반부와 환상적인 이야기 중심의 후반부로 내용이 구분됨.
③ 전래되는 설화에서 판소리로 가창되다가 고전 소설로 정착되었음.

제재 한눈에 보기

전반부	심청이 가난하고 비천하게 살다가 아버지인 심 봉사의 눈을 뜨게 하기 위해 공양미 3백 석에 몸을 팔아 인당수의 제물이 됨.
전환점	심청이 인당수로 투신함.
후반부	인당수에 빠진 심청이 용왕에게 구출되고, 이후 황후가 된 심청이 맹인 잔치에서 부친과 상봉하게 됨.

핵심 원리

소설에 반영된 삶의 모습

- 소설은 구체적인 인물과 사건을 다루므로, 삶의 모습이 매우 사실적으로 드러남.
- 고전 소설 「심청전」은 심청이 (❶   )라는 윤리적 가치를 위해 자신의 목숨을 바치는 사건을 다루고 있어, 과거의 가치를 오늘날의 관점에서 새롭게 평가해 볼 수 있음.

핵심 내용

(1) 사건의 전개 과정

심청이 자신을 제물로 팔아 공양미 3백 석을 마련함.
↓
심청이 아버지에게 수양딸로 가게 되었다고 (❷   )을 함.
↓
심청이 혼자 남게 될 아버지를 걱정하며 슬퍼함.
↓
심청이 아버지에게 사실을 말하고 두 사람이 함께 슬퍼함.
↓
심청이 쌀 3백 석을 준다는 (❸   )의 제안을 거절함.

(2) 심 봉사가 꾼 '꿈'의 의미와 기능

심 봉사의 꿈속에 나타난 '(❹   )'의 의미
• 귀한 사람이 타는 것 → 심청이 황후가 될 것임을 암시함. • 이승과 저승을 연결해 주는 매개물 → 심청이 죽게 될 것임을 암시함.

(3) 등장인물의 성격

인물	성격
심청	• 아버지를 위해 자신의 목숨을 버릴 만큼 효심이 지극함. • 염치가 있고 책임감이 강하며, 약속을 중요하게 생각함.
심 봉사	• 충동적이고 무능하며 생각이 단순함. • 부성애가 강함.
뱃사람들	• 장사를 위해 사람을 (❺)로 사는 이기적이고 비정한 면모를 지님. • 심청과 심 봉사의 처지를 딱하게 여겨 인정을 베푸는 모습도 보임.
승상 부인	• 심청을 자식처럼 아끼고 사랑하며, 자비롭고 따뜻함.

(4) 심청의 행동에 대한 평가

아버지의 눈을 뜨게 하기 위해 스스로 인당수 제물이 되는 심청의 행동

아버지의 눈을 뜨게 하려고 자신의 목숨까지 바친 아름다운 행동임.	딸을 잃은 죄책감과 슬픔에 빠질 아버지의 입장을 (❻)하지 못한 행동임.
↓	↓
심청은 진정한 효녀이다. ↔	심청은 진정한 효녀가 아니다.

정답 ❶ 효 ❷ 거짓말 ❸ 승상 부인 ❹ 수레 ❺ 제물 ❻ 배려

소단원 핵심 문제

• 정답과 해설 p.37

[01~04] 다음 글을 읽고, 물음에 답하시오.

(가) '남경 장사 뱃사람들이 열다섯 살 난 처녀를 사려 한다.' 하기에, 심청이 그 말을 반겨 듣고 ㉠귀덕 어미를 사이에 넣어 사람 사려 하는 까닭을 물으니,

"우리는 남경 뱃사람으로 인당수를 지나갈 제 제물로 제사하면 가없는 너른 바다를 무사히 건너고 수만금 이익을 내기로, ㉡몸을 팔려 하는 처녀가 있으면 값을 아끼지 않고 주겠습니다." / 하기에 심청이 반겨 듣고,

"나는 이 동네 사람인데, 우리 아버지가 앞을 못 보셔서 '공양미 3백 석을 지성으로 불공하면 눈을 떠 보리라.' 하기로, 집안 형편이 어려워 장만할 길이 전혀 없어 내 몸을 팔려 하니 나를 사 가는 것이 어떠하실는지요?"

뱃사람들이 이 말을 듣고,

"효성이 지극하나 가련하군요."

하며 허락하고, 즉시 쌀 3백 석을 몽운사로 날라다 주고,

"오는 3월 보름날에 배가 떠나기로 되어 있습니다."

(나) 심청이 아버지께 여쭙기를,

㉢"공양미 3백 석을 이미 실어다 주었으니, 이제는 근심치 마셔요."

심 봉사가 깜짝 놀라, / "너, 그 말이 웬 말이냐?"

㉣심청같이 타고난 효녀가 어찌 아버지를 속이랴마는, 어찌할 수 없는 형편이라 잠깐 거짓말로 속여 대답한다.

"장 승상 댁 노부인이 달포 전에 저를 수양딸로 삼으려 하셨는데 차마 허락지 않았습니다. 그러나 지금 형편으로는 공양미 3백 석을 장만할 길이 전혀 없기로 이 사연을 노부인께 말씀드렸더니, 쌀 3백 석을 내어 주시기에 수양딸로 팔리기로 했습니다."

(다) 천지가 사정없어 이윽고 닭이 우니 심청이 하릴없어,

"닭아 닭아, 우지 마라. 제발 덕분에 우지 마라. ㉤반야 진관에서 닭 울음 기다리던 맹상군이 아니로다. 네가 울면 날이 새고, 날이 새면 나 죽는다. 죽기는 섧잖아도 의지 없는 우리 아버지 어찌 잊고 가잔 말이냐?"

출제 예감 90%

01 이 글에 대한 설명으로 적절하지 않은 것은?

① 인신 공희 설화를 바탕으로 한다.
② 선인과 악인의 대립 구도를 보인다.
③ 서술자가 인물의 내면을 서술한다.
④ 오륜의 덕목 중 부자유친과 관련이 있다.
⑤ 판소리로 불리다가 소설로 정착된 것이다.

출제 예감 95%

02 이 글에 반영된 과거의 삶과 가치에 대한 반응으로 적절하지 않은 것은?

① 바다를 건너 수만금 이익을 내는 뱃사람들의 모습으로 보아 당시에도 해상 무역이 발달했었군.
② 사람을 사서 제물로 바치는 모습으로 보아 당시에는 근거가 없는 비과학적인 믿음이 당연시 되었군.
③ 자신의 본심을 속이고 아버지에게 거짓말을 하는 심청의 모습으로 보아 당시에는 하얀 거짓말이 유행이었군.
④ 심청을 수양딸로 삼으려는 장 승상 댁 노부인의 모습으로 보아 당시에는 다른 사람의 자식을 수양딸로 삼고는 했군.
⑤ 자신의 몸을 희생하여 아버지의 눈을 뜨게 하려는 심청의 모습으로 보아 당시에는 유교적인 효의 개념이 지배적이었군.

출제 예감 85%

03 ㉠~㉤을 이해한 내용으로 적절한 것은?

① ㉠: 귀덕 어미와 뱃사람들이 각별한 사이임을 알 수 있다.
② ㉡: 뱃사람들의 넉넉한 인심과 따뜻한 인정을 엿볼 수 있다.
③ ㉢: 심청이 아버지를 안심시키기 위해 거짓말을 하고 있다.
④ ㉣: 심청의 말과 행동을 관찰하여 객관적으로 제시하고 있다.
⑤ ㉤: 심청 자신은 맹상군과 달리 닭 울음소리를 기다리지 않는다는 의미이다.

출제 예감 95% 학습 활동 응용 서술형

04 심청이 뱃사람들에게 자신의 몸을 제물로 판 까닭이 무엇인지 (가)의 내용을 바탕으로 쓰시오.

[05~09] 다음 글을 읽고, 물음에 답하시오.

(가) 어느덧 동방이 밝아 오니, 심청이 아버지 진지나 마지막 지어 드리리라 하고 문을 열고 나서니, 벌써 뱃사람들이 사립문 밖에서,

"오늘이 배 떠나는 날이오니 ㉠수이 가게 해 주시오."

하니, 심청이 이 말을 듣고 얼굴빛이 없어지고 손발에 맥이 풀리며 목이 메고 정신이 어지러워 뱃사람들을 겨우 불러,

"여보시오 선인네들, 나도 오늘이 배 떠나는 날인 줄 이미 알고 있으나, 내 몸 팔린 줄을 우리 아버지가 아직 모르십니다. 만일 아시게 되면 ㉡지레 야단이 날 테니, 잠깐 기다리면 진지나 마지막으로 지어 잡수시게 하고 말씀 여쭙고 떠나게 하겠어요."

하니 뱃사람들이, / "그리하시지요."

(나) 심 봉사는 철도 모르고,

"야, 오늘은 반찬이 유난히 좋구나. 뉘 집 제사 지냈느냐."

그날 밤에 꿈을 꾸었는데, 부자간은 천륜지간이라 꿈에 미리 보여 주는 바가 있었다.

"아가 아가, 이상한 일도 있더구나. 간밤에 [꿈]을 꾸니, 네가 큰 수레를 타고 한없이 가 보이더구나. 수레라 하는 것이 귀한 사람이 타는 것인데 우리 집에 무슨 좋은 일이 있을란가 보다. 그렇지 않으면 장 승상 댁에서 가마 태워 갈란가 보다."

심청이는 저 죽을 꿈인 줄 짐작하고 ㉢둘러대기를,

"그 꿈 참 좋습니다."

하고 진짓상을 물려 내고 담배 태워 드린 뒤에 밥상을 앞에 놓고 먹으려 하니 간장이 썩는 눈물은 눈에서 솟아나고, 아버지 신세 생각하며 저 죽을 일 생각하니 정신이 아득하고 몸이 떨려 밥을 먹지 못하고 물렸다.

(다) 승상 부인이 문밖에 내달아 소저의 손을 잡고 울며 말했다.

"네 이 무상한 사람아. 나는 너를 자식으로 알았는데 너는 나를 어미같이 알지를 않는구나. 쌀 3백 석에 몸이 팔려 죽으러 간다 하니 효성이 지극하다마는 네가 살아 세상에 있어 하는 것만 같겠느냐? 나와 의논했더라면 진작 ㉣주선해 주었지. 쌀 3백 석을 이제라도 다시 내어 줄 것이니 뱃사람들 도로 주고 당치 않은 말 다시 말라."

하시니 심 소저가 여쭈었다.

"당초에 말씀 못 드린 것을 이제야 후회한들 무엇하겠습니까? 또한 부모를 위해 공을 드릴 양이면 어찌 남의 명분 없는 재물을 바라며, 쌀 3백 석을 도로 내어 주면 뱃사람들 일이 낭패이니 그도 또한 어렵고, 남에게 몸을 허락하여 약속을 정한 뒤에 다시 약속을 어기면 못난 사람들 하는 짓이니, 그 말씀을 따르지 못하겠습니다. 하물며 값을 받고 몇 달이 지난 뒤에 차마 어찌 낯을 들어 무슨 말을 하겠습니까? 부인의 하늘 같은 은혜와 착하신 말씀은 저승으로 돌아가서 결초보은하겠습니다."

하고 눈물이 옷깃을 적시니, 부인이 다시 보니 엄숙한지라, ㉤하릴없이 다시 말리지 못하고 놓지도 못했다.

출제 예감 90%

05 〈보기〉에서 이 글에 대한 설명으로 적절한 것을 모두 고른 것은?

보기
ㄱ. 시간의 흐름에 따라 사건을 전개하고 있다.
ㄴ. 인물을 희화화하여 사회 현실을 풍자하고 있다.
ㄷ. 사건에 대한 서술자의 생각이 직접적으로 드러나 있다.
ㄹ. 전기적 요소를 활용하여 독자의 흥미를 유발하고 있다.

① ㄱ, ㄷ ② ㄱ, ㄹ ③ ㄴ, ㄷ
④ ㄴ, ㄹ ⑤ ㄷ, ㄹ

출제 예감 95%

06 (나)에서 [꿈]의 역할로 가장 적절한 것은?

① 심청이 인당수에 빠져 죽을 것임을 암시한다.
② 심 봉사가 곧 눈을 뜨게 될 것임을 암시한다.
③ 장 승상 댁에서 가마를 보낼 것임을 암시한다.
④ 심청이 장 승상 댁으로 떠날 것임을 암시한다.
⑤ 심 봉사가 모든 사실을 알게 될 것임을 암시한다.

소단원 핵심 문제

출제 예감 85%

07 이 글을 이해한 내용으로 적절하지 않은 것은?

① 뱃사람들은 심청을 배려하는 모습을 보이고 있군.
② 심청은 아버지를 두고 먼저 죽을 생각에 무섭고 두려웠겠군.
③ 심 봉사의 꿈 해몽으로 인해 심청의 슬픔은 극대화되었겠군.
④ 심청은 자신의 노력으로 공양미를 마련해야 한다고 생각하고 있군.
⑤ 승상 부인은 자신의 제안을 거절하는 심청에게 서운함을 느끼고 있군.

출제 예감 80%

08 ㉠~㉤의 뜻풀이로 적절하지 않은 것은?

① ㉠: 쉽게, 빨리
② ㉡: 짐작하여
③ ㉢: 그럴듯한 말로 꾸며 대기
④ ㉣: 일이 잘되도록 여러 가지 방법으로 힘써
⑤ ㉤: 어떻게 할 도리가 없이

출제 예감 95% 학습 활동 응용

09 심청이 효를 실천하는 방법에 대한 비판적 물음으로 적절하지 않은 것은?

① 부모보다 먼저 죽는 것이 가장 큰 불효라는 말도 있는데, 아버지보다 먼저 죽으려 한 심청의 행동을 진정한 효라 할 수 있을까?
② 자신 때문에 딸이 죽었다고 평생 괴로워할 아버지의 마음은 생각지도 않은 채 인당수에 몸을 던지려는 심청을 과연 효녀라고 말할 수 있을까?
③ 공양미 3백 석을 시주하면 눈을 뜰 수 있다는 말을 의심 없이 믿고 약속하여 자신의 목숨까지 파는 심청의 어리석은 행동을 과연 효라고 할 수 있을까?
④ 승상 부인이 공양미 3백 석을 마련해 주겠다고 하는데도 홀로 남겨질 아버지보다 뱃사람들과의 약속을 중시하며 끝내 죽음을 택하는 심청이 과연 효녀일까?
⑤ 『효경』을 보면 신체의 모두는 부모에게서 물려받은 것으로 소중히 해야 한다는 덕목이 있는데, 심청은 이러한 효의 실천을 크게 어겼다고 볼 수 있지 않을까?

[10~15] 다음 글을 읽고, 물음에 답하시오.

(가) 심청이 그날부터 곰곰 생각하니, 눈 어두운 백발 아비 영 이별하고 죽을 일과 사람이 세상에 나서 열다섯 살에 죽을 일이 정신이 아득하고 일에도 뜻이 없어 식음을 전폐하고 근심으로 지내다가, 다시금 생각하기를,

'엎질러진 물이요, 쏘아 논 화살이다.'

날이 점점 가까워 오니 생각하기를,

'이러다간 안되겠다. 내가 살았을 제 아버지 의복 빨래나 해 두리라.'

하고, 춘추 의복 상침 겹것, 하절 의복 한삼 고의 박아 지어 들여놓고, 동절 의복 솜을 넣어 보에 싸서 농에 넣고, 청목으로 갓끈 접어 갓에 달아 벽에 걸고, 망건 꾸며 당줄 달아 걸어 두고, 배 떠날 날을 헤아리니 하룻밤이 남아 있다. 밤은 깊어 삼경인데 은하수 기울어졌다. 촛불을 대하여 두 무릎을 마주 꿇고 머리를 숙이고 한숨을 길게 쉬니, 아무리 효녀라도 마음이 온전하겠는가.

(나) 울며 하직하고 사당 문 닫은 뒤에 ㉠<u>아버지 앞에 나와 두 손을 부여잡고 기절하니</u>, 심 봉사가 깜짝 놀라,

"아가 아가, 이게 웬일이냐? 정신 차려 말하거라."

심청이 여쭙기를,

"제가 못난 딸자식으로 아버지를 속였어요. 공양미 3백 석을 누가 저에게 주겠어요. 남경 뱃사람들에게 ⓐ<u>인당수</u> 제물로 몸을 팔아 오늘이 떠나는 날이니 저를 마지막 보셔요."

(다) 심 봉사가 이 말을 듣고,

"참말이냐, 참말이냐? 애고 애고, 이게 웬말인고? 못 가리라, 못 가리라. 네가 날더러 묻지도 않고 네 마음대로 한단 말이냐? 네가 살고 내가 눈을 뜨면 그는 마땅히 할 일이나, 자식 죽여 눈을 뜬들 그게 차마 할 일이냐? 너의 어머니 늦게야 너를 낳고 초이레 안에 죽은 뒤에, 눈 어두운 늙은것이 품 안에 너를 안고 이 집 저 집 다니면서 구차한 말 해 가면서 동냥젖 얻어 먹여 이만치 자랐는데, 내 아무리 눈 어두우나 너를 눈으로 알고, 너

의 어머니 죽은 뒤에 걱정 없이 살았더니 이 말이 무슨 말이냐? 마라 마라, 못 하리라. 아내 죽고 자식 잃고 내 살아서 무엇하리? 너하고 나하고 함께 죽자. ㉡눈을 팔아 너를 살 터에 너를 팔아 눈을 뜬들 무엇을 보려고 눈을 뜨리?

어떤 놈의 팔자길래 사궁지수(四窮之首) 된단 말이냐? 네 이놈 상놈들아! 장사도 좋지마는 사람 사다 제사하는 데 어디서 보았느냐? 하느님의 어지심과 귀신의 밝은 마음 앙화가 없겠느냐? 눈먼 놈의 무남독녀 철모르는 어린아이 나 모르게 유인하여 값을 주고 산단 말이냐? 돈도 싫고 쌀도 싫다. 네 이놈 상놈들아.

옛글을 모르느냐? 칠년대한(七年大旱) 가물 적에 사람으로 빌라 하니 탕 임금 어지신 말씀, '내가 지금 비는 바는 사람을 위함인데 사람 죽여 빌 양이면 내 몸으로 대신하리라.' 몸소 희생되어 몸을 정히 하여 상임 뜰에 빌었더니 수천 리 너른 땅에 큰비가 내렸느니라. 이런 일도 있었으니 내 몸으로 대신 감이 어떠하냐? 이보시오 동네 사람, 저런 놈들을 그저 두고 보오?"

출제 예감 90%

10 **이 글에 대한 설명으로 적절한 것은?**

① 영웅의 일대기를 다룬 영웅 소설이다.
② 한 가족의 역사를 다룬 가족사 소설이다.
③ 권선징악의 교훈을 담은 판소리계 소설이다.
④ 남녀 간의 애틋한 사랑을 다룬 애정 소설이다.
⑤ 부조리한 사회에 대한 저항을 담은 사회 소설이다.

출제 예감 95%

11 **(다)에 나타난 심 봉사의 말하기 특징으로 적절하지 않은 것은?**

① 청자를 바꾸어 가며 상황의 부당함을 말하고 있다.
② 동일한 말을 반복하여 자신의 의도를 강조하고 있다.
③ 고사를 끌어들여 자신의 심정과 의지를 표출하고 있다.
④ 점층적 표현을 활용하여 현실에 대한 집착을 드러내고 있다.
⑤ 설의적 표현을 통해 상대방이 다시 생각할 것을 요구하고 있다.

출제 예감 85%

12 **이 글에서 〈보기〉의 설명에 해당하는 구절을 찾아 쓰시오.**

보기

'편집자적 논평'이란 대개 고전 소설에서 서술자가 인물과 사건에 대해 자신의 견해를 직접 드러내는 것, 곧 '서술자의 개입'을 말한다.

출제 예감 90%

13 **㉠에서 느낄 수 있는 심청의 심리 상태로 가장 적절한 것은?**

① 증오 ② 아쉬움 ③ 간절함
④ 두려움 ⑤ 실망감

출제 예감 85% 서술형

14 **㉡을 통해 심 봉사가 말하고자 하는 바를 한 문장으로 쓰시오.**

출제 예감 80% 사고력 확장 문제

15 **이 글의 ⓐ와 〈보기〉의 ⓑ에 대한 설명으로 가장 적절한 것은?**

보기

임아, 그 ⓑ물을 건너지 마오.
임은 끝내 물을 건너셨네.
물에 빠져 돌아가시니
가신 임을 어찌할꼬.

– 백수 광부의 처, 「공무도하가」

① ⓐ와 ⓑ는 모두 희생의 의미가 담긴 공간이다.
② ⓐ와 ⓑ는 모두 죽음의 이미지를 내포하는 공간이다.
③ ⓐ는 유교적 이념을, ⓑ는 불교적 이념을 바탕으로 하는 공간이다.
④ ⓐ는 이별만 존재하는 공간이지만, ⓑ는 이별과 만남이 공존하는 공간이다.
⑤ ⓐ는 스스로 선택한 공간이지만, ⓑ는 타인의 강요에 의해 선택된 공간이다.

활동 순서 박물관을 선정하고 방문 계획서 작성하기 ➔ 박물관 방문을 통해 깨달았던 과거의 삶과 가치 이야기하기

주변의 박물관을 방문하여 과거의 삶의 모습과 가치가 담겨 있는 전시물을 관람해 봅시다.

활동 길잡이
주변의 박물관을 찾아보고, 방문할 곳을 직접 선정한다. 선정한 박물관을 방문하는 목적을 중심으로 제시된 방문 계획서를 작성해 본다.

1 우리 지역의 박물관 중 자신이 방문할 곳을 정하고, 방문 계획서를 작성해 봅시다.

예시 답

국립중앙 박물관 방문 계획서

- ▶ 방문 목적: 과거의 삶의 모습을 조사해 본다.
- ▶ 방문 일시: 20○○년 ○○월 30일 오전 ○○시
- ▶ 준비물: 필기도구, 사진기
- ▶ 유의 사항:
  - 자신이 관람한 전시물과 관련하여 중요한 내용을 메모한다.
  - 과거의 삶의 모습과 오늘날의 삶의 모습을 비교하며 관람한다.

활동 길잡이
박물관에 있는 전시물을 관람하고, 전시된 물건에 반영된 삶의 모습과 가치를 생각해 본다. 자신이 관람한 전시물들을 제시된 조건에 따라 나누어 정리해 본다.

2 자신이 관람한 전시물을 다음과 같이 정리해 봅시다.

예시 답

과거의 가치가 오늘날까지 이어지고 있는 전시물	민화: 과거에는 생활 공간을 장식하거나 민속적인 관습에 따라 집에 민화를 걸어 두었다. 오늘날에도 집을 예쁘게 꾸미기 위해서 그림을 걸거나 재물, 장수 등을 기원하는 그림을 집에 걸어 둔다.
오늘날 우리가 잃어버린 가치를 담고 있는 전시물	화로: 과거에는 가족들의 추위를 막아 주고 가족 공동체의 대화가 이루어지는 공간의 역할을 했지만, 현대 사회의 주거 문화는 각 방마다 난방이 되어서 이런 문화와 가치가 사라지게 되었다.
과거의 가치와는 달리 오늘날의 관점에서 새롭게 평가될 수 있는 전시물	왕관: 과거에는 그 시대를 대표하는 군주가 쓰는 것으로 고귀함과 존엄함의 의미를 지니고 있었는데, 민주주의를 표방하는 현대 사회에서는 계급과 군주주의를 상징하는 부정적인 의미를 가지게 되었다.

활동 길잡이
과거의 삶의 모습이 담긴 전시물을 오늘날의 삶의 모습에 비추어 관람한 소감을 솔직하게 적어 본다. 오늘날까지 이어지고 있는 과거의 삶의 모습과 가치, 오늘날의 관점에서 새롭게 평가될 수 있는 가치에 대한 통찰을 통해 우리의 삶을 깊이 있게 이해하도록 한다.

3 박물관을 방문하고 나서 느낀 점이나 새롭게 알게 된 점을 이야기해 봅시다.

조건
오늘날의 관점에서 과거의 삶이 반영된 전시물을 보며 얻은 깨달음을 중심으로 이야기할 것.

예시 답
- 아주 오래전에 사용되었던 물건들인데, 그 모습과 가치가 오늘날과 유사한 것이 많아서 신기했다.
- 소박한 삶의 모습과 아름다운 가치를 담고 있는 전시물들이 많이 있었는데, 오늘날에는 편리함만 추구하다 보니 그런 것들이 많이 사라져 버려서 아쉬운 마음이 들었다.

• 정답과 해설 p.38

대단원 확인 문제

[01~07] 다음 시를 읽고, 물음에 답하시오.

> ㉠ ┌ 물먹는 소 목덜미에
> └ 할머니 손이 얹혀졌다.
> 이 하루도
> ⓐ함께 지났다고,
> ⓑ서로 발잔등이 부었다고,
> ⓒ서로 적막하다고,

01 이와 같은 글에 대한 설명으로 가장 적절한 것은?

① 어떤 대상에 대해 알기 쉽게 설명한 글이다.
② 자신의 경험에서 얻은 교훈을 전달하는 글이다.
③ 상상력을 바탕으로 있음 직한 일을 꾸며 쓴 글이다.
④ 주관적인 생각이나 느낌을 함축적으로 표현한 글이다.
⑤ 어떤 사실이나 현상에 대해 객관적으로 표현한 글이다.

02 이 시에 대한 설명으로 적절하지 않은 것은?

① 동양화처럼 여백의 미가 느껴진다.
② 한국적이고 토속적인 정취를 자아낸다.
③ 절제된 언어로 생략과 압축을 보여 준다.
④ 다양한 감각적 이미지로 대상을 묘사한다.
⑤ 대상만을 단순하게 제시하여 상상력을 자극한다.

03 이 시의 시상 전개 방식으로 가장 적절한 것은?

① 시의 처음과 끝에 비슷한 내용을 반복하고 있다.
② 공간의 변화에 따라 화자의 시선이 이동하고 있다.
③ 시간의 경과에 따른 화자의 정서 변화에 주목하고 있다.
④ 시상이 전개될수록 화자의 정서나 주제 의식이 고조되고 있다.
⑤ 시의 앞부분에서는 정경을, 뒷부분에서는 정서를 드러내고 있다.

서술형

04 ㉠에서 소의 목덜미에 손을 얹는 할머니의 심정은 어떠할지 쓰시오.

05 ⓐ~ⓒ에서 느껴지는 분위기를 바르게 나열한 것은?

	ⓐ	ⓑ	ⓒ
①	고독감	병약함	외로움
②	안도감	고단함	쓸쓸함
③	그리움	쓸쓸함	안도감
④	병약함	그리움	고독감
⑤	쓸쓸함	안도감	병약함

06 다음은 이 시에 대한 비평의 일부이다. 빈칸에 들어갈 4음절의 한자어를 쓰시오.

> 과거 우리의 삶에서 소는 가족과 같이 친근하고 귀한 가축이었다. 이런 시각에서 보면, 이 시에서 소와 할머니가 (　　　　)하는 모습으로 등장하는 것이 쉽게 이해된다. 자연을 살아 있는 것으로, 따뜻하게 대하던 과거의 삶이 묻어 있기 때문이다. 이 시는 자연과 공존하던 우리네 삶의 단순하지만 조용하고 깊은 멋을 형상화하고 있다.

07 이 시에서 말하고자 하는 바로 가장 적절한 것은?

① 소와 이별한 할머니의 슬픔
② 소에 대한 할머니의 후회와 반성
③ 할머니와 소의 고단한 삶과 유대감
④ 할머니와의 추억과 고향에 대한 그리움
⑤ 근대화로 인해 가치를 잃은 소에 대한 연민

대단원 확인 문제

[08~10] 다음 글을 읽고, 물음에 답하시오.

가 저녁 어스름이 내리고 있을 무렵이었다. 돌확에 곱게 간 보리쌀을 솥에 안쳐 한소끔 끓여 내놓고서 쌀 한 줌과 끓여 낸 보리쌀을 섞으려고 허리를 구부리는 순간 산기가 느껴졌다. 아낙은 서두르지 않고 침착하게 쌀과 보리를 섞은 다음 아궁이에 불을 지펴 놓고 텃밭으로 갔다.

나 뱃속의 아기가 이번에는 좀 더 강한 신호를 보내왔다. 아낙은 진통이 가시기를 기다려 찬거리를 안아 들고 텃밭을 나왔다. 아궁이에서 밥이 끓기 시작하자 텃밭에서 따온 가지를 끓고 있는 밥물 위에 올려놓고 호박과 호박잎을 뚝뚝 썰어 톱톱하게 받아 놓은 뜨물에 된장국을 끓이고 오이채를 썰어 매콤한 오잇국을 만들어서 저녁상을 차렸다. 그러고 나서 아이 낳을 채비를 하기 시작했다.

다 물을 데워 놓고 끓는 물에 아기 탯줄 자를 가위를 소독하고 미역도 담가 놓고 안방 바닥에 짚을 깔고 그 위에 드러누웠다. 장에 가서 술 한잔 걸치고 뱃노래를 흥얼거리며 아낙의 남편이 막 사립문을 들어섰을 때 안방 쪽에서 갓 태어난 아기 울음소리가 들려오고 있었다. 순산이었다. 남편은 늘 그래 왔듯이, 첫째 때도 둘째 때도 셋째 때도 그러했듯이, 술 취한 기분에도 부엌으로 들어가 아내가 미리 물에 담가 둔 미역을 씻어 첫국밥을 끓였다. 첫국밥을 끓여서 아내에게 들여놓아 주고 나서 남편은 사립문 양쪽에 대나무를 세우고 새끼줄에 검은 숯과 붉은 고추를 끼워 대나무에 매달았다. 넷째 아들이 태어나던 날 밤.

라 그의 어머니는 그렇게 팔 남매를 낳았다. 집은 토담집이었다. 그의 아버지와 어머니가 신접살림을 나면서 손수 지은 집이었다. 판판한 주춧돌 위에 튼튼한 소나무 기둥을 세우고 지붕을 만들었다. 마을에서는 그렇게 새집 짓는 일을 '성주 모신다'고 했다. 마을 남정네들은 집 짓는 일을 돕고 아낙들은 음식을 만들었다. 황토에 논흙을 섞고 짚을 썰어 지붕 흙을 만들고 몇 사람은 지붕 위로 올라가고 몇 사람은 마당에 길게 서서 다 이겨진 흙을 지붕 위로 올렸다.

08 이와 같은 글에 대한 설명으로 적절하지 <u>않은</u> 것은?

① 글의 길이가 비교적 짧은 편이다.
② 고정된 형식이 없어 자유롭게 쓸 수 있다.
③ 허구적 이야기로 인생의 진실을 표현한다.
④ 글쓴이의 성격, 인생관 등이 직접 드러난다.
⑤ 살아가면서 겪는 모든 일이 소재가 될 수 있다.

09 이 글에 반영된 과거의 삶의 모습으로 적절하지 <u>않은</u> 것은?

① 아낙이 텃밭의 채소로 저녁상을 차리는 것에서 자연 친화적인 삶의 모습을 엿볼 수 있어.
② 마을 사람들의 도움으로 토담집이 지어진 것에서 당시에는 공동체적 가치를 중시했음을 알 수 있어.
③ 새집 짓는 일을 '성주 모신다'고 한 것에서 당시 사람들은 집을 지키는 신이 있다고 믿었음을 알 수 있어.
④ 아낙이 혼자 아이를 낳고 직접 첫국밥을 끓이는 것에서 과거에는 출산을 일상적인 일로 여겼음을 알 수 있어.
⑤ 남편이 검은 숯과 붉은 고추를 매다는 것에서 당시에는 아이를 낳으면 금줄을 치는 풍습이 있었음을 알 수 있어.

10 (라)를 〈보기〉와 같이 바꾸었을 때의 효과로 가장 적절한 것은?

보기

나의 어머니는 그렇게 팔 남매를 낳았다. 집은 토담집이었다. 나의 아버지와 어머니가 신접살림을 나면서 손수 지은 집이었다. 판판한 주춧돌 위에 튼튼한 소나무 기둥을 세우고 지붕을 만들었다. 마을에서는 그렇게 새집 짓는 일을 '성주 모신다'고 했다. 마을 남정네들은 집 짓는 일을 돕고 아낙들은 음식을 만들었다. 황토에 논흙을 섞고 짚을 썰어 지붕 흙을 만들고 몇 사람은 지붕 위로 올라가고 몇 사람은 마당에 길게 서서 다 이겨진 흙을 지붕 위로 올렸다.

① 서술의 객관성을 확보할 수 있다.
② 글쓴이 자신의 이야기를 들려주게 된다.
③ 제3자의 목소리로 이야기를 전달하게 된다.
④ '그'의 이야기가 우리 모두의 이야기로 확대된다.
⑤ 특수한 이야기가 아닌 보편적 이야기임을 알게 한다.

[11~14] 다음 글을 읽고, 물음에 답하시오.

가 ㉠그와 그의 형제들은 바로 그 집에서 나고 그 집에서 컸다. 노란 흙벽, 노란 초가지붕, 노란 마루, 노란 마당, 정다운 노란 집. 그 집의 봄 여름 가을 겨울. 봄 여름 가을 겨울의 아침과 낮과 저녁과 밤이 그 집 아이들의 성장에 함께 있었다. 그는 그 집의 봄 여름 가을 겨울과 봄 여름 가을 겨울의 어느 아침과 낮과 저녁과 밤을 먼 훗날까지 그의 영혼 깊은 곳에 간직해 두고서는 ㉡몹시 힘들고 고달픈 도시에서의 봄 여름 가을 겨울의 어느 아침과 낮과 저녁과 밤에 마음속의 보석처럼 소중한 그 추억들을 끄집어내 보고는 했다.

나 그 집은 그 집 아이들에게 작은 우주였다. 그곳에는 많은 비밀이 있었다. 자연 속에는 눈에 보이는 것 말고도 눈에 보이지 않는 무한한 비밀이 감춰져 있었다. ㉢그는 그 집에서 크면서 자연 속에 감춰진 비밀들을 깨달아 갔다.

석양의 북새, 혹은 낮게 깔리는 굴뚝 연기를 보고 그는 비설거지를 했다. 그런 다음 날은 틀림없이 비가 올 것이므로. 비가 온 날 저녁에는 또 지렁이가 밤새 운다는 것을 그는 알고 있었다. 똑또르 똑또르 하는 지렁이 울음소리. 냄새와 소리와 맛과 색깔과 형태들이 그 집에서는 선명했다. 모든 것들이 말이다. 왜냐하면 봄과 여름과 가을과 겨울과 아침과 낮과 저녁과 밤이 그 집에서는 뚜렷했으므로. 자연이 그러한 것처럼 사람들의 삶이 명료했다.

다 이제 그 집을 떠난 그에게는 모든 것이 불분명하다. ㉣아침과 저녁이 불분명하고 사계절이 불분명하고 오감이 불분명하다. 병원에서 태어나 수십 군데 이사를 다니고 나서 겨우 장만한 아파트. 그 사각진 콘크리트 벽 속에 살고 있는 그의 아이는 여름에 긴팔 옷을 입고 겨울에 반팔 옷을 입는다.

돈은 은행에서 나고 먹을 것은 슈퍼에서 나는 것으로 아는 아이는, ㉤수박이 어느 계절의 과일인지 분간하지 못하는 아이는 그래서 봄 여름 가을 겨울을 알지 못한다. 아침저녁의 냄새와 소리와 맛과 형태와 색깔이 어떻게 다른지 알지 못한다.

11 이 글에 대한 설명으로 적절하지 않은 것은?

① 의성어를 사용하여 생동감을 주고 있다.
② 1인칭 시점으로 이야기를 서술하고 있다.
③ 일화를 통해 독자의 흥미를 유발하고 있다.
④ 색채 이미지를 통해 분위기를 강조하고 있다.
⑤ 과거와 현재를 대비하여 주제를 부각하고 있다.

12 그 집의 의미로 적절하지 않은 것은?

① '그'가 돌아가고자 하는 곳
② '그'와 '그'의 형제들이 태어난 곳
③ '그'에게 소중한 추억으로 남은 곳
④ '그'가 자연의 변화를 느끼며 성장한 곳
⑤ '그'와 '그'의 가족들에게 안식처가 되어 준 곳

13 ㉠~㉤에 대한 이해로 적절하지 않은 것은?

① ㉠: 토담집이 '그'와 '그'의 형제들의 성장에 큰 영향을 미쳤음을 알 수 있다.
② ㉡: 토담집에서의 추억이 '그'의 힘들고 고달픈 도시에서의 삶에 큰 위안이 되었다는 것이다.
③ ㉢: '그'가 토담집에서 자연의 섭리에 따른 변화를 인식하며 성장했음을 알 수 있다.
④ ㉣: 자연의 섭리에 따른 변화를 명확하게 인식할 수 없는 곳에서 살고 있기 때문이다.
⑤ ㉤: 자연의 섭리에 무관심해진 글쓴이 자신을 성찰하고자 하는 의도가 담겨 있다.

서술형

14 다음은 이 글에 나타난 '그'와 '그'의 아이의 삶을 정리한 것이다. 빈칸에 들어갈 내용을 서술하시오.

'그'의 삶	'그'의 아이의 삶
토담집에서 태어남.	병원에서 태어남.
과거 토담집에서 자연과 조화를 이루고 자연의 섭리에 순응하며 살아감.	현재 아파트에서 (　　　　) 살아감.

대단원 확인 문제

[15~18] 다음 글을 읽고, 물음에 답하시오.

(가) "우리는 남경 뱃사람으로 인당수를 지나갈 제 제물로 제사하면 가없는 너른 바다를 무사히 건너고 수만금 이익을 내기로, 몸을 팔려 하는 처녀가 있으면 값을 아끼지 않고 주겠습니다."

하기에 심청이 반겨 듣고,

"나는 이 동네 사람인데, 우리 아버지가 앞을 못 보셔서 '공양미 3백 석을 지성으로 불공하면 눈을 떠 보리라.' 하기로, 집안 형편이 어려워 장만할 길이 전혀 없어 내 몸을 팔려 하니 나를 사 가는 것이 어떠하실는지요?"

뱃사람들이 이 말을 듣고,

"효성이 지극하나 가련하군요."

하며 허락하고, 즉시 쌀 3백 석을 몽운사로 날라다 주고

"오는 3월 보름날에 배가 떠나기로 되어 있습니다."

(나) 심청이 아버지께 여쭙기를,

"공양미 3백 석을 이미 실어다 주었으니, 이제는 근심치 마셔요." / 심 봉사가 깜짝 놀라,

"너, 그 말이 웬 말이냐?"

심청같이 타고난 효녀가 어찌 아버지를 속이랴마는, 어찌할 수 없는 형편이라 잠깐 거짓말로 속여 대답한다.

"장 승상 댁 노부인이 달포 전에 저를 수양딸로 삼으려 하셨는데 차마 허락지 않았습니다. 그러나 지금 형편으로는 공양미 3백 석을 장만할 길이 전혀 없기로 이 사연을 노부인께 말씀드렸더니, 쌀 3백 석을 내어 주시기에 수양딸로 팔리기로 했습니다.".

(다) 심 봉사가 물색도 모르면서 이 말만 반겨 듣고,

"그렇다면 고맙구나. 그 부인은 한 나라 재상의 부인이라 아마도 다르리라. 복을 많이 받겠구나. 저러하기에 그 아들 삼 형제가 벼슬길에 나아갔나 보구나. 그나저나 양반의 자식으로 몸을 팔았단 말이 듣기에 괴이하다마는 장 승상 댁 수양딸로 팔린 거야 어떻겠느냐. 언제 가느냐?"

"다음 달 보름날에 데려간다 합니다."

"어허, 그 일 매우 잘되었다."

15 이 글의 내용과 일치하지 않는 것은?

① 뱃사람들은 인당수를 무사히 건너기 위해 처녀를 제물로 바치려 한다.
② 뱃사람들은 심청의 사연을 듣고 난 뒤 심청을 가엾고 불쌍하게 생각한다.
③ 심청은 몽운사에 쌀 3백 석을 보내기 위해 뱃사람들에게 자신의 몸을 판다.
④ 심 봉사는 달포 전에 승상 부인이 심청을 수양딸로 사 가려는 것을 허락하지 않았었다.
⑤ 심청은 오는 3월 보름날에 뱃사람들을 따라 배를 타고 나가 인당수에 제물로 바쳐지게 된다.

16 이 글에 나타난 심청의 행동을 평가한 내용으로 적절하지 않은 것은?

① 누군가를 위해 자신을 희생한다는 것은 정말 대단한 일이야.
② 앞을 못 보는 아버지를 홀로 남겨 두고 죽으려 한 것은 불효야.
③ 아버지를 위해 하나밖에 없는 자신의 목숨을 내놓다니 정말 효녀야.
④ 아버지에게 거짓말을 한 것은 아버지의 마음을 배려하지 않은 불효라고 생각해.
⑤ 아버지의 눈을 뜨게 하기 위해 희생까지 마다하지 않는 것은 진정한 효라고 할 수 있어.

17 이 글에서 알 수 있는 심 봉사의 성격으로 가장 적절한 것은?

① 목표 지향적이다.
② 이기적이고 비정하다.
③ 마음이 따뜻하고 자비롭다.
④ 생각이 단순하고 순박하다.
⑤ 계산이 철저하고 약삭빠르다.

서술형

18 이 글에서 심청이 아버지에게 거짓말을 한 까닭은 무엇일지 쓰시오.

[19~21] 다음 글을 읽고, 물음에 답하시오.

(가) "날 볼 날이 몇 밤인가? 내가 한번 죽어지면 누굴 믿고 사실가? 애달프다, 우리 아버지. 내가 철을 알고 나서 밥 빌기를 놓으시더니, 내일부터라도 동네 거지 되겠으니 눈치인들 오죽하며 멸시인들 오죽할까. 무슨 험한 팔자로서 초칠일 안에 어머니 죽고 아버지조차 이별하니 이런 일도 또 있을까? (중략) 돌아가신 어머니는 황천으로 가 계시고 나는 이제 죽게 되면 수궁으로 갈 것이니, 수궁에서 황천 가기 몇만 리, 몇천 리나 되는고? 모녀 상면하려 한들 어머니가 나를 어찌 알며, 내가 어찌 어머니를 알리. 묻고 물어 찾아가서 모녀 상면하는 날에 응당 아버지 소식을 물으실 테니 무슨 말씀으로 대답하리.

오늘 밤 새벽 때를 함지에다 머물게 하고, 내일 아침 돋는 해를 부상지에다 메어 두면 가련하신 우리 아버지 좀 더 모셔 보련마는, ㉠날이 가고 달이 가니 뉘라서 막을쏘냐. 애고 애고, 설운지고."

㉡천지가 사정없어 이윽고 닭이 우니 심청이 하릴없어,

"㉢닭아 닭아, 우지 마라. 제발 덕분에 우지 마라. 반야 진관에서 닭 울음 기다리던 맹상군이 아니로다. 네가 울면 날이 새고, 날이 새면 나 죽는다. 죽기는 섧잖아도 의지 없는 우리 아버지 어찌 잊고 가잔 말이냐?"

(나) 심청이 들어와 눈물로 밥을 지어 아버지께 올리고, 상머리에 마주 앉아 아무쪼록 진지 많이 잡수시게 하느라고 자반도 떼어 입에 넣어 드리고 김쌈도 싸서 수저에 놓으며,

"진지를 많이 잡수셔요." / 심 봉사는 철도 모르고,

"야, 오늘은 반찬이 유난히 좋구나. 뉘 집 제사 지냈느냐."

그날 밤에 꿈을 꾸었는데, 부자간은 천륜지간이라 꿈에 미리 보여 주는 바가 있었다.

"아가 아가, 이상한 일도 있더구나. 간밤에 꿈을 꾸니, ㉣네가 큰 수레를 타고 한없이 가 보이더구나. 수레라 하는 것이 귀한 사람이 타는 것인데 우리 집에 무슨 좋은 일이 있을란가 보다. 그렇지 않으면 장 승상 댁에서 가마 태워 갈란가 보다." / 심청이는 저 죽을 꿈인 줄 짐작하고 둘러대기를, / ㉤"그 꿈 참 좋습니다."

19 이 글의 서술상 특징으로 가장 적절한 것은?

① 서술자가 사건에 개입하여 자신의 생각을 드러내고 있다.
② 시간의 역전적 구성을 통해 사건을 입체적으로 조명하고 있다.
③ 간결한 문장을 사용하여 사건 진행의 속도감을 높이고 있다.
④ 사건을 생동감 있게 서술하여 긴박한 분위기를 조성하고 있다.
⑤ 독백과 대화를 반복 교차하여 인물 간의 갈등을 드러내고 있다.

20 (가)에 나타난 심청의 심리로 적절한 것은?

① 아버지가 눈을 뜨지 못할까 봐 불안해하고 있다.
② 아버지가 동네 사람들에게 짐이 될 것을 걱정하고 있다.
③ 아버지가 동네 사람들에게 멸시받을 것을 걱정하고 있다.
④ 아버지가 동네 사람들과 사이가 나빠질까 봐 우려하고 있다.
⑤ 아버지가 자신의 죽음을 받아들이지 못할까 봐 우려하고 있다.

21 ㉠~㉤에 대한 설명으로 적절하지 않은 것은?

① ㉠: 시간의 흐름을 막을 수는 없다는 생각을 물음의 형식으로 표현한 것이다.
② ㉡: 아침이 밝아온다는 뜻으로, 시간의 경과를 나타내는 표현이다.
③ ㉢: 심청의 안타까운 심정이 드러난 부분으로, 돈호법, 반복법, 대구법, 연쇄법이 사용되었다.
④ ㉣: 심 봉사가 꾼 꿈의 내용으로, 앞으로 일어날 사건을 암시하는 복선의 기능을 한다.
⑤ ㉤: 아버지에 대한 심청의 공감적 말하기로, 아버지를 안심시키기 위해 한 말이다.

대단원 확인 문제

[22~25] 다음 글을 읽고, 물음에 답하시오.

(가) "참말이냐, 참말이냐? 애고 애고, 이게 웬말인고? 못 가리라, 못 가리라. 네가 날더러 묻지도 않고 네 마음대로 한단 말이냐? (중략) 눈을 팔아 너를 살 터에 너를 팔아 눈을 뜬들 무엇을 보려고 눈을 뜨리?

어떤 놈의 팔자길래 ㉠ 사궁지수(四窮之首) 된단 말이냐? 네 이놈 상놈들아! 장사도 좋지마는 사람 사다 제사하는 데 어디서 보았느냐? 하느님의 어지심과 귀신의 밝은 마음 ㉡ 앙화가 없겠느냐? 눈먼 놈의 무남독녀 철모르는 어린아이 나 모르게 유인하여 값을 주고 산단 말이냐? 돈도 싫고 쌀도 싫다. 네 이놈 상놈들아.

옛글을 모르느냐? ㉢ 칠년대한(七年大旱) 가물 적에 사람으로 빌라 하니 탕 임금 어지신 말씀, '내가 지금 비는 바는 사람을 위함인데 사람 죽여 빌 양이면 내 몸으로 대신하리라.' 몸소 희생되어 몸을 정히 하여 상임 뜰에 빌었더니 수천 리 너른 땅에 큰비가 내렸느니라. 이런 일도 있었으니 내 몸으로 대신 감이 어떠하냐? 이보시오 동네 사람, 저런 놈들을 그저 두고 보오?"

(나) 심청이 아버지를 붙들고 울며 위로하기를,

"아버지 할 수 없어요. 저는 이미 죽지마는 아버지는 눈을 떠서 밝은 세상 보시고, 착한 사람 구하셔서 아들 낳고 딸을 낳아 ㉣ 후사나 전하고, 못난 딸자식은 생각지 마시고 오래오래 평안히 계십시오. 이도 또한 천명이니 후회한들 어찌하겠어요?"

(다) 뱃사람들이 그 딱한 형편을 보고 모여 앉아 공론하기를,

"심 소저의 효성과 심 봉사의 일생 신세 생각하여 봉사님 굶지 않고 헐벗지 않게 한 살림을 꾸며 주면 어떻겠소?"

"그 말이 옳소."

하고 쌀 2백 석과 돈 3백 냥이며, 무명 삼베 각 한 동씩 마을에 들여놓고 동네 사람들을 모아 당부하기를,

"쌀 2백 석과 돈 3백 냥을 ㉤ 착실한 사람 주어 실수 없이 온전하게 늘려 심 봉사에게 바칩시다. 2백 석 가운데 20석은 올해 양식으로 제하고, 나머지는 해마다 빚을 주어 이자를 받으면 양식이 넉넉할 테고, 명베 삼베로는 사철 의복 장만해 드리기로 하고, 이런 내용을 관청에 공문으로 보내고 마을에도 알립시다."

22 (가)에 나타난 심 봉사의 태도로 가장 적절한 것은?

① 뱃사람들에게 도움을 요청하고 있다.
② 뱃사람들과 동네 사람들을 원망하고 있다.
③ 뱃사람들에게 분노하며 주변에 호소하고 있다.
④ 자신을 도와주지 않는 동네 사람들을 비난하고 있다.
⑤ 뱃사람들에게 자신의 불쌍한 처지를 하소연하고 있다.

23 (나)에 나타난 심청의 심리로 가장 적절한 것은?

① 자신이 죽게 된 일을 걱정하고 있다.
② 자신의 죽음을 운명으로 받아들이고 있다.
③ 아버지가 자신을 잊지 않기를 바라고 있다.
④ 아버지를 잘 모시지 못한 일을 후회하고 있다.
⑤ 아버지보다 먼저 죽게 된 것을 미안해하고 있다.

서술형

24 (다)의 내용을 통해 알 수 있는 뱃사람들의 성격을 쓰시오.

25 ㉠~㉤의 뜻풀이로 적절하지 않은 것은?

① ㉠: 사궁의 첫째로, 자식 없는 늙은이
② ㉡: 어떤 일로 인하여 생기는 재난
③ ㉢: 7년 동안이나 내리 계속되는 큰 가뭄
④ ㉣: 대(代)를 잇는 자식
⑤ ㉤: 사람이 허튼 데가 없이 찬찬하며 실한

[26~29] 다음 글을 읽고, 물음에 답하시오.

가 물먹는 소 목덜미에
할머니 손이 얹혀졌다.
이 하루도
함께 지났다고,
서로 발잔등이 부었다고,
서로 적막하다고,

나 어머니의 부음을 듣고 그는 그가 나고 성장한 그 노란 집으로 갔다. 팔 남매를 낳고 기르느라 조그마해질 대로 조그마해진 어머니는 바로 자신의 아이들을 낳았던 그 자리에 자신의 몸을 부려 놓고 있었다.

그 집, 노란 그 집에 탄생과 죽음이 있었다. 그 집 안주인의 죽음 이후 그 집은 적막해졌다. 아무도 그 집에 들어와 살지 않을 것이며 누구도 아이를 그 집에서 낳지 않을 것이며 그러므로 죽음 또한 그 집에서는 일어나지 않을 것이다. 그 집의 역사는 그렇게 끝이 난 것이다.

우리들의 어머니의 죽음과 함께 조왕신과 성주신이 살지 않는 우리들의 집은 이제 적막하다. 더 이상의 탄생과 죽음이 없는 우리들의 집은 쓸쓸하다.

우리는 오늘 밤도 쓸쓸한 집으로 돌아들 간다.

다 아버지 신세 생각하며 저 죽을 일 생각하니 정신이 아득하고 몸이 떨려 밥을 먹지 못하고 물렸다. 그런 뒤에 심청이 사당에 하직하려고 들어갈 제, 다시 세수하고 사당 문을 가만히 열고 하직 인사를 올렸다.

"못난 여손(女孫) 심청이는 아비 눈 뜨기를 위하여 인당수 제물로 몸을 팔려 가오매, 조상 제사를 끊게 되오니 사모하는 마음을 이기지 못하겠습니다."

울며 하직하고 사당 문 닫은 뒤에 아버지 앞에 나와 두 손을 부여잡고 기절하니, 심 봉사가 깜짝 놀라,

"아가 아가, 이게 웬일이냐? 정신 차려 말하거라."

심청이 여쭙기를,

"제가 못난 딸자식으로 아버지를 속였어요. 공양미 3백 석을 누가 저에게 주겠어요. 남경 뱃사람들에게 인당수 제물로 몸을 팔아 오늘이 떠나는 날이니 저를 마지막 보셔요."

26 (가)~(다)와 같이 과거의 삶이 반영된 문학 작품을 감상하는 방법으로 적절하지 않은 것은?

① 작품에 담긴 삶의 가치를 파악하며 읽는다.
② 자신의 삶에 비추어 작품을 주체적으로 수용한다.
③ 작품에 반영된 과거의 삶과 오늘날의 삶을 비교하며 읽는다.
④ 작품에 반영된 삶의 모습이 사실과 모두 일치하는지 살펴본다.
⑤ 작품에서 오늘날의 삶을 바탕으로 새롭게 평가할 수 있는 가치를 찾아본다.

서술형

27 (가)에서 발견할 수 있는 삶의 가치를 〈보기〉의 시어를 활용하여 쓰시오.

보기

함께, 서로

28 다음은 (나)에 대한 감상의 일부이다. ⓐ~ⓒ에 들어갈 적절한 말을 (나)에서 찾아 쓰시오.

이 글은 (ⓐ)에 얽힌 아름다운 기억을 (ⓑ)의 이야기를 통해 풀어내면서 더 이상 (ⓒ)이 존재하지 않는 오늘날의 집에 대한 아쉬움을 드러내고 있다.

서술형

29 (다)에 나타난 심청의 행동에 근거하여 〈보기〉의 빈칸에 들어갈 알맞은 말을 쓰시오.

보기

「심청전」은 진정한 효가 무엇인지를 보여 주는 작품이야. 왜냐하면 심청은 ( ) 때문이야.

다르게 보고, 바르게 쓰기

(1) 걷기를 보는 다양한 시각

(2) 쓰기 윤리와 보고하는 글 쓰기

대단원 학습 목표

읽기 동일한 화제를 다룬 여러 글을 읽으며 관점과 형식의 차이를 파악할 수 있다.
쓰기 쓰기 윤리를 지키며 글을 쓰는 태도를 지닌다.
쓰기 관찰, 조사, 실험의 절차와 결과가 드러나게 글을 쓸 수 있다.

• 정답과 해설 p.40

(1) 걷기를 보는 다양한 시각

동일한 화제를 다룬 여러 글을 읽으며 관점과 형식의 차이를 파악할 수 있다.

- 여러 편의 글을 비교하며 읽으면서 관점과 형식의 차이 파악하기
- 동일한 화제를 다룬 여러 글의 특성과 효과를 이해하며 감상하기

「직립보행」은 오랜만의 걷기 경험을 통해 얻은 깨달음을 전달하는 수필이고, 「걷기 운동의 효과와 방법」은 걷기의 의미와 가치, 올바른 자세와 방법을 알려 주는 설명문이다. 두 글을 읽으면서 걷기에 대한 각각의 관점을 파악하고 형식상의 차이점을 파악할 수 있도록 한다. 이와 같은 활동을 통해서 대상에 대해 좀 더 깊이 이해할 수 있고 같은 내용이라도 다른 형식으로 표현됨으로써 독자에게 다른 영향을 줄 수 있음을 이해하도록 한다.

관점과 형식에 따라 **동일한 화제를 다룬 글**이 다양하게 나타날 수 있다. 관점이란 대상을 바라보는 시각이나 생각, 태도 등을 의미하며, 형식이란 글의 유형이나 짜임을 의미한다.

확인 문제

01 다음 빈칸에 들어갈 적절한 말을 쓰시오.

> 같은 대상이라도 바라보는 사람에 따라 긍정적으로 보기도 하고 부정적으로 보기도 한다. 이는 사람마다 대상을 보는 □□이 다르기 때문이다.

(2) 쓰기 윤리와 보고하는 글 쓰기

쓰기 윤리를 지키며 글을 쓰는 태도를 지닌다.

- 쓰기 윤리의 중요성을 인식하고, 쓰기 윤리를 준수하는 태도 기르기

관찰, 조사, 실험의 절차와 결과가 드러나게 글을 쓸 수 있다.

- 보고하는 글의 특성과 작성 과정 이해하기
- 관찰, 조사, 실험의 절차와 결과가 드러나게 보고서 쓰기

저작권과 관련된 블로그는 저작권의 개념과 저작권 침해의 위법성을 알려 준다. 또한, 게시글의 댓글을 통해 저작권 침해가 일반적으로 이루어질 수 있는 일임을 알려 준다. 그리고 조사 발표와 관련된 대화를 통해 조사 결과를 왜곡하거나 과장하는 일의 문제점을 살펴본다.
보고하는 글 쓰기를 익히기 위해서 '우리 학교 학생들의 여가 활용 실태'에 관한 보고서를 쓰는 과정과 그러한 과정을 거쳐 쓰여진 보고서를 살펴본다. 보고 주제와 목적을 바탕으로 계획서를 작성하고 자료를 수집·분석한 후 보고서를 작성하는 과정을 통해 보고하는 글 쓰기를 체험하도록 한다.

쓰기 윤리란 글쓴이가 글을 쓰는 과정에서 지켜야 할 윤리적 규범을 의미한다. 사실이 아닌 내용을 허위로 쓰거나, 과장·축소·왜곡하지 않으며, 다른 사람의 글이나 자료 등을 허락 없이 무단으로 사용하지 않는 것이 쓰기 윤리를 지키는 것이다. 어떤 주제에 대하여 대상을 **관찰, 조사**하거나 **실험**한 후 그 **절차와 결과가 드러나게** 보고하는 글을 쓸 때에도 쓰기 윤리를 지켜야 한다.

확인 문제

02 쓰기 윤리를 어긴 것은 ○, 아닌 것은 ×를 하시오.

(1) 실험을 제대로 하지 않고 예상되는 결과를 적어 제출하였다. (　　)
(2) 소설을 쓰면서 인물의 성격을 드러내기 위해 비속어를 사용하였다. (　　)

03 다음과 같은 절차로 작성하는 글의 종류를 쓰시오.

> 주제와 목적 정하기 − 조사 계획서 작성하기 − 자료 수집하고 분석하기 − 글 쓰기

이 단원에서는 같은 제재를 다룬 여러 글을 읽으며 관점과 형식의 차이를 알아보고, 쓰기 윤리를 지키며 보고하는 글을 써 볼 거야. 그러면 대상을 바라보는 폭넓은 시야를 기르고 정확하고 윤리적인 글을 쓸 수 있어.

걷기를 보는 다양한 시각

• 생각 열기 다음 두 자료를 보고, 아래의 활동을 해 봅시다.

가와 나에서 첫눈이 내리는 상황을 각각 어떻게 바라보고 있나요?

예시 답 가는 서정적으로 바라보고 있고, 나는 객관적으로 바라보고 있다.

가와 나의 표현 방식은 각각 어떤 효과를 주는지 말해 봅시다.

예시 답 가는 첫눈이 내리는 모습을 시로 표현하여 서정적인 감정을 일으키고 즐거움을 주는 반면, 나는 첫눈이 내림으로 인해 나타나는 날씨의 양상을 사실적이고 객관적인 신문 기사로 표현하여 사람들에게 안전에 유의해야 한다는 정보를 전달하고 있다.

• 학습 목표로 내용 엿보기

"동일한 상황이라도 그 상황을 바라보는 관점이나 표현하는 형식에 따라 내용이 다를 수 있구나. 같은 화제에 관해 쓴 글도 글쓴이의 관점이나 글의 형식에 따라 내용이 다르겠지? 동일한 화제를 다룬 다양한 형식의 글을 읽어 보고, 어떤 관점이나 형식이 더 적절한지 살펴봐야겠어."

핵심 1 동일한 화제를 다룬 여러 편의 글을 읽으면서 관점과 형식의 차이 파악하기

핵심 2 동일한 화제를 다룬 여러 글의 특성과 효과를 이해하며 감상하기

핵심 원리 이해하기 관점과 형식의 차이를 파악하며 읽기

동일한 대상을 다룬 글이라고 하더라도 관점과 형식이 다를 수 있다.

관점 파악하기	형식 파악하기
• 글의 중심 내용과 글쓴이의 의도를 파악함. • 대상에 대한 글쓴이의 태도를 파악함.	• 글을 쓴 목적과 의도를 파악함. • 글의 구조나 구성 방식을 파악함. • 글에 쓰인 매체 자료의 종류와 특징을 파악함.

개념 확인 콕콕 •정답과 해설 p.40

01 다음 빈칸에 공통적으로 들어갈 알맞은 말을 쓰시오.

> (   )이란 글의 유형이나 짜임, 내용을 표현하는 방식 등을 말하는데 동일한 목적이나 주제를 지닌 글이라도 글의 (   )이 다를 수 있다.

02 다음 글에서 '인공 불빛'에 관한 글쓴이의 관점으로 적절한 것은?

> 과도한 인공 불빛 속에서 살아가고 있는 수많은 사람들은 빛 때문에 생체 리듬이 깨지고 그로 인해 각종 증상에 시달리고 있다. 불면증, 우울증, 만성 피로, 식욕부진 등은 생체 리듬과 밀접한 관련이 있다. 수면 호르몬인 멜라토닌은 불이 꺼진 상태에서만 발현되는데, 밤에 불을 켜고 자는 497명의 어린이 중 34%가 근시 현상을 보였다는 결과가 있다.

① 긍정적 ② 중도적 ③ 예찬적
④ 부정적 ⑤ 절충적

03 관점을 파악하기 위한 방법으로 적절하지 않은 것은?

① 글쓴이의 의도를 추측해 본다.
② 글의 중심 내용을 파악해 본다.
③ 대상에 대한 글쓴이의 태도를 파악해 본다.
④ 글에 활용된 매체 자료의 종류를 파악해 본다.
⑤ 글쓴이가 어느 분야에 관심이 있는지 생각해 본다.

본문 안내

이 소단원은 동일한 화제에 관해 쓴 여러 글을 비교하여 읽으면서 관점과 형식의 차이를 파악하고, 글을 폭넓게 읽음으로써 균형 있는 시각을 갖게 하기 위한 단원이다. 이를 위해 '걷기'라는 공통된 화제를 다룬 수필과 설명문이 제시되었다. 두 글의 글쓴이가 글을 쓴 목적을 파악하고, 이어지는 활동을 통해 동일한 화제의 또 다른 형식의 글들을 살펴봄으로써 자신이 읽은 글이 관점이나 형식 면에서 어떠한 특성을 가지고 있는지 깊이 있게 이해할 수 있을 것이다.

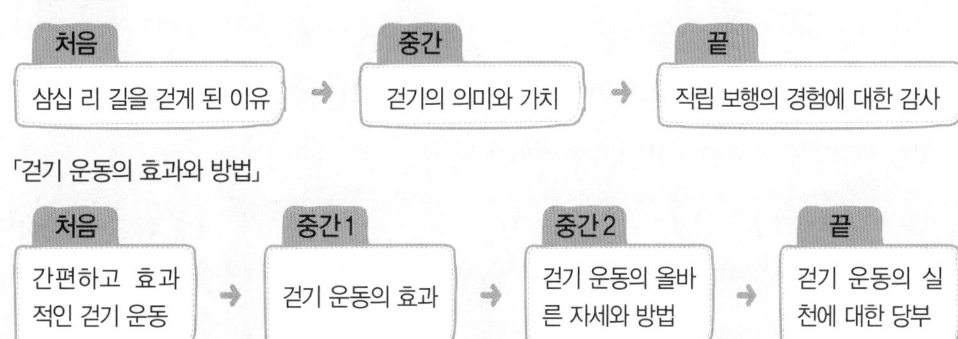

본문 개관

「직립 보행」	「걷기의 효과와 방법」
★ **글쓴이 소개** 법정 승려, 수필가. 불교의 가르침을 바탕으로 일상에서 소재를 취해 쉽고 간결하게 표현한 수필을 많이 썼다. 주요 작품으로 「무소유」, 「설해목」, 「거꾸로 보기」 등이 있다. ★ **갈래** 수필 이 글은 정해진 형식에 구애받지 않고 쓴 수필로, 개인의 경험을 바탕으로 얻은 깨달음을 전달하기에 적절한 형식이다. ★ **성격** 사색적, 성찰적 글쓴이는 오랜만의 도시 나들이를 계기로 깨달은 걷기의 가치를 전하고 있다.	★ **글쓴이 소개** 남상남 대학교수, 한국걷기과학학회 부회장 등을 역임했으며, 주요 저서로는 『건강 걷기 30분』, 『과학적 트레이닝』 등이 있다. ★ **갈래** 설명문 이 글은 정보 전달을 목적으로 하는 설명문으로, 걷기에 관한 다양한 정보를 전달하기에 적절한 형식이다. ★ **성격** 객관적, 해설적 글쓴이는 걷기의 가치와 올바른 자세, 방법과 관련된 객관적인 정보를 자세히 전달하고 있다.

★ **제재** 걷기

두 글 모두 걷기를 제재로 하고 있다. 「직립 보행」에서는 걷기라는 인간만의 활동이 교통수단의 발달과 함께 사라져 가는 현실을 비판적으로 서술하고 있으며, 「걷기의 효과와 방법」에서는 걷기의 가치, 자세, 방법을 자세히 설명하고 있다.

가 직립 보행

법정

이것이 핵심! ✔ 글쓴이의 삶의 모습 ✔ 글쓴이가 삼십 리 길을 걷게 된 이유

처음 가 오늘은 볼일이 좀 있어 세상 바람을 쐬고 돌아왔다. 산에서 가장 가까운 도시래야 백사십 리 밖에 있는 광주시. 늘 그렇듯이 세상은 시끄러움과 먼지를 일으키며 바쁘게 돌아가고 있었다. 우체국에서 볼일을 마치고, 나온 걸음에 시장에 들러 찬거리를 좀 사고, 눈 속에서 신을 털신도 한 켤레 골랐다. 그리고 화장품 가게가 눈에 띄길래 손 튼 데 바르는 약도 하나 샀다. 돌아오는 길에는 차 시간이 맞지 않아 다른 데로 가는 차를 타고 도중에 내려 삼십 리 길을 걸어서 왔다.

처음 | 삼십 리 길을 걷게 된 이유

핵심 확인

글쓴이의 삶의 모습

- 가까운 도시까지 백사십 리 떨어진 산속에서 삶.
- 오랜만에 세상 바람을 쐼.

→ 세상과 거리를 두고 사는 스님

글쓴이가 삼십 리 길을 걷게 된 이유

차 시간이 맞지 않아 다른 데로 가는 차를 타고 도중에 내림. → 삼십 리 길을 걸음.

이것이 핵심! ✔ 걷기의 의미와 가치 ✔ 교통수단 발달의 부정적 영향

중간 나 논밭이 텅 빈 초겨울의 들길을 휘적휘적 걸으니, 차 속에서 찌뿌드드하던 머리도 말끔히 개어 상쾌하게 부풀어 올랐다. 걷는 것은 얼마나 자유스럽고 주체적인 동작인가. 밝은 햇살을 온몸에 받으며 상쾌한 공기를 마음껏 마시고 스적스적 활개를 치면서 걷는다는 것은 참으로 유쾌한 일이다. 걷는 것은 어디에도 의존하지 않고 내가 내 힘으로 이동하는 일이다.

휘적휘적: 걸을 때에 두 팔을 몹시 자꾸 휘젓는 모양

스적스적: 힘들이지 아니하고 느릿느릿 행동하거나 말하는 모양

• 확인 문제 •

• 정답과 해설 p.40

01 글쓴이가 삼십 리 길을 걷게 된 직접적인 이유로 가장 적절한 것은?

① 세상 바람이 쐬고 싶었기 때문에
② 돌아오는 차 시간이 맞지 않았기 때문에
③ 자신의 건강을 시험해 보고 싶었기 때문에
④ 오랜만에 사색의 시간을 갖고 싶었기 때문에
⑤ 오랜만에 시내에 볼일이 있어 외출했기 때문에

02 이 글의 글쓴이에 대한 설명으로 적절하지 않은 것은?

① 산속에서 살고 있다.
② 세상과 거리를 두고 있다.
③ 차 시간을 자주 놓치는 편이다.
④ 걷기를 긍정적으로 생각하고 있다.
⑤ 오랜만에 볼일을 보러 도시로 나갔다.

서술형

03 (가)를 바탕으로 할 때, 글쓴이가 생각하는 세상의 모습이 어떠한지 한 문장으로 서술하시오.

핵심

04 글쓴이가 생각하는 걷기의 의미로 적절한 것은?

① 답답하고 괴로운 동작
② 건강하고 활기찬 동작
③ 외롭지만 역동적인 동작
④ 느긋하고 느릿느릿한 동작
⑤ 자유스럽고 주체적인 동작

다 흥이 나면 휘파람도 불 수 있고, 산수가 아름다운 곳에 이르면 걸음을 멈추고 눈을 닦을 수도 있다. 길벗이 없더라도 무방하리라. 치수가 맞지 않는 길벗은 오히려 부담이 되니까, 좀 허전하더라도 그것은 나그네의 체중 같은 것. 혼자서 걷는 길이 생각에 몰입할 수 있어 좋다. 살아온 자취를 되돌아보고 앞으로 넘어야 할 삶의 고개를 헤아린다.

길벗: 길을 함께 가는 동무

라 인간이 사유하게 된 것은, 모르긴 하지만 걷는 일로부터 시작됐을 것이다. 한곳에 멈추어 생각하면 맴돌거나 망상에 사로잡히기 쉽지만, 걸으면서 궁리를 하면 막힘없이 술술 풀려 깊이와 무게를 더할 수 있다. 칸트나 베토벤의 경우를 들출 것도 없이, 위대한 철인이나 예술가들이 즐겨 산책길에 나선 것도 따지고 보면 걷는 데서 창의력을 일깨울 수 있었기 때문일 것이다.

마 그런데 언제부턴가 우리들은 잃어 가고 있다. 이렇듯 당당한 직립보행을. 인간만이 누릴 수 있다는 그 의젓한 자세를. 더 말할 나위도 없이 자동차라는 교통수단이 생기면서 우리들은 걸음을 조금씩 빼앗기고 말았다. 그리고 생각의 자유도 서서히 박탈당하기 시작했다. 붐비는 차 안에서는 긴장을 풀 수 없기 때문에 생각을 제대로 펴 나갈 수가 없다. 이름도 성도 알 수 없는 몸뚱이들에게 떠밀려 둥둥 떠 있어야 한다.

바 그리고 운전기사와 안내양이 공모하여 노상 틀어 대는 소음 장치 때문에 우리는 머리를 비워 주어야 한다. 차가 내뿜는 매연의 독소는 말해 봐야 잔소리이니 덮어 두기로 하지만, 편리한 교통수단이라는 게 이런 것인가. 편리한 만큼 우리는 귀중한 무엇인가를 잃어 가고 있다.

사 삼십 리 길을 걸어오면서, 이 넓은 천지에 내 몸 하나 기댈 곳을 찾아 이렇게 걷고 있구나 싶으니 새나 짐승, 곤충들까지도 그 귀소의 길을 방해해서는 안 되겠다는 생각이 들었다. 그들도 저마다 기댈 곳을 찾아 부지런히 길을 가고 있을 테니까.

귀소: 동물이 집이나 둥지로 돌아감.

중간 | 걷기의 의미와 가치

핵심

05 (다), (라)를 통해 알 수 있는 걷기의 긍정적 측면으로 보기 어려운 것은?

① 생각에 몰입할 수 있다.
② 창의력을 일깨울 수 있다.
③ 흥이 나면 휘파람을 불 수 있다.
④ 친하지 않은 사람과도 어울릴 수 있다.
⑤ 걸음을 멈추고 산수의 아름다움을 감상할 수 있다.

서술형 날개 확인 문제

06 글쓴이가 인간이 사유를 할 수 있게 된 원인으로 걷기를 제시한 이유를 한 문장으로 서술하시오.

07 (마), (바)를 바탕으로 할 때, 교통수단에 대한 글쓴이의 생각으로 적절하지 않은 것은?

① 독소가 있는 매연을 내뿜는다.
② 계속적으로 긴장 상태에 놓이게 한다.
③ 걷기를 잃어버리게 된 근본적 원인이다.
④ 소음으로 인해 생각할 수 없는 상태로 만든다.
⑤ 편리함을 주지만 사람들을 공격적으로 만든다.

08 (사)로 볼 때 길을 걷는 이유로 적절한 것은?

① 자신을 찾기 위해서
② 정신을 수양하기 위해서
③ 집으로 돌아가기 위해서
④ 자연과 하나가 되기 위해서
⑤ 다른 존재들과 어울리기 위해서

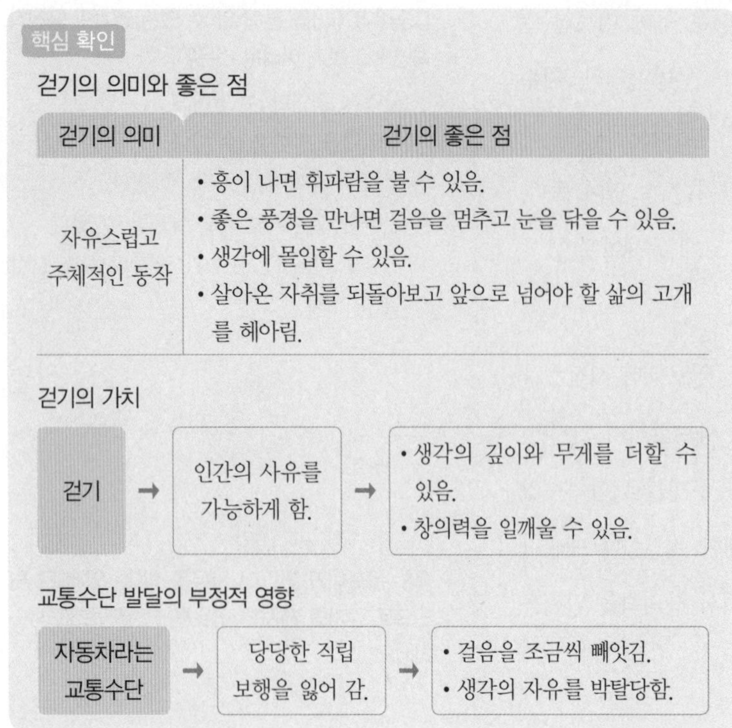

핵심 확인

걷기의 의미와 좋은 점

걷기의 의미	걷기의 좋은 점
자유스럽고 주체적인 동작	• 흥이 나면 휘파람을 불 수 있음. • 좋은 풍경을 만나면 걸음을 멈추고 눈을 닦을 수 있음. • 생각에 몰입할 수 있음. • 살아온 자취를 되돌아보고 앞으로 넘어야 할 삶의 고개를 헤아림.

걷기의 가치

걷기 → 인간의 사유를 가능하게 함. → • 생각의 깊이와 무게를 더할 수 있음. • 창의력을 일깨울 수 있음.

교통수단 발달의 부정적 영향

자동차라는 교통수단 → 당당한 직립 보행을 잃어 감. → • 걸음을 조금씩 빼앗김. • 생각의 자유를 박탈당함.

이것이 핵심! ✔ 글쓴이의 심정 ✔ 시인의 글을 인용한 이유

끝 ⓐ 나는 오늘 차가 없이 걸어온 것을 고맙고 다행하게 생각한다. ㉠내가 내 길을 내 발로 디디면서 모처럼 직립 보행을 할 수 있었다.

언젠가 읽었던 한 시인의 글이 생각난다.

'현대인은 자동차를 보자 첫눈에 반해 그것과 결혼하였다. 그래서 영영 목가적인 세계로 돌아오지 못하게 되었다.'

끝 | 직립 보행의 경험에 대한 감사

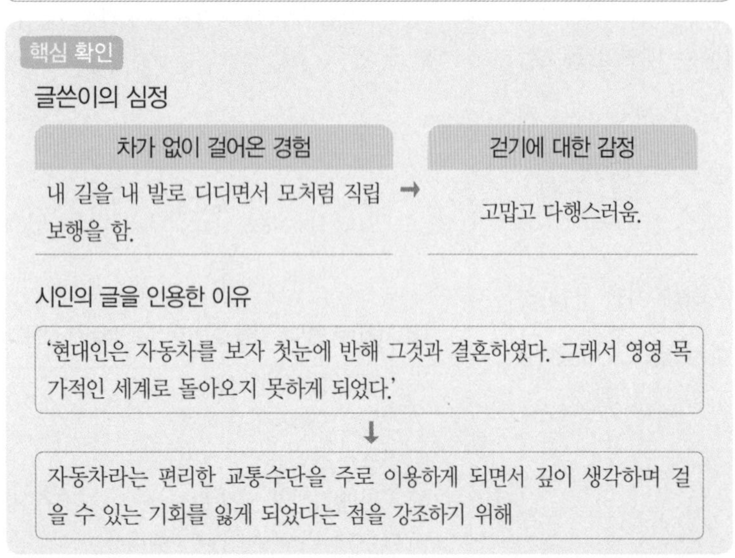

핵심 확인

글쓴이의 심정

차가 없이 걸어온 경험		걷기에 대한 감정
내 길을 내 발로 디디면서 모처럼 직립 보행을 함.	→	고맙고 다행스러움.

시인의 글을 인용한 이유

'현대인은 자동차를 보자 첫눈에 반해 그것과 결혼하였다. 그래서 영영 목가적인 세계로 돌아오지 못하게 되었다.'

↓

자동차라는 편리한 교통수단을 주로 이용하게 되면서 깊이 생각하며 걸을 수 있는 기회를 잃게 되었다는 점을 강조하기 위해

09 (아)에서 글쓴이가 걷기에 대해 느끼는 감정으로 적절한 것은?

① 감사함 ② 두려움 ③ 책임감
④ 아쉬움 ⑤ 즐거움

핵심 | 날개 확인 문제

10 (아)에서 시인의 글을 인용한 이유로 적절한 것은?

① 자동차로 인해 문명의 편리만을 추구하는 세태에 경종을 울리기 위해서
② 교통수단의 발달을 따라가지 못하는 인간 정신의 한계를 드러내기 위해서
③ 너무 쉽게 사랑에 빠지고 금방 후회하는 젊은 세대의 사랑 방식을 비판하기 위해서
④ 교통수단으로 인해 생각하며 길을 걸을 수 있는 기회를 잃어버린 점을 강조하기 위해서
⑤ 현대 문명의 발달로 인해 목가적인 풍경이 점점 사라지는 것에 대한 안타까움을 드러내리기 위해서

11 ㉠이 의미하는 바를 〈조건〉에 맞게 한 문장으로 쓰시오.

조건
• 글쓴이가 생각하는 걷기의 가치와 연관 지어 쓸 것.
• 이 글에 나타난 걷기의 의미와 연관 지어 쓸 것.

12 이 글을 읽고 보인 반응으로 적절하지 <u>않은</u> 것은?

① 글쓴이는 걷기 체험을 통해 얻은 깨달음을 전하고 있어.
② 글쓴이는 걷기의 가치를 잃어 가는 현실을 안타깝게 생각하고 있어.
③ 글쓴이는 자동차의 편리함 이면에 부정적 측면이 있다고 보고 있어.
④ 글쓴이는 사색을 통해 자신의 활동에 대해 성찰적인 태도를 보이고 있어.
⑤ 걷기의 의미와 가치가 주요 내용인 점을 고려할 때 수필보다는 설명문의 형식이 더 적절해 보여.

나 걷기 운동의 효과와 방법

남상남

이것이 핵심! ✔ 걷기 운동을 추천하는 이유

처음 가 건강한 삶은 우리 모두의 꿈이다. 모든 것을 다 가져도 건강을 잃으면 아무 소용이 없다. 건강하게 장수하기 위해서는 올바른 식생활과 규칙적인 운동이 필요하다. 만약 누군가 수많은 운동 중 몸에 좋은 운동을 한 가지만 추천해 달라고 한다면 나는 주저 없이 '걷기'라고 말하고 싶다. 걷기 운동은 건강에 미치는 효과가 매우 뛰어나며 남녀노소 누구나 언제 어디서든 간편하게 할 수 있는 운동이기 때문이다.

처음 | 간편하고 효과적인 걷기 운동

핵심 확인 걷기 운동을 추천하는 이유

걷기 운동
- 건강에 미치는 효과가 매우 뛰어남.
- 남녀노소 누구나 언제 어디서든 간편하게 할 수 있음.

이것이 핵심! ✔ 걷기 운동의 효과

중간1 나 걷기 운동을 하면 하체가 단련되고 여러 신체 기관의 기능이 좋아진다. 다리의 혈관과 신경은 다른 신체 기관에 밀접하게 연결되어 있어서, 걷기 운동을 습관화하면 다리의 근력이 좋아질 뿐 아니라 심장과 혈관, 호흡기 등의 기능이 강화된다. 또한 몸에 좋은 콜레스테롤의 농도를 높여 동맥 경화를 막아 주어 심장병, 고혈압 등을 예방하는 데에도 도움이 된다.

다 걷기는 두뇌 건강에도 도움이 된다. 걷는 동안에는 뇌 속에서 고통을 완화하는 기능을 가진 호르몬이 증가하는데, 이 호르몬은 우울증과 스트레스를 감소하고 기분을 좋게 해 준다. 또한 걷는 동안 뇌에 적절한 자극이 주어져 머리가 좋아질 뿐만 아니라 치매도 예방할 수 있다.

핵심

13 걷기에 대한 글쓴이의 관점으로 적절한 것은?

① 비판적 ② 부정적 ③ 긍정적
④ 상대적 ⑤ 중도적

날개 확인 문제

14 (가)에서 글쓴이가 걷기 운동을 추천하는 이유로 적절한 것은? (정답 2개)

① 건강에 유익하므로
② 간편하게 즐길 수 있으므로
③ 경제적으로 즐길 수 있으므로
④ 규칙적인 생활을 할 수 있으므로
⑤ 많은 사람들이 이미 즐기고 있으므로

날개 확인 문제

15 (나)에서 알 수 있는 걷기 운동의 효과로 적절한 것은?

① 상체가 단련된다.
② 불필요한 지방을 제거한다.
③ 다양한 신체 기관의 기능이 강화된다.
④ 몸에 좋은 콜레스테롤 농도를 낮추어 준다.
⑤ 다른 사람들과의 정신적 교감 능력이 향상된다.

서술형

16 (다)를 바탕으로 걷기가 두뇌 건강에 어떻게 도움이 되는지 두 가지를 서술하시오.

라 걷기는 대표적인 유산소 운동으로 다이어트에도 효과적이다. 인간은 체온 유지나 심장 박동 등 최소한의 생존을 위해 에너지를 소비하며, 일상생활에서도 일정 정도의 에너지를 소비한다. 그러나 소비하는 에너지보다 섭취하는 에너지가 더 많으면 영양 과잉 상태가 되는데, 사람마다 차이가 있지만 현대인은 보통 하루에 300킬로칼로리 정도의 과잉 에너지가 체내에 축적된다고 한다. 이렇게 축적된 에너지를 그대로 두면 비만이 될 수 있으므로 반드시 소비해야 하는데, 이때 가장 간편하고 효과적인 방법이 걷기 운동이다.

중간1 | 걷기 운동의 효과

핵심 확인 걷기 운동의 효과

• 하체가 단련됨. • 여러 신체 기관의 기능이 좋아짐.	+	두뇌 건강에 도움이 됨.	+	다이어트에 효과적임.

이것이 핵심! ✔ 걷기 운동의 올바른 자세와 방법

중간2 마 모든 운동이 그렇듯이 걷기 운동도 자세가 중요하다. 걸을 때에는 상체를 바로 세우고 팔과 다리는 자연스럽게 앞뒤로 움직인다는 기분으로 걷는다. 이때 유의할 점은 걸을 때 지면에 닿는 발동작이다. 발뒤꿈치가 먼저 닿고 그다음 발바닥 전체가 닿은 뒤, 마지막으로 발의 앞 끝이 들리는 순서로 걸어야 한다. 이때 몸의 무게 중심은 발뒤꿈치에서 발바닥 바깥 부분으로, 다시 새끼발가락에서 엄지발가락 순서로 옮겨진다.

바 또 하나 중요한 것은 운동의 강도다. 보폭은 신장의 35~40퍼센트 정도로 하되 자연스럽게 내디딜 수 있는 정도면 된다. 빨리 걷기 위해 무리하게 팔을 흔들거나 다리를 뻗는 일은 삼가고, 평소보다 조금 빠르다는 느낌으로 걷는 것이 좋다. 이때 숨을 깊게 들이마시고 내쉬어야 에너지를 효율적으로 사용하고 운동 효과를 극대화할 수 있다. 걸으면서 깊은 호흡을 하는 것이 힘들다면 걷기 전 5분 동안 코로 숨을 깊게 들이마시고 내쉬는 훈련을 하도록 한다.

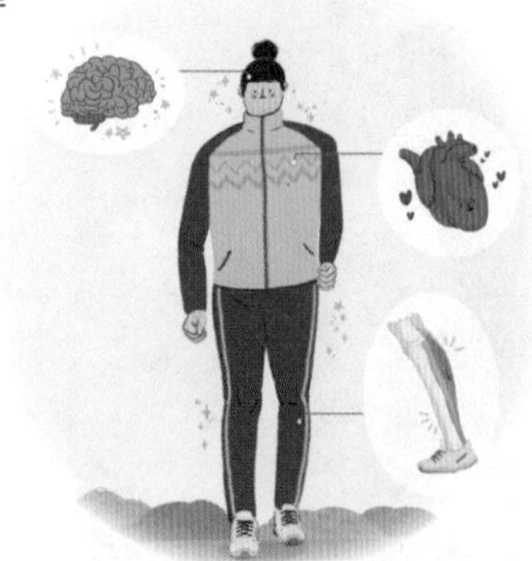

17 (라)의 내용을 바탕으로 할 때 걷기 운동을 권하기에 적절한 사람은?

① 다리의 근력이 부족한 사람
② 영양 상태가 좋지 못한 사람
③ 심폐 기능이 현저히 떨어지는 사람
④ 정신적으로 여유가 없이 쫓기는 사람
⑤ 에너지 소비가 먹는 양에 비해 적은 사람

날개 확인 문제

18 걷기 운동의 올바른 자세로 보기 어려운 것은?

① 상체를 바로 세우고 걷는다.
② 지면에 발뒤꿈치가 먼저 닿게 걷는다.
③ 팔과 다리는 자연스럽게 앞뒤로 움직인다.
④ 되도록 발바닥 전체가 지면에 닿지 않도록 한다.
⑤ 걸을 때 지면에 닿는 발동작을 바르게 하여 걷는다.

19 걷기 운동의 올바른 방법에 대한 설명으로 적절하지 않은 것은?

① 숨을 깊이 들이마시고 내쉰다.
② 보폭은 키의 35~40퍼센트로 한다.
③ 무리하게 팔과 다리를 움직이지 않는다.
④ 천천히 걷기 시작해서 점점 빠르게 걷는다.
⑤ 평소보다 조금 빠르다는 느낌으로 걷는다.

서술형

20 글쓴이가 이 글을 쓰기 위해 선택한 글의 형식과 그 이유를 〈조건〉에 맞게 한 문장으로 쓰시오.

조건
• 글쓴이가 선택한 글의 형식의 종류를 밝힐 것.

사 걷기 운동은 규칙적으로 꾸준히 하는 것이 좋다. 초보자의 경우 일주일에 세 번, 30분 이상 걷는 것으로 시작하여 중급 이상의 단계가 되면 일주일에 다섯 번, 한 시간 이상으로 늘리는 것이 좋다. 보통 속도로 걸었을 때 한 시간에 만 걸음 정도 걸을 수 있으며, 그 정도면 300킬로칼로리를 소비하는 데 충분하다. 걷기 운동은 다른 운동에 비해 그 효과가 천천히 나타나므로 최소 두 달 이상은 지속해야 운동 효과를 볼 수 있다.

중간 2 | 걷기 운동의 올바른 자세와 방법

핵심 확인 걷기 운동의 올바른 자세

상체		팔과 다리
바로 세움.	+	자연스럽게 앞뒤로 움직임.

걷기 운동의 올바른 방법

보폭	빠르기	호흡	횟수, 시간
신장의 35~40%	평소보다 조금 빠르다는 느낌으로 걷기	숨을 깊게 들이마시고 내쉼.	• 초급: 일주일에 세 번, 30분 이상 • 중급 이상: 일주일에 다섯 번 한 시간 이상

이것이 핵심! ✔ 글쓴이의 당부

끝 아 현대인은 영양 상태가 좋아지고 평균 수명이 늘었지만, 그에 못지않게 수많은 질병에 시달리고 있다. 과거에는 없던 새로운 질병이 생겨나고, 노화가 진행될 때 발생하던 성인병이 어린아이들에게서도 나타나고 있다. 이렇게 된 데에는 여러 가지 까닭이 있겠지만, 운동 부족이 가장 큰 원인이라고 할 수 있다. 걷기는 가장 단순하면서도 효과적인 운동으로, 편안한 옷차림과 여유만 있다면 언제든지 할 수 있는 운동이다. 올바른 걷기 자세를 익힌 후 자신에게 맞는 강도로 일주일에 세 번 이상 꾸준히 걸어 보자. 그러면 자기도 모르는 사이에 몸뿐 아니라 마음까지 건강해질 것이다.

끝 | 걷기 운동의 실천에 대한 당부

핵심 확인 글쓴이의 당부

현대인의 문제		걷기의 중요성
운동 부족으로 인한 새로운 질병과 성인병 발생	→	걷기를 통한 예방과 치료

21 걷기 운동이 효과를 거두기 위해 필요한 조건으로 적절한 것은?

① 규칙적으로 지속해야 한다.
② 정확한 자세를 갖추어야 한다.
③ 적절한 복장을 갖추어야 한다.
④ 식습관 개선을 병행해야 한다.
⑤ 욕심 부리지 말고 조급해 하지 말아야 한다.

22 (아)에서 글쓴이가 주목한 현대인의 문제 상황에 대한 가장 큰 원인으로 적절한 것은?

① 평균 수명이 늘었다.
② 영양 상태가 좋아졌다.
③ 새로운 질병을 앓고 있다.
④ 운동 부족 현상이 나타난다.
⑤ 어린아이에게서도 성인병이 나타난다.

핵심

23 걷기에 대한 글쓴이의 생각으로 적절하지 않은 것은?

① 몸을 건강하게 할 수 있다.
② 마음을 건강하게 할 수 있다.
③ 단순한 것 같지만 복잡한 운동이다.
④ 편안한 옷차림과 여유만 있으면 된다.
⑤ 현대인의 건강 문제를 극복할 방안이다.

서술형

24 (아)에서 글쓴이가 독자에게 당부하는 내용을 찾아 한 문장으로 쓰시오.

학습 활동

• 정답과 해설 p. 41

이해 활동

1. ㉮와 ㉯를 읽고, 두 글의 내용을 정리해 봅시다.

1 ㉮와 ㉯에서 공통적으로 다루고 있는 화제는 무엇인지 말해 봅시다.

예시 답 걷기

2 다음 빈칸을 완성하며 ㉮와 ㉯의 내용을 정리해 봅시다.

㉮ 직립 보행	㉯ 걷기 운동의 효과와 방법
오랜만에 도시에 나갔다가 차 시간이 맞지 않아 삼십 리 길을 걸어서 집에 돌아가게 되었다.	걷기는 건강에 미치는 효과가 뛰어나고, 언제 어디서든 간편하게 할 수 있는 운동이다.
[걷기]을/를 통해 살아온 자취를 되돌아보고 남은 삶의 고개를 헤아릴 수 있었다.	걷기는 [하체] 뿐만 아니라 두뇌를 포함한 여러 신체 기관의 기능을 강화하는 데 도움이 되며, [다이어트](에)도 효과적이다.
[자동차](이)라는 편리한 교통수단에 걷을 기회를 빼앗기면서, 우리는 생각의 [자유]을/를 조금씩 잃어 가고 있다.	걷기 운동은 올바른 [자세]와/과 강도가 중요하며, [규칙적]으로 꾸준히 하는 것이 좋다.

㉮	㉯
모처럼 [직립 보행]을/를 하며 생각할 수 있어서, 차가 없이 걸어온 것을 다행스럽게 생각했다.	걷기 운동은 현대인들이 몸과 마음의 [건강]을/를 유지하는 데 도움이 될 것이다.

이해 다지기 문제

1 ㉮와 ㉯의 공통점으로 적절한 것은?

① 같은 형식을 갖추고 있다.
② 구체적 경험을 바탕으로 한다.
③ '걷기'라는 화제를 다루고 있다.
④ 글쓴이의 주장이 분명히 드러나 있다.
⑤ 허구적 상상력을 통해 꾸며진 이야기이다.

2 ㉮에 대한 반응으로 적절하지 <u>않은</u> 것은?

① 글쓴이는 도시의 삶과는 거리를 둔 삶을 살고 있어.
② 글쓴이는 오랜만의 도시 나들이를 통해 도시의 변화에 놀라워하고 있어.
③ 글쓴이는 차가 없이 걸었던 것을 감사하면서 다행스러운 일이라고 생각해.
④ 글쓴이는 자동차와 같은 교통수단이 걷기 문화에 부정적 영향을 미쳤다고 생각해.
⑤ 글쓴이는 걷기를 통해 자신이 살아온 자취를 되돌아보고 남은 삶을 헤아릴 수 있다고 생각해.

3 ㉯의 내용과 일치하지 <u>않는</u> 것은?

① 걷기는 두뇌 건강에 매우 유익하다.
② 걷기는 건강에 미치는 효과가 뛰어나다.
③ 걷기를 통한 다이어트는 효과가 있지만 유의할 점이 있다.
④ 걷기는 올바른 자세와 방법을 알고 하는 것이 바람직하다.
⑤ 걷기는 하체 단련뿐만 아니라 다른 신체 기관의 기능을 향상시키는 데 도움이 된다.

목표 활동

1. '걷기'에 관한 글쓴이의 관점을 바탕으로, ㉮와 ㉯의 특징을 파악해 봅시다.

1 ㉮와 ㉯의 글쓴이가 글을 쓴 목적은 무엇인지 말해 봅시다.

예시 답 ㉮의 글쓴이는 글쓴이의 체험을 바탕으로 걷기의 가치를 이야기하고자 하였고, ㉯의 글쓴이는 걷기 운동의 효과와 방법에 관한 정보를 전달하고자 하였다.

목표 다지기 문제

1 ㉮의 글쓰기 목적으로 적절한 것은?

① 걷기와 관련된 정보 전달
② 걷기에 대한 인식 변화 촉구
③ 걷기와 다른 운동의 비교·분석
④ 걷기의 가치에 대한 깨달음 전달
⑤ 걷기를 소재로 한 허구적 이야기 전달

2 ㉯를 쓴 이유로 적절한 것은?

① 걷기 운동의 유래와 의미를 설명하기 위해서
② 걷기 운동과 다른 운동과의 차이점을 설명하기 위해서
③ 걷기 운동의 효과와 방법에 관한 정보를 전달하기 위해서
④ 걷기가 운동으로 자리 잡은 역사와 유래를 설명하기 위해서
⑤ 올바르지 않은 걷기 운동 방법과 올바른 걷기 운동 방법을 비교하기 위해서

2 '걷기'에 관한 글쓴이의 생각을 비교해 봅시다.

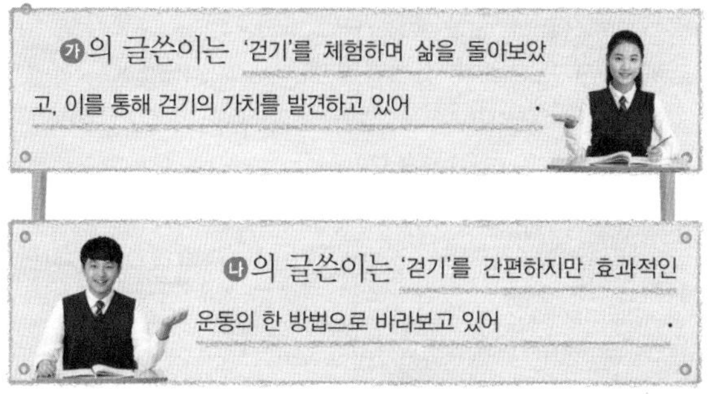
㉮의 글쓴이는 '걷기'를 체험하며 삶을 돌아보았고, 이를 통해 걷기의 가치를 발견하고 있어.
㉯의 글쓴이는 '걷기'를 간편하지만 효과적인 운동의 한 방법으로 바라보고 있어.

목표 다지기 문제

3 ㉮와 ㉯의 글쓴이에 대한 설명으로 적절하지 <u>않은</u> 것은?

① (가)의 글쓴이는 걷기를 체험하며 삶을 돌아보았다.
② (가)의 글쓴이는 걷기 경험을 통해 걷기의 가치를 발견하고 있다.
③ (나)의 글쓴이는 걷기와 관련된 비판적 견해도 함께 소개하고 한다.
④ (나)의 글쓴이는 걷기를 간편하지만 효과적인 운동으로 생각하고 있다.
⑤ (나)의 글쓴이는 올바른 걷기를 위해 걷기에 대한 이해가 필요하다고 생각하고 있다.

3 ㉮와 ㉯가 형식 면에서 어떤 특성을 가지고 있는지 정리해 보고, 글쓴이가 이러한 형식을 선택하여 글을 쓴 까닭을 생각해 봅시다.

㉮	㉯
㉮는 수필이다. 수필은 자신의 체험과 경험을 통해 깨달은 바를 전달한다. ㉮의 글쓴이는 자신의 체험을 통해 깨달은 걷기의 가치를 전달하기에 수필이 적절한 형식이었기 때문에 선택하였을 것이다.	㉯는 설명하는 글이다. 설명하는 글은 사람들에게 정보를 전달하기 위해 객관적으로 서술한 글이다. ㉯의 글쓴이는 걷기의 효과와 방법을 구체적이고 사실적으로 설명하기 위해 설명하는 글의 형식을 선택하였을 것이다.

목표 다지기 문제

4 ㉮의 글쓴이가 글의 형식을 '수필'로 정한 이유가 무엇인지 한 문장으로 서술하시오.

동일한 화제를 다룬 글의 관점과 형식

어떤 화제나 대상에 관해 글쓴이가 가지고 있는 생각을 관점이라고 합니다. 이때 관점은 찬성과 반대와 같은 입장의 차이일 수도 있고, 대상을 바라보는 다양한 시각일 수도 있습니다. 동일한 화제를 다룬 글이라도 글쓴이에 따라 다른 관점에서 쓰일 수 있고, 다양한 형식으로 표현될 수 있습니다.

2. 다음 공익 광고를 보고, 광고에 담긴 '걷기'의 관점을 다른 형식으로 표현해 봅시다.

자연을 살리는 발견
자동차 배기가스는 지구 온난화의 원인이 됩니다.
가까운 거리는 걷거나, 자전거를 이용해 보세요!
자연을 지키고, 지구의 건강도 지킬 수 있답니다.
당신의 작은 실천으로 지구 온난화를 막을 수 있습니다.

1 이 광고에서는 '걷기'를 어떻게 바라보고 있는지 생각해 봅시다.

예시 답 자동차의 배기가스는 지구 온난화의 원인이 되므로, 자동차를 타는 대신 걷기를 통해서 환경을 보호할 수 있다고 생각한다.

목표 다지기 문제

5 이 광고에 대한 설명으로 적절하지 않은 것은?

① 발자국을 잎사귀처럼 표현하였다.
② 그림을 통해 걷기가 가진 가치를 표현하였다.
③ 글자의 크기를 달리하여 독자의 관심을 유도하였다.
④ 걷기와 연관하여 '발'이라는 말 위에 점을 찍어 강조하였다.
⑤ 사실적 그림을 통해 주제를 사실적이고 명확하게 드러냈다.

목표 다지기 문제

6 이 광고의 제작자가 생각하는 걷기의 가치로 적절한 것은?

① 걷기를 통해 자연 환경을 보호할 수 있다.
② 걷기를 통해 정신적인 여유를 찾을 수 있다.
③ 걷기를 통해 개인의 건강을 좋게 할 수 있다.
④ 걷기를 통해 개인의 경제적 사정이 좋아질 수 있다.
⑤ 걷기를 통해 공동체 사람들 간의 관계가 개선될 수 있다.

2 이 광고에 담긴 '걷기'의 관점을 다른 형식으로 표현하려고 합니다. 다음 중 어떤 형식이 효과적일지 그 까닭과 함께 말해 봅시다.

주장하는 글 / 편지글 / 설명하는 글 / 수필

예시 답 주장하는 글이 효과적일 것이라고 생각한다. 자동차의 배기가스가 환경 오염을 일으킨다는 자료를 근거로 활용하여, 걷기를 통해 자동차의 배기가스를 줄인다면 지구 온난화를 막을 수 있다는 주장과 근거를 제시할 수 있기 때문이다.

목표 다지기 문제

7 〈보기〉는 이 광고를 주장하는 글로 바꾸어 쓴 것이다. 광고의 주제를 고려하여 빈칸에 들어갈 내용을 서술하시오.

보기

자동차 보급이 늘어나면서 가까운 거리도 자동차를 이용하여 움직이는 경우가 많다. 자동차를 이용하는 것이 편리하기 때문에 좋다는 인식이 퍼져 있다. 그 편리함 뒤에 드리워진 그늘은 없을까?

사람들은 자동차를 이용하면서 예전에 비해 덜 걷게 되었다. 이는 개인으로 보면 육체적, 정신적 건강을 해치는 결과를 초래할 수 있다. 또한, 자동차를 이용하게 됨으로써 걸어다닐 때에 비해 경제적으로 많은 비용을 지불해야 한다. 자동차를 자주 이용하는 것의 문제점은 여기에서 그치지 않는다. (   )

자동차를 타지 말고 가까운 거리는 걸어 보자. 이는 개인을 위해서도 지구의 환경을 위해서도 의미 있는 일이다.

3. 다음 두 글은 '역사적 사실을 바탕으로 한 영화'에 관해 서로 다른 관점에서 쓴 글입니다. 두 글을 읽고, 아래의 활동을 해 봅시다.

한국일보 2017년 8월 1일

영화는 기본적으로 허구성을 지닌다. 따라서 역사적 배경을 토대로 하여 창작했더라도 그 영화의 내용이 실제 역사 속 그대로의 모습일 수는 없다. 영화 제작자들은 역사의 시대적 배경과 사건을 탐구해 인물과 이야기를 창조해 내고 개연성 있게 표현하는 사람일 뿐, 역사를 있는 그대로 담으려는 사람과는 거리가 멀다. 전문가들은 "문화가 다양한 형태로 발전하려면 자유로운 창작이 가능해야 한다."라며 "영화는 창작의 영역에 속하기 때문에 사실을 바탕으로 창작했을지라도 작가적 표현을 최대한 보장받아야 하며, 해당 영화에 관한 평가는 엄연히 관객의 몫이다."라고 강조했다.

○○○ 감독님, 저는 행복중학교에 다니는 김서연입니다. 이번에 감독님께서 제작하신 영화를 보게 되었는데요, 영화의 내용 중에 역사적 사실과 다른 부분들이 있었습니다. 물론 영화는 사실을 바탕으로 한 허구적 예술 작품이지만, 우리나라의 역사적 상황을 배경으로 할 때는 역사의 명백한 사실만을 다루어야 한다고 생각합니다. 역사적 사실을 왜곡하게 되면 관객들이 우리나라의 역사를 잘못 받아들일 수도 있기 때문입니다.

1 두 글의 글쓴이가 글을 쓴 목적을 파악하고, 두 글의 형식이 글의 목적을 드러내는 데 효과적인지 생각해 봅시다.

	신문 기사	편지글
목적	영화 속의 역사는 자유로운 창작의 대상이라는 것을 주장하기 위해	영화 속의 역사라도 사실을 왜곡해서는 안 된다는 것을 주장하기 위해
효과	신문 기사는 전문가의 의견을 인용하여 자신의 주장을 뒷받침하며 보도하기에 적절한 형식이다.	편지글은 특정 대상에게 친근감 있게 이야기하듯이 말하면서 자신의 생각을 드러내는 데 효과적이다.

2 **1**의 활동을 바탕으로, 두 글의 관점 중 자신이 타당하다고 생각하는 관점을 그 까닭과 함께 이야기해 봅시다.

예시 답

- 신문 기사의 관점이 타당하다고 생각한다. 영화는 재미와 감동을 목적으로 하기 때문에 작가의 상상을 바탕으로 한 허구성을 인정해 주어야 하며, 창작의 자유를 보장해 주어야 한다고 생각한다.
- 편지글의 관점이 타당하다고 생각한다. 요즈음 역사적 사실을 바탕으로 한 드라마나 영화에서 과도하게 역사를 왜곡하여 논란이 되고 있는데, 이러한 매체들이 지속적으로 노출된다면 허구적 내용도 사실로 받아들일 위험이 있고, 역사를 배우고 있는 청소년들에게도 안 좋은 영향을 끼칠 수 있다고 생각한다.

목표 다지기 문제

8 '역사적 사실을 바탕으로 한 영화'에 대한 신문 기사와 편지글의 관점으로 적절한 것은?

	신문 기사	편지글
①	우호적	중립적
②	부정적	비판적
③	긍정적	긍정적
④	긍정적	부정적
⑤	비판적	긍정적

9 신문 기사의 내용과 일치하지 않는 것은?

① 영화에 대한 평가는 관객의 몫이다.
② 영화는 기본적으로 허구성을 가진다.
③ 영화는 창작의 영역이라고 할 수 있다.
④ 영화 제작자들도 역사를 있는 그대로 담는 것을 목표로 한다.
⑤ 영화가 역사적 배경을 토대로 했더라도 영화의 내용이 실제 역사 그대로일 수는 없다.

10 글쓴이가 편지글이라는 형식을 택한 이유로 적절한 것은?

① 전문가의 말을 인용하기 적절하므로
② 친근감 있게 이야기하듯이 말하려고
③ 객관적인 태도를 드러내기에 적합하므로
④ 자신의 주장을 논리적으로 전개하기 위해서
⑤ 불특정 다수의 대상을 향해 글을 쓰기 위해서

11 편지글에서 주장하고 있는 바와 그 근거를 서술하시오.

주장	
근거	

창의·융합 활동

우리 반을 상징하는 단어를 선정하고, 그 단어와 관련한 자신의 생각을 표현하여 '우리 반 소개집'을 만들어 봅시다.

혼자 하기

1. 지난 1년을 돌아보고, 우리 반을 상징하는 단어를 정해 봅시다. 그리고 그 단어를 선택한 까닭을 말해 봅시다.

예 신호등, 우리 반은 신호등의 속성처럼 질서를 잘 지키는 학생들이기 때문이다. 예시 답 생략

혼자 하기

2. 1에서 선정한 단어를 바탕으로, 자신이 쓰려고 하는 글과 관련한 자료를 찾아 우리 반을 소개하는 글을 써 봅시다.

예시 음악

때론 빨간불처럼 멈추고
때론 노란불처럼 천천히
때론 파란불처럼 앞으로 달려가.
힘들 땐 빨간불을 켜고
잠시나마 더 쉬어 가.
– 김재훈 작사·작곡, 「신호등」

쉴 때 쉬고, 앞으로 가야 할 때는 달려간다는 노래 가사가 우리 반의 모습과 비슷해 보여. 이 노래의 가사에 등장하는 신호등의 속성을 우리 반의 모습에 비추어 수필로 써 볼 거야.

나는 도로 위의 신호등 사진을 찾아봤어. 일 년 동안 봐 왔던 우리 반은 서로를 어떻게 대해야 하는지 알려 주는 따뜻한 반이었어. 배려할 줄 아는 친구들의 모습을 도로 위 신호등에 빗대어 시로 써 볼 생각이야.

사진

유의 사항

- 단어와 관련한 다양한 자료들을 찾아봅니다.
- 적절한 자료를 선택하여, 이를 바탕으로 자신의 관점을 드러내기에 적절한 형식을 찾아 글을 씁니다.

예시 답 나에게 우리 반은 빨간 신호등이다. 누구나 한 번쯤은 깜빡이는 파란 신호등을 보며 급하게 뛴 적이 있을 것이다. 때로는 빨간불로 바뀐 신호등 앞에서 빨리 건너가지 못해서 안타까워하기도 했을 것이다. 하지만 신호등의 빨간불과 파란불은 언제나 공정하게 규칙적으로 반복되는 것이므로 기다리다 보면 파란불은 다시 켜지기 마련이다. 어떻게 보면 우리 앞의 빨간불은 우리 자신을 돌아보며 쉴 수 있는 기회인지도 모른다. 그런 의미에서 우리 반 친구들은 나에게 빨간불 같은 존재들이었다. 친구들과 서로의 고민을 나누고, 서로의 꿈을 이야기하던 순간들은 깜빡이는 파란 신호등을 건너기 위해 무작정 뛰던 나를 돌아볼 수 있게 해 주었다. 시간이 많이 흐른 뒤에도 친구들과의 추억을 떠올리며 잠시 쉴 수 있기를 소망해 본다.

함께하기 

3. 친구들이 만든 자료들을 모아 '우리 반 소개집'을 만들어 봅시다. 예시 답 생략

수행 평가 대비 활동

| 수행 평가 TIP | 자료를 활용하여 자신이 속한 학급을 다양한 관점과 형식으로 표현해 보는 활동입니다. 우리 반을 가장 잘 드러낼 수 있는 단어를 선정한 후, 적절한 매체 자료를 활용하여 선정한 단어에 관한 자신의 관점을 효과적으로 드러내 봅니다.

1 평가 내용 확인하기

- 우리 반을 상징하는 단어 찾기
- 자신의 관점이 잘 드러나는 형식을 찾아 창의적으로 표현하기

2 평가 기준 확인하기

- 우리 반의 특징을 잘 드러내는 단어를 선정하였는가?

예시처럼 우리 반을 빗대어 표현할 수 있는 단어를 선정하는 것이 좋아요. 그래야 다양한 의미를 담아낼 수 있기 때문이죠.

- 선정한 단어와 관련하여 적절한 자료를 선택하였는가?

글에만 국한되지 않게 다양한 매체를 활용하는 것이 좋아요.

- 자료와 어울리는 형식을 선택하고, 자신의 관점을 잘 드러내는 글을 썼는가?

글의 종류에는 여러 가지가 있답니다. 편지, 보고서, 시, 소설, 희곡 등 다양한 형식을 활용하여 글을 써 봅니다.

수행 평가 +

1. 자신의 주변에서 쉽게 만날 수 있는 음식이나 사물 중에서 긍정적인 측면과 부정적인 측면을 모두 갖춘 대상을 찾아봅시다.

도와줄게 우리 주변에서 접할 수 있는 많은 음식이나 사물들은 긍정적인 면과 부정적인 면을 모두 가지고 있습니다. 항상 긍정적, 혹은 항상 부정적으로만 생각했던 대상을 다른 각도에서 생각해 봅니다.

2. 1의 내용을 바탕으로 자신만의 관점과 형식을 정하고 자료를 수집하여 한 편의 글을 써 봅시다.

도와줄게 먼저 긍정 또는 부정의 관점을 분명히 정하고 글의 종류를 결정한 후에 다양한 매체를 통해 자료를 수집하고 이를 바탕으로 한 편의 글을 완성해 봅니다.

소단원 제재 정리

「직립 보행」

갈래: 수필 **성격:** 사색적, 성찰적
제재: 오랜만에 경험한 직립 보행
주제: 생각의 자유를 누릴 수 있는 걷기의 가치
특징: ① 걷기의 의미와 가치에 관한 글쓴이의 생각이 명확하게 표현되어 있음.
② 현대 문명을 비판적으로 바라보고 있음.

「걷기 운동의 효과와 방법」

갈래: 설명하는 글 **성격:** 객관적, 해설적
제재: 걷기 운동의 효과와 방법
주제: 걷기는 간편하지만 효과적인 운동이다.
특징: ① 걷기가 건강에 미치는 효과와 걷기의 방법을 소개함.
② 구체적인 수치를 활용하여 걷기의 효과를 강조함.

제재 한눈에 보기

「직립 보행」

처음	삼십 리 길을 걷게 된 이유
중간	걷기의 의미와 가치
끝	직립 보행의 경험에 대한 감사

「걷기 운동의 효과와 방법」

처음	간편하고 효과적인 걷기 운동
중간 1	걷기 운동의 효과
중간 2	걷기 운동의 올바른 자세와 방법
끝	걷기 운동의 실천에 대한 당부

핵심 원리

관점과 형식의 차이를 파악하며 읽기
동일한 대상을 다룬 글이라고 하더라도 관점과 형식이 다를 수 있음.

글의 관점과 형식을 비교하며 읽기의 좋은 점
글을 깊이 있게 이해하고 대상의 다양한 측면을 이해함으로써 사고의 폭을 넓힐 수 있으며 자신의 관점을 명확히 세우는 데 도움이 됨.

핵심 내용

(1) 두 글의 관점과 형식

	「직립 보행」	「걷기 운동의 효과와 방법」
글의 목적	걷기의 가치에 대한 (❶) 전달	걷기 운동의 효과와 방법에 관한 정보 전달
글쓴이의 관점	'걷기'를 체험하며 삶을 돌아보았고, 이를 통해 걷기의 가치를 발견함.	걷기를 (❷)하지만 효과적인 운동의 한 방법으로 바라봄.
글의 형식 선택 이유	자신의 체험과 경험을 통해 깨달은 바를 전달하기 위해 (❸)을 선택함.	걷기의 효과와 방법에 관한 (❹)인 정보를 전달하기 위해 설명하는 글을 선택함.

(2) 걷기의 가치에 관한 글쓴이의 견해

「직립 보행」	「걷기 운동의 효과와 방법」
• 인간의 사유의 발달이 본격적으로 이루어지는 계기 • 생각에 몰입하기 쉽고, 더 깊게 생각할 수 있음.	• 하체가 단련되고 여러 신체 기관의 기능이 좋아짐. • (❺) 건강에 도움이 됨. • 다이어트에 효과적임.

(3) 「직립 보행」의 글쓴이가 생각하는 교통수단의 영향

(❻)라는 교통수단의 발달

↓

• 직립 보행, 인간만이 누릴 수 있는 의젓한 자세를 잃어버림.
• (❼)의 자유를 서서히 박탈당함.

(4) 「걷기 운동의 효과와 방법」 속 걷기 운동의 올바른 자세와 방법

• 상체를 바로 세우고 팔과 다리는 자연스럽게 앞뒤로 움직임.
• 발뒤꿈치가 먼저 지면에 닿고 그다음은 발바닥 전체가 닿은 뒤, 마지막으로 발의 앞 끝이 들리는 순서로 걸음.
• 최소 (❽) 달 이상은 지속해야 운동 효과가 나타남.

정답 ❶ 깨달음 ❷ 간편 ❸ 수필 ❹ 객관적 ❺ 두뇌 ❻ 자동차 ❼ 생각 ❽ 두

소단원 핵심 문제

• 정답과 해설 p.43

[01~04] 다음 글을 읽고, 물음에 답하시오.

(가) 오늘은 볼일이 좀 있어 세상 바람을 쐬고 돌아왔다. 산에서 가장 가까운 도시래야 백사십 리 밖에 있는 광주시. 늘 그렇듯이 세상은 시끄러움과 먼지를 일으키며 바쁘게 돌아가고 있었다. 우체국에서 볼일을 마치고, 나온 걸음에 시장에 들러 찬거리를 좀 사고, 눈 속에서 신을 털신도 한 켤레 골랐다. 그리고 화장품 가게가 눈에 띄길래 손 튼 데 바르는 약도 하나 샀다. 돌아오는 길에는 차 시간이 맞지 않아 다른 데로 가는 차를 타고 도중에 내려 삼십 리 길을 걸어서 왔다.

(나) 논밭이 텅 빈 초겨울의 들길을 휘적휘적 걸으니, 차 속에서 찌뿌드드하던 머리도 말끔히 개어 상쾌하게 부풀어 올랐다. 걷는 것은 얼마나 자유스럽고 주체적인 동작인가. 밝은 햇살을 온몸에 받으며 상쾌한 공기를 마음껏 마시고 스적스적 활개를 치면서 걷는다는 것은 참으로 유쾌한 일이다. 걷는 것은 어디에도 의존하지 않고 내가 내 힘으로 이동하는 일이다.

(다) 인간이 사유하게 된 것은, 모르긴 하지만 걷는 일로부터 시작됐을 것이다. 한곳에 멈추어 생각하면 맴돌거나 망상에 사로잡히기 쉽지만, 걸으면서 궁리를 하면 막힘없이 술술 풀려 깊이와 무게를 더할 수 있다. 칸트나 베토벤의 경우를 들출 것도 없이, 위대한 철인이나 예술가들이 즐겨 산책길에 나선 것도 따지고 보면 걷는 데서 창의력을 일깨울 수 있었기 때문일 것이다.

(라) 삼십 리 길을 걸어오면서, 이 넓은 천지에 내 몸 하나 기댈 곳을 찾아 이렇게 걷고 있구나 싶으니 새나 짐승, 곤충들까지도 그 귀소의 길을 방해해서는 안 되겠다는 생각이 들었다. 그들도 저마다 기댈 곳을 찾아 부지런히 길을 가고 있을 테니까.

(마) 나는 오늘 차가 없이 걸어온 것을 고맙고 다행하게 생각한다. 내가 내 길을 내 발로 디디면서 모처럼 직립 보행을 할 수 있었다. / 언젠가 읽었던 한 시인의 글이 생각난다.

㉠<u>'현대인은 자동차를 보자 첫눈에 반해 그것과 결혼하였다. 그래서 영영 목가적인 세계로 돌아오지 못하게 되었다.'</u>

출제 예감 90%

01 이 글에 대한 설명으로 적절하지 <u>않은</u> 것은?

① 사색적이고 성찰적인 성격을 드러내고 있다.
② 자연 속에서 누리는 편안함을 강조하고 있다.
③ 의태어를 활용하여 생동감 있게 표현하고 있다.
④ 글쓴이의 가치관이 경험을 통해 드러나고 있다.
⑤ 현대 문명에 대한 비판적인 태도를 드러내고 있다.

출제 예감 95%

02 (가)에 드러나는 글쓴이의 삶의 모습으로 적절한 것은?

① 지나친 경쟁에 지쳐 잠시 세상을 떠나 살고 있다.
② 바쁘게 돌아가는 세상과 거리를 둔 삶을 살고 있다.
③ 자연에 대한 사랑이 깊어 자연과 벗하며 살고 있다.
④ 과거에 대한 그리움 때문에 현실에 만족하지 못하고 있다.
⑤ 산속에 살면서도 세상의 일에 대한 관심을 끊지 않은 채 살아가고 있다.

출제 예감 95% 학습 활동 응용

03 (나)~(라)에 드러나는 걷기에 대한 글쓴이의 생각으로 적절하지 <u>않은</u> 것은?

① 참으로 유쾌한 일이다.
② 창의력을 일깨우는 행위이다.
③ 자유스럽고 주체적인 동작이다.
④ 목표를 향해 나아가는 행동이다.
⑤ 인간의 사유를 유발하는 행동이다.

출제 예감 90% 서술형

04 ㉠의 의미를 〈조건〉에 맞게 서술하시오.

조건
- 비유적인 표현을 사용하지 않고 서술할 것.
- '목가적인 세계'의 의미가 드러나도록 서술할 것.

[05~08] 다음 글을 읽고, 물음에 답하시오.

(가) 만약 누군가 수많은 운동 중 몸에 좋은 운동을 한 가지만 추천해 달라고 한다면 나는 주저 없이 '걷기'라고 말하고 싶다. 걷기 운동은 건강에 미치는 효과가 매우 뛰어나며 남녀노소 누구나 언제 어디서든 간편하게 할 수 있는 운동이기 때문이다.

(나) 모든 운동이 그렇듯이 걷기 운동도 자세가 중요하다. 걸을 때에는 상체를 바로 세우고 팔과 다리는 자연스럽게 앞뒤로 움직인다는 기분으로 걷는다. 이때 유의할 점은 걸을 때 지면에 닿는 발동작이다. 발뒤꿈치가 먼저 닿고 그 다음 발바닥 전체가 닿은 뒤, 마지막으로 발의 앞 끝이 들리는 순서로 걸어야 한다.

(다) 또 하나 중요한 것은 운동의 강도다. 보폭은 신장의 35~40퍼센트 정도로 하되 자연스럽게 내디딜 수 있는 정도면 된다. 빨리 걷기 위해 무리하게 팔을 흔들거나 다리를 뻗는 일은 삼가고, 평소보다 조금 빠르다는 느낌으로 걷는 것이 좋다. 이때 숨을 깊게 들이마시고 내쉬어야 에너지를 효율적으로 사용하고 운동 효과를 극대화할 수 있다.

(라) 초보자의 경우 일주일에 세 번, 30분 이상 걷는 것으로 시작하여 중급 이상의 단계가 되면 일주일에 다섯 번, 한 시간 이상으로 늘리는 것이 좋다. 보통 속도로 걸었을 때 한 시간에 만 걸음 정도 걸을 수 있으며, 그 정도면 300킬로칼로리를 소비하는 데 충분하다. 걷기 운동은 다른 운동에 비해 그 효과가 천천히 나타나므로 최소 두 달 이상은 지속해야 운동 효과를 볼 수 있다.

(마) 현대인은 영양 상태가 좋아지고 평균 수명이 늘었지만, 그에 못지않게 수많은 질병에 시달리고 있다. 과거에는 없던 새로운 질병이 생겨나고, 노화가 진행될 때 발생하던 성인병이 어린아이들에게서도 나타나고 있다. 이렇게 된 데에는 여러 가지 까닭이 있겠지만, 운동 부족이 가장 큰 원인이라고 할 수 있다. 걷기는 가장 단순하면서도 효과적인 운동으로, 편안한 옷차림과 여유만 있다면 언제든지 할 수 있는 운동이다. 올바른 걷기 자세를 익힌 후 자신에게 맞는 강도로 일주일에 세 번 이상 꾸준히 걸어 보자.

출제 예감 80%

05 글쓴이가 이와 같은 형식으로 글을 쓰기로 결정한 이유로 적절한 것은?

① 걷기에 대한 정보를 전달하는 데 적합하므로
② 건강에 대한 자신의 의견을 나타내기에 적합하므로
③ 걷기에 대한 다양한 의견을 대비하기에 적합하므로
④ 걷기 문화에 대한 비판적 의견을 드러내기에 적합하므로
⑤ 걷기와 관련된 경험을 통해 얻은 깨달음을 전달하기에 적합하므로

출제 예감 80% 사고력 확장 문제

06 다음은 이 글과 관련하여 걷기와 관련된 다양한 궁금증이 올라온 홈페이지 게시판이다. (가)를 통해 해결할 수 있는 질문으로 적절한 것은?

- 걸을 때 어떤 자세로 걸어야 하나요? ………………… ㉮
- 한 번에 얼마나 걸어야 건강에 도움이 되죠? ………… ㉯
- 걷기가 다른 운동보다 좋은 점은 무엇인가요? ……… ㉰
- 걷기를 통해 얻을 수 있는 효과는 무엇인가요? ……… ㉱
- 걷기와 병행하면 좋은 운동에는 무엇이 있을까요? …. ㉲

① ㉮ ② ㉯ ③ ㉰ ④ ㉱ ⑤ ㉲

출제 예감 90% 학습 활동 응용

07 (나)~(라)에서 알 수 있는 걷기 운동의 유의 사항으로 적절하지 않은 것은?

① 걷기는 꾸준하게 하는 것이 중요하다.
② 걸을 때에는 발뒤꿈치부터 지면에 닿게 한다.
③ 걷기는 횟수와 시간을 점차 늘리는 것이 좋다.
④ 상체는 앞으로 살짝 숙이면서 시선은 정면을 향한다.
⑤ 보폭은 신장의 35~40%로 하되 자연스러운 정도가 좋다.

출제 예감 95% 서술형 논술 대비

08 다음은 (마)의 내용을 정리한 것이다. ㉠에 들어갈 내용을 40자 내외로 서술하시오.

현대인의 문제		해결 방안
(㉠)	→	올바른 걷기 자세를 익힌 후 자신에게 맞는 강도로 일주일에 세 번 이상 꾸준히 걷는다.

소단원 핵심 문제

[09~11] 다음 글을 읽고, 물음에 답하시오.

(가) 그런데 언제부턴가 우리들은 잃어 가고 있다. 이렇듯 당당한 직립 보행을. 인간만이 누릴 수 있다는 그 의젓한 자세를. 더 말할 나위도 없이 자동차라는 교통수단이 생기면서 우리들은 걸음을 조금씩 빼앗기고 말았다. 그리고 생각의 자유도 서서히 박탈당하기 시작했다. 붐비는 차 안에서는 긴장을 풀 수 없기 때문에 생각을 제대로 펴 나갈 수가 없다. 이름도 성도 알 수 없는 몸뚱이들에게 떠밀려 둥둥 떠 있어야 한다.

그리고 운전기사와 안내양이 공모하여 노상 틀어 대는 소음 장치 때문에 우리는 머리를 비워 주어야 한다. 차가 내뿜는 매연의 독소는 말해 봐야 잔소리이니 덮어 두기로 하지만, 편리한 교통수단이라는 게 이런 것인가. 편리한 만큼 우리는 귀중한 무엇인가를 잃어 가고 있다.

(나) 다리의 혈관과 신경은 다른 신체 기관에 밀접하게 연결되어 있어서, 걷기 운동을 습관화하면 다리의 근력이 좋아질 뿐 아니라 심장과 혈관, 호흡기 등의 기능이 강화된다. 또한 몸에 좋은 콜레스테롤의 농도를 높여 동맥 경화를 막아 주어 심장병, 고혈압 등을 예방하는 데에도 도움이 된다.

걷기는 두뇌 건강에도 도움이 된다. 걷는 동안에는 뇌 속에서 고통을 완화하는 기능을 가진 호르몬이 증가하는데, 이 호르몬은 우울증과 스트레스를 감소하고 기분을 좋게 해 준다. 또한 걷는 동안 뇌에 적절한 자극이 주어져 머리가 좋아질 뿐만 아니라 치매도 예방할 수 있다.

걷기는 대표적인 유산소 운동으로 다이어트에도 효과적이다. 인간은 체온 유지나 심장 박동 등 최소한의 생존을 위해 에너지를 소비하며, 일상생활에서도 일정 정도의 에너지를 소비한다. 그러나 소비하는 에너지보다 섭취하는 에너지가 더 많으면 영양 과잉 상태가 되는데, 사람마다 차이가 있지만 현대인은 보통 하루에 300킬로칼로리 정도의 과잉 에너지가 체내에 축적된다고 한다. 이렇게 축적된 에너지를 그대로 두면 비만이 될 수 있으므로 반드시 소비해야 하는데, 이때 가장 간편하고 효과적인 방법이 걷기 운동이다.

출제 예감 80% 학습 활동 응용

09 (가)와 (나)에 대한 설명으로 적절하지 않은 것은?

① (가)는 글쓴이의 깨달음을 수필의 형식을 통해 표현하고 있다.
② (가)와 (나)는 걷기라는 공통된 제재를 다루고 있다.
③ (가)에 비해 (나)는 객관적인 태도를 보이고 있다.
④ (가)와 (나)는 현대 사회에 대한 비판적 태도를 보여 주고 있다.
⑤ (가)와 (나)는 대상에 대한 긍정적인 관점을 보여 주고 있다.

출제 예감 90% 학습 활동 응용

10 (나)의 내용과 일치하지 않는 것은?

① 걷기는 성인병 예방에도 도움이 된다.
② 걷기는 유산소 운동으로 다이어트에 유용하다.
③ 걷기는 뇌에 적절한 자극을 주어 치매를 예방할 수 있다.
④ 걷기는 호르몬의 분비를 촉진하여 동맥 경화를 막아 준다.
⑤ 과잉 에너지 소비를 위해 가장 간편하고 효과적인 방법이 걷기이다.

출제 예감 95% 서술형 사고력 확장 문제

11 다음 〈보기〉의 내용을 바탕으로 (나)에 추가할 걷기의 가치를 한 문장으로 쓰시오.

보기

자연을 살리는 발견
자동차 배기가스는 지구 온난화의 원인이 됩니다.
가까운 거리는 걷거나, 자전거를 이용해 보세요!
자연을 지키고, 지구의 건강도 지킬 수 있답니다.
당신의 작은 실천으로 지구 온난화를 막을 수 있습니다.

[12~15] 다음 글을 읽고, 물음에 답하시오.

가 인간이 사유하게 된 것은, 모르긴 하지만 걷는 일로부터 시작됐을 것이다. 한곳에 멈추어 생각하면 맴돌거나 망상에 사로잡히기 쉽지만, 걸으면서 궁리를 하면 막힘없이 술술 풀려 깊이와 무게를 더할 수 있다. 칸트나 베토벤의 경우를 들출 것도 없이, 위대한 철인이나 예술가들이 즐겨 산책길에 나선 것도 따지고 보면 걷는 데서 창의력을 일깨울 수 있었기 때문일 것이다.

나 또 하나 중요한 것은 운동의 강도다. 보폭은 신장의 35~40퍼센트 정도로 하되 자연스럽게 내디딜 수 있는 정도면 된다. 빨리 걷기 위해 무리하게 팔을 흔들거나 다리를 뻗는 일은 삼가고, 평소보다 조금 빠르다는 느낌으로 걷는 것이 좋다. 이때 숨을 깊게 들이마시고 내쉬어야 에너지를 효율적으로 사용하고 운동 효과를 극대화할 수 있다.

다 한국일보 2017년 8월 1일

영화는 기본적으로 허구성을 지닌다. 따라서 역사적 배경을 토대로 하여 창작했더라도 그 영화의 내용이 실제 역사 속 그대로의 모습일 수는 없다. 영화 제작자들은 역사의 시대적 배경과 사건을 탐구해 인물과 이야기를 창조해 내고 개연성 있게 표현하는 사람일 뿐, 역사를 있는 그대로 담으려는 사람과는 거리가 멀다. 전문가들은 "문화가 다양한 형태로 발전하려면 자유로운 창작이 가능해야 한다."라며 "영화는 창작의 영역에 속하기 때문에 사실을 바탕으로 창작했을지라도 작가적 표현을 최대한 보장받아야 하며, 해당 영화에 관한 평가는 엄연히 관객의 몫이다."라고 강조했다.

라 ○○○ 감독님, 저는 행복중학교에 다니는 김서연입니다. 이번에 감독님께서 제작하신 영화를 보게 되었는데요, 영화의 내용 중에 역사적 사실과 다른 부분들이 있었습니다. 물론 영화는 사실을 바탕으로 한 허구적 예술 작품이지만, 우리나라의 역사적 상황을 배경으로 할 때는 역사의 명백한 사실만을 다루어야 한다고 생각합니다. 역사적 사실을 왜곡하게 되면 관객들이 우리나라의 역사를 잘못 받아들일 수도 있기 때문입니다.

출제 예감 90% 학습 활동 응용

12 (가)~(마)에 대한 설명으로 적절하지 <u>않은</u> 것은?

① (가): 유명인의 이름을 언급하며 내용을 강조하고 있다.
② (나): 걷기 운동의 의미를 구체적으로 설명하고 있다.
③ (나): 걷기에 관한 객관적 정보를 전달하고 있다.
④ (다): 글쓴이의 관점이 분명하게 드러나 있다.
⑤ (라): 친근감 있게 이야기하듯 생각을 드러내고 있다.

출제 예감 95% 서술형 논술 대비 사고력 확장 문제

13 (가)에 드러나는 걷기에 대한 글쓴이의 관점을 밝히고, 이를 비판하는 관점의 글을 〈조건〉에 맞게 쓰시오.

조건
- 글쓴이의 관점과 자신의 관점이 대조되도록 쓸 것.
- 세 문장으로 쓸 것.

출제 예감 90% 학습 활동 응용

14 (다)와 (라)에서 공통적으로 전제하고 있는 내용으로 적절한 것은?

① 영화는 허구적인 예술 작품이다.
② 영화는 실제 현실을 그대로 재현한다.
③ 우리나라의 역사에는 왜곡된 부분이 있다.
④ 영화는 작가의 개성을 최대한 보장해야 한다.
⑤ 문화의 발전은 자유로운 창작이 전제되어야 한다.

출제 예감 90% 학습 활동 응용

15 (다)와 (라)에서 두 글의 관점이 달라진 이유와 관련 있는 쟁점은?

① 영화가 허구성을 가져도 되는가?
② 영화가 역사적 사실을 왜곡해도 되는가?
③ 영화가 역사적 사실을 소재로 해도 되는가?
④ 영화 제작자에 대한 사회적 관심이 높은가?
⑤ 영화 속 역사에 대한 관객의 반응은 어떠한가?

쓰기 윤리와 보고하는 글 쓰기

• 생각 열기 다음 동영상을 보고, 아래의 활동을 해 봅시다.

– 『지식채널e』(한국교육방송공사(EBS), 2013. 6. 25. 방송)

 이 영상에서 말하고 있는 '지식 도둑'은 무엇을 가리킬까요?

예시 답 다른 사람의 글이나 아이디어를 무단으로 사용하는 사람을 가리킨다.

 글을 썼던 경험을 떠올려 보고, 다양한 자료를 활용하여 글을 쓸 때의 올바른 태도에 관해 자유롭게 이야기해 봅시다.

예시 답 독서 감상문을 쓰면서 책의 구절을 인용한 적이 있어. 글쓰기에서 자료의 인용이 필요한 경우에는 그 자료의 작자와 제목, 해당 부분 등을 정확하게 밝혀야 해.

• 학습 목표로 내용 엿보기

"글쓰기에도 지켜야 할 윤리가 있구나. 보고하는 글을 쓸 때도 쓰기 윤리를 지켜야 하겠지? 먼저 쓰기 윤리를 지키는 구체적인 방법들을 알아보고, 일상생활 속 관심 분야에 관해 조사하여 절차와 결과가 드러나도록 보고하는 글을 써 봐야겠어."

핵심 1 쓰기 윤리의 중요성 인식하기

핵심 2 보고하는 글의 특성을 이해하고 절차와 결과가 드러나는 보고서 쓰기

핵심 원리 이해하기 쓰기 윤리를 지키며 보고하는 글 쓰기

1. 쓰기 윤리: 글쓴이가 글을 쓰는 과정에서 지켜야 할 윤리적 규범

2. 보고하는 글: 어떤 주제에 대하여 대상을 관찰, 조사하거나 실험하여 그 절차와 결과를 일정한 형식에 따라 쓴 글

3. 쓰기 윤리를 지키며 보고하는 글을 쓸 때 유의할 점

- 관찰, 조사, 실험의 절차와 결과가 잘 드러나게 쓴다.
- 관찰, 조사, 실험의 결과를 과장하거나 왜곡하지 않는다.
- 다른 사람의 자료를 인용할 때에는 저작권자의 허락을 받고, 출처를 밝힌다.

개념 확인 콕콕 • 정답과 해설 p.44

[01~02] 다음 빈칸에 들어갈 알맞은 말을 쓰시오.

01 글쓴이가 글을 쓰면서 지켜야 할 기본적인 윤리 규범을 (　　　)라고 한다.

02 (　　　)는 대상을 관찰, 조사, 실험한 결과를 절차와 결과가 잘 드러나도록 쓴 글이다.

03 쓰기 윤리를 지키지 않았을 때 일어나는 현상으로 적절한 것은?

① 글의 신뢰성이 높아진다.
② 글의 표현이 무성의해진다.
③ 글의 주제를 파악하기 어렵다.
④ 다른 저작자의 권리를 침해한다.
⑤ 글의 내용이 산만하고 간결하지 못하다.

04 보고서를 쓸 때의 유의 사항으로 옳으면 ○, 틀리면 ×를 하시오.

(1) 절차보다는 결과를 중심으로 서술한다. (　　)

(2) 관찰·조사·실험의 결과를 왜곡하지 않는다. (　　)

(3) 널리 알려진 내용을 인용할 때에는 출처를 밝히지 않아도 된다. (　　)

활동 안내

이 소단원은 쓰기 윤리의 의미와 중요성을 이해하고 이를 바탕으로 조사나 관찰, 실험의 절차와 결과가 잘 드러나게 보고하는 글을 써 보도록 하기 위한 단원이다. 먼저 저작권에 대한 이해를 바탕으로 쓰기 윤리의 중요성을 알고 보고서를 쓰는 과정을 학습함으로써 보고서의 특성과 구성 요소, 보고서를 쓰는 절차를 파악할 수 있도록 하였다. 실제 보고서를 써 보는 활동을 통해 일상생활에서 필요한 글쓰기 능력을 기를 수 있을 것이다.

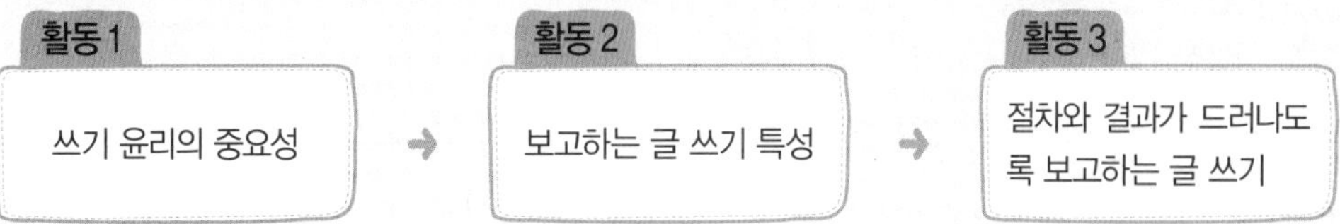

활동 개관

★ **활동 1** 쓰기 윤리의 중요성

쓰기 윤리를 지키며 글을 쓰는 태도를 기르기 위한 활동이다. 저작권의 개념을 명확히 이해하고, 저작권의 범위, 저작권을 침해해서는 안 되는 까닭을 생각해 본다. 또한, 다른 사람이 생산한 자료나 글을 표절하지 않고 올바르게 인용하는 방법을 이해한다. 이와 같은 활동을 통해 쓰기 윤리의 중요성을 알고 이를 준수하는 것이 필요함을 인식한다.

★ **활동 2** 보고하는 글 쓰기의 특성

실제 조사 보고서를 쓰는 과정을 보여 주는 활동이다. '조사 계획 세우기, 자료 수집, 자료 정리와 선별 및 내용 구성, 보고서 쓰기'의 활동을 살펴보고, 보고서의 특성과 보고서 쓰기의 절차를 알아본다. 그리고 완성된 보고서를 바탕으로 보고서의 구성 요소를 학습한다.

★ **활동 3** 절차와 결과가 드러나도록 보고하는 글 쓰기

제시된 활동 순서에 따라 절차와 결과가 잘 드러나는 보고서를 작성하는 활동이다. 먼저 개인의 관심 분야, 장래 희망, 청소년의 일상생활 등에서 주제를 선정한 후, 이를 바탕으로 조사 기간, 조사 내용, 조사 방법 등에 관한 구체적인 계획을 수립한다. 이어서 다양한 방법을 통해 자료를 수집하고 분석한 후, 보고서의 구성 요소에 따라 조사의 과정과 결과가 간결하고 명확하게 드러나게 보고하는 글을 작성해 본다.

- **활동 제재** '우리 학교 학생들의 평일 여가 활용 실태'는 우리 학교 학생들의 평일 여가 활용 실태를 주제로 한 조사 보고서로, 여가의 의미와 여가 활동의 긍정적인 효과에 관한 조사를 통해 여가의 중요성을 알아보고 우리 학교 학생들과 오늘날 청소년들의 평일 여가 활용 양상을 비교·분석하였다. 보고서의 구성 요소를 잘 갖추었으며, 도표와 그래프 등 시각적 자료를 적절히 활용하여 독자들의 이해를 돕고 있는 보고서이다.

쓰기 윤리와 보고하는 글 쓰기

활동 1 쓰기 윤리의 중요성

1. 다음 블로그의 글을 보고, 아래의 활동을 해 봅시다.

오늘은 저작권에 관해 생각해 보려고요.

우리가 사는 사회를 정보화 사회라고 하죠? 여러분들은 오늘 하루에도 다양한 매체를 통해 수많은 정보를 접하였을 것입니다. 이러한 정보 통신 기술의 발달은 누구나 다양한 분야의 정보 생산자가 될 수 있는 기회를 만들어 주었습니다. 지금 저도 저작권에 관해 관심을 가지고 여러 매체의 자료를 통해 공부한 뒤에, 제가 알고 있는 정보를 생산하고 있는 것이지요. 그러나 요즘, 다양한 매체에서 찾은 자료를 자신의 글인 것처럼 사용하는 경우가 자주 발생하고 있어서 문제가 되고 있습니다.

'한국저작권위원회 누리집(http://www.copyright.or.kr)'에서는 저작권을 '사람의 생각이나 감정을 표현한 결과물에 관해 그것을 표현한 사람에게 주는 권리'라고 설명하고 있습니다. 즉, 저작권은 개인의 창작물에 관한 권리이며, 그것을 함부로 쓰는 것은 저작자의 재산을 훔치는 행위라고 할 수 있습니다.

여러분, 남의 물건을 훔치는 행위를 어떻게 생각하세요? 그럼, 다른 사람의 글을 훔치는 행위는요?

저작권도 우리가 지켜야 할 윤리적 규범이라는 것, 모두 잊지 마세요.

댓글 달기

마음이 얼마 전에 제가 블로그에 감상문 하나를 올렸는데요. 어떤 사람이 말도 없이 가져가서 자기가 쓴 것처럼 본인 블로그에 올려 두었더라고요. 제가 쓴 글은 전문적인 글이 아니기 때문에 아직 저작권에 해당되지 않는 것 같아 너무 속상해요.

1 이 블로그에서 강조한 쓰기 윤리가 무엇인지 말해 봅시다.

예시 답 저작권 보호. 저작권은 개인의 창작물에 관한 권리이고, 타인의 저작권을 함부로 쓰는 것은 저작자의 재산을 훔치는 행위와 같다.

확인 문제

• 정답과 해설 p.44

01 이 글에 드러나는 정보화 사회의 특징으로 적절하지 않은 것은?

① 수많은 정보가 생산된다.
② 정보 통신 기술의 발달을 기반으로 한다.
③ 다양한 매체를 활용한 정보가 만들어진다.
④ 누구나 다양한 정보의 생산자가 될 수 있다.
⑤ 누구나 다양한 정보를 마음껏 가져다 쓸 수 있다.

서술형

02 이 글을 통해 글쓴이가 제시하고 있는 문제가 무엇인지 한 문장으로 서술하시오.

핵심

03 이 글에서 강조하고 있는 쓰기 윤리로 적절한 것은?

① 허위, 과장된 내용 삼가기
② 사실을 바탕으로 보고하기
③ 예의를 갖춘 표현 사용하기
④ 저작권을 보호하며 글 쓰기
⑤ 공동체의 사회적 가치 안에서 글 쓰기

04 다음 설명과 관련 있는 말을 쓰시오.

사람의 생각이나 감정을 표현한 결과물에 관해 그것을 표현한 사람에게 주는 권리를 말하는 것으로 댓글을 쓴 마음이가 침해당한 권리이다.

2 이 블로그와 다음 자료를 참고하여 마음이가 쓴 댓글에 답을 달아 봅시다.

다른 사람의 저작물을 사용할 때는 우선 저작권자의 허락을 꼭 받아야 합니다. 그런 뒤 출처를 명확히 밝힘으로써 인용한 것임을 드러내야 합니다. 자신의 블로그나 누리 소통망(SNS)에 신문 기사 등의 자료를 가져올 때도 주의해야 합니다. 반드시 신문사 또는 기자의 허락을 받고 출처를 밝혀야 한다는 사실을 잊지 마세요. 우리가 인터넷을 통해 쉽게 찾을 수 있는 음악 파일, 영화나 드라마, 사진 등의 자료, 블로그에 올린 글짓기 숙제나 독서 감상문도 모두 보호해야 할 대상입니다.

댓글 31개 | 엮인 글 | 공감하기

마음이: 얼마 전에 제가 블로그에 감상문 하나를 올렸는데요. 어떤 사람이 말도 없이 가져가서 자기가 쓴 것처럼 본인 블로그에 올려 두었더라고요. 제가 쓴 글은 전문적인 글이 아니기 때문에 아직 저작권에 해당되지 않는 것 같아 너무 속상해요.

나: 예시 답 학생이 블로그에 올린 감상문도 자신의 생각과 감정을 표현한 창작물이므로 저작권을 보호받을 수 있어요.

3 이 블로그의 내용을 자신의 블로그에 인용한다고 할 때, 어떤 점에 주의해야 하는지 말해 봅시다.

예시 답 글을 쓴 사람에게 글을 인용해도 되는지 허락을 받고, 올바른 인용 방법에 따라 출처를 명시해야 한다.

표절하지 않고 인용하여 정직하게 쓰기

다른 사람의 글이나 생각 등을 마음대로 베껴 쓰거나, 다른 사람의 글을 인용한 후 출처를 명확하게 밝히지 않는 행위를 표절이라고 합니다. 다른 사람의 글을 인용할 때는 작은따옴표(' '), 큰따옴표(" ") 등의 인용 부호를 사용하고, 출처를 밝힐 때는 도서명과 저자명, 인터넷 사이트의 주소 등을 정확하게 제시해야 합니다.

서술형

05 〈보기〉는 다른 사람의 저작물을 이용하는 방법을 정리한 것이다. 빈칸에 들어갈 적절한 내용을 한 문장으로 쓰시오.

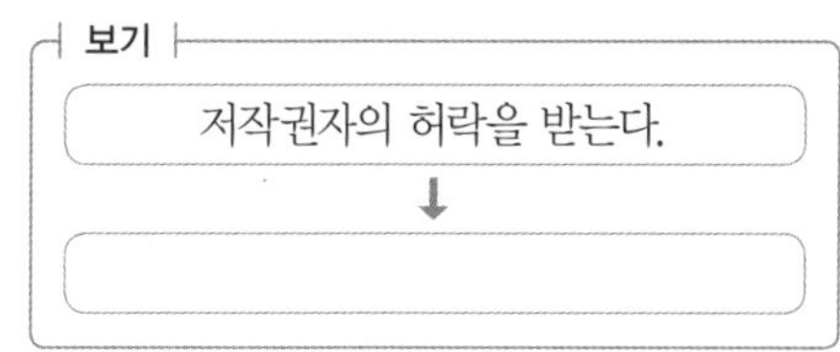

보기

저작권자의 허락을 받는다.

↓

(   )

06 다음 중 보호해야 할 저작물로 보기 어려운 것은?

① 누리소통망의 신문 기사
② 인터넷에 있는 음악 파일
③ 블로그에 올린 글짓기 숙제
④ 학교 홈페이지의 독서 감상문
⑤ 블로그에 올라와 있는 속담과 명언

핵심

07 〈보기〉의 상황에 대한 반응으로 적절한 것은?

보기

나의 블로그에 내가 찍은 사진을 올려놓았는데 어떤 사람이 이 사진을 가져다가 자기 블로그에 올려 놓고 자기 사진인 것처럼 글을 적어 놓아 불쾌했다.

① 다들 그러지 않나요? 인터넷의 가장 큰 특징은 공유 아닙니까?
② 자신이 찍은 사진도 엄연한 창작물이므로 저작권을 보호받아야 합니다.
③ 많이 속상하겠네요. 하지만 전문 작가의 사진이 아니므로 어쩔 도리가 없죠.
④ 일단 남의 블로그에 올라갔으면 어쩔 수 없죠. 내려 달라고 말하기도 미안하잖아요.
⑤ 답답하시겠네요. 그래도 자기 사진이 남들에게 인정받은 거니까 기분 좋은 일 아닌가요?

2. 다음 대화를 보고, 조사한 자료의 결과를 정리할 때 지켜야 할 쓰기 윤리에 관해 생각해 봅시다.

우진: 얘들아, 이 그래프를 봐. 우리 학교 학생 100명을 대상으로 한 설문 조사 결과를 보니, 아침밥을 먹는 친구들이 우리가 예상했던 것보다 많은 것 같아.

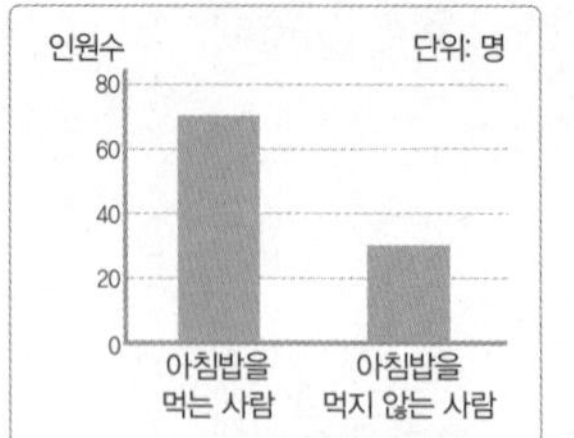

영미: 정말? 다들 안 먹고 오는 줄 알고, 아침밥을 먹어야 하는 까닭도 다 조사해 놓았는데…….

서진: 에이, 그냥 조사 결과를 조금 바꾸자. 어차피 결과는 우리만 알고 있으니까, 조금 수정해도 괜찮을 거야.

1 이 대화에서 서진이 설문 조사 결과를 왜곡하려는 까닭을 생각해 보고, 이로 인해 발생할 문제에 관해 말해 봅시다.

예시 답 자신이 예측한 대로 결과가 나오지 않아서 결과를 조작하려 하고 있다. 이처럼 정보를 왜곡하면 보고서의 사실성과 신뢰성이 떨어지게 될 것이다.

2 이 대화의 학생들이 실제의 설문 조사 결과를 바탕으로 보고서를 작성할 경우, 조사 결과를 어떻게 분석해야 할지 생각해 봅시다.

예시 답 아침밥을 먹는 것이 두뇌 회전과 건강에도 좋다는 신문 기사 자료를 근거로 제시하면서 우리 반 학생들처럼 아침밥을 꾸준히 먹는다면 건강한 두뇌와 체력을 가질 수 있다고 분석해야 할 것이다.

3. 1, 2의 활동을 바탕으로 쓰기 윤리를 지켜야 하는 까닭을 말해 봅시다.

예시 답 저작권은 개인의 창작물에 관한 권리이므로 이를 함부로 쓰는 것은 남의 것을 훔치는 행위와도 같으며 사실을 왜곡하는 것은 남을 속이는 행위와도 같다. 따라서 글을 쓸 때에는 쓰기 윤리를 지켜야 한다.

과장하거나 왜곡하지 않고 사실에 근거하여 쓰기

실험이나 관찰, 조사 등을 할 때 그 과정이나 결과를 조작하여 자신에게 유리하게 작성하거나, 자신에게 불리한 결과 혹은 자신이 의도한 결과에 어긋나는 내용 등을 의도적으로 누락하는 것은 윤리적인 글쓰기라고 할 수 없습니다.

핵심 정리 정보화 사회와 쓰기 윤리

정보화 사회의 특징		쓰기 윤리의 중요성 대두
정보 통신 기술의 발달로 정보가 대량으로 생산됨에 따라 누구나 정보의 생산자가 될 수 있음.	→	다른 사람의 정보를 무단으로 이용하여 정보를 생산하는 경우가 있음.

쓰기 윤리 지키기

다른 사람의 저작권 보호하기		보고 윤리 지키기
저작권자의 허락 받기 → 인용한 후 출처를 밝힘.	+	실험이나 조사의 결과를 과장하거나 왜곡하지 않고 사실대로 씀.

08 이 대화에서 서진이의 문제점으로 적절한 것은?

① 다른 조사자들의 의견을 무시했다.
② 설문 조사 목적을 잘 파악하지 못했다.
③ 설문 조사 내용을 잘 이해하지 못했다.
④ 설문 조사 결과를 의도적으로 왜곡하려고 했다.
⑤ 다른 사람의 조사 결과를 무단으로 인용하려고 했다.

09 이 대화의 학생들이 실제 설문 조사 결과를 바탕으로 보고서를 작성할 때, 분석의 주된 내용으로 적절한 것은?

① 아침밥을 먹는 이유
② 아침밥을 먹지 않는 이유
③ 아침밥을 먹으면 좋은 점
④ 아침으로 먹기에 알맞은 음식
⑤ 아침밥을 먹는 학생과 그렇지 않은 학생의 수

핵심

10 쓰기 윤리를 지켜야 하는 이유로 적절하지 않은 것은?

① 독자에 대한 예의를 지키기 위해서
② 원 저작자의 권리를 지켜 주기 위해서
③ 쓰기 윤리를 지키지 않으면 개인의 창작 의욕을 빼앗게 되므로
④ 쓰기 윤리를 지키지 않으면 글쓰기를 효율적으로 하기 어려우므로
⑤ 쓰기 윤리를 지키지 않는 것은 지적 재산을 빼앗는 범죄 행위와 같으므로

서술형

11 〈보기〉에서 정민이의 문제점을 한 문장으로 쓰시오.

보기

정민이는 과학 실험을 하면서 자신의 의도대로 되지 않은 실험 결과는 빼고 자신의 의도대로 나온 실험 결과만으로 실험 보고서를 작성하였다.

활동 2 보고하는 글 쓰기의 특성

1. ○○ 모둠은 '우리 학교 학생들의 여가 활용 실태'에 관한 조사 보고서를 쓰려고 합니다. 다음 대화를 보고, 조사 계획서를 완성해 봅시다.

정화: 이번에 모둠별로 보고서를 써야 하잖아. 어떤 주제로 쓰는 것이 좋을까?

채연: 최근에 인터넷에서 오늘날 청소년들의 평일 여가 시간이 2시간도 안 된다는 기사를 봤어. 우리 학교 학생들은 어떨지 궁금해. 우리 학교 학생들의 평일 여가 시간이 얼마나 되는지 조사하는 것이 어때?

동명: 그거 괜찮다. 여가 시간에 어떠한 활동을 하는지도 조사하자.

정화: 그래. 설문지를 만들어서 조사하는 것이 좋겠어. 우리 학교 학생들 100명을 대상으로 조사하면 되겠지?

재현: 응. 그럼 나는 통계 자료를 바탕으로 오늘날 청소년들의 여가 시간과 활동에 관한 자료를 찾아볼게.

동명: 나는 인터넷 백과사전에서 여가의 의미를 찾아볼게. 채연이는 면담을 통해 여가의 긍정적인 효과를 조사해 줘.

조사 계획서

예시 답

- 조사 주제: 우리 학교 학생들의 평일 여가 활용 실태
- 조사 동기 및 목적: 오늘날 청소년들의 여가 시간이 부족하다는 인터넷 기사를 접했다. 실제로 주변 친구들도 평일에 여가 시간을 제대로 누리지 못하고 있는 것 같다. 여가의 의미와 긍정적 효과를 조사하여 여가의 중요성을 파악하고, 우리 학교 학생들의 평일 여가 활용 실태에 관해 살펴보고자 한다.
- 조사 내용: 우리 학교 학생들의 평일 여가 시간과 여가 활동 양상, 오늘날 청소년들의 평일 여가 시간과 활동, 여가의 의미와 긍정적 효과
- 조사 기간: 20○○년 ○월 ○일~○일
- 조사 방법
  - 설문 조사: 설문지를 제작하여 우리 학교 학생 100명을 대상으로 조사
  - 자료 조사: 통계 자료, 인터넷 백과사전, 면담

12 학생들의 대화를 바탕으로 할 때, 조사 주제를 선정하게 된 계기로 적절한 것은?

① 방황하는 청소년들이 많다.
② 청소년들의 여가 시간이 너무 적다.
③ 청소년들이 시간을 유익하게 보내지 못한다.
④ 청소년들이 공부로 인해 정신적 여유를 갖지 못한다.
⑤ 청소년들이 여가 시간에 바람직한 활동을 하지 못한다.

13 학생들의 대화와 조사 계획서를 바탕으로 할 때, 학생들이 선택한 조사 방법과 거리가 먼 것은?

① 설문 조사
② 방송 매체를 통한 조사
③ 면담을 통한 직접 조사
④ 통계 자료를 통한 조사
⑤ 인터넷을 통한 자료 조사

핵심

14 학생들의 대화와 조사 계획서를 바탕으로 할 때, 조사 내용이 아닌 것은?

① 여가의 의미와 긍정적 효과
② 우리 학교 학생들의 여가 활동 양상
③ 우리 학교 학생들의 평일 여가 시간
④ 오늘날 청소년의 평일 여가 시간과 활동
⑤ 청소년 여가 활동과 어른의 여가 활동 비교

15 다음과 같은 자료 조사를 하게 된 학생은 누구인지 찾으시오.

자료 조사 방법 중에는 직접적 조사 방법이 있다. 현장을 조사한다든지 전문가를 만나 직접 이야기를 듣는 방법 등이 대표적인 직접 조사 방법이다.

2. 다음은 보고서를 쓰기 위해 수집한 자료들입니다. 이어지는 활동을 통해 수집한 자료들을 정리하는 과정을 알아봅시다.

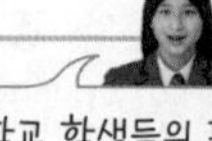

우리 학교 학생들의 평일 여가 활용 양상과 희망 여가 시간 및 활동을 알아보기 위한 설문지를 만들었어.

가 우리 학교 학생들을 대상으로 한 설문 조사

질문 1 평일 하루 일과 중 당신의 여가 시간은 어느 정도입니까?

1시간 미만(31명), 1~2시간(39명), 2~3시간(19명), 3~4시간(8명), 4시간 이상(3명)

질문 2 평일 여가 시간에는 주로 무엇을 합니까?

컴퓨터 게임·인터넷 검색(35명), 텔레비전 시청(29명), 휴식(22명), 운동 및 운동 경기 관람(9명), 문화·예술 활동(3명), 기타(2명)

질문 3 본인이 적절하다고 생각하는 평일 여가 시간은 어느 정도이며, 여가 시에는 무엇을 하고 싶습니까?

- 1시간 미만(0명), 1~2시간(22명), 2~3시간(63명), 3~4시간(11명), 4시간 이상(4명)
- 컴퓨터 게임·인터넷 검색(13명), 텔레비전 시청(7명), 휴식(18명), 운동 및 운동 경기 관람(26명), 문화·예술 활동(32명), 기타(4명)

여가의 의미를 정리하기 위해 인터넷 백과사전을 찾아봤어.

나 인터넷 백과사전을 활용한 자료 조사

여가는 다양한 취미 활동을 할 수 있는 개인의 자유로운 시간으로, 정신적이고 육체적인 균형을 위해 반드시 필요하다. 주말과 휴가, 방과 후의 시간 등을 이용하여 자신이 좋아하는 일을 찾아 그 일을 즐기는 과정에서 스트레스를 해소하며 재충전의 기회를 갖는다.

– 한국민족문화대백과사전(http://encykorea.aks.ac.kr)

나는 체육 선생님께 여가의 긍정적인 효과에 관해 여쭤보았어.

다 학교 체육 선생님 면담 조사

면담자 (　　　　　㉠　　　　　)

선생님 청소년기는 급격한 신체적·정신적 변화가 나타나는 시기이며, 그로 인해 높은 스트레스를 받을 수 있습니다. 청소년들의 여가 활용은 스트레스를 해소해 주고, 기분 전환을 할 수 있게 해 줍니다. 또한, 학생 개인의 재능 발달이나 흥미 유발에 좋은 영향을 주어 학업 성취도 및 자아존중감을 높이는 데에도 긍정적인 기능을 하지요.

16 가의 설문 조사를 통해 알 수 있는 사실이 아닌 것은?

① 여가 시간에 컴퓨터 게임을 인터넷 검색보다 많이 하였다.
② 학생 중에서 4시간 이상 여가 시간을 가진 학생도 있었다.
③ 학생 중 절반 이상이 하루 평균 2시간 이내의 여가 시간을 가졌다.
④ 학생들은 여가 시간에 하는 문화·예술 활동에 대한 관심이 비교적 높았다.
⑤ 학생들은 여가 시간을 하루에 2~3시간 정도 갖기를 원하는 경우가 가장 많았다.

17 나에 대한 설명으로 적절하지 않은 것은?

① 인터넷을 활용한 자료 조사이다.
② 내용의 신뢰성이 떨어지는 자료이다.
③ 책과 같은 문헌 조사로 대체 가능하다.
④ 사전이라는 매체를 통한 자료 조사이다.
⑤ 여가의 의미와 가치를 주요 내용으로 한다.

핵심

18 다의 내용을 고려할 때, ㉠에 들어갈 알맞은 말은?

① 여가의 뜻이 무엇인지 궁금합니다.
② 여가의 긍정적 효과에 관해 알고 싶어요.
③ 여가와 휴가의 차이는 무엇인지 알고 싶어요.
④ 선생님은 여가 시간에 무엇을 하시는지 궁금해요.
⑤ 여가 시간을 활용하지 못하는 이유를 알고 싶어요.

통계 자료를 활용해서 오늘날의 청소년들이 여가 시간을 어떻게 보내는지 조사해 봤어.

㉱ 통계 자료 조사

통계청과 여성가족부에서 발표한 「2018 청소년 통계」에 따르면, 오늘날의 청소년들은 평일 대부분의 여가 시간을 '컴퓨터 게임·인터넷 검색', '텔레비전 시청', '휴식' 등에 활용하는 것으로 조사되었다.

---

1 ㉮~㉱의 자료를 보고서에서 어떻게 활용할 수 있을지 생각하며 학생들의 대화를 완성해 봅시다.

㉮ 설문 조사
정화: 보고서의 주제가 '우리 학교 학생들의 평일 여가 활용 실태'이니까, 실제 사례를 보여 주는 자료로 활용할 수 있을 것 같아.

㉯ 인터넷 백과사전 조사
동명: 보고서의 처음 부분에 '여가'의 의미를 정확하게 설명하면서 시작하면, 여가 활용의 중요성을 강조할 수 있을 거야.

㉰ 면담 조사
채연: 예시 답 여가의 뜻을 설명할 때 여가의 긍정적인 효과도 같이 제시하면 청소년들이 여가 활용을 해야 하는 까닭을 보여 줄 수 있을 거야.

㉱ 통계 자료 조사
재현: 예시 답 우리 학교 학생들의 여가 활용 실태에 관한 설문 조사 결과를 분석할 때 오늘날 청소년의 여가 활용 실태와 비교할 수 있을 것 같아.

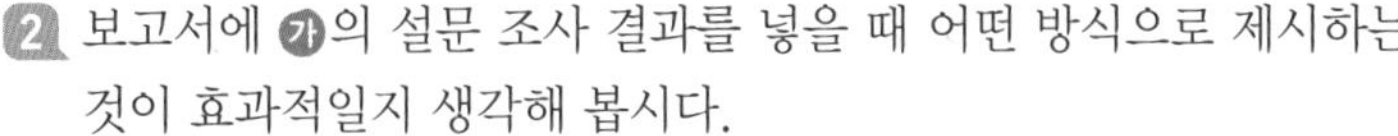

2 보고서에 ㉮의 설문 조사 결과를 넣을 때 어떤 방식으로 제시하는 것이 효과적일지 생각해 봅시다.

예시 답 설문 조사 결과를 한눈에 알아볼 수 있도록 막대그래프나 원그래프로 제시하는 것이 효과적이다.

3 추가로 조사할 내용이 있다면 무엇인지 생각해 보고, 그 자료를 조사하려는 까닭을 이야기해 봅시다. 예시 답

추가로 조사할 내용	조사하려는 까닭
OECD 국가 청소년의 여가 시간과 여가 활동 실태	우리나라 청소년의 여가 시간이나 여가 활용 양상과 비교해 보고 바람직한 방향을 모색해 보기 위하여 OECD 국가 청소년의 여가 시간과 여가 활용 실태를 알아보고자 한다.

19 ㉱의 통계 자료를 바탕으로 알 수 있는 내용으로 적절한 것은?

① 오늘날 청소년들의 여가 시간
② 우리 학교 학생들의 여가 시간
③ 오늘날 청소년들의 여가 활용 방법
④ 우리 학교 학생들의 여가 활용 방법
⑤ 우리 학교 학생들의 여가 활용 계획

핵심

20 ㉮~㉱를 바탕으로 보고서를 쓸 때, 조사 자료의 활용 방법으로 적절하지 <u>않은</u> 것은?

① 설문 조사 자료: 실제 사례를 보여 주는 자료로 활용한다.
② 면담 조사 자료: 여가 활용을 해야 하는 이유를 강조하는 데 활용한다.
③ 면담 조사 자료: 학생들의 다양한 여가 활용 방법을 소개할 때 활용한다.
④ 통계 조사 자료: 우리 학교 학생들의 여가 활용 실태와 비교하는 데 활용한다.
⑤ 인터넷 백과사전 조사 자료: '여가'의 정확한 의미를 알려 주고 여가 활용의 중요성을 강조하는 데 활용한다.

서술형

21 보고서에 ㉮의 설문 조사 결과를 넣을 때 〈보기〉와 같은 문제점을 해결하기 위한 방법을 한 문장으로 쓰시오.

보기
설문 조사 결과를 한눈에 알아볼 수 있게 하는 방법이 없을까?

3. 다음은 '우리 학교 학생들의 평일 여가 활용 실태' 조사 보고서입니다. 완성된 보고서를 바탕으로, 보고서의 구성 요소와 특성을 파악해 봅시다.

우리 학교 학생들의 평일 여가 활용 실태

○○ 모둠

1. 조사 주제 및 목적

최근 한 인터넷 신문 기사에서 보도한 내용을 보면 오늘날 청소년들의 10명 중 3명은 평일 여가 시간이 2시간도 안 되는 것으로 나타났다. 이에 우리 모둠에서는 여가의 의미와 긍정적인 효과를 통해 여가의 중요성을 알아보고, 우리 학교 학생들과 오늘날 청소년들의 평일 여가 활용 양상을 비교·분석하여 우리 학교 학생들의 평일 여가 활용 실태를 탐구하였다.

2. 조사 기간 및 조사 방법

(1) 조사 기간: 20○○년 ○월 ○일~○일

(2) 설문 조사

- 조사 대상: 우리 학교 학생 100명
- 조사 내용: 우리 학교 학생들의 평일 여가 활용 실태와 희망 여가 시간 및 활동

(3) 자료 조사

- 조사 방법: 인터넷 백과사전, 면담, 통계 자료 조사 등
- 조사 내용: 여가의 의미와 긍정적 효과, 오늘날 청소년들의 평일 여가 활용 실태

3. 조사 결과

(1) 여가의 의미

한국민족문화대백과사전의 풀이에 따르면, 다양한 취미 활동을 할 수 있는 개인의 자유로운 시간을 뜻한다.

(2) 여가의 긍정적 효과

면담 결과 청소년기의 여가 활동은 스트레스 해소와 기분 전환에 좋으며, 청소년의 건전한 성장과 발달에 도움이 된다는 것을 알 수 있었다. 여가의 긍정적인 효과에 관해 ○○○ 체육 선생님은 "학업 성취도 및 자아 존중감 향상에 긍정적인 영향을 미친다."라며 동적이고 적극적인 여가 활동을 권장하였다.

22 '조사 주제와 목적'을 바탕으로 할 때, 보고서를 통해 궁극적으로 전달하고자 하는 것은?

① 여가의 의미
② 여가의 긍정적 효과
③ 우리 학교 학생들의 여가 시간
④ 오늘날 청소년의 여가 시간 실태
⑤ 우리 학교 학생들의 평일 여가 활용 실태

핵심

23 다음은 이 보고서의 조사 방법을 정리한 것이다. ㉮~㉱에 들어갈 적절한 방법을 〈보기〉에서 골라 쓰시오.

조사 방법	조사 내용
㉮	우리 학교 학생들의 평일 여가 활용 실태와 희망 여가 시간 및 활동
㉯	여가의 의미
㉰	여가의 긍정적 효과
㉱	오늘날 청소년들의 평일 여가 활용 실태

보기

설문 조사, 인터넷 백과사전, 면담, 통계 자료 조사, 현장 조사, 방송 매체 조사

- ㉮:
- ㉯:
- ㉰:
- ㉱:

24 이 보고서를 바탕으로 할 때, 여가의 긍정적 효과로 보기 어려운 것은?

① 학업 성취감을 높여 준다.
② 자아 존중감을 향상시킨다.
③ 스트레스 해소와 기분 전환에 좋다.
④ 건전한 성장과 발달에 도움이 된다.
⑤ 동적이고 적극적인 활동을 도와준다.

(3) 오늘날 청소년들의 평일 여가 활용 실태

• 청소년의 평일 여가 시간 실태

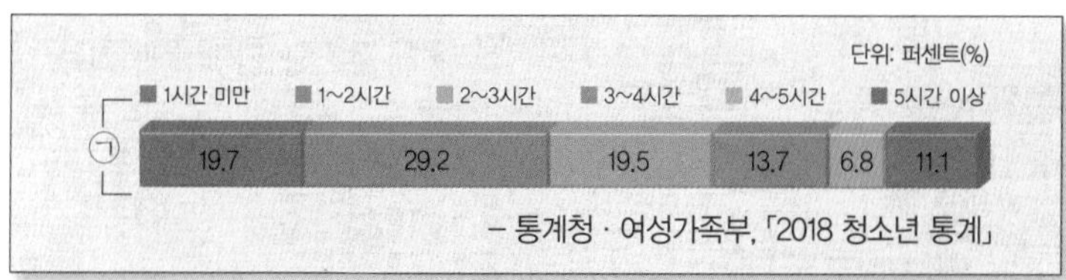

– 통계청 · 여성가족부, 「2018 청소년 통계」

오늘날 청소년의 평일 여가 활용 시간은 '1~2시간'이 가장 많았고, '1시간 미만', '2~3시간' 등의 순으로 나타났다.

• 청소년의 평일 여가 활동 실태(복수 응답)

컴퓨터 게임·인터넷 검색	텔레비전 시청	휴식	취미 및 자기 계발 활동	문화·예술 관람 및 참여	운동 및 운동 경기 관람	사회 및 기타 활동	관광 활동	기타
68.3	64.3	60.5	30.5	22.1	18.6	4.1	2.7	0.2

단위: 퍼센트(%)

㉡ – 통계청 · 여성가족부, 「2018 청소년 통계」

오늘날 청소년의 평일 여가 활동 양상은 주로 '컴퓨터 게임·인터넷 검색', '텔레비전 시청', '휴식' 등으로 단순하고 획일적인 형태로 나타났다.

(4) 우리 학교 학생들의 평일 여가 활용 실태

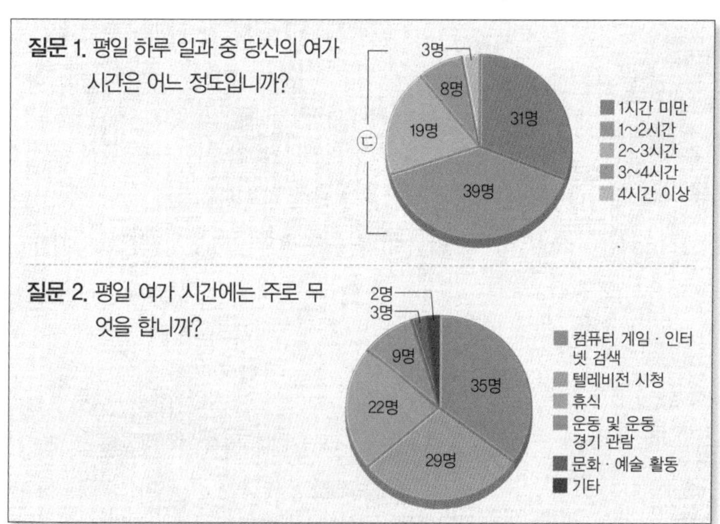

설문 조사 결과 우리 학교 대부분의 학생들은 평일에 '1시간 미만'에서 '1~2시간'의 여가 시간을 보내고 있었다. 그리고 여가 활동은 '컴퓨터 게임·인터넷 검색(35명)', '텔레비전 시청(29명)'과 같은 정적인 활동 위주로 이루어지고 있었다.

25 이 보고서의 내용을 통해 알 수 없는 것은?

① 한국 청소년들은 평일 여가 시간에 주로 정적인 활동을 한다.
② 오늘날 청소년들의 평일 여가 활동은 획일적인 경향을 보인다.
③ 오늘날 청소년과 우리 학교 학생들의 평일 여가 시간은 대체로 비슷한 편이다.
④ 우리 학교 학생들 중에 평일 여가 시간이 1시간 미만인 학생들은 31%이다.
⑤ 우리 학교 학생들이 평일 여가 시간에 취미 및 자기 계발 활동에 참여하는 비율은 일반적 청소년들과 비슷하다.

핵심

26 ㉠과 ㉢을 통해 얻을 수 있는 효과로 적절하지 않은 것은?

① 독자들의 관심을 끌 수 있다.
② 보고하는 내용을 한눈에 살펴볼 수 있다.
③ 글만으로는 이해할 수 없는 내용을 실제로 보여 준다.
④ 글로 표현하면 복잡한 내용을 간단하게 표현할 수 있다.
⑤ 각 항목이 차지하는 비중이 얼마나 되는지 쉽게 알아볼 수 있다.

서술형

27 ㉡의 역할 두 가지를 각각 한 문장으로 쓰시오.

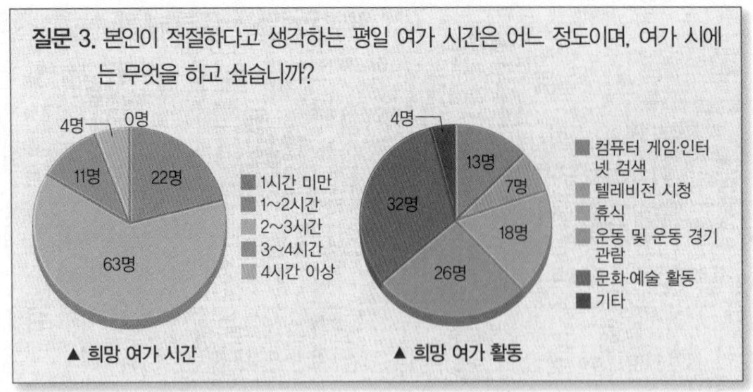

우리 학교 학생 100명 중 과반수 이상의 학생들이 희망하는 평일 여가 시간은 '2~3시간'으로 나타났다. 이어 '1~2시간(22명)', '3~4시간(11명)' 등의 순으로 응답하였다. 희망하는 여가 활동으로는 32명의 학생들이 '문화·예술 활동'을 선택하였고, 이어서 운동 및 운동 경기 관람(26명), 휴식(18명) 등의 순으로 응답하였다. 대부분의 학생들이 실제 여가 활동으로 응답했던 '컴퓨터 게임·인터넷 검색', '텔레비전 시청'은 13명, 7명으로, 상대적으로 선호도가 낮게 나타났다.

4. 평가 및 소감

이번 조사를 통해 오늘날 청소년들의 평일 여가 시간과 그 활동 양상을 우리 학교 학생들과 비교해 보았다. 우리 학교 학생들의 평일 여가 시간은 오늘날 청소년들의 양상과 크게 다르지 않았다. 한편 우리 학교 학생들이 가장 희망하는 여가 활동은 문화·예술 활동으로, 실제 여가 시에 하는 활동과 다소 차이를 보였다. 이는 학생들이 희망하는 여가 활동을 할 수 있도록 여가 활동을 위한 충분한 시간과 외부 환경 조성 등의 지원이 필요함을 시사한다. 학업 스트레스를 해소하고 긍정적인 정서를 불러일으키는 적극적인 여가 활용을 통해, 우리 학교 학생들을 비롯한 오늘날의 청소년들이 보다 행복하고 건전하게 성장할 수 있었으면 좋겠다.

5. 참고 자료

㉠
- 한국민족문화대백과사전(http://encykorea.aks.ac.kr)
- 통계청·여성가족부, 「2018 청소년 통계」(2018)

보고서를 쓸 때 인용한 자료들은 반드시 출처를 밝혀야 해요.

28 **'질문 3'에 대한 분석으로 적절한 것은?**

① 희망 여가 활동 중에 텔레비전 시청의 비중이 두 번째로 높았다.
② 과반수의 학생들이 3시간 이상의 평일 여가 시간을 희망하였다.
③ 희망 여가 활동 중에 컴퓨터 게임 및 인터넷 검색의 비중이 높았다.
④ 학생들은 여가 활동 중에 한꺼번에 다양한 활동을 하는 것을 선호했다.
⑤ 학생들은 희망 여가 활동 중에 운동 및 운동 경기 관람을 두 번째로 선호했다.

29 **조사 결과 보고서를 통해 얻은 우리 학교 학생들의 평일 여가와 관련된 시사점이 아닌 것은?**

① 학생들의 다양한 여가 활동을 위한 외부 환경 조성을 위해 노력해야 한다.
② 우리 학교 학생들의 평일 여가 시간 양상은 오늘날 청소년들의 양상과 다르지 않다.
③ 학생들이 주어진 여가 시간을 제대로 활용하지 못하고 방황하는 경향을 보였다.
④ 우리 학교 학생들이 가장 희망하는 여가 활동과 실제 여가 시에 하는 활동과는 차이가 있었다.
⑤ 학생들이 희망하는 여가 활동을 하기 위해서는 여가 활동을 위한 충분한 시간이 보장되어야 한다.

핵심

30 **㉠과 관련된 쓰기 윤리로 적절한 것은?**

① 독자를 배려하는 글 쓰기를 해야 한다.
② 자신이 책임질 수 있는 내용만 써야 한다.
③ 내용을 과장하거나 왜곡하지 말아야 한다.
④ 다른 사람의 저작물을 올바르게 활용해야 한다.
⑤ 사회적인 통념에 어긋나는 내용을 쓰지 말아야 한다.

1 이 보고서의 내용을 구성 요소에 따라 정리해 봅시다.

1. 조사 주제 및 목적: 우리 학교 학생들의 평일 여가 활용 실태와 그 양상을 조사하고 여가의 중요성을 탐구함.
2. 조사 기간 및 조사 방법: • 조사 기간: 20○○년 ○월 ○일~○일
   • 조사 방법: 설문, 인터넷 백과사전, 면담, 통계 자료 조사 등
3. 조사 결과: 우리 학교 학생들의 평일 여가 활용 시간은 오늘날 청소년들의 양상과 크게 다르지 않았으나 우리 학교 학생들이 희망하는 여가 활동과 실제 여가 활동은 다소 차이를 보였음.
4. 평가 및 소감: 학생들이 희망하는 여가 활동을 할 수 있도록 여가를 위한 충분한 시간과 외부 환경 조성 등이 필요함. 또한 적극적인 여가 활용을 통해 오늘날의 청소년들이 행복하고 건전하게 성장하기를 기대함.
5. 참고 자료: • 한국민족문화대백과사전
   • 통계청·여성가족부, 「2018 청소년 통계」

2 이 보고서를 통해 새롭게 알게 된 내용을 정리해 보고, '우리 학교 학생들의 평일 여가 활용 실태'에 관한 자신의 의견을 이야기해 봅시다.

예시 답 청소년의 여가 활동이 학업에도 긍정적인 영향을 미친다는 것을 새롭게 알게 되었다. 우리 학교 학생들은 평일 방과 후에 대부분 학원에 다니기 때문에 여가를 제대로 즐길 여유가 없었던 것 같다. 적당한 여가 활동은 학업에도 긍정적인 영향을 미치므로, 일주일에 두 번 정도라도 제대로 된 여가 활동을 해야 한다는 생각이 들었다.

3 다음 점검표를 바탕으로 이 보고서를 평가해 봅시다. 예시 답 생략

평가 기준	평가 결과
❶ 보고서의 구성 요소가 잘 드러나 있는가?	☆☆☆☆☆
❷ 시각 자료를 적절하게 활용하였는가?	☆☆☆☆☆
❸ 내용을 알아보기 쉽고 간결하게 정리하였는가?	☆☆☆☆☆
❹ 자료 조사의 결과를 왜곡하거나 변형하지 않았는가?	☆☆☆☆☆
❺ 참고 자료의 출처를 정확히 기록하였는가?	☆☆☆☆☆

보고서의 특성

보고서는 어떠한 사실이나 현상에 관한 관찰, 조사, 실험, 연구 등의 절차와 결과를 객관적으로 알리고자 일정한 형식에 맞추어 쓴 글입니다. 보고서를 작성할 때는 관찰, 조사, 실험, 연구 등의 주제와 목적, 기간, 대상 및 방법, 조사 결과, 참고 자료 등의 구성 요소를 포함하고, 절차와 결과가 잘 드러나도록 내용을 조직해야 합니다.

핵심 정리 **보고서의 구성 요소**: 조사 주제 및 목적 → 조사 기간 및 조사 방법 → 조사 결과 → 평가 및 소감 → 참고 자료

조사 방법: • 설문 조사: 우리 학교 학생들의 평일 여가 활용 실태와 희망 여가 시간 및 활동 / • 인터넷 백과사전, 면담, 통계 자료 조사: 여가의 의미와 긍정적 효과, 오늘날 청소년들의 평일 여가 활용 실태

조사 결과: • 우리 학교 학생들의 평일 여가 활용 시간은 오늘날 청소년들의 양상과 크게 다르지 않음. / • 우리 학교 학생들이 희망하는 여가 활동과 실제 여가 활동은 다소 차이를 보였음.

시사점: 학생들의 여가를 위한 충분한 시간과 외부 환경 조성 등이 필요함.

31 **1**을 바탕으로 할 때, 조사 보고서의 구성 요소로 보기 어려운 것은?

① 조사 결과
② 조사 모둠 소개
③ 조사 주제와 목적
④ 조사 결과 분석 및 평가
⑤ 조사 기간 및 조사 방법

32 이 보고서를 읽은 후의 반응으로 적절하지 않은 것은?

① 우리 학교 학생들의 여가 활용 실태에 대해 잘 알게 되었어.
② 여가의 뜻과 여가 활용의 긍정적인 효과에 대해 새롭게 알게 되었어.
③ 학생들이 여가를 잘 활용하려는 의지가 부족하다고 생각하게 되었어.
④ 학생들이 여가를 활용할 수 있도록 제도적 장치가 마련되어야 할 것 같아.
⑤ 우리 학교 학생들의 여가 활용과 다른 청소년들의 여가 활용이 크게 다르지 않다는 것을 알게 되었어.

핵심

33 보고서를 평가하기 위해 던질 수 있는 질문으로 적절하지 않은 것은?

① 시각 자료를 적절하게 활용하고 있는가?
② 보고서의 구성 요소가 잘 드러나 있는가?
③ 내용을 알아보기 쉽게 간결하게 정리했는가?
④ 내용과 관련된 참고 자료를 많이 수록하였는가?
⑤ 자료 조사 결과를 과장하거나 왜곡하지 않았는가?

34 〈보기〉의 빈칸에 들어갈 알맞은 말을 쓰시오.

보기

보고서는 어떠한 사실이나 현상에 관한 관찰, 조사, 실험, 연구 등의 (　　　)와/과 결과를 객관적으로 알리고자 일정한 형식에 맞추어 쓴 글입니다.

활동 ❸ 절차와 결과가 드러나도록 보고하는 글 쓰기

Ⅱ 절차와 결과가 잘 드러나도록 보고서를 써 봅시다.

1단계: 주제 및 목적 정하기

1. 개인적인 관심 분야나 장래 희망, 일상생활 등에서 조사 주제와 목적을 정해 봅시다. 예시 답

조사 주제	우포늪의 생태계
조사 목적	생태계가 잘 보전되어 있는 우포늪을 관찰하고, 그곳에서 생태계가 잘 보전되는 까닭이 무엇인지, 그러한 상태를 유지하기 위하여 어떤 노력이 필요한지를 알아보기 위해서

조사 보고서를 쓸 때는 조사 주제와 목적을 올바르게 수립하는 것이 중요해.

2단계: 조사 계획 세우기

2. 조사 주제와 목적을 고려하여 구체적인 조사 계획을 세워 봅시다. 예시 답

조사 기간	20○○년 ○월 ○일 ~ ○일
조사 내용	우포늪에 사는 동식물의 모습과 겨울 철새의 모습
조사 방법	(1) 관찰 조사: 우포늪에 서식하는 새들과 식물의 모습 (2) 문헌 조사: 우포늪에 서식하는 동식물의 모습 (3) 인터넷 조사: 우포늪의 현황과 가치, 우포늪에 도래하는 겨울 철새들의 종류 (4) 면담 조사: 우포늪의 기능

35 보고하는 글 쓰기를 위해 주제와 목적을 정할 때 유의할 점이 아닌 것은?

① 예상 독자의 수준이 어떠한지 파악한다.
② 자신의 수준을 고려하여 주제를 선정한다.
③ 예상 독자가 흥미를 가질 만한 주제를 선정한다.
④ 조사 목적이 여러 가지가 되지 않도록 목적을 단일화한다.
⑤ 자료의 확보를 위해 다른 보고서에서 다룬 주제로 정한다.

핵심

36 조사 계획을 세울 때 유의할 점이 아닌 것은?

① 조사 기간을 구체적으로 적는다.
② 조사 방법을 다양하게 준비한다.
③ 조사 계획에 따라 주제를 적절히 조정한다.
④ 모둠원 각자의 역량에 맞게 역할을 분담한다.
⑤ 조사 범위를 미리 정한 뒤 내용을 구체화한다.

서술형

37 다음 조사 계획서의 빈칸에 들어갈 알맞은 내용을 쓰시오.

조사 기간	20○○년 ○월 ○일 ~ ○월 ○일
조사 내용	우리 반 아이들의 휴대 전화 사용 실태
조사 방법	설문 조사: (　　　　)

3단계: 자료 수집하기

3. 다양한 방법을 활용하여 자료를 조사하고, 그 내용을 정리해 봅시다.

예시 답

조사 방법	조사 내용	출처
관찰	우포늪에 서식하는 새들과 동식물의 모습	
문헌	우포늪에는 다양한 물벌레, 파충류, 양서류가 살고 있기 때문에 이를 먹기 위해 여러 종의 철새들이 찾아온다. 환경부 지정 희귀 식물인 가시연꽃은 세계에서도 유일하게 파생종이 없는 단 한 종뿐인 일년생 수생 식물로, 우리나라 창녕 우포늪에만 대형 군락을 이루고 있다.	양은주, 김기대, 「환경교육」 23권 2호 (2010, 99~100쪽 참조)
인터넷	우포늪은 75만 평의 국내 최대 규모의 늪지이며, 천연의 자연 경관을 간직하고 있어 자연환경 보전 지역으로 지정되어 있다. 우포늪의 겨울 철새는 큰기러기, 고니, 청둥오리, 쇠오리, 홍머리오리, 물닭 등이 있다. 겨울 철새들은 북극 지방의 혹독한 기후를 피해 10월쯤 남쪽으로 날아와서 겨울을 지내는데, 우포에서는 이러한 겨울 철새들이 월동하는 모습을 흔히 볼 수 있다.	창녕군청 누리집 (http://www.cng.go.kr)
면담	• 질문: 우포늪은 어떤 기능을 하는 곳인가요? • 답변: 우포늪은 생물 다양성의 보고인 동시에 오염 정화, 퇴적물 보유, 홍수 조절, 기후 안정화 등의 기능을 합니다.	김○○ (문화 관광 해설사)

자료를 조사할 때는 책이나 인터넷을 찾아보는 것 외에도 설문 조사나 면담, 답사 등의 다양한 방법으로 관련 내용을 조사할 수 있어.

4단계: 자료 정리 및 분석하기

4. 3에서 조사한 자료를 정리하고, 결과를 분석해 봅시다. 예시 답

(1) 우포늪의 현황과 가치

우포늪은 75만 평의 국내 최대 규모의 늪지이며, 천연의 자연 경관을 간직하고 있어 자연환경 보전 지역으로 지정되어 있다.

(2) 우포늪의 생태계

우포늪에는 다양한 물벌레, 파충류, 양서류가 살고 있기 때문에 이를 먹기 위해 여러 종의 철새들이 찾아온다. 환경부 지정 희귀 식물인 가시연꽃은 세계에서도 유일하게 파생종이 없는 단 한 종뿐인 일년생 수생 식물로, 우리나라 창녕 우포늪에만 대형 군락을 이루고 있다.

우포늪의 기능에 관하여 김○○ 문화 관광 해설사는 "우포늪은 오염 정화, 퇴적물 보유, 홍수 조절, 기후 안정화 기능을 한다."라며 새들에게뿐만 아니라 환경적으로도 도움이 된다고 하였다.

(3) 우포늪의 겨울 철새들

우포늪의 겨울 철새는 큰기러기, 고니, 청둥오리, 쇠오리, 홍머리오리, 물닭 등이 있다. 겨울 철새들은 북극 지방의 혹독한 기후를 피해 10월쯤 남쪽으로 날아와서 겨울을 지내는데, 우포에서는 이러한 겨울 철새들이 월동하는 모습을 흔히 볼 수 있다.

조사 보고서의 주제와 목적에 맞는 자료인지 판단하고, 조사한 결과를 정확하게 분석해야 해.

38 보고서를 쓰기 위해 자료를 수집할 때 고려할 점으로 적절하지 않은 것은?

① 자료는 최근의 것인가?
② 자료의 출처는 믿을 만한가?
③ 주제에 어긋나는 자료는 없는가?
④ 여러 종류의 자료를 수집하였는가?
⑤ 인터넷으로 확인할 수 있는 자료인가?

39 자연을 관찰하는 보고서를 작성하기 위한 자료 조사 계획으로 효율성이 가장 떨어지는 것은?

① 대상이 되는 자연을 직접 관찰하여 자료를 수집한다.
② 인터넷을 통해 대상과 관련된 다양한 자료를 수집한다.
③ 대상을 잘 알고 있는 전문가와의 면담을 통해 자료를 수집한다.
④ 주변 사람들에게 대상에 대한 설문 조사를 해 자료를 수집한다.
⑤ 대상을 연구한 문헌 자료를 찾아 중요하고 믿을 만한 자료를 수집한다.

핵심

40 조사 보고서를 쓰기 위해 자료를 정리하고 분석할 때의 유의 사항으로 적절하지 않은 것은?

① 계획했던 조사 계획에 따라 자료를 정리하고 분석한다.
② 작성자의 개인적 견해가 큰 비중을 차지하지 않도록 한다.
③ 자료 분석을 위해 되도록 다양한 사람들의 의견을 인용한다.
④ 저작권이 침해되지 않도록 저작권자의 허락을 받고 출처를 밝힌다.
⑤ 조사 대상의 다양한 측면을 보여 줄 수 있도록 자료를 편중되지 않게 정리하고 분석한다.

5단계: 보고서 쓰기

5. 앞에서 정리한 내용을 바탕으로, 절차와 결과가 드러나는 보고서를 작성해 봅시다.

제목	우포늪의 생태계
조사 주제 및 (㉠)	우리나라에서 생태계가 잘 보전되어 있는 우포늪의 현황을 살펴보고, 우포늪의 생태계를 지속적으로 보전하기 위해 어떠한 노력을 해야 하는지 고찰해 본다.
조사 기간	20○○년 ○월 ○일~○일
조사 대상 및 (㉡)	(1) 관찰 조사: 우포늪에 서식하는 새들과 식물의 모습 (2) 문헌 조사: 우포늪에 서식하는 동식물의 모습 (3) 인터넷 조사: 우포늪의 현황과 가치, 우포늪에 도래하는 겨울 철새들의 종류 (4) 면담 조사: 우포늪의 기능
조사 결과	(1) 우포늪의 현황과 가치: 우포늪은 75만 평의 국내 최대 규모의 늪지이며, 천연의 자연 경관을 간직하고 있어 자연환경 보전 지역으로 지정되어 있다. (2) 우포늪의 생태계: 우포늪에는 다양한 물벌레, 파충류, 양서류가 살고 있기 때문에 이를 먹기 위해 여러 종의 철새들이 찾아온다. 환경부 지정 희귀 식물인 가시연꽃은 세계에서도 유일하게 파생종이 없는 단 한 종뿐인 일년생 수생 식물로, 우리나라 창녕 우포늪에만 대형 군락을 이루고 있다. 우포늪의 기능에 관하여 김○○ 문화 관광 해설사는 "우포늪은 오염 정화, 퇴적물 보유, 홍수 조절, 기후 안정화 기능을 한다."라며 새들에게뿐만 아니라 환경적으로도 도움이 된다고 하였다. (3) 우포늪의 겨울 철새들: 우포늪의 겨울 철새에는 큰기러기, 고니, 청둥오리, 쇠오리, 홍머리오리, 물닭 등이 있다. 겨울 철새들은 북극 지방의 혹독한 기후를 피해 10월쯤 남쪽으로 날아와서 겨울을 지내는데, 우포에서는 이러한 겨울 철새들이 월동하는 모습을 흔히 볼 수 있다.
평가 및 소감	천연의 자연 경관을 간직하고 있는 우포늪의 생태계와 겨울 철새들의 모습을 알아보았다. 우포늪은 국내 최대 규모의 늪지이며, 희귀종의 수생 식물이 살고 있을 만큼 물이 깨끗하다. 우포늪에 서식하는 동식물들과 겨울 철새들을 보호하기 위해서는 우포늪에 함부로 쓰레기를 버리지 않고, 환경을 보호하려는 인식을 가져야 할 것이다.
㉢ 참고 자료	자료 출처: 창녕군청 누리집(http://www.cng.go.kr) 양은주, 김기대, 『환경교육』 23권 2호(2010, 99~100쪽 참조)

핵심 정리 보고하는 글을 쓰는 과정

주제 및 목적 정하기	글쓴이와 독자의 수준, 흥미, 관심 분야를 고려함.
조사 계획 세우기	• 조사 기간, 조사 내용, 조사 방법, 역할 분담이 포함됨. • 조사 결과를 예측하여 제시할 수 있음.
자료 수집하기	책이나 인터넷, 설문 조사, 면담, 답사 등 다양한 방식을 활용함.
자료 정리 및 분석하기	• 자료가 조사 보고서의 주제와 맞는지 판단함. • 자료를 분석할 때에는 내용을 과장, 왜곡, 변형하지 않음.
보고서 쓰기	• 조사의 절차와 결과가 잘 드러나도록 명확한 언어로 서술함. • 자료를 인용할 때에는 저작권자의 허락을 받고 출처를 기록함.

핵심

41 보고서를 작성할 때의 일반적인 유의 사항으로 적절하지 <u>않은</u> 것은?

① 정확하고 명료한 표현을 사용해야 한다.
② 자신의 주장을 논리적이고 간결하게 제시한다.
③ 조사한 사실을 과장하거나 왜곡, 변형해서는 안 된다.
④ 관찰, 조사, 실험의 절차와 결과가 잘 드러나야 한다.
⑤ 보고서의 구성 요소를 바탕으로 체계적으로 정리해야 한다.

42 '평가 및 소감'에 들어가기에 적절하지 <u>않은</u> 내용은?

① 독자에 대한 당부
② 대상에 대한 조사 결과
③ 조사를 하면서 아쉬웠던 점
④ 보고 내용에 대한 간단한 요약
⑤ 보고 대상에 대한 앞으로의 전망

43 ㉠과 ㉡에 들어갈 알맞은 말을 쓰시오.

㉠: ____________________

㉡: ____________________

서술형

44 ㉢을 통해 독자가 얻을 수 있는 좋은 점이 무엇인지 한 문장으로 쓰시오.

창의·융합 활동

‖ 다음 신문 기사를 참고하여 일상생활 속에서 접할 수 있는 다양한 쓰기 윤리 위반 사례를 조사해 보고, 이어지는 활동을 해 봅시다.

중·고등학교 학생들이 수행 평가 과제를 하면서 인터넷에 올라와 있는 글을 그대로 베끼거나 약간만 각색해 제출하는 등의 사례가 발생하고 있다. 학생들은 지필 시험을 준비하느라 시간이 없다 보니 짧은 시간에 손쉽게 과제를 해결할 수 있는 인터넷에 의존하는 비율이 높아졌고, 인터넷이 아니더라도 유명 작가의 글, 신문 기사 등을 그대로 표절해 제출하는 등의 행위가 일어나기도 한다.

– 『한국경제』(2007. 10. 12.)

혼자 하기 

1. 우리 주변에서 접할 수 있는 다양한 쓰기 윤리 위반 사례를 조사하여 친구들에게 소개해 봅시다.

예시 답
- 학교 과제인 독후감을 인터넷에서 베껴서 낸 사례
- 드라마 내용을 본인이 쓴 창작 소설처럼 소개한 사례
- 자료를 조사한 뒤 출처를 밝히지 않은 사례
- 설문 조사의 결과를 마음대로 왜곡한 사례

함께하기

2. 1에서 조사한 내용을 바탕으로 '우리 반 쓰기 윤리 규칙'을 만들어 봅시다. 예시 답

우리 반 쓰기 윤리 규칙

1. 다른 사람의 글을 허락 없이 베끼지 않는다.
2. 도서나 인터넷 등의 다양한 자료를 인용할 때는 출처를 반드시 밝힌다.
3. 조사한 자료의 결과를 마음대로 변형하거나 왜곡하지 않는다.
4. 자신이 쓴 글에 책임감을 가지고 독자들을 속이는 행위를 하지 않는다.
5. 다른 사람의 저작물을 존중하는 태도를 가진다.

함께하기 

3. 다음 자료를 참고하여 '우리 반 쓰기 윤리 규칙'이 잘 드러나는 표어나 포스터를 만들어 봅시다.

예시

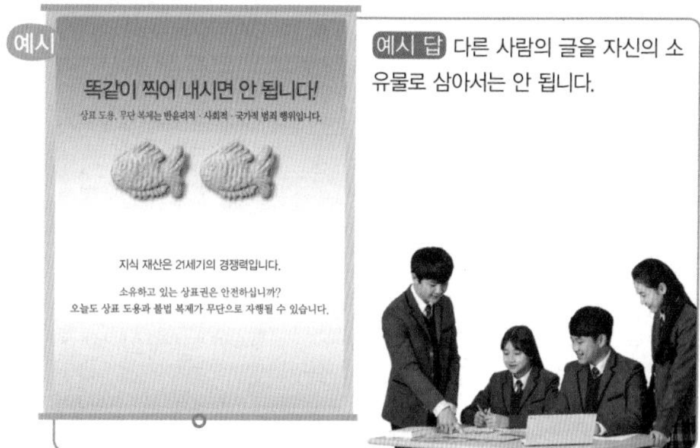

예시 답 다른 사람의 글을 자신의 소유물로 삼아서는 안 됩니다.

수행 평가 대비 활동

| 수행 평가 TIP | 수행 평가를 하면서 인터넷에 있는 글을 표절한다는 신문 기사를 참고하여 우리 주변에서 접할 수 있는 다양한 쓰기 윤리 위반 사례를 찾아보는 활동입니다. 학교에서 실험을 하거나 자료를 조사하는 과정에서 있었던 일을 떠올려 보고 쓰기 윤리에 어긋나는 경우는 없었는지 생각해 봅니다. 그리고 이를 바탕으로 친구들과 상의하여 우리 반의 쓰기 윤리 규칙을 정해 봅니다. 이때 친구들에게서 공통적으로 나온 사례를 중심으로 하면 더 수월하게 규칙을 정할 수 있습니다. 규칙이 완성되면 이를 홍보할 수 있는 표어나 포스터를 만들어 봅니다.

1 평가 내용 확인하기

- 쓰기 윤리를 어긴 사례 생각하기
- '우리 반 쓰기 윤리 규칙' 정하기
- '우리 반 쓰기 윤리 규칙'을 잘 드러내는 표어나 포스터 만들기

2 평가 기준 확인하기

- 다양한 쓰기 윤리 위반 사례를 바탕으로, 구체적인 쓰기 윤리 규칙을 만들었는가?

쓰기 윤리를 위반했던 경험을 공유하면서 이를 방지하기 위한 규칙을 정하는 활동으로 자연스럽게 연결해 봅니다.

- 홍보물의 형식을 고려하여 표어와 포스터의 내용을 효과적으로 표현하였는가?

하나의 표어로 만들어 보는 것도 좋지만 모둠원들이 힘을 합하여 포스터를 만들 수 있도록 각자 역할을 맡아서 해 봅니다.

수행 평가 ⊕

- '쓰기 윤리를 지키자'는 공익 광고 동영상을 만들어 봅시다.

도와줄게 쓰기 윤리의 의미, 쓰기 윤리를 어겼을 때 발생하는 문제점, 쓰기 윤리를 지키면 좋은 점 등을 바탕으로 재미있고 창의적인 영상을 만들어 봅니다.

핵심 원리

쓰기 윤리 지키기

• 쓰기 윤리의 뜻: 글쓴이가 글을 쓰는 과정에서 준수해야 할 윤리적 규범

저작권 보호하기	보고 윤리 지키기
저작권을 존중하고 올바르게 인용하기	조사, 실험, 관찰 결과를 과장, 축소, 왜곡, 변형하지 않기

보고하는 글 쓰기

• 보고하는 글의 뜻: 어떠한 사실이나 현상에 관한 관찰, 조사, 실험, 연구 등의 절차와 (❶)를 객관적으로 알리고자 일정한 형식에 맞추어 쓴 글

• 보고하는 글 쓰기의 과정: 주제 및 목적 정하기 → 조사 계획 세우기 → 자료 수집하기 → 자료 정리 및 분석하기 → 보고서 쓰기

핵심 내용

(1) 쓰기 윤리

❶ (❷) 의 중요성

다른 사람의 정보를 무단으로 이용하여 정보를 생산하는 경우가 있음. → 쓰기 윤리의 필요성 대두

❷ (❸)의 뜻

사람의 생각이나 감정을 표현한 결과물에 관해 그것을 표현한 사람에게 주는 권리

❸ 쓰기 윤리 지키기

• 저작권 보호하기

저작권자의 허락을 받음. → 작은따옴표, 큰따옴표 등의 인용 부호를 사용하고 (❹)를 밝힐 때에는 도서명과 저자명, 인터넷 사이트의 주소 등을 정확하게 제시

• 보고 윤리 지키기

실험, 관찰, 조사 등을 할 때 그 과정이나 결과를 조작하여 자신에게 유리하게 작성하지 않기

\+

자신에게 불리한 결과 혹은 자신이 의도한 결과에 어긋나는 내용 등을 의도적으로 누락시키지 않기

(2) 보고하는 글 쓰기

(❺) 및 목적 정하기	글쓴이와 독자의 수준, 흥미, 관심 분야를 고려함.

인터넷에서 오늘날 청소년들의 평일 여가 시간이 2시간도 안 된다는 기사를 봄. → 우리 학교 학생들의 평일 여가 시간이 얼마나 되는지 조사하기로 함.

↓

조사 계획 세우기	조사 기간, 조사 내용, 조사 방법, 역할 분담이 포함됨.

• 조사 내용: 우리 학교 학생들의 평일 여가 시간과 여가 활동 양상, 오늘날 청소년들의 평일 여가 시간과 활동, 여가의 의미와 긍정적 효과
• 조사 방법: 설문 조사 – 설문지를 제작하여 우리 학교 학생 100명을 대상으로 조사
• 자료 조사: 통계 자료, 인터넷 백과사전, (❻)

↓

자료 수집하기	설문 조사, 인터넷 백과사전 조사, 면담 조사, 통계 자료 조사 등 다양한 방법을 활용함.

• 설문 조사: 우리 학교 학생들의 평일 여가 활용 실태
• 인터넷 백과사전 조사: 여가의 뜻
• 면담 조사: 여가의 긍정적인 효과
• 통계 자료 조사: 오늘날 청소년의 여가 활용 실태

↓

자료 정리 및 분석하기	• 자료가 조사 보고서의 주제와 목적에 맞는지 판단함. • 자료를 분석할 때에는 내용을 과장하거나 왜곡, 변형하지 않음.

• 설문 조사: 실제 사례를 보여 주는 자료로 활용함.
• 인터넷 백과사전 조사: 여가의 의미를 정확히 설명하여 여가 활용의 중요성을 강조할 수 있음.
• 면담 조사: 여가의 뜻을 설명할 때 여가의 긍정적인 효과를 설명하여 여가 활용을 해야 하는 까닭을 보여 줄 수 있음.
• 통계 자료 조사: 우리 학교 학생들과 오늘날 청소년의 여가 활용 실태를 비교함.

↓

보고서 쓰기	• 조사의 절차와 결과가 잘 드러나도록 명확한 언어로 서술함. • 자료를 인용할 때에는 저작권자의 허락을 받고 출처를 기록함.

보고서의 구성 요소: 조사 주제 및 목적, 조사 기간 및 조사 방법, 조사 결과, 평가 및 소감, (❼)

정답 ❶ 결과 ❷ 쓰기 윤리 ❸ 저작권 ❹ 출처 ❺ 주제 ❻ 면담 ❼ 참고 자료

소단원 핵심 문제

•정답과 해설 p.47

[01~04] 다음 글을 읽고, 물음에 답하시오.

(가) 오늘은 저작권에 관해 생각해 보려고요.

우리가 사는 사회를 정보화 사회라고 하죠? 여러분들은 오늘 하루에도 다양한 매체를 통해 수많은 정보를 접하였을 것입니다. 이러한 정보 통신 기술의 발달은 누구나 다양한 분야의 정보 생산자가 될 수 있는 기회를 만들어 주었습니다. 지금 저도 저작권에 관해 관심을 가지고 여러 매체의 자료를 통해 공부한 뒤에, 제가 알고 있는 정보를 생산하고 있는 것이지요. 그러나 요즘, 다양한 매체에서 찾은 자료를 자신의 글인 것처럼 사용하는 경우가 자주 발생하고 있어서 문제가 되고 있습니다.

(나) 다른 사람의 저작물을 사용할 때는 우선 저작권자의 허락을 꼭 받아야 합니다. 그런 뒤 출처를 명확히 밝힘으로써 인용한 것임을 드러내야 합니다. 자신의 블로그나 누리 소통망(SNS)에 신문 기사 등의 자료를 가져올 때도 주의해야 합니다. 반드시 신문사 또는 기자의 허락을 받고 출처를 밝혀야 한다는 사실을 잊지 마세요. 우리가 인터넷을 통해 쉽게 찾을 수 있는 음악 파일, 영화나 드라마, 사진 등의 자료, 블로그에 올린 글짓기 숙제나 독서 감상문도 모두 보호해야 할 대상입니다.

(다) 우진: 애들아, 이 그래프를 봐. 우리 학교 학생 100명을 대상으로 한 설문 조사 결과를 보니, 아침밥을 먹는 친구들이 우리가 예상했던 것보다 많은 것 같아.

영미: 정말? 다들 안 먹고 오는 줄 알고, 아침밥을 먹어야 하는 까닭도 다 조사해 놓았는데…….

서진: 에이, 그냥 조사 결과를 조금 바꾸자. 어차피 결과는 우리만 알고 있으니까, 조금 수정해도 괜찮을 거야.

출제 예감 80%

01 (가)를 바탕으로 할 때, 정보화 사회와 저작권의 관련성에 대한 설명으로 적절하지 않은 것은?

① 정보화 사회가 되면서 저작권의 개념이 정립되었다.
② 저작권에 대한 관심이 어느 때보다 높아지게 되었다.
③ 정보화 사회가 되면서 저작권자가 더 많이 생기게 되었다.
④ 정보화 사회가 되어 저작권 침해 사례가 늘어나게 되었다.
⑤ 정보 기술의 발달로 다양한 정보에 대한 저작권 문제가 발생하였다.

출제 예감 85%

02 (나)를 바탕으로 〈보기〉의 댓글 작성자에게 할 수 있는 말로 적절한 것은?

보기

댓글 달기

마음이 얼마 전에 제가 블로그에 감상문 하나를 올렸는데요. 어떤 사람이 말도 없이 가져가서 자기가 쓴 것처럼 본인 블로그에 올려 두었더라고요. 제가 쓴 글은 전문적인 글이 아니기 때문에 아직 저작권에 해당되지 않는 것 같아 너무 속상해요.

① 감상문에 저작권이 있는 사실을 분명히 밝혔어야지.
② 감상문을 인용하여 경제적 이득을 취하지만 않으면 돼.
③ 감상문을 블로그에 올리는 것은 신중하지 못한 행동이야.
④ 인터넷상에서는 자유롭게 자료를 주고받을 수 있으니 큰 문제는 아니야.
⑤ 감상문은 전문적인 글이 아니지만 저작권의 보호를 받을 수 있는 저작물이야.

출제 예감 90% 서술형

03 (나)를 참고하여 다른 사람의 저작물을 올바르게 이용하는 방법을 한 문장으로 쓰시오.

출제 예감 95%

04 쓰기 윤리를 고려할 때, (다)의 문제점으로 적절한 것은?

① 자료를 상황에 맞게 조작하려고 했다.
② 조사 자료를 성급하게 준비하려고 했다.
③ 신뢰할 수 없는 자료를 인용하려고 했다.
④ 설문 조사 내용이 예상과 다르게 나타났다.
⑤ 다른 사람의 조사 결과를 무단으로 인용하려고 했다.

소단원 핵심 문제

[05~08] 다음 글을 읽고, 물음에 답하시오.

(가) 정화: 이번에 모둠별로 보고서를 써야 하잖아. 어떤 주제로 쓰는 것이 좋을까?

채연: 최근에 인터넷에서 오늘날 청소년들의 평일 여가 시간이 2시간도 안 된다는 기사를 봤어. 우리 학교 학생들은 어떨지 궁금해. 우리 학교 학생들의 평일 여가 시간이 얼마나 되는지 조사하는 것이 어때?

동명: 그거 괜찮다. 여가 시간에 어떠한 활동을 하는지도 조사하자.

정화: 그래. 설문지를 만들어서 조사하는 것이 좋겠어. 우리 학교 학생들 100명을 대상으로 조사하면 되겠지?

재현: 응. 그럼 나는 통계 자료를 바탕으로 오늘날 청소년들의 여가 시간과 활동에 관한 자료를 찾아볼게.

동명: 나는 인터넷 백과사전에서 여가의 의미를 찾아볼게. 채연이는 면담을 통해 여가의 긍정적인 효과를 조사해 줘.

(나) **질문 1** 평일 하루 일과 중 당신의 여가 시간은 어느 정도입니까? 1시간 미만(31명), 1~2시간(39명), 2~3시간(19명), 3~4시간(8명), 4시간 이상(3명)

질문 2 평일 여가 시간에는 주로 무엇을 합니까?
컴퓨터 게임·인터넷 검색(35명), 텔레비전 시청(29명), 휴식(22명), 운동 및 운동 경기 관람(9명), 문화·예술 활동(3명), 기타(2명)

(다) **면담자** 여가의 긍정적인 효과에 관해 알고 싶어요.

선생님 청소년기는 급격한 신체적·정신적 변화가 나타나는 시기이며, 그로 인해 높은 스트레스를 받을 수 있습니다. 청소년들의 여가 활용은 스트레스를 해소해 주고, 기분 전환을 할 수 있게 해 줍니다. 또한, 학생 개인의 재능 발달이나 흥미 유발에 좋은 영향을 주어 학업 성취도 및 자아 존중감을 높이는 데에도 긍정적인 기능을 하지요.

(라) 통계청과 여성가족부에서 발표한 「2018 청소년 통계」에 따르면, 오늘날의 청소년들은 평일 대부분의 여가 시간을 '컴퓨터 게임·인터넷 검색', '텔레비전 시청', '휴식' 등에 활용하는 것으로 조사되었다.

출제 예감 80%

05 (가)~(라)에 대한 설명으로 적절하지 않은 것은?

① (가): 모둠 보고서 작성을 위한 대화이다.
② (가): 보고서의 주제를 선정하고 있다.
③ (나): 설문 조사의 결과를 보여 주고 있다.
④ (다): 전문가와의 면담을 통해 수집한 자료이다.
⑤ (라): 주관적인 성격을 가진 자료이다.

출제 예감 90% 사고력 확장 문제

06 (가)를 바탕으로 조사 계획서를 작성한 것이다. 적절한 내용이 아닌 것은?

〈조사 계획서〉
- 조사 주제: 우리 학교 학생들의 평일 여가 활용 실태 ····· ①
- 조사 동기: 청소년들의 여가 시간이 부족하다는 인터넷 기사를 접함. ····· ②
- 조사 목적: 여가에 대한 다양한 정보와 우리 학교 학생들의 여가 활용 실태를 살펴보고자 함. ····· ③
- 조사 내용: 우리 학교 학생들의 평일 여가 시간과 여가 활동 양상, 오늘날 청소년들의 평일 여가 시간과 활동, 여가를 보내는 구체적 사례 ····· ④
- 조사 기간: 20○○년 ○월 ○일 ~ ○일
- 조사 방법: 설문 조사, 인터넷, 면담, 통계 자료 조사 ····· ⑤

출제 예감 90%

07 (나)와 (다)를 분석한 내용으로 적절하지 않은 것은?

① 평일 여가 활동은 동적인 활동이 주를 이룬다.
② 평일 여가 시간은 70% 정도가 2시간 이내이다.
③ 여가를 잘 활용하면 스트레스를 해소할 수 있다.
④ 여가 활용 여부에 따라 학업 성취도가 다를 수 있다.
⑤ 평일 여가 시간에 컴퓨터 게임·인터넷 검색을 가장 많이 한다.

출제 예감 95% 서술형 논술 대비

08 (라)에서와 같이 보고서 작성을 위한 자료를 수집할 때 유의할 점이 무엇인지 〈조건〉에 맞게 한 문장으로 쓰시오.

조건
- 자료의 신뢰성 차원에서의 유의할 점과 쓰기 윤리 차원에서의 유의할 점을 모두 포함하여 쓸 것.

[09~12] 다음 글을 읽고, 물음에 답하시오.

㉮ 최근 한 인터넷 신문 기사에서 보도한 내용을 보면 오늘날 청소년들의 10명 중 3명은 평일 여가 시간이 2시간도 안 되는 것으로 나타났다. 이에 우리 모둠에서는 여가의 의미와 긍정적인 효과를 통해 여가의 중요성을 알아보고, 우리 학교 학생들과 오늘날 청소년들의 평일 여가 활용 양상을 비교·분석하여 우리 학교 학생들의 평일 여가 활용 실태를 탐구하였다.

㉯ (2) 설문 조사

- 조사 대상: 우리 학교 학생 100명
- 조사 내용: 우리 학교 학생들의 평일 여가 활용 실태와 희망 여가 시간 및 활동

(3) 자료 조사

- 조사 방법: 인터넷 백과사전, 면담, 통계 자료 조사 등
- 조사 내용: 여가의 의미와 긍정적 효과, 오늘날 청소년들의 평일 여가 활용 실태

㉰

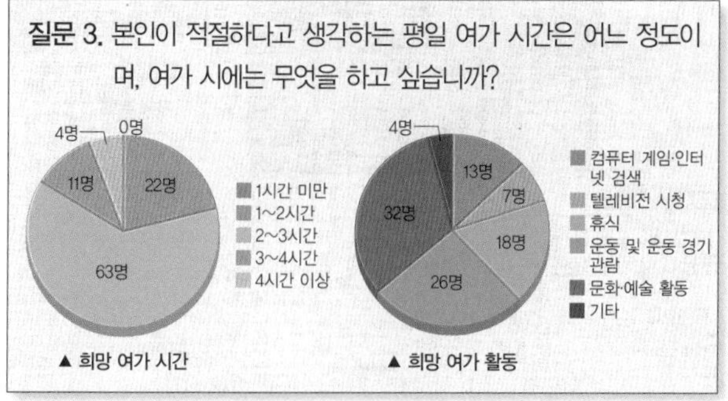

㉱ 이번 조사를 통해 오늘날 청소년들의 평일 여가 시간과 그 활동 양상을 우리 학교 학생들과 비교해 보았다. 우리 학교 학생들의 평일 여가 시간은 오늘날 청소년들의 양상과 크게 다르지 않았다. 한편 우리 학교 학생들이 가장 희망하는 여가 활동은 문화·예술 활동으로, 실제 여가 시에 하는 활동과 다소 차이를 보였다. 이는 학생들이 희망하는 여가 활동을 할 수 있도록 여가 활동을 위한 충분한 시간과 외부 환경 조성 등의 지원이 필요함을 시사한다.

출제 예감 80%

09 이와 같은 글을 쓸 때 유의할 점으로 적절하지 <u>않은</u> 것은?

① 내용은 객관적이고 정확해야 한다.
② 형식에 얽매이지 않고 자유롭게 쓴다.
③ 조사의 결과를 과장하거나 왜곡하지 않는다.
④ 조사의 절차와 결과가 잘 드러나게 써야 한다.
⑤ 다른 자료를 표절하지 않고 인용한 자료의 출처를 밝힌다.

출제 예감 90%

10 (가)와 (나)를 통해 알 수 있는 보고서의 구성 요소가 아닌 것은?

① 조사의 일정 ② 조사의 주제
③ 조사의 동기 ④ 조사의 목적
⑤ 자료 조사 방법

출제 예감 95%

11 (다)에 대한 반응으로 적절하지 않은 것은?

① 여가 시간에 무엇을 할지 모르겠다는 사람이 4명이나 있군.
② 여가 시간에 문화·예술 활동을 희망하는 학생이 가장 많군.
③ 원그래프를 이용하니까 항목별 비중이 잘 드러나는 것 같군.
④ 절반이 넘는 학생들이 2~3시간 정도의 평일 여가 시간을 원하는군.
⑤ 여가 활동을 두 가지 하고 싶은 사람들도 있었을 텐데, 그런 사람들은 통계에 넣지 않았군.

출제 예감 80% 서술형 논술 대비

12 (라)를 바탕으로 〈보기〉의 상황에 대한 해결 방안을 〈조건〉에 맞게 쓰시오.

보기

한국 청소년들은 여가 시간이 별로 없으며 짧은 여가 시간에 하는 활동도 다양하지 못하다.

조건

사회적 해결 방안과 청소년 개인 차원의 해결 방안을 모두 포함하여 쓸 것.

활동 순서 작품에 나타난 관점과 형식 파악하기 ➜ 쓰기 윤리를 지키며 미술 작품 소개하는 글 작성하기

미술 작품 「샘」을 조사한 다음 자료를 읽고, 이어지는 활동을 해 봅시다.

마르셀 뒤샹, 「샘」

	작가	마르셀 뒤샹(1887~1968)
	제작 연도	1917년
	종류	입체 작품
	기법	혼합 재료
	참고 자료	• 사진 출처: 서울문화재단, 『미적체험과 예술교육』 • 자료 출처: 『한국경제매거진』 제71호(2011. 4.) 김향숙, 『서양 미술의 이해와 감상 2』

마르셀 뒤샹의 「샘」은 화장실에서 흔히 볼 수 있는 남성용 소변기를 받침대 위에 올려 출품한 작품이다. 작가는 일상생활에서 소재를 찾아 그 대상의 본래의 특성을 버리고 자신의 새로운 관점과 가치를 부여하여 예술 작품으로 만들어 냈다. 소변기가 화장실에 있을 때는 본래의 역할에 충실하겠지만, 작가는 대상을 받침대 위에 올려 둠으로써 사람들로 하여금 대상에 감추어진 예술성을 바라보도록 한 것이다.

1917년에 출품된 이 작품은 출품 당시 전시 불가 판정이 내려지는 등 논란이 일었지만, '대상'에 새로운 의미를 부여한 뒤샹의 예술적 사상은 지금까지도 많은 예술가들의 입에 오르내리고 있다.

활동 길잡이
남자용 소변기가 예술 작품으로 인식될 수 있었던 까닭을 생각해 보고, 대상에 대한 관점과 형식의 변화에 따라 작품이 새로운 의미로 표현될 수 있음을 이해한다.

1 「샘」이라는 작품에서 작가는 대상을 어떠한 관점에서 바라보고, 어떠한 형식으로 표현하였는지 생각해 봅시다.

예시 답 남자용 소변기를 받침대 위에 올려 두어, 일상적인 소재에 자신의 관점과 가치를 부여하여 대상을 하나의 예술 작품으로 바라보고 표현하였다.

활동 길잡이
대부분의 미술 작품에는 작가의 세계관과 심미적 인식이 반영되어 있음을 이해하고, 작가가 대상을 어떻게 바라보는지 살펴본다. 작품을 소개할 때는 참고 자료의 출처를 반드시 밝혀 쓰기 윤리를 지키도록 한다.

2 「샘」과 같이 대상에 관해 새로운 관점으로 표현한 미술 작품을 찾아보고, 이를 쓰기 윤리를 지키며 소개하는 글로 작성해 봅시다. 예시 답

제목	살바도르 달리, 「기억의 지속」	
작품 사진		
작품 소개	작가	살바도르 달리(1904~1989)
	제작 연도	1931년
	종류	유화
	기법	캔버스에 유채
작품 설명	「기억의 지속」은 초현실주의 화가 살바도르 달리의 작품 중에서 가장 대표적인 작품이다. 그림 속의 해변은 달리의 고향인 에스파냐 카탈루냐의 해변이다. 사실적으로 묘사된 카탈루냐 해변을 배경으로 햇빛에 녹아내린 듯한 흐물흐물한 시계들이 놓여 있다. 작가가 녹아내린 치즈에서 영감을 얻었다는 이 시계는 멈추어 버린 시간에 관한 은유로, 시간이 의미를 잃은 영원의 공간을 만들어 낸다. 이처럼 살바도르 달리는 대상을 새로운 시각으로 바라보아 의도적으로 왜곡하고, 낯선 형식으로 표현하였다.	
참고 자료	• 사진 출처: 뉴욕 현대미술관(http://www.moma.org) • 자료 출처: 『매일신문』(2018. 11. 5.) 참조	

• 정답과 해설 p.48

대단원 확인 문제

[01~05] 다음 글을 읽고, 물음에 답하시오.

(가) 오늘은 볼일이 좀 있어 세상 바람을 쐬고 돌아왔다. 산에서 가장 가까운 도시래야 백사십 리 밖에 있는 광주시. 늘 그렇듯이 세상은 시끄러움과 먼지를 일으키며 바쁘게 돌아가고 있었다. 우체국에서 볼일을 마치고, 나온 걸음에 시장에 들러 찬거리를 좀 사고, 눈 속에서 신을 털신도 한 켤레 골랐다. 그리고 화장품 가게가 눈에 띄길래 손 튼 데 바르는 약도 하나 샀다.

(나) ㉠<u>인간이 사유하게 된 것은, 모르긴 하지만 걷는 일로부터 시작됐을 것이다.</u> 한곳에 멈추어 생각하면 맴돌거나 망상에 사로잡히기 쉽지만, 걸으면서 궁리를 하면 막힘없이 술술 풀려 깊이와 무게를 더할 수 있다. 칸트나 베토벤의 경우를 들출 것도 없이, 위대한 철인이나 예술가들이 즐겨 산책길에 나선 것도 따지고 보면 걷는 데서 창의력을 일깨울 수 있었기 때문일 것이다.

(다) 그런데 언제부턴가 우리들은 잃어 가고 있다. 이렇듯 당당한 직립 보행을. 인간만이 누릴 수 있다는 그 의젓한 자세를. 더 말할 나위도 없이 자동차라는 교통수단이 생기면서 우리들은 걸음을 조금씩 빼앗기고 말았다. 그리고 생각의 자유도 서서히 박탈당하기 시작했다. 붐비는 차 안에서는 긴장을 풀 수 없기 때문에 생각을 제대로 펴 나갈 수가 없다.

(라) 그리고 운전기사와 안내양이 공모하여 노상 틀어 대는 소음 장치 때문에 우리는 머리를 비워 주어야 한다. 차가 내뿜는 매연의 독소는 말해 봐야 잔소리이니 덮어 두기로 하지만, 편리한 교통수단이라는 게 이런 것인가. 편리한 만큼 우리는 귀중한 무엇인가를 잃어 가고 있다.

(마) 나는 오늘 차가 없이 걸어온 것을 고맙고 다행하게 생각한다. 내가 내 길을 내 발로 디디면서 모처럼 직립 보행을 할 수 있었다.

언젠가 읽었던 한 시인의 글이 생각난다.

'현대인은 자동차를 보자 첫눈에 반해 그것과 결혼하였다. 그래서 영영 목가적인 세계로 돌아오지 못하게 되었다.'

01 이 글에 대한 설명으로 적절하지 <u>않은</u> 것은?

① 문명 비판적인 성격이 드러나고 있다.
② 과거와 현재가 교차하면서 구성되어 있다.
③ 경험을 통해 얻은 깨달음을 전달하고 있다.
④ 대상에 대한 글쓴이의 관점이 잘 드러나고 있다.
⑤ 대상의 의미와 가치에 관한 내용이 중심을 이루고 있다.

02 (가)를 읽은 독자의 반응으로 적절한 것은?

① 글쓴이는 분주한 도시의 삶에 지쳐 있어.
② 글쓴이는 세상과 거리를 두고 살고 있군.
③ 글쓴이는 두려운 마음으로 도시로 향했군.
④ 글쓴이는 자아를 찾아 방황하는 인물이야.
⑤ 글쓴이는 세상에 대한 미련을 버리지 못했어.

03 (다), (라)에서 글쓴이가 전달하고자 하는 중심 내용으로 적절한 것은?

① 붐비는 차 안에서는 긴장을 풀 수 없다.
② 직립 보행은 인간만이 누릴 수 있는 행동이다.
③ 삶이 편리해짐에 따라 잃어버리는 것도 생긴다.
④ 자동차의 소음은 깊이 생각할 여유를 주지 않는다.
⑤ 교통수단의 발달은 인간에게서 걷기를 빼앗아 갔다.

04 (마)에서 시인의 글을 인용한 이유로 적절한 것은?

① 현대인의 물질만능주의를 비판하기 위해서
② 목가적인 삶에 대한 동경을 표현하기 위해서
③ 걷기의 유용성을 구체적으로 드러내기 위해서
④ 걷기를 잃어버린 삶에 대한 아쉬움을 강조하려고
⑤ 걷기가 사라지고 편리함을 추구하는 현대 문명의 경이로움을 드러내려고

서술형
05 글쓴이가 ㉠과 같이 생각한 이유를 한 문장으로 쓰시오.

[06~09] 다음 글을 읽고, 물음에 답하시오.

가 건강한 삶은 우리 모두의 꿈이다. 모든 것을 다 가져도 건강을 잃으면 아무 소용이 없다. 건강하게 장수하기 위해서는 올바른 식생활과 규칙적인 운동이 필요하다. 만약 누군가 수많은 운동 중 몸에 좋은 운동을 한 가지만 추천해 달라고 한다면 나는 주저 없이 '걷기'라고 말하고 싶다. 걷기 운동은 건강에 미치는 효과가 매우 뛰어나며 남녀노소 누구나 언제 어디서든 간편하게 할 수 있는 운동이기 때문이다.

나 걷기 운동을 하면 하체가 단련되고 여러 신체 기관의 기능이 좋아진다. 다리의 혈관과 신경은 다른 신체 기관에 밀접하게 연결되어 있어서, 걷기 운동을 습관화하면 다리의 근력이 좋아질 뿐 아니라 심장과 혈관, 호흡기 등의 기능이 강화된다. 또한 몸에 좋은 콜레스테롤의 농도를 높여 동맥 경화를 막아 주어 심장병, 고혈압 등을 예방하는 데에도 도움이 된다.

다 모든 운동이 그렇듯이 걷기 운동도 자세가 중요하다. 걸을 때에는 상체를 바로 세우고 팔과 다리는 자연스럽게 앞뒤로 움직인다는 기분으로 걷는다. 이때 유의할 점은 걸을 때 지면에 닿는 발동작이다. 발뒤꿈치가 먼저 닿고 그다음 발바닥 전체가 닿은 뒤, 마지막으로 발의 앞 끝이 들리는 순서로 걸어야 한다. 이때 몸의 무게 중심은 발뒤꿈치에서 발바닥 바깥 부분으로, 다시 새끼발가락에서 엄지발가락 순서로 옮겨진다.

라 걷기 운동은 규칙적으로 꾸준히 하는 것이 좋다. 초보자의 경우 일주일에 세 번, 30분 이상 걷는 것으로 시작하여 중급 이상의 단계가 되면 일주일에 다섯 번, 한 시간 이상으로 늘리는 것이 좋다. 보통 속도로 걸었을 때 한 시간에 만 걸음 정도 걸을 수 있으며, 그 정도면 300킬로칼로리를 소비하는 데 충분하다. 걷기 운동은 다른 운동에 비해 그 효과가 천천히 나타나므로 최소 두 달 이상은 지속해야 운동 효과를 볼 수 있다.

06 **이 글의 형식에 대한 설명으로 적절한 것은?**

① 글쓴이는 걷기에 대한 다양한 정보를 전달하기 위해서 설명문을 선택했어.
② 글쓴이는 걷기에 얽힌 의미 있는 경험을 공유하기 위해서 수필을 선택했어.
③ 글쓴이는 건강을 지키기 위한 다양한 정보를 전달하기 위해서 설명문을 선택했어.
④ 글쓴이는 걷기와 관련된 체험을 통해 얻은 깨달음을 전달하기 위해서 수필을 선택했어.
⑤ 글쓴이는 건강을 지키기 위해 걷기 운동을 할 것을 설득하기 위해서 논설문을 선택했어.

07 **(가)를 바탕으로 할 때, 글쓴이가 걷기 운동을 추천하는 이유로 적절하지 않은 것은?**

① 간편하게 할 수 있다.
② 누구나 쉽게 접할 수 있다.
③ 장소의 구애를 받지 않는다.
④ 올바른 식생활에 도움을 준다.
⑤ 건강에 미치는 효과가 뛰어나다.

08 **(나)에서 알 수 있는 걷기 운동의 효과로 적절한 것은?**

① 바른 자세를 갖게 해 준다.
② 신체 기능을 강화할 수 있다.
③ 정신적인 여유를 갖게 해 준다.
④ 자신을 돌아볼 여유를 가질 수 있다.
⑤ 주변 사람과의 관계를 좋게 만들어 준다.

09 **(다), (라)를 바탕으로 초보자가 세운 걷기 운동 계획으로 적절하지 않은 것은?**

① 걸을 때 발뒤꿈치부터 닿도록 한다.
② 일주일에 세 번 정도 30분 이상 걷는다.
③ 걷기 운동은 60일 이상 지속할 수 있도록 한다.
④ 상체를 바로 세우고 팔은 자연스럽게 앞뒤로 흔든다.
⑤ 지루하지 않게 음악을 듣거나 사람들과 어울려서 걷는다.

[10~12] 다음 글을 읽고, 물음에 답하시오.

가 걷는 것은 얼마나 자유스럽고 주체적인 동작인가. 밝은 햇살을 온몸에 받으며 상쾌한 공기를 마음껏 마시고 스적스적 활개를 치면서 걷는다는 것은 참으로 유쾌한 일이다. 걷는 것은 어디에도 의존하지 않고 내가 내 힘으로 이동하는 일이다.

흥이 나면 휘파람도 불 수 있고, 산수가 아름다운 곳에 이르면 걸음을 멈추고 눈을 닦을 수도 있다. 길벗이 없더라도 무방하리라. 치수가 맞지 않는 길벗은 오히려 부담이 되니까, 좀 허전하더라도 그것은 나그네의 체중 같은 것. 혼자서 걷는 길이 생각에 몰입할 수 있어 좋다. 살아온 자취를 되돌아보고 앞으로 넘어야 할 삶의 고개를 헤아린다.

나 걷기는 두뇌 건강에도 도움이 된다. 걷는 동안에는 뇌 속에서 고통을 완화하는 기능을 가진 호르몬이 증가하는데, 이 호르몬은 우울증과 스트레스를 감소하고 기분을 좋게 해 준다. 또한 걷는 동안 뇌에 적절한 자극이 주어져 머리가 좋아질 뿐만 아니라 치매도 예방할 수 있다.

걷기는 대표적인 유산소 운동으로 다이어트에도 효과적이다. 인간은 체온 유지나 심장 박동 등 최소한의 생존을 위해 에너지를 소비하며, 일상생활에서도 일정 정도의 에너지를 소비한다. 그러나 소비하는 에너지보다 섭취하는 에너지가 더 많으면 영양 과잉 상태가 되는데, 사람마다 차이가 있지만 현대인은 보통 하루에 300킬로칼로리 정도의 과잉 에너지가 체내에 축적된다고 한다. 이렇게 축적된 에너지를 그대로 두면 비만이 될 수 있으므로 반드시 소비해야 하는데, 이때 가장 간편하고 효과적인 방법이 걷기 운동이다.

10 (가)와 (나)에 드러나는 걷기에 대한 관점으로 적절한 것은?

① (가)와 (나) 모두 긍정적이다.
② (가)와 (나) 모두 부정적이다.
③ (가)는 중립적이지만, (나)는 긍정적이다.
④ (가)는 비판적이지만, (나)는 긍정적이다.
⑤ (가)는 긍정적이지만, (나)는 부정적이다.

11 (가)를 통해 알 수 있는 걷기의 의미로 적절하지 않은 것은?

① 걷기는 자유로운 활동이다.
② 걷기는 삶을 돌아보는 활동이다.
③ 걷기는 건강에 효과적인 활동이다.
④ 걷기는 혼자서 하면 더 좋은 활동이다.
⑤ 걷기는 스스로 결정할 수 있는 활동이다.

12 (나)와 같은 정보를 이끌어 낼 수 있는 질문으로 적절한 것은?

① 걷기 운동의 효과는 무엇인가요?
② 걷기 운동의 올바른 자세는 어떤 것인가요?
③ 걷기 운동을 하는 올바른 방법은 무엇인가요?
④ 걷기 운동을 하기에 가장 좋은 시간과 장소는?
⑤ 걷기 운동을 간편하고 효과적인 운동이라고 하는 이유는 무엇인가요?

서술형

13 〈보기〉의 광고에 담긴 '걷기'의 관점을 다른 형식으로 표현하려고 한다. 주장하는 글의 형식을 선택했다면 그 이유가 무엇인지 한 문장으로 서술하시오.

보기

자연을 살리는 발견
자동차 배기가스는 지구 온난화의 원인이 됩니다.
가까운 거리는 걷거나, 자전거를 이용해 보세요!
자연을 지키고, 지구의 건강도 지킬 수 있답니다.
당신의 작은 실천으로 지구 온난화를 막을 수 있습니다.

대단원 확인 문제

[14~15] 다음 글을 읽고, 물음에 답하시오.

오늘은 저작권에 관해 생각해 보려고요.

우리가 사는 사회를 정보화 사회라고 하죠? 여러분들은 오늘 하루에도 다양한 매체를 통해 수많은 정보를 접하였을 것입니다. 이러한 정보 통신 기술의 발달은 누구나 다양한 분야의 정보 생산자가 될 수 있는 기회를 만들어 주었습니다. 지금 저도 저작권에 관해 관심을 가지고 여러 매체의 자료를 통해 공부한 뒤에, 제가 알고 있는 정보를 생산하고 있는 것이지요. 그러나 요즘, 다양한 매체에서 찾은 자료를 자신의 글인 것처럼 사용하는 경우가 자주 발생하고 있어서 문제가 되고 있습니다.

'한국저작권위원회 누리집(http://www.copyright.or.kr)'에서는 저작권을 '사람의 생각이나 감정을 표현한 결과물에 관해 그것을 표현한 사람에게 주는 권리'라고 설명하고 있습니다. 즉, 저작권은 개인의 창작물에 관한 권리이며, 그것을 함부로 쓰는 것은 저작자의 재산을 훔치는 행위라고 할 수 있습니다.

댓글 달기

마음이 얼마 전에 제가 블로그에 감상문 하나를 올렸는데요. 어떤 사람이 말도 없이 가져가서 자기가 쓴 것처럼 본인 블로그에 올려 두었더라고요. 제가 쓴 글은 전문적인 글이 아니기 때문에 아직 저작권에 해당되지 않는 것 같아 너무 속상해요.

14 저작권에 대한 설명으로 적절하지 않은 것은?

① 누구나 가질 수 있는 권리이다.
② 개인의 창작물에 관한 권리이다.
③ 정보화 사회에서 더욱 중요성이 높아졌다.
④ 인터넷에 올라 있는 작품에 해당하는 권리이다.
⑤ 사람의 생각이나 감정을 표현한 결과물에 관해 그것을 표현한 사람에게 주는 권리이다.

서술형

15 이 블로그의 댓글에 조언할 내용을 한 문장으로 쓰시오.

16 다음 대화에 대한 설명으로 적절하지 않은 것은?

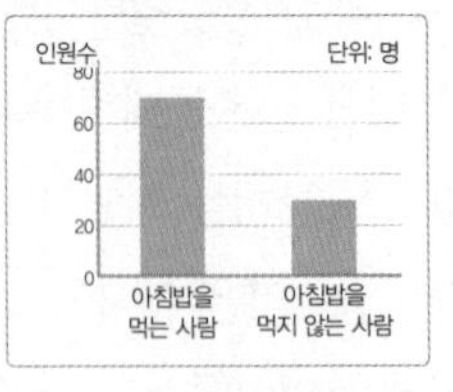

우진: 얘들아, 이 그래프를 봐. 우리 학교 학생 100명을 대상으로 한 설문 조사 결과를 보니, 아침밥을 먹는 친구들이 우리가 예상했던 것보다 많은 것 같아.
영미: 정말? 다들 안 먹고 오는 줄 알고, 아침밥을 먹어야 하는 까닭도 다 조사해 놓았는데…….
서진: 에이, 그냥 조사 결과를 조금 바꾸자. 어차피 결과는 우리만 알고 있으니까, 조금 수정해도 괜찮을 거야.

① 조사 결과를 왜곡하려 하고 있다.
② 자료 정리 및 분석하기 과정에 해당한다.
③ 막대그래프를 활용하여 조사 결과를 보여 주고 있다.
④ 서진의 의견대로 하면 보고서의 사실성과 신뢰성이 떨어질 것이다.
⑤ '아침으로 먹기에 알맞은 음식'에 대한 보고서를 작성하는 것이 바람직하다.

서술형

17 〈보기〉에서 쓰기 윤리를 위반한 행동을 한 문장으로 쓰시오.

보기

중·고등학교 학생들이 수행 평가 과제를 하면서 인터넷에 올라와 있는 글을 그대로 베끼거나 약간만 각색해 제출하는 등의 사례가 발생하고 있다. 학생들은 지필 시험을 준비하느라 시간이 없다 보니 짧은 시간에 손쉽게 과제를 해결할 수 있는 인터넷에 의존하는 비율이 높아졌고, 인터넷이 아니더라도 유명 작가의 글, 신문 기사 등을 그대로 표절해 제출하는 등의 행위가 일어나기도 한다.

– 『한국경제』(2007. 10. 12.)

18 다음 중 쓰기 윤리를 위반한 경우로 보기 어려운 것은?

① 자료를 인용한 뒤 출처를 밝히지 않았다.
② 옛이야기의 인물을 이용하여 창작 소설을 썼다.
③ 드라마 내용을 본인이 쓴 창작 소설처럼 소개하였다.
④ 친구가 쓴 시를 자신의 블로그에 자신의 시처럼 올렸다.
⑤ 모둠에서 함께 한 실험의 결과를 자신의 생각에 맞추어 수정하였다.

[19~23] 다음 글을 읽고, 물음에 답하시오.

(가) 최근 한 인터넷 신문 기사에서 보도한 내용을 보면 오늘날 청소년들의 10명 중 3명은 평일 여가 시간이 2시간도 안 되는 것으로 나타났다. 이에 우리 모둠에서는 여가의 의미와 긍정적인 효과를 통해 여가의 중요성을 알아보고, 우리 학교 학생들과 오늘날 청소년들의 평일 여가 활용 양상을 비교·분석하여 우리 학교 학생들의 평일 여가 활용 실태를 탐구하였다.

(나) (1) 조사 기간: 20○○년 ○월 ○일~○일

(2) 설문 조사

- 조사 대상: 우리 학교 학생 100명
- 조사 내용: 우리 학교 학생들의 평일 여가 활용 실태와 희망 여가 시간 및 활동

(3) 자료 조사

- 조사 방법: 인터넷 백과사전, 면담, 통계 자료 조사 등
- 조사 내용: 여가의 의미와 긍정적 효과, 오늘날 청소년들의 평일 여가 활용 실태

(다) 이는 학생들이 희망하는 여가 활동을 할 수 있도록 여가 활동을 위한 충분한 시간과 외부 환경 조성 등의 지원이 필요함을 시사한다. 학업 스트레스를 해소하고 긍정적인 정서를 불러일으키는 적극적인 여가 활용을 통해, 우리 학교 학생들을 비롯한 오늘날의 청소년들이 보다 행복하고 건전하게 성장할 수 있었으면 좋겠다.

(라)

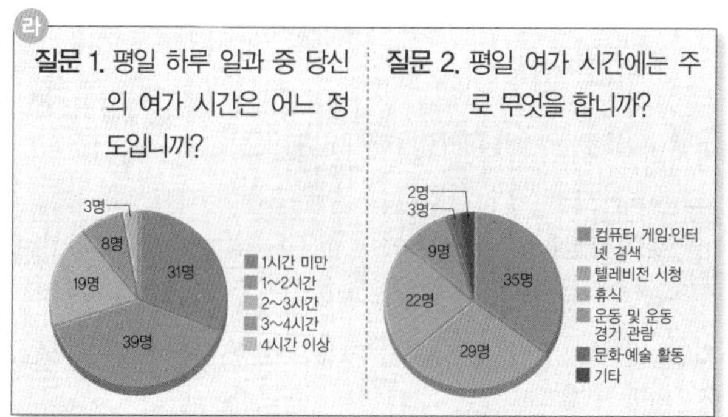

(마) 5. 참고 자료

- 한국민족문화대백과사전(http://encykorea.aks.ac.kr)
- 통계청·여성가족부, 「2018 청소년 통계」(2018)

19 (가)~(마)를 보고서의 일반적 형식에 따라 바르게 배열한 것은?

① (가)-(나)-(다)-(라)-(마) ② (가)-(나)-(라)-(다)-(마)
③ (가)-(나)-(라)-(마)-(다) ④ (나)-(가)-(다)-(라)-(마)
⑤ (나)-(가)-(라)-(마)-(다)

20 (가)를 바탕으로 할 때 보고서의 내용으로 적절하지 않은 것은?

① 여가의 의미
② 여가의 긍정적 효과
③ 청소년 여가에 대한 사회적 관심
④ 오늘날 청소년들의 평일 여가 활용 양상
⑤ 우리 학교 학생들의 평일 여가 활용 양상

21 (나)에서 자료를 조사할 때 유의할 점으로 적절하지 않은 것은?

① 다양한 매체를 활용하여 자료를 수집한다.
② 보고서의 주제와 어울리는 자료를 수집한다.
③ 신뢰할 만한 출처에서 나온 자료인지 확인한다.
④ 시각 자료를 먼저 수집한 후 문헌 자료를 수집한다.
⑤ 면담과 현장 조사와 같은 직접 조사도 적극적으로 한다.

22 (라)에 대한 설명으로 적절하지 않은 것은?

① 우리 학교 학생들은 동적인 여가 활동을 원하고 있다.
② 여가 시간과 여가 활동으로 나누어 조사가 이루어졌다.
③ 우리 학교 학생들의 대부분은 평일 여가 시간이 2시간 이내이다.
④ 우리 학교 학생들이 주로 하는 여가 활동은 컴퓨터 게임과 인터넷 검색이다.
⑤ 우리 학교 학생들 중 여가 시간을 4시간 이상 갖는 학생들은 3% 정도에 지나지 않는다.

서술형

23 (마)와 같이 참고 자료를 제시한 이유를 〈조건〉에 맞게 한 문장으로 쓰시오.

조건
- 쓰기 윤리의 관점에서 쓸 것.

대단원 확인 문제

[24~27] 다음 글을 읽고, 물음에 답하시오.

(가) 삼십 리 길을 걸어오면서, 이 넓은 천지에 내 몸 하나 기댈 곳을 찾아 이렇게 걷고 있구나 싶으니 새나 짐승, 곤충들까지도 그 귀소의 길을 방해해서는 안 되겠다는 생각이 들었다. 그들도 저마다 기댈 곳을 찾아 부지런히 길을 가고 있을 테니까.

(나) 한국일보 2017년 8월 1일

영화는 기본적으로 허구성을 지닌다. 따라서 역사적 배경을 토대로 하여 창작했더라도 그 영화의 내용이 실제 역사 속 그대로의 모습일 수는 없다. 영화 제작자들은 역사의 시대적 배경과 사건을 탐구해 인물과 이야기를 창조해 내고 개연성 있게 표현하는 사람일 뿐, 역사를 있는 그대로 담으려는 사람과는 거리가 멀다. 전문가들은 "문화가 다양한 형태로 발전하려면 자유로운 창작이 가능해야 한다."라며 "영화는 창작의 영역에 속하기 때문에 사실을 바탕으로 창작했을지라도 작가적 표현을 최대한 보장받아야 하며, 해당 영화에 관한 평가는 엄연히 관객의 몫이다."라고 강조했다.

(다) 면담 결과 청소년기의 여가 활동은 스트레스 해소와 기분 전환에 좋으며, 청소년의 건전한 성장과 발달에 도움이 된다는 것을 알 수 있었다. 여가의 긍정적인 효과에 관해 ○○○ 체육 선생님은 "학업 성취도 및 자아 존중감 향상에 긍정적인 영향을 미친다."라며 동적이고 적극적인 여가 활동을 권장하였다.

(라) 우리 학교 학생 100명 중 과반수 이상의 학생들이 희망하는 평일 여가 시간은 '2~3시간'으로 나타났다. 이어 '1~2시간(22명)', '3~4시간(11명)' 등의 순으로 응답하였다. 희망하는 여가 활동으로는 32명의 학생들이 '문화·예술 활동'을 선택하였고, 이어서 운동 및 운동 경기 관람(26명), 휴식(18명) 등의 순으로 응답하였다. 대부분의 학생들이 실제 여가 활동으로 응답했던 '컴퓨터 게임·인터넷 검색', '텔레비전 시청'은 13명, 7명으로, 상대적으로 선호도가 낮게 나타났다.

24 (가)~(마)에 대한 설명으로 적절하지 않은 것은?

① (가): 글쓴이의 가치관이 잘 드러나 있다.
② (나): 영화와 현실의 관계를 소재로 하고 있다.
③ (다): 학생들의 의견을 알 수 있는 자료이다.
④ (라): 원그래프를 활용하여 제시하면 효과적이다.
⑤ (라): 우리 학교 학생들의 여가 활동 실태를 알 수 있다.

25 (가)에서 글쓴이가 걷기를 통해 깨달은 것은?

① 걷기는 자연과 교류하는 활동이다.
② 걷기는 자신의 건강을 위한 활동이다.
③ 걷기는 기댈 곳을 찾아 떠나는 일이다.
④ 걷기는 정신적 안정을 위해 하는 일이다.
⑤ 걷기는 자신을 돌아보고 미래를 생각하는 일이다.

서술형

26 〈보기〉와 (나)에 드러나는 관점과 형식의 차이를 한 문장으로 쓰시오.

보기

○○○ 감독님, 저는 행복중학교에 다니는 김서연입니다. 이번에 감독님께서 제작하신 영화를 보게 되었는데요, 영화의 내용 중에 역사적 사실과 다른 부분들이 있었습니다. 물론 영화는 사실을 바탕으로 한 허구적 예술 작품이지만, 우리나라의 역사적 상황을 배경으로 할 때는 역사의 명백한 사실만을 다루어야 한다고 생각합니다. 역사적 사실을 왜곡하게 되면 관객들이 우리나라의 역사를 잘못 받아들일 수도 있기 때문입니다.

27 (다), (라)의 내용과 일치하지 않는 것은?

① 청소년기의 여가 활동은 공부에 도움이 되지 않는다.
② 청소년기의 여가 활동은 스트레스 해소와 기분 전환에 좋다.
③ 우리 학교 학생들은 여가 활동으로 동적인 활동을 선호했다.
④ 우리 학교 학생들은 여가 활동으로 '문화·예술 활동'을 가장 많이 원했다.
⑤ 우리 학교 학생들의 희망 여가 활동과 실제 여가 활동에는 차이가 있었다.

정답과 해설

중학교 국어 3-2

1 시 읽기의 네 갈래 길

• 본문 p.007

확인 문제

01. (1) × (2) ○ (3) × (4) × (5) ○ **02.** 원인, 불안

01. 같은 작품이라도 작품을 대하는 독자에 따라 다양한 해석이 가능하다. 이는 작품 해석의 방법, 독자의 인식 수준, 경험, 가치관 등에 따라 작품 해석이 달라지기 때문이다.

02. 여러 사람 앞에서 말할 때 부딪히는 어려움에 효과적으로 대처하기 위해서는 말할 때 느끼는 불안의 원인을 파악하여 극복할 수 있도록 노력해야 한다.

시 읽기의 네 갈래 길

개념 확인 콕콕

• 본문 p.008

01. ② **02.** ④ **03.** ④

01. 남학생은 그림의 표현 형식에 주목하여 그림을 감상하였고, 여학생은 그림이 자신에게 준 느낌에 주목하여 그림을 감상하였다.

02. 사람들의 인식 수준, 경험, 가치관, 작품을 해석하는 방법에 따라 작품에 대한 감상이 달라지게 된다.

03. 문학 작품은 독자, 작품, 작가, 상황 등 어느 것에 초점을 두어 감상하는지에 따라 해석이 달라질 수 있으며, 독자 개개인의 인식 수준, 경험, 가치관 등에 따라서도 해석이 다를 수 있다.

• 확인 문제 •

• 본문 p.010

01. ② **02.** 서러웁게 **03.** ③ **04.** ② **05.** 길다랗고 파리하며 고드름이 달렸다. **06.** ② **07.** ④ **08.** ② **09.** 명태의 시각적 이미지에 깨끗하고 맑은 청각적 울림을 더해 주고, 시의 의미를 풍요롭게 해 준다. **10.** ① **11.** ① **12.** 화자가 문턱에서 오래 서성이며 누군가를 기다렸는데, 그는 겨우내 오지 않았기 때문이다. **13.** ⑤ **14.** 독립(광복) **15.** ④ **16.** ④ **17.** ② **18.** 시 읽기란 작품에서 출발하여 독자 자신에게 돌아오는 여정이다.

01. 이 시에서는 화자의 처지를 처마 끝에 꽁꽁 언 채로 매달려 있는 '명태'에 비유하며 표현하고 있다. '명태'는 화자의 분신이자 자화상이라고 할 수 있다.

02. 해 질 무렵 추운 날씨에 꽁꽁 언 명태를 바라보는 화자의 감정을 '볕은 서러웁게 차갑다'라고 표현하고 있다.

03. 이 시의 전반부(1~4행)에서는 명태에 대한 객관적 묘사가 이루어지다가, 후반부(5~8행)에서는 명태에 대한 화자 자신의 주관적 인식을 드러내고 있다.

04. '멧새'는 '명태'처럼 묶여서 얼어 가는 이 시의 화자와는 달리 원하는 곳이면 어디든지 날아갈 수 있는 자유로운 존재이다.

오답 해설

ㄴ. 이 시에서는 추운 겨울날 처마 끝에 달려 있는 명태의 파리한 모습에 화자 자신을 투영하고 있다. 따라서 시 전체의 분위기는 따뜻함과는 거리가 멀다.

ㄷ. 이 시의 화자는 자유로운 존재가 아니라, 명태처럼 춥고 외로운 처지에 놓여 있다.

05. 이 시에서 '명태'는 객관적 상관물로서 화자 자신과 동일시되는 소재이다. 3행에 묘사된 '명태는 길다랗고 파리한 물고긴데'와 4행의 '고드름이 달렸다'를 통해 명태와 화자의 공통점을 찾을 수 있다.

06. 시 본문에는 '멧새 소리'가 나오지는 않지만 '멧새 소리'는 명태의 시각적 이미지에 깨끗하고 맑은 청각적 울림을 더해 줄 뿐 아니라 시의 의미를 풍요롭게 해 주고 있다고 하였다.

오답 해설

① 이 시에서 객관적 묘사의 대상은 명태이다.

③ 이 시에서 구체적으로 묘사되고 있는 대상은 화자가 아니라 명태이다.

④ '멧새 소리'가 청각적 이미지인 것은 맞지만, 이를 통해 화자의 정서를 직접적으로 드러내고 있지는 않다. 이 시에서 화자의 정서와 동일시되는 소재는 명태이다.

⑤ 이 시의 분위기가 쓸쓸한 것은 맞지만, 모순된 감각을 형성하고 있는 것은 '볕이 차갑다'이다.

07. (가)에서 글쓴이는 이 시를 '한 컷의 흑백 사진을 보는 듯한 탁월한 이미지'의 시라고 분석하고 있다.(ㄴ) 그리고 (나)에서는 '멧새 소리'라는 시 제목의 역할에 관하여 해석하고 있다.(ㄹ)

08. (나)에서 이 시에서는 멧새 소리는커녕 멧새의 흔적조차 나오지 않고 오직 명태의 시각적 묘사에만 집중하고 있다고 하였다.

09. ㉡의 바로 뒤 문장에 자세한 내용이 제시되어 있다. 즉, 제목 '멧새 소리'는 명태의 시각적 이미지에 청각적 울림을 더해 주고, 시의 의미를 풍요롭게 해 준다고 하였다.

10. (다)에서 '멧새 소리가 들린다는 것은 집 주변에 인적이나 인기척이 드물다는 것을 암시한다.'라고 하였으므로 멧새 소리가 활기찬 분위기를 암시한다는 해석은 적절하지 않다.

오답 해설

② (다)의 세 번째 문장 '마당이 비어 있으므로 멧새들이 지저귀는 것이고, 그 지저귐이 들리는 것이다.'에서 확인할 수 있다.

③ (다)의 네 번째 문장 '이때의 멧새 소리는 화자의 적막함 혹은 기다리는 마음을 강조한다.'에서 확인할 수 있다.

④ "해는 저물고 날은 다 가고"에서 이 시에 나타난 시간을 알 수 있는데, 글쓴이는 이 시간을 '이제 곧 멧새 소리마저 들리지 않을 시간이다.'라고 해석하고 있다.

⑤ (다)의 마지막 문장에서 '멧새 소리는 '문턱'과 함께 화자와 외부의 소통 가능성을 열어 주는 작은 길이 된다.'라고 하였다.

11. (라)의 마지막 문장 '"나도 길다랗고 파리한 명태다"라고 썼듯이, 시 속의 명태는 어쩌면 백석 자신의 모습인지도 모른다.'에서 알 수 있듯이 글쓴이는 시의 중심 소재인 '명태'와 시인을 동일시하고 있다.

12. 시에서 화자는 문턱에서 누군가를 기다리고 있었는데 그는 겨우내 오지 않아 화자를 더욱 서럽게 하고 있다.

13. (바)의 '백석의 시는 그가 살았던 시대와 연결 지을 때 의미가 더욱 깊어진다.'에 나타나 있듯이 글쓴이는 시가 창작되었던 시대와 연관 지어 시를 해석하고 있다.

14. (바)에서 글쓴이는 시대적 배경과 연관 지어 시를 해석하고 있다. 시인이 시를 창작할 당시는 일본의 억압과 수탈이 점점 심해져서 망국민의 한이 끝없이 깊어질 때라고 하였으므로, 우리네 슬픈 이웃들이 기다리는 것은 '독립(광복)'이라 할 수 있다.

15. 글쓴이는 독자에 따라서 같은 작품이라도 해석이 달라지며, 독자 각자의 경험을 바탕으로 작품을 감상하고 해석할 때 가장 큰 감동을 받을 수 있다고 말하고 있다. ㄴ과 ㄹ은 독자의 경험을 중심으로 한 감상에 해당한다.

오답 해설

ㄱ. 시가 창작되었던 시대적 배경을 중심으로 해석한 것이다.

ㄷ. 시인의 삶을 중심으로 해석한 것이다.

16. (사)에서 글쓴이는 작품을 읽는 독자의 입장에서 시를 해석할 때 '제일 커다란 울림'이 스며든다고 하였다. 독자의 입장에서 작품을 해석한다는 것은 독자의 경험을 중심으로 시를 읽을 때 가능한 것이다.

오답 해설

① 작품의 내용이나 표현을 중심으로 한 해석이다.

② 시인의 삶을 중심으로 한 해석이다.

③, ⑤ 시가 창작되었던 시대적 배경을 중심으로 한 해석이다.

17. '독자가 스스로 채워 넣는 각자의 이야기'란 독자의 경험을 중심으로 시를 해석하고 감상하는 것을 의미한다.

18. (사)에서 시 읽기란 작품에서 출발하여 다시 독자 안으로 돌아오는 여정이라고 하였다.

학습 활동 다지기

• 본문 p.014

이해 다지기 문제 **1.** ① **2.** ②

목표 다지기 문제 **1.** ② **2.** ④ **3.** ⑤ **4.** ③

이해 **1.** 이 시의 전반부에는 명태의 모습이 객관적으로 제시되어 있고, 후반부에는 명태와 자신을 동일시하는 화자의 인식이 드러나 있다.

오답 해설

②, ③, ⑤ 이 시의 내용과 거리가 먼 설명이다.

④ 2~4행의 내용에 해당한다.

2. 이 시에서 화자는 대상인 명태에 동질감을 느끼고 있다. ②는 같은 병자끼리 가엾게 여긴다는 뜻으로, 어려운 처지에 있는 사람끼리 서로 불쌍히 여겨 동정하고 서로 돕는다는 뜻으로 쓰이는 말이다.

오답 해설

① 처지를 바꾸어서 생각하여 본다는 의미이다.

③ 같은 자리에 자면서 다른 꿈을 꾼다는 뜻으로, 겉으로는 같이 행동하면서도 속으로는 각각 딴 생각을 하고 있다는 의미이다.

④ 까마귀 날자 배 떨어진다는 뜻으로, 아무 관계도 없이 한 일이 공교롭게도 때가 같아 억울하게 의심을 받거나 난처한 위치에 서게 됨을 이르는 말이다.

⑤ 학의 목처럼 목을 길게 빼고 간절히 기다린다는 의미이다.

목표 **1.** 작품의 내용이나 표현을 중심으로 해석하는 것은 작품의 내적 요소만을 근거로 해석하는 것을 뜻한다.

오답 해설

① 시인의 삶을 중심으로 한 해석이다.

③, ⑤ 독자의 경험을 중심으로 한 해석이다.

④ 시대적 배경을 중심으로 한 해석이다.

2. 문학 작품은 작가, 시대적 배경, 독자, 작품 등에 주목하여 다양하게 해석할 수 있다고 하였으므로, 한 가지 관점으로만 문학 작품을 해석하는 것은 적절하지 않다.

3. 이 시에서 '명태'는 시의 화자가 동질감을 느끼는 대상이다. 〈보기〉의 '산(山)꿩'도 여인의 슬픈 심정과 일치하고 있는 대상인데, 이러한 점에서 '명태'와 유사한 역할을 한다고 볼 수 있다.

4. 시를 쓸 당시 시인이 살았던 지역과 관련하여 시를 해석한 ③은 시인의 삶과 관련지어 시를 해석한 것이다.

오답 해설

①, ② 시가 창작된 시대적 배경과 관련한 해석이다.
④, ⑤ 시를 읽는 독자의 입장에서 작품이 주는 즐거움과 감동, 교훈 등의 효과에 주목한 해석이다.

소단원 핵심 문제 • 본문 p.018

01. ③ **02.** ③ **03.** ③ **04.** 모순되는 감각의 이미지를 활용하여 표현함으로써 화자의 쓸쓸하고 외로운 정서를 드러내고자 하였다. **05.** ① **06.** ⑤ **07.** ⑤ **08.** 시를 발표할 당시 함흥에서 섬세한 감성의 젊은 시인이 쓸쓸하게 겨울을 넘기고 있었다. **09.** ⑤ **10.** ② **11.** ③ **12.** 시가 일제 강점기에 창작되었다는 점으로 볼 때 우리 민족이 기다린 것은 조국의 광복이라 할 수 있다.

01. (가)의 전반부에서는 '명태'의 모습에 대한 묘사가 중심을 이루고, 후반부에서는 '명태'와 화자가 동일시되면서 화자의 모습과 처지가 부각되고 있다.(ㄷ) (가)에서 '명태'는 화자의 분신이자 자화상이라고 볼 수 있으므로 화자와 감정적 공감대를 느낄 수 있다.(ㄹ)

오답 해설

ㄱ. 시의 전반부에서는 대상에 대한 객관적인 묘사가 중심이지만, 후반부에는 시적 화자의 정서가 '명태'와 동일시되어 드러나 있다. 따라서 화자의 정서가 드러나지 않는다는 설명은 적절하지 않다.
ㄴ. 이 시는 전체적으로 외롭고 쓸쓸한 분위기가 느껴지므로 시의 분위기가 활기차다는 설명은 적절하지 않다.
ㄷ. '별은 서럽게 차갑다'에서 '별(따뜻함)'과 '차갑다'가 모순되는 역설적 표현이 사용되고 있다.

02. (가)에 대한 글쓴이의 해석은 (나)에서 확인할 수 있다. 저물녘의 차가운 이미지는 처마 끝에 고드름을 매단 채 꽁꽁 얼어 있는 명태의 모습에서 시각적 이미지로 드러나 있으므로 청각적으로 드러나 있다는 해석은 적절하지 않다.

03. (나)는 작품의 내용이나 표현에 초점을 맞추어 해석한 것이다. ③의 해석도 〈보기〉의 시를 시어의 이미지와 상징적 의미 등에 초점을 맞추어 해석한 것이다.

오답 해설

①, ② 시대적 배경을 중심으로 작품을 해석한 것이다.
④ 독자의 경험을 중심으로 작품을 해석한 것이다.
⑤ 시인과 관련하여 작품을 해석한 것이다.

04. '별'이라는 따뜻한 느낌을 '차갑다'라고 표현한 것은 모순된 감각을 활용한 표현으로 볼 수 있으며, 이를 통해 시적 화자의 정서를 드러내고 있다.

05. 시 「멧새 소리」에서 가장 집중적으로 묘사하고 있는 것은 '명태'의 시각적 이미지이다. (가)의 '시 본문에는 멧새 소리는 커녕 멧새의 흔적조차 나오지 않는다. 명태의 시각적 묘사에만 집중하고 있을 뿐이다.'를 통해 확인할 수 있다.

오답 해설

② (나)의 '이때의 멧새 소리는 화자의 적막함 혹은 기다리는 마음을 강조한다.'를 통해 확인할 수 있다.
③ (가)의 마지막 문장 '명태의 시각적 이미지에 깨끗하고 맑은 청각적 울림을 더해 줄 뿐 아니라'를 통해 확인할 수 있다.
④ (나)의 마지막 문장 '멧새 소리는 '문턱'과 함께 화자와 외부의 소통 가능성을 열어 주는 작은 길이 된다.'를 통해 확인할 수 있다.
⑤ (나)의 두 번째 문장 '멧새 소리가 들린다는 것은 집 주변에 인적이나 인기척이 드물다는 것을 암시한다.'를 통해 확인할 수 있다.

06. (나)에서 '멧새 소리'는 '문턱'과 함께 화자와 외부의 소통 가능성을 열어 주는 작은 길이 된다고 하였을 뿐, 화자가 소통하는 외부 상황을 제시하고 있지는 않다.

오답 해설

① (나)에서 시어 '문턱'은 화자가 누군가를 기다리는 장소로 '멧새 소리'와 함께 화자와 외부의 소통 가능성을 열어 주는 작은 길이라고 하였다.
② (가)에서 이 시에서는 명태의 시각적 묘사에만 집중하고 있다고 하였다.

③ (다)에서 시를 발표할 당시 시인은 동해의 항구 도시 함흥에서 쓸쓸하게 겨울을 넘기고 있었다고 하였다.
④ (가)에서 시의 제목 '멧새 소리'는 명태의 시각적 이미지에 깨끗하고 맑은 청각적 울림을 더해 줄 뿐 아니라, 시의 의미를 풍요롭게 한다고 하였다.

07. (다)에서 글쓴이는 시를 쓸 무렵 시인이 살았던 항구 도시 함흥에서 쓸쓸하게 겨울을 넘기고 있었던 시인의 생애에 초점을 맞추어 작품을 해석하고 있다.

08. 글쓴이는 시를 창작할 당시 시인이 살았던 곳의 환경과 관련하여 시 속의 '명태'를 시인 자신의 모습이라고 해석하고 있다.

09. 백석의 시 「멧새 소리」는 일제 강점기에 쓰여졌지만 (가)~(다)와 같이 다양한 관점에서 감상이 가능하다. 일제 강점기에 창작된 시 모두를 시대적 배경과 관련지어 감상해야 하는 것은 아니다.

오답 해설
① (가)의 '시인의 다른 모습인 화자'로 미루어 볼 때 적절한 의견이다.
② (나)의 '백석의 시는 그가 살았던 시대와 연결 지을 때 의미가 더욱 깊어진다.'로 미루어 볼 때 적절한 의견이다.
③ (다)의 '그 이미지들의 사이사이에 시인의 삶이, 역사 속의 소리 없는 울림들이 스며든다.'로 미루어 볼 때 적절한 의견이다.
④ (다)의 '제일 커다란 울림은 독자 스스로가 채워 넣는 각자의 이야기에서 완성된다.'로 미루어 볼 때 적절한 의견이다.

10. 〈보기〉는 독자의 경험을 중심으로 작품을 감상한 것이다. 시를 읽고 어린 시절 엄마의 모습을 떠올린 것은 독자의 경험을 중심으로 해석한 것이다.

오답 해설
① 시인의 삶을 중심으로 한 감상이다.
③ 시대적 배경을 중심으로 한 감상이다.
④, ⑤ 작품의 내용이나 표현을 중심으로 한 감상이다.

11. ㉠ 바로 앞에 그 근거가 잘 드러나 있다. 화자가 그렇게 기다리는 사람이 겨우내 오지 않기 때문에 겨울 볕이 서럽게 차갑다고 해석하고 있다.

12. 이 시의 창작 시기가 일제 강점기라는 사실을 근거로 할 때 당시 우리 민족이 애타게 기다린 것은 조국의 광복이라 할 수 있다.

 자신 있게 말하기

개념 확인 콕콕 • 본문 p.021

01. 말하기 불안 **02.** ④ **03.** ㉠ 사전 준비, ㉡ 긍정적

01. 여러 사람 앞에서 말을 하기에 앞서 또는 말을 하는 과정에서 개인이 경험하게 되는 불안 증상을 말하기 불안이라고 한다.

02. 말하기 불안은 모든 사람에게 생길 수 있는 자연스러운 현상이며, 이를 극복하기 위해 노력한다면 자신의 생각을 더욱 분명하고 자신 있게 말할 수 있게 된다.

03. 말하기 불안은 누구에게나 일어날 수 있는 일임을 이해하고 긍적적인 마음으로 사전에 준비를 철저히 하면 말하기 불안을 극복할 수 있다.

확인 문제 • 본문 p.023

01. ① **02.** ④ **03.** ③ **04.** 여러 사람 앞에서 말을 해 본 경험이 별로 없기 때문이다. **05.** ② **06.** ② **07.** ⑤ **08.** ① **09.** ② **10.** ⑤ **11.** ② **12.** ④ **13.** 휘황찬란한 촛불 **14.** ① **15.** ③ **16.** ③ **17.** ④ **18.** 죽음을 피하기 위해 자유를 누리지 못하며 살아왔다. **19.** ③ **20.** ③ **21.** 곤충 주제에 무슨 아름다움이고 자유를 찾느냐고 비웃는 말 **22.** ② **23.** ㉠ 이상, ㉡ 쾌락 **24.** ② **25.** ⑤ **26.** ② **27.** ④ **28.** ② **29.** ① **30.** ④ **31.** ② **32.** ④ **33.** ⑤ **34.** ②, ③

01. '문학 작품의 다양한 해석'이라는 주제로 모둠 발표를 하기 위해 선구에게 발표를 맡기고 있는 상황으로 포괄적으로 보면 모둠 발표를 하기 위한 사전 토의이다.

오답 해설
② 학생들의 대화를 보면 모둠 발표의 주제는 '문학 작품의 다양한 해석'으로 이미 정해져 있다.
③ 친구들이 선구가 발표를 하기로 했음을 떠올리고, 선구가 이를 수용하고 있다.
④ 발표 순서에 대한 내용은 나타나 있지 않다.
⑤ 모둠 발표를 하기 위해 발표자를 정하는 과정이 순조롭게 이루어지고 있다.

02. 현서가 선구에게 '평소 우리랑 이야기하는 것처럼 자연스럽게 발표하면 아무 문제 없을 거야.'라고 말한 것은 선구의 말하기 불안을 덜어주기 위한 말일 뿐이다. 선구가 평소에도 발표를 잘했는지의 여부는 확인할 수 없다.

03. 발표를 맡기로 한 선구는 틈만 나면 모둠 친구들과 함께 작성한 발표문을 보고 외우는 훈련을 하였다.

04. ㉠의 앞부분을 보면 선구가 여러 사람 앞에서 말을 해 본 경험이 없어서 발표를 걱정하고 있음을 알 수 있다.

05. '문학 작품의 다양한 해석'이라는 주제로 선구가 모둠의 대표로 발표를 하고 있다.(㉠), 발표자인 선구는 말하기에 대한 불안감 때문에 발표를 원활하게 하지 못하고 있으며, 선생님은 선구에게 좀 더 큰 목소리로 말하면 좋겠다는 조언을 하고 있다.(㉢)

오답 해설

㉡ 발표를 맡은 선구는 말하기 불안을 느끼는 모습을 보이고 있다.

㉣ 발표를 듣는 친구들은 선구가 발표를 잘할 수 있도록 용기를 주고 있다.

06. 발표자는 모둠원들이 함께 준비한 내용을 전달하고 있으므로 개인적인 의견을 앞세웠다고 볼 수 없다. 발표자가 여러 사람 앞에서 말하는 상황에서 불안감을 떨쳐내지 못해서 발표 내용이 잘 전달되지 않고 있다.

오답 해설

① 발표자의 발표 내용에 의하면 모둠 구성원들이 사전에 발표 내용을 준비한 것임을 알 수 있다.

③ 발표자는 말하는 과정에서 목소리가 떨리고 작아지는 등 불안한 태도를 보이고 있다.

④ 발표자가 불안한 표정으로 친구들을 힐끔힐끔 바라보자 친구들은 발표자가 자신감을 가질 수 있도록 응원의 눈빛을 보내고 있다.

⑤ 발표자가 말하기 불안감을 이겨 내지 못하고 발표를 끝냈으므로 아쉬움이 남을 것이다.

07. 말하기 불안감으로 인해 준비했던 내용을 제대로 발표하지 못하고 있는 상황이라는 점을 고려하면, ⑤와 같은 조언이 가장 적절하다.

08. 발표를 맡게 되면서 선구는 말을 잘해야 한다는 부담감이 너무 컸다.(㉠) 발표 내용을 다 외우는 방식으로 연습을 하였는데 막상 실제 말하기에서는 외웠던 내용이 잘 생각나지 않아 제대로 발표를 못하였으므로 외우는 방식으로 연습한 방법이 적절하지 않았다고 볼 수 있다.(㉡) 여러 사람 앞에서 말을 해 본 경험이 부족했기 때문에 발표하는 과정에서 자연스럽게 말하지 못하였다.(㉣).

오답 해설

㉢ 학급 학생들 앞에서 말하는 상황이었으므로 청중이 낯설고 말하기 환경이 친숙하지 않다고 볼 수 없다.

㉤ 선구의 발표를 듣는 친구들은 따뜻한 응원의 눈빛을 보내었으므로 청중이 자신의 말을 듣고 어떤 반응을 보일지에 대해 염려한 것은 아니다.

09. 말하기 불안은 사람에 따라 정도의 차이는 있지만, 대부분의 화자가 겪게 되는 심리적 현상이므로 문제가 되는 것은 말하기 불안 그 자체라기보다 불안에 대처하는 화자의 대응 태도라고 할 수 있다.

10. 불안감을 이길 수 있도록 긍정적인 자기 암시를 하거나 말하기에 성공하는 장면을 그려 보면서 부정적인 생각을 긍정적으로 바꿀 필요가 있다.

11. 이 글은 곤충을 의인화하여 자유와 아름다움을 추구하는 삶의 가치를 교훈적으로 전달하고 있는 우화 소설이다.

12. 불나방은 하루살이와 파리가 추구하는 삶의 가치에 대해 비판적인 입장을 보이고 있기는 하지만, 유혹을 이기지 못한 자신을 비판하는 파리의 말에 대해 인정하는 태도를 보이고 있다.

오답 해설

① 하루살이의 말에 '불나방은 고개를 내저었습니다.'를 통해 불나방이 하루살이의 말에 동조하지 않음을 알 수 있다.

② 파리는 불나방의 말을 비판하고 있으므로 불나방의 말을 모두 수용하고 있다고 볼 수 없다.

③ 불나방을 비웃고 있는 인물은 하루살이가 아니라 파리이다.

⑤ 파리는 불나방의 말에 자신을 돌아보는 것이 아니라, 불나방의 말을 비웃고 있다.

13. 파리의 말을 통해 불나방은 휘황찬란한 촛불의 유혹을 이기지 못해 날아들었음을 알 수 있다.

14. 불나방이 휘황찬란한 촛불의 유혹을 이기지 못해 날아들었다는 파리의 말을 시인했기 때문에 파리는 더욱 기세가 오른 것이다.

15. 이 글은 시간 순서에 따라 이야기가 전개되는 순차적 구성 방식을 따르고 있다.

오답 해설

① '우울해졌습니다.', '물어보았습니다.' 등 종결 표현들이 모두 경어체이다.

② 불나방과 파리와 하루살이의 대화를 통해 이야기를 이끌어 나가고 있고, 중간중간 이들의 이야기를 서술자가 전달해 주고 있다.

④ 불나방과 파리와 하루살이의 대화를 통해 세 인물의 성격이 다르다는 것을 알 수 있다.

⑤ 불나방은 자유와 아름다움을 추구하지만 파리와 하루살이는 눈앞의 이익과 쾌락을 추구한다는 점에서 삶에 대한 인물들의 태도가 대립되고 있다고 볼 수 있다.

16. 하루살이는 오늘 밤 자정 이후에 일어날 일에 대해서는 뭐라고 잘라 말할 수 없다고 말하고 있다. 자신이 하루밖에 살지 못하는 처지이기 때문에 미래에 일어날 일에 대해서는 자신 있게 말하지 못하는 것이다.

17. 불나방은 본능에 따르는 삶보다는 자유라는 가치를 추구하는 삶을 살고자 하는 인물이다.

18. ㉠ 다음에 이어지는 불나방의 말을 바탕으로 서술해야 한다. '거미들의 보이지 않는 죽음의 그물망을 염려하느라'와 '공포스러운 사마귀의 턱이나 새들의 단단한 부리에 ~ 걱정하느라'는 죽음을 피하기 위한 모습으로 볼 수 있다. '몸을 움츠려야 했어'와 '숨도 제대로 못 쉬었어'는 자유를 저당잡힌 채 살아가는 모습을 뜻한다고 할 수 있다.

19. 불나방은 자유와 아름다움을 추구하는 자신의 태도에 대해 확고한 신념을 갖고 말하고 있다.

20. 불나방은 '자기 나름대로의 아름다움에 반하고 그런 것을 추구할 권리는 우리 모두의 권리'라고 말하고 있다. 이를 바탕으로 자유에 대한 불나방의 생각을 ③과 같이 유추할 수 있다.

21. '그것은 그렇게 생각하는 쪽의 오만이고 편견이다.'라고 하였으므로 '그것'에 해당하는 구체적인 내용을 ㉠ 앞부분에서 찾을 수 있다.

22. '개똥밭에 굴러도 이승이 낫다.'는 아무리 천하게 살아도 죽는 것보다는 사는 것이 낫다는 뜻이다.

오답 해설

① 지금 당장은 힘들어도 언젠가는 좋은 날이 있을 것이라는 뜻이다.

③ 돈을 벌 때는 천한 일이라도 하면서 벌고 쓸 때는 떳떳하고 보람 있게 쓴다는 말이다.

④ 지지리 못난 사람일수록 같이 있는 동료를 망신시킨다는 말이다.

⑤ 아무리 궁하거나 다급한 경우라도 체면을 깎는 짓은 아니 한다는 말이다.

23. 불나방은 현실에 안주하지 않고 고귀한 가치를 추구하는 인물이며, 파리는 눈앞의 쾌락을 추구하는 인물이다.

24. 파리는 눈앞의 쾌락을 중요시하는 삶을 살고 있고, 불나방은 자유와 아름다움이라는 가치를 추구하는 삶을 살고 있다. 따라서 불나방은 파리에게 ②와 같은 충고의 말을 할 것이다.

25. 불나방은 하루살이나 파리와는 달리 현실에 안주하거나 눈앞의 쾌락을 추구하지 않고 자유와 아름다움이라는 가치를 추구하고 있다. ⑤는 파랑새라는 소재를 통해 자유로운 삶에 대한 소망을 노래한 시이다.

오답 해설

① 사랑하는 임과의 이별로 인한 화자의 슬픔을 드러내고 있다.

② 노을에 물든 구름의 모습을 시각적 이미지를 사용하여 형상화한 것이다.

③ 누군가에게 희생하며 헌신하는 삶을 살았는지를 돌아보며 반성하고 있다.

④ 어두운 저녁 하늘에 떠 있는 별을 바라보며 인간 존재에 대해 성찰하고 있다.

26. 작품을 해석하고 발표를 하기 위해서는 우선 작자가 작품을 통해 무엇을 말하고자 하는지에 대한 파악이 이루어져야 한다.(ㄱ) 그 다음 작품 해석에 대한 자신의 생각을 중심으로 발표문을 작성하여 말하기 연습을 하는 것이 일반적이다.(ㄷ)

27. 발표 전에는 발표문을 여러 번 읽고, 발표 내용을 완전히 이해하는 과정이 필요하다. 그리고 발표의 불안함에 대해 친구들과 이야기를 나누어 보고 그런 불안이 누구나 겪게 되는 것임을 이해하는 것이 필요하다. 불안을 느끼면 발표가 힘들어질 것이라는 말은 발표자의 불안함을 더욱 가중시키는 말이 된다.

오답 해설

① 발표문을 여러 번 읽어 보면 발표 내용을 이해하는 데 도움이 된다.

② 발표 내용을 완전히 이해하게 되면 발표를 할 때 자신감을 가질 수 있다.
③ 발표 전 불안감은 누구에게나 있으므로 자신이 느끼는 불안이 자연스러운 현상임을 알게 되면 마음이 편해질 수 있다.
⑤ 불안함에 대해 친구들과 이야기를 나누어 보게 되면 발표 전에 누구나 불안함을 느끼게 된다는 것을 알게 되어 마음이 놓일 것이다.

28. 발표 전의 불안함은 누구에게나 있는 문제로, 이를 극복하기 위해 노력한다면 얼마든지 극복이 가능하다.

29. 말하기 불안을 극복하기 위해서는 실제 청중이 있다고 상상하여 처음부터 끝까지 발표를 연습해 보는 것이 좋다.

30. 발표의 내용이나 상황에 맞게 자연스러운 자세를 유지하는 것이 좋다. 다만 몸을 구부리거나 기대는 자세는 삼가도록 한다.

31. 언어 외적 표현이란 언어 이외의 것으로 의사를 전달하는 것을 가리키는 말이다. 따라서 비언어적인 표현이라고도 불린다. 주로 우리가 일상생활에서 사용하는 몸짓, 태도, 표정, 눈길, 손짓, 옷차림 등의 의사 표현 행위가 이에 속한다.

오답 해설

① 발표에서 가장 핵심이 되는 것은 음성 언어로 말로 전달하는 언어적 표현이다.
③ 손짓과 몸짓은 발표 내용에 맞게 적절하게 사용해야 한다. 몸짓보다 손짓이 발표에 더 효과적인 것은 아니다.
④ 발표 시간에 상관 없이 발표하는 과정에서 비언어적 표현을 적절하게 사용해야 한다.
⑤ 비언어적 표현은 말하기 불안을 극복한 사람만이 사용해야 하는 것이 아니다.

32. 청자의 반응은 화자의 말하기 불안에 큰 영향을 미친다. 즉, 청자의 긍정적 반응은 화자에게 자신감을 부여하고, 마음의 여유를 갖게 해 주어 화자가 준비한 내용을 좀 더 잘 전달할 수 있게 한다.

33. 발표 내용이나 상황에 따라 진지한 태도를 보여야 할 때도 있고 유쾌한 반응을 보여야 할 때도 있으므로 무조건 유쾌한 반응을 보이는 것은 적절하지 않다.

34. 발표자의 말에 공감되는 부분이 있으면 고개를 가볍게 끄덕이고, 발표자와 시선이 마주치면 미소를 지어 주는 등의 청자의 반응은 화자에게 자신감을 부여하게 된다.

오답 해설

① 모르는 용어의 뜻이 궁금하여 옆 친구에게 계속 물어 보게 되면 발표자가 발표를 하는 데 방해가 될 수 있다.
④ 계속 큰소리로 웃으면서 박수를 쳐 주는 행동은 화자의 말하기에 방해가 될 수 있다.
⑤ 이미 알고 있는 내용이 나와도 역사 시간에 다른 과목 공부를 하는 것은 적절한 태도가 아니다.

소단원 핵심 문제

• 본문 p.035

01. ④ **02.** ② **03.** ④ **04.** 선구가 자신감을 가질 수 있도록 응원의 눈빛을 보냈다. **05.** ② **06.** ① **07.** ③ **08.** 자정이면 죽을 목숨이므로 곧 죽을 때까지 호의호식하는 것이 최고이다. **09.** ④ **10.** ① **11.** ③ **12.** 눈앞의 쾌락을 추구하는 파리와는 달리 불나방은 자유와 아름다움을 추구하고 있다.

01. 말하기 불안감으로 인해 선구가 발표를 원활하게 해내지 못하고 있는 상황이다.

오답 해설

ㄱ. 선구가 모듬을 대표하여 발표를 하고 있는 상황이므로 여러 학생들이 자신의 의견을 발표하고 있다는 설명은 적절하지 않다.
ㄷ. 발표를 맡은 선구는 발표문을 안 보고 외울 만큼 사전 연습을 하였지만 막상 발표 당일에는 불안감으로 인해 발표를 잘 해내지 못하였다.

02. 발표를 맡게 된 선구는 열심히 준비를 하였지만 친구들의 이야기를 듣고 부담감 때문에 불안을 느끼게 되었다.

03. 말하기 불안을 해소하기 위해서는 실제 청중이 앞에 있다고 상상하고 처음부터 끝까지 발표 연습을 해 보는 것이 바람직하다.

04. (나)에서 선구가 말하기 불안을 느끼자 친구들은 응원의 눈빛을 보내어 선구가 자신감을 가질 수 있도록 하였다.

05. 이 글은 불나방과 하루살이와 파리를 의인화하여 이상을 추구하며 살아가는 삶의 태도가 소중한 가치라는 것을 보여 주고 있다. 주로 등장인물 간의 대화가 중점적으로 드러나고 있으며(ㄱ), 불나방과 파리와 하루살이가 삶을 살아가는 방식이 서로 다른 인물로 등장하고 있다.(ㄴ)

오답 해설

ㄴ. 이 글은 곤충을 의인화하여 이상을 추구하는 태도가 가치 있는 삶의 자세라는 교훈을 전달하고 있다. 곤충의 습성에 빗대어 인간의 삶에 교훈을 주고 있다.

ㄹ. 삶의 자세라는 철학적인 주제를 전달하고 있지만, 희극적 인물을 통해 가볍게 전달하고 있다고 볼 수는 없다.

06. 이 글에 등장하는 불나방과 파리와 하루살이는 서로 다른 삶의 태도를 보이고 있다. 불나방은 현실에 안주하고 눈앞의 쾌락을 추구하는 하루살이와 파리의 태도와 대립되는 가치관을 갖고 있다.

07. 불나방은 눈앞의 쾌락을 추구하고 현실에 안주하려는 파리와 하루살이의 태도를 비판하는 입장을 보이고 있다. '우선 먹기는 곶감이 달다.'는 앞뒤 생각지 않고 당장에 좋은 편을 취하는 경우를 비유적으로 이르는 말이다.

오답 해설

① 말과 행동에 모가 나면 미움을 받는다는 뜻이다.
② 소문은 빨리 전달되므로 말조심 하라는 뜻이다.
④ 하려고 애쓰던 일이 실패로 돌아가거나 같이 애를 쓰다가 남에게 뒤떨어져 어찌할 도리가 없이 민망할 때 이르는 말이다.
⑤ 아무리 좋은 솜씨와 훌륭한 일이라도 끝을 마쳐야 쓸모가 있다는 뜻이다.

08. 파리는 하루살이가 자정을 넘길 수 없는 처지이므로 당장 잘 먹는 것이 현명한 선택이라고 말하고 있다.

09. 자신의 생각을 발표하기 위한 것이므로 친구들이 추구하는 삶의 태도가 아니라 자신이 추구하는 삶의 태도를 발표의 주제로 정해야 한다.

오답 해설

① 글을 읽은 다음 자신의 생각을 발표하는 것이므로 작가가 말하고자 하는 주제가 무엇인지 파악하는 과정이 있어야 한다.
② 자신의 생각을 발표하는 것이므로 주제에 대한 자신의 생각과 관점을 정해야 한다.
③ 글의 내용이 삶에 대한 각기 다른 인물들의 태도이므로 등장인물이 추구하는 삶의 방식에 대해 생각해 본 다음 자신의 생각을 정해야 한다.
⑤ 발표 내용이 지루해지지 않도록 하기 위해 친구들이 발표에 흥미를 가질 수 있는 내용으로 구성하는 과정이 필요하다.

10. 〈보기〉는 말하기 불안을 겪고 있는 상황이다. 따라서 발표 전에 발표문을 여러 번 읽고, 발표 내용을 완전히 이해하거나 발표 전의 불안함에 관해 친구들과 이야기를 나누며, 말하기 불안이 자신만의 문제가 아니라 누구나 겪는 일이라는 것을 이해하는 것이 바람직하다.

11. 청자의 태도나 반응은 말하기 불안을 감소시키는 중요한 요인이 될 수 있다. 청자의 긍정적 반응은 화자에게 자신감을 부여하고, 마음의 여유를 갖게 해 주어 화자가 준비한 내용을 좀 더 잘 전달할 수 있게 만든다.

12. 파리는 눈앞의 쾌락을 최고의 가치로 여기는 인물인 반면에 불나방은 자유와 아름다움을 추구하는 인물이다.

대단원 확인 문제

• 본문 p.040

01. ⑤ **02.** ② **03.** ③ **04.** 시 본문에는 멧새 소리가 나오지 않고 명태의 시각적 묘사에만 집중하고 있기 때문이다. **05.** ④ **06.** ③ **07.** ⑤ **08.** ① **09.** 화자는 기다리는 사람이 겨우내 오지 않아서 슬퍼하고 있다. **10.** ① **11.** ③ **12.** 여러 사람 앞에서 말을 해 본 경험이 별로 없기 때문이다. **13.** ④ **14.** ⑤ **15.** ③ **16.** ③ **17.** ② **18.** 아교풀 **19.** ⑤ **20.** 아름다움과 자유를 추구하는 것은 우리 모두의 권리로서 어느 한쪽에서 배타적으로 소유할 수 없다. / 아름다움과 자유를 추구하는 것은 당연한 권리이며 이를 비웃는 것은 오만이고 편견이다. **21.** ② **22.** 한 컷의 흑백 사진을 보는 듯한 탁월한 이미지이다. **23.** ④ **24.** ④ **25.** ① **26.** 시가 창작될 당시는 일본의 억압과 수탈이 심했고, 우리 민족은 고향을 떠나 암울하게 살았다. **27.** ② **28.** ① **29.** ④ **30.** ②

01. (가)는 창작 당시의 시대적 배경이 일제 강점기이기는 하지만 당시의 시대적 슬픔을 구체적으로 그려 내고 있다고 보기는 어렵다.

오답 해설

① '나도 길다랗고 파리한 명태(明太)다'에서 화자는 '명태'와 자신을 동일시하고 있음을 알 수 있다.
② '꽁꽁 얼었다, 고드름' 등의 표현을 통해 겨울이라는 계절적 배경이 잘 드러나 있다고 할 수 있다.
③ '명태(明太)는 길다랗고 파리한 물고긴데 / 꼬리에 길다란 고드름이 달렸다'라는 시구를 통해 '명태'의 시각적인 이미지를 잘 드러내고 있다.
④ '해는 저물고 날은 다 가고 별은 서러웁게 차갑다'라는 시구에 시간적 배경이 뚜렷하게 나타나 있다.

02. (나)에서는 시의 내용과 표현에 초점을 두어 해석하고 있다. 특히 시의 중심 소재인 '명태'의 이미지를 중심으로 해석한 점이 특징적이다.

03. '별'의 따뜻한 이미지를 '차갑다'라는 모순된 감각으로 표현하고 있다.(ㄴ) ㄷ은 '찬란한'과 '슬픔'의 모순된 표현이므로 '별이 서럽게 차갑다'와 유사한 표현 방식이라 할 수 있다.

오답 해설

ㄱ. 반어적 표현이란 속마음과 반대로 표현하는 방식을 일컫는다.

ㄹ. '죽어도 아니 눈물 흘리우리다.'는 반어적 표현 방식에 해당한다.

04. ㉡의 앞 문장 '시 본문에는 멧새 소리는커녕 멧새의 흔적조차 나오지 않는다. 명태의 시각적 묘사에만 집중하고 있을 뿐이다.'를 바탕으로 정리할 수 있다.

05. '안과 밖을 이어 주는 공간, 그러니까 누군가를 기다리며 화자가 서성이고 있는 저 '문턱' 또한 있으나 마나일 것이다. 멧새 소리는 '문턱'과 함께 화자와 외부의 소통 가능성을 열어 주는 작은 길이 된다.'를 통해 '문턱'의 의미를 유추해 볼 수 있다.

06. 이 글에는 「멧새 소리」에 대한 다양한 해석이 제시되어 있다. (가), (나)는 시인의 삶과 관련지어 시를 해석한 것이며, (다)는 시의 창작 시기, (라)는 독자와 관련지어 시를 해석한 것이다. 이 글을 통해 시 해석을 둘러싼 갈등과 대립에 대한 정보는 확인할 수 없다.

오답 해설

① (다)의 '백석의 시는 그가 살았던 시대와 연결 지을 때 의미가 더욱 깊어진다.'를 통해 알 수 있는 내용이다.

② (가)에 시 창작 당시의 시인의 생활을 알 수 있는 내용이 나타나 있다.

④ (가)의 '"나도 길다랗고 파리한 명태다"라고 썼듯이, 시 속의 명태는 어쩌면 백석 자신의 모습인지도 모른다.'에서 시적 표현에 반영된 시인의 모습을 알 수 있다.

⑤ (라)의 '어떤 독자는 어릴 적 건넛마을 혹은 장에 가신 엄마를 기다렸던 기억을 떠올리고, 어떤 독자는 온다고 하고 오지 않는 애인이나 어떤 이유로든 헤어진 그 누군가를 채워 넣어 읽을 것이다. 또 어떤 독자는 새로운 내일을, 따뜻한 봄을 채워 넣어 읽을 수도 있다.'를 통해 시를 읽고 난 독자들의 다양한 해석을 알 수 있다.

07. ㄱ은 시의 창작 시기, ㄴ은 시인, ㄷ, ㄹ은 독자의 경험과 관련하여 시를 해석한 것이다.

08. 이 글을 통해 타당한 근거를 제시할 수 있다면 작품에 대한 다양한 감상이 가능함을 이해할 수 있다.

09. 시에 나타난 화자는 시인의 다른 모습으로 볼 수 있다. 시의 화자는 겨우내 문턱에서 서성이며 누군가를 기다렸는데, 그는 끝내 오지 않아 슬퍼하고 있다.

10. 제일 커다란 울림은 독자 스스로가 채워 넣는 이야기에서 완성된다고 말하고 있다.

11. (가)를 보면 선구는 혼자 있을 때 틈만 나면 모둠 친구들과 함께 작성한 발표문을 보았으며 발표문을 보지 않고도 그 내용을 말할 수 있을 정도로 외웠다. 따라서 발표 내용에 대한 사전 준비를 하지 않았다는 내용은 적절하지 않다.

12. 상진의 말에 대한 선구의 대답에서 선구가 말하기 불안을 느끼는 이유를 찾을 수 있다. 선구는 여러 사람 앞에서 말을 해 본 경험이 거의 없기 때문에 말하기 불안을 느끼는 것이다.

13. 선구는 발표가 계속될수록 말하기 불안을 크게 느끼고 있다. 결국에는 식은땀까지 흘리면서 힘겹게 발표를 이어 가고 있다.

14. 말하기 불안을 극복하기 위해서는 여러 사람 앞에서 말하는 기회를 자주 갖는 것이 좋다.

15. ㉢에서 현서는 선구가 발표를 잘할 수 있도록 용기를 주려고 하였지만 선구에게는 도리어 부담감으로 작용하여 말하기 불안을 느끼게 하였다.

16. 불나방은 자유와 아름다움을 추구하는 자신의 태도에 자부심을 가지고 말하고 있으며, 파리는 이러한 불나방의 말을 비웃고 있다.

오답 해설

① 하루살이와 파리는 현실에 안주한다는 점에서 서로 비슷한 태도를 보이고 있으므로 하루살이가 파리를 비판한다는 설명은 적절하지 않다.

② 파리는 자유와 아름다움을 추구하는 불나방의 태도를 비웃고 있다. 파리가 불나방의 불우한 처지를 위로하고 있다는 설명은 적절하지 않다.

④ 하루살이는 불나방의 말에 비판적인 견해를 갖고 있지만 불나방을 무례하다고 여기지는 않는다.
⑤ 파리는 불나방의 태도를 비웃고 있을 뿐, 불나방을 불쌍하게 생각하고 있지 않다.

17. 작품을 읽고 작품을 해석한 자신의 생각을 발표하는 것이므로 작가에 대한 친구들의 궁금한 점을 조사하는 것은 적절하지 않다.

18. 파리와 하루살이가 즐기고 있는 만찬은 가짜 꿀 냄새가 나는 아교풀을 발라놓은 끈끈이 띠로, 파리는 아교풀에 빠져 있다. 이때 아교풀은 눈앞의 쾌락을 추구하는 파리의 삶의 태도를 상징적으로 드러내는 소재이다.

19. ㉠은 불나방의 태도를 비판하면서 자신의 의견에 하루살이가 동조하기를 원하는 파리의 심리가 담겨 있는 말이다.

20. (라)의 불나방의 말에서 불나방이 추구하는 삶의 가치가 자유와 아름다움이라는 것을 알 수 있다. 불나방은 곤충 주제에 아름다움과 자유를 찾는 것에 대해 비웃을 수는 있지만 그것은 그렇게 생각하는 쪽의 오만이고 편견이라고 말하고 있다.

21. (가)는 작품의 내적 구조를 중심으로 시를 해석한 관점이다. 작품의 내적 구조란 작품의 표현 방식이나 이미지 등 작품을 이루는 내적 구성 요소를 근거로 해석하는 것을 말한다.

오답 해설

①, ③ 작품을 창작 시기와 관련하여 해석한 것이다.
④ 작품을 독자 자신의 경험과 관련지어 해석한 것이다.
⑤ 작품을 시인과 관련하여 해석한 것이다.

22. (가)에서 글쓴이는 시의 이미지에 주목하여 해석하고 있다.

23. 선구는 발표를 준비하기 위해 나름대로 발표문을 읽고 발표문을 보지 않고도 그 내용을 말할 수 있도록 연습을 하였지만, 발표 당일 친구들의 이야기를 듣고 부담감 때문에 불안해지기 시작하였다.

24. (다)에서 작가는 불나방의 태도를 통해 눈앞의 이익을 챙기고 현실에 안주하는 것보다 자유와 아름다움을 추구하는 것이 더 가치 있는 삶이라고 말하고 있다.

25. '화상'은 이상을 추구하는 과정에서 따르는 '고통'과 같은 의미이다.

26. (가)에서는 시가 창작될 당시의 시대적 상황과 연관 지어 작품을 해석하고 있다.

27. (나)에서 선구는 말하기 불안 때문에 발표 내용을 전달하는 데 어려움을 겪고 있다. 따라서 말하기 불안을 이겨 낼 수 있는 다양한 노력이 필요하다는 말을 들려주어야 한다.

28. 선구는 말하기 불안으로 인한 긴장감으로 기어들어 가는 목소리로 말하고 있다. 따라서 선생님은 큰 목소리로 말할 것을 요구할 것이다.

29. 하루살이는 불나방의 말을 들으면서 고개를 끄덕이는 태도를 보이고 있는데, 이는 불나방의 말에 어느 정도 공감을 하고 있다는 의미로 볼 수 있다.

30. 식욕을 채우기 위해서만 살아왔다는 불나방의 말에 하루살이는 그건 당연한 일이라고 말하고 있는 상황이다. '금강산도 식후경'은 아무리 재미있는 일이라도 배가 부르고 난 뒤에야 흥이 난다는 것을 비유적으로 이르는 말이다.

오답 해설

① 어떤 일을 하려고 하다가 뜻하지 않게 공교로운 일을 만났을 때 하는 말이다.
③ 가까이에 있는 것을 도리어 알아보지 못한다는 뜻이다.
④ 아무리 잘 알고 믿음이 있더라도 잠깐의 부주의나 실수로 큰 피해를 볼 수 있으니 항상 조심하라는 교훈을 담고 있는 말이다.
⑤ 확실한 일이라도 다시 한번 확인하고 조심하라는 뜻이다.

2 통일 시대의 우리말

• 본문 p.047

확인 문제

01. 소리, 소리의 길이 **02.** ㉠, ㉡, ㉤ **03.** (1) ○ (2) × (3) ×

01. 음운은 말의 뜻을 구별할 수 있게 해 주는 소리의 가장 작은 단위로, 우리말 음운의 종류에는 자음과 모음, 소리의 길이 등이 있다.

02. 단모음을 구분할 때의 기준은 입술 모양, 혀의 최고점의 위치, 혀의 높이이다.

03. (1) 북한어에서는 외래어를 다듬어 사용한다. (2) 남북한은 언어의 이질성이 존재하기는 하나 의사소통이 안 될 정도로 이질화가 된 것은 아니다. (3) 북한 사람들은 간접 화법보다는 직접적으로 말하는 표현에 익숙하다.

우리말의 음운

• 본문 p.048

개념 확인

01. 음운 **02.** 이중 모음 **03.** 입술소리, 목청소리 **04.** 최고점 **05.** (1) ○ (2) ○ (3) × (4) ○ **06.** (1) ㉡ (2) ㉠ (3) ㉢

01. 음운은 말의 뜻을 구별할 수 있게 해 주는 소리의 가장 작은 단위이다.

02. 발음할 때 입술 모양이나 혀의 위치가 달라지면 이중 모음이고 달라지지 않으면 단모음이다.

03. 자음은 소리 나는 위치를 기준으로 하여 입술소리, 잇몸소리, 센입천장소리, 여린입천장소리, 목청소리로 구분된다.

04. 전설 모음과 후설 모음으로 나뉘는 기준은 혀의 최고점의 위치이다. 혀의 최고점의 위치가 앞쪽에 있으면 전설 모음이고 뒤쪽에 있으면 후설 모음이다.

05. (3) '목청의 울림 여부'는 단모음의 분류 기준이 아니다. '혀의 높이'가 분류 기준에 해당한다.

06. (1) 'ㅁ, ㅂ' 때문에 뜻이 구별된다. (2) 'ㅏ, ㅜ' 때문에 뜻이 구별된다. (3) '말'을 [말]로 발음하느냐 [말:]로 발음하느냐에 따라 뜻이 구별된다.

확인 문제

• 본문 p.050

01. ② **02.** ⑤ **03.** 소리의 길이 **04.** 자음과 모음, 소리의 길이 **05.** ④ **06.** ② **07.** ⑤ **08.** ③ **09.** ⑤ **10.** ③ **11.** ① **12.** ② **13.** 이중 모음 **14.** ① **15.** ④ **16.** ④ **17.** 혀의 최고점의 위치 **18.** ③ **19.** ④ **20.** ② **21.** ③ **22.** ④ **23.** ② **24.** ④ **25.** ② **26.** 소리 나는 위치 **27.** ③ **28.** ④ **29.** ① **30.** ① **31.** ② **32.** ④ **33.** ⑤ **34.** 입안의 통로를 막고 코로 공기를 내보내면서 소리를 낸다. **35.** ② **36.** ③ **37.** 상대방과 정확하게 의사소통을 하기 위해서이다. **38.** ④ **39.** ③ **40.** 소리의 세기 **41.** ⑤ **42.** ① **43.** ① **44.** ㅂ-ㅃ-ㅍ

01. '말-발'은 'ㅁ'과 'ㅂ'의 소리 차이 때문에, '말-물'은 'ㅏ'와 'ㅜ'의 소리 차이 때문에 뜻이 달라진 경우이다.

02. 음운은 말의 뜻을 구별할 수 있게 해 주는 소리의 가장 작은 단위로 우리말 음운에는 자음과 모음, 소리의 길이가 있다.

03. 첫 번째 문장에 쓰인 '말'은 발음 기관을 통해 만드는 말소리를 뜻하는 말로 길게 발음해야 하며, 두 번째 문장에 쓰인 '말'은 동물을 뜻하는 말로 짧게 발음해야 한다. 즉 '소리의 길이'로 두 단어의 뜻이 구별되고 있다.

04. 우리말 음운에는 자음과 모음처럼 나누어지는 것도 있고, 소리의 길이처럼 나누어지지 않는 것도 있다.

05. 자음은 소리 날 때 공기의 흐름이 방해를 받으며 나오는 소리이고, 모음은 소리 날 때 공기의 흐름이 방해를 받지 않고 나오는 소리이다.

06. 모음은 '아', '오'처럼 자음 없이 혼자서도 발음이 가능하다.

오답 해설

① 우리말에는 모음이 21개가 있다.
③ 자음과 모음은 발음하는 방식에 따라 나뉜 것이다.
④ 나누어지지 않는 음운은 '소리의 길이'이다.
⑤ 발음할 때 공기의 흐름이 방해를 받고 나오는 소리는 자음이다.

07. 발음할 때 공기의 흐름이 막힘없이 순조롭게 나오는 소리는 모음이다.

08. 'ㅠ'는 모음으로 소리 날 때 공기의 흐름이 방해를 받지 않고 나오지만, 나머지는 모두 자음으로 공기의 흐름이 방해를 받고 나온다.

09. <보기>에서 위에 제시된 모음은 단모음이고, 아래에 제시된 모음은 이중 모음이다. 단모음과 이중 모음은 발음할 때 입술 모양이나 혀의 위치가 변하는지 여부에 따라 나뉜다.

10. 'ㅢ'는 발음할 때 입술 모양이나 혀의 위치가 달라지는 이중 모음에 해당한다.

11. '참외'의 'ㅏ'와 'ㅚ'는 모두 단모음으로, 발음할 때 입술 모양이나 혀의 위치가 변하지 않는다.

오답 해설

② 'ㅕ'와 'ㅠ'는 모두 이중 모음이다.
③ 'ㅖ'는 이중 모음이고, 'ㅓ'는 단모음이다.
④ 'ㅑ'는 이중 모음이고, 'ㅜ'는 단모음이다.
⑤ 'ㅢ'는 이중 모음이고, 'ㅏ'는 단모음이다.

12. 제시된 설명에 해당하는 모음은 이중 모음이다. '어휘'의 'ㅓ'와 'ㅟ'는 모두 단모음이다.

오답 해설

① 'ㅞ'는 이중 모음, 'ㅗ'는 단모음이다.
③ 'ㅛ'는 이중 모음, 'ㅓ'는 단모음이다.
④ 'ㅒ'는 이중 모음, 'ㅣ'는 단모음이다.
⑤ 'ㅘ'는 이중 모음, 'ㅐ'는 단모음이다.

13. 발음할 때 입술 모양이나 혀의 위치가 달라지는 모음을 이중 모음이라고 한다

14. 고모음은 'ㅣ, ㅟ, ㅡ, ㅜ', 중모음은 'ㅔ, ㅚ, ㅓ, ㅗ', 저모음은 'ㅐ, ㅏ'이다.

15. 〈보기〉의 설명은 전설 모음에 대한 것으로, 'ㅣ, ㅔ, ㅐ, ㅟ, ㅚ'가 이에 해당한다.

16. 'ㅣ'는 전설 모음이면서 발음할 때 혀의 위치가 높은 고모음이다.

17. 발음할 때 혀의 최고점의 위치가 앞쪽에 있는지 뒤쪽에 있는지에 따라 '전설 모음'과 '후설 모음'으로 나뉜다.

18. 'ㅗ, ㅚ, ㅜ, ㅟ'는 발음할 때 입술을 둥글게 오므리는 원순 모음에 해당한다.

19. 평순 모음이면서 전설 모음이고, 저모음인 것은 'ㅐ'이다.

오답 해설

① 'ㅏ'는 평순 모음, 후설 모음, 저모음이다.
② 'ㅡ'는 평순 모음, 후설 모음, 고모음이다.
③ 'ㅔ'는 평순 모음, 전설 모음, 중모음이다.
⑤ 'ㅚ'는 원순 모음, 전설 모음, 중모음이다.

20. '개'의 'ㅐ'는 발음할 때 입술 모양이 평평한 평순 모음이다. 나머지 'ㅗ, ㅚ, ㅟ, ㅜ'는 모두 발음할 때 입술을 둥글게 오므리는 원순 모음이다.

21. 전설 모음, 평순 모음, 중모음에 해당하는 모음은 'ㅔ'이다.

오답 해설

① 전설 모음, 원순 모음, 고모음인 것은 'ㅟ'이다.
② 후설 모음, 원순 모음, 고모음인 것은 'ㅜ'이다.
④ 후설 모음, 평순 모음, 중모음인 것은 'ㅓ'이다.
⑤ 후설 모음, 평순 모음, 저모음인 것은 'ㅏ'이다.

22. 'ㄷ'은 잇몸소리로, 혀끝이 윗잇몸에 닿아서 나는 소리이다.

23. 'ㄴ, ㄷ, ㄹ'은 잇몸소리로 혀끝이 윗잇몸에 닿아서 소리가 난다.

오답 해설

① 'ㅇ'은 여린입천장소리이고, 'ㅎ'은 목청소리이다.
③ 'ㅅ'은 잇몸소리이고, 'ㅈ, ㅉ'은 센입천장소리이다.
④ 'ㄱ'은 여린입천장소리이고, 'ㅁ, ㅂ'은 입술소리이다.
⑤ 'ㄴ'은 잇몸소리이고, 'ㅈ, ㅊ'은 센입천장소리이다.

24. 'ㅈ, ㅉ, ㅊ'은 센입천장과 혓바닥 사이에서 소리가 나는 센입천장소리이다.

25. 'ㄱ, ㄲ, ㅋ, ㅇ'은 혀의 뒷부분과 여린입천장 사이에서 소리 나는 여린입천장소리이다. 'ㅃ'은 두 입술 사이에서 소리 나는 입술소리이다.

26. 자음은 소리 나는 위치에 따라 입술소리, 잇몸소리, 센입천장소리, 여린입천장소리, 목청소리로 나뉜다.

27. 〈보기〉는 파찰음에 대한 설명이다. 파찰음에 해당하는 자음은 'ㅈ, ㅉ, ㅊ'이다.

28. 'ㅆ'은 마찰음이고, 나머지는 모두 파열음이다.

29. 파열음, 마찰음, 파찰음은 발음할 때 공기가 입으로만 나가지만, 비음은 공기가 입과 코로 나간다.

30. 비음은 코로 공기를 내보내면서 소리를 내기 때문에 코를 막고 소리를 내면 다르게 소리가 난다. 비음에는 'ㅁ, ㄴ, ㅇ'이 있다. '감'의 'ㅁ'이 비음이다. ④의 '앞'에 나오는 'ㅇ'은 자음 'ㅇ'이 아님에 유의한다.

31. 제시된 설명에 해당하는 소리는 유음으로 'ㄹ'이 이에 해당한다. 'ㄹ'이 포함된 단어는 '고래'이다.

32. 'ㄷ'은 잇몸소리이지만, 마찰음이 아니라 파열음이다.

33. 제시된 노래 가사의 밑줄 친 부분은 유음이 반복되어 소리가 부드럽게 흘러가는 느낌을 준다. ⑤는 비음에 대한 설명이다.

34. 'ㅁ, ㄴ, ㅇ'은 비음으로, 발음할 때 다른 자음과는 달리 공기가 입으로만 나가지 않고 코로도 나가게 된다.

35. 로봇이 손님의 말을 제대로 인식하지 못한 까닭은 손님이 단모음 'ㅐ'를 이중 모음 'ㅒ'로 잘못 발음했기 때문이다.

36. 'ㅓ'는 전설 모음이 아니라 후설 모음이다.

37. 일상생활에서 발음을 정확하게 하지 않으면 오해나 갈등이 생길 수 있으며 정확하게 의사소통을 할 수 없다.

38. '빡빡'은 된소리로, '박박'보다 강하고 단단한 느낌을 준다. 세고 거친 느낌을 주는 것은 거센소리인 '팍팍'이다.

39. ③에 쓰인 '눈'은 사람의 눈을 의미하며, 짧게 발음해야 한다.

오답 해설

① 발음 기관을 통해 나오는 말소리를 의미하는 '말'은 길게 발음해야 하고, 동물을 의미하는 '말'은 짧게 발음해야 한다.
② 밤나무의 열매를 의미하는 '밤'은 길게 발음해야 하고, 낮과 대조적인 의미로 쓰이는 '밤'은 짧게 발음해야 한다.
④ 곤충을 의미하는 '벌'은 길게 발음해야 하고, 잘못한 사람에게 주는 '벌'은 짧게 발음해야 한다.
⑤ 땅을 뚫어 만든 '굴'은 길게 발음해야 하고, 먹는 '굴'은 짧게 발음해야 한다.

40. ㉠은 예사소리이고, ㉡은 된소리, ㉢은 거센소리이다. 자음을 예사소리, 된소리, 거센소리로 구분하는 것은 소리의 세기에 따른 분류이다.

41. 공기의 흐름을 잠시 막았다가 터뜨리면서 내는 소리는 파열음이며, 파열음 중에서 예사소리는 'ㄱ, ㄷ, ㅂ'이다.

오답 해설

① 평순 모음은 'ㅣ, ㅔ, ㅐ, ㅡ, ㅓ, ㅏ'인데, 이 중에서 고모음은 'ㅣ, ㅡ', 중모음은 'ㅔ, ㅓ', 저모음은 'ㅐ, ㅏ'이다.
② 센입천장소리는 'ㅈ, ㅉ, ㅊ'인데, 이 중에서 된소리는 'ㅉ'이다.
③ 여린입천장소리는 'ㄱ, ㄲ, ㅋ, ㅇ'인데, 이 중에서 거센소리는 'ㅋ'이다.
④ 비음은 'ㅁ, ㄴ, ㅇ'인데, 이 중에서 입술소리는 'ㅁ'이다.

42. 목청 사이에서 소리가 나는 자음은 'ㅎ', 혀의 최고점의 위치가 뒤쪽에 있는 모음은 'ㅡ, ㅓ, ㅏ, ㅜ, ㅗ', 윗잇몸과 혀끝 사이에서 소리가 나는 자음은 'ㄴ, ㄷ, ㄸ, ㅌ, ㄹ, ㅅ, ㅆ'이다. '하늘'의 'ㅎ'은 목청소리, 'ㅏ, ㅡ'는 후설 모음, 'ㄴ, ㄹ'은 잇몸소리이다.

43. 제시된 설명에 해당하는 모음은 전설 모음(ㅣ, ㅔ, ㅐ, ㅟ, ㅚ)이면서 평순 모음(ㅣ, ㅔ, ㅐ, ㅡ, ㅓ, ㅏ)이며 고모음(ㅣ, ㅟ, ㅡ, ㅜ)이어야 한다. 세 가지 조건을 모두 만족시키는 모음은 'ㅣ'이다.

44. 입술소리(ㅁ, ㅂ, ㅃ, ㅍ) 중에서 파열음이 아닌 것은 'ㅁ'으로, 'ㅁ'은 비음에 해당된다. 따라서 'ㅁ'을 뺀 입술소리를 '예사소리-된소리-거센소리'의 순서로 나열하면 된다.

소단원 핵심 문제 • 본문 p.063

01. ⑤ **02.** ① **03.** ④ **04.** 분류 기준은 입술 모양으로, ㉠은 발음할 때 입술을 둥글게 오므려 소리 내고 ㉡은 입술을 평평하게 펴서 소리 낸다. **05.** ② **06.** ① **07.** ㉠ ㅐ, ㉡ ㅟ, ㉢ ㅓ, ㉣ ㅜ **08.** ㉠ 말의 뜻을 구별할 수 있게 해 주는 소리의 가장 작은 단위, ㉡ 자음과 모음, ㉢ 소리의 길이 **09.** ④ **10.** ② **11.** ① **12.** ⑤ **13.** ① **14.** ⑤ **15.** 'ㄹ'은 혀끝을 잇몸에 가볍게 대었다 떼거나, 혀끝을 윗잇몸에 댄 채 공기를 그 양옆으로 흘려보내면서 내는 소리이기 때문에 소리가 부드럽게 흘러가는 느낌이 든다. **16.** ⑤ **17.** 손님이 단모음 'ㅐ'를 이중 모음 'ㅒ'로 잘못 발음했기 때문이다. 'ㅐ'는 단모음이므로 입술 모양이나 혀의 위치가 달라지지 않게 발음해야 하고, 'ㅒ'는 이중 모음이므로 입술 모양이나 혀의 위치가 달라지게 발음해야 한다. **18.** ① **19.** ③ **20.** ② **21.** ③, ④ **22.** ② **23.** 소리의 길이에 따라 뜻이 구별되고 있으므로, '소리의 길이'도 말의 뜻을 구별할 수 있게 해 주는 소리의 가장 작은 단위인 음운에 포함된다.

01. 모음은 공기의 흐름이 방해를 받지 않고 나오는 소리이고, 자음은 방해를 받으며 나오는 소리이다.

오답 해설

① 국어의 단모음은 10개, 이중 모음은 11개이다.
② 국어에서 소리의 길이는 음운에 해당한다.
③ 국어의 음운은 자음 19개, 모음 21개이다.
④ 음운은 말의 뜻을 구별할 수 있게 해 주는 소리의 가장 작은 단위이다.

02. 동물을 뜻하는 '말'은 짧게 발음해야 한다. 어두운 밤을 의미하는 '밤'도 짧게 발음해야 한다.

오답 해설

② 하늘에서 내리는 '눈'은 길게 발음하고, 사람이나 동물의 감각 기관을 의미하는 '눈'은 짧게 발음해야 한다.
③ 곤충을 뜻하는 '벌'은 길게 발음하고, 잘못한 사람에게 주는 '벌'은 짧게 발음해야 한다.
④ 산이나 땅 밑을 뚫어 만든 '굴'은 길게 발음하고, 먹는 '굴'은 짧게 발음해야 한다.
⑤ 무엇을 가리는 데 쓰는 '발'은 길게 발음하고, 다리 맨 끝 부분을 의미하는 '발'은 짧게 발음해야 한다.

03. 발음할 때 입술 모양이나 혀의 위치가 달라지는 모음은 이중 모음이다.

오답 해설

① 'ㅟ, ㅚ'는 단모음으로, 발음할 때 입술 모양이나 혀의 위치가 달라지지 않는다.

② 'ㅐ, ㅔ'는 단모음으로, 발음할 때 입술 모양이나 혀의 위치가 달라지지 않는다.

③ 'ㅗ, ㅜ'는 단모음으로, 발음할 때 입술 모양이나 혀의 위치가 달라지지 않는다.

⑤ 모두 단모음으로, 발음할 때 입술 모양이나 혀의 위치가 달라지지 않는다.

04. ㉠은 원순 모음으로 발음할 때 입술을 둥글게 오므려서 소리 내고, ㉡은 평순 모음으로 발음할 때 입술 모양을 평평하게 펴서 소리 낸다.

05. 'ㅡ, ㅓ, ㅜ, ㅓ'는 모두 후설 모음으로, 발음할 때 혀의 최고점의 위치가 뒤쪽에 있는 모음이다.

오답 해설

① 평순 모음에 대한 설명으로, 'ㅜ'와 'ㅗ'는 원순 모음에 해당한다.

③ 전설 모음에 대한 설명이다.

④ 고모음에 대한 설명으로, 'ㅓ'와 'ㅗ'는 중모음에 해당한다.

⑤ 저모음에 대한 설명이다.

06. 〈보기〉는 중모음(ㅔ, ㅚ, ㅓ, ㅗ), 평순 모음(ㅣ, ㅔ, ㅐ, ㅡ, ㅓ, ㅏ), 전설 모음(ㅣ, ㅔ, ㅐ, ㅟ, ㅚ)에 대한 설명이다. 세 가지 조건을 모두 만족하는 모음은 'ㅔ'이다.

오답 해설

② 저모음, 전설 모음, 평순 모음이다.

③ 고모음, 전설 모음, 평순 모음이다.

④ 고모음, 평순 모음, 후설 모음이다.

⑤ 중모음, 원순 모음, 전설 모음이다.

07. ㉠ 전설 모음, 평순 모음, 저모음의 조건을 모두 만족시키는 모음은 'ㅐ'이다.

㉡ 전설 모음, 원순 모음, 고모음의 조건을 모두 만족시키는 모음은 'ㅟ'이다.

㉢ 후설 모음, 중모음, 평순 모음의 조건을 모두 만족시키는 모음은 'ㅓ'이다.

㉣ 후설 모음, 원순 모음, 고모음의 조건을 모두 만족시키는 모음은 'ㅜ'이다.

08. 음운은 말의 뜻을 구별할 수 있게 해 주는 소리의 가장 작은 단위이고, 음운의 종류에는 자음과 모음, 소리의 길이가 있다.

09. '에게해, 지뢰, 시위'의 중성은 'ㅔ, ㅐ, ㅣ, ㅚ, ㅟ'로 모두 전설 모음에 해당한다.

오답 해설

① '참외'의 'ㅏ', '스위치'의 'ㅡ', '액자'의 'ㅏ'는 후설 모음이다.

② '우산'의 'ㅜ, ㅏ', '바위'의 'ㅏ', '메뚜기'의 'ㅜ'는 후설 모음이다.

③ '코뿔소'의 'ㅗ'와 'ㅜ', '파도'의 'ㅏ'와 'ㅗ'는 후설 모음이다.

⑤ '목걸이'의 'ㅗ'와 'ㅓ'는 후설 모음이다.

10. 'ㅡ'는 고모음으로 입이 조금 벌어지고 혀의 위치가 높은 모음이고, 'ㅓ'는 중모음으로 입이 조금 더 벌어지고 혀의 위치가 중간인 모음이다. 'ㅏ'는 저모음으로 입이 많이 벌어지고 혀의 위치가 낮은 모음이다. 따라서 'ㅡ'에서 'ㅓ', 'ㅏ'로 갈수록 발음할 때 혀의 위치는 점점 낮아진다.

11. ⓐ는 여린입천장과 혀의 뒷부분으로 'ㄱ, ㄲ, ㅋ, ㅇ'이 여린입천장소리이다.

오답 해설

② ㄷ은 잇몸소리로, 혀끝이 윗잇몸에 닿아서 소리 난다.

③ ㅂ은 두 입술 사이에서 소리가 난다.

④ ㅈ은 여린입천장의 앞부분인 센입천장과 혓바닥 사이에서 소리가 난다.

⑤ ㅎ은 목청 사이에서 소리가 난다.

12. 'ㅉ'은 센입천장과 혓바닥 사이에서 소리 나는 센입천장소리이고, 나머지는 모두 혀끝이 윗잇몸에 닿아서 소리 나는 잇몸소리이다.

13. 비음은 코로 공기를 내보내면서 소리를 내기 때문에 코를 막고 발음하면 소리가 다르게 난다. 비음에는 'ㄴ, ㅁ, ㅇ'이 있다. '야식'에 포함된 자음은 'ㅅ'과 'ㄱ'이므로 비음이 포함되지 않았다.

14. 'ㄴ'은 비음으로 발음할 때 공기가 코와 입으로 모두 나가지만, 'ㄹ'은 비음이 아니므로 공기가 코로 나가지는 않는다.

15. 밑줄 친 부분의 소리가 부드럽게 흘러가는 느낌이 드는 것은 유음 'ㄹ' 때문이다.

16. 'ㅗ'는 고모음이 아니고 중모음이다.

17. 제시된 만화에서 손님이 말한 '세 개'를 로봇은 '세계'로 인식했다. '개'의 'ㅐ'는 단모음이지만, '계'의 'ㅖ'는 이중 모음이다.

18. 'ㅂ'은 두 입술 사이에서 소리 나는 입술소리이며, 공기의 흐름을 잠시 막았다가 터뜨리면서 내는 파열음이다. 소리의 세기에 따라 분류하면 부드러운 느낌을 주는 예사소리이다.

오답 해설

② 'ㅆ'은 마찰음이고 된소리이다.

③ 'ㅎ'은 소리의 세기에 따라 분류하지 않는다.

④ 'ㅉ'은 센입천장소리이다.

⑤ 'ㅋ'은 여린입천장소리이다.

19. '창문'에 포함된 모음은 'ㅏ, ㅜ'로, 'ㅏ'는 저모음이고 'ㅜ'는 고모음이다.

오답 해설

① 비음 'ㅇ, ㅁ, ㄴ'이 나타나고 있다.

② 파찰음 'ㅊ'이 나타나고 있다.

④ 잇몸소리인 'ㄴ'이 나타나고 있다.

⑤ 원순 모음인 'ㅜ'가 나타나고 있다.

20. 파열음은 'ㄱ, ㄲ, ㅋ, ㄷ, ㄸ, ㅌ, ㅂ, ㅃ, ㅍ'이고, 그중에서 거센소리는 'ㅋ, ㅌ, ㅍ'이다. 'ㅋ, ㅌ, ㅍ' 중에서 입술소리는 'ㅍ'이다.

오답 해설

① 'ㅃ'은 파열음, 된소리, 입술소리이다.

③ 'ㅊ'은 파찰음, 거센소리, 센입천장소리이다.

④ 'ㅌ'은 파열음, 거센소리, 잇몸소리이다.

⑤ 'ㅁ'은 비음, 입술소리이다.

21. 'ㅈ, ㅉ, ㅊ'은 모두 센입천장소리로 센입천장과 혓바닥 사이에서 소리가 나며, 'ㅈ'은 예사소리, 'ㅉ'은 된소리, 'ㅊ'은 거센소리이다.

오답 해설

① 밝고 경쾌한 느낌을 주는 소리는 비음이나 유음이다.

② 비음에 대한 설명이다.

⑤ 마찰음에 대한 설명이다. 'ㅈ-ㅉ-ㅊ'은 파찰음으로, 공기의 흐름을 막았다가 서서히 터뜨리면서 마찰을 일으켜 내는 소리이다.

22. 'ㅓ'는 혀의 높이가 중간인 중모음이고, 혀의 최고점의 위치가 뒤쪽에서 소리 나는 후설 모음이며, 입술 모양이 평평하게 소리 나는 평순 모음이다.

오답 해설

① 'ㅐ'는 저모음이고 전설 모음이며, 평순 모음이다.

③ 'ㅚ'는 중모음이고 전설 모음이다.

④ 'ㅜ'는 고모음이고 후설 모음이다.

⑤ 'ㅣ'는 고모음이다.

23. '솔'을 길게 발음하느냐, 짧게 발음하느냐에 따라 뜻이 구별되고 있다. 따라서 소리의 길이도 음운이라고 볼 수 있다.

2 남북한의 언어와 통일 시대의 국어

개념 확인 콕콕 • 본문 p.066

01. 동질성 **02.** 이질성 **03.** (1) × (2) ○ (3) ○ (4) × (5) ○ **04.** ③

01. 동질성이란 사람이나 사물의 바탕이 같은 성질이나 특성을 의미한다.

02. 이질성이란 서로 바탕이 다른 성질이나 특성을 의미한다.

03. (1) 남북한은 원래 하나의 나라로 단일 언어를 사용하고 있다. (4) 남한 사람들은 간접 화법에 익숙한 반면 북한 사람들은 직접적 표현에 익숙하다.

04. 남북한어 중에 하나를 일방적으로 선택하면 갈등이나 반발이 생겨날 수 있다. 어느 한쪽의 언어를 선택할 것이 아니라, 서로의 차이를 인정하고 수용하는 자세가 필요하다.

• 확인 문제 • • 본문 p.068

01. ⑤ **02.** 남한에 떨어져 있는 가족에 대한 그리움 때문이다. **03.** ③ **04.** ② **05.** ③ **06.** 오랜 시간 단절된 상태로 지내서 남북한 언어의 어휘나 표현에 차이가 생기기는 했지만, 남북한은 동일한 언어를 사용하는 한민족이기 때문에 남북한의 언어에 관심을 가져야 한다. **07.** ① **08.** ④ **09.** 남북한의 어휘에는 형태는 같지만 의미가 다른 어휘가 있다. **10.** ① **11.** ⑤ **12.** 남한에서 '-ㅂ시다'는 말하는 사람보다 나이가 많거나 직위가 높은 사람에게는 사용할 수 없는 표현이지만, 북한에서는 웃어른에게도 사용할 수 있는 표현이다. **13.** ③ **14.** (가게에) 여러 가지 물건이 참 많습니다. **15.** ⑤ **16.** ② **17.** 남한의 운동 경기 용어는 외래어로 되어 있는데 북한에서는 외래어를 다듬어 고유어로 표현하는 경우가 많기 때문에 의사소통에 어려움을 겪었을 것이다. **18.** ③ **19.** 『겨레말큰사전』 **20.** ③ **21.** 남북한 사람들이 겪게 되는 의사소통의 어려움을 최소화하기 위해서이다.(남북한 언어의 이질성을 극복하기 위해서이다.)

01. 남북한의 언어가 시간이 지나면서 차이가 생긴 것은 사실이나 그 차이가 의사소통을 할 수 없을 정도로 크게 벌어진 것은 아니다.

02. 할아버지는 남한의 가족과 떨어져 있는 상황이며, 손녀딸의 편지를 보고 가족에 대한 그리움으로 통곡했을 것이다.

03. 남북한은 원래 하나의 나라였고, 단일 언어와 문자를 사용하는 한민족이기 때문에 남북한의 언어는 동질성을 지니며 이로 인해 의사소통이 가능한 것이다.

04. 남한에서는 '오징어'라고 부르는 대상을 북한에서는 '낙지'라고 부르는 것으로 볼 때, 남북한 언어는 같은 대상을 지칭하는 어휘가 다르다고 할 수 있다.

05. 제시된 상황에서는 '일없습네다.'가 남과 북에서 다른 의미로 받아들여지기 때문에 의사소통에 문제가 생긴 것이다. 북한 사람들이 남한 사람들에 비해 배려가 부족하다고 말할 수는 없다.

06. 남북한이 오랜 시간 단절되면서 어휘나 표현에 차이가 생겼다는 것은 이질성과 관련이 있고, 남북한 언어가 같은 뿌리를 바탕으로 한 동일한 언어임을 드러내는 것은 동질성과 관련이 있다.

07. 북한어에서는 '패스'라는 외래어를 '연락'이라는 말로 다듬어 사용하고 있다.

08. 남북한 어느 하나의 언어를 공용어로 삼는 것은 적절하지 않다. 남북한 언어의 차이를 인정하면서 언어 차이를 좁히려는 노력을 해야 한다.

09. 남한어로는 '바쁘다'가 '일이 많거나 또는 서둘러서 해야 할 일로 인하여 딴 겨를이 없다.'라는 뜻인데, 북한어에서는 '힘에 부치거나 참기 어렵다.'라는 뜻으로 쓰인다.

10. 남한 사람이 관계 유지를 위해 한 말을 북한 사람은 곧이곧대로 받아들이고 있는 것으로 보아, 북한 사람들은 직접적으로 말하는 표현에 익숙함을 알 수 있다.

11. 남북한의 말하기 방식의 차이를 근거로 북한 사람들이 남한 사람들보다 무례하다고 평가하는 것은 적절하지 않다.

12. 북한 학생이 '그만합시다.'라고 말하자 남한 선생님이 당황한 표정을 짓고 있는 것으로 보아, '-ㅂ시다'라는 표현이 남북한에서 서로 다르게 쓰임을 알 수 있다.

13. '가지가지 한다.'라는 말이 남한에서는 주로 부정적인 의미로 사용되기 때문에 남한의 점원이 기분이 상했던 것이다. 서로의 언어 차이로 인해 생긴 문제점이므로, 남한 점원에게만 일방적으로 문제가 있다고 볼 수 없다.

14. ㉠은 가게에 여러 가지 물건이 많이 있어서 흡족하다는 의도로 한 말이다.

15. 외래어의 사용을 가급적 자제하는 것은 바람직하지만 북한에서 고유어를 더 많이 사용한다고 하여 북한어로 통일하는 것은 적절하지 않다.

16. 남북한 선수가 의사소통이 가능해진 근본적인 이유는 남북한이 단일 언어를 사용한다는 동질성을 지녔기 때문이다.

17. 같은 의미라도 서로 다른 어휘를 사용하기 때문에 의사소통에 어려움을 겪었을 것이다.

18. 남북한 언어에서 차이가 나는 어휘들은 공동 연구를 통해 어휘를 재정비해야 할 필요성이 있지만 모두 고유어로 통일하는 것은 적절하지 않다.

19. 『겨레말큰사전』은 남북한의 언어 통일을 준비하기 위해 편찬되고 있는 사전으로, 남한과 북한의 공동 작업으로 진행되고 있다.

20. 남북한은 단일 언어와 문자를 사용하는 한민족이므로, 동질성을 바탕으로 언어를 재정비하면 충분히 의사소통이 가능하다. 제3의 언어를 만들어야 할 필요성은 없다.

21. 사전은 그 나라 사람들이 사용하는 단어들을 모아서 풀이해 놓은 책이므로 언어로 인한 소통의 어려움을 극복하는 데 도움을 줄 수 있다.

소단원 핵심 문제

• 본문 p.077

01. ② **02.** 남북한은 원래 하나의 나라로, 단일 언어와 문자를 사용하는 한민족이기 때문이다. **03.** 남북한 언어는 같은 대상을 가리키는 어휘가 다르다. **04.** ⑤ **05.** 의미는 같지만 형태가 다른 어휘도 있고 **06.** ① **07.** ① **08.** ⑤ **09.** ④ **10.** ① **11.** 남한 사람들은 관계 유지를 위한 간접 화법에 익숙하고, 북한 사람들은 직접적으로 말하는 표현에 익숙하다. **12.** ① **13.** ⑤ **14.** 북한어에서 '가지가지로 많이 한다.'는 여러 가지로 많이 한다는 뜻이다. 북한 사람은 가게에 여러 가지 물건이 많이 있어서 흡족하다는 의도로 '가지가지로 많이 하십니다.'라고 말했을 것이다. **15.** ⑤ **16.** ① **17.** ⑤

01. 손녀딸의 편지를 읽으면서 북한의 큰할아버지는 남한에 떨어져 있는 가족에 대한 그리움 때문에 통곡했을 것이다.

02. 북한의 큰할아버지가 남한 손녀딸의 편지를 읽을 수 있었던 까닭은 남북한이 동일한 언어를 사용하고 있기 때문이다.

03. 남한어에서 '오징어'라고 부르는 대상을 북한어에서는 '낙지'라고 부르기 때문에 의사소통에 문제가 생겼다.

04. '일없다.'라는 말이 남한어에서는 '필요 없다.'라는 의미로 쓰이지만, 북한어에서는 '괜찮다.'라는 의미로 쓰이기 때문에 오해가 생긴 것이다.

05. 앞에 제시된 사례(도시락, 곽밥)와 뒤에 이어지는 문장으로 볼 때, ㉠에는 '의미는 같지만 형태가 다른 어휘가 있다.'는 내용이 적절하다.

06. ㉡은 남한어로는 '일이 많거나 또는 서둘러서 해야 할 일로 인하여 딴 겨를이 없다.'라는 뜻이지만, 북한어에서는 '힘에 부치거나 참기 어렵다.'라는 뜻으로 쓰인다.

07. '패스'라는 외래어를 '연락'이라는 우리말로 다듬어 사용하는 북한어의 특징이 나타나 있다.

08. ⑤는 '태클'이라는 외래어를 우리말인 '다리걸기'로 순화한 북한어의 예를 보여 주는 것으로, 자료에 나타난 예인 '패스 – 연락'과 성격이 같다고 볼 수 있다.

오답 해설

①, ②, ③ 의미는 같지만 형태가 다르게 쓰이는 어휘의 예를 보여 주고 있다.

④ 남한어와는 달리 북한어에서는 단어의 첫머리에 'ㄹ'을 사용하는 예를 보여 주고 있다.

09. 남북한의 언어 차이를 해소하기 위해서는 통일 이전부터 체계적으로 노력해야 한다.

10. (가)에서 남한 사람이, '밥 한번 먹자.'라고 말한 것은 권유의 의도가 아니라 관계 유지를 위한 형식적인 인사말이다.

오답 해설

② 북한 사람은 '밥 한번 먹자.'라는 말을 있는 그대로 이해하여 약속의 의미로 받아들였기 때문에 식당을 알아봤다고 말하고 있다.

③ 북한 학생이 남한 선생님에게 '그만합시다'라고 말하는 것으로 보아, '–ㅂ시다'라는 표현을 북한에서는 웃어른에게도 사용할 수 있음을 알 수 있다.

④ '–ㅂ시다'라는 표현이 북한에서 웃어른에게도 쓰이고 있는 것으로 보아, 이는 남한의 '–시죠'나 '–실까요?'와 같은 높임 표현에 해당한다고 볼 수 있다.

⑤ 북한어에서보다 남한어에서 존칭 표현이 더 세분화되고 있는 것으로 보아, 남한어에 존칭 표현이 더 발달해 있음을 알 수 있다.

11. (가)의 상황으로 볼 때 남한 사람들은 간접 화법에, 북한 사람들은 직접적으로 말하는 표현에 익숙하다.

12. 남과 북은 오랜 시간 단절된 상태로 지내서 어휘나 표현에 차이가 생기기는 했으나, 동일한 언어를 사용하는 한민족이기 때문에 그 차이를 좁혀 나가기 위해서 북한어에 관심을 가져야 한다.

13. 남한에서 '가지가지 한다.'는 주로 부정적인 의미로 사용되는 말이기 때문에 남한의 점원은 북한 손님이 자신의 가게를 부정적으로 이야기하는 것으로 생각해서 기분이 상했던 것이다.

14. 북한어에서 '가지가지로 많이 한다.'는 여러 가지로 많이 한다는 뜻으로, 북한 사람은 가게에 많은 물건이 있어 흡족하다는 의도로 ㉡과 같이 말한 것이다.

15. 남북한의 언어 중 어느 언어가 더 우월하다고 볼 수는 없다.

오답 해설

① 남한과 북한은 지역 차이도 있으므로 방언의 차이로 인한 언어의 차이도 존재한다.

② 남북 분단으로 오랜 세월 교류가 없었던 것이 언어 이질화의 가장 큰 원인이다.

③ 남북한의 서로 다른 정치 체제 때문에 언어의 이질화가 더 심해졌다.

④ 북한은 외래어를 우리말로 다듬어 수용하기 때문에 남북한 간에 서로 다른 어휘가 많이 생겨났다.

16. 남한과 달리 북한에서는 순수 북한어를 사용하기 때문에 남한어와는 차이가 있다. 그래서 '사인'이라는 외래어 대신에 '표시'라는 말을 쓰며 '스매시'라는 외래어 대신에 '타격'이라는 말을 쓴다.

17. 어느 하나의 언어로 공용어를 선정하는 것은 갈등을 불러일으킬 수 있다. 남북한 언어의 장단점을 이해하고 언어 차이를 인정해야 한다.

대단원 확인 문제

• 본문 p.081

01. ④ **02.** ①, ③ **03.** ⑤ **04.** ① **05.** ③ **06.** ② **07.** ② **08.** ⑤ **09.** 단모음은 발음할 때 입술 모양이나 혀의 위치가 달라지지 않는 모음이고, 이중 모음은 발음할 때 입술 모양이나 혀의 위치가 달라지는 모음이다. **10.** – **11.** ㉠은 'ㅏ'에서 'ㅓ', 'ㅡ'로 발음할수록 혀의 높이가 점점 높아진다. ㉡은 'ㅣ'에서 'ㅔ', 'ㅐ'로 발음할수록 혀의 높이가 점점 낮아진다. 즉 'ㅡ, ㅣ'는 고모음, 'ㅓ, ㅔ'는 중모음, 'ㅏ, ㅐ'는 저모음이다. **12.** ③ **13.** ④ **14.** ⑤ **15.** ③ **16.** ① **17.** 'ㅁ, ㅂ, ㅃ, ㅍ'은 두 입술 사이에서 나는 소리이고, 'ㄴ, ㄷ, ㄸ, ㅌ, ㄹ, ㅅ, ㅆ'은 혀끝이 윗잇몸에 닿아서 나는 소리이고, 'ㅈ, ㅉ, ㅊ'은 혓바닥과 센입천장 사이에서 나는 소리이고, 'ㄱ, ㄲ, ㅋ, ㅇ'은 혀의 뒷부분과 여린입천장 사이에서 나는 소리이고, 'ㅎ'은 목청 사이에서 나는 소리이다. **18.** ③ **19.** ③ **20.** ②, ④ **21.** ① **22.** ① **23.** ⑤ **24.** 창 **25.** ③ **26.** ③ **27.** 북한 사람은 ㉠을 '여기 앉아도 괜찮다.'라는 의미로 사용했는데 남한 사람은 그 의미를 제대로 파악하지 못했다. 이처럼 의도를 제대로 전달하거나 파악하지 못하여 사람들 사이에 갈등이나 오해가 생길 수 있다. **28.** ⑤ **29.** ⑤ **30.** ② **31.** ④ **32.** ⑤ **33.** ③ **34.** ③ **35.** ④

01. 입술소리, 잇몸소리, 센입천장소리, 여린입천장소리, 목청소리로 나누는 것은 소리 나는 위치에 따른 구분이다. 소리 내는 방식에 따라 파열음, 마찰음, 파찰음, 비음, 유음으로 나뉜다.

오답 해설

① 소리의 길이도 뜻을 구별하는 역할을 하므로 음운이라 할 수 있다.
② 모음은 입술 모양이나 혀의 위치 변화 여부에 따라 단모음과 이중 모음으로 나뉜다.
③ 입술 모양이 평평하면 평순 모음, 입술을 둥글게 오므려 발음하면 원순 모음이다.
⑤ 예사소리는 부드러운 느낌, 된소리는 강하고 단단한 느낌, 거센소리는 거친 느낌을 준다.

02. 사람이 발음 기관을 통해 내는 말소리인 '말'과 하늘에서 내리는 '눈'은 길게 발음해야 한다.

03. 'ㅡ, ㅓ, ㅏ'는 발음할 때 입이 점점 크게 벌어지면서 혀의 위치가 낮아진다. 'ㅡ'는 고모음, 'ㅓ'는 중모음, 'ㅏ'는 저모음이다.

04. 'ㅟ'는 입술을 둥글게 오므려 발음하는 원순 모음이고, 혀의 최고점의 위치가 앞쪽에 있는 전설 모음이며, 혀의 위치가 높은 고모음이다.

오답 해설

② 'ㅣ'는 평순 모음, 고모음, 전설 모음이다.
③ 'ㅚ'는 원순 모음, 중모음, 전설 모음이다.
④ 'ㅔ'는 평순 모음, 중모음, 전설 모음이다.
⑤ 'ㅐ'는 평순 모음, 저모음, 전설 모음이다.

05. 〈보기〉는 평순 모음에 대한 설명이다. 'ㅔ, ㅐ, ㅓ, ㅏ, ㅡ, ㅣ'는 입술 모양을 평평하게 해서 소리 내는 평순 모음이다.

오답 해설

① 'ㅗ, ㅜ'는 원순 모음이다.
② 'ㅟ, ㅚ'는 원순 모음이다.
④ 'ㅢ'는 이중 모음이다. 이중 모음은 발음할 때 입술 모양이 달라진다.
⑤ 'ㅖ, ㅒ'는 이중 모음이다.

06. 'ㅔ, ㅚ, ㅟ, ㅐ'는 모두 발음할 때 혀의 최고점의 위치가 앞쪽에 있는 전설 모음이다.

오답 해설

① 'ㅐ, ㅣ'는 전설 모음이고, 'ㅏ, ㅗ'는 후설 모음이다.
③ 'ㅣ, ㅟ'는 전설 모음이고, 'ㅡ, ㅓ'는 후설 모음이다.
④ 'ㅗ, ㅜ'는 후설 모음이고, 'ㅚ, ㅟ'는 전설 모음이다.
⑤ 'ㅟ, ㅚ, ㅣ'는 전설 모음이고, 'ㅏ'는 후설 모음이다.

07. 'ㅗ'는 중모음이고 'ㅣ'는 고모음으로, 발음할 때 혀의 위치가 중간 정도이다가 높아진다. 즉 '오이'라는 단어를 발음할 때 혀의 위치는 점차 높아진다.

08. '퇴색'의 'ㅚ, ㅐ'는 모두 단모음이다.

오답 해설

①의 'ㅕ', ②의 'ㅛ, ㅘ', ③의 'ㅝ', ④의 'ㅢ'는 모두 이중 모음으로 발음할 때 입술 모양이나 혀의 위치가 달라진다.

09. 모음은 입술 모양이나 혀의 위치 변화 여부에 따라 단모음과 이중 모음으로 분류된다.

10. 혀의 위치가 높은 고모음은 'ㅣ, ㅡ, ㅟ, ㅜ' 4개이다. 이 중에서 평순 모음은 'ㅣ, ㅡ'이며, 또 이 중에서 후설 모음은 ㅡ이다.

11. 입이 크게 벌어질수록 저모음이고, 조금 벌어질수록 고모음이다.

12. ㉠은 단모음으로 발음할 때 입술 모양이나 혀의 위치가 달라지지 않지만, ㉡은 이중 모음으로 발음할 때 입술 모양이나 혀의 위치가 달라진다.

오답 해설

① 단모음이 이중 모음보다 발음하기 쉽다고 말할 수는 없다.
② 단모음이나 이중 모음이나 소리 나는 위치가 다른 것은 아니다.
④ 단모음은 발음할 때 혀의 위치가 달라지지 않지만, 이중 모음은 달라진다.
⑤ ㉠은 단모음 중에서도 평순 모음이므로 발음할 때 입술 모양이 평평하다. 그러나 ㉡은 이중 모음이므로 발음할 때 입술 모양이 달라진다.

13. 잇몸소리는 'ㄴ, ㄷ, ㄸ, ㅌ, ㄹ, ㅅ, ㅆ'인데, 'ㄴ, ㄹ'은 소리의 세기에 따라 나눌 수 없는 소리이다. 'ㄷ, ㅅ'은 예사소리, 'ㅌ'은 거센소리, 'ㄸ, ㅆ'은 된소리이다.

14. 'ㅋ'은 파열음으로 공기의 흐름을 잠시 막았다가 터뜨리면서 내는 소리이고, 혀의 뒷부분과 여린입천장 사이에서 나는 여린입천장소리이다. 또한 숨이 거세게 나오는 거센소리이다.

오답 해설

① 'ㅎ'은 마찰음으로, 소리의 세기를 나눌 수 없다.
② 'ㅉ'은 센입천장소리이고 된소리이다.
③ 'ㅍ'은 파열음이다.
④ 'ㅅ'은 잇몸소리이다.

15. 'ㄱ'은 파열음으로 공기의 흐름을 잠시 막았다가 터뜨리면서 내는 소리이지만, 'ㅈ'은 파찰음으로 공기의 흐름을 막았다가 서서히 터뜨리면서 마찰을 일으켜 내는 소리이다.

16. 공기의 흐름을 막았다가 서서히 터뜨리면서 마찰을 일으켜 내는 소리는 파찰음(ㅈ, ㅉ, ㅊ)이다. 파찰음 중에서 예사소리보다 강하고 단단한 느낌을 주는 된소리는 'ㅉ'이다.

17. 'ㅁ, ㅂ, ㅃ, ㅍ'은 입술소리, 'ㄴ, ㄷ, ㄸ, ㄹ, ㅅ, ㅆ, ㅌ'은 잇몸소리, 'ㅈ, ㅉ, ㅊ'은 센입천장소리, 'ㄱ, ㄲ, ㅋ, ㅇ'은 여린입천장소리, 'ㅎ'은 목청소리이다.

18. 'ㄷ'은 파열음으로 공기의 흐름을 잠시 막았다가 터뜨리면서 소리를 낸다.

오답 해설

① 'ㅁ'은 비음으로, 코로 공기를 내보내면서 내는 소리이다.
② 'ㄹ'은 유음으로, 공기를 혀의 양옆으로 흘려보내면서 내는 소리이다.
④ 'ㅎ'은 마찰음으로, 입안이나 목청 사이의 통로를 좁혀 그 틈 사이로 공기를 내보내 마찰을 일으키면서 내는 소리이다.
④ 'ㅂ'은 파열음으로, 공기의 흐름을 잠시 막았다가 터뜨리면서 내는 소리이다.

19. 두 입술 사이에서 소리가 나는 입술소리에는 'ㅁ, ㅂ, ㅃ, ㅍ'이 있다. '품'의 'ㅍ'과 'ㅁ'은 입술소리이다.

오답 해설

① '복'에는 입술소리인 'ㅂ'과 여린입천장소리인 'ㄱ'이 포함되어 있다.
② '꽃'에는 여린입천장소리인 'ㄲ'과 센입천장소리인 'ㅊ'이 포함되어 있다.
④ '발'에는 입술소리인 'ㅂ'과 잇몸소리인 'ㄹ'이 포함되어 있다.
⑤ '빵'에는 입술소리인 'ㅃ'과 여린입천장소리인 'ㅇ'이 포함되어 있다.

20. ㉠에는 잇몸소리이면서 파열음이고 예사소리인 자음이 들어가야 한다. 따라서 'ㄷ'만 해당된다.
㉡에는 잇몸소리이면서 파열음이 아닌 마찰음이 들어가야 한다. 따라서 'ㅅ, ㅆ'이 해당된다.
㉢에는 여린입천장소리이면서 거센소리가 들어가야 한다. 따라서 'ㅋ'만 해당된다.
㉣에는 잇몸소리가 아니고, 여린입천장소리도 아니며, 비음인 자음이 들어가야 한다. 따라서 'ㅁ'만 해당된다.

21. 혀끝이 윗잇몸에 닿아서 나는 소리는 잇몸소리로 'ㄴ, ㄷ, ㄸ, ㅌ, ㄹ, ㅅ, ㅆ'이 이에 해당한다. 전설 모음 중 저모음은 'ㅐ'이다.

22. '무'에는 자음 'ㅁ'과 모음 'ㅜ'가 포함되어 있는데, 'ㅁ'은 소리 내는 방식에 따라 구분하면 비음이고, 'ㅜ'는 혀의 최고점의 위치에 따라 구분하면 후설 모음이다. '너'에서 'ㄴ'은 비음이고, 'ㅓ'는 후설 모음이다.

오답 해설

② '소'의 'ㅅ'은 마찰음이고, 'ㅗ'는 후설 모음이다.
③ '파'의 'ㅍ'은 파열음이고, 'ㅏ'는 후설 모음이다.
④ '뒤'의 'ㄷ'은 파열음이고, 'ㅟ'는 전설 모음이다.
⑤ '리'의 'ㄹ'은 유음이고, 'ㅣ'는 전설 모음이다.

23. '갈치'는 'ㄱ, ㅏ, ㄹ, ㅊ, ㅣ'로 이루어져 있다. 이 중 모음은 'ㅏ'와 'ㅣ'인데 'ㅏ'는 후설 모음이고, 'ㅣ'는 전설 모음이다.

오답 해설

① 예사소리로 발음하는 자음은 'ㄱ' 하나뿐이다. 'ㄹ'은 유음이므로 예사소리-된소리-거센소리로 구분되지 않고, 'ㅊ'은 거센소리이다.
② 'ㄱ'은 여린입천장소리, 'ㄹ'은 잇몸소리, 'ㅊ'은 센입천장소리로 소리 나는 위치가 각각 다르다.
③ 'ㅏ'는 저모음, 'ㅣ'는 고모음으로 혀의 높이가 각각 다르다.
④ 소리가 부드럽게 흘러가는 느낌이 드는 자음은 유음으로 'ㄹ'이 이에 해당한다.

24. 첫소리의 조건에서 공기의 흐름을 막았다가 서서히 터뜨리면서 마찰을 일으켜 내는 소리는 파찰음으로 'ㅈ, ㅉ, ㅊ'이 이에 해당한다. 이 중 거센소리는 'ㅊ'이다. 가운뎃소리는 평순 모음(ㅣ, ㅔ, ㅐ, ㅡ, ㅓ, ㅏ)이면서 저모음(ㅐ, ㅏ)이고 후설 모음(ㅡ, ㅓ, ㅏ, ㅜ, ㅗ)이어야 하므로, 'ㅏ'이다. 끝소리는 여린입천장소리(ㄱ, ㄲ, ㅋ, ㅇ)이면서 비음(ㅁ, ㄴ, ㅇ)이어야 하므로, 'ㅇ'이다.

25. 남한과 북한이 서로 다른 방언을 사용한 것은 분단 이전부터 있었던 일이므로 분단 이후 급격히 언어가 달라진 이유에 해당되지 않는다.

26. 같은 대상을 지칭하는 어휘가 달라서 의사소통이 잘 이루어지지 않은 것이다.

27. 북한 사람은 ㉠을 '여기 앉아도 괜찮다.'라는 의미로 사용했지만, 남한 사람은 '필요 없다.'라는 의미로 받아들였기 때문에 당황하고 있다. 이처럼 남북한에서 사용하는 표현이 다르기 때문에 오해나 갈등이 생길 수 있는 것이다.

28. '패스'의 북한어는 '연락'이다.

29. 스포츠 용어도 북한에서 만든 어휘를 사용하는 경우가 많기 때문에 국제 사회에서의 의사소통이 원활하지 않다.

30. 이 대화에서 북한 학생은 ㉠을 '힘에 부치거나 참기 어렵다.'라는 뜻으로 사용하고 있다.

31. 언어학적인 접근도 필요하지만 다양한 분야의 사람들이 만나 학술 및 문화 교류를 활발히 펼치는 것이 남북한의 언어 차이를 줄일 수 있는 방법이 된다.

오답 해설

① 외래어의 사용을 가급적 줄이는 것은 적절하나 외래어를 모두 고유어로 바꾸는 것은 무리이다.
② 어느 한쪽으로의 언어 통일은 갈등을 심화시킬 수 있다.
③ 통일이 된 이후까지 기다리는 것은 언어의 이질성을 더욱 심화시키는 일이다. 한시라도 빨리 언어의 동질성을 회복해야 한다.
⑤ 남북한 언어의 차이를 인정하면서 남북한의 언어를 다듬어야 한다. 새로운 언어를 만드는 것은 불가능하다.

32. 남한 사람들이 상대방에게 건네는 인사 표현은 관계 유지를 위한 친교의 의도를 담고 있다. 그런데 그러한 인사말이 직접적으로 표현하는 데 익숙한 북한 사람들에게는 혼란을 줄 수 있다.

오답 해설

① 남한 사람들이 '밥 한번 먹자.'라고 말하는 것은 남에게 대접하는 것을 좋아해서라기보다는 관계 유지를 위한 간접 화법에 익숙하기 때문이다.
② 북한 사람들이 직접적으로 표현하는 것에 익숙한 것이지, 그것이 상대방에 대한 배려심이 부족하기 때문은 아니다.
③ 남한 사람들보다 북한 사람들이 더 직접적으로 말하는 표현에 익숙하다.
④ 상대방의 체면을 생각해 분명하게 거절하는 것을 꺼리는 사람들은 오히려 남한 사람들이다.

33. '-ㅂ시다'는 남북한 모두 무언가를 함께 하자고 권하는 청유의 의미로 쓰이는 표현이다. 다만 남한어와 달리 북한어에서는 웃어른에게도 사용할 수 있다.

34. 남북한의 표현이 서로 달라서 생긴 오해로, 북한 주민의 생각이 짧았다고 말할 수는 없다.

35. 남한의 운동 경기 용어는 외래어로 되어 있는 경우가 대부분인데, 북한에서는 그에 해당하는 용어를 다듬어 고유어로 표현하는 경우가 많았기 때문이다. 즉 같은 의미라도 서로 다른 어휘를 사용하여 의사소통에 어려움을 겪었던 것이다.

3 조정하며 읽고, 근거를 들어 토론하기

• 본문 p.087

확인 문제

01. 읽기 과정 **02.** (1) ○ (2) × (3) ○ (4) ○

01. 자신의 읽기 과정에 어떤 문제가 있는지 파악하고, 그 문제를 해결할 수 있는 적절한 방법을 찾아 읽기 과정을 조정해야 글의 내용을 올바르게 이해할 수 있다.

02. 토론을 할 때는 상대측과의 차이를 존중하면서 예의를 갖추어 토론에 임해야 한다.

 동물의 권리에 관하여

개념 확인 콕콕

• 본문 p.088

01. 점검 **02.** ⑤ **03.** ④

01. 글을 효과적으로 읽기 위해 읽는 목적에 따라 읽기 과정을 점검하고 조정해야 한다.

02. 책 내용이 잘 이해되지 않는다면, 자신의 읽기 과정에 어떤 문제가 있는지 파악하고, 그 문제를 해결할 수 있는 적절한 방법을 찾아 읽기 과정을 조정해야 한다.

03. 자신의 읽기 방법을 점검하고 반성해 보는 활동은 글을 '읽은 후'에 필요한 읽기 방법이다.

• 확인 문제 •

• 본문 p.090

01. ⑤ **02.** ① **03.** ④ **04.** ② **05.** ② **06.** ① **07.** 동물과 인간이 맺는 관계 변화로 인해 동물을 대하는 인간의 자세가 달라졌기 때문이다. **08.** ④ **09.** ③ **10.** ⑤ **11.** 〈보기〉는 글을 '읽는 중' 참고 자료를 활용하여 잘 모르는 내용을 이해하기 위한 활동이다. **12.** ② **13.** ③ **14.** ① **15.** 인권은 권리의 당사자인 인간이 논의의 주체가 되지만, 동물권은 권리의 당사자인 동물이 아닌 인간이 주체가 된다는 점에서 특징적이다. **16.** ③ **17.** ② **18.** 인간과 동물의 관계 변화에 따라 존중과 공존에 기반한 동물권에 대한 발전적 논의가 필요하다.

01. 글을 '읽기 전' 활동으로는 제목을 보고 글의 내용을 예측해 보기, 글의 내용과 관련된 배경지식 활성화하기, 글 전체를 빠르게 훑어 읽으면서 궁금한 점을 적어 보기 등이 있다.

02. 이 글의 제목을 통해 글의 제재가 '동물의 권리'에 있음을 예측할 수 있으며, ㉠을 통해 동물의 권리를 역사적 · 사회적 개념인 인권과 비교하여 설명하고자 함을 예측할 수 있다.

03. 인권은 사람에게 눈이 두 개고 코가 하나라고 하는 것처럼 자연적으로 형성된 개념이 아니라, 역사적 · 사회적으로 형성된 개념이다. 또한, 인류가 탄생한 이후 점차적으로 그 권리를 누리는 사람이 많아진 것이지 모든 사람이 누려왔던 것도 아니다.

04. 이 글은 동물과 인간의 관계 변화와 동물에 대한 인간의 자세 변화 등 역사적 · 사회적 환경이 변함에 따라 동물권에 대한 논의가 필요함을 주장하는 글이다.

오답 해설

① 이 글은 친교를 목적으로 하는 글이 아니다.
③ 동물권의 개념에 대해 설명하고 있지만 동물권의 역사에 대한 설명은 제시되고 있지 않다. 또한, 이 글의 목적은 정보 전달이 아닌 글쓴이 자신의 주장을 전달하는 데 있다.
④ 동물권에 대한 글쓴이의 체험과 감상이 드러나 있지 않다.
⑤ 좋은 글은 독자에게 미적 체험을 경험하게 할 수 있겠으나, 그것이 이 글의 목적은 아니다.

05. (다)에 의하면, 동물이 지적 능력과 감정을 인간만큼 충분히 지니고 있는가는 동물권 논의에 있어 쟁점이 될 수 있으나, 동물이 지적 능력과 감정을 지니지 않아 동물권 논의는 시기상조라고 주장하는 것은 적절하지 않다.

06. 그림에서 북극곰은 더위 때문에 고통스러워하고 있다. (다)에서 '동물도 인간과 똑같이 고통을 느낀다'는 점에 주목한다면 이 점을 근거로 인권처럼 동물권의 개념도 논의되어야 한다는 주장을 펼칠 수 있다.

07. (나)에서 동물권에 대한 논의가 자칫 여러 오해를 살 수도 있지만, 동물과 인간의 관계 변화로 인해 인간이 동물을 대하는 자세가 달라지면서 동물권에 대한 논의를 시작해야 하는 시점에 이르게 되었다고 주장하고 있다.

08. 이 글은 인권과의 비교를 통해 동물권과 관련된 쟁점을 구체적인 예를 바탕으로 설명하고 있다. 하지만 문제의 원인이나 그것에 대한 해결책을 제시하고 있지는 않다.

09. (라)에서 동물권 논의의 쟁점으로 동물의 범위를 지정하는 데 어려움이 따른다고 말하고 있다. 동물군 자체의 차이가 클 뿐만 아니라 인간이 동물을 대하는 자세가 동물군 또는 동물 개체에 따라 너무 달라서 복잡하다고 하였을 뿐, 동물 범위 지정의 어려움을 동물군과 동물 개체와 비교하고 있지 않다.

10. (라)에 의하면 동물은 인간과는 달리 동물군 자체의 차이도 크고 인간이 그들을 대하는 자세도 동물군이나 동물 개체에 따라 다르고 복잡함을 알 수 있다. 따라서 동물권 역시 그 시각 차이에 따라 적용 범위가 달라질 수 있다.

오답 해설

① 글쓴이는 동물권에 대한 논의가 필요하다는 것은 인정하지만 동물권이 인권과 동일해야 한다고 주장하는 것은 아니다.
② (마)에 의하면, 동물권을 주장하는 것이 동물에게 선거권이나 아파트 분양권을 주자는 것은 아님을 알 수 있다.
③ (라)에 의하면, 인간과 달리 동물은 동물군 자체의 차이도 있지만, 인간이 동물을 대하는 자세가 동물군 혹은 동물 개체에 따라 다름을 알 수 있다.
④ (마)에 의하면, 동물은 인간과 달리 책임과 의무를 지지 않는 존재이기에 동물권에 관한 논의가 어려움을 알 수 있다.

11. 〈보기〉에서 독자는 글을 읽는 도중 '권리'라는 용어의 정확한 뜻을 몰라 국어사전을 찾아보고 있다. 이는 국어사전이라는 참고 자료를 활용하여 자신이 글을 읽는 도중 이해가 잘 되지 않는 부분을 확인하는 활동이다.

12. (바)의 마지막 문장을 보면 동물권 논의에서 발생하는 쟁점과 논의의 차이는 결국 인간과 동물의 관계에서 비롯된 것이고, 그렇기 때문에 그 관계가 논의의 출발점이 되어야 함을 알 수 있다.

13. (바)에서는 산업 동물과 반려동물을, (사)에서는 강아지와 고양이, 사람의 목숨을 예로 들어 설명하고 있다.

14. 보편적 차원에서 동물권을 논의하는 관점은 인간과 동물의 개별적 관계가 아닌 동물이라면 마땅히 어떤 권리를 갖는다는 관점이다. ①은 어떤 반려동물이건 간에 반려동물을 버리는 행위 자체가 비윤리적인 행태라고 비난하는 것이므로 ㉠의 관점에 해당한다.

15. (바)의 첫 문장을 보면, 인권은 권리의 당사자와 논의의 주체가 동일하지만 동물권은 당사자인 동물이 아닌 인간이 논의의 주체가 된다는 점에서 인권과 차이가 있음을 알 수 있다.

16. (아)의 마지막 문장을 보면 글쓴이는 인간 각자의 관점이나 처지가 어떠하든 존중과 공존에 기반을 두고 동물권에 관해 발전적으로 논의를 전개해야 한다고 주장하고 있다.

17. 동물권의 개념을 사전에서 찾아보는 활동은 글에서 설명하고 있는 개념이 모호하여 그 내용을 찾아보는 '읽는 중' 활동에 해당한다.

오답 해설

① 이 글에서 인권이 역사적 · 사회적으로 발전해 왔다고는 언급했으나 그것의 구체적인 내용이 나와 있지 않으므로 이에 대해 찾아보는 것은 '읽은 후' 활동으로 적절하다.
③ 동물권 보호에 관심을 갖는 독자의 경우, 이 문제를 다룬 다른 책들을 찾아보는 것은 '읽은 후' 활동으로 적절하다.
④ 글쓴이의 의견에 동의하는 독자의 경우, 실천적인 방법을 찾아보는 것은 '읽은 후' 활동으로 적절하다.
⑤ 동물권 보호를 주장만 하는 것이 아니라 실제 인간에 의해 제도적으로 이루어지고 있는 노력을 찾아보는 것은 '읽은 후' 활동으로 적절하다.

18. 이 글의 글쓴이는 인권과의 비교를 통해 동물권의 개념을 설명하면서, 결국 동물권은 인간과 동물의 관계를 중심으로 논의를 해야 한다고 주장하고 있다. 아울러 동물권에 대한 발전적 논의를 위해서는 동물에 대한 존중과 인간과 동물의 공존에 기반해야 한다고 말하고 있다.

학습 활동 다지기

• 본문 p.095

이해 다지기 문제 **1.** ④ **2.** ② **3.** ④

목표 다지기 문제 **1.** ② **2.** ④ **3.** ⑤ **4.** ① **5.** ④ **6.** ③ **7.** ③ **8.** ①

이해 **1.** 소제목은 글의 중심 내용을 요약적으로 제시하고 있어 글의 중심 내용과 구조적 흐름을 파악할 수 있게 한다. 또한, 소제목을 통해 독자의 배경지식을 활성화하기도 한다. 하지만 글의 내용과 구조에 대한 상세한 이해는 글 전체의 내용을 읽어야 가능한 것이다.

2. 이 글은 역사적 · 사회적 개념으로서 동물권과 관련된 다양한 쟁점과 논의의 관점을 제시한 후, 존중과 공존에 기반한 동물권에 관해 발전적인 논의가 필요함을 주장하고 있다.

오답 해설

① 이 글은 인권의 개념에 비추어 동물권에 관한 논의의 바람직한 방향을 제시하고 있다.
③ 동물권의 개념이 형성되고 발전되어 온 과정을 다루고 있지 않다.
④ 동물권과 관련된 쟁점을 제시하고 있다는 점에서 동물권을 둘러싼 다양한 주장이 제시되었다고 볼 수 있으나, 그것을 나열의 방식으로 설명하고 있지는 않다. 또한 동물권과 관련된 해결책을 인간의 이익이라는 관점에서 제시하고 있지도 않다.
⑤ 동물권과 인권의 공통점과 차이점이 일부 제시되어 있기는 하지만, 동물권에 관한 논의의 방향만 제시하고 있을 뿐 바람직한 동물권의 개념을 새롭게 규정하고 있지는 않다.

3. 개별적 관계에 따른 관점은 대상 동물과 인간과의 관계에 따라 그 권리의 내용을 달리하여 논의하는 것을 말한다.

목표 **1.** 글쓴이의 생각과 자신의 생각을 비교해 보는 것은 '읽은 후' 활동에 해당하며, 나머지는 '읽기 전' 활동에 해당한다.

2. 글의 내용이나 글쓴이의 주장이 잘못된 것이거나 보편적이지 않을 수 있으므로, 글의 내용이나 글쓴이의 주장에 전적으로 신뢰하거나 공감만을 해서는 안 된다. 자신의 주관을 바탕으로 때때로 공감하고, 때때로는 비판적인 관점을 가지고 읽어야 한다.

오답 해설

① 글의 주요 내용을 메모하며 읽으면, 글의 핵심 내용을 기억하기 쉽고, 글의 구조나 전개 방식을 이해하는 데 효과적이다.
② 글의 내용을 잘 이해하기 위해서는 글 전체의 구조를 파악하는 것이 효과적이다.
③ 글에 대해 스스로 질문을 하고 그에 대한 답을 찾아 읽는 것은 적극적인 독서이며, 이를 통해 글의 내용을 좀 더 자신의 것으로 만들 수 있다.
⑤ 잘 이해되지 않는 내용을 사전이나 참고 자료 등을 찾아보며 그 내용을 이해하는 활동은 글의 내용을 좀 더 정확하게 이해하는 데 도움이 된다.

3. <보기>는 읽기 과정 중 '읽은 후' 활동에 해당한다. 글을 읽고 나서 더 알고 싶은 내용을 정리하여 찾아보는 것은 '읽은 후' 활동이다.

4. <보기>는 글을 읽는 중, 글에 대해 자신의 입장 유무를 점검하고, 그에 대한 입장을 세운 후 좀 더 꼼꼼하게 읽는 것으로 읽기 방법을 조정하며 글을 읽는 활동이라 할 수 있다.

5. 동물권 보장을 위해 활동하고 있는 시민 단체와 그 단체의 활동에 대한 내용은 글에서 언급하고 있는 내용이 아니므로, 글을 읽은 후 더 알고 싶은 내용을 찾아 읽는 활동으로 볼 수 있다. 글의 전체 구조를 파악하며 읽는 읽기 방법이 아니다.

6. 외부 소음이나 탁한 공기는 외부 환경의 문제이고, 이미 알고 있는 내용이나 어렵고 복잡한 글의 내용은 읽기의

대상인 글의 문제이며, 육체적 피로로 인한 집중력 문제는 독자 자신의 문제이다.

7. 배경지식이 부족하여 글의 내용을 이해하기 어렵다면, 사전이나 신문, 서적과 같은 참고 자료를 찾아보거나, 인터넷과 같은 매체를 통해 해당 내용을 검색하여 이해를 돕는 일이 필요하다.

오답 해설

① 잔잔한 음악을 통해 마음에 안정을 주는 것은 독자 자신의 문제에 대한 해결 방법에 해당한다.

② 휴대 전화 소음으로부터 독서를 방해받지 않도록 하는 것은 읽기 환경과 관련한 문제 해결 방법에 해당한다.

④ 주기적으로 일어나 간단한 체조를 하는 것은 집중력 부족과 같은 독자 자신의 문제에 대한 해결 방법에 해당한다.

⑤ 서로 다른 색깔의 펜을 사용하여 내용을 요약하는 것은 글을 이해하기 어려울 때 도움이 되는 해결 방법에 해당한다.

8. 글을 읽다 보면 글을 읽는 환경이 좋지 않거나 글에 대한 배경지식의 부족, 읽기 목적이나 잘못된 읽기 방법으로 인해 글의 내용을 충분히 이해하지 못하게 되는 경우가 있다. 읽기 과정의 점검과 조정은 이와 같은 문제들을 해소해 줌으로써 성공적인 독서, 즉 글 내용에 대한 깊이 있는 이해에 도달할 수 있게 한다.

소단원 핵심 문제

• 본문 p.112

01. ④ **02.** ② **03.** ④ **04.** ② **05.** ② **06.** ② **07.** ⑤ **08.** 동물의 범위를 어디까지로 봐야 하는가?, 동물에게 '권리'라는 용어를 써도 되는가? **09.** ① **10.** ⑤ **11.** ⑤ **12.** 동물권 논의에서 상반된 두 가지 관점으로는 대상 동물과 인간의 개별적 관계에 따라 권리의 내용을 달리하여 논의하는 관점과 모든 동물을 같은 위치에 놓고 권리를 보편적 차원에서 논의하는 관점이 있다.

01. (가)에서 인권의 개념을 풀이하고 있지만 인권이나 동물권이라는 용어가 생긴 역사적 유래를 밝히고 있지는 않다.

오답 해설

① (라)에서 개, 고양이, 새우 등을 예로 활용하여 내용 이해를 돕고 있다.

② (다)에서 핵심 쟁점인 동물권에 대한 인정 여부를 '과연 동물이 인간과 동등한 지위를 갖는가?'와 같이 질문의 방식으로 제시하고 있다.

③ (라)에서 사람은 생물학적 유사성이 100퍼센트에 가까운 데 반해 동물은 복잡하다며 인간과 동물의 차이점을 드러내고 있다.

⑤ (마)에서 동물은 약자이므로 보호해야 한다는 접근 방식과 그 자체로 존중해야 한다는 접근 방식을 제시하고 있다.

02. 글을 읽은 후 글의 내용을 요약할 때에는 글을 읽은 목적에 따라 요약해야 한다. 이 글이 글쓴이의 주관적인 의견이 담긴 주장하는 글임을 고려할 때 감상을 위주로 내용을 요약하는 것은 적절하지 않다.

03. (라)의 내용을 보면 반려동물, 식용 동물, 사역 동물 등을 모두 똑같이 대해야 한다는 주장은 아직 보편적이지 않으므로, 반려동물인 개와 식용 동물인 소를 동일하게 대해야 한다는 주장은 이 글의 내용에 비추어 볼 때 적절한 반응으로 보기 어렵다.

04. (마)의 내용을 보면 동물의 권리를 주장하는 것은 인간이 그들을 지나치게 가혹하게 대하는 측면이 있으니 그 부분을 개선하자는 의미, 즉 동물에 대한 부당한 대우를 개선하자는 것임을 짐작할 수 있다.

05. (가)의 마지막 문장에서 인권은 역사적 · 사회적 개념이라고 설명하고 있고, (나)의 첫 문장에서 동물권 역시 마찬가지라고 언급하고 있으므로, 인권과 동물권은 모두 역사적이고 사회적인 개념임을 알 수 있다.

06. ㉢의 바로 앞 내용을 보면, 동물과 인간이 맺는 관계의 변화로 인해 동물을 대하는 인간의 자세가 달라졌고, 이런 환경의 변화로 인해 동물권에 대한 논의를 시작해야 하는 시점에 이르렀다고 주장하고 있다.

07. '사람으로서 마땅히 하여야 할 일'은 '의무'의 사전적 의미이다. '권리'의 사전적 의미는 '어떤 일을 행하거나 타인에 대하여 당연히 요구할 수 있는 힘이나 자격'이다.

08. (다)에 보면 동물권과 관련된 핵심 쟁점은 '과연 동물이 인간과 동등한 지위를 갖는가?' 하는 점이고, 그 구체적인 내용은 (라)와 (마)에 각각 제시되어 있다.

09. 인권은 권리의 당사자인 인간이 논의의 주체가 되고, 동물권은 권리의 당사자가 아닌 인간이 논의의 주체가 된다. 즉 두 대상의 논의 주체는 모두 인간으로 동일하다.

오답 해설

② (다)에서 아직까지 동물권 논의는 인간의 윤리와 개인 차원의 양심에 호소하는 측면이 강하다고 하였다.

③ (나)에서 글쓴이는 모든 동물에게 적용되는 권리를 인정하는 것은 다분히 시기상조로 보인다고 하였다.
④ (나)를 보면 같은 동물이라도 맺고 있는 관계에 따라 대하는 자세가 다를 수 있음을 알 수 있다.
⑤ (다)를 보면 인간과 동물을 묶어서 하나의 생태계로 보는 관점은 발전적인 동물권 논의에 도움이 되는 것임을 알 수 있다.

10. (가)에서 글쓴이는 동물권 논의가 결국 인간과 동물의 관계에서 출발된다고 말하고 있는데, ⑤는 그와 같은 논리는 인간의 관점이어서 진정한 동물의 권리를 논하는 것이 아니라고 비판적인 태도를 취하고 있다. 따라서 〈보기〉에 제시된 읽기 방법인 글의 내용이나 글쓴이의 주장에 대해 비판하며 읽은 것은 ⑤이다.

오답 해설

① 중요한 내용을 메모하며 읽는 것은 글을 사실적으로 이해하는 독서 활동이다.
② 동물권 보장을 위해 활동하고 있는 단체를 찾아보는 것은 글쓴이의 주장에 공감하고, 더 알고 싶은 내용을 찾아보는 독서 활동이다.
③ 입장을 정하고 다시 읽는 활동은 자신의 읽기 과정을 점검하고 조정하는 독서 활동이다.
④ 글의 전체 구조를 파악하며 글의 내용과 글쓴이의 주장을 이해하는 독서 활동이다.

11. 같은 동물이라도 동물의 권리가 다른 것은 동물권에 관한 논의의 주체가 인간이기 때문에 인간과 동물이 맺는 개별적인 관계에 따라 ㉠, ㉡과 같이 다른 태도를 이끌어 내게 되는 것이다.

12. (나)를 보면 동물권 논의는 개별적 관계에 따라 논의하는 관점과 보편적 차원에서 논의하는 관점이 대립하고 있음을 알 수 있다. 전자는 개별적인 인간과 동물이 맺고 있는 관계에 따라 동물의 권리를 다르게 보자는 입장이고, 후자는 모든 동물에게 평등하게 그 권리를 보장해야 한다는 입장이다.

2 논리적인 토론

개념 확인 콕콕 • 본문 p.115

01. 토론 **02.** ② **03.** (1) ㉢ (2) ㉣ (3) ㉡ (4) ㉠
04. 반론

01. 어떤 문제에 관해 의견이 명확하게 갈릴 때 자신의 주장만 내세우면 말싸움을 일으키거나 서로의 관계를 해칠 수 있다. 토론을 통해 자신의 입장을 설득력 있게 제시하고, 상대측의 의견을 존중하는 자세로 들어보는 것이 문제를 원활하게 해결하는 데 도움이 된다.

02. 토론은 어떤 문제에 대하여 서로 다른 의견을 가진 개인이나 집단이 합리적으로 문제를 해결해 나가기 위한 의사소통으로, 찬성과 반대로 의견이 분명하게 나뉘는 경우가 적절하다.

04. 토론은 '논제 제시 – 입론 – 반론 – 최종 발언 – 판정'의 순서로 진행한다.

확인 문제 • 본문 p.117

01. ③ **02.** ② **03.** ① **04.** ① **05.** ④ **06.** ⑤
07. 수남의 반론은 신뢰성의 측면에서 좋은 평가를 받을 수 있다. 왜냐하면 아리스토텔레스와 같은 권위자의 말이나 국제학업성취도평가(PISA)와 같은 객관적이고 믿을 만한 자료를 활용하여 자신의 주장을 뒷받침했기 때문이다. **08.** ⑤
09. ④ **10.** ② **11.** 토론을 순서에 따라 진행하고 있으며, 토론자의 역할과 토론의 방법에 대한 정보를 제공하고 있다.
12. ① **13.** ④ **14.** ③ **15.** ① **16.** ④ **17.** ②
18. 토론은 한 가지 주제에 대해 찬성과 반대의 생각을 가진 사람들이 자신의 주장을 바탕으로 상대방을 설득하는 말하기로, 마지막에 토론의 승패가 정해진다. **19.** ① **20.** ③
21. ③ **22.** • 협동을 강조한 핀란드가 국제학업성취도 평가에서 상위권을 유지하며 삶의 만족도도 높다. • 세계 식량 문제 등을 보면 경쟁이 아니라 협력이 옳은 방향임을 알 수 있다. **23.** ⑤ **24.** ④ **25.** ⑤ **26.** ③ **27.** ② **28.** ④
29. ④ **30.** ③ **31.** 근거 자료의 출처를 밝히면 자료와 주장의 신뢰성이 높아진다. 또한 남의 자료를 출처를 밝히지 않고 사용하는 것은 표절이 될 수 있기 때문에, 남의 자료를 사용할 때는 반드시 그 출처를 밝혀야 한다. **32.** ⑤ **33.** ④
34. 상대측의 주장과 근거를 미리 예상해야만 그에 따른 반론을 준비할 수 있기 때문이다. **35.** ① **36.** ⑤

01. 지윤의 말을 보면 찬성 측은 경쟁이 우리의 흥미와 재능을 발견할 수 있는 기회를 확대하는 것이 아니라 경쟁을 그만두면 우리의 흥미와 재능을 발견할 수 있는 기회가 확대된다고 주장하고 있다.

오답 해설

① 찬성 측은 경쟁이 여러 가지 부작용을 낳고 있다고 말하고 있고, 반대 측은 우리가 재미있어하는 일에 대부분 경쟁이라는 요소가 있다고 말하고 있다. 이로 미루어 보아 찬성 측과 반대 측은 모두 우리 사회가 경쟁 사회임을 인정하고 있음을 알 수 있다.
② 찬성 측은 경쟁을 그만두면 더 훌륭한 교육이 이루어질 것이라고 주장하고 있다.

④ 반대 측은 우리가 경쟁이 치열한 운동 경기에 열광하는 이유는 경쟁이 인간의 본능이기 때문이라고 말하고 있다.
⑤ 반대 측은 경쟁 없이는 개인과 사회가 발전을 할 수 없다고 주장하고 있다.

02. 첫 발언에서 사회자는 경쟁 사회에 대한 논란을 토론의 배경으로 제시하고 있고, 그와 관련하여 '우리 사회에서 사람들 사이의 경쟁을 그만두어야 한다'라는 논제를 소개하고 있다.

03. 지윤은 '~행복하신가요?', '~살고 있지는 않은가요?'와 같은 질문을 통해 경쟁이 행복의 추구를 저해하고 있다는 자신의 생각에 대한 동의를 구하고 있다.

04. 입론은 '찬성 측 → 반대 측' 순서로 진행되었고, 1차 반론은 '반대 측 → 찬성 측' 순서로 진행되고 있다. 즉 입론과 1차 반론의 발언 순서는 서로 다름을 알 수 있다.

05. 수남은 상대의 주장을 반박하고 자신의 주장을 제시하는 데 있어 우리나라의 현실을 근거로 들고 있지 않다.

06. 찬성 측인 수남은 협력과 의존을 통해 사회적 관계를 맺는 것이 인간의 본성이라고 주장하고 있다.

07. 신뢰성은 주장을 뒷받침하는 근거를 통해 평가할 수 있는데, 일반적으로 권위자의 말을 인용하거나 통계 자료와 같은 객관적인 참고 자료를 활용하면 신뢰성이 높은 주장으로 평가받을 수 있다.

08. 1차 반론은 상대측의 주장과 근거의 오류를 지적하고 자신의 입론을 보강하는 것이어서 순서대로 자신의 주장과 의견을 제시하지만, 2차 반론은 상대측에 질문하고, 질문에 답변하는 방식으로 진행된다.

09. 미란은 아름다운 것, 좋은 것을 추구하는 사람들의 본능에 비해 자원이 한정되어 있다는 점을 들어 경쟁의 불가피성을 주장하고 있는데, 이를 주장하는 데 있어 통계 자료를 제시하고 있지는 않다.

오답 해설

① 지윤은 반대 측이 경쟁은 받아들일 수밖에 없으니 공정한 경쟁의 방법에 집중해야 한다고 주장을 했는지 확인하고 있다.
② 경수는 지윤의 질문에 '예, 맞습니다'라며 사실 여부를 확인해 주고 있다.
③ 수남은 추가적인 질문을 통해 왜 경쟁은 받아들일 수밖에 없다고 생각하는지 그 이유를 물어 보고 있다.
⑤ 수남은 과학 기술의 발전이나 국가 간 협력을 통해 빈민국을 구제한 사례를 찬성 측 주장의 근거로 제시하고 있다.

10. 수남의 질문에 대한 미란의 답변을 보면 반대 측은 사람들이 좋아하는 것은 한정되어 있기 때문에 경쟁을 받아들일 수밖에 없다고 생각하고 있음을 알 수 있다.

오답 해설

① 경쟁이 인간의 본능이라는 것은 반대 측 주장이며, 그것으로 인해 경쟁을 받아들일 수밖에 없다는 근거를 제시하고 있지 않다.
③ 인간의 수요가 더 많은 것은 가치 있는 한정된 자원에 대한 것이지, 세상의 만물에 대한 인간의 수요가 더 많은 것은 아니다.
④ 반대 측에서는 과학과 인간의 풍요로움에 대해 언급하고 있지 않다.
⑤ 인간이 다른 사람을 배려할 줄 아는 마음이 부족하다는 언급은 이 토론에서 나오지 않았다.

11. 사회자는 토론이 원활하게 진행될 수 있도록 하는 역할을 한다. 그렇게 되기 위해 토론의 절차에 따라 순서대로 진행될 수 있도록 조정해야 하고, 각각의 절차에서 토론자의 역할이나 토론의 방법에 대한 정보를 제공해야 한다.

12. 미란은 핀란드 교육에 평가나 선발이 전제되어 있지 않다고 말하고 있으나 〈보기〉를 보면 핀란드 교육에서도 평가나 선발이 전제되어 있음을 알 수 있다.

13. 반대 측은 상대측의 논리적 허점을 지적하고, 그것을 바탕으로 자신의 주장을 상대측에게 관철시키고자 하는 태도를 보이고 있다. 하지만 자신들의 논리적 약점을 인정하거나 보완하는 발언은 하고 있지 않다.

오답 해설

① 수남은 '채용처럼 특수한 상황은 어쩔 수 없다고' 본다며 경쟁이 불가피한 상황이 있을 수 있다는 상대측의 주장을 일부 수용하고 있다.
② 미란은 상대측의 논거인 핀란드 교육이 평가나 선발이 배제된 것이라는 논리적 허점을 지적하고 있다.
③ 지윤은 채용 상황에서의 경쟁의 불가피성을 인정하고 있지 않고, 수남은 부분적으로 인정하고 있다.
⑤ 경수는 '협력을 통해 ~ 경쟁은 피할수 없겠지요?'와 같이 질문을 통해 자신들의 주장에 대한 상대측의 의견을 묻고 있다.

14. 이 토론은 '입론 – 1차 반론 – 2차 반론 – 최종 발언' 순으로 이루어지는데, 입론은 찬성 측부터 시작하며, 각 단계마다 찬성 측과 반대 측이 순서를 바꾸어 진행한다. 2차 반론 이후에는 최종 발언이 이어지는데 최종 발언에서는 앞 단계에서 두 번째로 발언했던 반대 측이 먼저 발언을 이어갈 것이다.

15. 최종 발언에서는 토론 과정에서 드러난 쟁점을 정리하고, 각자 자신의 주장과 근거가 옳다는 것을 다시 한번 강조한다.

16. 찬성 측은 경쟁이 좋은 결과를 가져온다는 것을 변함없는 진리로 인정하는 것이 아니라, 그와 같은 인식이 우리 사회에서 오랫동안 인정되었던 사실을 언급하면서 이제 그 인식을 전환할 필요성을 제기하고 있다.

17. 반대 측은 경쟁이 필요하다는 입장이다. '경쟁 자체를 없애는 것은 불가능하겠지만'이라는 찬성 측의 발언을 통해 찬성 측 역시 경쟁 자체를 불가피한 것으로 생각하고 있음을 알 수 있다.

오답 해설

① 경쟁이 우리가 추구해야 할 가치라고 생각하는 것은 반대 측만 인정하고 있다.

③ 경쟁이 많은 사람들을 불행하게 한다는 주장은 찬성 측만 인정하고 있다.

④ 경쟁이 사회를 발전하게 하는 원동력이라는 주장은 반대 측만 인정하고 있다.

⑤ 경쟁이 특수한 상황에서만 이뤄져야 한다는 주장은 찬성 측만 인정하고 있다.

18. 사회자의 발언 ㉡을 보면, 토론에 대해 배심원들의 평가와 판정이 이루어짐을 알 수 있다. 즉 쟁점에 대한 찬성과 반대 측의 주장 중 어느 편의 주장이 더 설득력이 있었는지 최종적으로 판정하여 승패를 정하는 것이 토론의 특징임을 알 수 있다.

19. 일반적인 토론은 '입론 - 반론 - 최종 발언'의 순서로 진행된다. 토론에 있어 가장 핵심은 상대방의 주장을 논박하고, 자신의 주장이 옳음을 설득하는 것이다. 〈보기〉에 제시된 토론의 절차에서 가장 먼저 이루어져야 하는 것은 논제에 대한 주장과 논거를 정리하여 제시하는 것이다. 이 과정을 '입론'이라고 한다.

오답 해설

② 1차 반론은 상대방의 주장을 반박하고 자신의 주장이 옳다는 것을 주장하는 단계이다.

③ 2차 반론은 1차 반론과 마찬가지로 상대방의 주장을 반박하고 자신의 주장이 옳다는 것을 주장하지만, 1차 반론과는 달리 상대방과 질의응답을 할 수 있는 단계이다.

④ 최종 발언은 쟁점을 정리하고 자신의 주장과 근거가 옳다는 것을 다시 한번 강조하는 단계이다.

⑤ 판정은 평가표에 근거하여 토론의 승패를 가르는 단계이다.

20. 경쟁과 협력이 적절하게 이루어져야 행복해질 수 있다는 것이 일반적인 인식이기는 하지만, 논제에 대해 반대 측이 주장한 바는 아니다.

21. 토론의 절차는 '찬성 측 입론 → 반대 측 입론 → 반대 측 1차 반론 → 찬성 측 1차 반론 → 찬성 측 2차 반론 → 반대 측 2차 반론 → 반대 측 최종 발언 → 찬성 측 최종 발언' 순이다.

22. 찬성 측은 협력하는 사회적 관계를 맺는 것이 인간의 본성이라고 주장하면서 협동을 강조한 핀란드의 교육 방식과 사람들이 많아져도 식량이 부족하기보다는 오히려 더 풍요로워진 상황을 그 근거로 제시하고 있다.

23. 토론의 평가 기준은 토론의 내용과 태도로 나눌 수 있는데, 태도에 대한 평가는 토론의 절차를 준수하였는지, 상대측의 의견과 주장을 경청하고 차이를 존중하면서 예의를 갖추어 토론에 임하였는지 등을 기준으로 이루어진다.

오답 해설

토론의 내용에 대한 평가는 논제의 범위를 벗어나지 않았는지와 주장과 근거가 정확하고 타당한지, 그리고 반론이 적절하였는지 등을 기준으로 이루어진다.

24. 찬성 측은 핀란드의 국제학업성취도(PISA) 결과와 아리스토텔레스의 말과 같은 신뢰할 만한 자료를 근거로 제시하며 주장을 전개하여 설득력을 얻고 있다.

25. 상대측의 주장에 반박하는 것은 토론에 있어 중요한 절차이므로, 이를 하지 않고 자신의 주장을 펼치는 것은 토론에 임하는 적절한 태도가 아니다.

26. 토론의 논제는 찬성과 반대로 입장이 명확하게 나뉠 수 있는 것으로 선정해야 한다. '건강하게 살기 위해 무엇을 해야 하는가?'는 찬성과 반대의 입장으로 나뉘기보다는 다양한 방법이 제시되기에 적절하므로, 토론의 논제보다는 토의의 주제로 더 적절하다.

27. 토론의 목적이 우리 주변의 문제들을 해결하는 데 있기 때문에, 토론의 주제는 학생들의 일상생활과 밀접한 관련이 있는 것을 고르는 것이 바람직하다.

오답 해설

① 무인 방범 카메라 설치 여부에 대해 찬성이나 반대의 입장이 나뉘질 수 있다.

③ 교내에 무인 방범 카메라를 설치하면 학생들의 사생활이 카메라에 노출돼 침해될 수 있으므로, 반대 측에서 주장할 수 있는 내용이다.

④ 무인 방범 카메라 설치의 목적이 사건 예방과 해결에 있으므로 찬성 측에서 주장할 수 있는 내용이다.

⑤ 논제는 찬성과 반대로 나눠지는 주제가 적절하다. 교내에 무인 방범 카메라를 설치할지의 여부에 대한 문제는 찬성과 반대로 나눠질 수 있으므로 적절한 논제라고 할 수 있다.

28. 논제에 대한 입장은 특별한 목적이 없다면 일반적으로 모둠 구성원들이 지지할 수 있는 것으로 정하는 것이 좋다.

29. 〈보기〉의 자료는 무인 방범 카메라를 설치한 후 범죄 건수가 감소하였다는 내용이므로, 〈보기〉의 자료를 통해 뒷받침할 수 있는 주장은 무인 방범 카메라 설치가 범죄 예방과 해결에 효과적이라는 것이 가장 적절하다.

30. 〈보기〉는 교내 무인 방범 카메라 설치를 찬성하는 입장에서, 교내 무인 방범 카메라 설치로 인해 발생할 수 있는 부작용인 사생활 침해를 최소화할 수 있다는 주장이다. 따라서 그 근거 자료는 사생활 침해를 최소화할 수 있는 방법과 관련된 것이어야 하는데, 이와 관련된 것은 무인 방범 카메라 위치에 대한 안내판을 설치하도록 하는 개인정보보호법 규정이다.

31. 자료의 신뢰성은 주장의 뒷받침이 될 자료가 얼마나 권위나 공신력을 인정받을 수 있는가의 문제이다. 믿을 만한 자료로 뒷받침된 주장은 그 신뢰성으로 인해 그만큼 설득력이 높아질 것이다. 또한 표현에 있어 지켜야 하는 윤리 중 중요한 것은 남의 것을 자신의 것처럼 사용하지 말아야 한다는 것이다. 그렇게 하기 위해서 다른 사람의 자료를 인용할 때는 반드시 그 출처를 밝힐 필요가 있다.

32. 입론은 논제의 시의성을 바탕으로 해당 논제에 대한 자신의 입장과 근거, 그리고 상대측의 예상되는 논박에 대한 반론 등을 포함하고 있다. 하지만 상대측 주장을 논리적으로 뒷받침해 주는 자료는 언급하고 있지 않다.

33. 무인 방범 카메라가 없는 곳에서 사건이 발생할 수는 있으나 사건이 자주 발생했거나 자주 발생할 만한 곳에 무인 방범 카메라를 설치하면 학교 폭력이나 도난 사건을 줄이는 효과가 있을 것이다.

오답 해설

① 교내의 모든 곳에 무인 방범 카메라를 설치하는 것은 현실적이지 않으므로 적절한 반론이 될 수 없다.
② 안내판 설치는 무인 방범 카메라가 없는 곳에서 사건이 발생할 수 있다는 문제의 해결 방법이 되지 않으므로 적절하지 않은 반론이다.
③ 무인 방범 카메라로 녹화된 영상을 철저하게 관리하는 것은 사생활 침해에 대한 대안이지, 〈보기〉의 주장에 대한 해결책이 아니므로 적절하지 않은 반론이다.
⑤ 학교 보안관이나 지킴이가 학교 곳곳을 지속적으로 순찰하는 것은 무인 방범 카메라 설치와는 다른 차원의 해결책이므로 적절하지 않은 반론이다.

34. 토론에서 자신의 주장을 내세우는 것만큼 중요한 것은 상대측의 주장을 논박하는 일이다. 상대측의 주장이 갖는 허점을 논리적으로 반박하거나, 자신의 주장에 대한 상대측의 공격을 방어하기 위해서는 상대측이 어떤 근거에 의해 어떤 주장을 하는지를 미리 예상하고 그에 따른 반론을 준비하는 일이 필요하다.

35. 신뢰성은 자료의 출처가 분명하고 믿을 만한지에 대한 평가이다. 공신력 있는 방송 뉴스를 근거로 사용한 〈보기〉의 주장은 대체로 신뢰성을 갖춘 주장이라고 평가할 수 있다.

36. 반론은 상대측의 주장에 대해 논리적으로 반박하는 것이므로, 상대측 주장을 바르게 이해하고 그것이 갖는 근거의 불충분함이나 부적절함에 대해 적절하게 지적했는지의 여부가 평가 항목이 된다.

소단원 핵심 문제 • 본문 p.130

01. ③ **02.** ③ **03.** ② **04.** ③ **05.** ② **06.** 아리스토텔레스와 같은 권위자의 말과, 국제학업성취도평가(PISA)와 같은 객관적이고 믿을 만한 자료를 근거로 제시하였기 때문이다. **07.** ⑤ **08.** ⑤ **09.** 찬성 측 주장과 근거의 문제점, 허점 등을 찾아 그것이 드러나도록 질문하고 있다.

01. 반대 측인 미란은 경쟁 때문에 인간이 행복하지 않다는 찬성 측의 주장에 반박하면서 경쟁으로 인해 인간이 행복해질 수 있다고 주장하고 있다.

02. 지윤은 본격적인 토론을 시작하기에 앞서 논제에 대한 주장과 근거를 제시하면서 자신의 주장을 정당화하는 입론을 펼치고 있다. 상대측 근거의 허점을 밝히는 말하기는 반론 단계에서 이루어지는 것이다.

오답 해설

① 지윤은 "과연 여러분은 얼마나 행복하신가요?"라고 질문하면서 경쟁으로 인해 우리들이 행복하지 않다는 자신의 주장에 동의를 구하고 있다.
② 경수는 경쟁이 인간의 본능이라는 사실을 근거로 경쟁을 그만둘 수 없다는 자신의 주장을 내세우고 있다.
④ 미란은 찬성 측이 경쟁으로 인해 우리가 행복해질 수 있다는 사실을 간과한 점을 지적하며 반론을 전개하고 있다.
⑤ 미란은 경쟁할 것인가 말 것인가를 선택하는 문제에서 어떻게 하면 공정한 경쟁을 할 수 있는 것인가라는 새로운 논의의 방향을 제시하고 있다.

03. (다)에서 사회자는 토론의 절차에 따라 입론이 끝난 뒤, 1차

반론으로 넘어가게 하는 역할을 하고 있다. 즉, 토론의 절차에 따라 토론이 순서대로 진행될 수 있도록 조정하는 역할을 하고 있다.

04. 토론에 승패가 정해지긴 하지만 이는 논리적인 주장과 설득을 통해서 이루어지는 것이지 강요를 통해 이루어지는 것이 아니다. 따라서 토론자는 상대측에게 논리적으로 자신의 주장을 전달하고 상대측의 주장을 경청하는 태도를 갖는 것이 필요하다.

05. 찬성 측은 경쟁보다는 협력하는 사회적 관계를 맺어야 한다고 주장하면서 '인간은 사회적 동물'이라고 말한 아리스토텔레스의 말과 협동을 강조한 핀란드의 교육 방식, 그리고 사람들이 많아져도 식량이 부족하기보다는 오히려 더 풍요로워진 상황을 근거로 제시하고 있다. 가치 있는 것은 한정적이기 때문에 경쟁이 필수적이라는 것은 반대 측의 근거이다.

06. 근거를 평가할 때는 내용이 신뢰할 만한지 따져 보고 판단해야 한다. 일반적으로 권위자의 말을 인용하거나 통계 자료와 같은 객관적인 참고 자료를 활용하면 신뢰성이 높은 근거로 평가받을 수 있다.

07. 2차 반론은 '반대 측 질문 → 찬성 측 답변 → 반대 측 질문 → 찬성 측 답변'의 순서로 진행되고 있다.

오답 해설

① 입론은 '찬성 → 반대', 최종 발언은 '반대 → 찬성'의 순서로 진행된다.
② 최종 발언은 '반대 → 찬성', 2차 반론은 '찬성 → 반대'의 순서로 진행된다.
③ 이 토론의 발언 순서는 정해진 절차에 따라 공정하게 분배되고 있다.
④ 배심원 판정은 2차 반론 후가 아니라 최종 발언 후에 이루어진다.

08. 수남은 상대측 발언의 일부를 인정하면서도 상대측과 다른 자신의 의견을 굽히지 않고 있다. 그러나 수남의 발언 중 상대측 토론자에 대한 감정적인 내용은 찾을 수 없다. 수남은 상대측과 의견이 다르지만 예의를 갖추어 토론에 참여하고 있다.

09. 1차 반론은 양측이 번갈아 가며 상대측 주장과 근거의 오류를 지적하고 자신 측의 입론을 보강하는 방식으로 진행되는 반면, 2차 반론은 상대측에 질문하고, 질문에 답변하는 방식으로 진행된다. 2차 반론에서 반대 측은 찬성 측이 제시한 핀란드의 교육 성과를 근거로 한 주장의 허점을 찾아 그것이 드러나도록 질문하고 있다.

대단원 확인 문제

• 본문 p.134

01. ② **02.** ④ **03.** ⑤ **04.** ② **05.** ③ **06.** ② **07.** 동물을 인간이 이용하거나 파괴할 수 있는 대상으로 생각하는 것이 아니라 같은 생태계에 공존하는 동등한 개체로 생각하고 존중하는 관점을 의미한다. **08.** ② **09.** ① **10.** 찬성 측은 경쟁을 하지 않고도 좋은 결과를 낼 수 있으며 오히려 경쟁이 부작용을 낳는다고 주장하고 있고, 반대 측은 경쟁은 인간의 본능으로 개인의 능력을 최대치로 발휘하게 하고 개인과 사회의 발전을 이끈다고 주장하고 있다. **11.** ② **12.** ③ **13.** 반대 측은 경쟁에 부작용이 존재함을 인정하고 수용하고 있고, 찬성 측은 경쟁 자체를 없애는 것이 불가능하다는 점을 인정하고 수용하고 있다. **14.** ② **15.** ③ **16.** (나)와 (라)는 모두 구체적인 사례를 들어 주장을 뒷받침하고 있다. **17.** ④

01. (가)에서 인권의 개념이 오랜 시간에 걸쳐 생성되고 발전해 온 개념이라고 설명하고는 있으나, 그 개념이 어떻게 변화했는지를 설명하고 있지는 않다.

02. 〈보기〉는 침팬지의 지능이 상당히 높고, 그에 따라 인지 능력 또한 우수함을 설명하고 있다. (나)의 내용을 고려할 때, 〈보기〉의 자료는 동물권을 인정해야 하는 근거로 활용할 수 있음을 알 수 있다.

03. 글의 주제와 관련된 다양한 다른 글을 찾아 읽는 것은 '읽은 후' 활동으로 적절하다.

04. 글 전체의 결론 부분인 (다)의 마지막 부분에 글쓴이의 주장이 요약적으로 제시되어 있는데, 글쓴이는 존중과 공존에 기반을 두고 동물권에 관해 발전적인 논의가 전개되어야 함을 주장하고 있다.

05. (나)에서 대상 동물과 인간과의 관계에 따라 권리의 내용을 달리하여 논의하는 관점을 소개하고 있다. 따라서 〈보기〉에서 같은 반려동물이라도 자신이 키우는 반려동물과 다른 사람이 키우는 반려동물에 대한 태도는 다를 수 있다.

오답 해설

① 인간과의 관계를 고려할 때 인간과 가장 친밀하게 교감을 갖는 것은 ⓐ이고, 그 다음은 ⓑ, ⓒ의 순일 것이다.
② (가)에 따르면 산업 동물인 ⓑ는 인간에게 경제적 가치를 주는 동물이다. 따라서 산업 동물을 대할 때는 경제적 관점이 들어가게 된다.
④ (가)에 따르면 인간이 치료비를 지불하는 기준은 인간과 동물의 관계에 있으므로, 일반적으로 ⓒ보다 ⓐ에 더 기꺼이 치료비를 지불할 것이다.

⑤ (가)에서 동물권에 관한 논의는 권리의 당사자인 동물이 아니라 권리를 부여하는 인간이 주체가 된다고 하였다.

06. 동물권에 관한 논의는 권리의 당사자인 동물이 아니라 권리를 부여하는 인간이 주체이기 때문에 동물권에 관한 논의의 출발점은 동물과 인간의 관계에서 시작된다는 내용으로 미루어 볼 때, ㉠에는 동물과 인간의 관계와 관련된 내용이 들어가는 것이 적절하다.

07. (다)의 마지막 문장을 보면 결국 글쓴이는 동물을 이용과 파괴의 대상이 아닌 존중하고 공존해야 하는 대상으로 생각하고 있음을 알 수 있다.

08. (가)에서 사회자는 찬성 측이 먼저 입론을 시작하라고 알려 주고 있고, (나)에서 사회자는 반대 측이 먼저 반론을 시작하라고 알려 주고 있다. 즉, (가)와 (나)에서 사회자는 토론자에게 순서를 알려 주고 있다.

09. 수남은 경쟁 심리가 인간의 본능이라는 반대 측 주장에 대해서 아리스토텔레스의 말과 PISA에서의 핀란드 순위, 그리고 핀란드의 교육 방식 등을 들어 반박하고 있지만 반대 측이 제시한 근거의 오류를 지적하고 있지는 않다.

10. 찬성 측인 지윤은 경쟁 없이도 얼마든지 좋은 결과를 낼 수 있다고 주장하면서 오히려 경쟁으로 인한 부작용이 문제라고 말하고 있다. 반대 측인 경수는 경쟁은 인간의 본능으로, 경쟁으로 인해 개인과 사회가 발전할 수 있다고 주장하고 있다.

11. 수남이 채용과 같은 특수한 상황에서 경쟁이 불가피하다고 상대측의 의견에 부분적으로 수긍하는 모습을 보이고는 있지만, 이어서 과도한 경쟁으로 몰아가는 사회를 비판하고 있으므로 논제에 관한 자신의 입장을 바꾸었다고 말하기는 어렵다.

12. '우리 사회에서 사람들 사이의 경쟁을 그만두어야 한다'는 논제에 대해 반대 측은 경쟁의 불가피성을 지속적으로 주장하고 있으므로 논제를 수정하거나 새로운 대안을 제시하고 있다고 볼 수 없다.

오답 해설

① 수남은 경쟁을 받아들일 수밖에 없다는 반대 측의 주장에 대해 '왜 경쟁을 받아들일 수밖에 없는 것이라고 생각하는지 그 이유를 듣고 싶습니다.'라며 주장의 근거를 묻고 있다.

② 수남은 과학의 발전과 빈민국에 도움을 주는 사례를 바탕으로 가치 있는 것이 한정되어 있어 경쟁을 할 수밖에 없다는 반대 측 논리의 문제점을 지적하고 있다.

④ 경수는 '협력을 통해 좋은 결과를 낼 수 있지만 최종적으로 합격자가 있고 불합격자가 있는 이상 경쟁은 피할 수 없겠지요?'라며 추가적인 질문을 하여 반대 측이 원하는 답변을 유도하고 있다.

⑤ 지윤과 미란은 모두 상대측의 주장을 바탕으로 반론을 제시하고 있다.

13. 반대 측인 미란은 경쟁에서 밀려나는 사람들을 위로하고 도와야 한다거나 공정한 경쟁을 추구해야 한다고 말하면서 경쟁이 사람들을 소외시키거나 불공정한 문제 등을 초래함을 인정하고 있다. 찬성 측인 지윤은 '경쟁 자체를 없애는 것은 불가능하겠지만'이라고 말하며 경쟁이 불가피하다는 반대 측의 주장을 부분적으로 수용하고 있다.

14. (가)~(다)는 '동물의 권리'라는 논쟁적인 주제에 대한 글쓴이의 의견과 주장을 담고 있는 글이고, (라)~(마)는 '우리 사회에서 사람들 사이의 경쟁을 그만두어야 한다'라는 논쟁적인 주제에 대해 찬성과 반대의 입장에서 주장을 펼치는 토론이다.

오답 해설

① 상반되는 주장을 바탕으로 상대방을 설득하고 있는 것은 (라)~(마)이다. (가)~(다)는 논쟁적인 문제에 대한 글쓴이의 주장을 담고 있다.

③ (가)~(다), (라)~(마)는 각각 공적인 사안에 대한 글과 말하기로 사적인 경험을 바탕으로 삶에 대한 깨달음을 제시하고 있지 않다.

④ (가)~(다), (라)~(마)는 주장하는 글과 말하기이므로 개념이나 현상에 대한 객관적인 설명이 담겨 있다는 설명은 적절하지 않다.

⑤ (가)~(다), (라)~(마)에는 모두 대상에 대한 심미적 관점이나 해석이 드러나 있지 않다.

15. 글의 내용과 관련된 다른 자료를 찾아보거나 더 알고 싶은 내용을 찾아보는 활동은 '읽기 후' 활동으로 적절하다.

16. (나)는 산업 동물과 반려동물에 대한 사람들의 태도를 바탕으로 동물권 논의의 출발점이 인간과 동물의 관계에 있음을 주장하고 있고, (라)는 핀란드의 교육 방식을 예로 들어 협력하고 의존하면서 사회적 관계를 맺는 것이 인간의 본성임을 주장하고 있다.

17. (마)에서 반대 측은 핀란드의 교육 상황이 평가나 선발이 전제되지 않은 것이라고 반박하고는 있지만 그것이 현실과 다르다고 주장하고 있지는 않다.

4 문학에 담긴 어제와 오늘

• 본문 p.141

확인 문제

01. (1) × (2) × (3) ○ **02.** ②

01. 문학 작품은 우리가 소망하는 삶의 모습을 그리기도 하며, 작품에 담긴 가치는 시대에 따라 다르게 평가되기도 한다.

02. 작품에 담긴 과거의 가치를 오늘날의 관점에서 수용하기 위해서는 인물이 지닌 가치관을 오늘날의 삶에 비추어 평가해야 한다.

1 묵화

개념 확인 콕콕

• 본문 p.142

01. 가치 **02.** ③ **03.** ②

01. 작품의 가치는 현대인의 관점에서 새롭게 평가되기도 하고, 시대나 문화가 변해도 오늘날까지 변하지 않는 가치로 남기도 한다.

02. 영화는 삶의 모습이 암시적으로 드러나는 경우도 있으므로 배경이나 소재 등에 담긴 상징적 · 함축적 의미를 파악하며 감상해야 한다.

03. 오랜 세월을 함께 지낸 소는 최 노인에게는 가족 같은 존재일 것이다.

• 확인 문제 •

• 본문 p.144

01. ② **02.** ① **03.** ⑤ **04.** 할머니와 소의 교감

01. 이 시에서는 시의 마지막 부분을 생략하고 있는데, 독자는 생략된 내용을 생각하며 감동과 여운을 느끼게 된다.

02. 이 시에서 할머니는 고단하고 적막한 삶을 소와 함께하고 있으므로, 어려운 처지에 있는 사람끼리 서로 가엾게 여김을 이르는 말인 '동병상련'이 가장 적절하다.

오답 해설

② 여우가 죽을 때에 머리를 자기가 살던 굴 쪽으로 둔다는 뜻으로, 고향을 그리워하는 마음을 이르는 말이다.

③ 편안한 마음으로 제 분수를 지키며 만족할 줄을 안다는 뜻이다.

④ 처지를 바꾸어서 생각하여 본다는 뜻이다.

⑤ 다른 산의 나쁜 돌이라도 자신의 산의 옥돌을 가는 데에 쓸 수 있다는 뜻으로, 본이 되지 않는 남의 말이나 행동도 자신의 지식과 인격을 수양하는 데에 도움이 될 수 있음을 비유적으로 이르는 말이다.

03. 화자는 작품 속에 직접 드러나 있지는 않지만, 할머니와 소의 고단하고 적막한 삶을 연민 어린 시선으로 바라보고 있다.

04. 이 시는 크게 두 부분으로 나눌 수 있는데, 뒷부분에는 마음으로 대화하는 할머니와 소의 교감이 드러나 있다.

학습 활동 다지기

• 본문 p.145

이해 다지기 문제 **1.** ① **2.** ②

목표 다지기 문제 **1.** 여백 **2.** ③ **3.** 삶의 동반자

이해 **1.** 이 시에서 다루고 있는 대상은 할머니와 소이며, 화자는 작품 속에 직접 드러나 있지는 않지만 할머니와 소를 지켜보는 사람이라고 할 수 있다.

2. 이 시는 연결 어미 '-고'와 쉼표를 반복하며 시행을 마무리함으로써 독자에게 여운을 주고 운율을 형성하고 있다.

오답 해설

ㄱ. 이 시는 선경후정의 구성 방식을 취하고 있다. 시의 처음과 끝을 같거나 비슷한 구절을 반복하여 배치하는 기법인 수미상관은 쓰이지 않았다.

ㄷ. 역설이란 논리적으로 이치에 맞지 않는 말이지만 그 속에 진리를 담아 표현하는 방법을 말하는데, 이 시에는 이러한 표현 방법이 쓰이지 않았다.

ㅁ. 이 시는 배경과 구체적 상황을 배제한 채 대상만을 단순하게 표현하고 있다.

목표 **1.** 이 시는 배경이나 구체적 상황에 대한 묘사를 배제한 채 대상인 할머니와 소의 모습만을 간략하게 표현하여 묵화처럼 여백의 미를 느끼게 한다.

2. 이 시에서 할머니는 고단하고 적막하게 살고 있지만, 소를 가족처럼 여기고 소와 교감하면서 삶의 위안을 얻고 있다.

3. 이 시의 '할머니'에게 '소'는 삶의 동반자이다. 〈보기〉의 '너는 그 길을 나와 같이 걸었다.'를 통해 '플라타너스' 역시 화자에게 삶의 동반자가 되는 존재임을 확인할 수 있다.

소단원 핵심 문제 • 본문 p.149

01. ③ **02.** ② **03.** 함께, 서로 **04.** ④ **05.** ⑤ **06.** ④ **07.** ⑤ **08.** ⑤ **09.** 주변 대상과 함께하면서 서로 위로하고 교감하며 사는 삶의 가치 **10.** 물먹는 소 목덜미에 손을 얹고 **11.** ②

01. 이 시는 배경과 대상에 대한 세부 내용을 생략하고 연결 어미와 쉼표로 시상을 마무리함으로써 할머니와 소의 정서적 유대감을 효과적으로 드러내고 있다.

오답 해설

① 이 시에는 할머니가 소의 목덜미에 손을 얹는 모습과 그에 따른 정서가 표현되어 있을 뿐, 과거를 회상하는 장면은 나타나지 않는다.

② 이 시는 평어체를 사용하고 있다. 상대를 높이는 표현을 사용하고 있지는 않다.

④ '소'를 향토적 소재로 볼 수는 있지만, 계절감이 드러나는 표현은 찾아볼 수 없다.

⑤ 이 시의 4~6행을 할머니가 소에게 건네는 말로 볼 수는 있지만, 서로 이야기를 주고받고 있는 것은 아니다.

02. 이 시는 먼저 자연이나 사물을 그대로 묘사하고 난 후 감정이나 생각을 읊는 선경후정(先景後情)의 시상 전개를 보여 준다.

03. 오늘 하루도 '함께' 지냈으며, '서로' 발잔등이 붓고 적막하다고 한 표현에서 할머니와 소의 동반자적 관계를 알 수 있다.

04. 발잔등이 붓고 적막하다고 할 만큼 고단하고 힘겨운 삶을 살고 있는 할머니와 소의 모습을 통해 쓸쓸함과 슬픔의 정서를 느낄 수 있다.

05. ㉤에는 자신처럼 외로운 처지에 있는 소에 대한 할머니의 연민이 담겨 있다. 소가 없어서 적막함을 느끼고 있는 것은 아니다.

06. 이 시는 배경이나 대상의 세부 내용을 상세하게 묘사하지 않고 대상의 모습만을 간략하게 제시하여 여백의 미를 느끼게 한다.

07. 이 시의 화자는 할머니와 소의 고단하고 쓸쓸한 삶의 모습을 관조적 태도로 바라보고 있다.

오답 해설

① 고단하고 힘든 삶을 살고 있는 이는 화자가 아니라 할머니와 소이다.

②, ③ 오랫동안 할머니와 생활해 왔으며, 할머니의 유일한 벗이라고 할 수 있는 이는 화자가 아니라 소이다.

④ 화자는 소를 관찰하고 있을 뿐, 소에게 자신의 감정을 이입하고 있지는 않다.

08. ㉠에서는 연결 어미 '-고'와 쉼표로 시행을 마무리함으로써 제시된 장면이 매일 반복될 것이고 대상 간의 교감이 지속될 것임을 예측하게 한다.

오답 해설

① '발잔등이 부었다', '적막하다'는 할머니와 소의 일상이 고단하고 적막하다는 것을 의미한다.

② ㉠에는 힘겨운 삶을 함께 살아가는 할머니와 소의 정신적 유대감이 드러나 있다.

③ ㉠에서는 시행을 모두 연결 어미 '-고'와 쉼표로 마무리하고 있다.

④ ㉠에서는 '함께~-다고', '서로~-다고'와 같이 유사한 문장 구조를 반복적으로 사용하여 리듬감을 느끼게 한다.

09. 할머니는 힘든 농사일을 하며 외롭게 살고 있지만 곁에서 힘든 일을 도와주며 항상 함께하는 소가 있어 삶의 위안을 얻고 있다.

10. 할머니와 소 사이의 '위로와 교감'을 보여 주는 할머니의 행위가 드러난 시구는 '물먹는 소 목덜미에 / 할머니 손이 얹혀졌다'이다.

11. 이 시에서 할머니와 소는 모두 고독한 존재로서, 대상 간의 대조는 드러나지 않는다.

오답 해설

① 이 시에는 소와 교감하는 할머니의 삶의 모습이, 〈보기〉에는 별과 교감하는 화자의 삶의 모습이 나타나 있다.

③ 이 시와 〈보기〉 모두 저녁이라는 시간을 배경으로 삼고 있다.

④ 이 시의 할머니는 소의 목덜미를 어루만지며, 〈보기〉의 화자는 별을 바라보며 삶의 위안을 얻고 있다.

⑤ 〈보기〉의 '별은 밝음 속에 사라지고 / 나는 어둠 속에 사라진다.'를 통해 화자는 이별과 헤어짐을 인간의 숙명으로 받아들이고 있음을 알 수 있다.

2 그 시절 우리들의 집

개념 확인 콕콕 • 본문 p.151

01. ② **02.** 신용 **03.** 장인 정신

01. 수필은 글쓴이 자신의 생각과 체험을 바탕으로 하므로, 다른 갈래에 비해 삶의 모습이 비교적 분명히 드러난다.

02. (가)에서 글쓴이는 지금은 '구증 구포'라는 말조차 없다고 하며, 신용이 사라져 가는 오늘날의 세태를 비판하고 있다.

03. (나)에서 글쓴이는 순수하게 심혈을 기울여 물건을 만들어 냈던 과거 장인들의 정신을 예찬하고 있다.

• 확인 문제 •

• 본문 p.153

01. ② **02.** ② **03.** 과거에는 자연과 직접 교섭하며 텃밭에서 채소를 손수 가꾸어 먹을 수 있었다. **04.** ④ **05.** ③ **06.** ③ **07.** ⓐ 노란색, ⓑ 마음속의 보석 **08.** ⑤ **09.** ④ **10.** ③ **11.** 아파트 **12.** ④ **13.** ③ **14.** ④ **15.** '그'의 이야기가 특수한 이야기가 아니라 보편적 이야기임을 밝히기 위해서이다.

01. 이 글은 글쓴이가 유년 시절 토담집에서의 체험을 바탕으로 집에 대한 자신의 생각과 느낌을 솔직하게 표현한 수필이다.

오답 해설

①은 희곡, 시나리오와 같은 극 갈래, ③은 전기문, ④는 소설, ⑤는 기행문에 대한 설명이다.

02. 이 글에서 아낙은 저녁상을 차려 놓고 혼자 아이 낳을 채비를 하고 있다.

03. 이 글에 나타난 아낙의 삶의 모습과 〈보기〉의 아파트에서의 삶의 모습은 대조적이다.

04. 이 글에서 글쓴이는 자연과 조화를 이루며 살았던 유년 시절 토담집에서의 추억을 떠올리고 있다.

오답 해설

① 한 가족의 역사가 아닌 토담집의 역사를 보여 주고 있다.
② 토담집이 만들어진 과정을 보여 주고 있을 뿐, 토담집의 어원과 유래를 밝히고 있지는 않다.
③ 토담집이 지어진 과정은 설명하고 있지만, 오늘날 집의 구조적 문제점을 밝히고 있지는 않다.
⑤ 토담집에서 보낸 유년 시절을 회상하며 토담집에서의 자연 친화적인 삶에 대한 그리움을 드러내고 있다. 부모님에 대한 그리움과 회한의 정을 드러내고 있는 것은 아니다.

05. '그'가 다시 토담집으로 돌아가고자 하는지는 이 글에서 확인하기 어렵다.

06. ⓒ의 '차지다'는 끈기가 많다는 의미이다.

07. '노란색'은 밝고 따뜻한 이미지를 환기하며, 토담집에서의 소중한 추억을 '마음속의 보석'에 빗대어 표현하고 있다.

08. 이 글에 글쓴이의 생각과 대비되는 타인의 생각은 드러나 있지 않다.

오답 해설

① 석양의 북새나 낮게 깔리는 굴뚝 연기를 보고 '그'가 비설거지를 한 일 등을 제시하여 독자의 흥미를 유발하고 있다.
② 이 글은 3인칭 시점을 활용하여 '나'가 아닌 '그'의 이야기를 들려주는 형식을 취함으로써 서술의 객관성을 확보하고 있다.
③ '똑또르 똑또르'라는 의성어를 사용하여 지렁이 울음소리를 생동감 있게 표현하고 있다.
④ '그 집'을 '작은 우주'에 빗대어 표현하여 '그'와 '그'의 형제들에게 토담집이 어떤 의미를 지닌 공간이었는지를 부각하고 있다.

09. 현재 '그'와 '그'의 아이는 모두 아파트에서 자연과 단절된 삶을 살고 있다.

10. ㉠은 자연의 뚜렷한 변화를 명확하게 인식하며 살 수 있었다는 의미로 해석할 수 있다.

11. (바)에 토담집에서의 삶과 대비되는 아파트에서의 삶이 나타나 있다.

12. '그'의 어머니의 죽음 이후 '그 집'의 역사는 끝이 났다고 하였다.

13. 오늘날의 집은 더 이상의 탄생과 죽음이 없는 공간, 즉 자연의 섭리를 인식할 수 없는 공간이기 때문에 쓸쓸하다고 말한 것이다.

14. 이 글은 글쓴이의 기억 속에 존재하는 과거 토담집에 관한 글로, 현대인들이 잃어버리고 있는 집에 담긴 소중한 가치를 일깨우고 있다.

15. '그'에서 '우리들'로의 지칭 변화는 '그'의 이야기가 오늘날 우리 모두의 이야기임을 보여 주기 위한 것이다.

학습 활동 다지기

• 본문 p.157

이해 다지기 문제 **1.** ④ **2.** ㉠ 객관성, ㉡ 보편적

목표 다지기 문제 **1.** ④ **2.** ② **3.** 우리 고유의 정과 사랑 **4.** ③

이해 **1.** 이 글에서 글쓴이는 과거의 토담집과 달리 현재의 아파트에서는 모든 것이 불분명하다고 하였다.

2. 이 글은 '나'가 아닌 '그'의 이야기를 들려줌으로써 서술의 객관성을 확보하고 있으며, '그'를 '우리들'로 확대함으로써 이야기의 보편성을 얻고 있다.

목표 1. 과거의 토담집에서는 자연의 섭리에 순응하며 사는 삶의 가치를 발견할 수 있는데, 오늘날의 집에서는 이러한 가치를 찾아볼 수 없다.

2. 이 글에는 자연 친화적인 과거의 삶의 모습이 반영되어 있으며, 〈보기〉에는 자연과 단절된 삶의 모습이 나타나 있다. 따라서 〈보기〉에 나타난 오늘날의 문제를 해결하기 위해서는 아파트 주변에 녹지를 조성하는 등 자연 친화적인 환경을 마련하는 것이 바람직하다.

3. 글쓴이는 장독대와 함께 '우리 고유의 정과 사랑'이 사라져 가고 있다는 것에 대한 아쉬움을 드러내고 있다.

4. 글쓴이의 어린 시절 체험을 바탕으로 내용이 전개된다고 하더라도 작품에 반영된 당시의 상황이 실제 사실과 반드시 일치해야 하는 것은 아니다.

소단원 핵심 문제 • 본문 p.162

01. ③ **02.** ④ **03.** 노란색의 색채 이미지를 통해 토담집의 밝고 정겨운 분위기가 드러나고 있다. **04.** ⑤ **05.** ④ **06.** ② **07.** ② **08.** ④ **09.** 어머니의 부음 **10.** ② **11.** ③

01. 수필에 나타난 글쓴이의 가치관은 그대로 받아들일 것이 아니라 자신의 생각에 비추어 주체적으로 수용해야 한다.

02. '그 지붕은 아무리 비가 많이 와도 아무리 거센 바람이 불어도 끄떡없을 것이었다.'를 통해 토담집이 '그'와 '그'의 가족들에게 든든한 안식처가 되었음을 알 수 있다.

오답 해설

① 아낙은 산기를 느끼고도 서두르지 않고 침착하게 저녁 준비를 계속하는 모습을 보이고 있다.
② 아낙이 집에서 혼자 아이를 낳은 것은 맞지만, 첫국밥을 끓이고 검은 숯과 붉은 고추를 집 앞에 매다는 등의 뒤처리는 남편이 하였다.
③ '그'의 부모님이 손수 토담집을 지은 것은 맞지만, '그'가 태어나기 전에 지었다.
⑤ '그'가 도시 생활이 힘겨울 때 토담집을 떠올리곤 한 것은 맞지만, '그'의 형제들도 그러했는지는 이 글에서 확인할 수 없다.

03. 노란색을 통해 토담집이 가지고 있는 밝고 정겨운 분위기가 강조되고 있다.

04. 아낙의 남편이 술 취한 기분에도 부엌으로 들어가 아내를 위해 첫국밥을 끓이고 사립문 양쪽에 새끼줄을 매어 출산을 알리는 행동을 하는 모습으로 보아, 당시 남자들이 여인들의 출산에 관심이 없었다고 볼 수는 없다.

05. ㉣은 아이들이 토담집에서 자연의 섭리에 따른 계절과 시간의 순환을 인식하며 성장하였다는 의미로 해석할 수 있다.

06. '한소끔'은 한 번 끓어오르는 모양을 나타내는 말이다.

07. 이 글은 과거 토담집에서의 삶과 현재 아파트에서의 삶을 대비하여 자연 친화적인 삶에 대한 그리움과 현재의 삶에 대한 아쉬움을 드러내고 있다.

오답 해설

① 이 글은 3인칭 시점을 활용하여 '그'의 이야기를 들려주는 형식을 취하고 있다. '나'가 등장하지는 않는다.
③ '똑또르 똑또르'라는 의성어가 사용되었을 뿐, 의태어의 사용은 찾아볼 수 없다.
④ 서로 이야기를 주고받는 형식의 문장은 찾아볼 수 없다.
⑤ 청자를 설정하여 서술하고 있지는 않다.

08. '그'의 이야기가 '우리들'의 이야기로 확대되면서 이야기의 보편성이 강조되는 효과를 얻고 있다.

09. (라)의 '어머니의 부음을 듣고 그는 그가 나고 성장한 그 노란 집으로 갔다.'를 통해 알 수 있다.

10. '그'에게 오감이 불분명한 공간은 토담집이 아니라 아파트이다.

11. 〈보기〉에서 글쓴이는 현대 문명에 대해 '새삼 서글퍼할 일은 아니다.'라고 말하고 있다. 현대 문명에 새로운 가치를 부여한다거나 긍정적으로 인식한다고 볼 수는 없다.

오답 해설

① 이 글은 3인칭 시점을, 〈보기〉는 1인칭 시점으로 서술하고 있다.
② 이 글은 유년 시절 토담집에 얽힌 기억을, 〈보기〉는 과거 장독대에 관한 기억을 바탕으로 서술하고 있다.
④ 이 글에서는 자연의 섭리에 순응하며 살았던 과거의 삶을, 〈보기〉에서는 장독대를 소중히 지키며 정과 사랑을 나누며 살았던 과거의 삶을 가치 있게 여기고 있다.
⑤ 이 글은 과거 토담집과 오늘날 아파트를 대비하여, 〈보기〉는 과거 장독대와 오늘날 김치냉장고 등을 대비하여 오늘날의 삶에 대한 아쉬움을 드러내고 있다.

심청전

개념 확인 콕콕

• 본문 p.165

01. ② **02.** ③ **03.** 적서 차별과 관리들의 부정부패 등 사회의 부조리에 정면으로 맞선다.

01. 소설에 반영된 과거의 삶을 파악할 때 예상 독자를 주목할 필요는 없다.

02. 주인공이 추구하는 가치를 그대로 수용할 것이 아니라 자신의 삶에 비추어 주체적으로 수용해야 한다.

03. 적서 차별과 부정부패 등 사회 부조리에 맞서는 홍길동의 삶은 오늘날의 우리에게도 감동을 주고 있다.

• 확인 문제 •

• 본문 p.167

01. ② **02.** ③ **03.** ③ **04.** 아버지에 대한 효심이 지극하다. **05.** ③ **06.** ③ **07.** ① **08.** 심청같이, 대답한다 **09.** ④ **10.** ② **11.** ① **12.** 아버지와 영원히 이별할 일, 열다섯 살이라는 나이에 죽게 된 일 **13.** ⑤ **14.** ① **15.** ② **16.** ③ **17.** ② **18.** ⑤ **19.** ② **20.** ④ **21.** 오늘 자신이 죽게 된다는 생각에 두렵고 무서웠을 것이다. **22.** ③ **23.** ③ **24.** ② **25.** 사람의 목숨을 사서 제사 지내는 행위가 비인간적인 일이기 때문이다. **26.** ③ **27.** ⑤ **28.** ③ **29.** ③ **30.** ② **31.** 심청을 위해 쌀 3백 석을 선뜻 내 주겠다고 하는 것으로 보아 자비롭고 따뜻한 성품을 지닌 인물이다.

01. 이 글은 판소리 「심청가」가 소설로 정착된 판소리계 소설이다.

오답 해설

① 이 글은 「효녀 지은 설화」, 「거타지 설화」 등 오랜 세월 동안 입에서 입으로 전해져 내려온 설화를 바탕으로 형성된 소설이다.

③ 아버지를 위해 자신의 목숨까지 바치는 심청의 행동을 통해 효를 중시했던 당시의 사회상이 드러난다.

④ 이 글은 시간의 흐름에 따라 사건이 전개되는 순행적 구성을 보이고 있다.

⑤ 이 글은 '효'라는 선을 권장했던 우리 조상들의 사고를 보여 준다.

02. 심청은 귀덕 어미를 통해 뱃사람들이 사람을 사려는 이유를 알아낸 후 뱃사람들을 직접 만나 자신의 사연을 말하고 있다.

03. 심청이 아버지를 호강시켜 드리기 위해 자신의 목숨을 팔려는 것은 아니다.

04. 심청은 아버지의 눈을 뜨게 하기 위해 뱃사람들에게 자신의 몸을 팔고자 한다.

05. 심청은 아버지의 마음을 고려하여 어쩔 수 없이 거짓말을 하고 있다.

오답 해설

① 심청은 아버지의 마음을 배려하여 신중하게 행동하고 있다.

② 이 글에서 심청이 다른 사람의 시선을 의식하며 행동하는 모습은 찾아볼 수 없다.

④ 심청은 공양미 3백 석을 마련하게 된 일을 아버지에게 차분하게 설명하고 있다.

⑤ 심청은 아버지가 사실을 알면 가슴 아파할까 봐 거짓말을 한 것이다. 불필요한 거짓말이라고 볼 수 없다.

06. 심청은 자신의 목숨을 팔아 공양미 3백 석을 마련했다는 사실을 아버지가 알면 가슴 아파할까 봐 거짓말을 한 것이다.

07. 심 봉사는 (다)에서 공양미 3백 석을 실어다 주었다는 심청의 말을 듣고 놀라다가, (라)에서 심청이 장 승상 댁 수양딸로 가게 되었다는 말을 듣고는 기뻐하고 있다.

08. '심청같이 타고난 효녀가~거짓말로 속여 대답한다.'에 인물이나 사건에 대한 서술자의 생각이 드러나 있다.

09. 이 글은 전지적 작가 시점으로 서술되고 있으며, 특히 '아무리 효녀라도 마음이 온전하겠는가.'와 같은 부분에서는 서술자의 개입도 드러난다.

10. 심청은 아버지를 걱정하고 있을 뿐, 원망하는 내용은 찾아볼 수 없다.

11. ㉠은 되돌릴 수 없는 일이라는 뜻으로, 심청의 안타까운 마음이 드러난 구절이다.

12. (마)의 '눈 어두운 백발 아비 영 이별하고 죽을 일과 사람이 세상에 나서 열다섯 살에 죽을 일'을 통해 알 수 있다.

13. '죽기는 섧잖아도 의지 없는 우리 아버지 어찌 잊고 가잔 말이냐?'라는 말을 통해 심청이 자신의 죽음보다 홀로 남을 아버지를 더 걱정하고 있음을 알 수 있다.

오답 해설

① 심청은 '내일 아침 돋는 해를 부상지에다 메어 두'고 싶다고 말하고 있다. 아침 해가 돋지 않기를 바라고 있는 것이다.

② 심 봉사는 심청이 '철을 알고 나서 밥 빌기를 놓'았다. 현재는 심청을 통해 생계를 유지하고 있는 것이다.

③ 심청은 '살아 당한 이별이야 소식 들을 날이 있고 만날 날이 있건마는, 우리 부녀 이별이야 어느 날에 소식 알며 어느 때에 또 만날까.'라고 말하고 있다. 아버지와 다시 만날 수 없다고 생각하고 있는 것이다.

④ 심청은 자신은 '반야 진관에서 닭 울음 기다리던 맹상군

이 아니'라고 말하고 있다. 맹상군과 자신의 처지가 다르다고 생각하고 있는 것이다.

14. [A]에는 반복법, 대구법, 연쇄법 등이 사용되어 읽을 때 리듬감을 느끼게 한다.

15. 자신이 죽어 아버지와 이별하게 되면 다시 만날 수 없을 것이라는 심청의 절망감이 드러나 있다.

16. '의지할 만한 사람이 아무도 없음.'을 뜻하는 '사고무친'이 가장 적절하다.

오답 해설

① 정도를 지나침은 미치지 못함과 같다는 뜻으로, 중용(中庸)이 중요함을 이르는 말이다.
② 재능을 발휘할 때를 얻지 못하여 헛되이 세월만 보내는 것을 한탄함을 이르는 말이다.
④ 눈 위에 서리가 덮인다는 뜻으로, 난처한 일이나 불행한 일이 잇따라 일어남을 이르는 말이다.
⑤ 겉으로는 부드럽고 순하게 보이나 속은 곧고 굳세다는 뜻이다.

17. ㉠은 아침이 밝아 온다는 뜻으로, 시간의 경과를 드러낸다.

18. ㉡은 심 봉사의 꿈에 대해 서술자가 개입하여 자신의 생각을 드러낸 부분으로, 심 봉사에 대한 비판적 태도는 확인할 수 없다.

오답 해설

① 서술자가 개입하여 심 봉사의 꿈에 대한 자신의 생각을 밝히고 있다.
② 고전 소설에서는 ㉡에서와 같이 서술자가 작품 속에 직접 개입하여 사건을 진행시키고 인물을 논평하는 경우가 흔히 나타난다.
③ 심 봉사와 심청이 천륜지간이기에 심 봉사의 꿈에 심청의 앞일이 미리 보인 것이라는 서술자의 생각이 나타나 있다.
④ 심 봉사의 꿈은 앞으로 심청에게 벌어질 일을 암시하는 복선의 기능을 한다.

19. 훗날 심청이 황후가 되므로 '수레'는 부귀영화를 상징한다고 볼 수 있다.

20. ⓓ는 심청이 아버지를 안심시키기 위해 실제와는 반대로 표현한 말이다.

21. '오늘이 배 떠나는 날'이라는 뱃사람들의 말을 듣고 심청이 보인 반응이다.

22. 심청의 말을 들은 심 봉사는 마른하늘에 날벼락을 맞은 듯 놀라고 당황스러웠을 것이다.

오답 해설

① 조금 낫고 못한 정도의 차이는 있으나 본질적으로는 차이가 없음을 이르는 말이다.
② 자기가 해야 할 일을 모른 채 엉뚱하게 다른 일을 함을 비유적으로 이르는 말이다.
④ 한참 단잠 자는 새벽에 남의 집 봉창을 두들겨 놀라 깨게 한다는 뜻으로, 뜻밖의 일이나 말을 갑자기 불쑥 내미는 행동을 비유적으로 이르는 말이다.
⑤ 하늘은 스스로 노력하는 사람을 성공하게 만든다는 뜻으로, 어떤 일을 이루기 위해서는 자신의 노력이 중요함을 이르는 말이다.

23. 심 봉사는 마을 사람들에게 호소하고 있을 뿐 원망을 드러내고 있지는 않다.

오답 해설

① 4 · 4조의 운문체를 사용하여 운율감을 드러내고 있다.
② 뱃사람들을 '상놈들'이라 칭하며 심청을 제물로 산 뱃사람들을 비난하고 있다.
④ 자신이 '이 집 저 집 다니면서 구차한 말 해 가면서 동냥젖 얻어 먹여' 심청을 힘들게 키웠음을 들어 심청을 만류하고 있다.
⑤ '칠년대한' 고사를 인용하여 심청 대신 자신을 데려가라고 뱃사람들에게 말하고 있다.

24. 심 봉사는 옛글 속 칠년대한 고사를 인용하여 심청 대신 자신이 희생하겠다는 뜻을 밝히고 있다.

25. 사람을 사서 제사를 지내면 천벌을 받게 될 것이라는 의미이다.

26. 심청과 뱃사람들의 말과 행동을 중심으로 사건이 전개되고 있다.

27. 뱃사람들이 동네 사람들을 모아 당부하고 있을 뿐, 심청에 대한 동네 사람들의 생각이나 정서는 이 글에 드러나 있지 않다.

오답 해설

① 뱃사람들은 심청 부녀의 딱한 형편을 보고 심 봉사에게 한 살림을 꾸며 줄 일을 논의하고 있다.
② 뱃사람들은 심 봉사를 위해 동네 사람들에게 쌀과 돈 등을 맡기며 이자를 받아 심 봉사에게 주라고 당부하는 등 현실적이고 치밀한 모습을 보이고 있다.
③ 심청은 아버지에게 '이도 또한 천명이니 후회한들 어찌하겠어요?'라고 말하며 자신의 운명을 받아들이겠다는 태도를 보이고 있다.
④ 심청은 아버지에게 자신이 죽고 나면 못난 딸자식은 생각지 말고 오래오래 평안히 사시라고 말하며 아버지의 행복을 빌고 있다.

28. 뱃사람들의 신분이나 마을의 제도에 관한 내용은 이 글을 통해 알 수 없다.

29. '이제야 후회한들 무엇하겠습니까?'라는 말로 보아, 심청이 후회하는 모습을 보인다고 이해하는 것은 적절하지 않다.

30. 심청이 말한 '남의 명분 없는 재물'에서 '명분'은 '일을 꾀할 때 내세우는 구실이나 이유 따위'를 의미하는 것으로, 심청이 실리보다 명분(각각의 이름이나 신분에 따라 마땅히 지켜야 할 도리)을 중시한다고 보기는 어렵다.

31. 승상 부인은 자신이 공양미 3백 석을 대신 내 주겠다며 제물로 팔려 가는 심청을 만류하고 있다.

학습 활동 다지기 • 본문 p.175

이해 다지기 문제 **1.** ㄷ-ㄹ-ㄱ-ㄴ-ㅁ **2.** ③

목표 다지기 문제 **1.** ③ **2.** ② **3.** ③ **4.** ④

이해 **1.** 심청이 뱃사람들에게 자신을 팔아 공양미를 마련함. → 아버지의 꿈 이야기를 듣고 사당에 하직 인사를 함. → 승상 부인의 제안을 들음.

2. 이 글에 동네 사람들이 힘을 모아 심청을 살리려는 장면은 나타나지 않는다.

오답 해설

① 심 봉사는 심청을 제물로 산 뱃사람들에게 앙화가 없겠느냐고 저주하면서 그들의 행위를 비난한다.
② 뱃사람들은 심 봉사의 형편을 딱하게 여겨 생계에 어려움이 없도록 도움을 준다.
④ 심청은 아버지의 눈을 뜨게 하려고 공양미 3백 석에 자신의 몸을 판다.
⑤ 심청은 뱃사람들과 함께 인당수로 떠나는 날 아버지에게 자신을 제물로 팔아 공양미 3백 석을 마련한 사실을 말한다.

목표 **1.** 뱃사람들은 심청과 심 봉사의 딱한 형편을 보고 쌀과 돈 등을 마을에 들여놓고 동네 사람들에게 당부를 한다.

2. 심청이 자신 때문에 죽게 되었다는 사실을 알고 슬퍼하는 것으로 보아 심 봉사는 딸을 사랑하는 인물임을 알 수 있다.

3. 아버지를 위한다면 자신의 목숨을 아끼고 소중히 여겨야 한다는 것은 심청의 행동을 비판적으로 바라보는 입장이다. 나머지는 모두 심청의 행동을 긍정적인 입장에서 평가하고 있다.

4. 소설은 허구적인 이야기로서 현실에 있을 법한 일을 다룰 뿐 실제로 일어난 일을 다뤄야 하는 것은 아니다.

소단원 핵심 문제 • 본문 p.180

01. ② **02.** ③ **03.** ⑤ **04.** 공양미 3백 석을 구해 아버지의 눈을 뜨게 하기 위해서이다. **05.** ① **06.** ① **07.** ⑤ **08.** ② **09.** ③ **10.** ③ **11.** ④ **12.** 아무리 효녀라도 마음이 온전하겠는가. **13.** ④ **14.** 자신의 눈을 뜨기 위해 심청을 팔 수 없다. **15.** ②

01. 사람을 제물로 바치려는 뱃사람들을 비정하고 이기적인 인물로 볼 수는 있으나 뚜렷하게 악인으로 볼 수는 없으며, 대립 구도를 형성하고 있지도 않다.

오답 해설

① 이 글은 제사 때 산 사람을 희생물로 바친 이야기를 바탕으로 하고 있다.
③ 이 글은 서술자가 인물의 심리를 서술하는 전지적 작가 시점으로 이루어져 있다.
④ 이 글은 심청 부녀간의 각별한 정을 다루고 있으므로, 부모는 자식에게 인자하고 자녀는 부모에게 존경과 섬김을 다하라는 말인 '부자유친'과 관련이 있다고 볼 수 있다.
⑤ 이 글은 판소리 「심청가」가 소설로 정착된 판소리계 소설이다.

02. 인당수 제물로 팔려 가는 자신의 처지를 속이고 아버지에게 거짓말을 하는 심청의 모습이 나타나 있기는 하지만, 이를 근거로 당시에 하얀 거짓말이 유행이었을 것이라고 판단하는 것은 무리이다.

03. 심청은 ⓜ에서 자신은 '닭 울음 기다리던 맹상군이 아니'라고 말하면서 날이 새지 않기를 바라고 있다.

오답 해설

① 심청이 귀덕 어미를 통해 뱃사람들의 상황을 묻고 있을 뿐, 귀덕 어미와 뱃사람들이 어떤 사이인지는 확인할 수 없다.
② 뱃사람들이 값을 아끼지 않고 처녀를 사려는 이유는 자신들의 장사를 이롭게 하기 위해서이다. 따뜻한 인정이 드러난다고 볼 수는 없다.
③ 공양미 3백 석을 실어다 주었다는 심청의 말은 사실이다. 이후 이를 마련한 일과 관련하여 아버지에게 거짓말을 하게 되는 것이다.
④ 서술자가 개입하여 심청에 대한 자신의 주관적인 생각을 밝히고 있다.

04. 공양미 3백 석을 시주하면 아버지가 눈을 뜰 수 있다고 하여 자신의 몸을 팔아 이를 마련하려는 것이다.

05. 이 글은 시간의 흐름에 따라 사건이 진행되고 있으며(ㄱ), '그날 밤에 꿈을 꾸었는데, 부자간은 천륜지간이라 꿈에 미리 보여 주는 바가 있었다.'와 같이 서술자가 직접 자신의 생각을 드러내고 있다(ㄷ).

오답 해설

ㄴ. 이 글에서 인물을 우스꽝스럽게 묘사하여 사회 현실을 풍자한 부분은 찾아볼 수 없다.

ㄹ. 이 글에서 현실적으로 일어날 수 없는 기괴하고 신기한 요소를 활용한 부분은 찾아볼 수 없다.

06. 심 봉사가 꾼 '꿈'은 심청이 인당수에 빠져 죽게 된다는 것과 이후 황후가 되어 신분이 상승하게 된다는 것을 암시한다.

07. 승상 부인은 심청의 엄숙한 태도에 이러지도 저러지도 못하고 있을 뿐, 서운함을 느끼고 있지는 않다.

08. '지레'는 '어떤 일이 일어나기 전 또는 어떤 기회나 때가 무르익기 전에 미리'의 의미이다.

09. 공양미 3백 석을 시주하기로 약속한 인물은 심청이 아니라 심 봉사이다.

10. 이 글은 부모에 대한 지극한 효성과 권선징악의 교훈을 전달하는 판소리계 소설이다.

11. (다)의 심 봉사의 말에 작고 낮고 약한 것으로부터 차차 크고 높고 강한 것으로 끌어올려 표현하는 기법은 나타나 있지 않다.

오답 해설

① '심청', '뱃사람들', '동네 사람'으로 청자를 바꾸어 가며 심청이 제물로 팔려 가는 상황의 부당함을 말하고 있다.

② '참말이냐, 참말이냐', '못 가리라, 못 가리라.'와 같이 동일한 말을 반복하여 심청을 제물로 보낼 수 없다는 자신의 의도를 강조하고 있다.

③ '칠년대한' 고사를 인용하여 심청이 대신 자신이 죽겠다는 의지를 밝히고 있다.

⑤ '너를 팔아 눈을 뜬들 무엇을 보려고 눈을 뜨리?'와 같은 설의적 표현을 활용하여 심청에게 제물로 팔려 가는 일을 다시 생각해 볼 것을 요구하고 있다.

12. (가)의 '아무리 효녀라도 마음이 온전하겠는가'에서 서술자가 인물과 사건에 대해 직접 개입하고 있다.

13. 아버지를 혼자 두고 죽을 생각에 두렵고 무서웠을 것이다.

14. 눈을 팔아 심청을 구할지언정 심청을 팔아 눈을 뜰 수는 없다는 의미이다.

15. ⓐ는 심청이 죽게 되는 공간이고, ⓑ는 임이 죽게 되는 공간이다.

대단원 확인 문제

• 본문 p.185

01. ④ **02.** ④ **03.** ⑤ **04.** 고된 하루를 마친 소에 대한 연민의 심정, 동병상련의 심정, 위로하고 싶은 심정 등 **05.** ② **06.** 동고동락(同苦同樂) **07.** ③ **08.** ③ **09.** ④ **10.** ② **11.** ② **12.** ① **13.** ⑤ **14.** 자연과 단절된 채 자연의 섭리를 인식하지 못하며 **15.** ④ **16.** ④ **17.** ④ **18.** 자신이 인당수에 제물로 팔렸다는 사실을 아버지가 알면 걱정할 것이기 때문이다. **19.** ① **20.** ③ **21.** ③ **22.** ③ **23.** ② **24.** 인정이 있고 일처리가 확실하다. **25.** ① **26.** ④ **27.** 주변 대상과 함께 삶을 보내면서 서로 위로하고 교감하며 사는 삶의 가치를 발견할 수 있다. **28.** ⓐ 토담집, ⓑ '그' ⓒ 탄생과 죽음 **29.** 아버지를 위해 자신의 목숨까지 희생하고 있기

01. 시는 작가의 생각이나 감정을 함축적인 언어로 표현한 글이다.

오답 해설

①, ⑤는 설명문, ②는 수필, ③은 소설에 대한 설명이다.

02. 이 시에서는 시각적 이미지만 나타날 뿐, 다양한 감각적 이미지가 쓰이지는 않았다.

03. 이 시는 앞부분에 자연 경관이나 사물에 대한 묘사를 먼저 제시하고, 뒷부분에 감정이나 정서를 그려 내는 방식인 선경후정의 시상 전개를 보이고 있다.

04. 소 목덜미에 얹힌 할머니의 손에서는 소에 대한 할머니의 연민, 안쓰러움이 느껴진다.

05. ⓐ에서는 오늘 하루도 함께 지냈다는 안도감이, ⓑ에서는 발잔등이 부울 만큼 고단했음이, ⓒ에서는 적막함, 즉 쓸쓸함이 느껴진다.

06. 괴로울 때나 즐거울 때나 항상 함께함을 의미하는 말이 들어가야 한다.

07. 이 시는 힘들고 적막한 삶을 함께하는 할머니와 소의 유대감을 한 폭의 묵화처럼 보여 주고 있다.

08. 허구적 이야기로 인생의 진실을 표현하는 문학 갈래는 소설이다.

09. 첫국밥을 끓인 사람은 아낙이 아니라 남편이다.

10. '그'의 이야기를 '나'의 이야기로 바꿈으로써 글쓴이 자신의 이야기를 직접 들려주는 효과를 얻고 있다.

오답 해설

① 3인칭 시점에서 1인칭 시점으로 바뀌어 서술의 객관성이 떨어지게 된다.

③ 〈보기〉에서는 글쓴이인 '나'의 목소리로 이야기를 전달하고 있다.

④, ⑤ '그'의 이야기가 글쓴이인 '나'의 이야기로 바뀌게 될 뿐이다.

11. 이 글은 3인칭 시점을 사용하여 '그'의 이야기를 들려주는 형식으로 서술하고 있다.

오답 해설

① '똑또르 똑또르'라는 의성어를 사용하여 지렁이 울음소리를 생생하게 표현하고 있다.

③ 어린 시절 토담집에서 자라며 비설거지를 했던 일 등을 제시하여 독자의 흥미를 유발하고 있다.

④ '노란 흙벽, 노란 초가지붕, 노란 마루, 노란 마당, 정다운 노란 집'과 같이 노란색 이미지를 통해 토담집의 따뜻하고 정겨운 분위기를 강조하고 있다.

⑤ 과거와 현재의 주거 공간을 대비하여 토담집에서의 자연 친화적인 삶에 대한 그리움을 드러내고 있다.

12. '그'가 토담집으로 돌아가고자 하는 것은 아니다.

13. ⓜ에는 자연의 섭리를 인식하지 못한 채 살아가는 '그'의 아이에 대한 글쓴이의 안타까움이 드러나 있다.

14. 현재 아파트에서의 삶의 모습은 과거 토담집에서의 삶의 모습과 대비되고 있다.

15. 달포 전에 심청을 수양딸로 삼으려는 승상 부인의 청을 거절한 사람은 심 봉사가 아니라 심청이다.

오답 해설

① "우리는 남경 뱃사람으로 인당수를 지나갈 제 제물로 제사하면 가없는 너른 바다를 무사히 건너고 수만금 이익을 내기로, 몸을 팔려 하는 처녀가 있으면 값을 아끼지 않고 주겠습니다."라는 뱃사람들의 말을 통해 알 수 있다.

② 뱃사람들은 공양미 3백 석을 마련하여 아버지의 눈을 뜨게 하고자 자신을 제물로 팔겠다는 심청의 사연을 듣고 "효성이 지극하나 가련하군요."라고 말하고 있다.

③ '공양미 3백 석을 지성으로 불공하면 눈을 떠 보리라.' 하는 말을 들은 심청은 집안 형편이 어려워 공양미 3백 석을 장만할 길이 전혀 없자 자신의 몸을 팔려 한다.

⑤ "오는 3월 보름날에 배가 떠나기로 되어 있습니다."라는 뱃사람들의 말을 통해 알 수 있다.

16. 심청은 인당수 제물로 팔려 간다는 사실을 아버지가 알면 걱정할까 봐 거짓말을 하고 있다. 심청의 거짓말은 아버지를 생각하는 효에서 비롯된 것이다.

17. 심청의 거짓말을 있는 그대로 믿고 좋아하는 것으로 보아, 심 봉사는 생각이 단순하고 순박한 성격임을 알 수 있다.

18. 심청은 아버지가 사실을 알면 놀라 충격을 받을까 봐 장 승상 댁에 수양딸로 가게 되었다고 거짓말을 하고 있다.

19. (나)의 '그날 밤에 꿈을 꾸었는데, 부자간은 천륜지간이라 꿈에 미리 보여 주는 바가 있었다.'에서 서술자의 개입을 확인할 수 있다.

20. 심청은 자신이 죽고 나면 아버지가 동네 거지가 되어 눈치와 멸시를 받을 것을 걱정하고 있다.

21. ㉢에는 앞 절의 끝에 한 말의 일부분을 고쳐 다음 절에 되풀이하여 쓰는 연쇄법이 사용되지 않았다.

오답 해설

① 날이 가고 달이 가는 것을 누구도 막을 수 없다는 생각을 물음의 형식으로 표현하여 강조하고 있다.

② 닭이 운다는 것은 날이 새어 아침이 밝았다는 것으로, 시간의 흐름을 나타내는 표현이다.

④ 심청이 수레를 타고 간다는 꿈의 내용은 심청이 인당수에 빠져 죽게 된다는 것과 나중에 황후가 된다는 것을 암시하는 복선의 기능을 한다.

⑤ '좋은 일이 있을란가 보다.'라는 아버지의 해몽에 표면적으로 공감하며 아버지를 안심시키기 위해 한 말이다.

22. 심청이 인당수 제물로 팔려 가게 됨을 알게 된 심 봉사는 사람을 제물로 바치는 뱃사람들을 비난하면서 동네 사람들에게 그 행동을 두고 보지 말라고 호소하고 있다.

23. 심청은 '천명이니 후회한들 어찌하겠'냐며 자신의 죽음을 운명으로 받아들이고 있다.

24. 뱃사람들은 심청 부녀를 딱하게 여겨 심 봉사가 굶지 않고 헐벗지 않도록 도와주고 있으며, 그 일과 관련하여 동네 사람들에게 당부하고 관청에 공문을 보내려 하는 등 확실한 모습을 보이고 있다.

25. '사궁'은 네 가지의 궁한 처지라는 뜻으로, 늙은 홀아비, 늙은 홀어미, 부모 없는 어린이, 자식 없는 늙은이를 이르는데, '사궁지수'는 사궁의 첫째인 늙은 홀아비를 이르는 말이다.

26. 문학 작품에 나타난 삶의 모습은 실제 현실을 그대로 반영한 것일 수도 있지만, 작가의 이상을 반영한 것일 수도 있다.

27. (가)에서 할머니는 힘든 농사일을 하며 적막하게 살고 있지만, 곁에서 힘든 일을 도와주며 항상 함께해 주는 소가 있어 삶의 위안을 얻고 있다.

28. (나)는 유년 시절 토담집에 얽힌 추억을 '그'의 이야기를 들려주는 형식으로 서술하면서 '집'에 담긴 의미를 전하고 있다.

29. 공양미 3백 석을 마련하기 위해 인당수 제물로 몸을 판 심청의 행동은 아버지를 위해 자신을 희생한 행동이므로 진정한 효라고 할 수 있다.

5 다르게 보고, 바르게 쓰기

• 본문 p.193

확인 문제

01. 관점 **02.** (1) ○ (2) × **03.** 보고서(보고하는 글)

01. 관점은 대상을 바라보는 시각으로 사람마다 다를 수 있다.

02. (2) 소설을 쓸 때 상황이나 인물에 맞게 비속어를 쓰는 것은 쓰기 윤리를 어긴 것이 아니다.

03. 보고하는 글은 계획을 세우고 조사, 관찰, 실험한 후에 이를 분석하고 쓴 글이다.

걷기를 보는 다양한 시각

개념 확인 콕콕

• 본문 p.194

01. 형식 **02.** ④ **03.** ④

01. 같은 내용이라고 하더라도 글쓴이의 의도나 목적에 따라 형식을 달리하여 표현할 수 있다.

02. 이 글은 인공 불빛 때문에 사람들이 병적 증상을 겪는다고 말하고 있으므로 부정적 관점 또는 비판적 관점을 보인다고 할 수 있다.

03. 글에 활용된 매체의 종류 자체는 관점과 관련이 없다. 글쓴이의 관점은 매체 자료에 담긴 내용을 통해 드러난다.

• 확인 문제 •

• 본문 p.196

01. ② **02.** ③ **03.** 시끄러움과 먼지를 일으키며 바쁘게 돌아가고 있다. **04.** ⑤ **05.** ④ **06.** 멈추어서 사유하는 것보다 걸으면서 사유하는 것이 생각에 몰입하기 쉽고 더 깊게 생각할 수 있기 때문이다. **07.** ⑤ **08.** ③ **09.** ① **10.** ④ **11.** 걷기를 통해 주체적으로 자유로운 사유의 시간을 가질 수 있었다. **12.** ⑤ **13.** ③ **14.** ①, ② **15.** ③ **16.** 우울증과 스트레스를 감소하여 기분을 좋게 하며, 머리가 좋아지고 치매를 예방할 수 있다. **17.** ⑤ **18.** ④ **19.** ④ **20.** 글쓴이는 걷기에 대한 다양한 객관적인 정보를 전달하기 위해 설명문을 선택하였다. **21.** ① **22.** ④ **23.** ③ **24.** 올바른 걷기 자세를 익힌 후 자신에게 맞는 강도로 일주일에 세 번 이상 꾸준히 걸어 보자.

01. 글쓴이는 오랜만에 시내에 나갔다가 돌아오는 길에 차 시간이 맞지 않아 다른 데로 가는 차를 타고 도중에 내려 삼십 리 길을 걸어오게 되었다.

02. (가)에서 볼일을 마친 후 산속으로 돌아오는 길에 차 시간이 맞지 않아 다른 데로 가는 차를 타고 도중에 내려 삼십 리 길을 걸은 것을 근거로 글쓴이가 차 시간을 자주 놓치는 편이라고 보는 것은 적절하지 않다.

오답 해설

① (가)에서 산에서 가장 가까운 도시인 광주에 볼일을 보러 나간 점으로 보아 글쓴이는 산속에서 살고 있다고 볼 수 있다.

② (가)의 '늘 그렇듯이 세상은 시끄러움과 먼지를 일으키며 바쁘게 돌아가고 있었다.'로 미루어 보아 글쓴이는 세상과 거리를 두고 있다고 볼 수 있다.

④ (나)의 '걷는 것은 얼마나 자유스럽고 주체적인 동작인가. ~ 참으로 유쾌한 일이다.'로 미루어 보아 글쓴이는 걷기를 긍정적으로 생각하고 있다고 볼 수 있다.

⑤ (가)에서 글쓴이는 오랜만에 볼일이 있어 세상 바람을 쐬고 돌아왔다고 하였다.

03. 글쓴이는 오랜만에 찾은 세상이 시끄러움과 먼지를 일으키며 바쁘게 돌아가는 곳이라고 말하고 있다.

04. (나)에서 글쓴이는 걷기가 자유스럽고 주체적인 동작이라고 말하고 있다. 걷는 것은 어디에도 의존하지 않고 내가 내 힘으로 이동하는 일이기 때문이다.

05. 글쓴이는 길벗이 없이 혼자 걷는 것이 생각에 몰입할 수 있어 좋다고 말하고 있다. 친하지 않은 사람과 어울리는 것을 좋아하지 않는다.

06. 글쓴이는 한곳에 멈추어 생각하면 맴돌거나 망상에 사로잡히지만 걸으면서 궁리하면 술술 풀린다고 말하고 있다.

07. 글쓴이는 교통수단이 편리함을 준다고 하였지만, 사람들을 공격적으로 만든다고 언급하고 있지 않다.

08. 글쓴이는 삼십 리를 걸어오면서 걷는 것은 자신의 몸을 기댈 곳을 찾는 과정이라는 깨달음을 얻고 있다.

오답 해설

④ 글쓴이는 새나 짐승, 곤충들의 귀소 본능과 자신의 걷기를 유사하게 생각하지만 걷는 이유가 자연과 하나가 되기 위해서라고 볼 수는 없다.

09. 글쓴이는 교통수단의 발달로 걷기가 사라진 세상에서 우연한 계기로 걷게 된 것에 감사하는 마음을 갖고 있다.

10. 교통수단의 발달로 인해 걷기가 주는 사색의 시간을 잃어버린 것에 대한 아쉬움을 드러내기 위해 시인의 글을 인용한 것이다.

11. 이 글의 글쓴이는 걷기는 자유스럽고 주체적인 동작으로 인간의 사유를 가능하게 한다고 말하고 있다.

12. 이 글은 오랜만의 걷기 체험을 통해 얻은 깨달음을 전하는 내용이 중심을 이루고 있으므로 글쓴이의 개성과 가치관이 잘 드러나는 수필의 형식으로 표현하는 것이 가장 적절하다. 설명문은 객관적인 정보를 전달하기에 적절한 형식이다.

오답 해설

①, ④ 글쓴이는 걷기는 인간의 사유를 가능하게 하는 것으로, 걷는다는 것은 자신의 몸을 기댈 곳을 찾는 과정이라는 깨달음을 얻고 있다. 이는 사색을 통해 자신의 행동을 성찰한 결과물이라 할 수 있다.

②, ③ 글쓴이는 자동차라는 교통수단으로 인해 걷기 체험의 기회를 잃어 생각의 자유를 박탈당하게 되는 현실을 안타깝게 생각하고 있다.

13. 글쓴이는 걷기가 건강에 미치는 효과가 매우 뛰어나고 누구나 언제 어디서든 간편하게 할 수 있는 운동이라고 생각하므로 걷기에 대한 긍정적인 관점을 가지고 있다고 볼 수 있다.

14. 글쓴이는 걷기 운동이 건강에 유익하고 누구나 언제 어디서든 간편하게 할 수 있기 때문에 추천한다고 말하고 있다.

15. 걷기 운동을 하면 하체가 단련되고 여러 신체 기관의 기능이 좋아진다고 말하고 있다. 하체의 단련은 다리의 혈관과 신경을 통해 다른 신체 기관에 긍정적 영향을 미치는 것이다.

오답 해설

① 하체가 단련되어 다리의 근력이 좋아진다고 하였다.

② 지방 제거에 대한 언급은 하지 않았다.

④ 몸에 좋은 콜레스테롤의 농도를 높여 준다고 하였다.

⑤ 다른 사람과의 정신적 교감에 대해서는 언급하지 않았다.

16. 걷기를 통해 우울증과 스트레스가 감소하고 기분이 좋아지며 머리가 좋아져서 치매와 같은 노인성 정신 질환도 예방할 수 있다고 하였다.

17. (라)에서는 걷기가 유산소 운동으로 다이어트에 매우 효과적이라고 말하고 있다. 그러므로 먹는 양에 비해 에너지 소비가 적은 사람에게 걷기를 권하는 것이 적절하다.

18. 걸을 때에는 발뒤꿈치가 지면에 먼저 닿고 이후에 발바닥 전체가 모두 닿도록 걸어야 한다고 말하고 있다.

오답 해설

①, ③ 걸을 때 상체를 바로 세우고 팔과 다리는 자연스럽게 앞뒤로 움직인다는 기분으로 걷는다.

② 발뒤꿈치가 먼저 닿고 그다음에 발바닥 전체가 닿은 뒤 발의 앞 끝이 들리는 순서로 걷는다.

⑤ 걸을 때에는 지면에 닿는 발동작에 유의하며 걷는다.

19. 평소보다 조금 빠르다는 느낌으로 걷는다고 하였을 뿐, 천천히 걷기 시작해서 점점 빠르게 걷는다고 언급하고 있지 않다.

20. 이 글은 걷기에 대한 다양한 정보를 전달하는 설명문이다.

21. (사)에서 글쓴이는 걷기 운동이 규칙적으로 꾸준히 해야 효과를 볼 수 있는 운동임을 강조하고 있다.

22. (아)에서 현대인은 영양 상태가 좋아지고 평균 수명이 늘었지만 그에 못지 않게 수많은 질병에 시달린다고 언급하고, 그 원인을 운동 부족 현상에서 찾고 있다.

오답 해설

①, ② 현대인의 긍정적인 모습이지만 글쓴이가 주목한 문제 상황에 대한 가장 큰 원인은 아니다.

③, ⑤ 현대인의 건강상의 문제점이지만 글쓴이가 주목한 문제 상황에 대한 가장 큰 원인은 아니다.

23. 글쓴이는 걷기가 단순하면서도 효과적인 운동으로, 편안한 옷차림과 여유만 있다면 언제든지 할 수 있는 운동이라고 말하고 있다.

24. 글쓴이는 현대인의 운동 부족 문제를 극복하기 위해서 간편하고 효과도 좋은 걷기를 권하고 있다.

학습 활동 다지기

• 본문 p.202

이해 다지기 문제 **1.** ③ **2.** ② **3.** ③

목표 다지기 문제 **1.** ④ **2.** ③ **3.** ③ **4.** 자신이 체험을 통해 깨달은 걷기의 가치를 전달하기 위해서 수필이라는 형식이 가장 적절했기 때문이다. **5.** ⑤ **6.** ① **7.** 자동차의 배기가스로 인해 지구 온난화가 가속화된다(자동차의 배기가스가 지구의 환경을 파괴한다.). **8.** ④ **9.** ④ **10.** ② **11.** • 주장: 영화 속 역사라도 사실을 왜곡해서는 안 된다. • 근거: 관객들이 우리나라의 역사를 잘못 받아들일 수도 있기 때문이다.

이해 **1.** (가)는 걷기를 통해 얻은 깨달음을 전달하는 수필이고 (나)는 걷기의 효과와 방법에 관한 정보를 전달하는 설명문이다. 두 글은 모두 '걷기'라는 중심 소재를 다루고 있다.

오답 해설

①, ⑤ (가)는 수필이고 (나)는 설명문으로 형식이 다르다.
② 구체적 경험을 바탕으로 하는 것은 (가)이다.
④ (가)와 (나) 모두 글쓴이의 주장을 담고 있지는 않다.

2. 글쓴이는 오랜만의 도시 나들이를 통해 도시의 분주함을 경험하기는 하지만 도시의 변화에 놀라워하는 모습은 발견할 수 없다.

오답 해설

① 글쓴이는 오랜만에 도시 나들이를 하였다.
③ 글쓴이는 오랜만에 했던 걷기에 감사하고 다행스러움을 느낀다.
④ 글쓴이는 현대인이 자동차라는 교통수단으로 인해 걷기를 잃어버렸다고 말하고 있다.
⑤ 글쓴이는 걷기를 통해 살아온 자취를 되돌아보고 앞으로 넘어야 할 삶의 고개를 헤아릴 수 있었다고 말하고 있다.

3. '걷기'는 남는 에너지를 소비하기에 간편하고 효과적인 운동이므로 다이어트에 효과가 있다고 설명하고 있지만, 그에 따른 유의점에 대해서는 설명하지 않았다.

목표 **1.** (가)는 걷기의 가치와 걷기를 잃어버린 현실에 대한 아쉬움이 담겨 있는 수필이다.

2. (나)는 걷기 운동이 효과적이고 간편한 운동으로 추천할 만한 운동임을 설명하고 걷기 운동의 효과와 자세, 방법과 관련된 다양한 정보를 전달하고 있는 글이다.

3. (나)는 걷기와 관련된 정보를 전달하는 설명문으로 비판적인 견해가 제시되어 있지 않다. (나)에는 걷기에 대해 긍정적 관점이 제시되어 있다.

오답 해설

①, ② (가)는 오랜만의 도시 나들이라는 경험을 통해 얻은 걷기의 가치에 관한 깨달음을 전달하고 있다.
④ (나)에서는 걷기가 간편하고 효과적인 운동이므로 현대인에게 꼭 필요하다고 말하고 있다.
⑤ (나)에서는 올바르게 걷기 위해 필요한 자세와 방법을 설명하고 있다.

4. (가)는 걷기의 가치에 대한 깨달음을 전달하기 위해 쓴 글이므로 수필이 가장 적절한 형식이라고 할 수 있다.

5. 이 광고는 발자국을 나뭇잎으로 표현하여 걷기가 환경을 살릴 수 있다는 것을 잘 드러내고 있다.

오답 해설

①, ② 걷기를 의미하는 발자국을 잎사귀로 표현하여 걷기가 환경 보호와 관련된 행동임을 시각적으로 보여 주고 있다.
③ 제목과 본문의 글자 크기를 달리하여 독자의 관심을 유도하고 있다.
④ 제목을 보면 '발' 위에 점을 찍어 강조하고 있음을 알 수 있다.

6. 걷기를 통해 지구 온난화를 막을 수 있다는 광고의 내용을 고려할 때, 광고의 제작자는 걷기가 자연 환경을 보호하는 가치가 있다고 생각한다고 볼 수 있다.

7. 걷기가 지구의 환경 측면에서는 지구 온난화를 막아 주어 지구를 지킬 수 있으므로 빈칸에는 자동차의 배기가스로 인해 지구 온난화가 가속화된다는 내용이 들어가는 것이 적절하다.

8. 신문 기사는 역사적 사실을 바탕으로 한 영화는 역사와는 다른 창작의 과정이라며 긍정적 관점을 드러내지만, 편지글은 왜곡된 역사를 관객들이 그대로 받아들일 수 있다며 역사적 사실을 바탕으로 한 영화에 대해 부정적 관점을 드러내고 있다.

9. 신문 기사에서 영화 제작자들은 '역사를 있는 그대로 담으려는 사람과는 거리가 멀다.'라고 하면서 영화와 역사는 다른 것이며 영화가 역사를 어떻게 담느냐는 영화 감독의 마음에 달린 문제라고 말하고 있다.

오답 해설

① '해당 영화에 관한 평가는 엄연히 관객의 몫이다.'라고 강조하고 있다.
② '영화는 기본적으로 허구성을 지닌다.'라고 말하고 있다.
③ '영화는 창작의 영역에 속'한다고 말하고 있다.
⑤ '역사적 배경을 토대로 하여 창작했더라도 그 영화의 내용이 실제 역사 속 그대로의 모습일 수는 없다.'라고 말하고 있다.

10. 편지글은 다른 글에 비해 친근감이 있는 어투로 쓴다는 특징이 있다. 독자에게 친근감을 주어 설득력을 높이려고 한다면 편지글의 형식을 취하는 것이 효과적이다.

11. 편지글을 쓴 학생은 관객들이 왜곡된 역사를 잘못 받아들이게 될 수 있기 때문에 영화 속에서도 역사를 사실대로 다루어야 한다고 말하고 있다.

소단원 핵심 문제 • 본문 p.208

01. ② **02.** ② **03.** ④ **04.** 현대인은 자동차의 발명과 더불어 자동차를 주로 이용하게 되었고 이로 인해 걷기라는 여유롭고 평화롭고 서정적인 행동을 거의 하지 않게 되었다. **05.** ① **06.** ③ **07.** ④ **08.** 현대인은 운동 부족으로 새로운 질병과 성인병에 시달린다. **09.** ④ **10.** ④ **11.** 걷기는 환경을 보호하는 데 도움이 된다. **12.** ② **13.** (가)에서는 걷기에 대해 긍정적인 관점을 보여 주고 있다. 하지만 걷기를 하는 동안 창의적 생각을 하게 된다는 것에는 동의할 수 없다. 걸으면 오히려 주변 환경에 신경을 쓰게 되어 생각이 분산될 수도 있기 때문이다. **14.** ① **15.** ②

01. 이 글은 걷기에 대한 깨달음을 전달하는 글이다. 들길을 걸으며 느끼는 유쾌함을 표현하고 있지만 자연 속에서 누리는 편안함을 강조한다고 볼 수는 없다.

오답 해설

① 이 글은 오랜만에 하게 된 걷기 경험을 통해 걷기의 가치를 깨닫는 사색의 과정을 보여 주고 있다.
③ '휘적휘적', '스적스적'과 같은 의태어를 활용하여 생동감 있게 표현하고 있다.
④ 걷기의 경험에 대한 글쓴이의 가치관이 잘 드러나 있다.
⑤ 걷기를 잃어버리고 자동차라는 문명의 이기에만 의존하는 현대인을 비판하고 있다.

02. 글쓴이는 산사에 살다가 볼일이 있을 때만 도시로 내려오는 삶을 사는 승려로, 바쁘게 돌아가는 세상과 거리를 둔 삶을 살고 있다.

03. 글쓴이는 걷기가 자신의 몸 하나 기댈 곳을 찾아가는 과정이라고 말하고 이를 동물들의 귀소 본능과 연결시키고 있다. 이는 목표를 향해 나아가는 행동과는 거리가 멀다.

04. '자동차를 보자 첫눈에 반해 그것과 결혼하였다.'는 것은 자동차를 주로 이용하게 되었다는 것이고 '목가적인 세계로 돌아오지 못하게 되었다.'는 것은 걷기를 잃어버렸다는 의미이다.

05. 이 글은 설명문이다. 글쓴이가 설명문의 형식을 선택한 것은 설명문이라는 형식이 걷기에 관한 정보를 전달하려는 목적을 달성하는 데에 적합하기 때문이다.

06. (가)의 중심 내용은 걷기가 다른 운동에 비해 추천하고 싶은 운동이라는 것이다.

오답 해설

① (나)와 관련 있는 질문이다.
② (라)와 관련 있는 질문이다.
④ (라), (마)와 관련 있는 질문이다.
⑤ 이 글에서는 답을 찾을 수 없는 질문이다.

07. (나)에서 걸을 때에는 상체를 바로 세우고 걸으라고 말하고 있다. 걸을 때의 시선은 (나)~(라)에서 언급되지 않았다.

08. 현대인은 영양 상태가 좋아지고 평균 수명이 늘었지만 운동 부족으로 새로운 질병과 성인병에 시달리고 있다.

09. 현대 사회에 대한 비판적인 태도를 보여 주고 있는 글은 (가)이다. (나)는 설명문으로 사회 비판적인 태도를 보이고 있지 않다.

오답 해설

① (가)는 걷기 경험을 통해 얻은 걷기의 가치에 대한 깨달음을 전달하는 수필이다.
② (가)와 (나)는 형식이 다르지만 둘 다 '걷기'를 중심 소재로 하고 있다.
③ (가)는 수필이므로 주관적이고, (나)는 설명문이므로 객관적이다.
⑤ (가)와 (나)는 걷기에 대해 모두 긍정적인 관점을 가지고 있다.

10. 걷기가 동맥 경화를 막아 주는 역할을 하는 것은 맞지만 몸에 좋은 콜레스테롤의 농도를 높여 동맥 경화를 막아 주는 것이지 호르몬의 분비를 촉진하여 막아 주는 것이 아니다.

11. 〈보기〉에 제시된 광고는 자동차의 배기가스는 지구 온난화의 원인이 되므로, 자동차를 타는 대신 걷기를 통해 환경을 보호할 수 있다는 내용을 담고 있다.

12. (나)에서는 걷기 운동의 올바른 방법에 대해 설명하고 있다.

오답 해설

① (가)에서는 칸트와 베토벤의 이름을 언급하며 철인과 예술가가 걷기를 통해 깊이 사유했음을 강조하고 있다.
③ (나)는 걷기 운동의 올바른 방법에 대한 객관적 정보를 전달하고 있다.
④ (다)에는 역사를 소재로 한 영화에 대한 글쓴이의 관점이 잘 드러난다.
⑤ (라)는 편지글의 형식으로 친근감 있는 말투가 잘 드러난다.

13. (가)에 드러나는 걷기에 대한 글쓴이의 관점은 긍정적 관점이다. 걷기를 통해 생각이 풀려가고 창의력이 생긴다는 것인데, 이와 대조되는 관점으로는 걷기가 오히려 생각을 분산시킨다 정도가 적절하다.

14. (다)와 (라)는 역사적 사실을 바탕으로 한 영화에 관한 서로 다른 관점을 보여 주는 내용으로, 영화는 기본적으로 사실을 바탕으로 하는 허구적인 작품이라는 점을 공통적으로 인식하고 있다.

15. (다)는 영화는 역사와는 다른 허구적 창작물이기 때문에 역사를 다룬 영화의 내용은 실제 역사와 달라도 된다는 관점이다. 이에 비해 (라)는 관객들이 오해하지 않도록 역사를 다룬 영화가 역사적 사실만을 다루어야 한다는 관점이다.

2 쓰기 윤리와 보고하는 글 쓰기

개념 확인 콕콕 • 본문 p.212

01. 쓰기 윤리 **02.** 보고서 **03.** ④ **04.** (1) × (2) ○ (3) ×

01. 글쓰기의 윤리적 규범인 쓰기 윤리를 지키지 않으면 다른 사람의 권리를 침해하게 되고 독자들을 혼란에 빠뜨릴 수 있다.

02. 보고서는 관찰, 조사, 실험을 하고 그 과정과 결과를 쓴 글로, 절차와 결과가 잘 드러나도록 써야 한다.

03. 쓰기 윤리를 지키지 않고 다른 사람의 글을 함부로 인용하면 글을 쓴 사람, 즉 저작권자의 저작권을 침해하게 된다.

04. (1) 보고서는 관찰, 조사, 실험의 절차와 결과가 드러나게 쓰는 글이다. 결과의 서술에만 중점을 두는 것은 적절하지 않다.
(3) 널리 알려진 내용이라 해도 출처를 밝혀 인용해야 한다.

확인 문제 • 본문 p.214

01. ⑤ **02.** 정보화 시대에 다른 사람의 저작물을 자신의 것처럼 사용하는 경우가 자주 발생한다. **03.** ④ **04.** 저작권 **05.** 출처를 명확히 밝힘으로써 인용한 것임을 드러내야 한다. **06.** ⑤ **07.** ② **08.** ④ **09.** ③ **10.** ④ **11.** 정민이는 자신의 의도에 따라 실험 결과를 왜곡하였으므로 쓰기 윤리를 위반했다. **12.** ② **13.** ② **14.** ⑤ **15.** 채연 **16.** ① **17.** ② **18.** ② **19.** ③ **20.** ③ **21.** 막대그래프나 원그래프로 제시한다. **22.** ⑤ **23.** ㉮ 설문 조사, ㉯ 인터넷 백과사전, ㉰ 면담, ㉱ 통계 자료 조사 **24.** ⑤ **25.** ⑤ **26.** ③ **27.** 출처를 밝혀 자료의 신뢰성을 높인다. 출처를 밝힘으로써 인용한 자료임을 밝힌다. **28.** ⑤ **29.** ③ **30.** ④ **31.** ② **32.** ③ **33.** ④ **34.** 절차 **35.** ⑤ **36.** ③ **37.** 하루 중 휴대 전화 사용 시간 / 휴대 전화로 하는 일 **38.** ⑤ **39.** ④ **40.** ③ **41.** ② **42.** ② **43.** ㉠ 목적, ㉡ 방법 **44.** 더 알고 싶은 내용이 있을 경우에 참고하여 더 많은 정보를 얻을 수 있다.

01. 정보화 사회라고 해서 누구나 정보를 마음껏 가져다 쓸 수 있는 것은 아니다. 저작자가 있는 정보는 저작권을 보호하며 활용해야 한다.

오답 해설

①, ③ 정보화 사회는 많은 정보가 다양한 매체를 통해 생산되는 사회이다.
② 정보 통신 기술의 발달은 정보화 시대를 가능하게 했다.
④ 정보화 사회에서는 정보를 생산하기 쉬워졌기 때문에 누구나 정보를 생산하는 정보 생산자가 될 수 있다.

02. 글쓴이는 정보화 사회가 되어 다양한 매체에서 찾은 자료를 자신의 것처럼 사용하는 경우가 발생하여 문제가 된다고 말하고 있다.

03. 이 글에서는 다른 사람의 자료를 허락 없이 이용하는 것을 남의 물건을 훔치는 행위와 같다고 말하고 있다. 즉 저작권을 보호하는 쓰기 윤리를 강조하고 있다.

04. 저작권은 자신의 창작물에 대해서 가지는 권리라고 할 수 있다. 저작권을 침해하는 행위는 쓰기 윤리에 어긋나는 행동으로, 하지 말아야 한다.

05. 다른 사람의 저작물을 이용할 때에는 먼저 저작권자의 허락을 받은 후에 출처를 밝히고 인용했음을 드러내야 한다.

06. 속담과 명언은 저작권이 걸려 있지 않은 관용 표현이므로 저작권을 신경 쓰지 않고 사용해도 된다.

오답 해설

① 신문 기사는 기자와 신문사에 저작권이 있는 자료이다.
② 음악 파일은 음악을 만든 작곡자나 작사가, 가수에게 저작권이 있다.
③, ④ 학생이 글짓기 숙제로 쓴 글, 독서 감상문의 저작권은 그 글을 쓴 학생에게 있다.

07. 개인이 찍은 사진이나 쓴 글은 모두 개인의 창작물이므로 저작권을 보호받아야 한다.

오답 해설

① 공유가 인터넷의 특징이지만 저작권은 보호되어야 한다.

③ 전문가의 작품이 아니라도 저작권은 보호받을 수 있다.
④ 정당한 절차를 거치지 않았으므로 당연히 내려 달라고 할 수 있다.
⑤ 인정받는 것과 저작권을 보호받는 것은 별개의 문제이다.

08. 서진이는 설문 조사 결과가 예상과 다르게 나오자 조사 결과를 자신이 예상했던 대로 바꾸어 조작하려고 하였다.

09. 대화를 보면 설문 조사 결과가 아침밥을 먹는 학생의 수가 많다는 것이었으므로 아침밥을 먹는 것의 좋은 점을 주된 내용으로 하여 분석하는 것이 자연스럽다.

10. 쓰기 윤리를 지키는 것과 글쓰기를 효율적으로 하는 것은 다른 차원의 문제이다.

오답 해설
① 쓰기 윤리를 지키는 것은 독자를 속이지 않는 것이므로 독자에 대한 예의를 지키는 행동이라고 할 수 있다.
② 쓰기 윤리를 지키는 것은 저작권을 보호하는 행위이다.
③ 저작권을 침해당한 사람은 창작 의욕을 잃게 될 것이다.
⑤ 저작권은 재산을 빼앗는 행위와 다르지 않다.

11. 실험 결과를 있는 그대로 쓰는 것은 쓰기 윤리의 기본이다. 실험의 결과를 과장하거나 왜곡하면 사회적인 혼란을 가져올 심각한 문제가 발생할 수 있다.

12. 학생들의 대화를 보면 인터넷에서 청소년들의 평일 여가 시간이 2시간도 안 된다는 기사를 보고 '우리 학교 학생들의 평일 여가 시간'이라는 주제로 조사를 하기로 했음을 알 수 있다.

13. 학생들을 대상으로 하는 설문 조사, 통계 자료 조사, 인터넷 백과사전을 통한 인터넷 조사, 면담을 통한 자료 수집 계획을 세우고 있다.

오답 해설
① 우리 학교 학생들의 평일 여가 시간 실태를 조사하기 위한 설문 조사를 계획하고 있다.
③ 면담을 통해 여가의 긍정적인 효과를 조사하려고 한다.
④ 오늘날 청소년의 여가 시간과 활동에 관한 통계 자료를 찾아보려고 한다.
⑤ 인터넷 백과사전을 이용하여 여가의 의미를 찾아보려고 한다.

14. 이 조사가 다루고 있는 것은 우리 학교 학생들의 평일 여가 활용 실태이지, 이를 어른들의 여가 활용과 비교하려 하고 있지는 않다.

15. 동명은 채연에게 면담을 통해 조사하도록 주었다.

16. 설문 조사에서 컴퓨터 게임과 인터넷 검색은 유사한 활동으로 분류하였으므로 둘 중 어느 것이 더 많은 비중을 차지했는지는 알 수 없다.

오답 해설
② 4시간 이상 여가 시간을 가진 학생은 3명이다.
③ 2시간 이내의 여가 시간을 가진 학생의 수는 100명 중에서 70명이다.
④ 학생들 중에서 문화 · 예술 활동을 하고 싶은 학생이 32명으로 가장 많다.
⑤ 학생들 중에서 63명이 2~3시간 정도의 여가 시간을 갖는 것이 적절하다고 답하였다.

17. (나)와 같이 사전에서 얻은 자료는 내용의 신뢰성이 매우 높은 자료라고 할 수 있다. 더구나 출처가 분명하게 밝혀져 있으므로 더욱 더 신뢰감을 준다.

18. 체육 선생님의 답변을 보면 청소년들이 여가 활용을 통해 스트레스를 해소하고, 여가 활동은 재능 발달, 흥미 유발 효과가 있어 학생의 학업 성취도와 자아 존중감을 높여 준다고 했으므로 여가의 긍정적 효과를 묻는 질문이 자연스럽다.

19. (라)는 통계청과 여성가족부의 「2018 청소년 통계」 자료로, 오늘날의 청소년들이 평일 여가 시간에 어떤 활동을 하는지 보여 주고 있다.

20. 보고서에서 면담을 통해 수집한 자료는 여가의 긍정적인 효과와 관련된 것이므로 학생들의 다양한 여가 활용 방법을 소개할 때 활용하기에는 적합하지 않다.

오답 해설
① 설문 조사는 실제 사례를 보여 주는 자료로 활용하려고 한다.
② 면담 조사의 내용을 청소년들이 여가 활용을 해야 하는 까닭을 보여 주기 위해 사용하려고 한다.
④ 통계 자료는 오늘날 청소년들의 여가 활용 실태이므로 우리 학교 학생들의 평일 여가 실태와 비교하기에 적합하다.
⑤ 인터넷 백과사전에서 찾은 여가의 의미는 여가의 의미를 정확히 전달하고 그 중요성 강조하는 데 필요하다.

21. 그래프는 글로 된 내용을 한눈에 볼 수 있도록 일목요연하게 드러내기에 알맞은 자료 제시 방법이라고 할 수 있다. 막대그래프나 원그래프는 대상들을 비교하기에 적합하고 선그래프는 대상의 변화를 표현하기에 적합하다.

22. 보고서의 '조사 주제 및 목적'을 보면 우리 학교 학생들의 평일 여가 시간과 여가 활용에 대한 보고서임을 알 수 있다.

23. '우리 학교 학생들의 평일 여가 활용 실태와 희망 여가 시간 및 활동'은 설문 조사로, 그 밖의 자료는 인터넷 백과사전, 면담, 통계 자료 조사를 통해 수집하고 있다.

24. 체육 선생님은 여가 활동으로 동적이고 적극적인 활동을 권유하고 있지만 여가가 동적이고 적극적인 활동을 도와준다고 말하지는 않았다.

오답 해설

①, ② 여가는 '학업 성취도 및 자아 존중감 향상에 긍정적인 영향을 미친다.'라고 하셨다.

③, ④ 여가는 '스트레스 해소와 기분 전환에 좋으며, 청소년의 건전한 성장과 발달에 도움이 된다.'고 하였다.

25. 오늘날 청소년의 취미 및 자기 계발 활동 참여 비율은 알 수 있지만 우리 학교 학생들의 취미 및 자기 계발 활동 참여 비율은 알 수 없다.

26. 그래프는 글만으로는 이해할 수 없는 내용을 보여 주는 것이 아니라 글로 표현하면 복잡하거나 한눈에 볼 수 없는 내용을 일목요연하게 보여 주는 특징이 있다.

오답 해설

① 그래프 자료는 시각 자료로 독자들의 관심을 유도하는 측면이 강하다.

②, ④ 그래프를 통해 글로 설명한 내용을 간단하게 표현함으로써 내용을 한눈에 살펴볼 수 있게 한다.

⑤ 막대그래프나 원그래프는 전체에서 대상이 가지고 있는 비중을 알려 주기에 적합하다. 이에 비해 꺾은선그래프는 대상의 변화를 알려 주기에 적합하다.

27. ㉡과 같이 출처를 밝히는 것은 두 가지 의미가 있다. 하나는 출처를 밝힘으로써 해당 자료가 인용한 자료임을 밝혀 저작권자의 권리를 보호하는 것이고 또 하나는 출처가 믿을 만한 기관임을 밝혀 신뢰성을 높이는 것이다.

28. 학생들은 희망 여가 활동 중에 운동 및 운동 경기 관람을 문화 · 예술 활동 다음으로 선호하고 있다.

29. 학생들은 주어진 여가 시간을 학생들 나름대로 활용하고 있다. 다만 여가 활동을 잘해 나갈 수 있기 위해서 사회적 여건을 조성하여야 하며 학생들도 적극적으로 참여해야 한다고 하였다.

오답 해설

①, ⑤ 학생들이 희망하는 여가 활동을 할 수 있도록 여가 활동을 위한 충분한 시간과 외부 환경 조성 등의 지원이 필요하다고 말하고 있다.

② 평가를 통해 우리 학교 학생들과 오늘날 청소년의 여가 시간과 활용 양상이 크게 다르지 않음을 알게 되었다고 말하고 있다.

④ 우리 학교 학생들이 실제 여가 시간에 하는 활동이 자신들이 원하는 여가 활동과는 차이를 보였다고 말하고 있다.

30. 보고서의 끝에 '참고 자료'를 제시하는 것은 글의 내용 중 일부를 인용해 왔음을 알려 주는 것으로 반드시 지켜야 하는 쓰기 윤리이다.

31. 조사 보고서에 필요한 경우라면 조사자나 조사자가 속한 연구 집단을 소개하는 경우도 있지만, 이 보고서에서는 이에 관한 내용이 나타나 있지 않다.

32. 이 보고서는 학생들이 여가를 잘 활용할 수 있도록 외부 환경을 조성하는 것이 필요하다는 것을 알려 주면서 그런 환경 속에서 학생들이 적극적으로 여가 활용을 하기를 바라는 견해를 제시하고 있다. 학생들이 여가를 잘 활용하려는 의지가 부족하다는 의미와는 다르다.

33. 참고 자료 수록은 자신이 인용한 자료의 출처를 밝히는 것이므로 수록한 자료의 수가 문제가 되지는 않는다.

오답 해설

① 보고서에서는 그래프나 사진과 같은 시각 자료를 적절히 활용하는 것이 바람직하다.

② 보고서는 일정한 구성 요소가 있는 글이므로 그 구성 요소를 따르는 것이 바람직하다.

③ 보고서는 정보의 전달을 중시하는 글이므로 간결하고 쉽게 작성하는 것이 바람직하다.

⑤ 자료 조사 결과를 사실대로 쓰는 것은 쓰기 윤리를 지키는 것이다.

34. 보고서는 조사, 관찰, 실험의 결과만 중요한 것이 아니라 그 결과를 이끌어 내기까지의 과정도 중요하므로 절차와 결과를 함께 수록해야 한다.

35. 보고서의 주제와 목적을 정할 때 그 주제가 다른 보고서에서 다루어졌는지는 중요하지 않다. 다른 보고서에서 다루어졌다면 그 보고서를 참고할 수는 있지만 그것이 보고서의 주제와 목적을 정하는 기준이 되는 것은 적절하지 않다.

오답 해설

①, ② 보고서의 주제와 목적을 정할 때에는 독자의 수준을 고려하면서 자신의 능력에서 벗어나는 주제를 정하지 않도록 해야 한다.

③ 보고서의 주제는 독자가 흥미를 가질 만한 내용이어야 독자의 관심을 끌 수 있다.

④ 보고서의 목적이 여러 가지이면 혼란스러워서 보고서의 목적을 달성할 수 없게 된다.

36. 조사 계획을 세우는 단계는 주제를 정한 후이므로 조사 계획에 따라 주제를 조정하는 것은 적절하지 않다.

37. 설문 조사를 통해 주제에 대한 조사 대상 전체의 상황을 파악하는 것이 바람직하다. 우리 반 아이들의 휴대 전화 사용 실태를 조사하기 위해서라면 휴대 전화 사용 시간이나 휴대 전화로 하는 일을 조사하는 것이 적절하다.

38. 인터넷으로 확인하지 못하더라도 보고서에 활용할 수 있는 자료는 많이 있으므로 인터넷으로 확인할 수 있는지를 고려할 필요는 없다.

오답 해설

① 최근의 자료가 아니면 현실을 반영할 수 없게 된다.

② 출처가 분명하지 않은 자료는 신뢰를 줄 수 없다.

③ 자료의 가장 중요한 요소는 주제와의 연관성이다.

④ 다양한 매체에서 다양한 종류의 자료를 수집하는 것이 바람직하다.

39. 자연을 관찰하고 작성하는 보고서이므로 주변 사람들에게 관찰할 대상에 대한 설문 조사를 하는 것은 효율성이 떨어지는 자료 조사 계획이라고 할 수 있다.

40. 자료를 분석할 때에는 객관적인 관점에서 분석하도록 한다. 개인적인 견해를 드러내거나 무조건 많은 사람들의 견해를 인용하는 것은 바람직하지 않다.

41. 보고서를 작성할 때에는 자신의 주장보다는 조사, 관찰, 실험의 결과를 사실적으로 제시하는 것에 중점을 두어야 한다.

오답 해설

① 보고서는 정확하고 명료한 표현을 사용해야 독자가 정확한 정보를 전달받을 수 있다.

③ 조사한 사실은 있는 그대로 보고하여야 한다. 이것을 보고의 윤리라고 하며, 기본적으로 지켜야 할 쓰기 윤리에 해당한다.

④ 보고서는 절차와 결과가 잘 드러나도록 써야 설득력이 있다.

⑤ 보고서의 구성 요소를 지켜 쓰는 것이 좋다. 보고서의 구성 요소는 조사 주제와 목적, 조사 기간, 조사 대상과 방법, 조사 결과, 평가 및 소감, 참고 자료이다.

42. 대상에 대한 조사 결과는 '평가 및 소감' 외에 따로 항목을 정해 제시하는 것이 자연스럽다.

43. 보고서를 작성할 때 조사 주제와 목적을 먼저 제시한 후, 조사 기간, 조사 대상과 방법을 제시하여 조사가 어떻게 이루어졌는지 절차를 밝혀야 한다.

44. 보고서를 쓰는 사람은 ㉢과 같이 참고 자료를 제시함으로써 저작권을 보호하면서 독자에게 필요한 자료가 있다면 더 찾아볼 수 있도록 안내할 수 있다.

소단원 핵심 문제

• 본문 p.229

01. ① **02.** ⑤ **03.** 저작권자의 허락을 받고 출처를 밝힌다. **04.** ① **05.** ⑤ **06.** ④ **07.** ① **08.** 신뢰할 만한 기관에서 나온 최근의 자료를 수집해야 하며 저작권자의 허락을 받고 출처를 밝혀야 한다. **09.** ② **10.** ① **11.** ① **12.** 사회에서는 여가 활동을 위한 충분한 시간과 외부 환경을 조성해 주어야 하며, 청소년들은 적극적으로 원하는 여가 활동을 해야 한다.

01. 저작권은 정보화 사회에 정립된 개념이 아니라 정보화 사회가 되면서 그 중요성이 더욱 커진 것이다.

02. 전문가가 아닌 개인이 만든 저작물이라도 저작권이 있다. 그러므로 당연히 저작권을 보호받아야 한다. 저작물을 인용할 때에는 반드시 저작권자의 허락을 받은 후 인용하고 출처를 밝혀야만 한다.

오답 해설

① 모든 저작물에는 저작권이 있으므로 이를 밝힐 필요는 없다.

② 경제적인 이득을 취하지 않더라도 저작권을 위반한 행동이다.

③ 감상문을 블로그에 올릴 때 스스로 쓰기 윤리를 지켰다면 신중하지 못한 행동이라고 하기 어렵다.

④ 무단으로 다른 사람의 자료를 가져와서는 안 된다. 그리고 저작권이 있는 자료를 함부로 주고받아도 안 된다.

03. (나)를 보면 다른 사람의 저작물을 사용할 때에는 우선 저작권자의 허락을 받은 후 출처를 명확히 밝힘으로써 인용한 것임을 드러내야 한다고 말하고 있다.

04. (다)에서 문제를 보이고 있는 사람은 서진이다. 서진은 조사 자료를 조작하여 보고서를 작성하려는 의도를 보이고 있다. 이는 쓰기 윤리, 특히 보고의 윤리를 어긴 것이다.

05. (라)는 통계 자료이므로 객관적인 성격의 자료라고 할 수 있다.

오답 해설

① 정화와 채연, 동명, 재현은 모둠별 보고서를 쓰기 위해 대화를 나누고 있다.
② '어떤 주제로 쓰는 것이 좋을까?'라며 보고서의 주제를 정하고 있다.
③ (나)는 학생 100명을 대상으로 평일 일과 중 여가 시간과 여가 활동을 조사한 설문 조사 결과이다.
④ (다)는 여가의 긍정적 효과에 관한 선생님과의 면담 내용이다.

06. 여가를 보내는 구체적인 사례는 조사 내용에 포함되지 않았다.

오답 해설

① (가)를 통해 조사 주제가 우리 학교 학생들의 평일 여가 활용 실태임을 알 수 있다.
② 오늘날 청소년의 평일 여가 시간이 2시간도 안 된다는 인터넷 기사가 보고서를 작성하게 된 동기가 되었음을 알 수 있다.
③ 우리 학교 학생들의 여가 활용 실태, 여가의 의미, 여가의 긍정적 효과를 중심으로 보고서를 작성하려는 것임을 알 수 있다.
⑤ 설문 조사를 통해 여가 활용 실태를, 인터넷을 통해 여가의 의미를, 면담을 통해 여가의 긍정적 효과를, 통계 자료를 통해 오늘날 청소년들의 여가 시간과 활동에 관한 자료를 조사하려 한다.

07. 평일 여가 시간에는 컴퓨터 게임이나 인터넷 검색, 텔레비전 시청 등 주로 정적인 활동을 하고 있다.

08. 자료는 신뢰할 만한 기관에서 나온 자료를 적법한 방법으로 수집하고 인용해야 한다.

09. 이 글은 보고서이다. 보고서는 일정한 구성 요소를 갖추어 쓰는 기본적인 형식이 있는 글이므로 형식에 얽매이지 않고 자유롭게 쓰는 것은 적절하지 않다.

10. (가)에는 조사 주제와 목적, 동기가 소개되어 있고, (나)에는 조사 방법이 드러나 있다. 그러나 조사 일정을 알 수는 없다.

11. 기타는 보고서에 제시된 여가 활동 외의 활동을 했음을 의미하는 것으로 무엇을 할지 모르겠다는 사람의 수를 의미하지 않는다.

오답 해설

② 희망 여가 활동 중 문화 · 예술 활동 비중이 가장 높다.
③ 원그래프는 항목별 비중을 비교하기에 적합하다.
④ 100명 중 63명이 2~3시간 정도의 여가 시간을 원하고 있다.
⑤ (다)에 제시된 통계 자료에는 희망 여가 활동을 한 가지만 한다는 전제가 깔려 있으므로 두 가지를 하는 경우는 알 수 없다.

12. (라)에서는 청소년들이 희망하는 여가 활동을 할 수 있도록 여가 활동을 위한 충분한 시간과 외부 환경 조성 등의 지원이 필요하다고 말하고 있다.

대단원 확인 문제

• 본문 p.233

01. ② **02.** ② **03.** ⑤ **04.** ④ **05.** 멈추어서 사유하는 것보다는 걸으면서 사유하는 것이 생각에 몰입하기 쉽고 더 깊게 생각할 수 있기 때문이다. **06.** ① **07.** ④ **08.** ② **09.** ⑤ **10.** ① **11.** ③ **12.** ① **13.** 〈보기〉의 광고에 자동차를 이용하지 말고 걷기를 통해 지구 온난화를 막자는 주장이 분명히 담겨 있기 때문이다. **14.** ④ **15.** 블로그에 올린 감상문도 엄연한 창작물이므로 저작권을 보호받을 수 있습니다. **16.** ⑤ **17.** 인터넷에 올라와 있는 다른 사람의 글을 허락 없이 표절하여 제출하였다. **18.** ② **19.** ② **20.** ③ **21.** ④ **22.** ① **23.** 인용한 자료의 출처를 밝혀 저작권자의 권리를 보호하기 위해서이다. **24.** ③ **25.** ③ **26.** (나)는 영화 속의 역사적 사실을 왜곡해도 좋다는 관점이 드러나는 신문 기사이고, 〈보기〉는 영화 속의 역사적 사실을 왜곡해서는 안 된다는 관점이 드러나는 편지글이다. **27.** ①

01. 이 글은 걷기의 가치에 관한 글쓴이의 깨달음이 담겨 있는 수필이다. 과거와 현재가 교차하는 구성이 아니라 시간의 흐름에 따른 구성이다.

오답 해설

① 걷기를 잃어버리고 자동차의 편리함만을 추구하는 현대인을 비판적으로 보고 있다.
③ 오랜만에 경험했던 걷기를 통해 얻은 깨달음을 전달하고 있다.

④ 걷기에 대한 긍정적인 관점이 잘 드러나 있다.
⑤ 걷기의 의미와 가치에 관한 내용을 중심으로 한다.

02. 오랜만에 도시에 나간다거나 도시의 모습을 시끄러움과 먼지를 일으키며 바쁘게 돌아간다고 한 것으로 보아 글쓴이는 세상과 거리를 두고 살고 있는 인물이라고 할 수 있다. 실제 글쓴이는 승려이다.

03. (다)에서는 자동차라는 교통수단이 생기면서 걸음을 조금씩 빼앗겼음을 말하고 있으며, (라)에서는 편리한 교통수단을 얻은 대신 귀중한 것을 잃어버렸다고 말하고 있다.

04. 시인의 말은 글쓴이의 생각과 일치하고 있다. 그러므로 글쓴이가 시인의 말을 인용한 이유는 글쓴이의 생각인 '걷기를 잃어버린 삶에 대한 아쉬움'을 강조하려는 의도에서라고 할 수 있다.

오답 해설
② 시인은 목가적인 세계로 돌아오지 못하게 되었다고 말하고 있지만, 목가적인 세계를 추구하거나 동경하기 때문에 시인의 글을 인용한 것이 아니다.

05. 글쓴이는 걸으면서 생각하는 것이 가만히 멈추어 생각하는 것에 비해 더 효율적이라고 말하고 있다.

06. 이 글은 설명문으로 걷기의 효과와 방법과 관련된 정보를 전달하려는 글쓴이의 의도와 잘 어울리는 형식이다.

07. 건강하게 장수하기 위해 올바른 식생활과 규칙적인 운동이 필요하다고 하였을 뿐, 걷기 운동이 식생활에 주는 도움에 대해서는 언급하지 않았다.

08. (나)에서는 걷기가 다리의 근력을 좋게 하며 다리의 혈관과 신경이 다른 신체 기관에 연결되어 있어 다른 신체 기능 또한 강화된다고 하였다.

09. 지루하지 않게 음악을 듣거나 사람들과 어울려서 걷는 것도 좋은 걷기의 방법이기는 하지만 (다), (라)에는 제시되어 있지 않다.

오답 해설
① (다)에서 발뒤꿈치가 먼저 지면에 닿아야 한다고 설명하고 있다.
② (라)에서 초보자는 일주일에 세 번, 30분 이상 걷는 것으로 시작하는 것이 좋다고 설명하고 있다.
③ (라)에서 걷기 운동이 효과를 거두기 위해서는 최소 두 달 이상은 지속해야 한다고 설명하고 있다.
④ (다)에서 걸을 때에는 상체를 바로 세우고 팔과 다리는 자연스럽게 앞뒤로 움직인다는 기분으로 걷는 것이 바람직한 자세라고 설명하고 있다.

10. (가)는 걷기의 가치를 긍정적으로 보고 있으며 (나) 역시 걷기를 추천할 만한 운동이라며 긍정적으로 보고 걷기의 효과에 대해 설명하고 있다.

11. (가)에서는 걷기가 자유스럽고 스스로를 돌아보고 스스로 결정할 수 있는 주체적인 활동이라고 말하고 있다. 건강의 측면에서 걷기의 의미를 살피지는 않았다.

오답 해설
①, ⑤ (가)에서 글쓴이는 걷기를 자유롭고 주체적인 활동이라고 하였다. '주체적'이란 스스로 결정할 수 있다는 의미이다.
② 걷기를 통해 살아온 자취를 되돌아볼 수 있다고 하였다.
④ 걷기에 동행이 있어도 좋지만 혼자서 걸으면 생각에 더 몰입할 수 있어서 좋다고 하였다.

12. (나)에서는 걷기가 두뇌 건강에 도움이 되고 다이어트에도 효과적임을 설명하고 있다. 이와 같은 내용과 관련이 있는 질문은 '걷기 운동의 효과는 무엇인가요?'이다.

13. 제시된 광고에는 지구 온난화를 막기 위해 걷기를 생활화하자는 내용이 담겨 있다. 이와 같은 주장을 담기에 적절한 글의 형식은 주장하는 글이다.

14. 저작권은 인터넷에 올라와 있는 작품에 해당하는 권리가 아니라 모든 저작물에 해당하는 권리이다.

오답 해설
① 누구나 정보 생산자가 될 수 있으므로 누구나 저작권자가 될 수 있다.
② 저작권은 개인의 창작물에 관한 권리이다.
③ 정보화 사회가 되면서 정보의 창출이 쉬워져 저작권이 더 중요해졌다.
⑤ 저작권에 대한 기본적 개념이다.

15. 블로그 댓글은 자신의 글이 무단으로 인용된 것이 속상해 올린 것이다. 블로그 댓글을 쓴 학생은 자신이 쓴 글이 전문적인 글이 아니기 때문에 저작권을 보호받을 수 없다고 생각하고 있다. 따라서 학생에게 감상문도 저작권을 보호받을 수 있다는 조언을 할 수 있을 것이다.

16. 대화 중 영미의 '아침밥을 먹어야 하는 까닭도 다 조사해 놓았다.'라는 말을 바탕으로 할 때, 실제 설문 조사 결과를 바

탕으로 보고서를 작성할 경우에는 '아침밥을 먹으면 좋은 점'을 주된 분석 내용으로 정하는 것이 바람직할 것이다.

17. 〈보기〉는 중 · 고등학교 학생들이 수행 평가 과제를 하면서 인터넷에 올라와 있는 글을 무단으로 표절하여 제출하고 있다는 신문 기사로, 쓰기 윤리를 어긴 행동에 해당한다.

18. 옛이야기는 옛부터 전해 온 이야기로 저작권이 없다. 이를 이용하여 창작 소설을 썼다면 쓰기 윤리를 위반했다고 보기 어렵다.

오답 해설

① 저작권자의 허락을 받지 않았고 출처도 밝히지 않았으므로 쓰기 윤리를 위반한 것이다.

③ 드라마의 내용을 표절한 것이므로 쓰기 윤리를 위반한 것이다.

④ 친구의 시를 무단으로 도용하였으므로 쓰기 윤리를 위반한 것이다.

⑤ 실험 결과를 자기 생각에 맞추어 수정하였으므로 보고 윤리를 위반한 것이다.

19. 일반적인 보고서의 형식은 '조사 주제 및 목적–조사 기간–조사 내용과 방법–조사 결과–평가와 소감–참고 자료'의 순서를 따른다. (가) 조사 주제 및 목적, (나) 조사 기간과 조사 방법, (다) 평가 및 소감, (라) 조사 결과, (마) 참고 자료

20. (가)에는 보고서에 담을 내용이 대략적으로 소개되어 있는데, 청소년 여가에 대한 사회적 관심은 언급되어 있지 않다.

21. 자료 수집에 있어 어떤 자료를 수집하는지 순서를 정하는 것은 무의미하다. 주제와 연관성이 있으면 되도록 다양한 매체에서 다양한 자료를 수집하는 것이 좋다.

오답 해설

① 자료를 조사할 때 다양한 매체를 활용하면 다양한 자료를 수집할 수 있다.

② 자료의 요건 중에서 가장 중요한 것은 주제와의 연관성이다.

③ 자료는 출처가 분명해야 신뢰감을 줄 수 있다.

⑤ 문헌이나 인터넷과 같은 간접 조사 방법도 좋지만, 필요하다면 현장 조사나 면담과 같은 직접 조사 방법을 활용하는 것이 바람직하다.

22. (라)를 보면 현재 우리 학교 학생들의 여가 활동 실태를 알 수 있으나 우리 학교 학생들이 동적인 여가 활동을 원하고 있는지는 알 수 없다.

23. 보고서에서 인용한 자료의 출처를 밝힘으로써 저작권을 보호하려는 의도에서 참고 자료를 제시한 것이다.

24. (다)에서 면담은 체육 선생님과 이루어진 것이므로 학생들의 의견을 알 수 있는 자료로 볼 수 없다.

오답 해설

① (가)는 수필로 걷기에 관한 글쓴이의 가치관이 잘 드러나 있다.

② (다)는 영화가 현실을 반영할 때 있는 그대로의 현실을 반영할 필요는 없다는 내용의 신문 기사이다.

④ (라)의 내용을 원그래프를 활용하여 표현하면 내용이 한눈에 들어와 쉽게 이해할 수 있을 것이다.

⑤ (라)의 끝부분에 우리 학교 학생들의 실제 여가 활동에 관한 조사 결과가 제시되어 있다.

25. (가)에서 글쓴이는 자신이 걷는 것은 넓은 천지에 내 몸 하나 기댈 곳을 찾아 걷는 것이라고 말하며 동물들의 귀소 본능과 견주고 있다.

26. (나)는 영화가 역사를 소재로 할 때 역사적 사실을 있는 그대로 반영하지 않아도 된다는 내용이고, 〈보기〉는 영화가 역사를 소재로 할 때 역사적 사실을 있는 그대로 반영해야 한다는 내용이다. (다)는 신문 기사이고 〈보기〉는 편지글이다.

27. (다)에서 면담 대상자였던 체육 선생님은 청소년기의 여가 활동이 학업 성취도 향상에 긍정적인 영향을 미친다고 했으므로 청소년기의 여가 활동이 공부에 도움이 되지 않는다는 내용은 적절하지 않다.

오답 해설

② (다)에서 청소년의 여가 활동은 스트레스 해소와 기분 전환에 좋다고 하였다.

③, ④ 우리 학교 학생들은 문화 · 예술 활동이나 운동 및 운동 경기 관람을 선호했으며 문화 · 예술 활동에 대한 선호도가 가장 높았다.

⑤ 우리 학교 학생들은 실제 여가 활동에서는 컴퓨터 게임 · 인터넷 검색, 텔레비전 시청 등을 많이 했지만 희망 여가 활동에서는 문화 · 예술 활동과 운동 및 운동 경기 관람을 선호했다.